Verlag der
Fachhochschule
Potsdam

Forschendes Lernen
Ein Praxisbuch

Judith Lehmann und Harald A. Mieg (Hrsg.)

Verlag der
Fachhochschule
Potsdam

Impressum

Bibliografische Information der Deutschen Nationalbibliothek:
Die Deutsche Nationalbibliothek verzeichnet diese Publikation in der Deutschen Nationalbibliografie; detaillierte bibliografische Daten sind im Internet über http://dnb.d-nb.de abrufbar.

Dieses Buch ist auch als freie Onlineversion über die Homepage des Verlags sowie über den OPUS-Publikationsserver der Fachhochschule Potsdam verfügbar.
http://nbn-resolving.de/urn/resolver.pl?urn:nbn:de:kobv:525-15357

Judith Lehmann und Harald A. Mieg (Hrsg.)
Forschendes Lernen. Ein Praxisbuch
Verlag der Fachhochschule Potsdam
www.fh-potsdam.de/verlag

ISBN 978-3-934329-85-0 (Druckausgabe)
URN urn:nbn:de:kobv:525-15357 (elektronische Ausgabe)

Lektorat: Alexandra Binder
Satz: Johanna Posiege
Illustrationen: Adina Dutz
Herstellung und Vertrieb: tredition GmbH, Hamburg
Gesetzt in der TheAntiquaSun

GEFÖRDERT VOM

Inhalt

Öffentlich machen

Lehrkompetenz weiterentwickeln

Vorwort

Harald A. Mieg

Dieses Buch erscheint nicht einfach nur im Verlag der Fachhochschule Potsdam. Es ist ein Buch, das einer Fachhochschule, ihrem Auftrag und ihrer Art von Forschung würdig ist: ein Methodenhandbuch zur Praxis der Lehre mittels Forschendem Lernen. Damit verbindet sich nicht zuletzt ein Stück Professionalisierung von Lehre. Es werden Methoden vorgestellt, die der Lehrpraxis helfen und zugleich systematische Ansatzpunkte zu ihrer Verbesserung bieten.

Das Buch steht in der Tradition der Arbeiten von Angela Brew und zuletzt von Dilly Fung, die für die Implementierung von Forschendem Lernen praxisnahe Modelle entwickelten. Das Buch möchte die Vielfalt der Praxis einfangen und einer Systematisierung zuführen. Aufschlussreich war von daher die Frage, wie die weit über 30 Kapitel thematisch sortiert werden könnten. Absehbare Themenfelder waren Motivation (eine alte Frage) oder Internet-Nutzung (als relativ neue Frage). Daneben taten sich Themenfelder auf, die speziell dem Forschenden Lernen verpflichtet sind: so das Experimentieren mit Forschungsformaten (Citizen Science, InterFlex) oder das Schaffen neuer Lehr- und Lernräume (physisch wie gestalterisch).

Das Buch ist ein Vermächtnis des Projektes »FL² Forschendes Lernen – Lehrende Forschung« sowie der Konferenz zum Forschenden Lernen, die im Jahr 2013 die sich gründende Community in Potsdam zusammenbrachte und mit der so vieles begann. Wir danken allen Kolleginnen und Kollegen in ganz Deutschland, die sich wie wir für Forschendes Lernen begeistern und unseren Weg bis zur Fertigstellung dieses Buches begleitet haben.

Harald A. Mieg
ehemals Projektleiter von »FL² Forschendes Lernen – Lehrende Forschung« an der Fachhochschule Potsdam

Literatur

Brew, A. (2006). Research and teaching: *Beyond the divide.* London: Palgrave Macmillan.

Fung, D. (2017). *A connected curriculum for higher education.* London: UCL Press.

Mieg, H. A. (2017). *Professionalisierung: Essays zu Expertentum, Verberuflichung und professionellem Handeln.* Potsdam: Verlag der Fachhochschule Potsdam.

Überblick

Judith Lehmann

Wir erleben derzeit einen ›Boom‹ des Forschenden Lernens (FL) – international und im deutschsprachigen Raum. Gestartet in den 1970er Jahren (BAK 1970) erfährt es zu Beginn dieses Jahrtausends nicht nur eine hochschulpolitische Renaissance: Hand in Hand mit aktuellen theoretischen Überlegungen entstehen eine neue Praxis und mit ihr neue Praktiken Forschenden Lernens. Diese einzufangen und sie verfügbar zu machen, ist Anliegen des vorliegenden Bandes. Er wendet sich an alle, die mit der Umsetzung von Forschendem Lernen befasst sind. Ziel ist, voneinander zu lernen und erfolgreiche Maßnahmen zu adaptieren, anstatt sie (immer wieder) neu zu erfinden und nicht zuletzt: den Austausch weiter voranzutreiben, die Praxis weiterzuentwickeln. Dafür bündelt dieses Buch Erfahrungen zum Forschenden Lernen aus über zwanzig Hochschulen. Die Mehrzahl der Beiträge stellt dabei konkrete Maßnahmen und Formate vor, die für Studierende und/oder Lehrende und/oder Mitarbeitende in der Hochschulentwicklung konzipiert sind.

Referenztheorien zum Forschenden Lernen gibt es verschiedene und viele. Da die theoretische Auseinandersetzung nicht Schwerpunkt dieses Buches ist – vgl. dazu den beim Campus-Verlag erschienenen Theorieband (Mieg & Lehmann 2017) – benennt jeder Beitrag (nur) kurz seine Gewährsleute für die Verzahnung von Forschung und Lehre bzw. Forschung und Studium. Wer alles liest, wird mit z.B. Huber (2009), Tremp (2005), Healey & Jenkins (2009), Ludwig (2011) und Reiber (2007) auf wiederkehrende und vertraute Namen sowie hinsichtlich zitierter Passagen auf die ein oder andere Redundanz stoßen. Dies ist gewollt: Jeder Beitrag soll für sich stehen und nach Bedarf auch ohne den Kontext der anderen gelesen werden können.

Allen Beiträgen ist gemein, dass sie sich als **Empfehlungen aus der Praxis für die Praxis** verstehen. Diesem Umstand trägt ein übergreifendes inhaltliches und formales Element Rechnung: Der »Praxistipp«-Kasten enthält gebündelte Hinweise zu den vorgestellten Erfahrungen und konkreten Formaten – z.B. in Form von Dos und Don'ts – oder einzelne, in der Praxis einsetzbare Methoden. Anhand thematischer Schwerpunkte sind die hier versammelten Artikel in acht übergeordnete Abschnitte gruppiert. Eher übergreifend ausgelegte Beiträge finden sich jeweils am Abschnittsanfang, an den Abschnittsenden oftmals Maßnahmen, die Online-Formate vorstellen oder integrieren.

1. Studierende für Forschung gewinnen: Der erste Abschnitt widmet sich zunächst dem Thema Motivation und fragt nach Möglichkeiten, für studentische Forschung Interesse zu wecken. Damit Studierende überhaupt forschen wollen, braucht es einerseits ihr grundlegendes Interesse an entsprechenden Inhalten und Tätigkeiten, andererseits ein Zutrauen in die eigenen Forschungsfähigkeiten (siehe Sonntag & Rueß). Einen wesentlichen Motor stellen zudem geeignete **Forschungsfragen** dar: Sei es, dass Lehrende – begeistert von ihrem Fach, über dessen Grundlagen gut informiert und gewappnet mit klaren Lernzielen für die jeweilige Veranstaltung – »beautiful questions« generieren (siehe Riewerts & Weiß). Oder dass Studierende angeleitet werden, über ihre Forschungsfrage auch ihren ganz eigenen akademischen Weg zu suchen und zu finden (Hartung). Werden Studierende von gut ausgebildeten studentischen Forschungsgruppenleitern (Sonntag & Rueß) bzw. studentischen Coaches (Schuett, Verriere & Wolter) unterstützt, so gelingt es ihnen umso besser, Forschungsinteresse und Forschungshabitus zu entwickeln.

2. Forschung verstehen und reflektieren: Damit Studierende Forschung betreiben können, ist es (auch in interdisziplinären Teams) notwendig, sie in disziplinäre Denk- und Arbeitsweisen einzuführen. Dafür ist es hilfreich, dass zunächst die Lehrenden das eigene – oft selbstverständlich gewordene – forschende Vorgehen reflektieren, explizieren und »dekodieren« (Kaduk & Lahm). Bei der von Müller-Christ vorgeschlagenen Methode der Systemaufstellungen in der Betriebswirtschafts- und Managementlehre entstehen neue Erkenntnisse über einen bildhaften, dreidimensionalen Überblick, in dem die Forschenden selbst mit Hilfe der Raumsprache agieren. Einmal gewonnen, müssen sich neue (wissenschaftliche) Erkenntnisse immer der Beurteilung und Kritik anderer Mitglieder des Wissenschaftssystems stellen. Diesen wichtigen Prozess auf Augenhöhe zu erproben, ermöglicht der Einsatz von **Peer-Review-Verfahren** in der Lehre (vgl. Frischkorn, Möhrle & Salm). Wie ein ganzer Forschungsprozess bereits im ersten Semester (Politikwissenschaften) zu bewältigen ist – von der Generierung eigener Forschungsfragen, über die Recherche geeigneten Fach- und Methodenwissens, die Entwicklung von Hypothesen, die Erhebung und Analyse von Daten bis hin zur Verschriftlichung der Ergebnisse –, zeigt der Beitrag von Sievers & Westphal, wie angehende Lehrer/innen schon im Masterstudium Bildungsforscher sein können, der Beitrag von Schwanewedel, Großschedl & Heyduck.

3. Raum geben: Forschendes Lernen braucht Platz im Curriculum, in den Köpfen von Lehrenden und Studierenden und nicht zuletzt physisch und institutionell. Den gesamten hochschulischen Raum für Forschendes Lernen zu öffnen ist buchstäblich Ziel des Formats »Open Space« (Gerstenberg), das jenseits des Lehralltags Studierende und Lehrende zu gemeinsamen Projekten zusammenbringt und die Etablierung studentischer Forschung an der gesamten Hochschule vorantreibt. Raum für die Durchführung eigener Projekte bieten (nicht nur) im Orientierungsstudium curricular verankerte Projektlabore (Born & Bor) und selbst organisierte Projektwerkstätten (Becker, Beyer, von Buxhoeveden, Dietrich, Krüger & Prystav), die Studierenden im Bachelorstudium zum einen Engagement in eigener Forschung und Mitbestimmung in der Lehre ermöglichen, zum anderen den Raum öffnen für gesellschaftlich relevantes Handeln. Das forschende Eingreifen in reale, physische Räume durch Studierende mit dem Ziel ihrer besseren Gestaltung behandelt der Beitrag von Albrecht & Ruhl. Die Verlagerung von **Lernorten** und die damit verbundene Nutzung der neu entstehenden Lehrfreiräume verspricht der Blended-Learning-Ansatz des »Inverted Classroom« (Freisleben-Teutscher).

4. (Interdisziplinär) zusammen arbeiten: Dass sich die ›großen Forschungsthemen‹ nur unter Einbeziehung mehrerer und verschiedener Disziplinen bearbeiten lassen, macht vor Forschendem Lernen nicht halt. Die äußerst produktive Verquickung verschiedener Fächer bei der Gestaltung von FL-Formaten behandeln drei Beiträge. Wie die Zusammenarbeit in einer interdisziplinären Projektwoche gelingen kann, die die unumgänglichen, mit wissenschaftlichen Fragestellungen einhergehenden ›Beunruhigungen‹ in den Mittelpunkt stellt, zeigen Cronshagen, Hogh, Munzinger & Wöltjen. Die Übersetzung von interdisziplinärem forschenden Lernen in ein in allen Fachbereichen einer Hochschule curricular integriertes Lehr-/Lernformat behandelt der Beitrag von Bartl. Wimmelmann stellt vor, wie Studierende und Lehrende verschiedener Disziplinen in gemeinsamen Workshops auf die großen und kleinen Herausforderungen Forschenden Lernens vorbereitet werden können.

5. Praktisch werden: Praxisorientierung oder Forschendes Lernen? Wie dieser vermeintliche Gegensatz zu bewerten und aufzuheben ist, behandelt übergreifend der Beitrag von Banscherus. Wenden wir uns konkreten Formaten zu, so ermöglichen etwa der Einsatz der Planspiel-Methode (Lippe) nicht nur in den Agrarwissenschaften und der ›Marktplatz‹ (Schlicht & Klauser) nicht nur in den Wirtschaftswissenschaften Forschendes Lernen nah an den Realitäten und Problemstellungen der Praxis. Gesellschaftliches Engagement in der Lehre und den wechselseitigen Einfluss der Akteure in Veranstaltungen, die dem Format des **Service Learning** verpflichtet sind, diskutieren Mehling, Tienes & Schuchardt. Wie hilfreich es in den technischen Fächern ist, wenn das von Studierenden oft als Hürde wahrgenommene Grundlagenwissen mit praktischen und an die Lebenswelt der Studierenden anknüpfenden Fragestellungen verbunden wird, behandeln Radermacher, Runge & Scherfner.

6. Öffentlich machen: Am Ende des (wissenschaftlichen) Forschungsprozesses steht die Verschriftlichung oder der Vortrag. Studierende, die das Erreichte präsentieren und genuin wissenschaftliche Texte verfassen können, haben essenzielle (auch berufsqualifizierende) Kompetenzen erworben. Lehrende, die diesen letzten und wichtigen Schritt gemeinsam mit den Studierenden wagen, würdigen die Ergebnisse studentischer Forschung und machen sie sichtbar. Die öffentliche Diskussion gewonnener Erkenntnisse im Rahmen studentischer Forschungskongresse steht im Mittelpunkt des Beitrags von Falkenhagen, Bandlow-Raffalski & Reimann. Den Prozess einer kulturwissenschaftlichen Buchproduktion von der Planung über die Erstellung und Redaktion bis zur Präsentation auf der Frankfurter Buchmesse beschreiben Lungershausen & Irsigler. Die Mechanismen wissenschaftlichen Publizierens samt der sie charakterisierenden Reviewverfahren lernen Studierende kennen, die in einer **fächerübergreifenden Onlinezeitschrift** publizieren (Wulf, Haberstroh, Falkenhagen, Kergel & Heidkamp). Der Beitrag von Voll zur Integration von kontinuierlichen Schreibprozessen über Weblogs in die Lehre beschließt diesen Abschnitt.

7. Lehrkompetenz weiterentwickeln: Lehrende, die Forschendes Lernen umsetzen möchten, haben nicht selten damit zu kämpfen, dass auf hohe Erwartungen und idealistische Hoffnungen Frustrationen und Zumutungen in der praktischen Umsetzung folgen. Eingangs diskutiert Gerheim, mit welchen grundsätzlichen Anforderungen Lehrende, die sich auf Forschendes Lernen einlassen, realistischerweise rechnen müssen und wie den vielfältigen Herausforderungen produktiv begegnet werden kann. Die sich anschließenden Beiträge stellen konkrete Austausch- und Weiterbildungsformate vor: Weiß & Riewerts präsentieren ein Fortbildungsformat, innerhalb dessen die konkreten – und vor allem gemeinsam explizierten – Forschungserfahrungen der Lehrenden als Ausgangspunkt für die Entwicklung forschungsnaher Lehrveranstaltungen dienen. Der Beitrag von Jubin behandelt ein Angebot für Lehrende, die zum einen den gelegentlichen, unkomplizierten Austausch von Lehrerfahrungen und zum anderen den Input von Experten zu konkreten Themen rund um das Forschende Lernen suchen, etwa zum Stellenwert von Prüfungen oder dem Umgang mit Scheitern. Diesem niederschwelligen Format steht das von Sauer vorgestellte gegenüber: Die kontinuierliche gegenseitige Beratung von Lehrenden verschiedener Fachbereiche untereinander, die auch **Verantwortung für die Weiterentwicklung forschungsbasierter Lehre** in ihren (Fach-)Bereichen übernehmen, steht im Zentrum des Formats der Fokusgruppe. Abschließend stellen Pfeffing, Mauch & Hobohm ein Online-Format vor, das Lehrende darin unterstützt, für das Forschende Lernen charakteristische Perspektivenwechsel auf mehreren Ebenen zu durchlaufen – nicht nur im Wandel von der Ergebnis- zur Prozessorientierung, sondern auch bei der Übernahme der ggf. ungewohnten Moderator/innen-Rolle.

8. Die Hochschule verändern: Der letzte Abschnitt stellt die Hochschule als ganze und die Förderung von Forschendem Lernen auf allen Ebenen in den Mittelpunkt. Dass eine fakultätsübergreifende Implementierung (nicht nur) eine wohlüberlegte Struktur, einflussreiche Unterstützer innerhalb der Hochschule und auch Ressourcen braucht, behandelt der Beitrag von Selje-Aßmann, Gölz, Gerstenberg & Blum. Wie die Entwicklung eines **Leitbildes** und einer **Lehrstrategie** auf allen Ebenen der Hochschule wirken kann, wenn Beteiligungs- und Reflexionsprozesse funktionieren, Katalysatoren und Netzwerke wirken können, zeigen Belgardt, Klink & Lenges. Heuchemer & Szczyrba stellen vor, wie das Instrument des Lehrportfolios genutzt werden kann, um einen Haltungswechsel an der gesamten Hochschule zu befördern. Das Praxisbuch schließt mit dem Wiederabdruck eines Artikels von Heidmann, Klose & Vielhaber, die bereits im Jahr 2011 beschrieben haben, wie Forschendes Lernen an Fachhochschulen möglich gemacht werden kann.

Viele Beiträge entstammen Initiativen und Projekten, die im Rahmen des »Gemeinsamen Bund-Länder-Programm für bessere Studienbedingungen und mehr Qualität in der Lehre« – kurz Qualitätspakt Lehre – entstanden sind. So auch dieses Buch als Ganzes: Hervorgegangen aus dem Projekt »FL² Forschendes Lernen – Lehrende Forschung« an der Fachhochschule Potsdam verdankt es sich den Initiativen einer Community, deren stetiges (Zusammen-)Wachsen wir als Herausgeber/innen dieses Buches auch im Rahmen der dghd*-Arbeitsgruppe Forschendes Lernen begleiten und unterstützen durften. Wir sind gespannt, wie es weiter geht mit dem großen Projekt des Forschenden Lernens.

** Deutsche Gesellschaft für Hochschuldidaktik*

Literatur

Bundesassistentenkonferenz (BAK) (1970). *Forschendes Lernen – Wissenschaftliches Prüfen. Ergebnisse des Ausschusses für Hochschuldidaktik.* Bonn: Schriften der Bundesassistentenkonferenz 5.

Healey M., & Jenkins A. (2009): *Developing Undergraduate Research and Inquiry.* York, Higher Education Academy.

Huber, L. (2009). *Warum Forschendes Lernen nötig und möglich ist.* In L. Huber, J. Hellmer & F. Schneider (Hrsg.), *Forschendes Lernen im Studium: Aktuelle Konzepte und Erfahrungen* (S. 9 – 35). Bielefeld: UniversitätsverlagWebler.

Ludwig, J. (2011). Forschungsbasierte Lehre als Lehre im Format der Forschung. *Brandenburgische Beiträge zur Hochschuldidaktik,* 3, 7 – 16.

Mieg, H. A. & Lehmann, J. (Hrsg.) (2017): *Forschendes Lernen. Wie die Lehre in Universität und Fachhochschule erneuert werden kann.* Frankfurt/New York: Campus.

Reiber, K. (Hrsg.) (2007). Forschendes Lernen als hochschuldidaktisches Prinzip – Grundlegung und Beispiele. *Tübinger Beiträge zur Hochschuldidaktik,* 3(1).

Tremp, P. (2005). Verknüpfung von Lehre und Forschung: Eine universitäre Tradition als didaktische Herausforderung. *Beiträge zur Lehrerbildung,* 23(3), 339 – 348.

Studierende für Forschung gewinnen

»Q-Tutorien« sind studentische Lehrveranstaltungen, in denen Studierende ein selbst gewähltes Thema forschend bearbeiten. Die Besonderheit besteht darin, dass diese Forschungsthemen von Studierenden selbst eingebracht werden: Wer ein Q-Tutorium anbieten möchte, kann sich zweimal pro Jahr auf eine universitätsweite Ausschreibung bewerben. Neben Projektskizze und Semesterplan muss dafür auch ein Gutachten einer Lehrperson eingereicht werden, in dem die Realisierbarkeit des Vorhabens aus fachlicher Perspektive bestätigt wird. Die erfolgreichen Antragsteller/innen werden jeweils für ein Jahr als Studentische Hilfskräfte (Q-Tutor/innen) eingestellt und in fünf eintägigen Workshops auf ihre Rolle als Forschungsgruppenleiter/innen vorbereitet. Um das Format kontinuierlich weiterzuentwickeln, wird es seit Projektstart wissenschaftlich begleitet.

Wie können Studierende zum eigenständigen Forschen motiviert werden? Erfahrungen aus den Q-Tutorien an der Humboldt-Universität zu Berlin

Monika Sonntag, Julia Rueß

»Endlich kann ich mich intensiv mit dieser Frage beschäftigen! Sie treibt mich schon lange um, aber in meinem Studium gibt es dafür keinen Raum.« So äußern sich immer wieder Studierende, die an der Humboldt-Universität zu Berlin (HU) ein Q-Tutorium anbieten.

Q-Tutorien sind studentische Lehrveranstaltungen, die im Rahmen des Qualitätspakts Lehre (BMBF) gefördert werden und an der HU Berlin – koordiniert durch das bologna.lab – Freiräume für Forschendes Lernen ermöglichen sollen. In diesen Tutorien forschen Studierende ein Semester lang gemeinsam in studentischen Teams. Die Besonderheit besteht darin, dass die Forschungsideen von den Studierenden selbst eingebracht werden: Sie bewerben sich mit einer Forschungsidee auf eine universitätsweite Ausschreibung und erhalten bei Erfolg die Möglichkeit, eine Lehrveranstaltung in Form eines Q-Tutoriums anzubieten, um darin ihre Forschungsfrage gemeinsam mit einer Gruppe Studierender zu bearbeiten. Als so genannte Q-Tutor/innen übernehmen sie in ihrem Tutorium die Rolle von Forschungsgruppenleiter/innen.

Was motiviert Studierende dazu, ein Forschungsprojekt für andere Studierende anzubieten? Im konkreten Fall der Q-Tutorien erhalten die Tutor/innen eine Anstellung als studentische Hilfskraft sowie ein begleitendes Qualifizierungsprogramm zur Vorbereitung auf die anstehenden Aufgaben. Die Studierenden wiederum, die an einem Q-Tutorium teilnehmen, erwerben Leistungspunkte, die in den meisten Fällen im Rahmen des überfachlichen Wahlbereichs der jeweiligen Studiengänge angerechnet werden können. Diese Anreize erklären jedoch nicht, warum sich Studierende – im Vergleich zu anderen Lehrveranstaltungen – mit einem überdurchschnittlich hohen Einsatz und Zeitaufwand für das gemeinsame Forschungsvorhaben engagieren. Die Frage bleibt: Was motiviert die Studierenden zum eigenständigen Forschen?

Der vorliegende Artikel stellt genau diese Frage ins Zentrum. Er beginnt mit einer begrifflichen Einführung: Zunächst wird skizziert, welches Verständnis von Forschendem Lernen diesem Artikel und der vorgestellten Maßnahme zugrunde gelegt und auf welchem Motivationsverständnis aufgebaut wird. Daran anschließend geht es um die Frage, wie Motivation entstehen kann und wie die theoretischen Annahmen dazu in der Konzeption von Forschendem Lernen berücksichtigt werden können. Auf Basis wissenschaftlicher Befunde wird nachfolgend dargestellt, ob bzw. wie die Teilnahme an Forschendem Lernen tatsächlich zum eigenständigen Forschen motivieren kann. Aus diesen Erkenntnissen und konkreten Umsetzungserfahrungen mit den Q-Tutorien werden schließlich Empfehlungen für die praktische Umsetzung von Forschendem Lernen abgeleitet, um Lehrenden und Projektverantwortlichen nützliche Impulse dafür zu geben, wie Studierende zum Forschenden Lernen motiviert und dabei begleitet werden können. Ein abschließendes Fazit fasst die zentralen Erkenntnisse des vorliegenden Beitrags und sich daraus ergebende Anschlussfragestellungen noch einmal im Überblick zusammen.

1. Forschendes Lernen: Welches Verständnis von Forschendem Lernen liegt dem Artikel und der Arbeit mit den Q-Tutorien zugrunde?

Forschendes Lernen wird in der erziehungswissenschaftlichen und hochschuldidaktischen Fachliteratur nicht einheitlich definiert (Huber, 2014). Während manche Definitionen breiter angelegt sind und Forschendes Lernen auch dann realisiert sehen, wenn Studierende in nur einzelne Forschungsphasen eingebunden sind (z.B. Fichten, 2010), liegt den Q-Tutorien an der HU Berlin ein engeres Verständnis zugrunde: Beim Forschenden Lernen verfolgen die Studierenden eine selbst entwickelte Fragestellung und durchlaufen dabei den gesamten Forschungsprozess (z.B. Huber, 2009; Rueß, Gess & Deicke, 2016). Das heißt die Studierenden erleben im Idealfall alle Forschungsphasen, von der Entwicklung der Fragestellung und des dazu passenden Forschungsdesigns über die Durchführung des Forschungsvorhabens bis hin zur Aufbereitung und Veröffentlichung der Ergebnisse.

2. Motivation: Auf welchem Motivationsverständnis bauen der Artikel und die Arbeit mit den Q-Tutorien auf?

Motivation im Allgemeinen bezeichnet eine situationsspezifische, aktuelle Verhaltensbereitschaft (Schiefele, 2008), in anderen Worten: die Bereitschaft, eine bestimmte Handlung durchzuführen. Warum ein Individuum motiviert bzw. dazu bereit ist, eine bestimmte Handlung zu vollziehen, eine andere dagegen nicht, kann von verschiedenen Persönlichkeitsmerkmalen abhängen (Schiefele & Schaffner, 2015). Zu diesen motivationalen Merkmalen zählen im Allgemeinen etwa das individuelle Interesse einer Person, ihre Selbstwirksamkeitserwartungen und Fähigkeitskonzepte, ihre Kontrollüberzeugungen oder Zielorientierungen (Krapp & Hascher, 2014). Wenn es demgegenüber im Spezifischen um die Motivation zum Forschen geht, sind vor allem zwei dieser Merkmale entscheidend: Damit eine Person eine Forschungstätigkeit aufnimmt und durchführt, braucht sie erstens ein grundlegendes Forschungsinteresse sowie zweitens ein Zutrauen in die eigenen Forschungsfähigkeiten, das heißt positive forschungsbezogene Selbstwirksamkeitserwartungen.

Forschungsinteresse bezeichnet – in Anlehnung an die aktuellen Debatten zur Interessenforschung (Krapp, 2010, Schiefele & Schaffner, 2015) – ein dispositionales Merkmal einer Person, das sich durch selbständiges Forschen entwickeln kann. Eine Person forscht aus Interesse, wenn ihr die Forschungstätigkeit selbst Freude bereitet (gefühlsbezogene Valenzzuschreibung), wenn sie die Tätigkeit als subjektiv wichtig empfindet (wertbezogene Valenzzuschreibung) und wenn sie selbstintentional, also der forschenden Tätigkeit selbst wegen, forscht (intrinsischer Charakter von Interesse) (vgl. die allgemeinen Ausführungen zu den Determinanten von Interesse bei Schiefele, Krapp, Wild & Winteler, 1993).

Diese tätigkeitsbezogene Definition ist in Forschungskontexten um eine inhaltsbezogene zu erweitern. Denn häufig ist das Forschungsinteresse einer Person zunächst im Forschungsgegenstand selbst begründet. So kann das Interesse bzw. die Begeisterung für ein Thema der Antrieb sein, um sich forschend damit zu beschäftigen.

Forschungsbezogene Selbstwirksamkeitserwartungen bezeichnen in Anlehnung an Schwarzer & Jerusalem (2002) demgegenüber subjektive Überzeugungen einer Person von der eigenen Fähigkeit bestimmte Aufgaben – auch unter schwierigen Bedingungen – erfolgreich bewältigen zu können. Individuen mit positiv ausgeprägten forschungsbezogenen Selbstwirksamkeitserwartungen trauen sich also zu, selbst forschen zu können, auch wenn im Forschungsprozess Hürden zu erwarten sind bzw. aktiv erlebt werden.

3. Theoriebasierte Konzeptualisierung: Wie kann Forschendes Lernen konzipiert werden, um Studierende zum eigenständigen Forschen zu motivieren?

Wenn Forschungsinteresse und forschungsbezogene Selbstwirksamkeitserwartungen Studierende zum Forschen motivieren können, stellt sich zugleich die Frage, wie diese beiden Aspekte gefördert werden können. Damit Forschungsinteresse entstehen kann, müssen die Studierenden die Möglichkeit haben, sich mit Forschungstätigkeiten auseinanderzusetzen (in Anlehnung an Krapp, 2010). Sie müssen also die Chance haben, sich im Forschen zu erproben. Für die Stärkung forschungsbezogener Selbstwirksamkeitserwartungen wiederum sind vor allem eigene Erfolgserfahrungen beim Forschen wichtig (in Anlehnung an Satow & Schwarzer, 2003). Gemäß der Selbstbestimmungstheorie der Motivation von Deci & Ryan (2000) ist daher entscheidend, dass sich die Studierenden dabei als kompetent und autonom erleben und sich auch sozial eingebunden fühlen.

Bei der Konzeptualisierung von Lehrveranstaltungen im Format Forschenden Lernens sollten diese theoretischen Annahmen wenn möglich berücksichtigt werden: Um erstens die soziale Eingebundenheit beim Forschen zu fördern, sollte die Forschung in studentischen Teams vorgesehen werden. Um sie zweitens in ihrem Autonomieerleben zu bestärken, sollten die Studierenden die Möglichkeit haben, die Forschungsfragen und den -prozess selbst aktiv mitzugestalten. Damit sich die Studierenden drittens als kompetent erleben und eigene Erfolgserfahrungen beim Forschen machen können, brauchen sie bei Fragen oder potenziell auftretenden Hürden Unterstützung durch Lehrende oder Forschungsgruppenleiter/innen. Im konkreten Fall der Q-Tutorien werden die Q-Tutor/innen, also jene Studierende, die ein forschungspraktisches Tutorium anbieten, in einem Qualifizierungsprogramm auf ihre Rolle als studentische Forschungsgruppenleiter/innen vorbereitet.

Die Frage bleibt, ob diese theoretischen Annahmen und Erwartungen standhalten, also ob Forschendes Lernen tatsächlich zur Forschungsmotivierung von Studierenden beitragen kann. Ein Blick in die Forschung – speziell in die wissenschaftliche Begleitforschung der Q-Tutorien – soll helfen, diese Frage zu beantworten.

4. Ergebnisse der wissenschaftlichen Begleitforschung: Wie werden Studierende durch die Teilnahme an Forschendem Lernen zum eigenständigen Forschen motiviert?

Ausgehend von den theoretischen Annahmen stehen zwei Fragen im Zentrum der wissenschaftlichen Begleitforschung: (1) Trägt Forschendes Lernen tatsächlich dazu bei, die Studierenden zum Forschen zu motivieren? Erhöht sich ihr Forschungsinteresse und ihr Zutrauen in die eigenen Forschungsfähigkeiten? (2) Und wenn ja: Welche Komponenten in der praktischen Umsetzung von Forschendem Lernen sind dabei besonders entscheidend?

Um diese Fragen zu beantworten, wurde ein Mix aus quantitativen und qualitativen Erhebungsmethoden genutzt: Fragebogenerhebungen mit teilnehmenden Studierenden einerseits und Fokusgruppeninterviews mit Forschungsgruppenleiter/innen (in diesem Fall mit Q-Tutor/innen) andererseits. Im Folgenden werden die Ergebnisse dieser Erhebungen zusammenfassend vorgestellt. Auf die Nennung statistischer Kennwerte wird an dieser Stelle verzichtet. Eine diesbezüglich detailliertere Darstellung findet sich in weiteren Arbeiten des bologna.labs (z.B. Gess, Rueß & Deicke, 2013).

Die Ergebnisse der wissenschaftlichen Begleitforschung weisen zunächst auf eine sehr ernüchternde Erkenntnis: Die Teilnahme an Forschendem Lernen trägt nicht per se dazu bei, dass sich das Forschungsinteresse von Studierenden erhöht. Und die forschungsbezogenen Selbstwirksamkeitserwartungen werden zwar signifikant gestärkt, doch der Effekt ist vergleichsweise gering. In genauerer Betrachtung zeigt sich jedoch: Forschendes Lernen kann Studierende durchaus zum Forschen motivieren, allerdings nur unter bestimmten Bedingungen. Um welche Parameter es sich hierbei handelt, soll im Folgenden herausgearbeitet werden.

a. Ein Thema, das gerade Studierende interessiert

Ausschlaggebend für die Teilnahme an Forschendem Lernen und die Bereitschaft der Studierenden, sich im Semesterverlauf auch fortlaufend zu engagieren, scheint das Thema des gemeinsamen Forschungsvorhabens zu sein. Die Besonderheit der Q-Tutorien besteht darin, dass die studentischen Forschungsprojekte von Studierenden – den Q-Tutor/innen – initiiert werden. Sie wählen in der Regel Themengebiete und Fragestellungen aus, die auch für andere Studierende von besonderem Interesse sind und im klassischen Lehrangebot oft nicht berücksichtig werden. Häufig handelt es sich etwa um gesellschaftskritische Fragen, die von den Studierenden mit Begeisterung aufgenommen werden. Über die Themen werden die Studierenden erreicht und dazu motiviert, sich an einem Forschungsvorhaben zu beteiligen.

b. Mehrere Forschungstätigkeiten selbst durchführen

Neben den Themen ist es auch das Erleben des Forschungsprozesses selbst, das Studierende motivieren kann. Die Analysen zeigen: Je mehr Forschungstätigkeiten die Studierenden eigenständig durchführen, desto mehr entwickelt sich ihr Forschungsinteresse und desto mehr trauen sie sich zu, selbst zu forschen. Nicht nur intensives Forschen kann motivieren, auch die Art kann einen Unterschied machen. So deuten die Untersuchungen darauf hin, dass insbesondere drei Tätigkeiten entscheidend sind: Das Forschungsinteresse erhöht sich besonders dann, wenn die Studierenden sich selbst relevante Literatur erschließen, wenn sie gemeinsam oder auch individuell ein Forschungsdesign entwickeln und wenn sie die Möglichkeit haben, empirisch zu arbeiten.

c. Auf ein gemeinsames Abschlussprodukt hinarbeiten

Als besonders motivierend erleben die Studierenden die Arbeit an einem gemeinsamen Abschlussprodukt. Im regulären Studium werden üblicherweise individuelle Forschungsvorhaben verfolgt (z.B. Hausarbeiten oder die abschließende Bachelor-Arbeit), so dass die Studierenden das kollektive Forschen im Q-Tutorium als besonders positive Erfahrung beschreiben. Entscheidend dabei ist jedoch nicht nur die Arbeit im Team, sondern dass die Studierenden auf ein gemeinsames Ziel hinarbeiten. Besonders motivierend sind dabei solche Abschlussprodukte, die für die Fachöffentlichkeit bestimmt sind. Das Bewusstsein, nicht nur für die Schublade zu arbeiten, sondern die Ergebnisse gegenüber einem interessierten und fachkundigen Publikum zu präsentieren, spornt an. Die subjektive Bedeutsamkeit der gemeinsamen Forschung und ihrer Ergebnisse erhöht sich.

d. Autonomie und soziale Einbindung erfahren

Beim Forschenden Lernen forschen die Studierenden in der Regel sehr eigenständig. Sie haben die Möglichkeit, eigene, sie besonders interessierende Fragestellungen zu verfolgen und können auch die zur Beantwortung notwendigen Schritte und Vorgehensweisen selbst definieren. Es sind genau diese Freiräume, die von den Studierenden als herausragende und motivierende Bestandteile der Q-Tutorien erkannt werden. Sie fühlen sich selbständig und autonom in ihrer wissenschaftlichen Arbeit. Erfolge beim gemeinsamen Forschen werden so intensiver erlebt, stärker mit den eigenen Fähigkeiten und dem eigenen Beitrag in Bezug gesetzt. Dieses Erlebnis motiviert und stärkt letztlich das Zutrauen in die eigenen Forschungsfähigkeiten.

Doch nicht nur die Eigenständigkeit, sondern auch die Arbeit in studentischen Teams, das kollaborative statt individuelle Forschen kann Motivation schaffen und aufrechterhalten. Gerade im Vergleich mit anderen Veranstaltungen in ihrem Studium beschreiben teilnehmende Studierende die Q-Tutorien als einen Raum, in dem ein Gefühl der Zusammengehörigkeit und der sozialen Eingebundenheit entsteht. Je stärker dieser Teamgeist ausgeprägt ist, desto motivierter scheinen die Studierenden für die zielorientierte Durchführung ihrer gemeinsamen Forschungsarbeit zu sein.

e. Sich als kompetent erleben

Nicht zuletzt müssen sich die Studierenden beim Forschenden Lernen als kompetent erleben können. Wenn das Forschungsvorhaben weitgehend gelingt, d.h. wenn es – trotz auftretender Hürden und Rückschläge – zu Ende geführt wird und in ein gemeinsames Abschlussprodukt mündet, können Erfolgsgefühle und Kompetenzerleben erwachsen. Die Studierenden sind dann stolz auf die gelungene Forschungsarbeit und im Falle der Q-Tutorien sogar oftmals motiviert, im selben oder einem ähnlichen Themenbereich weiterzuforschen.

Ein gegensätzliches Bild zeigt sich allerdings, wenn Schwierigkeiten im Forschungsprozess nicht überwunden werden können, wenn sich die Studierenden mit ihren Aufgaben allein gelassen oder überfordert fühlen, wenn keine Ergebnisse erzielt und die Forschungsfragen nicht oder gefühlt nur unzureichend beantwortet werden. Die Studierenden fühlen sich in diesen Fällen frustriert und sehen den Misserfolg häufig in ihren mangelnden Forschungsfähigkeiten begründet. Studentische Forschungsvorhaben sollten also gelingen bzw. zumindest zur Zufriedenheit von Studierenden bearbeitet werden können, so dass Forschungsmotivation entstehen und auch bis zum bzw. über das Ende des gemeinsamen Forschungsvorhabens hinaus aufrechterhalten bleiben kann.

Insgesamt deuten die Ergebnisse der wissenschaftlichen Begleitforschung darauf hin, dass Forschendes Lernen Studierende – unter bestimmten Bedingungen – zum eigenständigen Forschen motivieren kann. Welche Empfehlungen sich daraus für die praktische Umsetzung von Forschendem Lernen ableiten lassen, soll im folgenden Kapitel herausgearbeitet werden.

5. Empfehlungen für Lehrende: Auf was können sie achten, um Studierende zum eigenständigen Forschen zu motivieren?

Die Ergebnisse der wissenschaftlichen Begleitforschung bieten einen guten Ausgangspunkt, um Empfehlungen zur praktischen Umsetzung von Forschendem Lernen zu formulieren. Ergänzend fließen hier auch Erfahrungen ein, die im Rahmen der Betreuung und Qualifizierung von Q-Tutor/innen gewonnen wurden.

Zwar wurden die Empfehlungen damit vorrangig auf Basis studentisch initiierter Forschungsvorhaben erarbeitet. Gleichwohl liefern sie auch Lehrenden, wissenschaftlichen Mitarbeiter/innen und Professor/innen hilfreiche Anregungen dazu, wie Forschendes Lernen in der eigenen Lehre realisiert werden kann.

a. Das inhaltliche Interesse der Studierenden nutzen

Wie motiviert Studierende in das gemeinsame Forschungsvorhaben starten, hängt in der Regel vom inhaltlichen Interesse ab. Einige Studierende werden mehr Interesse mitbringen, andere weniger, insbesondere dann, wenn es sich um eine Pflichtveranstaltung handelt. Entscheidend ist, dass die Lehrenden an diesen Interessen anknüpfen bzw. auch jene Studierende ohne ausgeprägtes Eigeninteresse zum Nachdenken über das jeweilige Thema anregen. Die erste Sitzung im Semester sollte daher Raum dafür lassen, die Teilnahme- und Ausgangsmotivationen der Studierenden explizit zu erfragen und zu diskutieren. Lehrende sollten aber auch selbst erklären, wie sie zum Thema gefunden haben, was sie daran gefesselt hat und warum sie dazu forschen. Die eigene Begeisterung für das Thema – so die wiederkehrenden Erfahrungen mit den Q-Tutorien – kann sich auf die Studierenden übertragen und zusätzlich Motivation schaffen. Wird demgegenüber ein klassischer Einstieg gewählt, in dem Lehrende das übergeordnete Thema vorstellen und einen festen Seminarplan präsentieren, wird es für Lehrende vermutlich schwerer sein, die Studierenden aus der passiven konsumierenden in eine aktive forschende Rolle zu bewegen.

b. Die Studierenden gezielt in mehrere und ausgewählte Forschungstätigkeiten einbinden

Wenn man Studierende zum Forschen motivieren will, dann muss man sie intensiv forschen lassen und ihnen die Möglichkeit geben, sich in mehreren verschiedenen Forschungstätigkeiten zu erproben.

Die Studierenden sollten vor allem in die Aufarbeitung relevanter Literatur einbezogen werden, in die Entwicklung des Forschungsdesigns und/oder in die Durchführung der empirischen Untersuchungen. Sie müssen also teilhaben können, vor allem an der Planungsphase von Forschungsvorhaben, wenn möglich aber auch an der praktischen Durchführung, da gerade eigene Erfahrungen im Feld als besonders eindrücklich erlebt werden.

c. Das Abschlussprodukt frühzeitig und gemeinschaftlich festlegen

Für Studierende besonders motivierend ist die Arbeit an einem gemeinsamen Abschlussprodukt. Es markiert das gemeinsame Ziel, auf das Lehrende und Studierende zusammen hinarbeiten können. Wichtig ist, das Abschlussprodukt bereits zu Beginn des Forschungsvorhabens festzulegen, im Idealfall auch gemeinschaftlich in einem gemeinsamen Aushandlungsprozess aller Teilnehmenden. Besonders motivierend sind dabei solche Abschlussprodukte, die für die Zielgruppe einer breiteren Fachöffentlichkeit gedacht sind, wie beispielsweise eine Veröffentlichung der studentischen Teilbeiträge in einem gemeinsamen E-Book, ein gemeinsam verfasster Artikel in einer wissenschaftlichen Zeitschrift, ein Vortrag auf einer Konferenz, ein studentisches Abschlusssymposium, eine Ausstellung oder Poster-Präsentation. Um möglichem Zeitdruck am Ende des Semesters vorzubeugen, sollte das Abschlussprodukt im Idealfall schrittweise entstehen. Gemeinsam mit den Studierenden sollten kleine Zwischenziele vereinbart und Teilergebnisse und -prozesse kontinuierlich über das Semester dokumentiert werden. Denkbar sind hier z.B. Portfolios, also geteilte (physische oder digitale) Ordner, in denen die Studierenden fortlaufend ihre Beiträge einstellen können – etwa zum theoretischen Hintergrund, dem Untersuchungsdesign und den genutzten Methoden oder ersten Ergebnissen. Im Laufe des Semesters können auf diese Weise Erfolge und Fortschritte gut sichtbar gemacht werden.

d. Den Studierenden das Erleben von Kompetenz ermöglichen

Die Teilnahme an Forschendem Lernen kann nur dann zum eigenständigen Forschen motivieren, wenn sich die Studierenden beim Forschen als kompetent erleben, sie im Forschungsprozess also gemeinsame aber auch individuelle Erfolge erfahren. Um Inkompetenzerlebnisse möglichst zu vermeiden, sollten Lehrende daher immer im Auge behalten, dass die studentischen Forschungsarbeiten nicht zu umfangreich oder zu ambitioniert sind, sondern im angegebenen Zeitraum und mit den zur Verfügung stehenden Ressourcen realisiert werden können. Zwischenziele sollten natürlich so festgelegt werden, dass sie von den Studierenden auch erreicht werden können. Für Lehrende erwächst hieraus die Herausforderung, die Studierenden so zu unterstützen, zu beraten, zu fordern und manchmal auch zu bremsen, dass das Forschungsvorhaben gelingen kann. Auftretende Hürden und Rückschläge sollten dabei nicht ausgeblendet, sondern gezielt thematisiert werden, um den Studierenden zu verdeutlichen, dass Forschung nicht immer geradlinig und wie geplant verlaufen muss. Wird die Thematisierung von Rückschlägen versäumt, können Versagensgefühle entstehen, die bei den Studierenden wiederum starke Abwehrhaltungen gegenüber (eigener) Forschung hervorrufen können.

e. Die Heterogenität der Gruppe berücksichtigen und Rollen klären

Forschendes Lernen kann – wie im Falle der Q-Tutorien – interdisziplinär oder fachsemesterübergreifend angelegt sein. Solche Forschungsvorhaben werden dann häufig von einer sehr heterogenen Studierendengruppe verfolgt, d.h. von Studierenden, die sich in ihrem fachlichen und/oder methodischen Vorwissen stark unterscheiden. Für Lehrende besteht hier die besondere Herausforderung, die Teilnehmenden in einen gemeinsamen Arbeitsprozess zu bringen. Bewährt hat sich in diesem Zusammenhang, den jeweiligen fachlichen Kenntnisstand der Teilnehmer/innen gezielt als Expertise im gemeinsamen Vorhaben zu nutzen. So sind fortgeschrittene Studierende im Master-Studium eher in der Lage, bestimmte Forschungsmethoden bereits eigenständig anzuwenden, während Bachelor-Studierende erst die entsprechenden methodischen Grundlagenkenntnisse erwerben müssen und daher andere Aufgaben übernehmen können. Jede/r Studierende sollte die Chance bekommen, sich entsprechend der eigenen Stärken im Forschungsvorhaben zu beteiligen. Damit dies möglich wird, muss in der Gruppe geklärt werden, wer welche Rolle im Forschungsprozess übernehmen kann. Verantwortlichkeiten sollten von Anfang an – im besten Falle gemeinsam – festgelegt und Erwartungen an spezifische (Gruppen-)Aufgaben transparent kommuniziert werden.

f. Die richtige Mischung aus Strukturvorgabe und Freiraum finden

Eine zentrale Frage, die im Kontext Forschenden Lernens immer wieder aufkommt, ist die nach dem geeigneten Grad der Strukturierung: Wie viel Struktur und wie viele Vorgaben brauchen die Studierenden durch die/den Lehrende/n? Und wie viel (kreativen) Freiraum sollte man ihnen gewähren? Die Erfahrungen der Q-Tutorien zeigen, dass die Studierenden langsam an die Freiräume herangeführt werden sollten. Die ersten Sitzungen sind für den Einstieg in das gemeinsame Forschungsvorhaben von großer Bedeutung und sollten in erster Linie von dem/der Lehrenden angeleitet werden. Alle Studierenden müssen zunächst auf einen gemeinsamen Kenntnisstand im Hinblick auf fachliche Inhalte und methodische Vorgehensweisen gebracht werden. Das bedeutet aber nicht zwingend, dass die/der Lehrende die zentralen Inhalte referiert. Schon in dieser Phase können Studierende einbezogen werden, beispielsweise indem sie bestimmte Aspekte selbst erarbeiten und sich gegenseitig vorstellen. Hilfreich dabei ist es jedoch, vorab festzulegen, wie die selbständig erarbeiteten inhaltlichen oder methodischen Aspekte präsentiert werden sollten (z.B. über eine vorgegebene Gliederung oder Leitfragen).

Bei der sich anschließenden Forschungsplanung sind die Studierenden dann schon stärker gefordert, indem sie das Forschungsdesign mitgestalten. Die Durchführung der Forschung findet zumeist in selbstregulierter Kleingruppenarbeit statt, in denen die Studierenden weitgehend eigenständig ihren Fragestellungen nachgehen. Dabei sind jedoch begleitende, regelmäßige Präsenztermine – etwa in 14-tägigem Rhythmus – einzuplanen, um eine kontinuierliche Unterstützung und vor allem den Austausch zwischen den Studierenden zu gewährleisten. Ziel dieser Präsenztermine sollte es sein, die Schnittmengen der Einzel- oder Kleingruppenarbeiten wie auch das Ziel des gemeinsamen Abschlussprodukts allen Teilnehmenden immer wieder sichtbar zu machen. Die verschiedenen Vorgehensweisen und Teilergebnisse sollten dabei diskutiert und jeweils in den Kontext des gesamten Themas gestellt werden, so dass der gemeinsame rote Faden der Lehrveranstaltung nicht verloren geht. Damit die Motivation aufrechterhalten werden kann, ist es wichtig, dass alle miteinander Forschenden stets wissen, warum sie was mit wem und bis wann tun.

6. Fazit

In den letzten Jahren hat das Interesse an Forschendem Lernen stark zugenommen (Huber, 2014). In bundesweiten Förderprogrammen werden derzeit zahlreiche Vorhaben zur Förderung von Forschendem Lernen an Hochschulen umgesetzt. In diesem Kontext stehen die vorgestellten Q-Tutorien, deren Ziel es ist, Studierende schon frühzeitig – also bereits im Bachelorstudium – an eigenständiges Forschen heranzuführen. Dadurch sollen sie Forschungsinteresse entwickeln und in ihrem Zutrauen in die eigenen Forschungsfähigkeiten gestärkt werden. Denn nur wer Freude am Forschen hat und wer daran glaubt, selbst forschen zu können, wird auch im weiteren Studienverlauf dazu motiviert sein, sich in (studentischen) Forschungsvorhaben zu engagieren.

Gleichwohl zeigen die Erfahrungen sowie die Befunde der wissenschaftlichen Begleitforschung, dass die Teilnahme an Forschendem Lernen nicht per se dazu beiträgt, dass sich die Forschungsmotivation von Studierenden erhöht. Vielmehr hängt die Entwicklung und Aufrechterhaltung der Motivation von verschiedenen Bedingungen ab, d.h. es kommt darauf an, wie Forschendes Lernen gestaltet ist. Die Frage ist dann nicht mehr ob, sondern wie Forschendes Lernen konzipiert sein kann bzw. muss, um Studierende zum eigenständigen Forschen zu motivieren:

Die Motivation, sich an einem Forschungsprojekt zu beteiligen bzw. an einem Seminar teilzunehmen, in dem studentische Forschungsaktivitäten vorgesehen sind, scheint in erster Linie von einem grundlegenden thematischen Interesse der Studierenden getragen zu sein. Umso wichtiger ist es, diese Interessen aufzugreifen und die Studierenden dabei zu unterstützen, eigene wissenschaftliche Fragestellungen im jeweiligen Themengebiet zu entwickeln. Um die Motivation aufrecht zu erhalten, können verschiedene Maßnahmen hilfreich sein: Die Studierenden sollten die Möglichkeit haben, sich in verschiedenen Forschungstätigkeiten zu erproben. Die Involvierung in die Forschungsplanung sowie die Durchführung eigener empirischer Erhebungen scheinen hier besonders bedeutsam zu sein. Unabhängig von der durchgeführten Tätigkeit sollten sich die Studierenden jedoch immer als autonom und kompetent erleben können. Lehrende sind insofern gefordert, Freiräume für eigenständiges Arbeiten zuzulassen, gleichzeitig aber die Studierenden dabei ausreichend zu unterstützen, um Misserfolgserfahrungen vorzubeugen. Nicht zuletzt stärkt vor allem die Arbeit an einem gemeinsamen Abschlussprodukt die Motivation von Studierenden deutlich. Ein Abschlussprodukt, das nicht nur für die Schublade, sondern für eine breitere Fachöffentlichkeit gedacht ist, erhöht die subjektive Bedeutsamkeit des Forschungsvorhabens und markiert gleichzeitig ein Ziel, auf das gemeinsam hingearbeitet werden kann. Werden zusätzlich realisierbare Zwischenziele festgelegt und diese auch erreicht, können Erfolge und Fortschritte sukzessive sichtbar gemacht werden.

Wenngleich diese Empfehlungen erste konzeptuelle Anregungen bieten können, stellt die konkrete praktische Umsetzung von Forschendem Lernen Lehrende nicht selten auch vor didaktische Herausforderungen:

Welche didaktischen Methoden können in den einzelnen Phasen Forschenden Lernens sinnvoll eingesetzt werden? Wiederkehrend werden vor allem solche Maßnahmen gesucht, die Studierenden helfen können, eigene bearbeitbare Fragestellungen zu finden. Auch Methoden zum Austausch von Zwischenständen unter den Studierenden oder zur Etablierung geeigneter Peer-Feedback-Strukturen werden immer wieder von Lehrenden gewünscht. Als Antwort auf diese Bedarfe werden in einem Leitfaden des bologna.labs (Sonntag, Rueß, Ebert, Friederici & Deicke, 2016) für die einzelnen Phasen und spezifischen Herausforderungen Forschenden Lernens konkrete didaktische Möglichkeiten erläutert.

Zudem stellt sich Lehrenden bisweilen die Frage des Umgangs mit Situationen, in denen Studierende beim Forschen Rückschläge, Frustrationen oder starke Unsicherheitsgefühle erleben. Wie können Lehrende damit umgehen, wenn solche Situationen nicht verhindert werden können? Wissenschaftliche Befunde zur Förderung von Frustrations- bzw. Ungewissheitstoleranz, aber auch Erfahrungen von Lehrenden, könnten hier hilfreiche Hinweise liefern.

Nicht zuletzt geht es um die Ausgangsmotivation der Studierenden. Welche Themen oder Fragestellungen sind es genau, die Studierende dazu motivieren, an Forschendem Lernen teilzunehmen? Denkbar wären hier etwa Themen mit hoher gesellschaftspolitischer Relevanz (z.B. soziale Gerechtigkeit, Nachhaltigkeit), die – zumindest im Falle der Q-Tutorien – für Studierende von starkem Interesse sind. Denkbar wären aber auch Themen mit konkretem Professionsbezug (z.B. Umgang mit Unterrichtsstörungen für eine Gruppe von Lehramtsstudierenden), um die Bedeutung für den späteren Berufsalltag als ›Motivationsmotor‹ zu nutzen. Künftige Projekte oder Untersuchungen zum Forschenden Lernen sollten das Relevanzempfinden verschiedener Themenstellungen noch stärker in den Blick nehmen.

Zusammenfassend machen diese Ausführungen deutlich: Die Gestaltung von Forschendem Lernen macht den Unterschied. Damit die Studierenden positive Forschungserfahrungen erleben und Motivation zum Forschen aufbauen können, brauchen sie Freiraum, aber auch Unterstützung. Dieser Spagat ist nicht immer einfach, aber dennoch möglich. Die in diesem Beitrag formulierten Empfehlungen sollen Lehrenden helfen, die spezifischen Herausforderungen Forschenden Lernens zu erkennen und so Möglichkeiten zur Verbesserung der eigenen Lehrpraxis zu erarbeiten.

Literatur

Deci, E.L. & Ryan, R.M. (2000). The »What« and »Why« of Goal Pursuits: Human Needs and the Self-Determination of Behavior. *Psychological Inquiry,* 11(4), 227–268.

Fichten, W. (2010). Forschendes Lernen in der Lehrerbildung. In U. Eberhardt (Hrsg.), *Neue Impulse in der Hochschuldidaktik – Sprach- und Literaturwissenschaften* (S. 127–182). Wiesbaden: VS Verlag für Sozialwissenschaften.

Gess, C., Rueß, J. & Deicke, W. (2013). *Lehrevaluation und -entwicklung: Rekonstruktion von Komplexität mittels Design-based Research.* Vortrag gehalten auf der 16. Jahrestagung der Deutschen Gesellschaft für Evaluation, München.

Huber, L. (2009). Warum Forschendes Lernen nötig und möglich ist. In L. Huber, J. Hellmer & F. Schneider (Hrsg.), *Forschendes Lernen im Studium: Aktuelle Konzepte und Erfahrungen* (S. 9–35). Bielefeld: UniversitätsverlagWebler.

Huber, L. (2014). Forschungsbasiertes, Forschungsorientiertes, Forschendes Lernen: Alles dasselbe? *Das Hochschulwesen,* 62(1+2), 22–29.

Krapp, A. (2010). Interesse. In D.H. Rost (Hrsg.), *Handwörterbuch Pädagogische Psychologie* (4. Ausgabe, S. 311–323). Weinheim, Basel: Beltz Verlag.

Krapp, A. & Hascher, T. (2014). Theorien der Lern- und Leistungsmotivation. In L. Ahnert (Hrsg.), *Theorien in der Entwicklungspsychologie* (S. 252–281). Berlin, Heidelberg: Springer VS.

Rueß, J., Gess, C. & Deicke, W. (2016). Forschendes Lernen und forschungsbezogene Lehre – empirisch gestützte Systematisierung des Forschungsbezugs hochschulischer Lehre. *Zeitschrift Für Hochschulentwicklung,* 11(2), 23–44.

Satow, L. & Schwarzer, R. (2003). Entwicklung schulischer und sozialer Selbstwirksamkeitserwartung. *Psychologie in Erziehung und Unterricht,* 50, 168–181.

Schiefele, U. (2008). Lernmotivation und Interesse. In W. Schneider & M. Hasselhorn (Hrsg.), *Handbuch der Pädagogischen Psychologie* (S. 38–49). Göttingen: Hogrefe.

Schiefele, U., Krapp, A., Wild, K.-P. & Winteler, A. (1993). Der Fragebogen zum Studieninteresse (FSI). *Diagnostica,* 39(4), 335–351.

Schiefele, U. & Schaffner, E. (2015). Motivation. In E. Wild & J. Möller (Hrsg.), *Pädagogische Psychologie* (2. Ausgabe, S. 153–175). Berlin, Heidelberg: Springer.

Schwarzer, R. & Jerusalem, M. (2002). Das Konzept der Selbstwirksamkeit. In M. Jerusalem & D. Hopf (Hrsg.), *Selbstwirksamkeit und Motivationsprozesse in Bildungsinstitutionen* (44. Beiheft). Weinheim, Basel: Beltz Verlag.

Sonntag, M., Rueß, J., Ebert, C., Friederici, K. & Deicke, W. (2016). *Forschendes Lernen im Seminar. Ein Leitfaden für Lehrende.* Berlin: bologna.lab der Humboldt-Universität zu Berlin.

Der in diesem Beitrag vorgestellte Ansatz zum forschungsnahen Lehren wurde im Zuge der Konzeption der Fortbildung »Lehre forschungsnah konzipieren« im Zentrum für Lehren und Lernen an der Universität Bielefeld entwickelt. In dieser Fortbildung planen die Teilnehmenden eine forschungsnahe Lehrveranstaltung, die sie erproben, durchführen und evaluieren. An diesem semesterbegleitenden Format nehmen vor allem Doktorand/innen und PostDocs teil, die häufig ein großes Interesse daran haben, neben ihrer Forschungstätigkeit auch ihre individuelle Lehrkompetenz weiterzuentwickeln. Außerdem bieten wir einen Kurzworkshop an, in dem die Teilnehmenden (neue) Impulse für die Verknüpfung von Forschung und Lehre erhalten; ein weiteres Treffen dient dem Erfahrungsaustausch über die Umsetzung der Lehrideen. Dieses Format ist auch für erfahrene Lehrende interessant.

»Beautiful Questions« – Wie motiviere ich Studierende durch inspirierende Fragen und konstruktive Lernziele?

Kerrin Riewerts, Petra Weiß

> »Man muss viel gelernt haben, um über das, was man nicht weiß, fragen zu können.«
> Jean-Jacques Rousseau (1761)

Menschen stellen von klein auf Fragen, um Dingen auf den Grund zu gehen und zu neuen Erkenntnissen zu gelangen. So ist ein Grundmerkmal des Forschens und des Lernens, dass es auf Fragen basiert. Nachfolgend wird erörtert, wie durch den Einsatz von Wissbegierde weckenden Fragen – sogenannten »Beautiful Questions« – Lehre so gestaltet werden kann, dass sie Studierende und Lehrende gleichermaßen begeistert. Wir betrachten in diesem Beitrag motiviertes Lernen und Lehren aus verschiedenen Perspektiven sowie den Einsatz von inspirierenden Fragen in der Lehre, zeigen Zusammenhänge und Wechselwirkungen auf, die im Idealfall eine (didaktische) Diskussion in Gang setzen, anregen, weitere Fragen zu stellen oder Gegebenes zu hinterfragen.

Auch an der Universität Bielefeld möchten wir im Zentrum für Lehren und Lernen das Lehr-/Lernformat des Forschenden Lernens stärken. So haben wir für die Implementierung forschungsnaher Lehre hochschuldidaktische Fortbildungsformate entwickelt, die Impulse für eine Verknüpfung von Forschung und Lehre geben. In diesen Workshops entwickeln Lehrende gemeinsam Strategien für eine forschungsnahe und zugleich lernprozessorientierte Lehre. Das Forschen als Ausdruck disziplinärer Praxis wird dabei zum Ausgangspunkt von Lehrstrategien, die im besten Falle Studierende für ihr Fach begeistern und sensibilisieren.

In der hochschuldidaktischen Literatur besteht eine große Begriffsvielfalt mit unterschiedlichsten Ansätzen bezüglich einer Lehre, die in enger Verzahnung zur Forschung steht (Huber, 2014; Reinmann, 2009; Tremp, 2005). Wir bevorzugen die übergreifende Bezeichnung der forschungsnahen Lehre, unter der wir verstehen, Studierende zum fachlichen Handeln zu befähigen, indem sie in allen Phasen des Studiums die Gelegenheit bekommen, sich mit den Arbeitsweisen von Wissenschaftler/innen auseinanderzusetzen (vgl. Weiß & Riewerts, 2015).

Aktivierende Lehrmethoden wie das Forschende Lernen benötigen motivierte Lehrende und Studierende. Immer wieder stellen Lehrende in unseren Fortbildungen die Frage, wie sie die Studierenden für das bzw. ihr Thema gewinnen können und wie die Umsetzung von forschungsnaher Lehre gelingen kann. Im ersten Abschnitt nähern wir uns dieser Thematik durch die Frage: »Wie sollte die Lehre gestaltet sein, damit Studierende nachhaltig motiviert sind?«

Ein charakteristisches Merkmal Forschenden Lernens ist, dass es »question-driven« (Aditomo, Goodyear, Bliuc & Ellis, 2013, S. 1241), also fragengeleitet ist. Daher wird im zweiten Abschnitt ein Ausschnitt aus unserer Fortbildung für Lehrende dargestellt. Wie lassen sich aus dem übergeordneten Lernziel der Lehrveranstaltung inspirierende, anregende, Wissbegierde weckende Fragen, die Beautiful Questions, entwickeln?

Lernen überhaupt, jedoch insbesondere das Forschende Lernen, sollte mehr sein als nur ein Erinnern und Wiedergeben. Von Studierenden wird erwartet, dass sie weiterführende Fähigkeiten, wie z. B. Sozial-, Kommunikations- und Problemlösekompetenzen, erlernen und ausbauen. Damit Studierende diese Fähigkeiten und Fertigkeiten erweitern, braucht es eine Lehre, die nicht nur ergebnisorientiert ausgerichtet ist, sondern auch den (Lern-)Prozess in den Blick nimmt. Hier setzt die studierendenzentrierte Lehre an, die auf die Bedürfnisse und Interessen der Studierenden eingeht (vgl. Hoskinson, Barger & Martin, 2014). Eine wesentliche Voraussetzung einer lernprozessorientierten Lehre besteht darin, die Studierenden wissen zu lassen, was von ihnen erwartet wird. Klar formulierte und an die Studierenden kommunizierte Lehr-/Lernziele sind eine wertvolle Hilfe, sie in ihrem Lernen zu unterstützen (Duis, Schafer, Nussbaum & Stewart, 2013, S. 1144; Simon & Taylor, 2010, S. 52). Im dritten Abschnitt wird daher gezeigt, wie sich aus den übergeordneten Lernzielen konkrete, umsetzbare und messbare Lernziele formulieren lassen, die an die Studierenden gerichtete Erwartungen transparent und nachvollziehbar vermitteln. Anschließend wird diskutiert, wie Lehrende Studierende an das Formulieren eigener Fragestellungen heranführen. Zum Schluss des Beitrags werden die erörterten Fragestellungen noch einmal zusammengeführt.

1. Wie gewinne ich Studierende für mein Thema?

Die Motivation zur Auseinandersetzung mit einem Thema ist keine statische Größe, sie wird vielmehr durch vielfältige Faktoren beeinflusst (vgl. Lahm, 2015). Studierende sind motiviert, wenn sie die

Bereitschaft haben, sich mit dem Gegenstand auseinanderzusetzen und ihnen ihr Tun relevant und sinnhaft erscheint. Zudem sollte ihnen die Möglichkeit gegeben werden, Fähigkeiten zu entwickeln, sich das Thema selbst anzueignen sowie es auf andere Situationen und Aufgaben anzuwenden. Letztendlich ist nicht zu vernachlässigen, dass Lernmotivation und Emotionen eng miteinander verknüpft sind (vgl. Pekrun & Linnenbrink-Garcia, 2014).

Im Folgenden gehen wir auf die ersten beiden Punkte genauer ein: Die Bereitschaft zum Lernen im Sinne intrinsischer Motivation können Lehrende nur bedingt beeinflussen. Häufig kommen die Studierenden motiviert in die Lehrveranstaltung und es geht darum, diese Motivation aufrechtzuerhalten. Dessen ungeachtet kann sich die Begeisterung der Lehrenden für das Fach motivierend auf die Lernenden übertragen (Siebert, 2008, S. 124). Sind sich die Lehrenden dessen bewusst, was sie an ihrem Fach oder Thema fasziniert, legen sie ihre ureigenste Motivation offen und zeigen gleichzeitig die (wenn auch persönliche) Bedeutung des Faches auf. Um diesen Aspekt in unseren Fortbildungen zu verdeutlichen, eröffnen wir den Workshop mit der Frage: »Was fasziniert mich an meinem Fach?«.

Eine für die Studierenden sinnhafte Lernumgebung lässt sich gestalten, indem die Relevanz des Themas dargelegt wird und sich die Studierenden für sie bedeutungsvolles Wissen aneignen können. Dies kann dadurch gelingen, dass die Lehrenden ihre Lernziele (siehe hierzu auch Abschnitt 3) – die übergeordneten sowie die jeder Lerneinheit – klar und offen an die Studierenden kommunizieren, z. B. in Form eines sogenannten Syllabus oder auch Kursleitfadens, der den Studierenden zu Beginn der Lehrveranstaltung ausgehändigt wird. Der übliche Eintrag zur Lehrveranstaltung im Vorlesungsverzeichnis reicht meist nicht aus, um den Studierenden zu veranschaulichen, was sie lernen werden und was genau von ihnen erwartet wird; vielmehr wird das Thema hier nur kurz vorgestellt und der Interpretationsspielraum für die Studierenden ist oft zu groß, um abwägen zu können, was von ihnen verlangt wird (Duis et al. 2013, S. 1144).

Zusammengefasst bedeuten diese Erkenntnisse für die Planung und Durchführung einer motivierenden Lehrveranstaltung, dass affektiv ansprechende Lernziele an das Vorwissen der Studierenden anknüpfen sollten, die dann durch Übungen mit sinnvollen Aufgaben von den Studierenden erreicht werden können.

2. Was sollen Studierende nach fünf Jahren aus meiner Lehrveranstaltung noch wissen bzw. können? Aus der »Großen Idee« Beautiful Questions entwickeln

Sicherlich werden sich Studierende nach einiger Zeit nicht mehr an jedes Detail aus den Lehrveranstaltungen erinnern, die sie besucht haben. Doch wie können Studierende beim nachhaltigen Lernen unterstützt werden, einem Lernen, das über eine kurzfristige und oberflächliche Wissensaneignung hinausgeht und Studierende dazu befähigt, Problemlösestrategien einzusetzen. Denn von Akademiker/innen wird verlangt, dass sie in der Lage sind, ihr Handeln kritisch zu reflektieren und bereit sind, für ihr Tun Verantwortung zu übernehmen.

In unseren Fortbildungen an der Universität Bielefeld geben wir Lehrenden die Gelegenheit, sich zu überlegen, was Studierende idealerweise einige Zeit nach der Lehrveranstaltung (drei bis fünf Jahre später) noch wissen oder können bzw. welche Konzepte sie noch anwenden können sollen. Diese Übung hilft den Lehrenden, sich bei der Planung ihrer Lehrveranstaltung auf das Wesentliche zu konzentrieren. Wir nennen dies die »Große Idee«, die als übergeordnetes Lernziel für die Lehrveranstaltung steht: Welche Konzepte und (Denk-)Strukturen sind der/dem Lehrenden so wichtig, dass die Studierenden sie mitnehmen und auch später in anderen Kontexten anwenden können? Wenn die »Große Idee« für die Lehrveranstaltung identifiziert und konkret formuliert ist, lassen sich in einem nächsten Schritt daraus weitere Lernziele der Lehrveranstaltung entwickeln (siehe Abschnitt 3). Meist wird hier ein erster Wandel bei den Teilnehmenden unserer Fortbildungen sichtbar: Ihnen wird durch diese Übung bewusst, dass für einen tiefergreifenden Lernprozess mehr als nur Inhalte abgehandelt werden sollten.

Wie im ersten Abschnitt gezeigt wurde, weckt motivierende Lehre Neugier und Wissbegierde, bestmöglich sowohl aufseiten der Studierenden als auch der Lehrenden. Nach Bain (2004, S. 100) gelingt dies, wenn das Thema »beautiful«, »intriguing« oder »challenging« ist. Ein Weg, Studierende herauszufordern und zu aktivieren, ist, die Lernziele in faszinierende, verblüffende Fragen zu verpacken. Aus ihrer »Großen Idee« entwickeln Teilnehmende in unseren Fortbildungen daher eine Frage, die die Studierenden dazu inspirieren soll, sich näher mit dem Thema auseinanderzusetzen. Um den Aspekt des Faszinierenden zu betonen, verwenden wir hierfür den Ausdruck Beautiful Question.

Neben dem inspirierenden Moment kann durch die Art der Fragen auch veranschaulicht werden, wie in den einzelnen Disziplinen geforscht bzw. gedacht wird: Während z. B. in den Geisteswissenschaften Studierende durch die Fragen lernen zu argumentieren, wird auf Fragen in den Naturwissenschaften eher eine eindeutige Antwort erwartet. Arbeiten Lehrende in der Studieneingangsphase mit der Methode des Forschenden Lernens und den Beautiful Questions, können Studierende schon zu Beginn des Studiums leicht in die Arbeits- und Denkweise ihres Faches eingeführt werden.

In der Fortbildung wird durch die Diskussionen über die Beautiful Question deutlich, dass der/die Lehrende sich vorab Gedanken machen muss, wie Wissen in seinem/ihrem Fach generiert wird und wie viel (fachspezifisches) strategisches Wissen nötig ist, um die Frage zu beantworten. Eine Methode, dieses implizite Wissen explizit zu machen, ist die des »Decoding the Disciplines« (vgl. Middendorf & Pace, 2004). Hierbei werden Lernhindernisse der Studierenden identifiziert und Überlegungen angestellt, wie diese zu überwinden sind.

Anfangs fällt es vielen Lehrenden schwer, schöne Fragen zu entwickeln. Sie sind absichtlich sehr offen gehalten, was zunächst einer typischen Forschungsfrage zuwiderläuft. Ein guter erster Schritt sind die Überlegungen, die im vorangegangenen Abschnitt erläutert wurden: Was motiviert/begeistert mich? Was sollen die Studierenden lernen, welche Kompetenzen entwickeln (und wie teile ich es ihnen mit)? Und: Sind Emotionen mit eingebunden?

Die Frage kann unterschiedlich ausgerichtet sein. Soll sie Wissen abfragen oder als Einstieg in ein Thema fungieren, indem sie Neugier weckt, irritiert oder gar provoziert? Interessante, attraktive Fragen dürfen verunsichern (Bain, 2004, S. 102): Sie regen an, das Thema aus verschiedenen Perspektiven zu betrachten, herkömmliche Denkstrukturen und Handlungsmuster zu hinterfragen, Entscheidungen zu fällen, die eigene Meinung zu verteidigen und damit selbst Wissen zu konstruieren. Auch können sie dazu führen, unvermutete Einsichten zu gewinnen, denn nach dem konstruktivistischen Ansatz von Lerntheorien besteht bei Überraschungen Lernbedarf (Siebert, 2008, S. 46). Beautiful Questions sollten so formuliert sein, dass die Studierenden erkennen, dass es sich lohnt, sich eingehender mit dieser Fragestellung auseinanderzusetzen.

Einige Beispiele aus unseren Fortbildungen lauten: »Denken ohne Sprache?« (Linguistik), »Warum hast du Sex?« (Evolutionsbiologie), »Wie lässt sich Wirklichkeit einfangen?« (Soziologie) und »Woher wissen wir, was wir (nicht) können?« (Erziehungswissenschaft).

Gleichzeitig verbinden diese Fragen das subjektive Interesse des/der forschend Lehrenden an seinem/ihrem Gebiet mit der Vermittlung dieses Interesses an die Studierenden. Diese erkennen die Relevanz und können eine Art Bündnis mit dem/der Lehrenden in der Bearbeitung der Frage in der Lehrveranstaltung eingehen. Bestenfalls lässt dieses Vorgehen die Studierenden mit einer neuen Frage zurück, die tiefer in das Thema führt: Wie geht es weiter? Über die Beautiful Questions können Lehrende also Studierende in eine forschende Haltung bringen, aus der heraus sie selbst Forschungsfragen formulieren.

3. Noch Fragen? Lernziele formulieren und kommunizieren

Lernziele zeigen die Relevanz und Nützlichkeit eines Themas für Studierende auf und unterstützen sie dadurch im Lernen (Duis et al., 2013, S. 1144; Simon & Taylor, 2009, S. 52). Sie vermitteln den Studierenden eine Struktur, so dass sie z. B. durch planvolle und systematische Mitschriften effektiver lernen können (Simon & Taylor, 2009, S. 57). Ein weiterer beobachtbarer positiver Effekt ist, dass Lernziele die fachliche Kommunikation zwischen Studierenden und Lehrenden anregen (ebd., S. 55), wenn diese transparent zu Anfang der Lehrveranstaltung vermittelt und mit den Studierenden diskutiert werden.

Lernziele umfassen Inhalts- und Handlungskomponenten: dezidierte Aussagen über Fähigkeiten, Fertigkeiten, Wissen und Haltungen, die die Studierenden in der Lehrveranstaltung erreichen sollen, wie sie sie erlangen und wie sie überprüft werden. Geht es um die Definition von Lernzielen, wird häufig die von Krathwohl (2002) überarbeitete »Bloomsche Taxonomie« herangezogen, die den kognitiven Lernbereich in sechs aufeinander aufbauende Ebenen unterteilt, wobei die sechs Ebenen jeweils in vier Wissensdimensionen klassifiziert werden. In unseren Fortbildungen setzen wir allerdings ein anderes Modell ein: das »Lernzielrad« nach Dee Fink (2013, S. 34 ff.; siehe Abb. 1), das sechs gleichwertige Dimensionen aufweist. Hier sind neben den kognitiven Kompetenzen auch soziale und personale Kompetenzen integriert, mit dem Ziel nachhaltiges Lernen zu ermöglichen.

Hinter der Dimension »(Fach-)Wissen« verbirgt sich das Verstehen und Erinnern von Fakten und Informationen; »Anwendung« beinhaltet u. a. kritisches und/oder kreatives Denken, das Umsetzen von Theorie in die Praxis und die Entwicklung von Fähigkeiten. Die Dimension »Integration« beschreibt das Ziel, Relationen bilden zu können, Verbindungen zwischen bereits Gelerntem und Neuem herzustellen und zu lernen, über die eigene Disziplin hinauszudenken. Die »menschliche Dimension« beinhaltet die Sozialkompetenz, über sich und andere zu lernen und die Fähigkeit zur Reflexion. Was im Deutschen als »Werte« bezeichnet wird, heißt im Original »caring«: Hierüber werden die Motivation, aber auch die Neugier, die Gefühle und Interessen der Studierenden angesprochen. Lernziele der Dimension

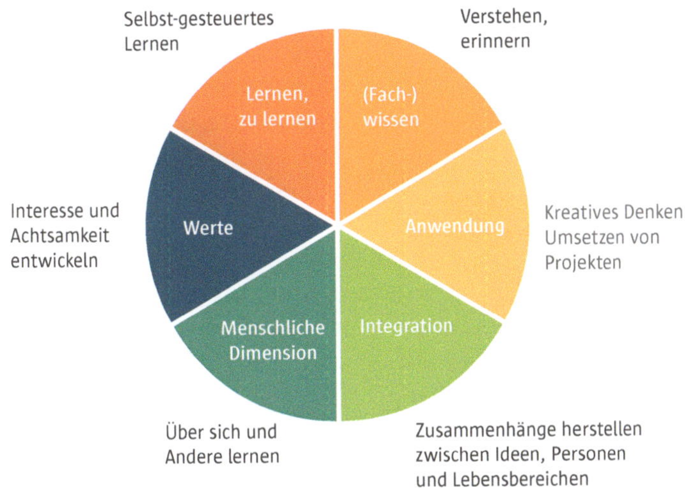

Abb. 1: Lernzielrad nach D. Fink (2013, S. 35, eigene Übersetzung)

»Lernen, zu lernen« ermöglichen Studierenden ein selbstbestimmtes und selbstverantwortliches Lernen.

Nachhaltiges Lernen wird gestaltet, indem möglichst alle Dimensionen in einer Lehrveranstaltung berücksichtigt werden, da sie sich gegenseitig beeinflussen und verstärken (Fink, 2013). Als Beispiel seien nachfolgend die grundlegenden Lernziele für das Basispraktikum im Fach Chemie (Duis et al., 2013, S. 1146) genannt, mit dem jeweiligen Bezug zu Finks Dimensionen: Studierende sollen 1. Experimentierfähigkeit entwickeln ((Fach-)Wissen und Anwendung), 2. Kommunikationskompetenz entwickeln, d.h. Laborprotokolle nachvollziehbar führen und Ergebnisse kommunizieren (Anwendung und Lernen, zu lernen), 3. Verantwortung übernehmen (menschliche Dimension), 4. Zusammenhänge erkennen (Integration), 5. Wissen und Erfahrung auf neue Situationen anwenden (Anwendung und Integration) und 6. ihr Tun als sinnhaft erleben (Werte). Hier wird ersichtlich, dass sich die einzelnen Dimensionen nicht immer scharf voneinander trennen lassen und dass ein Lernziel zugleich mehrere Dimensionen ansprechen kann.

Um Lernziele konzise, aktiv, eindeutig und messbar zu formulieren, werden den Lehrenden in unseren Fortbildungen beispielhafte Verben (Fink, 2013, S. 89) zu jeder Dimension an die Hand gegeben – diese Handlungsanweisungen werden in den Fachdidaktiken auch als Operatoren bezeichnet. So verstehen Lehrende bspw. unter dem Begriff »verstehen« oft etwas anderes als ihre Studierenden. Als ein Beispiel sei ein Lernziel aus einem Kurs der Soziologie angeführt: Anstelle des ungenauen Lernziels »Studierende verstehen die Methode der qualitativen Inhaltsanalyse« ist folgende Aussage detaillierter, eindeutiger und für die Studierenden nachvollziehbarer:

> »Studierende kennen die Methode der qualitativen Inhaltsanalyse, sie können sie auf einen konkreten Fall anwenden, die Ergebnisse kritisch bewerten und mit weiteren qualitativen Methoden in Bezug setzen.«

Wie hier deutlich wird, ist es aufwändig, Lernziele zu verfassen. Sie können nicht isoliert betrachtet werden, so dass zunächst die »Große Idee« der Lehrveranstaltung und ggf. das gesamte Curriculum in den Blick genommen werden sollte. Sind die Lernziele nicht logisch aufeinander abgestimmt, könnten sie sogar ein Lernhindernis darstellen (Simon & Taylor, 2009, S. 53). Viele Lernziele stecken zudem implizit im Thema. Sich als Lehrende/r dessen bewusst zu werden, braucht Raum für Reflexion, indem man fragt: Wie gehe ich als Experte/in selbst vor? Oder: Wie habe ich mir selbst diese Fähigkeit angeeignet? Hilfreich bei der Aufgabe, Lernziele zu formulieren, ist es, sich die eingangs gestellten Fragen erneut in den Sinn zu rufen: Was sollen die Studierenden einige Jahre nach der Lehrveranstaltung noch wissen, welche Konzepte anwenden, welche Strategien einsetzen, was schätzen sie wert?

So bildet zunächst die »Große Idee« in Form der Beautiful Question das übergeordnete Lernziel ab, wovon die weiteren Feinziele für die gesamte Lehrveranstaltung abgeleitet werden. Lernziele sind jedoch auch für jede einzelne Lehrsequenz hilfreich. Das Formulieren der Lernziele wird so zum Ausgangspunkt für ein methodisches Vorgehen in der Lehre. Werden für die Veranstaltungsplanung zunächst die Lernziele aufgestellt, fällt es im nächsten Schritt leichter, passende Studienaktivitäten einzubinden und damit den roten Faden in der Veranstaltung beizubehalten. Auch die für jede Lehreinheit formulierten Feinziele lassen sich wunderbar in Beautiful Questions umwandeln, und so könnte jede Sitzung mit einer inspirierenden Frage beginnen bzw. enden. Fink (2013) zufolge wird nachhaltiges Lernen gefördert, wenn zu den Lernzielen und Studienaktivitäten geeignete Rückmelde- und Prüfungsformen entwickelt und alle drei Komponenten aufeinander abgestimmt werden.

Unterstützt werden kann dieser Prozess auch durch den Austausch mit Kolleg/innen. Studien haben gezeigt (vgl. Duis et al., 2013; Simon & Taylor, 2009), wie gewinnbringend die Diskussion über Lernziele innerhalb der Fakultät ist. Gleichzeitig fördert das gemeinsame Formulieren von Lernzielen eine kritische Auseinandersetzung über Lehrmethoden und Prüfungsformen, d.h. wo innerhalb der Fakultät vorerst nur über Forschung diskutiert wurde, wird nun konstruktiv über Lehre gesprochen.

Eine Voraussetzung zur Reflexion über Lehre ist zudem eine differenzierte Evaluation der eigenen Lehre. Damit Lehrende einschätzen können, ob die gesetzten Lernziele erreicht wurden, haben wir am Zentrum für Studium, Lehre, Karriere der Universität Bielefeld ein an Lernzielen ausgerichtetes Evaluationsinstrument entwickelt (BiLOE, Bielefelder lernzielorientierte Evaluation, vgl. Frank & Kaduk, 2016), mit dem u.a. untersucht wird, in welchem Maße die Studierenden die angebotenen Aktivitäten nutzen konnten, um die gesteckten Ziele zu erreichen.

4. Studierende zum Fragenstellen anleiten

Oft hören wir von Lehrenden, dass ihnen die Methode des Forschenden Lernens zu aufwändig ist, da sie davon ausgehen, dass der gesamte Forschungsprozess von den Studierenden durchlaufen werden sollte. Nach unserer Auffassung können aber auch nur einzelne Teile des Prozesses in der Lehrveranstaltung angesprochen werden. So können Lehrende den forschenden Habitus Studierender fördern, indem sie bspw. Studierende über ein ganzes Semester ›nur‹ an der Formulierung von Forschungsfragen feilen, sie diese eingrenzen und zuspitzen lassen. Dies kann z.B. in Form von kleinen, niedrigschwelligen Methoden, den sogenannten »classroom assessment techniques« (CATs) (vgl. Angelo & Cross, 1993) erreicht werden. Indem Studierende sich zum Ende der Sitzung zu dem behandelten Thema eigene Fragen, bspw. Klausur- oder Forschungsfragen, ausdenken, kann ein Einstieg in das Formulieren forschungsnaher Fragen erfolgen. Dabei handelt es sich um eine Abwandlung des sogenannten »one minute paper«, das einfach und schnell Rückmeldung auf Lehrveranstaltungsinhalte gibt, indem die Studierenden zum Ende der Veranstaltung z.B. folgende Fragen schriftlich beantworten: Was ist das Wichtigste, das ich heute gelernt habe? Und: Welche wichtige Frage blieb für mich unbeantwortet? Anhand der Rückmeldung erkennen Studierende, ob sie das Lernziel erreicht haben, und Lehrende stellen fest, ob die Studierenden die jeweiligen Konzepte verstanden haben und/oder anwenden können. Zudem können sie bei eventuell auftretenden Verständnisschwierigkeiten unmittelbar auf diese eingehen (Hoskinson et al., 2014, S. 287).

Eine weitere Methode zur Generierung von Fragen ist, Studierende in Kleingruppen zu dem aktuellen Thema zwei Fragen entwickeln zu lassen: eine grundlegende, die jeder im Kurs beantworten können sollte und eine komplexere, die in die Tiefe gehen kann bzw. Details des Themas betrifft. Bevor die Studierenden diese Fragen beantworten, sollten sie sie nach Qualität und/oder Niveau einschätzen und prüfen, ob diese adressatengerecht ausgerichtet sind (Groß, 2014, S. 81 ff.). Ebenfalls möglich wäre es, Studierende semesterbegleitend ein Fragenlogbuch führen zu lassen, worin sie ihre Fragen sammeln. Hierbei können sie womöglich entdecken, wie sich ihre Fragen im Laufe der Veranstaltung verändern. Studierende, die durch Selbstbeobachtung ihr Lernen reflektieren, zeigen, dass sie Forschungskompetenzen entwickeln (Hoskinson et al., 2014, S. 287; Lahm, 2015).

5. Fazit und Ausblick

»Wenn wir nicht über unsere Lehre nachdenken, wie können wir dann von den Studierenden verlangen, dass sie sich über ihr Lernen Gedanken machen?« (Hoskinson, 2014, S. 286)

Zusammengefasst beinhaltet eine motivierende forschungsnahe Lehre messbare Lernziele und authentische Aufgaben, durch die Studierende intellektuell und affektiv ansprechende Erfahrungen machen können (ebd., S. 282). Das Entwickeln von Beautiful Questions ist eine Methode, um bei Studierenden die Neugier zum Forschen anzuregen, und sie auf dieser Grundlage eigene Fragen entwickeln zu lassen. Die Beautiful Questions können Studierende in die Historizität des Fachs führen und legen dar, welche Art von Wissen im Fach relevant ist. Durch die Ausrichtung der Frage können Studierende auch nachvollziehen, wie Wissenschaftler/innen um Perspektiven ringen und wie dieses Wissen im Fach generiert wird. Letztendlich zielen alle hier beschriebenen Methoden und Aufgaben darauf ab, dass Studierende in einem forschungsnahen Lehrprojekt eigene Forschungsfragen entwickeln. Dabei sollte nicht vergessen werden, dass für einen solchen Auftrag viel (implizit strategisches) Fachwissen vonnöten ist, wie das Eingangszitat von Rousseau nahelegt.

In unseren Fortbildungen räumen wir viel Zeit für den überfachlichen Austausch ein. Dies zeigt sich besonders fruchtbar bei der Entwicklung von Beautiful Questions. Für viele Lehrende ist dies zunächst sehr herausfordernd und die ersten Entwürfe sind häufig noch nicht besonders »beautiful«. Im Gespräch mit Kollegen und Kolleginnen aus anderen Fachbereichen können andere Blickwinkel betrachtet werden, und durch diesen Blick über den Tellerrand gewinnen die Fragen gewissermaßen an Schönheit.

Fragen haben eine wichtige Aufgabe in der Forschung und damit auch in der Lehre. Beautiful Questions bilden dabei eine inspirierende Verknüpfung von Forschung und Lehre sowohl für Studierende als auch für Lehrende.

Praxistipp:
Beautiful Questions entwickeln

1. **Die »Große« Idee entwickeln:** 10 Minuten
   Nehmen Sie das große Ziel Ihrer forschungsnahen Lehrveranstaltung in den Blick: Was sollen Ihre Studierenden in drei bis fünf Jahren nach der Veranstaltung noch wissen/können? (Bitte einen Satz notieren)

2. **Beautiful Question formulieren:** 10 Minuten
   Formulieren Sie eine kreative, spannende Frage aus der »Großen Idee«. (Beispiele: Warum gibt es arm und reich? (Soziologie) Was ist Kraft? (Physik) Sind wir so geboren wie wir sind? (Psychologie) Wie ähnlich sind sich Mensch und Fruchtfliege? (Biologie))

3. **Beautiful Question formulieren:** 10 Minuten
   Verändern Sie ggf. die Frage oder passen Sie sie an.

4. **Einen Steckbrief ausfüllen:** 2 Minuten
   Notieren Sie: Fach, Thema der Lehrveranstaltung, Art der Lehrveranstaltung, Beautiful Question

5. **Im Plenum präsentieren:** 5 Minuten pro Steckbrief

Literatur

Aditomo, A., Goodyear, P., Bliuc, A.-M. & Ellis, R. A. (2013). Inquiry-based learning in higher education: Principal forms, educational objectives, and disciplinary variations. *Studies in Higher Education, 38*(9), 1239–1258.

Angelo, T. A. & Cross, K. P. (1993). *Classroom assessment techniques: A handbook for college teachers.* Boston: Jossey-Bass.

Bain, K. (2004). *What the best college teachers do.* Cambridge, MA: Harvard University Press.

Duis, J., Schafer, L., Nussbaum, S. & Stewart, J. (2013). A process for developing introductory science laboratory learning goals to enhance student learning and instructional alignment. *Journal of Chemical Education, 90(9),* 1144–1150.

Fink, L. Dee (2013). *Creating significant learning experiences, revised and updated. An integrated approach to designing college courses.* San Francisco, CA. Jossey-Bass.

Frank, A. & Kaduk, S. (2016). Lehrveranstaltungsevaluation als Ausgangspunkt für Reflexion und Veränderung. Teaching Analysis Poll (TAP) und Bielefelder Lernzielorientierte Evaluation (BiLOE). Erscheint in: Arbeitskreis Evaluation und Qualitätssicherung Berliner und Brandenburger Hochschulen (Hrsg.). *QM Systeme in Entwicklung: Change (or) Management? 15. Jahrestagung des Arbeitskreises Evaluation und Qualitätssicherung Berliner und Brandenburger Hochschulen.*

Groß, H. (2014). *Munterrichtsmethoden Band 2. 22 weitere aktivierende Lehrmethoden für die Seminarpraxis.* Berlin: Schilling.

Hoskinson, A., Barger, N. & Martin, A. P. (2014). Keys to a successful student-centered classroom: Three recommendations. *Bulletin of the Ecological Society of America,* 95(3), 281–292.

Huber, L. (2014). Forschungsbasiertes, Forschungsorientiertes, Forschendes Lernen: Alles dasselbe? Ein Plädoyer für eine Verständigung über Begriffe und Unterscheidungen im Feld forschungsnahen Lehrens und Lernens. *Das Hochschulwesen,* 1+2, 22–29.

Krathwohl, D. R. (2002). A revision of Bloom's Taxonomy: An overview. *Theory into Practice,* 41(4), 212–260.

Lahm, S. (2015). Schreiben als spreche man selbst. In H. Bachmann (Hrsg.), *Schreiben und Reflektieren: Dimensionen reflexiven Schreibens in der Hochschullehre* (Forum Hochschuldidaktik und Erwachsenenbildung) (S. 58 – 82). Bern: Hep, der Bildungsverlag.

Middendorf, J. & Pace, D. (2004). Decoding the disciplines: A model for helping students learn disciplinary ways of thinking. In D. Pace & J. Middendorf (Hrsg.), *Decoding the disciplines: Helping students learn disciplinary ways of thinking* (New Directions for Teaching and Learning, no. 98), (S. 1 – 12). San Francisco: Jossey-Bass. URL: http://www.iub.edu/~tchsotl/part3/Decoding%20Middendorf.pdf, 24. 4. 2016.

Reinmann, G. (2009). Wie praktisch ist die Universität? Vom situierten zum Forschenden Lernen mit digitalen Medien. In L. Huber, J. Hellmer & F. Schneider (Hrsg.), *Forschendes Lernen im Studium. Aktuelle Konzepte und Erfahrungen* (S. 36 – 51). Bielefeld: UniversitätsVerlagWebler. http://gabi-reinmann.de/wp-content/uploads/2009/08/Artikel_Forschendes_situiertes_Lernen09.pdf, 24.5.2016.

Siebert, H. (2008). *Konstruktivistisch lehren und lernen. Grundlagen der Weiterbildung.* Augsburg: ZIEL-Verlag.

Simon, B. & Taylor, J. (2009). What is the value of course-specific learning goals? *Journal of College Science Teaching*, 39(2), 52 – 57.

Tremp, P. (2005). Verknüpfung von Lehre und Forschung: Eine universitäre Tradition als didaktische Herausforderung. *Beiträge zur Lehrerbildung*, 23(3), 339 – 348.

Weiß, P. & Riewerts, K. (2015). Forschen(d) Lehren und Lernen – Impulse für die Entwicklung forschungsgeleiteter Lehre. In A. Dorfer-Novak, D. Pany & L. Scheer (Hrsg.), *Forschung im Hörsaal – Methoden und Modelle forschungsorientierter Lehre. Sammelband zum Tag der Lehre 2012 der Karl-Franzens-Universität Graz (Grazer Beiträge zur Hochschullehre*, Bd.4) (S. 53 – 76). Graz: Grazer Universitätsverlag – Leykam.

An der Universität Hohenheim ist das Seminar »Feuer und Flamme – die eigene Forschungsfrage finden« eines von vielen Projekten zu Forschendem Lernen, auf das sich Bachelorstudierende innerhalb des Angebots von »Humboldt reloaded« (HR) bewerben können. Das Seminar nutzt dieselben Anmelde- und Auswahlstrukturen wie die anderen Forschungsprojekte von HR. Daneben ist es auch auf einer Internet-Kursplattform vertreten, die alle Seminarangebote der Universität bündelt. Separate Berichterstattung erfolgt in der Online-Hochschulzeitung. Der Kurs wird speziell in den Erstsemestervorlesungen der agrarwissenschaftlichen Fakultät beworben, wird aber oft auch von höheren Semestern genutzt.
Mein Dank gilt allen Teilnehmenden des Seminars und dem BMBF für die Finanzierung des »Humboldt reloaded«-Projekts an der Universität Hohenheim im Zuge des Qualitätspakts Lehre (Förderkennzeichen 01PL11003).

Feuer und Flamme!
Die eigene Forschungsfrage finden

Karin Hartung

»Na, was willst du denn werden, wenn du groß bist?« ist eine Frage, die uns im Kindergarten, vielleicht noch in der Grundschule gestellt wird. Danach tritt die Frage: »Was willst du?« für lange Zeit in den Hintergrund. Kurz vor Ende unserer schulischen Laufbahn sollen wir sie beantworten, zumeist ohne Methoden zur Selbsterforschung an die Hand bekommen zu haben. Denn in der Schule steht Wissensvermittlung im Zentrum, Selbsterforschung sprengt hier meist den Rahmen. Um das Abitur zu erhalten, ist es wichtig, eine Fülle an Inhalten abzuspeichern und sie für die jeweils zugehörige Klausur abrufen zu können. Da der Stoff danach meist nicht mehr benötigt wird, bedeutet effizientes Lernen, herauszufinden, welches Wissen prüfungsrelevant ist, dieses Wissen kurzfristig zu speichern und punktgenau abrufen zu können. Dies kann im Extrem zur ›Lernbulimie‹ führen. Schulische Lerninhalte sind durch ein Curriculum vorgegeben und orientieren sich nicht an den Interessen, Bedürfnissen und Fähigkeiten der individuellen Schülerinnen und Schüler. Diese können nur in begrenztem Rahmen, z.B. bei Wahlfächern, ihre Interessen einbringen.

Seit einiger Zeit wird nun nicht nur an Schulen, sondern auch und besonders an Hochschulen ein Paradigmenwechsel gefordert: weg von frontalen Vorlesungen mit ›Lernbulimie‹ hin zu forschungsorientiertem Lernen. Forschendes Lernen setzt Neugier und Kreativität voraus. Aber woher soll ich, als Student, als Studentin, plötzlich die Neugier, die intrinsische Motivation nehmen? Woher soll ich wissen, wofür ich mich interessiere, wenn das bisher nicht von Belang war? Und woher soll ich wissen, wie ich herausfinde, was ich kann, was mich interessiert, wenn es mir keiner vorgelebt, keiner gezeigt hat?

Der Paradigmenwechsel stellt Studierende vor genau diese Probleme. Und ebenso fordert er Lehrende heraus, sich mit neuen Methoden der Lehre auseinanderzusetzen, diese umzusetzen und Studierende in diese neue Lehr- und Lernform mit ihren Anforderungen mitzunehmen: Wie kann ich Formate Forschenden Lernens anbieten, wenn bei den Studierenden andere Erwartungen vorherrschen? Wie kann ich einen Rahmen schaffen, in dem intrinsische Motivation bei Studierenden entstehen kann? Wie kann man Studierende ›entzünden‹, dass sie ganz Feuer und Flamme für ein Thema sind?

Um Lehrende und Studierende in der Beantwortung dieser Fragen zu unterstützen, wurde an der Universität Hohenheim das viertägige Seminar »Feuer und Flamme« eingerichtet. Es ermöglicht einer nahezu beliebig großen Gruppe Studierender, unabhängig von Semesterzahl und Studiengang, in beliebiger Gruppenzusammensetzung, eine je eigene Forschungsfrage zu finden – wobei »Forschungsfrage« hier eine Frage wissenschaftlichen Interesses meint und nicht notwendigerweise eine Frage, die wissenschaftlich noch nicht beantwortet ist. Diese Frage kann dann als ›Leitstern‹ oder ›Ziel des Studiums‹ genutzt werden und ermöglicht es den Studierenden, zielgerichteter zu studieren. Mit den vermittelten Methoden kann zudem das eigene Studienziel immer wieder überprüft werden. Aus Sicht der begleitenden Person bietet das Seminar zusätzlich die Möglichkeit, Präsentations- und Kommunikationstechniken zu vermitteln. Der Gesamtumfang umfasst ca. zwölf Stunden.

Im Folgenden finden sich Informationen zum Ziel des Seminars und zu den Voraussetzungen, die Seminarteilnehmende und -leitende mitbringen sollten. Danach geht es über die Durchführung der vier Seminartage zu den Erfahrungen, die mit diesem Seminar schon vorliegen, zum Fazit: Jede Menge Spaß!

Die Ziele des Seminars

Das Seminar »Feuer und Flamme – Die eigene Forschungsfrage finden« beruht auf Teilen des Buchs *Durchstarten zum Traumjob* von Bolles (2009). Es gibt Studierenden Raum, Zeit und Methoden, damit sie für sich eine geeignete Forschungsfrage finden können. Diese Frage deckt dann zum einen die eigenen Interessenbereiche größtenteils ab und kann zum anderen als Orientierung für das weitere Studium dienen, ggf. bis hin zur Bachelorarbeit. Ist das Ziel des eigenen Interesses identifiziert, trägt es zur Motivation bei und ermöglicht, auch Unliebsames auf dem Weg dorthin zu überwinden. Das können z. B. Vorlesungen sein, deren Sinnhaftigkeit den Studierenden im Kontext des eigenen Studiums verborgen bleibt.

Das Seminar zeigt den Teilnehmenden häufig neue thematische, aber auch studientechnische Optionen auf, die bisher vielleicht nicht in Betracht gezogen wurden, und unterstützt bei der weiteren Entscheidungsfindung. Studientechnische Optionen können u. a. Schwerpunkt- oder Studiengangwechsel beinhalten. Eine gute Zusammenarbeit mit der Studienberatung ist daher wichtig. Im Prozess des Forschungsfragefindens werden den Studierenden Methoden an die Hand gegeben, die es ermöglichen, diesen Prozess jederzeit selbstständig zu wiederholen. Und sie sollten explizit aufgefordert werden, auch später immer wieder zu überprüfen, ob das ›Ergebnis‹ noch stimmt, oder ob Korrekturen vorgenommen werden sollten.Darüber hinaus sollen die Studierenden Selbstwirksamkeit erleben, und wahrnehmen, dass sie ihr Studium aktiv gestalten können, Eigeninitiative und Frustrationstoleranz vorausgesetzt. Das Seminar soll als Einstieg in die Forschung an der Hochschule sowie als Anstoß für ein zielgerichtetes Studieren mit eigenen Themenschwerpunkten dienen und Studierende dazu motivieren, eigene Interessen in ihrem Studium umzusetzen. Im Verlauf des Seminars setzen sich die Studierenden intensiv mit dem eigenen Ich auseinander, gehen auf eine Reise zu und durch die eigene Persönlichkeit, um die eigenen Fähigkeiten, Fertigkeiten und Interessen zu entdecken und mehr über sie zu erfahren. Diese Reflexion findet nicht nur während der Präsenzzeit statt, sondern ist ein kontinuierlicher Prozess, der mal mehr, mal weniger bewusst abläuft und über den Seminarzeitraum hinauswirkt.

Für Forschendes Lernen gibt es verschiedenste Definitionen. Jede davon ist ›richtig‹. Daher gibt es nicht die eine, sondern nur die Notwendigkeit zu klären und zu kommunizieren, was im jeweiligen Kontext gemeinsam unter Forschendem Lernen verstanden wird. Mir ist bei diesem Seminar wichtig, Neugierde zu wecken, Bewusstsein für das Thema zu schaffen und Raum zu geben, in und mit dem Thema unterwegs zu sein.

Voraussetzungen: Zur Studierendengruppe und zur seminarbegleitenden Person

An diesem viertägigen Seminar können Studierende aus ganz unterschiedlichen Studiengängen teilnehmen, sogar aus völlig fachfremden Fakultäten. Heterogenität oder Homogenität der Gruppen hinsichtlich Semesterzahl, Studienfach, Vorwissen etc. spielen eine untergeordnete Rolle. Ebenso wenig ist von Belang, ob die Studierenden schon einen speziellen Forschungsthemenwunsch oder nur eine erste Vorstellung zum Fachgebiet haben oder ob sie ganz am Anfang stehen. Bei nur einer seminarbegleitenden Person ist eine Gruppengröße zwischen sechs und 30 Personen günstig.

Grundsätzlich hat die Person, die das Seminar leitet, mehr die Aufgabe zu begleiten und weniger die Funktion zu leiten. Das Selbstverständnis dieser Person sollte deutlich in Richtung von Coaches oder Forschenden weisen, die die Fragen und Methoden kennen, eigene Erfahrungen beisteuern können, jedoch keine Lösungen parat haben. Lösungen können nur durch die einzelnen Studierenden entwickelt werden. Die seminarbegleitende Person beeinflusst durch ihre Persönlichkeit und die spezifische Wahl einzelner Methoden maßgeblich das Seminar. Sie sollte daher bei ihrer Wahl darauf achten, dass sie hinter dem, was sie tut, stehen kann und sich damit wohlfühlt. Zudem sind gute psycho-soziale Kompetenzen hilfreich, um mit den gruppendynamischen und personenspezifischen Prozessen gut umgehen zu können.

Die Durchführung

Das Seminar findet an vier jeweils zwei- bis vierstündigen Terminen im Semester statt, die in einem Abstand von ein oder zwei Wochen aufeinander folgen. Die Arbeit findet dabei abwechselnd im Plenum, in unterschiedlich großen Kleingruppen sowie in Einzelarbeit statt. Es werden an den Tagen eins bis drei Hausaufgaben gestellt, ohne die der Folgetermin nicht sinnvoll genutzt werden kann.

Der erste Termin dient dem Kennenlernen und bereitet die erste Hausaufgabe vor, in der es um das Entdecken der eigenen Fähigkeiten geht. Der zweite Termin dient der Vorstellung der Hausaufgabe und der Hinführung zu den eigenen Fertigkeiten, die Thema der zweiten Hausaufgabe sind. Termin drei bietet Raum für den Austausch über die Hausaufgabe und hat zum Ziel, die eigenen Interessen zu entdecken und drei davon zur Forschungsfrage zusammenzuführen. Nach einer möglichst zweiwöchigen Pause, die der Recherche zu Themen der eigenen Forschungsfrage dient, werden am letzten Termin die Rechercheerlebnisse und -ergebnisse vorgestellt. Studierende sollten die Ergebnisse der Übungen und ihnen persönlich wichtige Erkenntnisse auf einem farbigen DIN-A4-Zettel festhalten. So ist alles auf einen Blick zu erfassen und leicht zu finden. Der Erfolg bzw. Nutzen des Seminars für die einzelnen Studierenden ist davon abhängig, wie weit sich diese auf das Seminar einlassen. Daher sind eine vertrauensvolle Atmosphäre und ein gutes Arbeitsklima in der Gruppe wichtig.

Erster Termin – Fähigkeiten & Reise durch die Hochschule

Gerade für dieses Seminar ist ein gelungener Beginn wichtig, um eine vertrauensvolle Atmosphäre zu schaffen, in der die Studierenden sich öffnen können. Die erste Vorstellungsrunde sollte daher so gestaltet sein, dass sich die seminarbegleitende Person damit sicher und die Studierendengruppe wohlfühlt. In der Runde können Punkte wie das Studienfach, das Fachsemester, aber auch die Frage »Wie bist du auf das Seminar aufmerksam geworden?« oder »Was hat dich bewogen, dieses Seminar zu besuchen?« angesprochen werden. Auch ungewöhnliche Anfänge wie z.B. wie »lebendige Statistik«(»Wenn hier Kiel ist und dort Konstanz, dann stellen Sie sich mal an Ihren Geburtsort!«) oder »Postkarten deuten« (»Aus den ausgelegten Postkarten habe ich diese gewählt, weil…«) sind möglich. Bei Studierendengruppen mit eher konservativer Haltung erleichtert eine sachliche Vorstellungsrunde (Zahlen, Daten, Fakten) den Einstieg. Andererseits stellt der Einstieg auch die Weichen für den gesamten Kurs und ein ungewohnter Auftakt kann helfen, sich Ungewohntem zu öffnen

Fehlende oder befremdende Einstiege können jedoch auch zu großem Widerstand führen. Denn – um Klischees zu bemühen – möglicherweise finden Studierende aus dem kreativen Bereich Zahlen, Daten, Fakten und Ingenieure Körperimprovisationen befremdlich. Schlimmstenfalls verschließen sich die Studierenden gegenüber der begleitenden Person und damit dem Seminar. An den folgenden Terminen reichen in der Regel eine Begrüßung und ein Überblick über die Inhalte des Tages. Nach der Vorstellungsrunde erhalten die Studierenden eine Übersicht über die Ziele und Inhalte des gesamten Seminars sowie den zeitlichen Ablauf. Dabei sollte der aktuelle Seminartag detaillierter vorgestellt werden.

Als erster inhaltlicher Punkt werden die Studierenden aufgefordert, auf ihr Leben zurückzublicken und sich ihre großen und kleinen Erfolge zu vergegenwärtigen. Damit auch die kleinen Erfolge wahrgenommen werden, werden die Teilnehmenden aufgefordert, 50 Erfolgsgeschichten zu finden und mit Titeln zu versehen. Jeder und jede sollte mindestens 20 Geschichten notiert haben, bevor dieser Prozess abgebrochen wird. Es kann helfen, nach einiger Zeit reihum je ein bis zwei Titel vorlesen zu lassen. Auch das Setzen eines Zeitlimits kann hilfreich sein, da es eine spielerische Wettbewerbssituation kreiert. Diese Geschichten dienen dem Selfempowerment, der Selbstbestärkung und der Wahrnehmung der Selbstwirksamkeit, und bilden die Grundlage für die Hausaufgabe, in der die eigenen Fähigkeiten herausgearbeitet werden.

Als Hausaufgabe werden von den 50 Geschichten sieben ausgewählt, ausformuliert und niedergeschrieben. Als Strukturierungshilfe für die Texte können folgende Fragen dienen: Was wollte ich erreichen? Welche Hindernisse, Einschränkungen, etc. habe ich überwunden? Was habe ich Schritt für Schritt getan? Was war das Ergebnis? Gab es einen messbaren Erfolg? Was war das Beste daran?

Schon daheim werden die in den Geschichten enthaltenen übertragbaren Fähigkeiten herausgeschrieben. Das kann von sehr allgemeinen übertragbaren Fähigkeiten wie »Lesen« bis hin zu Spezifizierungen wie »Fachliteratur durcharbeiten und Kernthesen extrahieren« gehen, von eher körperlichen Fähigkeiten wie »Rennrad fahren« bis hin zu intellektuellen wie »Daten erfassen« reichen. Alles, was man in den Erfolgsgeschichten ›tut‹, wird, gegebenenfalls zusammen mit Kontext, in eine Liste geschrieben.

Da die Aufgaben der ersten Seminareinheit meist recht schnell bearbeitet sind, bietet sich dieser Tag an, um die Studierenden auf eine ›Reise‹ durch ihre Fakultät oder gar die ganze Hochschule zu schicken. Häufig sind den Studierenden die verschiedenen Fachgebiete ihrer Fakultät und deren Institute, und erst recht die anderer Fakultäten unbekannt. Eine gemeinsame ›Besichtigung‹ allein der Namen der Institute erweitert oft den Horizont der Studierenden.

Praxistipp:
Methode »Reise durch die Hochschule«

Die Namen der einzelnen Institute jeder Fakultät werden als gut lesbare, laminierte Ausdrucke (min. DIN A4) auf dem Boden ausgelegt. Auch angegliederte Einrichtungen wie Forschungsinstitute, Museen, Bibliotheken, aber auch Bereiche der Hochschulverwaltung oder Wirtschaftsunternehmen sowie verschiedene Nichtregierungsorganisationen können beigelegt werden. Diese erweitern den Horizont. Die Studierenden werden dann aufgefordert, sich diese sog. Bodenanker anzuschauen und die für sie interessanten herauszufiltern. Oft kommt es hier zu Nachfragen, was sich hinter den einzelnen Begriffen verbirgt. Diese Fragen sollte die seminarbegleitende Person beantworten können. Je nach Gruppengröße, Zeit und Interesse kann hier schon zum ersten Mal aus den herausgesuchten Bereichen in der Gesamtgruppe oder in Teilgruppen eine Synthese der ›interessanten‹ Bereiche entwickelt werden.Wichtig dabei ist der spielerische, kreative, freie Umgang mit den Themen die beim »ich kann mir vorstellen …« bleibt und nicht zu »dein Thema ist …« wird. Denn es geht nicht um eine Festlegung, sondern um das Eröffnen von Möglichkeiten.

Zweiter Termin – Fähigkeiten und Fertigkeiten

Nach einer kurzen Begrüßung wird der Ablauf des Tages vorgestellt, und es kann nach den allgemeinen Erfahrungen mit den Hausaufgaben gefragt werden: »Wie ist es euch beim Schreiben ergangen?« In der Folge werden die Teilnehmenden gebeten, drei Geschichten auszuwählen. Dann werden sie in Dreiergruppen aufgeteilt. Jede Person der Kleingruppe trägt eine dieser drei Geschichten vor, so dass in jeder Gruppe im ersten Durchgang drei Geschichten vorgetragen werden. Fähigkeiten, die dabei von den beiden Zuhörenden erkannt werden, werden der vortragenden Person mitgeteilt und sollen von dieser ohne Wertung in ihre bereits in der Hausaufgabe begonnene Liste von Fähigkeiten aufgenommen werden. Besonders günstig ist es, wenn für das Auftauchen der jeweiligen Fähigkeit in der Geschichte in der Liste Kreuze gesetzt werden. Es hat sich bewährt, für jede Person, die zustimmt, dass die Fähigkeit angewendet wurde, ein Kreuz zu setzen. Jede Fähigkeit kann so pro Geschichte maximal drei Kreuze erhalten. Die Person, die vorgetragen hat, kann sich eine von den anderen erkannte Fähigkeit nachträglich auch selbst zuerkennen und dann auch für sich ein Kreuz setzen oder dabei bleiben, dass diese Fähigkeit nicht zur Anwendung kam. Über alle Geschichten betrachtet, zeigt die Zahl der Kreuze hinter einer Fähigkeit, welche Fähigkeiten häufig verwendet wurden. Hilfreich kann eine vorgefertigte Liste mit Fähigkeiten sein, die den Studierenden an die Hand gegeben und von ihnen erweitert wird.

Nach dem ersten Durchgang werden die Studierenden noch zweimal neu in Dreiergruppen eingeteilt und wiederholen diesen Vorgang mit je einer der anderen Geschichten. Hierdurch erhält jede Person von insgesamt sechs Teilnehmenden Rückmeldung zu insgesamt drei ihrer Geschichten. Eine Gruppengröße von drei Personen scheint hier ideal, da je zwei Zuhörende die Selbstwahrnehmung um die Fremdeinschätzung erweitern. Bei mehr als drei Personen wird der Prozess des Vortragens und Auswertens sehr lang und die Konzentration sinkt. Man kann die Studierenden jedoch auffordern, diesen Prozess privat weiterzuführen, um sich so von einem anderen Personenkreis Einschätzungen zu holen.

Abschließend werden aus den häufig verwendeten, also mit vielen Kreuzen versehenen, Fähigkeiten die drei wichtigsten extrahiert und auf einem farbigen DIN-A4-Zettel notiert. Dies kann entweder geschehen, indem die drei wichtigsten Fähigkeiten intuitiv ausgewählt werden oder alle paarweise miteinander verglichen, darüber gewichtet und so ausgewählt werden. Im zweiten Fall wird die jeweils ›wichtigere‹ Fähigkeit z. B. mit einem Punkt markiert, anschließend werden diese Positiventscheidungen je Fähigkeit summiert. Den Fähigkeiten wird, entsprechend der Positiventscheidungen, ein Rang zugewiesen und die ersten drei gewählt. Auch der Ergebnisvergleich dieser beiden Methoden ist interessant. Häufig kommt es hier vonseiten der Teilnehmenden zur Diskussion, wie das Entscheidungskriterium »wichtig« definiert werden soll. Heißt »wichtig«, die Fähigkeit ...

... ist mir wichtig? ... ist häufig vorgekommen? ... liegt mir?

Hier den Raum offen zu halten, ist besonders Aufgabe der seminarbegleitenden Person, da alle Antworten richtig sind. Es kann wichtig sein, mit den Studierenden herauszuarbeiten, was das jeweilige »wichtig« für sie bedeutet und was sich daraus für die je einzelnen Studierenden ergibt.

Im nächsten Schritt geht es um die erlernten Fertigkeiten. Der Übergang von Fähigkeiten zu Fertigkeiten ist fließend, daher müssen sie zunächst voneinander abgegrenzt werden: Im einen Extrem kann man als Fähigkeiten nur solche anerkennen, die angeboren sind. Laufen wäre dann eine Fertigkeit, da wir sie erlernen. Im anderen Extrem kann man nahezu alles als Fähigkeit einstufen. Das Allgemeinere, wie malen oder rechnen können, gilt dann als Fähigkeit, die Fertigkeit besteht darin, ein Haus zeichnen oder einen Dreisatz rechnen zu können, was deutlich stärker erlernt werden muss. Je nachdem, wo man die Grenze ziehen möchte, sind die meisten zuvor gefundenen Fähigkeiten erlernte Fertigkeiten. Nichtsdestotrotz ist es sinnvoll, diesen Schritt hin zu den Fertigkeiten zu vollziehen, da er mit einem Methodenwechsel verbunden ist und einen anderen Fokus setzt. Lag der Fokus zuvor auf dem Erfolgserlebnis, so lautet die Frage nun, was in Schule, Seminaren, Vereinen, etc. erlernt wurde.

Als Methoden für diesen Schritt werden die Mindmap und die Tag-Cloud eingeführt. Eine weitere Möglichkeit stellen Collagen dar. Den Studierenden wird der Unterschied zwischen Fähigkeit und Fertigkeit und deren Spannungsfeld, wie oben angegeben, erläutert und sie werden gebeten, ihre erlernten Fertigkeiten als Hausaufgabe in Form einer Mindmap, Tag-Cloud oder Collage bis zum nächsten Termin auf einem Poster (DIN-Ao-Blatt) zu sammeln und mitzubringen. Hier bietet es sich an, den Teilnehmenden einen Flipchart-Bogen auszuteilen und darauf hinzuweisen, dass sie ihre Sammlung als Poster beim nächsten Treffen den anderen vorstellen sollen, die Schriftgröße also dementsprechend gewählt werden sollte.

Dritter Termin – Fertigkeiten, Interessen, Überblick und Forschungsfrage

Auch hier steht am Beginn wieder eine kurze Begrüßung und die Vorstellung des Ablaufs des Treffens. Anschließend werden die Teilnehmenden je nach Gruppengröße in Kleingruppen von vier bis sechs Personen eingeteilt und gebeten, ihre Poster mit der Sammlung von Fertigkeiten aufzuhängen und sich gegenseitig vorzustellen. Wie schon bei den Fähigkeiten wird danach bei den Fertigkeiten eine individuelle Gewichtung vorgenommen, z. B. wieder über paarweise Vergleiche mit anschließender Summierung der Positiventscheidungen, so dass die drei wichtigsten Fähigkeiten herausgearbeitet und auf dem farbigen Zettel notiert werden können.

Als nächstes wenden sich die Studierenden ihren Interessen zu. Dazu wird die Gruppe erneut in Kleingruppen von drei bis vier Personen aufgeteilt. Mit Flipchart-Papier und Stiften ausgestattet, soll jede Gruppe dann möglichst kreativ aber zielgerichtet Ideen zu folgender Frage sammeln: »Stellen Sie sich vor, Sie müssen eine Hochschulbibliothek mit Büchern ausstatten. Welche Bücher gäbe es in Ihrer Bibliothek? Welche Zeitschriften mit welchen Themengebieten gäbe es? Seien Sie ruhig sehr konkret.« Hier ist häufig eine Art Wettbewerbssituation hilfreich: »Sie haben zehn Minuten. Mal sehen wie viel Themen Sie finden.« Nach Ablauf dieser Zeit werden die Kleingruppen neu zusammengestellt und mit neuem Papier sowie einer neuen Aufgabe ausgestattet: »Stellen Sie sich vor, Sie sind Messe- oder Tagungsveranstalter. Zu welchen Themen gäbe es

Messen, Seminare, Vorträge? Gehen Sie ruhig ins Detail.« Als dritte Aufforderung an die wieder neu zusammengestellten Kleingruppen ergeht die Bitte, sich zu überlegen, was für Titel wissenschaftliche Zeitschriften haben könnten und welche Themen darin besprochen werden. Auch komplex Ausformuliertes ist erwünscht. Die so entstandenen Ideensammlungen werden jeweils im Anschluss an die Übung aufgehängt.

Wieder im Plenum werden die Studierenden nun aufgefordert, sich die entstandenen Poster anzuschauen und die für sie interessanten Themen auszuwählen und ebenfalls, wie zuvor bei den Fähigkeiten und Fertigkeiten, zu gewichten. Die drei wichtigsten werden wiederum auf dem farbigen Zettel notiert. Alternativ kann diese Phase auch als eine Art »World Café« organisiert werden.

Nun besitzen die Studierenden einen Überblick über die drei ihnen zurzeit wichtigsten Fähigkeiten, Fertigkeiten und Interessen, zusammengetragen auf einem farbigen A4-Zettel. Diese können jetzt oder zu einem späteren Zeitpunkt, z. B. als Hausaufgabe, zueinander in Beziehung gesetzt werden. Ebenso besteht die Möglichkeit, zu schauen, ob sich die gefundenen Interessen in den Erfolgsgeschichten wiederfinden. Dies ist an diesem Tag jedoch nur ein Zwischenschritt, der das »Wer bin ich?« beleuchtet und den Weg zum »Was will ich?« bereitet.

Der nächste Schritt besteht nun darin, die gefundenen Interessen zu überprüfen und danach in einer ›Synthese‹ in eine Forschungsfrage umzuwandeln. Dazu werden wieder Kleingruppen von drei bis fünf Personen gebildet. Jeder und jede schreibt nun jede der drei wichtigsten Interessen groß in die Mitte eines mindestens DIN-A5-großen Papiers. Dieser ›Originalbegriff‹ sollte z. B. durch Einkreisen hervorgehoben werden, da das Blatt anschließend in die Mitte gelegt oder im Kreis herumgereicht wird und jedes Gruppenmitglied seine Assoziationen zu diesem Begriff auf das Blatt schreibt. Hat eine Ernährungswissenschaftlerin beispielsweise die Interessen »Hawaii«, »Kaffee« und »Surfen« zu Papier gebracht, könnten die anderen Gruppenmitglieder nun auf dem Hawaii-Blatt ›Synonyme‹ wie »Insel«, »Tropen«, »Strand« oder »Vulkan« notieren. Sind die Blätter wieder bei ›ihrer Person‹ angekommen, wählt diese je Blatt den Begriff aus, der nun das eigene Interesse am besten zu treffen scheint. Das kann der Originalbegriff sein oder eines der ›Synonyme‹. Danach werden von jeder Person die so gefundenen drei Begriffe auf ein einziges Blatt geschrieben und umkreist. Zuerst machen sich alle zu den eigenen Begriffen Gedanken: »Welche Forschungsfelder oder -fragen könnten sich aus diesen drei Begriffen als Synthese ableiten lassen?«, und notiert diese. Bei der Ernährungswissenschaftlerin könnte diese ›Synthese‹ beispielsweise lauten: »Entwicklung einer Kaffeesorte, die besonders Surfern auf Hawaii schmeckt.« Danach wird in der Kleingruppe gemeinsam zu jedem Begriffstripel assoziiert. Hierbei sollten möglichst viele neue Ideen entstehen. Es ist wichtig, den Studierenden zu vermitteln, dass es hier um einen kreativen Prozess der Fülle geht, also jede noch so verrückte Idee ausgesprochen werden darf und notiert werden sollte, solange der Gesamtprozess nicht veralbert wird. Die Prüfung der Umsetzbarkeit oder des Interesses gehört in einen nachfolgenden Schritt. Jedes Nein erstickt die Kreativität.

Für jede Studierende und jeden Studierenden sollten einige Forschungsfragen vorgeschlagen worden sein, bevor die Assoziationsrunde für die nächste Person beginnt. Denn die folgende Hausaufgabe besteht darin, zu der oder den potentiellen Forschungsfragen Institute und Personen an Hochschulen, Forschungseinrichtungen oder in der Wirtschaft zu identifizieren, die sich mit dieser oder ähnlichen Fragen beschäftigen. Diese Suche dient der Prüfung der Umsetzbarkeit und ist gleichzeitig ein Präzisierungsprozess: Woran in meinem Interessensbereich wird wo geforscht? Welche Inhalte verbergen sich hinter den Worten? Sind das Dinge, die mich interessieren?

Mit der Hausaufgabe und der ausdrücklichen Bitte die gefundenen ›Partner‹ nicht zu kontaktieren, werden die Teilnehmenden in eine möglichst 14 tägige ›Pause‹ bis zum nächsten Termin entlassen. Es hat sich gezeigt, dass es gut ist, zwei Wochenenden für die Recherche zur Verfügung zu stellen. Werden die gefundenen ›Partner‹ schon kontaktiert, bevor die Studierenden sich über ihre Frage klar sind und sicher sind, dass sie diese bearbeiten werden, könnten sich die potentiellen Partner gestört fühlen und die spätere Zusammenarbeit ablehnen.

Vierter Termin – Forschungsfrage

Nach der üblichen Begrüßung dient der letzte Gruppentermin dazu, die eigene Forschungsfrage und die dazu gefundenen Optionen vorzustellen. Hier kommt es nochmals zu einem Feedback der Gruppe. Zusätzlich führt dieser Austausch dazu, dass die Teilnehmenden auch nach dem Kurs noch zufällig gefundene Informationen zu den Themen der anderen an diese weitergeben. So entsteht ein unterstützendes Netzwerk vor allem dann, wenn die Gruppe durch eine Adressliste oder Internetangebote wie E-Mail, Facebook, Whatsapp oder Foren in Moodle oder Ilias auch über den Kurs hinaus leicht in Kontakt bleiben kann. Als Abschluss kann man den Studierenden Kommunikationsregeln für etwaige Kontaktaufnahmen und Gespräche mit interessanten Personen an die Hand geben.

Besteht der Bedarf, die gefundene Forschungsfrage stärker auf ihre Umsetzbarkeit zu prüfen, kann dies zum Beispiel mit der Walt-Disney-Methode geschehen.

Praxistipp:
»Walt-Disney-Methode«

Ein Projekt/Thema/etc. soll intensiver betrachtet werden. Um hierbei möglichst viele Aspekte abzudecken, wird das Projekt vom Standpunkt des Kreativen, des Kritikers und des Realisten betrachtet. Hat der Kritiker das Wort, darf er unkommentiert alle auch noch so kleinkarierten Bedenken aussprechen. Ebenso darf der Kreative, sobald er an der Reihe ist, jeden verrückten Einfall äußern. Die Positionen dürfen mehrfach durchlaufen werden. Zum Schluss wägt der Realist Einwände und Vorschläge ab.

Erfahrungen und Herausforderungen

Die **Größe der Gruppe** sollte für das Individuum übersichtlich bleiben. Gruppengrößen von über 30 Personen könnten problematisch werden. Bei großen Gruppen kann zudem die seminarbegleitende Person nicht so intensiv auf jeden Teilnehmenden und jede Teilnehmende eingehen. Andererseits: Je kleiner und homogener die Gruppe ist, umso schwieriger gestalten sich kreative Prozesse. Denn ›schmort die Gruppe im eigenen Saft‹, können gruppendynamische Prozesse entstehen, die zum Verharren im Gewohnten führen, und die Gruppe wird resistent gegen Interventionen. Diese Gefahr besteht besonders dann, wenn die Mitglieder der kleinen Gruppe bzw. der Kleingruppe sich auch außerhalb des Seminars gut kennen. Je kleiner die Gruppe ist, umso schwieriger kann es für die seminarbegleitende Person sein, Distanz zu wahren. Durch Nähe können jedoch auch Prozesse entstehen, die in dem Kontext wichtig und richtig sein können.

Mit dem Prozess der jeweiligen Gruppe mitzugehen, zu sehen, was in der jeweiligen Gruppe gerade ansteht, ohne das Konzept völlig zu verlassen, kann letztlich für die Studierenden zielführender sein als das Abspulen eines festen Schemas.

Eine geringe Teilnehmerzahl ist häufiger der Fall, da die Veranstaltung nicht im Curriculum verankert ist und als relativ neues Angebot mit vielen anderen Angeboten, wie Sprach- oder Softskill-Kursen, konkurrieren muss. Häufig schreckt die Studierenden das zusätzliche Arbeitsaufkommen ohne direkt ersichtlichen Nutzen für das eigene Studium ab, besonders da sie in den ersten Semestern nicht einschätzen können, wie viel Zeit sie für die regulären Veranstaltungen benötigen. Dies gilt vor allem für den Zeitraum vor den Prüfungen, daher sollte dieses Seminar eher zum Beginn des Semesters angeboten werden. Es hat sich auch als hilfreich erwiesen, wenn das Seminar aufs Studium angerechnet werden kann, obwohl wenig Studierende davon im Nachgang tatsächlich Gebrauch machen. Schwierig ist auch, dass dieses Format weder in der Schule noch ›kulturell‹ verankert ist. Das ungewohnte Format mit Fokus auf die Persönlichkeit ist besonders in den natur-, ingenieurs- und wirtschaftswissenschaftlichen Studiengängen ungewohnt. Ein geringer Informationsfluss zwischen den Jahrgängen erschwert zudem die Mundpropaganda, die das beste Werbemittel ist.

Gerade das **Formulieren der Forschungsfrage** aus den drei Themenschlagworten fällt Studierenden schwer. Je jünger sie sind, umso deutlich zeigt sich diese Schwierigkeit. »Jünger« bezieht sich hier auf das tatsächliche Alter, auf die gesammelte Lebenserfahrung sowie auf die Anzahl bereits studierter Semester. Studierende, die vor dem Studium eine Ausbildung gemacht haben, haben sich in der Regel bewusster für einen bestimmten Studiengang entschieden und bringen zusätzliche Erfahrungen aus dem Beruf mit. Auch längere Auslandsaufenthalte, ein soziales Jahr oder »Work and Travel« führen zu deutlich spürbaren Reifungsprozessen. Der Unterschied zwischen zweitem und viertem Semester wird ebenfalls sichtbar, vor allem an der Fähigkeit Forschungsfragen zu formulieren. Es ist offensichtlich, dass höhere Semester durch die Vorlesungen einen besseren Einblick in mögliche Themen haben. Hieraus wird klar, dass Teile des Prozesses dieses Seminars mehrfach durchlaufen werden können und sollten, da im Laufe der Zeit eine Präzisierung, aber auch Umorientierung stattfinden kann. Gerade bei kleinen Gruppen mit jungen Studierenden ist die Hilfe beim Kombinieren und Formulieren durch die seminarbegleitende Person eine gern angenommene Unterstützung. Für diese ist das jedoch in zweierlei Hinsicht eine Herausforderung: Erstens darf die Eigeninitiative und Eigenständigkeit der Studierenden nicht einbrechen, nach dem Motto: »Der Leiter weiß, was gut für mich ist«. Und zweitens kann es sein, dass die begleitende Person häufig gar nicht weiß, welche Bereiche oder Themen in der Fakultät bzw. dem Fachgebiet vorhanden sind, um beim Formulieren unterstützen zu können.

Für die **seminarbegleitende Person** ist es wichtig, das Seminar im Rahmen der eigenen Fähigkeiten zu gestalten. Eine hohe psychosoziale Kompetenz dieser Person ist sehr hilfreich, da sie teils mit Prozessen konfrontiert werden, die einzelne Person oder die Gruppe betreffen, die es abzufangen gilt.

Ebenso sollte sie sich an der jeweiligen Hochschule mit den Fachgebieten, aber auch mit den anderen Angeboten wie der Studienberatung grundlegend auskennen, um den Studierenden Hinweise geben zu können, wo sie weitere Fragen beantwortet bekommen bzw. Unterstützung erhalten können. Die von manchen Personen und Hochschulinstitutionen befürchteten Studienabbrecher im engeren Sinn entstehen bei diesem Seminar nicht. Aufgrund des Seminars kann es zu Fach- oder Studienortswechseln kommen. Sehr vereinzelt fällt auch die Entscheidung gegen das Weiterführen des Studiums. Die jeweilige Person hat dann aber ein Ziel vor Augen, dass das weitere Vorgehen klärt. Gerade für diese Situationen ist die gute Einbindung des Seminars in das Gesamtberatungsangebot der Hochschule wichtig.

Fazit

Das Seminar vermittelt, wie wichtig es ist, sich seiner eigenen Fähigkeiten, Fertigkeiten und Interessen bewusst zu werden. Es schafft Klarheit und bringt Ideen, wie die persönlichen Interessen mit dem Studium verbunden werden können, und stellt Werkzeuge zur Verfügung, um eine Forschungsfrage zu finden und Entscheidungen abzuwägen. Vermittelt wird ein strukturiertes Herangehen an eine Aufgabe (Forschungsfrage finden) ebenso, wie das Abstimmen einer Aufgabenstellung auf die eigenen Stärken sowie die Unterscheidung von Wichtigem und Unwichtigem und das Setzen von Prioritäten. All dies sind Grundlagen, um im Studium das zu finden, was einem selbst Freude bereitet und daher bestmöglich erarbeitet werden kann.

Darüber hinaus hilft das Seminar den Studierenden, sich optimal auf die Auswahl des Themas z.B. ihrer Abschlussarbeit vorzubereiten und gezielt nach Partnern oder Firmen zur Unterstützung dieser Arbeit bzw. nach potentiellen Arbeitgebern für das spätere Berufsleben zu suchen.

Das beste Fazit kam jedoch von den Teilnehmenden selbst:

> »Nach jeder Menge Spaß, regen Diskussionen und intensiven Gesprächen können wir sagen, dass wir alle sehr bestärkt aus dem Seminar gegangen sind. Durch unsere Ergebnisse können wir eine rote Linie durch das Studium ziehen, um immer wieder schnell Orientierung zu finden, wenn es darum geht, die eigenen Fähigkeiten zu fördern und persönliche Interessensschwerpunkte im Blick zu behalten.«

Literatur

Bolles, R.N. (2009). *Durchstarten zum Traumjob: Das ultimative Handbuch für Ein-, Um- und Aufsteiger.* Frankfurt a. M.: Campus Verlag.

Im Rahmen des Projekts »Professionalisierung im Umgang mit Heterogenität und Differenzierung im Englischunterricht« werden studentische Coaches eingesetzt, um Studierende bei der Umsetzung ihrer Micro-Forschungsprojekte zu unterstützen. Voraussetzung für die erfolgreiche Umsetzung, Weiterentwicklung und nachhaltige Implementierung des Projekts waren die entsprechenden Ressourcen: Das Projekt wurde innerhalb der Laufzeit 10/2012 bis 03/2015 aus Mitteln des Gesamtkonzepts »Forschend Studieren von Anfang an« (ForstA) gefördert, mit dem die Universität Bremen neun Millionen Euro im Bund-Länder-Programm Qualitätspakt Lehre des BMBF erhalten hat. Zusätzlich konnten im Rahmen der ForstA Säule 4 (»Studiengemeinschaften«) Hilfskraftmittel für den Coach-Einsatz (maximal 60 Hilfskraftstunden pro Coach) beantragt werden. 2016 wurde das Projekt zudem über das Bündnis für Hochschullehre »Lehren« gefördert.

Zur Einbindung und Ausbildung »studentischer Coaches«

Lena Schuett, Katharina Verriere, Fatou Julia Wolter

Das Forschende Lernen kann in diversen Studiengängen sinnvoll integriert werden, auch in denen für angehende Lehrer/innen. Insbesondere kann es hier im Rahmen von Praxisphasen eingesetzt werden, um so die Studierenden anzuregen, die dabei gemachten Erfahrungen mit ihren theoretischen Kenntnissen abzugleichen. Dies kann im besten Fall dazu führen, dass sie die Erfahrungen aus ihren Praktika besser einordnen und verstehen lernen. Darüber hinaus ist eine forschende Grundhaltung, die im Rahmen des Forschenden Lernens trainiert wird, auch für die Tätigkeit von zukünftigen Lehrenden relevant, da sie so eine reflektierte Distanz zu ihren Erfahrungen aufbauen können. Wenn davon ausgegangen wird, dass angehende Lehrer/innen von der Durchführung von Forschungsarbeiten aktuell und in der Zukunft profitieren können, stellt sich die Frage, wie ein derartiger Prozess adäquat begleitet werden kann. Denn für die Durchführung von Forschungsprojekten ist eine Vorbildung bzgl. Forschungsmethoden und -designs sowie eine Betreuung während des Forschungsprozesses notwendig. Diese zum Teil engmaschige Betreuung kann je nach curricularer Verankerung unter Umständen nicht allein von einem/r Dozierenden geleistet werden und bedarf des Einsatzes weiterer adäquat ausgebildeter Unterstützer/innen, bspw. »studentischer Coaches«.

Dieser Beitrag zeigt auf, wie im Projekt »Professionalisierung im Umgang mit Heterogenität und Differenzierung« der Fremdsprachendidaktik Englisch an der Universität Bremen studentische Coaches ausgebildet und eingesetzt werden. In einem ersten Schritt werden die Zielsetzung und der Ansatz für die Durchführung von studentischen Forschungsprojekten im Projekt im Allgemeinen beschrieben. Zudem wird die diesem Beitrag zugrunde liegende Arbeitsdefinition des forschenden Studierens erläutert. Hierauf folgend wird die Einbindung der Coaches detailliert beschrieben. Dabei werden die konkrete Ausbildung sowie der Einsatz der Coaches dargelegt, die in der Kooperation mit der Studierwerkstatt der Universität Bremen stattfinden. Anschließend wird eine Evaluation des Gesamtprojekts und insbesondere der Coaching-Maßnahme aus Sicht der Studierenden, der Coaches und der Autorinnen vorgenommen. Abschließend wird ein Fazit gezogen und Empfehlungen für das ›Großprojekt‹ Forschendes Lernen sowie den Einsatz von studentischen Coaches formuliert.

1. Hintergrund und Ziele des Projekts »Professionalisierung im Umgang mit Heterogenität und Differenzierung im Englischunterricht«

Schlagworte wie »Heterogenität«, »Inklusion«, »individuelle Förderung« und »Differenzierung« sind in den letzten Jahren immer stärker ins Zentrum der schulischen und wissenschaftlichen Debatte gerückt. Diese Fokussierung ist zum einen darauf zurückzuführen, dass in der Mehrzahl der Bundesländer die dreigliedrigen Schulsysteme zugunsten zweigliedriger Schulmodelle abgeschafft wurden (vgl. Stubbe, Bos & Euen, 2012, S. 210) und hier statt einer äußeren Differenzierung nun eine verstärkte Binnendifferenzierung gefragt ist, um der Heterogenität der Schüler/innen Rechnung zu tragen. Zum anderen sollen innerhalb des allgemeinen Bildungssystems angemessene Vorkehrungen getroffen werden, um eine erfolgreiche Bildung für alle Kinder und Jugendlichen zu sichern (KMK, 2011, S. 4). Dies erfordert eine stärkere Hinwendung zur individuellen Förderung aller Schüler/innen im Regelunterricht. Diese beiden Schwerpunktsetzungen gelten auch für das Bundesland Bremen, welches die Oberschule als inklusives Schulmodell eingeführt hat. Den sich hieraus ergebenden Konsequenzen für Unterricht und Lehramtsausbildung nimmt sich das Projekt »Professionalisierung im Umgang mit Heterogenität und Differenzierung im Englischunterricht« an, welches u. a. »Forschendes Studieren von Anfang an« (ForstA) integriert.

Der Ansatz des Forschenden Lernens, der dem Projekt zugrunde liegt, lehnt sich insgesamt stark an Hubers (2009) Definition an. Er (2009, S. 10) geht davon aus, dass sich dieser Ansatz dadurch auszeichnet, dass Lernende ein Forschungsvorhaben in allen seinen wesentlichen Phasen (Entwicklung von Fragen und Hypothesen – Wahl und Ausführung der Methoden – Darstellung und Reflexion der Ergebnisse) durchlaufen, aktiv mitgestalten und reflektieren. Darüber hinaus wird im Rahmen des Projekts das Leitbild des reflective practitioners (Burton, 2009) zugrunde gelegt. Als reflective practitioner wird im Kontext des Projekts eine Lehrkraft verstanden, die sowohl im Rahmen der Ausbildung als auch während der Berufspraxis dazu in der Lage ist, das eigene professionelle Handeln sowie schulische Herausforderungen zu reflektieren und den eigenen Unterricht gegebenenfalls entsprechend anzupassen. Das Projekt zielt darauf ab, dass Studierende bereits in der ersten Phase ihrer Lehramtsausbildung aktuelle Herausforderungen der Unterrichtspraxis im Fach Englisch theoretisch begründen und im Rahmen des Forschungsprozesses kritisch reflektieren. Hierdurch soll bei den Studierenden ein forschender Habitus angebahnt werden, der im Idealfall im Rahmen des weiteren Studiums und darüber hinaus ausgebaut wird. Das Projekt in der Fremdsprachendidaktik Englisch stellt für die meisten der teilnehmenden Studierenden den ersten Kontakt mit Forschendem Lernen dar. Um den zuvor genannten Zielsetzungen adäquat begegnen zu können, müssen die Studierenden daher konsequent angeleitet und begleitet werden.

Die Integration des Forschenden Lernens in das übergeordnete Projekt bedeutet für die Studierenden, dass sie im Rahmen eines schulischen Praktikums kleine Forschungsprojekte durchführen, die den Umgang mit Heterogenität in der Schule in den Blick nehmen. So können Studierende beispielsweise für verschiedene Differenzierungsformen, den konkreten Einsatz von Scaffolding-Angeboten (vgl. Thürmann, 2013) oder auch die Berücksichtigung multipler Intelligenzen (vgl. Gardner, 2011) im Englischunterricht sensibilisiert werden.

2. Durchführung des Projekts in der Fremdsprachendidaktik Englisch der Universität Bremen

Im Rahmen der Studieneingangsphase im Bachelorstudiengang »English-Speaking Cultures« mit Lehramtsoption werden die Studierenden auf ihren ersten fachbezogenen Praxiskontakt vorbereitet und dabei begleitet. Die etwa 40 Studierenden eines Jahrganges arbeiten in Kleingruppen von ca. drei bis vier Personen an Forschungsprojekten, die im Hinblick auf Heterogenität und Differenzierung im Fach Englisch relevant sind. Essentiell ist, dass die Studierenden in ihren Kleingruppen eigene Forschungsfragen erarbeiten, die Forschungen eigenständig durchführen und anschließend die Ergebnisse zusammenfassend darstellen. In diesem Prozess werden sie nicht nur von den Dozierenden, sondern auch von studentischen Coaches begleitet. Die Ergebnisse der Forschungsprojekte werden auf einer Arbeitstagung der Fremdsprachendidaktik Englisch in Kooperation mit dem Zentrum für Lehrerbildung der Universität Bremen in einer Poster-Ausstellung präsentiert. Die als Fortbildung anerkannte Arbeitstagung richtet sich überwiegend an Bremer Lehrkräfte und Referendar/innen und bietet damit einen idealen Rahmen für die Präsentation der Mikro-Forschungsprojekte der Bremer Studierenden.

3. Die Einbindung studentischer Coaches

Um den Prozess des Forschenden Lernens umsetzen zu können, müssen die Studierenden mit den Grundlagen der Forschungsmethodik vertraut gemacht werden. Dies beinhaltet allgemein Kenntnisse über quantitative und qualitative Forschungsansätze und spezielle Kompetenzen in der Datenerhebung und -auswertung. Außerdem müssen die Studierendendie erhobenen Daten präsentieren und evaluieren können. In diesen beiden Bereichen stehen ihnen studentische Coaches beratend zur Seite, die die individuellen Projekte engmaschig betreuen. Aus den Anforderungen an die Studierenden lassen sich zwei Einsatzmöglichkeiten für studentische Coaches ableiten:

1. Die Studierenden sollen in der intensiven Zusammenarbeit mit den »Forschungscoaches« eine sinnvolle Forschungsfrage sowie ein Forschungsdesign im Rahmen des Mikro-Forschungsprojekts erarbeiten.
2. Die Studierenden sollen sich mit Hilfe der »Präsentationscoaches« Präsentationstechniken erarbeiten, die ihnen dabei helfen, die Forschungsergebnisse sinnvoll dokumentieren und vorstellen zu können.

Im Rahmen der Arbeit mit den studentischen Kleingruppen bleibt es den Coaches selbst überlassen, ihre Betreuung und Beratung der individuellen Gruppen zu organisieren; hierzu zählen der (intensive) Mailaustausch über die Forschungsprojekte sowie das Durchsehen einzelner Endprodukte im Posterformat.

Dem ForstA-Projekt der Fachdidaktik Englisch wurden für das Jahr 2014 insgesamt 120 Stunden Hilfskraftgelder für den Einsatz der Coaches gewährt. Verteilt auf jeweils zwei Coaches pro Schlüsselkompetenz (Forschungsmethodik und Präsentationstechniken) ergibt sich ein Einsatz von 30 Stunden pro Coach. Die Coaches wurden durch offizielle Anzeigen von der Studierwerkstatt und von der Fremdsprachendidaktik Englisch sowie durch persönliche Kontakte mit ehemaligen Tutor/innen und Dozent/innen rekrutiert. Interessierte Studierende konnten sich in einem relativ informellen Verfahren als zukünftige Coaches bewerben und wurden in persönlichen Gesprächen mit Projekt-Verantwortlichen ausgewählt.

4. Ausbildung der studentischen Coaches

Die Ausbildung der studentischen Coaches wird von der Studierwerkstatt der Universität Bremen übernommen (vgl. Universität Bremen, 2014). Der Ablauf der Coach-Ausbildung verläuft nach einem Baukastenprinzip (siehe Abb. 1), welches aus sechs festen Bestandteilen sowie einem optionalen Angebot besteht (vgl. Universität Bremen, 2013). Wie der Abbildung zu entnehmen ist, beginnt die Coach-Ausbildung mit Seminaren im Bereich »Schlüsselkompetenzen«. Diese Seminare können von den angehenden Coaches in der Regel selbst ausgewählt werden. Da allerdings, wie oben beschrieben, die Vorgaben im ForstA-

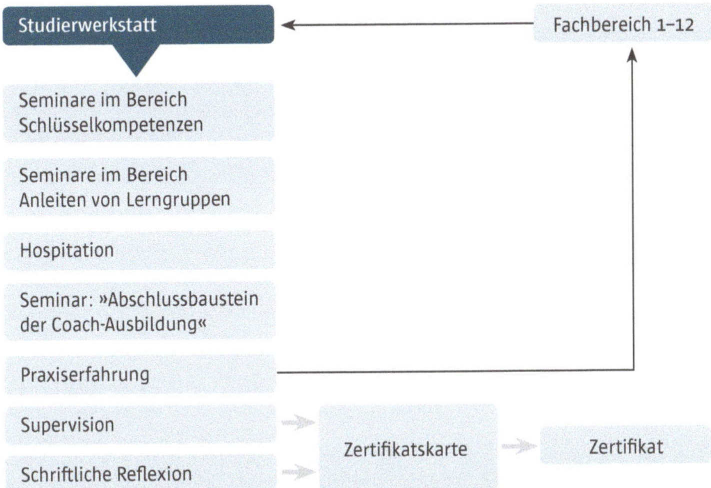

Abb. 1: Ablauf der Coach-Ausbildung an der Universität Bremen (eigene Abbildung in Anlehnung an Ablauf der Coach-Ausbildung der Studierwerkstatt, vgl. Universität Bremen, 2013)

Projekt der Fremdsprachendidaktik Englisch relativ eng gefasst sind, müssen sich die Coaches vor allem in den Bereichen »Forschungsmethodik« bzw. »Präsentationstechniken« weiterqualifizieren. Hier ist eine enge Kooperation zwischen der Fachdidaktik und der Studierwerkstatt gefragt, da die Inhalte dieser Seminare genauestens an die Bedürfnisse der Dozierenden angepasst werden müssen. Dieser erste Baukasten umfasst mindestens 24 Stunden. Der zweite, das »Anleiten von Lerngruppen«, umfasst mindestens 16 Stunden und fokussiert speziell die Arbeit mit kleineren Gruppen. Da die Coaches im Projekt vor allem für die Kleingruppenarbeit mit Studierenden eingesetzt werden, sollten sie an dieser Stelle möglichst ein Kommunikationstraining absolvieren sowie ein Seminar zum Entwickeln von Beratungskompetenzen belegen. In der folgenden Phase der »Hospitation«, die mindestens vier Stunden umfasst, hospitieren die angehenden Coaches in einem von der Studierwerkstatt angebotenen Seminar. Der Fokus liegt dabei auf der Beobachtung von methodisch-didaktischen Handlungen und Interaktionen der Dozent/innen, um das eigene künftige Lehrverhalten vorab kritisch zu reflektieren und zu festigen. Das nachfolgende Seminar »Abschlussbaustein der Coach-Ausbildung« ist das vorerst letzte theoretische Seminar, bevor die Erfahrungen in die Praxis umgesetzt werden. Es umfasst acht Stunden und bietet den angehenden Coaches Raum, ihren konkreten Einsatz zu planen, zu üben und zu reflektieren. Dieses Seminar repräsentiert eine wichtige Schlüsselstelle in der Ausbildung der Coaches, denn der konkrete Einsatz als Coach muss mit den Dozent/innen der Seminare in der Studieneingangsphase der BA-Studierenden abgestimmt werden. Hierzu ist eine enge Kollaboration zwischen Dozent/innen, der Studierwerkstatt und den Coaches notwendig. Detaillierte Aufgaben, Seminarvorgaben und Erwartungen müssen klar kommuniziert werden, damit die Coaches ihren Einsatz möglichst effizient planen und durchführen können. Schließlich beschreibt der Baukasten »Praxiserfahrung« den gezielten Einsatz der Coaches. Nachdem der offizielle Einsatz der Coaches abgeschlossen ist, nehmen diese an mindestens vier Stunden »Supervision« in der Studierwerkstatt teil. Hier erhalten sie die Möglichkeit, gemeinsam mit anderen ihren jeweiligen Einsatz zu reflektieren, Hilfestellungen bei Schwierigkeiten zu erhalten sowie von Erfolgen zu berichten. Die »Supervision« dient der persönlichen Weiterentwicklung der Coaches, da diese im Idealfall mehrfach und sogar in verschiedenen Projekten eingesetzt werden können.

Abschließend besteht die Option, die gesammelten Erfahrungen in einer »schriftlichen Reflexion« festzuhalten. Alternativ gibt es die Möglichkeit, die Erfahrungen in einem Gespräch mit den Projekt-Verantwortlichen zu reflektieren.

Als Dokumentation der erfolgreich absolvierten Coach-Ausbildung dient die Zertifikatskarte, auf der die Coaches ihre absolvierten Seminare eintragen sowie dabei erworbene ECTS-Punkte vermerken lassen können. Schließlich erhalten die Coaches ein Zertifikat, auf welchem im Rahmen der Coach-Ausbildung besuchte Schlüsselkompetenz-Seminare aufgelistet sind.

5. Sicht der Studierenden auf Forschendes Lernen allgemein und die Einbindung der studentischen Coaches speziell

Nachdem die erste Kohorte Studierender die Forschungsprojekte mit Unterstützung der Coaches durchgeführt hatte, wurden alle 39 Teilnehmenden per Email angeschrieben und gebeten, einen Onlinefragebogen auszufüllen, der die Einschätzung von und die Haltung gegenüber Heterogenität und Inklusion der Studierenden und der in der Schule beobachteten Lehrenden, die Evaluation des Projekts und insbesondere der Arbeit mit den Coaches thematisiert. Der Fragebogen wurde nur von 18 Teilnehmer/innen ausgefüllt; dies entspricht 46% der Gesamtteilnehmerzahl. Daher sind die hier gewonnenen Ergebnisse zwar als nicht repräsentativ für eine Grundgesamtheit zu sehen, es lassen sich aber Indikatoren ableiten bzw. Kategorien erkennen, wie das Projekt in Zukunft optimiert werden könnte.

Allgemein zeigen die Daten, dass die Studierenden die Arbeit an den Forschungsprojekten als mittelmäßig bis schlecht evaluieren. Während sie das Forschende Lernen im Bachelorstudiengang als eine eher gute Vorbereitung für ihr weiteres Studium und insbesondere die Erstellung einer Masterarbeit sehen, haben sie Schwierigkeiten, den Sinn hinter der Durchführung eines Forschungsprojekts im Rahmen des Praxiskontakts zu erkennen. Die Durchführung eines Forschungsprojekts half ihnen auch nur bedingt bei der konkreten Beobachtung des Unterrichts.

Die Arbeit mit den Coaches im Rahmen der Forschungsprojekte wird von den Studierenden etwas besser evaluiert. So bestätigen sie vermehrt, dass die Coaches sie gut unterstützt haben, ihnen die Arbeit mit den Coaches gefallen hat und sie wieder mit ihnen arbeiten würden. Sie sagen zudem, dass sie die Arbeit mit beiden Coaches als eher hilfreich einschätzen, wobei der Präsentationscoach etwas besser evaluiert wird als der Forschungscoach. Insbesondere scheint es für sie hilfreich zu sein, eine/n kompetente/n Ansprechpartner/in bzgl. ihrer Präsentationen, in diesem Fall der Darstellung auf einem Poster, zu haben.

6. Sicht der studentischen Coaches auf ihre Ausbildung und Einbindung

Nach der Beendigung ihrer Tätigkeiten haben zwei der insgesamt vier Coaches jeweils eine schriftliche Stellungnahme zu ihrer Tätigkeit formuliert. Ein weiterer Coach hat in einem persönlichen Gespräch ihre Tätigkeit evaluiert. Schwerpunkte waren jeweils die Einschätzung des Coach-Einsatzes, die Zusammenarbeit mit den Studierenden und Möglichkeiten der Veränderung/Weiterentwicklung. Die zentralen Ergebnisse dieser Stellungnahmen und des Gesprächs sollen im Folgenden vorgestellt und diskutiert werden.

Die Rückmeldungen der drei Coaches lassen erkennen, dass sie ihren Einsatz insgesamt als positiv empfinden. Als Grund hierfür führen sie insbesondere an, dass durch die Arbeit ein eigener Kompetenzzuwachs erlebt wird. So werden durch die intensive Auseinandersetzung mit fachspezifischen Forschungsmethoden auch eigene Forschungsprozesse positiv beeinflusst. Weitere positive Aspekte an der Arbeit mit den Studierenden, die von den Coaches genannt werden, sind das erfolgreiche Anleiten von Gruppen sowie die intensive Auseinandersetzung mit Forschungsmethodik und Präsentationsformen, da so Kompetenzen erworben werden, die auch in ihrem späteren Berufsalltag als Lehrer/in von Nutzen sein werden.
Auch für die Bachelorstudierenden sehen die Coaches durchaus einen Mehrwert in dem Projekt. Sie geben hier u.a. an, dass das Projekt eine

gute Vorbereitung für das weiteres Studium der Studierenden sei:

> »Alles in allem lässt sich sagen, dass die Lehrveranstaltung die Studierenden in bereichernder Weise auf den Prozess einer Abschlussarbeit vorbereitet und das forschende Studieren/Denken fördert und fordert. Darüber hinaus werden der explizite Praxisbezug sowie die verstärkte Kommunikation zwischen Universität und Schule im Rahmen der Arbeitstagung als positiv und gewinnbringend erachtet.«

Hinsichtlich der Zusammenarbeit mit den Studierenden melden die Coaches zurück, dass diese die von ihnen gestellten Angebote sehr unterschiedlich nutzten:

> »Die Kommunikation mit den einzelnen Gruppen war sehr, sehr unterschiedlich. Einige Gruppen meldeten sich häufig und wollten viel Unterstützung [...]. Andere Gruppen schickten mir ganz zum Schluss ihr fast fertiges Poster per Email, um eine Rückmeldung zu bekommen.«

Zudem wird das Zeitmanagement einzelner Gruppen kritisch eingeschätzt. Einige nahmen erst zum Ende der Praxisphase Kontakt mit den Coaches auf, so dass diese ihren Einsatz nur schwer vorab planen konnten.

Potential für Weiterentwicklungen sehen die Coaches insbesondere im Bereich der Kommunikation mit den Studierenden. Hier wünschen sich die befragten Coaches verbindlichere Absprachen mit den Studierenden, da diese sich häufig sehr kurzfristig meldeten, um Unterstützungsangebote in Anspruch zu nehmen. Darüber hinaus meldeten die befragten Coaches zurück, dass sie sich gewünscht hätten, noch intensiver auf das Themenfeld »Heterogenität im Englischunterricht« vorbereitet worden zu sein, da ihr Fachwissen teilweise nicht ausgereicht habe, um den unterschiedlichen Forschungsfragen der Studierenden gerecht zu werden.

7. Sicht der Autorinnen auf das Projekt und die Ausbildung und Einbindung der Coaches

Die vorangegangenen Evaluationen des Projekts haben zu diversen Weiterentwicklungen und Veränderungen der Projektstruktur geführt, um die Einbindung der Coaches sowie die Rahmenbedingungen für die Studierenden zu verbessern. Im Folgenden werden daher die wichtigsten Lessons learned aufgeführt.

Nach wie vor sollen die Studierenden im Rahmen des Projekts alle Phasen eines Forschungszyklus durchlaufen und ihre forschende Tätigkeit reflektieren. Dabei bleiben die ursprüngliche Struktur und die einzelnen Handlungsschritte erhalten. Es wurde jedoch deutlich, dass die thematische Rahmung nicht ausreicht, damit die Coaches die Studierenden sinnvoll im Forschungsprozess unterstützen können, da beiden Parteien die notwendigen Kenntnisse fehlten. Daher erfolgte die Umsetzung des Projekts ab dem Sommersemester 2015 erstmals in Anbindung an eine Lehrveranstaltung, in der schwerpunktmäßig differenzierende Materialien für den Englischunterricht theoretisch begründet erarbeitet werden. Hierbei wird das Einbeziehen erster studentischer Praxiserfahrungen sowie die hieraus resultierenden Kontakte mit Oberschullehrkräften erprobt und weiterentwickelt. Die Inhalte, die in den Projekten erforscht werden, werden somit deutlich strukturierter für die Bachelorstudierenden aufgearbeitet. Diese sollen erstmals die Möglichkeit erhalten, sich je nach eigenem Interesse von Beginn an verschiedenen vorgegebenen Themen zum Themenkomplex »Heterogenität im Englischunterricht« zuzuordnen, um leichter und gezielter zu einer eigenen Forschungsfrage zu gelangen. Dieses Vorgehen erscheint auch hinsichtlich des Coach-Einsatzes als sinnvoll, da diese sich nun intensiver und auch gezielter als bisher auf einzelne Themen vorbereiten können.

Ein weiterer wesentlicher Aspekt scheint zu sein, Studierende in ihrem Forschungsprozess dahingehend zu begleiten, den Zugewinn des forschenden Studierens verstärkt für ihr zukünftiges Lehrer/innenhandeln zu reflektieren. Dieser Punkt kommt bei nicht ausreichender Begleitung zu kurz. Daher erscheint es als besonders wichtig, mit den Studierenden diskursiv auszuhandeln, in welchem Rahmen ein forschender Habitus für sie als angehende Lehrkräfte relevant ist. Auch den Coaches muss diese u. U. skeptische Haltung bewusst sein, um entstehende Probleme kompetent reflektieren und aushandeln zu können. Ein besonderer Schwerpunkt kann hierbei auf die methodischen Fähigkeiten gelegt werden, welche die Studierenden im Rahmen der Forschungsprojekte erwerben, und die sie auch in ihrer Tätigkeit als Lehrende nutzen können. Nicht zu unterschätzen ist auch die Tatsache, dass die Studierenden zu einem späteren Zeitpunkt in ihrem Studium oder in ihrem beruflichen Handlungsfeld Schule den Mehrwert der durchgeführten Forschungsprojekte positiver bewerten könnten, da ihnen ggf. erst im Nachhinein bewusst wird, welchen Stellenwert eine forschende Grundhaltung haben kann. Daher wäre zu einem späteren Zeitpunkt zu erfragen, wie sie die Forschungsprojekte mit einem zeitlichen Abstand retrospektiv einschätzen.

Sowohl der Forschungs- als auch der Präsentationscoach werden weiterhin in dem Projekt eingesetzt. Insbesondere der Präsentationscoach konnte bereits gewinnbringend eingesetzt werden, da er bzw. sie den Studierenden helfen kann, Erkenntnisse kompakt darzustellen. Diese Kompetenz wird in universitären Seminaren vermehrt vorausgesetzt; die Studierenden benötigen hier aber offenbar Unterstützung, insbesondere wenn es um forschendes Studieren geht. Der Präsentationscoach übernimmt dementsprechend Aufgaben, die für die Ausbildung der Schlüsselkompetenzen der Studierenden zentral sind. Der Forschungscoach schneidet im Rahmen der Evaluation etwas schlechter ab. Dies könnte daran liegen, dass die fortgeschrittenen Studierenden, die die Rolle der Coaches annehmen, gerade in diesem Bereich noch nicht die erforderlichen Kompetenzen aufweisen. Es ist eine komplexe Aufgabe, ein Forschungsprojekt, sei es auch noch so klein, anzuleiten und im Prozess zu unterstützen. Diese Aufgabe könnte schwierig für die Coaches gewesen sein, da sie sich selber noch in der Entwicklung ihrer methodischen Kompetenzen befinden. Daher werden mittlerweile vermehrt Coaches eingesetzt, die bereits im Master studieren bzw. eine Bachelorarbeit verfasst haben, da diese über Wissen und eigene Erfahrungen hinsichtlich des Forschenden Lernens und der damit verbundenen Herausforderungen verfügen. Der Einsatz von Coaches, die wiederholt am Projekt beteiligt sind, hat sich ebenfalls als hilfreich erwiesen, da diese deutlich selbständiger und souveräner ihren Aufgaben nachgehen. Zudem profitieren auch die neuen Coaches von den bereits existierenden Erfahrungswerten.

Die enge Kooperation mit der Studierwerkstatt wird nach wie vor ein fester Bestandteil der Coach-Ausbildung bleiben. Die intensive Betreuung sowie die umfangreiche, zielgerichtete Ausbildungsstruktur der Studierwerkstatt sind aus unserer Sicht unerlässlich für das Gelingen eines so komplexen und anspruchsvollen Konzepts wie dem des forschenden Studierens. Jedoch haben auch hier die Rückmeldungen der eingesetzten Coaches zu wichtigen Weiterentwicklungen geführt. Während im ersten Jahr der Coach-Ausbildung die Studierwerkstatt die Ausbildung der Coaches schwerpunktmäßig übernommen hat, wird seit dem zweiten Durchlauf die inhaltliche Vorbereitung der Coaches auf den Themenkomplex »Heterogenität im Englischunterricht« von der Fremdsprachendidaktik Englisch übernommen. Die Coaches erhalten hierzu ein Materialpaket, das einschlägige Literatur und Reflexionsaufgaben beinhaltet, die im Rahmen einer Selbststudieneinheit bearbeitet werden.

8. Zusammenfassung und Ausblick

Zusammenfassend lässt sich festhalten, dass Coaches eine entscheidende Rolle im ForstA-Projekt der Fremdsprachendidaktik Englisch der Universität Bremen spielen. Die ambitionierten Zielsetzungen des Projekts, das Durchlaufen aller Phasen des Forschungsprozesses und die starke Orientierung am Leitbild des reflective practitioner, wären ohne den Einsatz von Coaches innerhalb des hier vorgestellten Projekts nicht umsetzbar. Aus Sicht der beteiligten Dozent/innen sind die Coaches ein wichtiger unterstützender Faktor und ermöglichen eine engmaschige Betreuung der beteiligten BA-Studierenden während des gesamten Projektzeitraums.

Die Coaches tragen dazu bei, dass sich eine forschende und reflektierende Grundhaltung bei ihren Mitstudierenden, aber auch bei ihnen selbst, frühzeitig anbahnen kann. Diese Anbahnung ist für das Studium von Lehramtsanwärter/innen, aber auch für den Berufsalltag von Lehrenden essentiell und beeinflusst die Beteiligten weit über den hier beschriebenen ersten Praxiskontakt hinaus. Es wird deutlich, dass die Ausbildung und der Einsatz der Coaches sorgfältig vorbereitet, begleitet und evaluiert werden müssen. Dabei ist zu bedenken, dass der Bedarf der jeweiligen Fachdisziplin stark auf die Schlüsselkompetenzen der jeweiligen Coaches abgestimmt werden sollte.

In den inzwischen fünf Jahren, in denen das Projekt durchgeführt wird, gibt es einige Lessons learned. Hierzu zählen vor allem die curriculare Verankerung des Projekts, die inhaltliche Vorstrukturierung des Forschungsprozesses, die inhaltliche Vorbereitung der Coaches durch das Materialpaket sowie der Erfahrungsaustausch zwischen neuen und alten Coaches. Wie sich darüber hinaus die geplanten Weiterentwicklungen auf die involvierten Studierenden und die Coaches auswirken, werden zukünftige Evaluationen zeigen. Fest steht jedoch, dass der Coach-Einsatz im Rahmen des Projekts »Professionalisierung im Umgang mit Heterogenität und Differenzierung im Englischunterricht« auch zukünftig eine zentrale Gelingensbedingung darstellt. Abschließend kann festgehalten werden, dass die Ausbildung und der Einsatz von Coaches einen zentralen Stellenwert in Projekten zum Forschenden Lernen einnehmen und somit auch über die Landesgrenzen Bremens hinaus eine starke Berücksichtigung finden können.

Praxistipp:

- Coaches beschäftigen, die bereits im Master sind und somit über wichtige forschungsmethodische Grundlagen verfügen
- Coaches für mehrere Jahrgänge in Folge anstellen, um so eine gewisse Kontinuität herzustellen
- ehemalige Coaches beim Akquirieren und der Einarbeitung von neuen Coaches integrieren, damit sie ihren Erfahrungsschatz weiterreichen können
- methodische Vorbereitung der Coaches in überfachlichen Workshops zu »Präsentationtechniken« und »Workshops«, um eine methodische Fundierung zu schaffen
- inhaltliche Vorbereitung der Coaches mithilfe von Selbststudieneinheiten, die einschlägige Literatur und Reflexionsaufgaben beinhalten, um eine inhaltliche Fundierung zu schaffen
- Begleitung/Anleitung der Coaches durch Dozierende und auch andere Spezialist/innen, um eventuelle Probleme bearbeiten zu können

Literatur

Burton, J. (2009). Reflective Practice. In A. Burns & J. C. Richards (Hrsg.), *The Cambridge Guide to Second Language Teacher Education* (S. 298–308). Cambridge: UP.

Gardner, H. (2011). *Frames of Mind. The Theory of Multiple Intelligences.* New York: Basic Books.

Huber, L. (2009). Warum Forschendes Lernen möglich und nötig ist. In J. Hellmer, L. Huber & F. Schneider (Hrsg.), *Forschendes Lernen im Studium. Aktuelle Konzepte und Erfahrungen* (S. 9–35). Bielefeld: Universitäts-VerlagWebler.

KMK (2011). *Inklusive Bildung von Kindern und Jugendlichen mit Behinderungen in Schulen (Beschluss der Kultusministerkonferenz vom 20.10.2011).* URL: http://www.kmk.org/fileadmin/Dateien/veroeffentlichungen_beschluesse/2011/2011_10_20-Inklusive-Bildung.pdf, 9.11.2016

Stubbe, T. C., Bos, W. & Euen, B. (2012). Der Übergang von der Primar in die Sekundarstufe. In W. Bos, I. Tarelli, A. Bremerich-Vos & K. Schwippert (Hrsg.), IGLU 2011. *Lesekompetenzen von Grundschulkindern in Deutschland im internationalen Vergleich* (S. 209–226). Münster: Waxmann.

Thürmann, E. (2013). Scaffolding. In W. Hallet & F. G. Königs (Hrsg.), *Handbuch Bilingualer Unterricht. Content and Language Integrated Learning* (S. 236–243). Seelze: Kallmeyer.

Universität Bremen (2014). *Studierwerkstatt.* URL: http://www.uni-bremen.de/studierwerkstatt.html, 9.11.2016.

Universität Bremen (2013). Die Coach-Ausbildung der *Studierwerkstatt.* URL: http://www.ifp.uni-bremen.de/fileadmin/Fachbereich_1/ForstA/Die_Coach-Ausbildung_der_Studierwerkstatt.pdf, 9.11.2016.

Forschung verstehen und reflektieren

»Decoding the Disciplines«: ein Ansatz für forschendes Lehren und Lernen

Svenja Kaduk, Swantje Lahm

1. Forschend Lehren und Lernen: das Problem

Das Ideal der »Einheit von Forschung und Lehre« ist für deutsche Universitäten charakteristisch und in derzeitigen Diskussionen zur ›guten Lehre‹ omnipräsent. Für die meisten Universitäten und Fachbereiche gilt Forschendes Lernen gekoppelt mit forschungsnaher Lehre bereits im Bachelorstudium als erstrebenswert (Healey & Jenkins, 2011). Bei aller Unterschiedlichkeit der Formate geht es immer darum, Studierende in eine bestimmte Form des Umgangs mit Wissen einzuführen: in ›diszipliniertes‹ Denken und Arbeiten. Von dessen Aneignung hängen sowohl eine gelungene Fachsozialisation ab als auch der spätere kompetente Umgang mit Wissen als Absolvent/in eines bestimmten Fachs. Die Aneignung der disziplinspezifischen Denk- und Arbeitsweisen – auch darüber besteht weitgehend Konsens – sollte explizit und unterstützt durch selbstreflexive Schleifen erfolgen, so dass Studierende sich ihrer Kompetenzen bewusst und in unterschiedlichen Fachkontexten handlungsfähig sind (Rhein, 2013, S. 45).

Im Folgenden stellen wir mit dem »Decoding the Disciplines« zunächst einen Ansatz vor, um Lehrende in die Reflexion eigener Vorgehensweisen zu führen. Dann beschreiben wir, wie wir den Ansatz für die hochschuldidaktische Arbeit an der Universität Bielefeld angepasst haben, sowie die konkrete Anwendung in Workshops zum Entwickeln von Aufgabenstellungen und weiteren Kontexten unserer Arbeit wie Lehrberatungen und Fortbildungen. Im Ausblick geben wir kurze Anregungen für weitere mögliche Anwendungskontexte.

2. »Decoding the Disciplines«: der Ansatz

Die Einführung Studierender in disziplinäre Denk- und Arbeitsweisen kann als Kern forschungsnahen Lehrens und Lernens bezeichnet werden. Lehrenden ist allerdings oft nicht (mehr) bewusst, was sie selbst als Fachwissenschaftler/innen tun, um wissenschaftliche Erkenntnisse zu produzieren und zu kommunizieren. Die fachlichen Denk- und Arbeitsweisen sind im Zuge der eigenen Sozialisation ins Fach selbstverständlich geworden. Deshalb scheitern viele Ansätze zum Forschenden Lernen und zu forschungsnaher Lehre an der expliziten Vermittlung fachlicher Vorgehensweisen. Daher ist ein Prozess notwendig, in dem das eigene fachliche Tun der automatisierten Selbstverständlichkeit enthoben wird. Dieser Explizierung des Impliziten dient der von David Pace und Joan Middendorf entwickelte »Decoding the Disciplines«-Ansatz (Pace & iddendorf, 2004). Das Sieben-Schritte-Verfahren (vgl. Abb. 1) unterstützt Lehrende darin, ausgehend von konkreten Lernherausforderungen, Arbeitsaufträge für Studierende zu entwickeln, in denen fachspezifische Arbeitsweisen geübt werden.

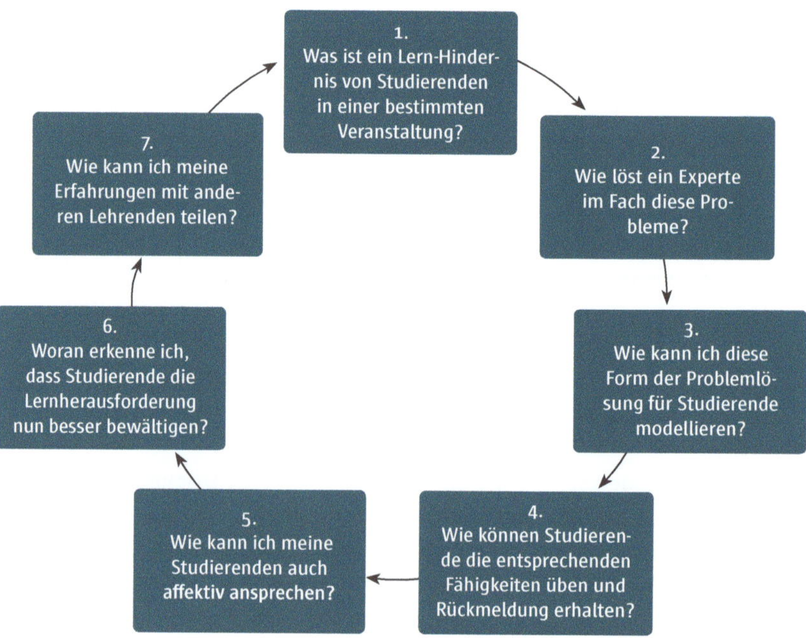

Abb. 1: »Decoding the Disciplines«: Sieben Schritte zur Vermittlung disziplinärer Denk- und Arbeitsweisen (nach Pace & Middendorf, 2004)

Im **ersten Schritt** identifizieren Lehrende disziplinäre Lern- oder Erkenntnishindernisse von Studierenden. Diese können auf unterschiedlichen Ebenen liegen. So könnte z. B. ein/e Germanist/in als Lernhindernis benennen, dass Studierende keine Texte interpretieren können, ein/e Biologe/in, dass Studierende Schwierigkeiten haben, ausreichend Hypothesen zu bilden und deshalb zu schnell zu Schlussfolgerungen kommen, oder ein/e Historiker/in, dass Studierende nicht wissen, wie sie wissenschaftliche Literatur lesen.

Im **zweiten Schritt** wird versucht, das Problem genauer zu fassen. Lehrende springen also nicht direkt in die Lösungssuche nach dem Motto: »Welche Schwierigkeiten haben Studierende und was kann man da tun?«, sondern sie reflektieren zunächst, wie sie selbst als Fachexperten/innen vorgehen, wenn sie das tun, woran ihre Studierenden scheitern. Was macht z.B. eine Germanistin, wenn sie einen Text interpretiert? Wie kommt ein Biologe zu Thesen? Dieser Selbstklärungsprozess wird durch ein Interview unterstützt, in dem fachfremde Interviewer/innen immer wieder fragen: »Was tun Sie? Wie gehen Sie vor?« Dieses Fragen führt in einen hermeneutischen Prozess, der zum Ziel hat, konkrete Operationen fachlichen Denkens und Handelns zu identifizieren. Im Fall der Germanistik könnte es sein, dass eine detaillierte Textbeobachtung und Textbeschreibung der Textinterpretation vorgelagert sind, Studierende diese Prozesse aber oft überspringen oder nur oberflächlich durchführen. Das Resultat des Decoding-Interviews ist eine verbesserte Problembeschreibung, die in eine differenziertere Explizierung disziplinspezifischer Vorgehensweisen führt. Indem sie sich das eigene Vorgehen bewusst machen, entwickeln Lehrende eine Sprache für ihr fachliches Handeln, was wiederum Voraussetzung ist, um Lernende im Fach zu disziplinärem Vorgehen anzuleiten.

Im **dritten Schritt** können die Lehrenden dieses Sprachmaterial dann für das sog. Modellieren (modelling) nutzen: die Überlegung, wie das eigene Vorgehen für Lernende nachvollziehbar und anschaulich gemacht werden kann, bspw. die Art und Weise, in der Historiker/innen einen wissenschaftlichen Text lesen (Pace, 2009; Neumann, 2015).

Im **vierten Schritt** entwickeln Lehrende Ideen zu Aufgabenstellungen, mit denen sie Lernende fachliche Vorgehensweisen üben lassen können, wobei sie im **fünften und sechsten Schritt** motivationale Aspekte und die Frage nach Evaluationsmöglichkeiten mit in den Blick nehmen. Im **siebten Schritt** geben Lehrende ihre Erkenntnisse an andere Lehrende weiter. Die Schritte vier bis sieben werden bei Pace & Middendorf (2004) ausführlich mit Beispielen dargestellt. Mit den Überlegungen zu Evaluation und Veröffentlichung schließt das Decoding-Verfahren eng an das »Scholarship of Teaching and Learning« (SoTL) an (McKinney & Huber, 2012). Ziel ist es, sich innerhalb der Fächer über bestimmte, wiederkehrende Lernschwierigkeiten von Studierenden und mögliche Umgangsweisen damit zu verständigen, um so eine disziplinspezifische, hochschuldidaktische Expertise zu entwickeln.

Der Decoding-Ansatz unterstützt Lehrende dabei, fachliches Arbeiten zum Gegenstand der Lehre zu machen, indem sie Lernschwierigkeiten ihrer Studierenden zum Anlass nehmen, das eigene fachliche Tun zu reflektieren. Das funktioniert besonders gut im Austausch mit fachfremden Kolleg/innen. Seit 1996 leitet Pace an der Indiana University sog. »Faculty Learning Communities«, zweiwöchige fachübergreifende Fortbildungen für Lehrende, in denen mit dem Decoding Ansatz gearbeitet wird. Es darf immer nur ein Vertreter aus einem Fach teilnehmen. Diese interdisziplinäre Zusammenarbeit dient der Klärung der disziplinspezifischen Aspekte. Insbesondere in den Interviews im zweiten Schritt können Lehrende unterschiedlicher Fächer füreinander wechselseitig die Rolle des Laien übernehmen – so ist die Perspektive von Studienanfängern/innen stets präsent.

3. Decoding in Bielefeld

In Bielefeld haben wir den im amerikanischen Hochschulkontext entwickelten Decoding-Ansatz für die hochschuldidaktische Arbeit an einer deutschen Universität adaptiert. Die größte Anpassung, die wir für den Einsatz des Decoding vorgenommen haben, ist, dass wir den Kerndes Ansatzes, das Interview zur Beschreibung des eigenen Vorgehens, in eine Schreibübung umgewandelt haben. Dies hat zum einen pragmatische Gründe: In Bielefeld kommen Lehrende häufig für kurze Workshops im Umfang von maximal einem Tag, oft auch nur für drei bis vier Stunden zusammen. Die Interview-Form ist jedoch relativ zeitaufwändig und lässt sich nicht gut in einen Tagesworkshop integrieren. Zum anderen sind die Arbeitsbeziehungen in Tagesworkshops flüchtig und nicht auf eine langfristige Kooperation angelegt. Das Interview konfrontiert jedoch unmittelbar mit einer Situation, in der Vorgehensweisen beschrieben werden sollen, die die Teilnehmenden zwar beherrschen, aber selten sofort versprachlichen können. Das kann dazu führen, dass die Interviewten pausieren, stocken, nach Worten suchen. Im Sinne der Methode ist das genau richtig. Sich diesem Prozess aber in einem Setting mit fremden Fachkolleg/innen auszusetzen, verlangt eine große Bereitschaft und Offenheit, die wir nicht überstrapazieren wollen.

Wir stellen deshalb im Folgenden eine Methode vor, die das Interview im zweiten Schritt des Decoding-Verfahrens ersetzt: Um einen geschützten Raum zu bieten, in dem Lehrende sich erst einmal für sich selbst mit Lernhindernissen von Studierenden und ihren eigenen Vorgehensweisen beschäftigen können, haben wir die iterativen Fragen des Interviews (Varianten von »Was tun Sie?«) in eine Schreibprozessübung eingebunden, die Lehrende ausgehend von der Benennung von Lernhindernissen (Schritt 1) in die Selbstreflexion (Schritt 2) führt. Die einzelnen Schritte sind auf zwölf Kärtchen verteilt (vgl. Praxistipp). Bis auf eine ebenfalls in den Kärtchen angeleitete kleine Feedbacksequenz mit einer/m anderen – möglichst fachfremden – Teilnehmenden können Lehrende diese Schreibübung für sich selbst durchführen.

Die Feedbacksequenz ist durch auf den Kärtchen vorgegebene Fragen gerahmt und wird durch die interdisziplinäre Zusammensetzung oft als sehr fruchtbar empfunden: die Lehrenden können für einander in die Rolle von Studienanfängern/innen schlüpfen, so dass das Feedback in erster Linie auf ein Verständnis des explizierten Vorgehens fokussiert und weniger auf inhaltliche Punkte abhebt. Ein weiterer Vorteil dieser Adaption des Decoding-Interviews ist, dass Lehrende diese Übung aus den Workshops heraus mitnehmen können – und zwar im wahrsten Sinne des Wortes, denn jede/r Teilnehmer/in bekommt ein Kartenset geschenkt. So können sie später auf die Übung zurückgreifen und die Schritte für sich in anderen Kontexten wiederholen.

Die Idee, das Interview in eine Schreibprozessübung umzuwandeln, in der die Rekursivität im Schreibprozess genutzt wird, um vorsprachliches Wissen zu explizieren, ist inspiriert durch die »Composing Guidelines« von Sondra Perl (Perl, 1994, 2004, 2008). Perl hat die Schreibprozesse von erfahrenen Schreiber/innen beobachtet und sich insbesondere mit deren Rekursivität beschäftigt: Prozesse, in denen man zu einer Frage zurückkehrt, einen Gedanken durch mehrmaliges Bearbeiten vertieft und dabei einer Art vorsprachlichen Intuition folgt, die einem sagt, wenn ein Satz ›richtig‹ ist. Perl bezeichnet diese vorsprachliche, körperlich-sinnliche Repräsentation von Wissen im Anschluss an Eugene Gendlin als »Felt Sense«:

> »When writers pause, they go back and repeat key words, what they seem to be doing is waiting, paying attention to what is still vague and unclear. They are looking to their felt experience, and waiting for an image, a word, or a phrase to captures the sense they embody.« (Perl, 2008, S. 143)

Perl führt Teilnehmende in ihren Veranstaltungen mittels gesprochener Anweisungen in den Schreibprozess. Wir haben aber beobachtet, dass es in diesem Prozess sehr wichtig ist, dass die Schreibenden ihrem eigenen Rhythmus folgen können. Deshalb haben wirdie gesprochenen Anweisungen durch schriftliche Impulse (das Kartenset) ersetzt, die in die von Perl beschriebene Suchbewegung hineinführen, indem sie an den »Felt Sense« appellieren. Die Fragen sind bewusst repetitiv. Sie sollen die Teilnehmenden dabei unterstützen, was ihnen ›auf der Zunge liegt‹, aufs Papier zu bringen: »Composing becomes the carrying forward of an implicit sense to explicit form.« (Perl, 1994, S. 59)

Praxistipp:
Der Decoding-Schreibprozess – Fragen zur Explizierung fachlicher Denk- und Arbeitsweisen

1. **Lernhindernis bestimmen**
   Fragen Sie sich: In welchen Situationen scheitern die Studierenden in meinen Lehrveranstaltungen? Welche (Prüfungs-)Aufgaben können sie nicht bewältigen? Listen Sie einige Lernhindernisse auf. Entscheiden Sie sich dann für eines, das sie wirklich beschäftigt.

2. **Lernhindernis erklären**
   Beschreiben Sie das Lernhindernis möglichst genau: Was machen die Studierenden falsch? Was verstehen sie falsch? Wie ist das Lernhindernis genau beschaffen?

3. **Was tun Sie selbst?**
   Fragen Sie sich z. B.: Wie gehe ich selbst mit diesem Problem um? Beschreiben Sie, was Sie als Profi in Ihrem Fach tun, damit Sie an dieser Stelle nicht stecken bleiben.

4. **Überprüfen**
   Schauen Sie sich das Lernhindernis an und fragen Sie sich: Ist es zu groß gewählt? Zu klein? Zu vage? Ist es wirklich essentiell für mein Fach oder meine Lehrveranstaltung?
   Beschreiben Sie das Lernhindernis noch einmal so genau wie möglich. Fragen Sie sich dabei: Ist das Lernhindernis mit Missverständnissen über mein Fach verbunden?

5. **Wie Profis vorgehen**
   Versuchen Sie, noch genauer zu beschreiben, wie ein Profi in Ihrer Fachdisziplin vorgeht, wenn er/sie mit dem Problem konfrontiert ist: Welche Schritte würde ein Profi vornehmen, um die Aufgabe zu bewältigen? Was würde er/sie tun?

   Viele dieser Schritte mögen für Sie so selbstverständlich sein, dass sie Ihnen nicht bewusst sind. Versuchen Sie, sich diese Schritte bewusst zu machen und große Schritte in möglichst viele Teilschritte herunterzubrechen.
   Beispiel: Eine Germanistin sagt: Die Studierenden müssen erst beobachten, bevor sie interpretieren. Die nächste Frage wäre: Was tut eine Germanistin, wenn sie beobachtet?

6. Feedback einholen (1)

Erklären Sie das Lernhindernis einer Kollegin oder einem Kollegen aus einem anderen Fach. Beschreiben Sie dann, was Sie als Profi tun. Die Kollegin oder der Kollege fragt nach, wenn er/sie etwas nicht verstanden hat.

Wichtig: Es geht darum, zu verstehen, was genau Sie tun bzw. welche gedanklichen Schritte Sie vollziehen! Beschreiben Sie möglichst dicht den Problemlösungsweg, den Sie gehen! Nicht ins Inhaltliche abgleiten!

7. Feedback einholen (2)

Nun bitten Sie die Kollegin oder den Kollegen, in eigenen Worten wiederzugeben, wie er/sie das Lernhindernis und Ihr Vorgehen verstanden hat.
Wenn er/sie ebenfalls mit einem Lernhindernis beschäftigt ist, können Sie im Anschluss die Rollen tauschen.

8. Weiterschreiben

Kehren Sie nun zu Ihrem Text zurück und lesen Sie, was Sie bisher geschrieben haben. Versuchen Sie, noch klarer zu werden: Was tue ich? Wie genau? Welche Schritte folgen aufeinander? Bleiben Sie weiterhin bei der Beschreibung Ihrer Problemlösung. Es geht nicht darum, zu erklären, wie Sie anderen diese Schritte beibringen würden, nur darum, die Schritte selbst präzise zu beschreiben.

9. Schwierigkeiten aufspüren

Fragen Sie sich: Gibt es etwas, dass dieses Thema für mich schwierig macht? Wenn ja, was ist das? Machen Sie sich auch dazu Notizen.

10. Weiterschreiben

Beschreiben Sie weiter Ihr Vorgehen. Wenn Sie merken, dass Sie stoppen, fragen Sie sich: Was fehlt? Was habe ich noch nicht gesagt?

11. Überprüfen

Fragen Sie sich: Fühlt sich das komplett an?
Falls JA: Prüfen Sie noch einmal, woran Sie das merken, und schreiben Sie dazu etwas auf. Falls NEIN, überlegen Sie: Was fehlt? Welche Schritte sind noch zu groß oder zu unklar?

12. Den Prozess reflektieren

Halten Sie in ein bis zwei Sätzen für sich fest, was bis jetzt durch das Verfolgen der einzelnen Reflexionsschritte entstanden ist.

Die Arbeit mit den Karten (die schrittweisen Arbeitsanweisungen sind hier im Praxistipp abgebildet) leiten wir relativ detailliert an, da sich gezeigt hat, dass Lehrende häufig irritiert auf die Redundanzder Fragen reagieren. Wir betonen, dass die Karten in einem iterativen Prozess Schritt für Schritt in ein zunehmend vertieftes Nachdenken über das eigene Vorgehen führen und bitten um die schriftliche Reflexion der einzelnen Fragen und Impulse. Wichtig ist dabei, zu betonen, dass die Notizen nicht von den anderen Teilnehmenden gelesen werden, sondern privat bleiben. Auf Schritt 7, das gegenseitige Feedbackgeben, weisen wir besonders hin und fordern die Teilnehmenden auf, sich bereits vor Beginn der Übung eine/n Feedbackpartner/in zu suchen. Nach dieser Anleitung folgen mindestens 20 Minuten konzentriertes Denken und Schreiben, daran schließt das Feedback an, das sich die Teilnehmenden untereinander geben, und dann wird noch einmal geschrieben.

In der Auswertung wird deutlich, dass Lehrende nach dieser Übung oft sehr viel besser benennen können, was die Schwierigkeiten von Studierenden sind und welche Erwartungen sie an ihre Studierenden haben. Es zeigt sich, dass hinter Begriffen wie »analysieren,»beschreiben«, »interpretieren« ganz konkrete disziplinspezifische Operationen sehen, die man benennen kann und die in entsprechenden Aufgabenstellungen geübt werden können.

4. Anwendungen der Decoding-Schreibprozessübung

Bislang haben wir die Decoding-Schreibprozessübung vor allem in hochschuldidaktischen Workshops zum Entwickeln guter Aufgabenstellungen genutzt. In diesen halbtägigen Workshops konzentrieren wir uns in der Regel auf die Schritte 1 bis 4 des Decoding-Kreises, also darauf, ein Lernhindernis zu identifizieren, das eigene Vorgehen zu beschreiben und zu modellieren und eine Aufgabe für Studierende zu entwerfen. Im Workshop bekommen die Lehrenden die Schreibprozessübung in Form von Kärtchen mit einer Schritt-für-Schritt-Anleitung in die Hand. Sie haben dann 30–45 Minuten Zeit, sich schreibend mit diesen Fragen zu beschäftigen.

Als Ergebnis des Schreibprozesses liegt den Lehrenden oft eine Liste oder Abfolge von Aktivitäten vor, die sie selbst als Fachwissenschaftler/innen vollziehen, um bspw. zu Erkenntnissen zu kommen oder eine Fragestellung oder Hypothesen zu entwickeln. Der Schritt von dieser Liste von Tätigkeiten hin zur Formulierung einer Aufgabenstellung erfordert dann unserer Erfahrung nach eine erneute Fokussierung auf das von den Lehrenden angestrebte Lernziel in einer bestimmten Lernsituation (Lehrveranstaltung). Lehrende der Germanistik könnten sich zum Beispiel fragen: Sollen Studierende in der Literaturwissenschaft im ersten Semester zunächst einmal lernen, eine genaue Textbeschreibung zu machen, bevor sie dann Textinterpretation leisten? Oder setze ich die Textbeschreibung voraus, als etwas, was meine Studierenden können, und fokussiere gleich auf den Punkt der Textinterpretation? Lehrenden fällt es nicht immer leicht, an diesem Punkt eine Entscheidung zu treffen. Als hilfreich hat sich die Arbeit mit Vygotskys Konzept der proximalen Entwicklung erwiesen (Vygotsky, 1978), da es Lehrende dabei unterstützt, zu entscheiden, was sie als gegebene Kompetenzen bei Studierenden voraussetzen und was ein sinnvolles nächstes Lernziel für eine Aufgabenstellung sein könnte.

Im folgenden Schritt des Modellierens, also der Frage, wie man Studierenden die Anforderungen zeigen und verdeutlichen kann, arbeiten wir mit einem Brainstorming zu der Frage: Wie könnte ich mein Vorgehen für Studierende nachvollziehbar machen? Da Denk- und Handlungsweisen in den disziplinären Forschungs- und Erkenntnisprozessen, wie Rüdiger Rhein es formuliert, »tendenziell unanschaulich und gelegentlich kontraintuitiv« sind (Rhein, 2013, S. 47), arbeiten wir in diesem Kontext mit Metaphern (»XV ist für mich wie ...«), um zu einer möglichst vermittelnden, bildhaften und anschaulichen Sprache zu kommen. So wurde für die Suche nach Evidenz in der Biologie z. B. die Metapher des Einkaufens gefunden:

> »Wenn ich nach der überzeugendsten Evidenz für meine Hypothese suche, erinnert mich das an einen Einkauf im Supermarkt. Ich habe drei hungrige Kinder zu Hause und inmitten all der Angebote mit begrenzten Ressourcen an Zeit und Aufmerksamkeit versuche ich, das beste, das ›sättigendste‹ Angebot für sie zu finden.«

Das anschließende Aufgaben-Design erfolgt nach dem Modell der integrierten Lehrveranstaltungsplanung (Fink, 1998). Wenn man an diesem Punkt im Workshop mit Beispielen für Aufgabenstellungen arbeitet, sind Feedback-Runden wichtig, in denen der Fokus auf der Passung von Lernhindernis, Lernzielen und Aufgabenstellung liegt. Gerade hier unterstützen die Fragen der fachfremden Kollegen/innen die Teilnehmer/innen dabei, Formulierungen zu präzisieren und unter der Vorgabe »form follows function« Inhalt (Lernziele) und Form (Aufgabe) aufeinander abzustimmen. Die Teilnehmer/innen diskutieren verschiedene Arten, Rückmeldung auf studentische Arbeitsergebnisse zu geben, sowie Formen ressourcenschonenden Feedbacks. In diesen zeitlich sehr knapp gehaltenen, zielorientierten Workshops geht es zunächst einmal um die Entwicklung von Ideen für forschungsnahes Lehren und Lernen in Form von Aufgabenstellungen, weshalb wir in diesen Settings nicht den ganzen Decoding-Zirkel vollziehen.

Neben den Kurzworkshops nutzen wir insbesondere die Decoding-Schreibprozess-Übung mit der Explizierung des fachlichen Tuns in der Einzelberatung von Lehrenden. Das Motto lautet: »Lehre, was du tust« (Lahm, 2016). und die Fragen der Kärtchen dienen dabei einfach als Impulse im Gespräch oder werden als ›Hausaufgabe‹ mitgegeben, um im nächsten Beratungsgespräch darauf zurückzukommen.

Den ganzen Decoding-Kreis durchlaufen wir im Rahmen größerer Fortbildungen, wie der semesterbegleitenden Fortbildung »Forschen – Schreiben – Lehren«, die sich an Nachwuchswissenschaftler/innen und Postdocs der Universität Bielefeld richtet. Die Teilnehmer/innen entwickeln im Rahmen dieser Fortbildung schreibintensive Sequenzen für die eigene Lehre im Fach: Hier kommt der Decoding-Ansatz zum Tragen, der die Explizierung des Impliziten unterstützt. In diesen längeren Fortbildungen reflektieren die Teilnehmenden auch Motivationsaspekte und Evaluierungsmöglichkeiten (Decoding Schritte 5 und 6). Im Rahmen der Praxisphase der Fortbildung erproben die Teilnehmer/innen die von ihnen entwickelten Konzepte in der eigenen Fachlehre. Die Teilnehmer/innen schließen die Fortbildung damit ab, dass sie ihre erprobten Lehrkonzepte verschriftlichen und auf unserer Internetseite veröffentlichen – und somit anderen Lehrenden in- und außerhalb der Universität Bielefeld zur Verfügung stellen (Schritt 7 im Decoding-Kreis).

Was für Lehrformate jeweils entstehen, ob diese forschendes, forschungsbasiertes oder forschungsorientiertes Lernen unterstützen (Huber, 2014), hängt von den Lehrenden sowie den Aufgaben ab, die diese entwickeln. Prinzipiell kann der Decoding-Ansatz helfen, eine Ausgangsbasis – eine Sprache und erste Ideen – für die Vermittlung disziplinspezifischer Denk- und Handlungsweisen, also für forschungsnahe Lehrkonzepte zu entwickeln. Der Ansatz setzt eine hohe Bereitschaft zur Selbstreflexion voraus und eignet sich entsprechend nur für Teilnehmende, die sich auf diesen Prozess einlassen wollen. Wir erleben hier prinzipiell große Offenheit, vermutlich auch deshalb, weil der Decoding-Ansatz aus den »Blame the teacher« – »Blame the student«-Dilemmata (vgl. Brabandt-Film) herausführt, indem er zeigt, dass viele Schwierigkeiten auf Missverständnisse im Hinblick auf die fachlichen Anforderungen zurückzuführen sind.

5. Ausblick

Die Attraktivität des Decoding-Ansatzes besteht darin, dass Lehrende in ihrer Rolle als Wissenschaftler/innen angesprochen werden. Das Nachdenken über Lehre beginnt so im Kern der Disziplin, bei dem, was die Forschenden tagtäglich tun, und den konkreten Herausforderungen, denen sie in der Lehre begegnen. Diese beiden Aspekte werden zueinander in Beziehung gesetzt, und die eigentliche hochschuldidaktische Frage lautet, wie bestimmte Diskrepanzen zwischen dem Handeln von Studierenden und Fachwissenschaftler/innen überwunden werden können.

Das Decoding-Verfahren kann – mit oder ohne Karten – für viele Bereiche genutzt werden. Neben dem Entwickeln von Aufgabenstellungen kann es z.B. dabei unterstützen, fachspezifische Lernziele für Lehrveranstaltungen und Module (oder auch für ganze Studiengänge) oder Kriterien für Qualifikationsarbeiten zu explizieren und zu formulieren. Auch für den Kontext individueller Lehrberatung eignet sich der Ansatz, indem er nicht auf den Einsatz didaktischer Methoden, sondern auf spezifische Problemlagen und dafür zugeschnittene Vorgehensweisen abhebt. In all diesen Kontexten geht es um die Explizierung domänenspezifischer Vorgehensweisen.

Im Unterschied zu herkömmlichen Formaten der hochschuldidaktischen Einzelberatung (Wildt, Szczyrba & Wildt, 2006) setzt der Decoding-Ansatz auf die Zusammenarbeit einer Gemeinschaft von Fachlehrenden. Der Bezug zum »Scholarship of Teaching and Learning« ist deshalb wichtig, weil die Arbeit an Lernhindernissen und die Explizierung von Denk- und Arbeitsweisen so zu einem raum- und zeitübergreifenden Projekt wird, das darauf zielt, lokal hergestellte Erkenntnisse über typische Herausforderungen von Studierenden in einem Fach, die elementaren disziplinären Denk- und Handlungsformen und deren Aneignung zu sichern, und einem breiten Publikum von Fachlehrenden zur Verfügung zu stellen.

Literatur

Fink, L. Dee (1998). *Creating Significant Learning Experiences. An Integrated Approach to Designing College Courses*. San Francisco: Jossey-Bass.

Jenkins, A. & Healey, M. (2011). Research based learning – a collection of case studies in different disciplines. In I. Jahnke & J. Wildt (Hrsg.), *Fachbezogene und fachübergreifende Hochschuldidaktik* (S. 37 – 46). Bielefeld: Bertelsmann, Reihe Blickpunkt Hochschuldidaktik (121).

Huber, L. (2014). Forschungsbasiertes, Forschungsorientiertes, Forschendes Lernen: Alles dasselbe? Ein Plädoyer für eine Verständigung über Begriffe und Unterscheidung im Feld forschungsnahen Lehrens und Lernens. In *Das Hochschulwesen*, 1 + 2, 22 – 29.

Lahm, S. (2016). *Schreiben in der Lehre*. Opladen: Verlag Barbara Budrich.

McKinney, K. & Huber, M. T. (2012). *The Scholarship of Teaching and Learning In and Across the Disciplines*. Bloomington: Indiana University Press.

Neumann, F. (2015). »How does a historian read a scholarly text? And how do students learn to do the same?«. In D. Ludvigsson & A. Booth (Hrsg.), *Enriching History Teaching and Learning. Challenges, Possibilities, Practice* (S. 67 – 83). Linköping.

Pace, D. & Middendorf, J. (Hrsg.) (2004). *Decoding the Disciplines: Helping Students Learn Disciplinary Ways of Thinking. New Directions for Teaching and Learning, 98*. San Francisco: Jossey-Bass.

Pace, D. (2004). Decoding the Reading of History: An Example of the Process. In D. Pace & J. Middendorf (Hrsg.), *Decoding the Disciplines: Helping Students Learn Disciplinary Ways of Thinking* (New Directions for Teaching and Learning, 98), (S. 13 – 21). San Francisco: Jossey-Bass.

Perl, S. (1994). The Composing Processes of Unskilled College Writers. In S. Perl (Hrsg.), *Landmark Essays on Writing Process* (S. 39 – 62). Davis, CA: Hermagoras Press.

Perl, S. (2004). *Felt Sense. Writing with the Body*. Portsmouth: Boynton/Cook.

Perl, S. (2008). Understanding Composing. In T. R. Johnson (Hrsg.), *Teaching Composing. Background Readings* (S. 140–147). Boston, New York: Bedford/St. Martins.

Rhein, R. (2013). Hochschuldidaktik und wissenschaftsbezogene Reflexion. In A. Spiekermann (Hrsg.), *Lehrforschung wird Praxis* (S. 41–50). Bielefeld: Bertelsmann, Reihe Blickpunkt Hochschuldidaktik (124).

Vygotsky, L. (1978). *Mind and society: The development of higher psychological processes.* Cambridge, MA: Harvard University Press.

Wildt, J., Szczyrba, B. & Wildt, B. (Hrsg.) (2006). *Consulting. Coaching. Supervision. Eine Einführung in Formate und Verfahren hochschuldidaktischer Beratung.* Bielefeld: W. Bertelsmann Verlag.

Wie kommt das Neue in die Welt? Forschungsorientierte Lehre in der Betriebswirtschaftslehre mit Systemaufstellungen

Georg Müller-Christ

Forschungsorientierte Lehre ist in der BWL bzw. Managementlehre noch nicht weit verbreitet. Umso wichtiger sind hier konkrete, praktikable Ansätze, um forschungsorientierte Lehr-/Lernprozesse zu initiieren und zu steuern. Einen solchen, an der Universität Bremen erprobten Ansatz bieten die Systemaufstellungen. Gerade in der Managementlehre, der es um das Erkennen und Steuern sozialer Prozesse in Organisationen geht, kann mithilfe von Systemaufstellungen eine Form kollektiven Erkennens realisiert werden, die in ihrem intuitiv-systemischen Charakter neu, gemessen an den Gütekriterien qualitativer Forschung indes anschlussfähig ist an gutes wissenschaftliches Arbeiten. Zudem zeigt die Erfahrung, dass Systemaufstellungen als Erkenntnismethode nicht nur schnell vermittelbar, sondern auch mit viel Spaß und Staunen in gemeinschaftlichen Prozessen verbunden sind: So macht Forschung Spaß!

Die Diskussion über forschungsorientierte Lehre in all ihrer vielfältigen Begrifflichkeit ist auch in der Betriebswirtschafts- und Managementlehre angekommen. An den meisten Hochschulen werden diese Fächer in Studiengängen mit großen Studierendenzahlen vermittelt. Der Aufbau der Studiengänge folgt zumeist der Logik von der Grundlagenvermittlung in Vorlesungen zu Beginn des Studiums hin zu speziellen Betriebswirtschaftslehren in den höheren Semestern, die in Seminar- und Projektform angeboten werden. Je größer die betriebswirtschaftliche Fakultät ist, desto breiter ist das Angebot an speziellen Lehren. Diese sind inzwischen so heterogen in ihrem Anspruch und ihrer Eigenlogik, ihren Methoden und ihren Konzepten, dass es schwierig ist, einen umfassenden Eindruck von forschungsorientierter Lehre in der Betriebswirtschaftslehre zu bekommen. Gleichwohl scheint es auch in der BWL eine Entwicklung hin zu sehr speziellen und abstrakten Fragestellungen zu geben, die häufig formal-mathematisch modelliert und empirisch analysiert werden. Mit dieser Entwicklung folgt die BWL der Volkswirtschaftslehre und der Psychologie, und hat sich damit den Zugang zu den internationalen Zeitschriften geschaffen, in denen weitgehend empirische Fragestellungen mit hohem Methodenaufwand einen globalen Verständigungsraum geschaffen haben.

In welchem Ausmaß in einer speziellen Betriebswirtschaftslehre eine forschungsorientierte Lehre betrieben wird, hängt sicherlich von dem Dozenten oder der Dozentin wie auch von vorherrschenden Forschungsdesigns des Fachs ab. In diesem Beitrag werden die Überlegungen vor drei verschiedenen Erfahrungshintergründen angestellt:

Der Erfahrungshintergrund I für diesen Beitrag ist das Engagement der Universität Bremen, als Exzellenzuniversität der forschungsorientierten Lehre mehr Bedeutung und mehr Wirksamkeit zu verschaffen (Huber, Kröger & Schelhowe, 2013).

Der Erfahrungshintergrund II für diesen Beitrag entstand durch die eigene Durchführung zahlreicher systemischer Visualisierungen und Systemaufstellungen, die zu neuen Fragen in Bezug auf den üblichen Forschungsprozess in der Betriebswirtschafts- und speziell der Managementlehre geführt haben.

Der Erfahrungshintergrund III stammt aus der besonderen Perspektive des Fachs »Nachhaltiges Management« (Müller-Christ, 2014), welches sich durch zwei Besonderheiten auszeichnet:

1. Trotz erheblicher Bemühungen in Wissenschaft und Politik für eine nachhaltige Entwicklung bewegen sich Unternehmen nur sehr langsam und häufig nur unter Druck. Die Anforderungen einer nachhaltigen Entwicklung scheinen die disziplinären und konzeptionellen Grenzen der BWL zu überschreiten und methodisches sowie inhaltliches Neuland zu erfordern. Die seltene praktische Aneignung der scheinbar so klaren Gestaltungsempfehlungen der Managementlehre in Unternehmen macht noch zu wenige Betriebswirte stutzig.
2. Eine moderne Managementlehre hat die Aufgabe, ganz neue Hypothesen zur Funktionsweise von umwelt- und sozialverträglichen Unternehmen zu finden. Zu diesem Zweck muss das deutlich technologisch-normativ orientierte Forschen in der BWL und Managementlehre aufgebrochen werden, um eine Vorstellung davon zu entwickeln, wie das wirklich Neue in die Welt kommt.

In dem zu diesem Praxisband gehörenden Theoriebuch über Forschendes Lernen habe ich drei Lehr-/Lernarrangements in der BWL skizziert, die Forschendes Lernen unterschiedlich realisieren. Als abduktives und intuitives Arrangement habe ich dort Systemaufstellungen als neue Methode hypothesenentdeckenden Forschens eingeführt (Müller-Christ 2017).

Die These dieses Beitrags lautet daran anschließend: Es ist für Studierende anregender, forschungsorientierte Lehr-/Lernarrangements mitzugestalten, in denen neue Hypothesen entdeckt werden, als bloß mit bekannten Arrangements zu arbeiten und etablierte Hypothesen neu zu beleuchten. Die Begründung von Hypothesen erfolgt bei traditionellen Lehrmethoden eher nach standardisierten Verfahren der quantitativen Forschung und ist sehr stark regelgeleitet. Eine forschungsorientierte Lehre in der Managementausbildung sollte sich weniger mit der Frage beschäftigen, wie die vorhandenen Theorien bestätigt werden können. Zukunftsgewandter ist die Frage: Wie können sich Lehrende zusammen mit Studierenden intensiver mit der Frage beschäftigen, wie das Neue entsteht?

Nach einem kurzen Bezug auf die Lehr-/Lernsituation in der Betriebswirtschaftslehre wird die Methode der Systemaufstellung skizziert und anschließend ein Erkenntnisprozess mit Systemaufstellungen zu der Frage geschildert: Wie stehen verschiedene Wissenschaften im spannungsgeladenen Erkenntnisraum zu der Qualität des Neuen?

1. Lehr-/Lernsituation in der Betriebswirtschaftslehre

Die Herausforderung der Betriebswirtschaftslehre liegt darin, dass sie den Wissensbestand an explikativen und technologischen Aussagen in all ihren Funktionsbereichen (Beschaffung, Produktion, Marketing, Personalmanagement usw.) permanent erhöht und damit den Wissensberg, den die Studierenden erklimmen sollen, immer steiler macht. Die Aneignung dessen erzwingt dann das Auswendiglernen großer Wissensbestände, es kommt zum ›Bulimie-Lernen‹ und zu einer passiven Konsumhaltung der Studierenden, die das Ethos ihrer eigenen Disziplin auch beim Lernen handlungsleitend einsetzen: Effizient, also mit möglichst geringem Aufwand, das vorgegebene oder selbstgesetzte Ziel zu erreichen, scheint die vorherrschende Handlungsmaxime zu sein.

Auf diese Haltung trifft nun das Angebot einer forschungsorientierten Lehre in den höheren Semestern, welches die in den ersten Semestern erlernten Muster der Wissensaneignung zuerst einmal aufbrechen muss. Studierende sind zuweilen sehr orientierungslos, wenn sie statt vorgegebener Fragen mit bekannten Antworten in ein Lehr-/Lernarrangement kommen, in dem weder die Frage feststeht noch die Antwort bekannt ist. In demselben Arrangement müssen die Lehrenden damit leben, dass der learning outcome nicht mehr konkret festlegbar ist und somit auch nicht in herkömmlicher Weise geprüft werden kann. Für beide Parteien ist forschungsorientierte Lehre ein höherer emotionaler, mentaler und zeitlicher Aufwand. Während die Studierenden durch das Workload-Konzept zumindest noch formal vor zeitlicher Überbeanspruchung geschützt sind, können Lehrende in ein Risiko des unüberschaubaren Betreuungsaufwands hineinlaufen, vor allem dann, wenn es um Module mit größeren Zuhörendenzahlen geht.

Die Vermutung ist naheliegend, dass in einer Wissenschaft, die ihren Bestand an normativ-pragmatischen Gestaltungsempfehlungen permanent erhöht, eine Kultur des fragenden Suchens nach ganz anderen Lösungen schwierig zu entwickeln ist. Stattdessen werden die Methoden der ›Tiefenbohrung‹ immer komplexer und aufwändiger nachzuvollziehen. Aus der Tiefe entsteht aber selten Neues, eher Spezifischeres und Konkreteres.

2. Thesengenerierung durch Systemaufstellungen

Die Methode der Systemaufstellung ist eine Erkenntnismethode, bei der Menschen für Elemente eines Systems im Raum aufgestellt werden. Sie visualisieren das System, indem sie die Beziehungen der Elemente zueinander durch ihre Entfernung und ihre Blickrichtungen beschreiben. Systemaufstellungen arbeiten mit der transverbalen Raumsprache: Menschen können das durch Stellvertreter/innen im Raum verkörperte System relativ ähnlich verstehen, ohne dass verbal kommuniziert werden muss. Die Stellvertreter/innen für die Elemente kommen in eine repräsentierende Wahrnehmung für die Befindlichkeit der Elemente, für die sie stehen, und können so gut wie immer relativ klar ausdrücken, wie sich Veränderungen im System auf ihre Wahrnehmung auswirken. Es ist in Aufstellungen sehr wichtig, dass die Stellvertreter/innen nur auf ihre körperliche Befindlichkeit achten und den Veränderungen nachspüren, aber nicht nachdenken. Denkprozesse können das Spüren und Wahrnehmen der Unterschiede verhindern. Sie können dadurch vermieden werden, dass die Stellvertreter/innen verdeckt aufgestellt werden, also gar nicht wissen, welches Element sie repräsentieren. Durch schweigende Zuweisung der Stellvertretung, beispielsweise durch den/die Aufstellungsleiter/in, scheint sich die repräsentierende Wahrnehmung genauso einzustellen. Aus Platzgründen kann nicht ausführlich auf die Methode eingegangen werden. Es gibt aber bereits in der beraternahen Organisationsliteratur einen nennenswerten Fundus an Einführungen und Reflexionen der Methode (z.B. Rosselet, 2012; Gerhard, 2014).

Das Lehrdesign mit der Methode der Systemaufstellung ist hingegen noch neu und wird nur von wenigen Lehrenden eingesetzt (Müller-Christ, Liebscher & Hußmann, 2015). Es ist wichtig, direkt am Anfang zu erwähnen, dass Systemaufstellungen nur von ausgebildeten Aufstellungsleiter/innen durchgeführt werden sollten. Die repräsentierende Wahrnehmung der Stellvertreter/innen gilt es gefühlvoll zu locken und zu begleiten und dabei Rücksicht auf die Möglichkeiten der Studierenden zu nehmen. Der Einsatz von Systemaufstellungen muss daher systematisch vermittelt und geübt werden.

Grundlegende Erkenntniswege (Müller-Christ, 2017)

Die Diskussion um die grundlegenden Erkenntniswege wird in der Erkenntnis- und Wissenschaftstheorie mit anhaltender Intensität geführt. Ihr Destillat ist die folgende Unterscheidung:

Deduktion: Deduktion ist die Erkenntnisform im Begründungszusammenhang. Sie besteht im Schließen von allgemeinen auf besondere Sätze. Wenn bspw. die Prämisse gilt, dass im Falle einer Steigung der Produktionsmenge auch die Kosten steigen (allgemeiner Satz), dann kann von der Beobachtung einer steigenden Produktionsmenge auch auf steigende Kosten geschlossen werden. Steigende Kosten können dann empirisch ermittelt werden. Deduktion kann keine wirklich neuen Erkenntnisse erzeugen, nur vorhandene verbreiten (Brühl, 2015).

Induktion: Im Gegensatz zur Deduktion wird in der Induktion genau anders herum geschlossen: von einzelnen besonderen Sätzen auf allgemeine Sätze. Diese Methode wird in der Betriebswirtschaftslehre häufig verwendet. Praktisches Unternehmenshandeln soll erklärt werden, indem der Zusammenhang zwischen einem Fall und letztlich dem Unternehmenserfolg (in Form des Gewinns) aufgezeigt wird. Best Practice-Konzepte waren und sind sehr beliebt in der Managementforschung. Die neuen Einsichten führen zumeist nur zu einem Nachmachen und damit einer Vervielfältigung vorhandener Handlungsmuster.

Abduktion: Formallogisch ist das Problem, welches die Abduktion löst, das folgende: Es ist nur ein Ereignis bekannt und es gibt kein Gesetz und keine Randbedingung, aus denen etwas logisch geschlossen werden kann. Mithin ist Kreativität gefragt, um aus diesem einen Ereignis auf eine verallgemeinerungsfähige Hypothese zu schließen. Für Charles Sanders Peirce, der Abduktion einführte und beschrieb, ist diese eine blitzartige Einsicht, die sich angesichts eines Problems und aufgrund der Kenntnis der Fakten einstellt und durch logische Regeln des Schlussfolgerns eher behindert wird (Reichertz, 2013).

Intuition: Intuition im engeren Sinne ist die Eingebung, mithin die Erschließung und Erfahrung eines Wissens, welches vorher noch nicht in der Person des/r Suchenden oder Forschenden vorhanden war. Diese intuitiven Geistesblitze, Bauchentscheidungen oder Ideen lassen sich rational kaum erklären, ihre Entstehung und Herkunft können kaum begründet werden. Intuition begegnet dem Menschen nicht einfach unvorbereitet im Alltag. Sie ist in dem Moment präsent, in dem Suchende oder Forschende sich ganz konzentriert in ein Thema oder eine Aufgabe vertiefen und in einen Flow geraten. Mit anderen Worten: Intuition trifft am ehesten den vorbereiteten Geist. Intuition geht über Abduktion in dem Sinne hinaus, als auch Erkenntnisse über ganz andere Bereiche blitzartig erfasst werden können, die mit dem betrachteten Erklärungsgegenstand nichts zu tun haben müssen.

Die Systematik dieses forschungsorientierten Lehrdesigns lässt sich am besten anhand eines Aufstellungsbeispiels darstellen. Das Thema der Aufstellung war die Unterscheidung von Erkenntnisformen (vgl. Kasten »Grundlegende Erkenntniswege«) und die Frage, welche Forschungsrichtung mit welcher Erkenntnisform verbunden ist. Es handelte sich um eine Aufstellung für und mit BWL-Studierenden, bei der das besondere Augenmerk auf der Managementforschung lag.

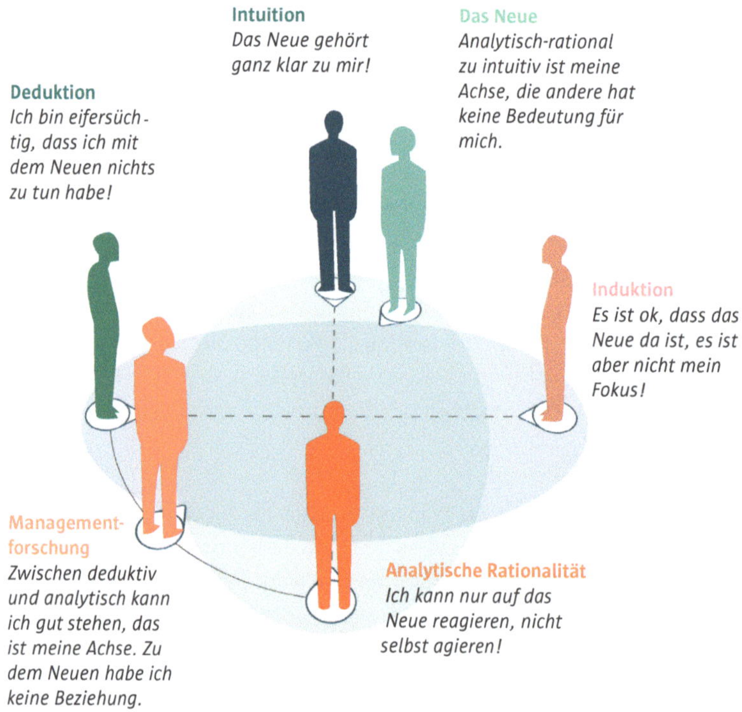

Abb. 1: Dilemma²-Aufstellung zu den Erkenntnisformen

Für das hier erläuterte Beispiel einer verdeckten Systemaufstellung wurde davon ausgegangen, dass Deduktion und Induktion, die beiden Formen des logischen Schlussfolgerns, einander gegenüberstehen und ein Spannungsfeld bilden. Als weitere Polaritäten wurden die Erkenntnisprozesse der Intuition und der analytischen Rationalität als Spannungsfeld aufgestellt (vgl. Abb. 1). Analytische Rationalität ist eine Arbeit mit den Daten, bei der das Neue in den Daten gesucht wird, während Intuition ein Loslösen von Daten ist und dem Warten auf die Eingebung des Neuen entspricht.

Die Herleitung des Aufstellungsformats Dilemma[2] kann an dieser Stelle aus Platzmangel nicht erfolgen, es entspricht nicht ganz den zuvor reflektierten vier Erkenntnisformen von Deduktion, Induktion, Abduktion und Intuition; letztere beiden wurden als intuitive Erkenntnisform zusammengefasst. Ein Stellvertreter für das Element »das Neue« wurde gebeten, sich einen Platz in diesem aufgespannten Erkenntnisfeld zu suchen. Forschungsaufstellungen finden fast immer verdeckt statt. Dies bedeutet, dass die Stellvertreter/innen nicht wissen, wen sie repräsentieren und welche Elemente noch im Feld sind. Die Stellvertreter/innen entscheiden sich nur auf Basis ihrer körperlichen Wahrnehmung (näher dazu Müller-Christ, 2016).

Ohne dass der Stellvertreter für »das Neue« wusste, welchen Elementen er gegenübertrat, stellte er sich nach kurzem Durchwandern des Feldes zur Erkenntnisform der Intuition und empfand diesen Platz als sehr stimmig. Dann wurde ein Stellvertreter für die Managementforschung aufgefordert, sich einen Platz zu suchen, der für ihn passend erschien. Er stellte sich auf die Achse von deduktiver und analytisch-rationaler Erkenntnisgewinnung. Diese Aufstellung ist in der nachfolgenden Abbildung (Abb. 2) dargestellt.

Im Anschluss an dieses Aufstellungsbild wurden die folgenden Beobachtungen von der Studierenden-Gruppe beschrieben:

1. Das Neue hat sich im Feld der Erkenntnisformen sehr sicher seinen Platz neben der Intuition gesucht. Diese wusste genau, dass das Neue zu ihr gehört.
2. Das Neue hat nur die Achse von Intuition und analytischer Rationalität als interessant empfunden. Die induktive Erkenntnisform im Rücken hat es als angenehm, aber nicht sehr relevant empfunden.
3. Die Managementforschung und das Neue stehen sich diametral gegenüber: das Neue bei der Intuition und neben der Induktion, die Managementforschung kann zwischen Deduktion und Rationalität hin- und herpendeln. Die Managementforschung hat keine Beziehung zum Neuen.
4. Induktion und Deduktion haben für das Neue keine Bedeutung.

In der darauffolgenden Diskussion wurden dann verschiedene Thesen im Entdeckungszusammenhang auf der Basis des Vorwissens der Beteiligten aufgestellt:

These I: Eine geschickte Mischung aus analytisch-rationaler Erkenntnissuche mit intuitiven Phasen lockt das Neue in die Welt. Die Eingebung sucht den vorbereiteten Geist.

These II: Es ist für das Neue nicht relevant, ob die Informationen und Daten, die analytisch-rational untersucht werden, durch Induktion oder Deduktion entstanden sind.

These III: Eine Managementforschung, die sich hauptsächlich der deduktiv-analytischen Empirie verschrieben hat, kann keine wirklich neuen Erkenntnisse produzieren.

Es ist die Aufgabe der Lehrenden, in der gemeinschaftlichen Suche nach Thesen auf deren Qualität zu achten: Haben sie einen hinreichenden Informationsgehalt, verweisen sie auf einen Zusammenhang, der eindeutig und präzise ist, können sie empirisch überprüft werden, verweisen sie auf eine theoretische Fundierung u.a.m. Die Studierenden sind dann aufgefordert, anhand der Literatur zu prüfen, ob ihre Thesen wirklich neu sind, ob sie schon länger diskutiert werden oder ob sie bereits bestätigt oder falsifiziert wurden.

Der Forschungsprozess mit den Studierenden in der geschilderten Aufstellung ging dann in eine zweite Phase. Die Gruppe wählte weitere Forschungsrichtungen aus, deren Positionierung im aufgespannten Erkenntnisfeld und deren Beziehungen zum Neuen erkundet werden sollten. Stellvertreter/innen für Ingenieurwissenschaft, Medizinforschung, Theologie und Wissenschaft der Künste wurden gebeten, sich verdeckt in dem Erkenntnisfeld einen Platz zu suchen (vgl. Abb. 2). Die folgenden Beobachtungen wurden einhellig gemacht:

1. Ingenieurwissenschaft steht neben der Induktion: Trial and Error ist ihre Erkenntnisform. Sie ist sehr an dem Neuen interessiert.
2. Medizinforschung steht im Wirkungsfeld von analytisch-rational und fühlt sich stark und gut versorgt: Die Analyse von Krankheiten ist die bevorzugte Erkenntnisform der Medizin.
3. Wissenschaft der Künste stellt sich direkt vor das Neue, eine Position, die von allen Elementen als unstimmig erlebt wird. Das Element fühlt sich überfordert.
4. Theologie positioniert sich außerhalb des Feldes der Erkenntnisformen hinter der Analyse und fokussiert das Neue aus maximaler Entfernung.

In einer Diskussionsrunde ging es anschließend darum, zu ergründen, ob die gewählten Positionierungen der Forschungsrichtungen plausibel sind. Haben die Diskutant/innen Hinweise aus ihrem Erfahrungshintergrund, dass die Positionierungen und die Äußerungen der Stellvertreter/innen eine gewisse Übereinstimmung mit der Realität haben? In solchen Plausibilitätsüberlegungen haben die Lehrenden mit einem naturgemäß größeren Erfahrungshintergrund eine lenkende Wirkung. Die Diskussion kann an dieser Stelle aus Platzgründen nicht wiedergegeben werden, sie ist in der obigen Beschreibung angedeutet. Die Gruppe kam aber zu dem Ergebnis, dass sich die Forschungsrichtungen alle sehr stimmig positioniert haben.

Aus den Beobachtungen wurden dann die folgenden Thesen abgeleitet:

These IV: Die Wissenschaften, die sich im Dreieck der Erkenntnis-

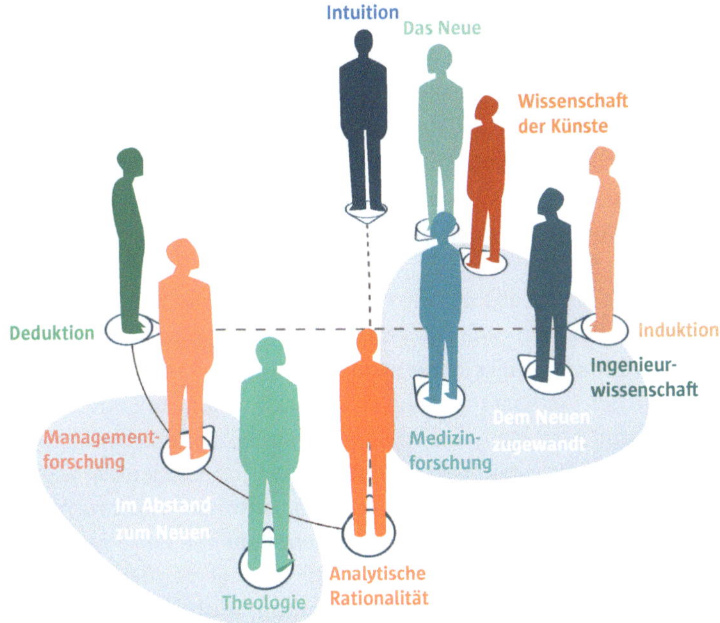

Abb. 2: Verschiedene Forschungsrichtungen im Erkenntnisfeld

formen Deduktion, Intuition und analytischer Rationalität positioniert haben, haben keinen aktiven Bezug zum Neuen. Die Wissenschaften, die im Dreieck von Intuition, Induktion und analytischer Rationalität stehen, sind am Neuen interessiert. Induktion macht folglich den Unterschied.

These V: Je weiter eine Forschungsrichtung von dem Neuen entfernt steht, desto entspannter ist sie. Das Neue liefern zu müssen, bedeutet Stress und Herausforderung.

3. Der mehrdimensionale Überblick: Potenziale der systemischen Perspektive

Studierende lernen durch Systemaufstellungen neben den inhaltlichen Sachverhalten auch eine systemische Perspektive kennen. Eine der wesentlichen Erkenntnisse, die die Studierenden immer wieder betonen, ist der bildhafte, dreidimensionale Überblick über die Elemente eines Systems. Abgesehen davon, dass die Bilder lange in Erinnerung bleiben, ermöglicht gerade die Raum-Zeit-Verdichtung in der Darstellung des Systems eine Erfahrung, die kaum eine andere Methode bietet: mit einem Blick zu erfassen, wie viele Elemente zu einem System gehören, wie diese zueinander stehen und miteinander agieren. Systemaufstellungen sind in diesem Sinne eine hocheffiziente Methode, um systemische Kompetenz zu gewinnen.

Systemaufstellungen ermöglichen eine Art szenisches Protokoll von Wirkungszusammenhängen in einer sehr kurzen Zeit und mit sehr vielen Elementen. Dabei muss es nicht allein um das Zusammenspiel von Akteuren und Akteurinnen in einem arbeitsteiligen Kontext (z. B. Unternehmen) gehen, es kann sich auch um das Zusammenspiel von abstrakten Entitäten wie bspw. Entscheidungsprämissen handeln (Wie stehen Effizienz, Funktionalität, Legalität, Ethik und Nachhaltigkeit zueinander?). Dieses Potenzial macht die Methode der Systemaufstellung so interessant für die Betriebswirtschafts- und Managementlehre, in der zunehmend erkannt wird, dass das zweidimensionale Nebeneinander von Elementen, wie es Managementkonzepte häufig liefern, zwar informativ, aber nicht unmittelbar handlungsrelevant ist. Die tiefergehende Beziehungsanalyse von abstrakten Elementen kann die Managementlehre sowohl quantitativ- als auch qualitativ-empirisch nur durch Übersetzungen in Indikatoren leisten, deren Komplexität drastisch reduziert ist.

Systemaufstellungen ermöglichen zudem einen transdisziplinären Forschungsprozess zwischen Praktiker/innen, Studierenden und Wissenschaftler/innen. Die Verwendung der Raumsprache, die von vielen Beteiligten sehr ähnlich verstanden wird, bewirkt, dass innerhalb kurzer Zeit alle Beteiligten über die Aufstellungsbilder in einen intensiven Dialog treten können.

Praxistipp:

Aufstellungsbilder, die mithilfe der Raumsprache Erkenntnisse erzeugen, begegnen denselben Herausforderungen wie alle anderen Methoden der Sozialforschung:

- Die Erkenntnisse liegen nicht als gemessene, kausal miteinander verknüpfte Phänomene vor, sondern als Informationen, die noch der Interpretation bedürfen.
- Bekannte Formen der qualitativen Inhaltsanalyse müssen für diesen Zweck auf die Deutung der Raumsprache erweitert werden.
- Für diesen Forschungsprozess gelten die bekannten Gütekriterien qualitativer Sozialforschung: methodisch fundiert, regelgeleitet und systematisch durchgeführt sowie transparent und nachvollziehbar dokumentiert.

Die nachfolgenden Schritte stellen einen ersten Entwurf dar, wie ein Forschungsprozess und damit auch ein forschungsorientiertes Lehrdesign mit Systemaufstellungen gestaltet werden könnte:

1. Nähe zum Gegenstand herstellen durch Theorievermittlung
2. Formulierung unklarer Beziehungen; Forschungsfragen ableiten
3. Durchführung einer Systemaufstellung
4. Kommunikative Absicherung der Erkenntnisse
5. Formulierung neuer Hypothesen mithilfe einer erweiterten qualitativen Inhaltsanalyse

4. Die neue Rolle der Lehrenden in einem systemischen, forschungsorientierten Lehr-/Lernprozess

In einem systemischen, forschungsorientierten Lehr-/Lernprozess werden die Lehrenden zu Lernbegleiter/innen, weil das Neue gesucht wird, welches auch der/dem Lehrenden vorher nicht bekannt war. Es geht also darum, ein Lehr-/Lernsetting zu schaffen, in dem mit den Studierenden ein Raum des Erforschens, Erkundens und Staunens (Scharmer & Käufer, 2014) gestaltet und gemeinsam das Neue gesucht wird. Dafür müssen die Lehrenden aus der Position ex cathedra zurücktreten und lernen, mit den Studierenden zusammen das Vertraute neu zu sehen. Diese Neupositionierung von Lehrenden und Lernenden ist gerade in der Betriebswirtschaftslehre eine echte Herausforderung, weil die eigentlich Ausgelernten wieder zu Lernenden werden und die bisherigen Konsument/innen von Wissensbeständen zu aktiven Gestalter/innen ihres Lernprozesses. Lassen sich beide Seiten auf das Format ein, kann ein kreativer Raum gemeinsamer Forschung entstehen, der allen Beteiligten viel Spaß macht und echtes Staunen und neues Fragen ermöglicht.

Literatur

Brühl, R. (2015). *Wie Wissenschaft Wissen schafft.* Konstanz: UTB-Verlag.

Gerhard, R. (2014). *Organisationsaufstellungen. Implizites Wissen sichtbar machen.* Zürich: Spektramedia-Verlag.

Huber, L., Kröger, M. & Schelhowe, H. (Hrsg.) (2013). *Forschendes Lernen als Profilmerkmal einer Universität. Beispiele aus der Universität Bremen.* Bielefeld: UniversitätsVerlagWebler.

Müller-Christ, G. (2014). *Nachhaltiges Management. Einführung in Ressourcenorientierung und widersprüchliche Managementrationalitäten.* Baden-Baden: Nomos Verlag.

Müller-Christ, G., Liebscher, A.K. & Hußmann, G. (2015). Nachhaltigkeit lernen durch Systemaufstellungen. *Zeitschrift für Wirtschafts- und Unternehmensethik, zfwu,* 16/1, 29–51.

Müller-Christ, G. (2016). Systemaufstellungen als Instrument der qualitativen Sozialforschung. Vier, vielleicht neue Unterscheidungen aus der Sicht der Wissenschaft. InG. Weber & C. Rosselet (Hrsg.), *Organisationsaufstellungen. Grundlagen, Settings, Anwendungsfelder* (S. 72–93). Heidelberg: Carl-Auer Verlag.

Müller-Christ, G. (2017). Forschendes Lernen in der Betriebswirtschaftslehre. In H.A. Mieg & J. Lehmann (Hrsg.), *Forschendes Lernen: Wie die Lehre in Universität und Fachhochschule erneuert werden kann* (S. 293–301). Frankfurt: Campus.

Reichertz, J. (2013). *Die Abduktion in der qualitativen Sozialforschung. Über die Entdeckung des Neuen* (2. Auflage). Wiesbaden: Springer Verlag.

Rosselet, C. (2012). *Andersherum zur Lösung. Die Organisationsaufstellung als Verfahren der intuitiven Entscheidungsfindung.* Zürich: Versus Verlag.

Scharmer, C.O. & Käufer, K. (2014). *Von der Zukunft her führen. Theorie U in der Praxis.* Heidelberg: Carl-Auer Verlag.

In der Veranstaltung »Methodisches Erfinden« sind Lehre und Leistungsbeurteilung eng miteinander verzahnt. Alle Studierenden erstellen in vier Stufen eigene Fallstudien zu einer selbst gewählten Aufgabenstellung. Vor jeder Stufe bekommen sie Input in Form von Lehrvorträgen und Workshops. Nach jeder Stufe erhalten sie Feedback zu den bis dato erzielten Ergebnissen. Dieses wird jeweils durch zwei Double-blind Reviews von anderen Studierenden erzeugt und von den Lehrenden nochmals beurteilt. Der Leistungsnachweis ergibt sich aus der Qualität der Fallstudien und der Qualität der Reviews, die separat bewertet werden. Die Veranstaltung basiert auf der Lernplattform Stud.IP und dem Modul DoIt!, mit denen erstmals eine effiziente Aufgabentaktung und abwicklung möglich sind. Perspektivisch wird die Veranstaltung durch den Einsatz von Webvideos zu einem Flipped-Classroom-Konzept ausgebaut.

Double-blind Peer Review: Kritikfähigkeit und Reflexion für die Studierenden der Lehrveranstaltung »Methodisches Erfinden«

Jonas Frischkorn, Martin G. Möhrle, Martina Salm

In der wissenschaftlichen Forschung bedarf es nicht nur der Generierung eigener neuer Erkenntnisse, sondern auch der Beurteilung und Einschätzung der Erkenntnisse von anderen Forschenden. Bei wissenschaftlichen Zeitschriften geschieht dies normalerweise in der einen oder anderen Form durch das »Peer Review« (siehe den Überblick bei Ware, 2008). Ein solches Peer Review besteht aus der Bewertung sowie den Verbesserungsvorschlägen anderer fachkundiger Personen und erfordert eine konstruktiv-kritische Auseinandersetzung mit den Arbeiten anderer. Es steht Pate für das hier vorgestellte Konzept. Dieses Konzept zielt auf die Lösung des Problems, bereits früh im Studium Kritikfähigkeit und Reflexion der Studierenden zu wecken (und nicht, wie allzu oft, nur deklaratives Wissen zu vermitteln), und dies auf möglichst effiziente Weise zu erreichen. Diese Schulung des kritischen und reflektierenden Blickes auf fremde und eigene Arbeiten steht im Mittelpunkt des hier vorgestellten Ansatzes. Außerdem besteht durch die Fokussierung und Schulung dieses Aspekts die Verbindung zum Forschenden Lernen.

Im Folgenden werden zunächst die Rahmenbedingungen der zugrunde liegenden Lehrveranstaltung »Methodisches Erfinden« vorgestellt und ihr Design beschrieben. Die Effekte des double-blind Peer Review werden sodann skizziert: In unserem Fall beschäftigen sich die Studierenden, welche an der Lehrveranstaltung teilnehmen, stets mit jeweils zwei Ausarbeitungen beziehungsweise Fallstudien ihrer Kommilitonen und verfassen für ihre Peers mehrfach entsprechende Reviews. Dadurch erwerben sie einen konstruktiv-kritischen Blick, der sich günstig auf die eigene Leistung auswirkt. Einige Anwendungsempfehlungen, unter welchen Bedingungen und auf welche Weise double-blind Peer Reviews eingesetzt werden können, beschließen unsere Ausführungen.

Rahmenbedingungen: die Lehrveranstaltung »Methodisches Erfinden«

Die Lehrveranstaltung »Methodisches Erfinden«, in die die Peer Reviews eingebettet sind, ist Teil der Vertiefungsrichtung »Systementwicklung und Innovation« des Masterstudienganges Wirtschaftsingenieurwesen der Universität Bremen. Sie wird regulär im Wintersemester angeboten und jeweils von etwa 40 bis 50 Studierenden besucht. In der Lehrveranstaltung wird vermittelt, wie Erfindungen zustande kommen, welche Denk- und Kreativitätstechniken angewendet werden können und welches Erfahrungswissen verwendet und kombiniert werden kann, um den Prozess des Problemlösens und damit auch des Erfindens zu unterstützen. Das methodische Erfinden beruht auf zentralen Erkenntnissen des russischen Wissenschaftlers Genrich S. Altschuller, der sich seit den 1940er Jahren mit der Frage beschäftigt hat, wie (d.h. nach welchen Vorgehensweisen und Prinzipien) Erfinder und Erfinderinnen erfinden (siehe Altschuller, 1998; Mann, 2002 und Moehrle, 2014). Die Erkenntnisse Altschullers können mit Methoden aus der Kreativitätsforschung kombiniert werden, etwa mit dem »Creative Problem Solving« (nach Isaksen & Treffinger, 1985). Durch diese Kombination entsteht ein Methoden-Mix, mit dessen Hilfe Probleme unterschiedlicher Komplexitätsniveaus zielgerichtet bearbeitet und gelöst werden können.

Design der Lehrveranstaltung

Da es sich bei den Inhalten der eher seminarartigen Lehrveranstaltung um anwendungsorientiertes Wissen handelt, bieten sich eigenständig zu bearbeitende Aufgaben zu dessen Erwerb und Vertiefung an. Aufgrund dessen basiert die Prüfungsleistung der Lehrveranstaltung seit dem Durchlauf im Wintersemester 2011/12 auf der Erstellung von individuellen Fallstudien. Die Studierenden erarbeiten begleitend zu den üblichen Vorlesungen und unterstützt durch Workshops jeweils vier Fallstudien, in denen sie zu einem selbst gewählten Problem die Techniken des methodischen Erfindens anwenden. Die besondere didaktische Ergänzung besteht nun darin, dass in allen vier Stufen die jeweiligen Ergebnisse einem double-blind Peer Review unterzogen werden. Die Prüfungsleistung besteht aus mehreren Einzelleistungen: vier Teile der eigenen Ausarbeitung (Fallstudien) und acht Reviews für andere Ausarbeitungen. Jede Einzelleistung wird mit Punkten belohnt. Damit wird auch bei der Erstellung der Reviews die extrinsische Motivation der Studierenden angesprochen, da die Vergabe von Punkten sich nach der Qualität der Reviews richtet.

Vorbereitend werden innerhalb der ersten Vorlesungseinheit sowohl eine inhaltlich-thematische als auch eine organisatorische Einführung gegeben. In der organisatorischen Einführung wird den Studierenden erklärt, wie die Terminplanung der Lehrveranstaltung aussieht und wie die vierstufige Fallstudie aufgebaut, bearbeitet und umgesetzt wird. Ferner erfahren die Studierenden, dass lediglich ein

Teil der Lehrveranstaltung in Form einer Vorlesung stattfindet. Der andere Baustein besteht aus interaktiven Workshops, in denen sie stets fallstudienspezifisch das methodische Vorgehen kennenlernen und es auf eine abstrakte Problemstellung anwenden.

In der inhaltlich-thematischen Einführung wird das Konzept hinter der vierstufigen Fallstudie erläutert. Die Studierenden erfahren hier, dass der Prozess des methodischen Erfindens in vier Abschnitten erfolgen kann, welche gleichzeitig die Grundlage für die Vierteilung der zu erstellenden Fallstudien bilden. Die Fallstudien bauen inhaltlich aufeinander auf und die eigens gewählte Problemstellung wird schrittweise ergänzt und gelöst.

Insgesamt ist die Lehrveranstaltung sehr feingliedrig strukturiert und weist neben dem Vorlesungsteil eine konkrete fallstudienbezogene und eine technisch-organisatorische Vorbereitung sowie vier Stufen zur Fallstudienbearbeitung auf (siehe Abb. 1). Diese werden im Folgenden näher beschrieben. Sowohl die konkrete fallstudienbezogene als auch die technische Vorbereitung sind Bestandteil der Workshops und nehmen insgesamt vier Blöcke à 90 Minuten in Anspruch.

Fallstudienbezogene Vorbereitung

Die Themenauswahl stellt einen elementaren Schritt in der Erstellung der Fallstudien und der Erbringung der Prüfungsleistung dar und erfordert aufseiten der Studierenden einige Beschäftigung mit verschiedenen potentiellen Themengebieten. Das gewählte Thema entscheidet darüber, mit welchem Grad an Komplexität die Studierenden im weiteren Verlauf der Fallstudienerstellung umgehen müssen. Daher ist es empfehlenswert, dass die Studierenden möglichst ein Thema aus ihrem privaten oder hobbymäßigen Umfeld wählen, in dem sie bereits Fachkenntnisse vorweisen können. Dabei wird jedes Thema nur einmal vergeben. Diese Einschränkung soll bewirken, dass die Studierenden wirklich nach alltäglichen Problemen suchen und keine technologie-geprägten ›Trendthemen‹ wählen. Ferner bringt ein breiteres Themenspektrum für den weiteren Verlauf der Lehrveranstaltung größeres Potential mit sich. Die Restriktion der Themenwahl führt in jedem Durchlauf erneut zu witzigen bis erstaunlich einfach wirkenden Problemstellungen, für die dennoch kreative und mitunter sehr zufriedenstellende Lösungen erarbeitet werden. Im aktuellen Durchlauf wurde beispielsweise zum Thema »Kaffeebecher-Deckel« gearbeitet und ein System entwickelt, welches das Herumwühlen im Deckel-Behälter eines Cafés vermeidet. Ein anderes bearbeitetes Problem war das Einsetzen und Entnehmen von Kontaktlinsen. Auch hierfür wurden sehr kreative Lösungen erarbeitet.

Technisch-organisatorische Vorbereitung

Neben den Einführungen und der fallstudienbezogenen Vorbereitung muss die technische Grundlage für den double-blind Austausch gelegt werden. Hier besteht eine wesentliche Hürde des vorgestellten Ansatzes in der zeitlichen und partnergenauen Koordinierung der double-blind Peer Reviews. Hierfür greifen wir auf die Lernplattform Stud.IP und insbesondere auf das Plugin DoIt! zurück. Das Plugin DoIt! wurde als spezielles Werkzeug für die Erstellung getakteter Aufgabenstellungen und ihrer Bewertung sowie für aufgabenspezifisches Feedback und besonders für das Peer Reviewing konzipiert. Originär bietet DoIt! als Eigenentwicklung des »Zentrums für Multimedia in der Lehre« (ZMML) die Möglichkeit, thematisch geordnete Aufgaben zu erstellen. Mittels verschiedener Optionen können minutengenau Abgabetermine festgelegt, abhängigkeitsorientiert Aufgaben freigegeben, Feedback-Möglichkeiten (textuell oder Sternchenbewertung) eingestellt sowie Peer Reviewing erlaubt werden. Das Plugin DoIt! ist grundsätzlich (auf Anfrage) als Erweiterung für bestehende Stud.IP-Systeme erhältlich.

Die DoIt!-Funktionen bezüglich der Peer Reviews erlauben unterschiedliche Einstellungen: Die Reviews können sowohl paarweise als auch »jeder begutachtet jeden« erfolgen. Des Weiteren kann die gegenseitige Begutachtung wahlweise namentlich oder anonym stattfinden. Darüber hinaus kann bei termingesteuerten Aufgaben ein fester Zeitraum ausgewählt werden, in dem das Peer Reviewing nach Ablauf der Bearbeitungsfrist möglich ist.

Für das vorliegende Szenario werden Paarungen anonym ausgewählt, d.h. es erscheinen keine sichtbaren Namen an den Bewertungen der Teilnehmenden. Für Dozenten und Dozentinnen sowie Tutoren und Tutorinnen sind sie jedoch weiterhin sichtbar. Als Bearbeitungszeitraum werden sieben Tage ausgewählt.

Die Stud.IP-Systemumgebung stellt die Möglichkeit bereit, Aufgaben stets von denselben Studierenden begutachten zu lassen oder bei jedem Durchlauf zwei neue Gutachter zu bestimmen. In den Durchgängen 2011/12 und 2012/13 wurden in jeder Phase neue Gutachter zugeteilt; in den Durchgängen 2013/14 sowie 2014/15 wurden die Gutachter hingegen für die Dauer des Semesters einmalig fix zugeteilt. Wir konnten beobachten, dass beide Optionen gewisse Vor- und Nachteile mit sich bringen, die später im Beitrag noch ausgeführt werden.

Da die Studierenden mit DoIt! nicht vertraut sind, ist es am Anfang der Lehrveranstaltung erforderlich, dass sie dementsprechend geschult werden. Neben der Schulung werden ihnen auch technische Dokumentationen zur Verfügung gestellt, die semesterbegleitend angeschaut und verwendet werden können.

Ausarbeitung der Fallstudien in vier Stufen mit je vier Phasen

Die Studierenden erarbeiten in vier verschiedenen Stufen vorlesungsbegleitend je eine Fallstudie mit einem anderen thematischen, inhaltlichen Schwerpunkt. Die so entstehenden vier Fallstudien bauen aufeinander auf und bilden in Gänze ein abgeschlossenes Produkt (siehe Abb. 1).

Inhaltlich-thematische Vorbereitung			
1. Stufe: Innovation Situation Questionnaire / Creative Problem Solving	**2. Stufe: Funktionsanalyse und Bestimmung der Widersprüche**	**3. Stufe: Anwendung der Erfindungsverfahren**	**4. Stufe: Anwendung der elementaren Umformung**
• Identifikation und Definition eines konkreten Problems • Problembeschreibung • Systembeschreibung • Beschreibung der Problemevolution	• Strukturierung und Visualisierung des Problems • Aufdecken von Widersprüchen • Beschreibung der Widersprüche	• Lösungsfindung durch die Anwendung von Erfindungsverfahren • Beschreibung der erarbeiteten Lösungen	• Lösungsfindung durch die Anwendung der elementaren Umformung • Beschreibung der erarbeiteten Lösungen
Parallel zur Fallstudienerstellung findet die Vorlesung »Methodisches Erfinden« statt.			

Abb. 1: Die verschiedenen Stufen im Ablauf der Fallstudienerstellung (eigene Darstellung)

In der ersten Stufe wird mittels eines Fragebogens – dem sogenannten »Innovation Situation Questionnaire« – eine konkrete Problemstellung gefunden und definiert, z. B. wie können die Deckel für To-Go-Kaffeebecher aus ihrem Behältnis entnommen werden, ohne mit den eigenen Händen andere Kaffeedeckel zu berühren und sie so zu kontaminieren. Die zweite Stufe dient der Strukturierung dieser Problemstellung, bei der ebenso Teilprobleme identifiziert und beschrieben werden, z. B. die ungeordnete Art der Aufbewahrung der Deckel. Um diese Stufe zu bearbeiten, greifen die Studierenden auf Funktionsanalysen zurück, d. h. sie verdeutlichen, welche Funktionen im abgegrenzten System schädliche, nützliche oder unterstützende Aspekte aufweisen und wie diese Funktionen in Beziehung zueinander stehen. Das Ergebnis der zweiten Stufe sind Widersprüche, die aus dem erstellten Funktionsgraphen ablesbar sind. Widersprüche sind die Grundlage für die Lösungsfindung, weil sie den tatsächlichen Kern des Problems beschreiben, z.B. Deckel für Kaffeebecher müssen gleichzeitig entnehmbar und nichtentnehmbar sein. Das System soll folglich zeitgleich zwei gegensätzliche Zustände einnehmen. In der dritten Stufe nutzen die Studierenden die Erfindungsverfahren nach Altschuller (1998), um mithilfe dieser erfahrungsbasierten Denktechnik Lösungen für die Widersprüche zu finden, z.B. eine Vorrichtung, welche eine geordnete und einzelne Entnahme der Deckel ermöglicht. Die vierte Stufe ergänzt die dritte, indem die Studierenden eine weitere Denktechnik – die elementare Umformung, d. h. eine Trennung des betrachteten Systems nach vier verschiedenen Kriterien (Zeit, Raum, Bedingung, Struktur) – nutzen, um weitere Lösungen für die gefundenen Widersprüche zu erarbeiten.

Jede Stufe umfasst dabei wiederum vier Phasen: einen einführenden Workshop, die Erstfassung der Fallstudie, die double-blind Peer Reviews sowie die Überarbeitung und Finalisierung des Arbeitsergebnisses (siehe Abb. 2).

Fallstudienbezogene und technische Vorbereitung Iteration: viermalige Wiederholung = 4 Stufen (Fallstudien)			
1. Phase: Workshop	**2. Phase: Rohfassung der Fallstudien**	**3. Phase: Double-blind Peer Reviews**	**4. Phase: Überarbeitung und Finalisierung der Fallstudien**
• Ergänzung und Vertiefung der Vorlesung • Inhaltliche Vorbereitung auf die Fallstudienerstellung • Bearbeitung abstrakter Beispiele • Ergebnispräsentation und Feedback • Bestimmung der Kriterien für die double-blind Peer Reviews	• Erste Bearbeitung und Erstellung der Fallstudie • Orientierung an den aufgestellten Kriterien für double-blind Peer Reviews • Erstes Ausprobieren der vorgegebenen Methodik	• Selbstkritisches und reflektierendes Anwenden der aufgestellten Kriterien für die zu verfassenden double-blind Peer Reviews • Bewertung der Fallstudien durch die Peers	• Berücksichtigung der erhaltenen double-blind Peer Reviews • Überarbeitung und Finalisierung der eigenen Fallstudie anhand der Hinweise der double-blind Peer Reviews • Selbstkritisches, reflektierendes Anwenden der Methodik für die eigene Arbeit
Parallel zur Fallstudienerstellung findet die Vorlesung »Methodisches Erfinden« statt.			

Abb. 2: Die verschiedenen Phasen im Ablauf einer Fallstudienerstellung (eigene Darstellung)

Phase 1: Workshop. Die Studierenden werden inhaltlich auf die jeweils bevorstehende Aufgabe vorbereitet. Unmittelbar vor Beginn jeder Bearbeitungsstufe wird die Vorlesung durch einen Workshop ersetzt oder ergänzt. In diesem Workshop wird die bevorstehende Aufgabe vorgestellt, an einem ersten Beispiel durch den Dozenten/die Dozentin verdeutlicht und anschließend – anhand eines weiteren Beispiels – von den Studierenden unter Aufsicht selbst durchgeführt. Bei inhaltlichen Fragen ist der Dozent/die Dozentin anwesend und kann gegebenenfalls unterstützend einwirken. Am Ende des Workshops präsentieren die Studierenden ihre Ergebnisse und bekommen durch Kommiliton/innen und Dozenten/Dozentin Feedback. Des Weiteren werden in einer Diskussion zwischen Studierenden und Lehrenden gemeinsam Kriterien bestimmt, an denen sich die Fallstudien in den Peer Reviews messen lassen müssen. Die Studierenden haben folglich direktes Mitspracherecht daran, welche Punkte für die Bewertung ihrer Fallstudien relevant sind. Das Produkt der ersten Phase besteht in der Vorbereitung der Studierenden auf die Anforderungen von Phase 2 sowie in der Bestimmung der Kriterien, auf die sie in der Erstellung der Fallstudien einen besonderen Fokus legen sollen.

Phase 2: Rohfassung. Im Anschluss an den Workshop werden die jeweiligen Aufgaben freigeschaltet und durch die Studierenden eigenverantwortlich und -bestimmt bearbeitet. Es wird eine Rohfassung der Fallstudie erstellt. Diese Rohfassung ist das Produkt der ersten Phase. Die Studierenden folgen der Aufgabenbeschreibung, die ihnen in Stud.IP zugänglich gemacht wird und orientieren sich dabei an dem im Workshop besprochenen Vorgehen sowie den zuvor festgelegten Peer-Review-Kriterien. Die Rohfassung stellt in vielen Fällen eine grobe Fallstudie dar, die mehr den Charakter einer Skizze als den einer finalisierten Fassung aufweist. Für die Bearbeitung stehen den Studierenden sieben Tage zur Verfügung.

Phase 3: Double-blind Peer Reviews. In den folgenden sieben Tagen wird die Fallstudie des/der Studierenden A von den Kommiliton/innen B und C begutachtet; die Fallstudie des/der Studierenden B von den Kommiliton/innen A und C und so weiter. Die Reviewer orientieren sich in ihrer Bewertung an gemeinsamen – und für die jeweilige Fallstudie standardisierten – Kriterien und geben eine abschließende Einschätzung zur Fallstudie ab. Die Kriterien werden stets im Anschluss an die Workshops gemeinsam zwischen Studierenden und Lehrenden diskutiert und festgelegt. Es handelt sich jeweils um fünf Kriterien, welche sich auf einzelne Teile oder Aspekte der Fallstudie beziehen, z. B. korrekte Anwendung der verlangten Methode, allgemeine Verständlichkeit, formale Erscheinung der Fallstudie sowie spezifischere Aspekte, wie eine hinreichende Problembeschreibung oder Transparenz in der Lösungsfindung. Ein abschließendes Gesamturteil, welches aus wissenschaftlichen Fachzeitschriften bekannt ist, z.B. »Minor Changes«, »Major Change« oder »Reject« rundet die Reviews ab. Der Aufbau der Reviews folgt dieser Logik. Zunächst nennen die Peer Reviewer einen etwaigen Punktabzug bei den vorgegebenen Kriterien, anschließend rechtfertigen sie den Punktabzug in kurzen Begründungen, um schlussendlich ein Gesamturteil zu fällen. Durch das Verfassen eines Reviews und die damit verbundene Beschäftigung mit anderen Fallstudien reflektieren und hinterfragen die Studierenden ihr eigenes Vorgehen kritisch, was sich wiederum positiv auf die eigene Fallstudienerstellung auswirkt; sie wissen, welche Kriterien relevant sind und besondere Beachtung erfahren sollten. Die Reviews bilden das Produkt der dritten Phase.

Phase 4: Finalisierung. Im Anschluss an die double-blind Peer Reviews bekommen die Autor/innen der Fallstudien die Möglichkeit, die Kritikpunkte ihrer Peers zu berücksichtigen und einzuarbeiten. Dabei obliegt es ihnen, ob sie jegliche Kritik annehmen oder ob sie nur bestimmte Teile ihrer Fallstudie nach den Äußerungen der Reviewer anpassen und überarbeiten. Die letzte Phase umfasst ebenfalls wieder sieben Tage und ihr Produkt besteht in der Überarbeitung und Finalisierung der Fallstudie.

Diese vier Phasen werden für alle vier zu erstellenden Fallstudien – oder Stufen der Ausarbeitung – analog wiederholt.

Das Ergebnis

Die Anwendung von double-blind Peer Review führt zu Effekten, die das Verständnis für wissenschaftliche Forschung fördern: Die Studierenden beschäftigen sich auf die geschilderte Weise neben der eigenen, selbst gewählten mit zwei weiteren Problemstellungen und begleiten diese über die vier Fallstudien hinweg. Sie hinterfragen die erstellten Fallstudien kritisch und bewerten sie anhand von Kriterien, die im Rahmen von Workshops gemeinsam zwischen Studierenden und Lehrenden abgesprochen werden. Damit erbringen sie Transferleistungen und schärfen ihren Blick für das Wesentliche.

Die Erfahrung mit diesem Konzept zeigt, dass sich die Qualität der Ergebnisse – sowohl der Peer Reviews als auch der Fallstudien – von Fallstudie zu Fallstudie kontinuierlich steigert; es gibt eine positive Entwicklung über das Semester. Wir führen diese Beobachtung darauf zurück, dass die Studierenden beim Verfassen der Reviews eine zunehmend konstruktiv-kritische Sichtweise entwickeln, die sie ebenfalls auf ihre eigenen Fallstudien anwenden.

Zudem verbessern sich die Leistungen der Studierenden nicht nur innerhalb eines Semesters, sondern auch darüber hinaus. Viele Studierende, welche die Lehrveranstaltung »Methodisches Erfinden«

besuchen, nehmen ebenfalls an weiteren Lehrveranstaltungen des Instituts für Projektmanagement und Innovation teil. Auch hier weisen sie ein hohes Maß an Reflexionsfähigkeit auf und zeigen ein selbstkritisches Verhalten. Dies fällt besonders beim Verfassen von Abschlussarbeiten besagter Studierender auf.

Abb. 3: Idealtypischer Lernverlauf (eigene Darstellung; in Anlehnung an DQR 2013 und Astleitner 2005)

Wird ein idealtypischer Lernverlauf (siehe Abb. 3) zugrunde gelegt, können durch das beschriebene Vorgehen höhere Ebenen bei den Lernerfolgen erreicht werden. Studierende bringen bereits ein gewisses Vorwissen mit in die Lehrveranstaltung, denn jeder hat z.B. schon einmal verschiedene Kreativitätstechniken angewendet. Durch die Vorlesung wird das Vorwissen in einen Kontext eingebettet und angereichert. In den Workshops wird das Erlernte an einem Beispiel konkret angewendet. Die folgenden Fallstudien bringen die Studierenden in die Situation, ihr angereichertes Vorwissen, das in den Workshops gefestigt wurde, eigenständig auf eine Problemstellung anzuwenden. Die Reflexion geschieht durch das Verfassen der Peer Reviews. Durch die Wiederholungen in Form von Bearbeitungsschleifen entsteht eine gewisse Sicherheit für die Studierenden, sowohl bei den einzelnen Fallstudien und Peer Reviews als auch im Gesamtzusammenhang, also der Gesamtheit der Fallstudien.

Im Sinne einer Bewertung für die Lehrveranstaltung »Methodisches Erfinden« lässt sich festhalten, dass die Studierenden die neue Beurteilungsform des Peer Review positiv angenommen haben. Dies zeigt sich in der Evaluierung, mehr noch aber in der Sorgfalt, mit der die Reviews angefertigt werden. Seit 2011 kann zudem in der Lehrveranstaltung eine stetige Verbesserung der Ergebnisse der Fallstudien und Reviews beobachtet werden; diese Verbesserung drückt sich im Mittelwert der vergebenen Noten (bei gleichzeitiger Konstanz der Anforderungen) aus. In mehreren Fällen waren die Ergebnisse von derartiger Qualität, dass sie für den Studentenpreis der wissenschaftlichen Konferenz »TRIZ Future« vorgeschlagen werden konnten.

Anwendungsempfehlungen für double-blind Peer Reviews

Unsere Anwendungsempfehlungen umfassen fünf Aspekte: Für welche Lehrveranstaltungen eignen sich double-blind Peer Reviews? Wie sollten die Gutachter zugeteilt werden? Bei welcher Teilnehmerzahl liegen die Grenzen des Vorgehens? Wie sollte die Einführung von double-blind Peer Reviews in einer Lehrveranstaltung idealerweise ablaufen? Wie sollten Lehrende mit den Sorgen der Studierenden umgehen?

Unsere Erfahrungen zeigen, dass sich das double-blind Peer Review für Lehrveranstaltungen eignet, in denen Wissen nicht nur reproduziert, sondern Erlerntes auf ein konkretes Beispiel angewendet werden soll. In der Lehrveranstaltung »Methodisches Erfinden« wird letztendlich Methodenwissen vermittelt, welches nur bedingt in einer klassischen Klausur abgefragt werden kann. Das Verständnis der Studierenden kann mit der konkreten Anwendung der Methode wesentlich gezielter stimuliert werden. Des Weiteren eignet sich das Vorgehen für sich entwickelnde Aufgabenstellungen; im »Methodischen Erfinden« ergeben vier Fallstudien das Gesamtbild der Prüfungsleistung. Ferner sind double-blind Peer Reviews sinnvoll einsetzbar, wenn die Form der Lehrveranstaltung, respektive der Prüfungsleistung, zwei Charakteristika aufweist: (i) Die einzelnen Fallstudien haben zwar jeweils einen eigenen thematischen Fokus, bauen jedoch trotzdem aufeinander auf. (ii) Überarbeitungen der Aufgaben sind Bestandteil der Fallstudien, d. h. die zeitliche Taktung sieht eine erste Rohfassung und eine finalisierte Version der jeweiligen Fallstudie vor. Das Review befindet sich zeitlich zwischen diesen Versionen.

Die Frage, ob es sinnvoller ist, stets die gleichen Peers zu haben oder diese bei jeder neuen Fallstudie zu wechseln, ist nicht eindeutig zu beantworten. Beide Möglichkeiten haben gewisse Vor- und Nachteile. Wird die Konstellation Autor/in-Peer über die gesamte Lehrveranstaltungsdauer beibehalten, entwickelt der Peer unter Umständen zwar ein gutes Verständnis für die jeweilige Fallstudie und kennt die Thematik, jedoch besteht die Gefahr, dass er oder sie seinen/ihren kritischen Blick verliert. Wird die Konstellation gewechselt, können die Peers zwar ihren kritischen Blick beibehalten, jedoch müssen sie sich in jede Fallstudie neu einarbeiten. Besonders in den späteren Fallstudien kann dies für Peers zu Frust führen, da sie die Sachverhalte aufgrund fehlender Grundlagen nicht verstehen (können).

Die verwendeten Tools machen den Einsatz der double-blind Peer Reviews auch in größeren Lehrveranstaltungen interessant. Grundsätzlich eignen sich Peer Reviews immer dann, wenn Studierende ihre Leistungen gegenseitig bewerten sollen. Da das Plugin DoIt! – zumindest theoretisch – keine maximale Anzahl von Teilnehmenden vorgibt, können auch mehrere hundert Studierende berücksichtigt werden. In weiteren didaktisch ausgerichteten Projekten wurden Teilnehmerzahlen von 550 Studierenden mithilfe von DoIt! organisiert.

Um eine kontinuierliche Verbesserung der Lehrveranstaltung zu gewährleisten, werden seit 2011 verschiedene didaktische Projekte mit dem ZMML initiiert und durchgeführt, und somit stetig neue Ausprägungen in der Lehrveranstaltung ausprobiert und getestet.

Bei der Einführung des beschriebenen Vorgehens empfiehlt sich zunächst ein kleinerer Rahmen in einer Testumgebung oder einer Lehrveranstaltung mit geringer Teilnehmerzahl. Dies hat den Vorteil, dass auftretende Probleme schnell, einfach und mit geringeren Auswirkungen behoben und Unzulänglichkeiten unmittelbar abgestellt werden können. Ist der Ablauf erprobt, kann das Vorgehen in Lehrveranstaltungen implementiert werden. Die Erfahrung hat gezeigt, dass Studierende neuen Prüfungsformen gegenüber offen sind und gern an ihrer Verbesserung mitarbeiten, solange für sie keine Nachteile entstehen. Die Transparenz gegenüber den Studierenden spielt dabei ebenfalls eine tragende Rolle. Wenn die Studierenden entsprechend über den veränderten Ablauf informiert werden, sind sie zumeist bereit zu partizipieren. Evaluationen während des Semesters in den Workshops und gezielte Nachfragen nach positiven und negativen Erfahrungen mit der Umsetzung helfen dabei, den Ablauf und die neue Prüfungsform zu verbessern.

Vielfach wurde vonseiten der Studierenden die Sorge geäußert, dass sie nicht sicher seien, ob die kritische Stimme ihrer Kommiliton/innen ebenfalls die Auffassung der Lehrenden widerspiegelt. An dieser Stelle sei erwähnt, dass die verfassten Peer Reviews häufig die Auffassung der Lehrenden in Bezug auf die kritischen Punkte getroffen haben. Daher ist es von besonderer Bedeutung, bereits in der Einführungsveranstaltung deutlich herauszustellen, dass ein zu unkritisches Peer Review für beide Seiten – Autor/in und Reviewer –

Nachteile mit sich bringt. Um den Studierenden diese Sorge zu nehmen, bietet es sich vonseiten der Lehrenden an, ebenfalls ein Zwischenfeedback abzugeben. In jenen Fällen, in denen das Peer Review von der Meinung der Lehrenden abweicht, wird dies den Verfassern der Fallstudie mitgeteilt.

Mit der Lehrveranstaltung »Methodisches Erfinden« ist es uns durch die Einführung der Peer Reviews, die interaktiven Workshops und den dynamischen Prozess gelungen eine Brücke zum Forschenden Lernen zu schlagen. Wir greifen wesentliche Aspekte des Forschenden Lernens auf und vertiefen sie durch geeignete Maßnahmen im Verlauf der Lehrveranstaltung. Die Studierenden lernen durch die Teilnahme an der Lehrveranstaltung nicht nur eine neue Methode zur Lösung technischer Probleme kennen, sondern steigern auch ihre Fähigkeiten in den Bereichen Reflexion, Kritikfähigkeit, Bewertung fremder und eigener Leistungen sowie ihre Teamfähigkeit deutlich.

Praxistipp:
Dos und Don'ts bei der Verwendung von double-blind Peer Reviews und zeitlich-getakteten Aufgabenstellungen.

Dos

- Die Studierenden müssen thematisch, organisatorisch und technisch vorbereitet werden.
- Studierende müssen eine inhaltliche Einführung in das Konzept der double-blind Peer Reviews erhalten.
- Sind zeitlich-getaktete Aufgabenstellungen Teil der Veranstaltung, müssen die zugrunde liegenden Zeitpläne stets offen und transparent kommuniziert werden.
- Eine stete und semesterbegleitende Evaluierung sowie die Etablierung eines veranstaltungsinternen FAQs wirken unterstützend und können negativen Effekten und Frustration bei den Studierenden entgegenwirken.

Dont's

- Die Studierenden »allein lassen«: Bei der Umsetzung neuer Konzepte sollte eine stete Ansprechbarkeit gewährleistet sein.
- Ohne vorherige Durchführbarkeitstests starten: Idealerweise findet mindestens ein Testdurchgang statt, in welchem die Studierenden unverbindlich in die Verwendung und Erstellung von double-blind Peer Reviews eingeführt werden.
- Damit die zeitlich-getakteten Aufgabenstellungen der Planung entsprechend durchgeführt werden können und es nicht zu Verletzungen der Deadlines kommt, sollten individuelle Verlängerungsanfragen nicht gewährt werden; dies ist vorab zu kommunizieren.

Literatur

Altschuller, G.S. (1998). *Erfinden. Wege zur Lösung technischer Probleme.* Cottbus: Planung und Innovation.

Astleitner, H. (2005). Standard-basiertes Testen und Lernen. In *Salzburger Beiträge zur Erziehungswissenschaft,* 9, 41–43.

DQR – Deutscher Qualifikationsrahmen für lebenslanges Lernen (2013). *Einführung des deutschen Qualifikationsrahmens für lebenslanges Lernen (DQR).* Beschluss der Kultusminister der Länder in der Bundesrepublik Deutschland.
URL: http://www.kmk.org/fileadmin/pdf/PresseUndAktuelles/2013/131202_Anlage_Gemeinsamer_Beschluss-2_M3_.pdf, 12.3.2015.

Isaksen, S.G. & Treffinger, D.J. (1985). *Creative problem solving: The basic course.* Buffalo, NY: Bearly Limited.

Mann, D. (2002). *Hands-On Systematic Invention.* Iper, Belgien: CREAX.

Moehrle, M.G. (2005). What is TRIZ? From conceptual basics to a framework for research. In *Creativity and Innovation Management,* 14(1), 3–13.

Ware, M. (2008). *Peer review: benefits, perceptions and alternatives.* London, UK: Publishing Research Consortium. lag – Leykam.

Forschendes Lernen in der Studieneingangsphase: Chancen und Herausforderungen

Julia Sievers, Jörn Westphal

Ist es möglich, bereits ab dem ersten Semester forschend zu lernen? Und das nicht nur in kleinen Projektseminaren, sondern jahrgangsübergreifend mit über 150 Erstsemestern? Dies haben wir an der Universität Bremen im Bachelorstudiengang Politikwissenschaft ausprobiert und ein zentrales Modul der Studieneingangsphase auf Forschendes Lernen umgestellt. Die Idee dabei ist, dass die Studierenden bereits im ersten Semester spezifische Forschungskompetenzen erwerben und einen kompletten Forschungszyklus von der Fragestellung bis zur geschriebenen Hausarbeit durchlaufen. Dieses Modul soll den Studierenden einerseits Lust auf eine forschende Grundhaltung machen und ihnen andererseits das Handwerkszeug vermitteln, um im Verlauf des Studiums eigenen Forschungsfragen nachgehen zu können.

In unserem Beitrag werden wir zunächst auf die Entwicklung des Forschenden Lernens allgemein eingehen, im Anschluss unser Konzept und die Umsetzung an der Universität Bremen im Modul »Einführung in das politikwissenschaftliche Arbeiten« vorstellen, Herausforderungen diskutieren und mit einem Fazit auf Basis unserer Erfahrungen schließen.

Forschendes Studieren von Anfang an?

Es gibt seit Mitte der 1990er Jahren wieder eine verstärkte Debatte darüber, was eigentlich Qualität in der Hochschullehre ausmacht. Ein großer Paradigmenwechsel war der sogenannte »Shift from Teaching to Learning«, der den Fokus weg von Form und Inhalt der Lehre hin zu den eigentlichen Lernprozessen der Studierenden gelenkt hat. Wie und unter welchen Bedingungen lernen Studierende besonders gut? Vor diesem Hintergrund entwickelte sich eine neue Disziplin, die unter dem Schlagwort »SoTL – Scholarship of Teaching and Learning« konzeptionell und empirisch untersucht, was Qualität in der universitären Lehre ist und wie sich diese verbessern lässt (Barr & Tagg, 1995). Die Idee des Forschenden Lernens, bei dem Studierende sich Wissen und Fähigkeiten aneignen, indem sie Probleme und Fragen eigenständig bearbeiten und Lehrende eher die Rolle der Prozessbegleiter/innen einnehmen, wird oft als der Königsweg des studierendenzentrierten Lernens beschrieben. Die US-amerikanische Boyer Commission hat sogar empfohlen, die Lehre an Forschungsuniversitäten komplett auf Forschendes Lernen umzustellen (Boyer Commission, 1998). Trotz der großen wissenschaftlichen Debatte über das Forschende Lernen gibt es noch sehr viele unterschiedliche Konzeptionen des Begriffs, und auch die Art und Weise, wie Forschendes Lernen umgesetzt wird, variiert stark (Healy, 2005). In Deutschland ist das Thema verstärkt in den 2000er Jahren aufgegriffen worden. Seither gibt es diverse Feldversuche, wie sich Forschendes Lernen implementieren lässt (z.B. Huber, Hellmer & Schneider, 2009). Auch die Universität Bremen hat sich das Forschende Lernen auf die Fahnen geschrieben und im Rahmen des ForstA-Programms verschiedene Formen des Konzepts ausprobiert (Huber, Kröger & Schelhowe, 2013). Es ist geplant, das Forschende Lernen zum Profilmerkmal der Universität zu machen.

Wir wissen allerdings relativ wenig darüber, in welchen Kontexten und unter welchen Bedingungen das Forschende Lernen besonders erfolgreich ist. Es kann sehr unterschiedlich umgesetzt werden und sehr verschiedene Zielgruppen ansprechen (z.B. Aditomo, Goodyear, Bliuc & Ellis, 2013). Daher soll in diesem Artikel der Frage nachgegangen werden, ob Forschendes Lernen ein geeignetes Konzept ist, das bereits in der Studieneingangsphase angewendet werden kann. Dies ist durchaus umstritten. Auf der einen Seite wird angemerkt, dass Studierende inhaltliches und methodisches Grundwissen benötigen, bevor sie forschend studieren können. Forschendes Studieren sei also eher für höhere Semester oder das Masterstudium geeignet. Auf der anderen Seite wird die Ansicht vertreten, dass forschendes Studieren von Anfang an gelingen kann, und es sogar eine geeignete Methode ist, mit der sich Studierende das inhaltliche und methodische Grundwissen ihres Faches erarbeiten können.

Die Politikwissenschaft in Bremen ist eine ausgesprochen forschungsstarke Disziplin und einer der Forschungsschwerpunkte der Universität. Daher gibt es den Anspruch, dass sich die hohe Qualität in der Forschung in einer forschungsorientierten Lehre niederschlagen soll, die die Studierenden auch zum eigenen wissenschaftlichen Arbeiten befähigt. Die Annahme, dass ein Einblick in die politikwissenschaftliche Forschungslogik und das wissenschaftliche Schreiben quasi nebenbei in den Fachseminaren vermittelt würde, stieß mit der Umstellung vom Diplom- auf das deutlich kürzere Bachelorstudium an ihre Grenzen. Da im Bachelorstudium die Zahl der zu schreibenden Hausarbeiten deutlich geringer ist und gerade die ersten Semester durch Vorlesungen und Übungen geprägt sind, haben die Studierenden weniger Gelegenheit, eigene Forschungsfragen zu verfolgen und wissenschaftliches Schreiben einzuüben. Es zeigte sich, dass Studierende vermehrt Probleme hatten, Haus- und Bachelorarbeiten zu schreiben, die den wissenschaftlichen und auch handwerklichen Anforderungen der Disziplin entsprechen. Durch die doppelten Abiturjahrgänge ist zudem die Zahl der Erstsemester stark angestiegene, unter denen sich seit einigen Jahre vermehrt sehr junge Studierende befinden, die teilweise mit der erwarteten Selbstverantwortung und Eigenständigkeit überfordert sind. Vor diesem Hintergrund wurde ein neues Modul in der Studieneingangsphase konzipiert und in den letzten zwei Jahren konsequenter auf Forschendes Lernen umgestellt.

Unser Konzept

Wir haben das Modul »Einführung in das politikwissenschaftliche Arbeiten« entwickelt, das aus bis zu acht parallel laufenden Seminaren mit dazugehörigen Tutorien besteht. In den Seminaren mit höchstens 25 Erstsemestern entwickeln die Studierenden je eine eigene Forschungsfrage zu den Themenbereichen »Parteien und Wahlen«. Basierend auf der eigenen Frage durchlaufen sie einen Forschungszyklus. Steht die Forschungsfrage, beginnt der Prozess des problembasierten Lernens: Wenn ich meine Frage beantworten will, welches Fachwissen und welche methodischen Kompetenzen benötige ich? Im Seminar geht es dann darum, wie die Studierenden relevante Fachliteratur identifizieren und recherchieren können, was Theorien und Hypothesen sind und wozu wir diese brauchen, wie Daten erhoben und analysiert werden können und natürlich wie sich der Prozess des wissenschaftlichen Schreibens planen und organisieren lässt. Die Ergebnisse des eigenen Forschungsprojektes werden in einer 15–20-seitigen Hausarbeit verschriftlicht, die am Ende der Semesterferien abgegeben wird.

Das Seminar ist als **Prozessbegleitung** angelegt, die dem problembasierten Lernen folgt. Im Idealfall sollen die verschiedenen Themen im Seminar die aktuellen Bedürfnisse der Studierenden aufgreifen. Das Thema Literaturrecherche wird also dann behandelt, wenn die Studierenden gerade auch selber aufgefordert sind, Literatur zu ihrem Thema zu recherchieren. Um Theorien und Hypothesen geht es dann, wenn die Studierenden gerade beginnen, die gefundene Literatur zu sichten und dort auf Theorien und Hypothesen stoßen. Die Dozent/innen begleiten die Studierenden also dabei, den nächsten Schritt im Forschungsprozess zu identifizieren, und helfen ihnen, sich das notwenige Wissen und die notwendigen Fertigkeiten anzueignen.

Wenn Studierende an eigenen kleinen Forschungsprojekten arbeiten sollen, benötigen sie ein Thema und eine konkrete Forschungsfrage.

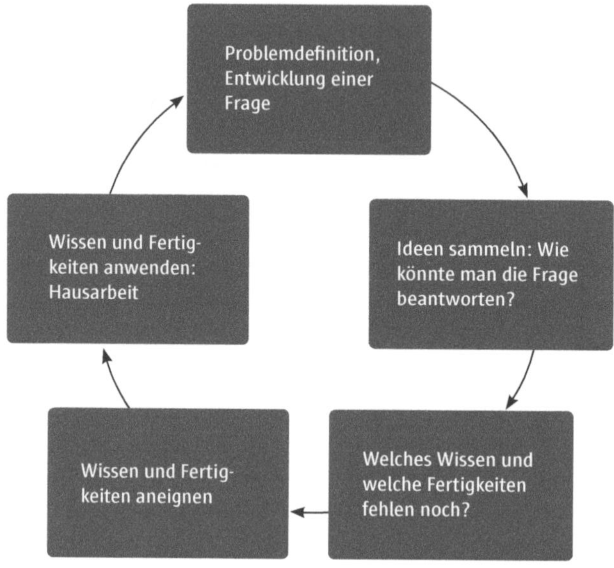

Abb. 1: Forschendes Lernen als problembasierter Prozess

Die **Themenwahl** haben wir inhaltlich auf den Bereich »Wahlen und Parteien« eingegrenzt. Ohne einen klaren, thematischen Schwerpunkt, so hat die Erfahrung gezeigt, verlieren sich Studierende im ersten Semester oft in den vielen Möglichkeiten, die die Politikwissenschaft bietet. Zudem besuchen die Studierenden im ersten Semester die Vorlesung »Einführung in das politische System der Bundesrepublik Deutschlands«, in der diese Themen auch aufgegriffen werden. Hier können wir Synergieeffekte nutzen. Um die Themenfindung zu unterstützen, nutzen wir die Szenariomethode. Diese Methode wird oft angewendet, um verschiedene zukünftige Sachverhalte darzustellen. Wir haben das Verfahren modifiziert und nutzen als Szenario die Beschreibung einer realweltlichen Situation mit möglichst vielen Facetten, Akteur/innen und Zusammenhängen. Im Wintersemester 2013/14 haben wir etwa ein Szenario zur Bundestagswahl 2013 entwickelt, im folgenden Durchlauf ein Szenario zur Europawahl 2014 mit einem Fokus auf Parteien sowie zu politischen Geschehnissen wie beispielsweise Landtagswahlen im Jahr 2014. Die Texte sind so geschrieben, dass sie am konkreten Fall viele Themen der politikwissenschaftlichen Forschung aufgreifen, ohne diese explizit zu nennen. Die Studierenden nutzen dann das Szenario, um davon ausgehend in einem kreativen Brainstorming-Prozess relevante Forschungsfragen zu generieren. In der Entwicklung der Fragen – gerade auch mit Blick auf Machbarkeit – werden sie von den Dozent/innen begleitet.

Um den Bogen von der realen Welt zur **Fachliteratur** zu schlagen, gibt es zwei Sitzungen, die sich mit Fachinhalten zum Thema »Parteien und Wahlen« beschäftigen. Es werden hier vor allem Kapitel aus Einführungswerken gelesen, die unter den Fragen diskutiert werden: Welche Themen, die wir identifiziert haben, greift die Fachliteratur auf? Gibt es dort schon Erkenntnisse zum Thema? Gibt es schon Theorien und Hypothesen zu ähnlichen Fällen? Zudem werden als Startlektüre je ein Einführungsbuch zum Thema Wahlen und zum Thema Parteien bereitgestellt, von denen aus per Schneeballprinzip dann die Literaturrecherche starten soll.

Hier schließt der erste Meilenstein an, **Aufgabe 1:** Zu einem festen Abgabetermin in der sechsten Semesterwoche sollen die Studierenden auf ein bis zwei Seiten ihr Thema nennen, einen kurzen Überblick zur Literaturrecherche zu ihrem Thema geben und ihre Forschungsfrage formulieren. Es wird natürlich nicht erwartet, dass die Studierenden hier schon den genauen Stand der Forschung darstellen können. Das Ziel ist es eher, ihnen bewusst zu machen, dass es zu den meisten Themen bereits einen Fachdiskurs gibt und man das Rad nicht völlig neu erfinden muss. Sie sollen lernen, an diesen Fachdiskurs anzuschließen und ihr Thema sowie ihre Frage mit der Fachliteratur zusammenbringen. Im Seminar präsentieren drei Studierende ihre jeweiligen Ergebnisse und diskutieren ihre Herangehensweise und die Probleme bei der Bearbeitung mit ihren Kommiliton/innen. Alle Studierenden erhalten dann von den Dozent/innen ausführliche Rückmeldung, ob das Thema und die Frage geeignet und in der vorgesehenen Zeit bearbeitbar sind.

Es gab am Institut für Politikwissenschaft eine bewusste Entscheidung dafür, die Studierenden an die empirisch-analytische Forschung heranzuführen und nicht an normative Arbeiten wie sie etwa in der Politischen Theorie üblich sind. Ein Schwerpunkt der Arbeit in den Seminaren liegt daher darauf, eigene **Hypothesen** zu entwickeln und diese empirisch zumindest einem Plausibilitätstest zu unterziehen. Hypothesen können entweder induktiv, aus dem Fall heraus entwickelt oder deduktiv aus der genutzten Fachliteratur abgeleitet und auf den eigenen Fall bezogen werden. Eigene Hypothesen zu entwickeln ist für Erstsemesterstudent/innen kein leichtes Unterfangen, daher unterstützen die Dozent/innen den Prozess durch viele Beispiele sowie das Angebot, die eigenen Hypothesen in der Sprechstunde zu besprechen. An diesem Punkt im Forschungsprozess ist es auch relevant, Wissen über Forschungslogik des Faches in das Seminar einzuspeisen. Wenn die Fragestellung und die Hypothesen stehen, sollen sich die Studierende erste Gedanken machen, wie man diese mit empirischem Material aus der ›echten Welt‹ überprüfen könnte. Dazu formulieren sie als Gedankenhilfe folgenden Satz: »Wenn meine Hypothese stimmt, was müsste ich dann finden?« Welche Art der Informationen und Daten wären nötig, um meine Fragestellung zu beantworten und meine Hypothese zu überprüfen? Und wie mache ich es? Durch einen Vergleich an zwei Zeitpunkten? Durch die Erhebung einer Zeitreihe? In Sitzung acht und neun bekommen sie hierzu Hilfestellungen. Häufig läuft es im Analyseteil auf kleinere Vergleiche hinaus, entweder zeitlich oder regional. Das empirische Material besteht oft aus Grundsatzprogrammen der Parteien, Wahlprogrammen, Wahlergebnissen oder Presseberichterstattungen.

Gegen Ende des Semesters, in Woche elf, steht dann der zweite Meilenstein an, **Aufgabe 2:** Hierbei handelt es sich um ein Exposé, in dem die Studierenden auf drei bis vier Seiten Thema, Frage, Literaturüberblick, genutzte Theorien, Hypothesen und das geplantem Vorgehen skizzieren. Auch Aufgabe 2 wird von drei Studierenden im Seminar präsentiert und mit den Kommilitonen diskutiert. Dabei geht es auch um die Probleme, die im Arbeitsprozess aufgetreten sind. Höhen und Tiefen des individuellen Forschungsprozesses sollen für alle Studierenden als Teil des wissenschaftlichen Arbeitens sichtbar werden. Die Studierenden erhalten auch auf Aufgabe 2 von den Dozent/innen eine umfangreiche Rückmeldung, sowohl zum Inhalt als auch zu den Formalia.

Ein zentrales Element ist die Aufgabenteilung zwischen Seminar und Tutorium. Im begleitenden **Tutorium** wird alle zwei Wochen durch Übungen wichtiges Handwerkszeug praxisnah vermittelt: Wie finde ich in der Bibliothek Literatur und erstelle eine Literaturliste? Wie zitiere ich richtig? Wie schreibe ich eine Einleitung? Wie muss eine Hausarbeit formatiert sein? Alle ganz konkreten Praxisanteile sind im Tutorium verortet, wie etwa eine Ralley durch die Universitätsbibliothek, kleinere Schreibübungen, eine erste Heranführung an Literaturverwaltungsprogramme wie RefWorks oder Zotero und die Erstellung einer korrekt formatierten Formatvorlage mit den gängigen Textverarbeitungsprogrammen inklusive Inhaltsverzeichnis. Zudem wird Raum gegeben, damit die Studierenden sich gegenseitig über den Stand des eigenen Projektes austauschen können und einander Tipps geben, etwa zur Literatur, empirischen Quellen oder dem konkreten Herangehen an die Forschungsfrage. Das Tutorium wird von Studierenden aus höheren Bachelorsemestern oder Masterstudierenden geleitet. Zur Vorbereitung nehmen die Tutoren an einer obligatorischen Tutorenschulung durch die Studierwerkstatt der Universität Bremen teil. Zudem gibt es ein Vorbereitungstreffen für alle Tutoren und regelmäßige Treffen mit dem jeweiligen Dozenten bzw. der jeweiligen Dozentin, dem/der das Tutorium zugeordnet ist.

Um die Studierenden im Schreibprozess zu unterstützen, haben wir weitere Hilfestellungen und **Unterstützungsangebote** entwickelt, die sehr gut angenommen werden. Als extrem hilfreich hat sich das »Kompendium zum wissenschaftlichen Arbeiten« erwiesen. Wir haben an unserem Institut einheitliche und verbindliche Vorgaben zum wissenschaftlichen Arbeiten definiert. Diese Vorgaben umfassen einen eindeutigen Zitationsstil inklusive Literaturliste, Hinweise zur Formatierung sowie Informationen zu Aufbau und Struktur verschiedener Textformen (Referat, Hausarbeit, Essay, Protokoll etc.). Das Kompendium wird in der Orientierungswoche an alle Erstsemesterstudent/innen ausgegeben und ist neben den Studierenden auch für die Dozenten und Dozentinnen verbindlich. Das Kompendium wird einmal im Jahr überarbeitet. Einheitliche und schriftlich niedergelegte Regeln helfen den Studierenden enorm. Zudem haben wir eine intensive Kooperation mit der Studierwerkstatt, eine Einrichtung der Universität Bremen, die überfachliche Angebote an Studierende richtet, beispielsweise zum wissenschaftlichen Arbeiten und Schreibbegleitung. Auf diese Angebote wird im Seminar hingewiesen.

<table>
<tr><th>Woche</th><th>Seminar (Inhalt)</th><th>Tutorium</th></tr>
<tr><td>1</td><td>Gegenseitiges Kennenlernen, Einführung in das Konzept des Moduls, Tutor(in) stellt sich vor. Szenario wird ausgegeben.</td><td rowspan="2">Sitzung 1: Einführung ins Tutorium, Vorstellung, des Szenarios, Verständnisfragen klären.</td></tr>
<tr><td>2</td><td>Arbeit mit dem Szenario: Erstes Brainstorming zum Szenario.
Thema: Vorbereitung auf Aufgabe 1: Die ersten Schritte des Forschungszyklus: Thema, Puzzle, Forschungsfrage.</td></tr>
<tr><td>3</td><td>Arbeit mit dem Szenario: Welche Themenbereiche lassen sich identifizieren? Welche Fragen stellen sich?
Thema: Literaturrecherche und politikwissenschaftliche Quellen, Fachjournale und Datenbanken kennenlernen</td><td rowspan="2">Sitzung 2: Bibliotheksralley mit Übung zur Literaturrecherche, Gespräch mit Fachreferent/in der Bibliothek.</td></tr>
<tr><td>4</td><td>Fachthema 1: Parteien- und Parteiensysteme
Am Thema: Wozu benötige ich Fachliteratur? Wie verknüpfe ich mein eigenes Thema mit der Fachliteratur?</td></tr>
</table>

Abb. 2a: Struktur des Moduls (Forts. auf der Folgeseite)

Woche	Seminar (Inhalt)	Tutorium
5	**Fachthema 2:** Wahlen und Wahlsysteme Am Thema: Was sind Theorien? Wozu benötige ich sie? Funktion von politikwissenschaftlichen Theorien und Konzepten	**Sitzung 3:** Übung: Wie erstelle ich eine Literaturliste? Einführung in das Literaturverwaltungsprogramm RefWorks/Zotero.
6	**Thema:** Von der Frage zur Theorie, von der Theorie zur Hypothese und der Operationalisierung: Hypothesen, Definition und Operationalisierung von Variablen Abgabe Aufgabe 1	
7	**Präsentation von Aufgabe 1:** Thema, Fragestellung, vorläufige Literaturliste	**Sitzung 4:** Exzerpt als Textform, Stand der Themenfindung
8	**Thema:** Vorbereitung auf Aufgabe 2: Ein Exposé verfassen: Forschungsdesign für Anfänger/innen, Reflexion des status quo der Projekte	
9	**Thema:** Wie finde ich Material und was mache ich damit? Erste Methoden der Datenerhebung und Auswertung. Zwischenevaluation des Seminars	**Sitzung 5:** Wie zitiere ich richtig? Übung: Korrektes Zitieren im Text, Paraphrasieren. Diskussion über den Arbeitsstand.
10	**Thema:** Korrekt zitieren: Zitierregeln und Plagiarismus, formale Anforderungen an Hausarbeiten	
11	**Thema:** Gliederung und Kapitelstruktur einer Hausarbeit, Einleitungen und Schlussteil schreiben, Benotungskriterien Hausarbeit Übung: Analyse von guten Erstsemesterarbeiten Abgabe Aufgabe 2	**Sitzung 6:** Übung: Wie formatiere ich eine Hausarbeit? Wie erstelle ich eine Formatvorlage und ein Inhaltsverzeichnis?
12	**Präsentation von Aufgabe 2:** Exposé inkl. Hypothesen und Ideen zu Datenerhebung und -analyse	
13	**Thema:** Die Phasen des Schreibprozesses: Besuch aus der Schreibwerkstatt	**Sitzung 7:** Abschlusssitzung, Themenwahl nach Wunsch
14	Evaluation und offene Fragen	

Abb. 2b: Struktur des Moduls

Herausforderung I: Forschen ohne Vorkenntnisse

Eine grundlegende Herausforderung von Forschendem Lernen im ersten Semester liegt darin, dass Studierende ohne inhaltliche und methodische Vorkenntnisse starten. Das ›Handwerkszeug‹ des wissenschaftlichen Arbeitens und die (Fach-)Inhalte sind aber gleichermaßen wichtig für ein gelungenes Forschungsprojekt. Schön wäre es natürlich, wenn die Studierenden ein Thema wählen, für das sie sich persönlich begeistern können und ehrliches Interesse an der Beantwortung ihrer Forschungsfrage haben. Wir mussten in der Praxis jedoch lernen, dass wir hier in einer Dilemma-Situation sind: Auf der einen Seite erhöht es die Motivation, wenn Studierende ihr Thema möglichst frei und nach Interessen wählen können, auf der anderen Seite kennen Sie die Fachliteratur und Methoden der Politikwissenschaft noch nicht und können nicht abschätzen, ob das Thema überhaupt in einem Semester bearbeitbar ist. Eine zu freie Themenwahl führt zudem dazu, dass Studierende oft das halbe Semester damit verbringen, verschiedene Themen ›anzulesen‹, ohne sich zu entscheiden und der Forschungsprozess sich so zeitlich stark verzögert. Nach einigem Probieren haben wir die Themenwahl daher auf den Bereich »Wahlen und Parteien« eingeschränkt.

Die enge Themenwahl in Kombination mit zwei Themensitzungen im Seminar und der Startlektüre verkürzt den Themenfindungsprozess enorm – allerdings teilweise auf Kosten der Motivation. Viele Erstsemester haben ein starkes Interesse an den internationalen Beziehungen oder normativen Fragen der Verteilungsgerechtigkeit. Dennoch erschien uns diese Themenwahl zielführend, da Wahlen und Parteien zum Kernbereich des Faches gehören und sich Synergieeffekte mit der Vorlesung ergeben. Aber der Bereich »Wahlen und Parteien« ist immer noch sehr groß. Gerade in der Fachliteratur verbergen sich hier diverse Unterthemen und Forschungsstränge. Hier hat sich das Szenario als extrem hilfreich erwiesen. Im ersten Semester fällt es Studierenden oft schwer, deduktiv aus der Fachliteratur ein eigenes Unterthema und eine eigene Fragestellung abzuleiten. Ist über das Szenario das Interesse für den Einzelfall erst geweckt (z. B. Warum ist eigentlich die Wahlbeteiligung bei der Bundestagswahl immer deutlich höher als bei Landtagswahlen?), besteht eine viel größere Bereitschaft, auf die ›Antworten‹ in der Literatur und das dort gewonnene Wissen zurückzugreifen. Dieses induktive Vorgehen – vom Einzelfall zum größeren Zusammenhang – funktioniert für die Themenwahl und den Sprung zur Literaturrecherche sehr gut. Fazit: Eine starke inhaltliche Eingrenzung plus induktive Herangehensweise, zum Beispiel über ein Szenario, ermöglicht eine eigene Themenfindung auch schon im ersten Semester.

Die nächste Herausforderung besteht in den mangelnden methodischen Kenntnisse der Erstsemester. Man kann sicherlich nicht erwarten, dass Studierende im ersten Semester gleich statistische Analysen oder eine Diskursanalyse durchführen. Dies ist auch nicht das Ziel. Es geht eher darum, dass sie den grundsätzlichen Forschungsprozess und seine Logik verstehen. Daher ist es gerade im ersten Semester wichtig, an den ausgewählten Inhalten der Projekte mögliche Verfahren zur Datenerhebung und -analyse zu illustrieren. Eine erste Einführung in ein ›Forschungsdesign light‹ ist auch im ersten Semester schon möglich. Es hat sich gezeigt, dass mit ein wenig Hilfestellung durch eine Sitzung zum Thema und Rückmeldungen auf Aufgabe 1 und 2 sinnvoll strukturierte Vergleiche, erste einfache Textanalysen oder die Interpretation von Zeitreihen durchaus möglich sind. Überrascht hat teilweise die sehr gute Diskussion der Ergebnisse, in der bereits Studierende im ersten Semester die methodischen Probleme ihrer jeweiligen Projekte besprechen.

Herausforderung II: Wie eigenständig können Studierende im ersten Semester arbeiten?

Im Ideal führt das Forschende Lernen auch zu einer sehr eigenständigen Arbeitsweise. Das stimmt im Prinzip – im ersten Semester sind die Studierenden aber oft damit überfordert, ihren Arbeits- und Lernprozess selber zu organisieren. Auch an Verbindlichkeit mangelt es manchmal. Nicht alle Studierenden geben Aufgabe 1 und 2 pünktlich ab. Es hat sich gezeigt, dass die Erstsemester dann am besten eigenständig und selbstbestimmt arbeiten können, wenn sie kleinschrittig angeleitet werden und viele Rückmeldungen bekommen. Das klingt erst einmal paradox. Um den Punkt klarer zu machen: Den Studierenden fällt es oft schwer, zu reflektieren, wo sie im Forschungsprozess gerade stehen und was der nächste logische Arbeitsschritt wäre. Zudem unterschätzen sie regelmäßig den Zeitaufwand für die einzelnen Schritte. Ihnen fehlt die Erfahrung und oft ist ihnen auch unklar, welche Teilaufgaben sich hinter einem Schlagwort wie »Literaturrecherche« oder »Exposé entwickeln« verbergen. Gerade für die Literaturrecherche oder die Analyse von empirischem Material wird zu wenig Zeit eingeplant. Ähnliches gilt für die konzeptionelle Arbeit, also die Entwicklung einer konkreten Forschungsfrage und Überlegungen zum theoretischen und methodischen Herangehen. Dass ein Exposé viel Zeit und Denkarbeit kostet, zu Knoten im Kopf führen und nicht in zehn Minuten fertiggestellt werden kann, ist vielen nicht klar. Zu oft planen Studierende den Arbeitsaufwand noch in abzugebenden Seiten (»Ist doch nur eine Seite Text. Das mache ich am Abend vor der Abgabe!«).

Die Seminare funktionieren dann sehr gut, wenn die Dozent/innen den Ablauf des Forschungsprozesses immer wieder ansprechen, in Arbeitsschritte aufschlüsseln und explizit in Teilaufgaben zerlegen. Dabei geht die Eigenständigkeit nicht verloren, die Studierenden bekommen nur eine strukturierte Anleitung, wie sie ihr jeweiliges Problem am besten angehen können. Dabei müssen nicht alle jeden Schritt zum gleichen Zeitpunkt abgearbeitet haben, wichtig ist aber, dass die Studierenden wissen, welche Schritte aufeinanderfolgen. Der Seminarplan gibt im Grundsatz ein Tempo vor, da verschiedene Schritte zu bestimmten Zeiten im Seminar thematisiert werden und es Abgabefristen für Aufgabe 1 (Thema und Forschungsfrage) und Aufgabe 2 (Exposé) gibt. Es hat sich aber gezeigt, dass die wenigsten Studierenden zeitlich wirklich ›im Plan‹ sind. Somit kommt früher oder später der Punkt, an dem Seminar und Tutorium in der Realität nicht mehr komplett auf die aktuellen Bedürfnisse eines/r jeden Studierenden eingehen können. Der eine ist noch dabei Hypothesen zu entwickeln, während die andere schon Wahldaten erhebt. Hier hat es sich als hilfreich erwiesen, den Forschungsprozess immer wieder zum Thema zu machen und zu verdeutlichen, wie sich das Thema der Woche in den Gesamtprozess eingliedert. Zudem ist es wichtig, auch den individuellen Lernfortschritt immer wieder explizit im Seminar zum Thema zu machen: Wo stehe ich? Was wäre der logische nächste Schritt? Muss ich noch einmal zurück in eine frühere Forschungsphase?

Auch die eigenständige Arbeit am eigenen Projekt benötigt letztlich viel systematische Anleitung und regelmäßige Rückmeldungen. Bei einigen Studierenden wird der Forschergeist geweckt und sie arbeiten hochmotiviert an ihren Fragen. Aber es gibt auch immer wieder Studierende, die ihre Hausarbeit nicht fristgerecht abgeben. Bei einigen von ihnen ist es einfach schlechtes Zeitmanagement, andere aber fühlen sich mit dem Format des Forschenden Lernens auch überfordert. Diese Gruppe benötigt in der Regel eine besondere Betreuung, um das Projekt noch erfolgreich abzuschließen. Damit bestätigen unsere Beobachtungen das, was in der Forschung bereits beschrieben wurde: Minimale Anleitung und völlig freies Forschendes Lernen funktioniert nicht (Kirschner, Sweller & Clark, 2006). Konkrete Anleitung und Reflexion der (Teil-)Ergebnisse sind der Schlüssel zum Erfolg, und zwar mit Blick auf jeden Arbeitsschritt im Forschungsprozess.

Forschendes Lernen im ersten Semester?

Somit wird deutlich, dass Forschendes Lernen in der Studieneingangsphase seinen Preis hat: Seminar und Tutorium sind personalintensiv. Das Konzept geht nur in Seminaren mit höchstens 25 Studierenden auf, besser weniger. Da das Modul als Prozessbegleitung angelegt ist, erfordert es zudem Lehrende, die bereit sind, ausführliche Rückmeldungen zu geben, oft auch in Sprechstunden über die Seminartermine hinaus. Ein solches Modul ist für die Lehrenden somit zeitintensiv. Damit bestätigen unsere Erfahrungen auch die Argumente in der Fachliteratur: Eine gewisse Form der Anleitung und Hilfestellung ist auch bzw. gerade bei forschendem, problembasierten Lernen nötig (Kirschner, Sweller & Clark, 2006). Eine weitere Herausforderung in der Praxis ist zudem das wechselnde Lehrpersonal. Wir haben in der Politikwissenschaft ein Rotationsprinzip eingeführt, in dem jede Arbeitsgruppe je nach Personalausstattung alle drei Jahre ein bis zwei Lehrende stellen muss. Der Vorteil dieses Modells besteht darin, dass das Modul so in der ganzen Politikwissenschaft an der Universität Bremen über die Forschungsinstitute hinaus verankert ist. Der Nachteil ist, dass es jedes Semester andere Lehrende mit sehr unterschiedlichen Forschungsbiographien sind, die ein Seminar übernehmen. Das führt dazu, dass es jährlich einen Workshop geben muss, auf dem alle mit dem Konzept vertraut gemacht werden. Und die Idee des Forschenden Lernens (und Lehrens) lässt sich nicht in fünf Minuten vermitteln.

Auf Basis der bisherigen Erfahrungen können wir sagen, dass das Forschende Lernen bereits im ersten Semester möglich ist und sich auch mit Blick auf das weitere Studium auszahlt. Befragungen haben gezeigt, dass die Studierenden in den folgenden Seminaren auf die Kenntnisse und Materialien aus dem Studieneingangsmodul zurückgreifen. Auch wird durchaus ein tieferes Verständnis dafür geweckt, was Forschung eigentlich heißt und wie Wissen generiert wird – was auch ein Lernziel des Forschenden Lernens ist. Allerdings gibt es auch Studierende, die nach dem ersten Semester merken, dass das politikwissenschaftliche Arbeiten nicht ihren Vorstellungen vom Fach entspricht und eher auf politische Diskussionen gehofft haben. Aber dieses sehen wir eher als positiv. Somit trägt das Modul auch dazu bei, eine realistische Vorstellung vom Fach zu entwickeln. Aufseiten der Lehrenden gibt es die Rückmeldung, dass die Studieneingangsphase und das Kompendium in vielen Fällen zu einer Verbesserung der Qualität von Haus- und Bachelorarbeiten geführt haben. Allerdings haben wir in diesem Punkt keine systematische Befragung durchgeführt, bisher sind es anekdotische Beweise. Unser Fazit: Das Forschende Lernen bietet große Chancen und für die Masse der Studierenden funktioniert es sehr gut. Wenn also die personellen Ressourcen da sind und sich jemand verantwortlich fühlt, ein solches Modul zu entwickeln und zu koordinieren, können wir das Forschende Lernen auch im ersten Semester nur empfehlen.

Literatur

Aditomo, A., Goodyear, P., Bliuc, A. & Ellis, R. (2013). Inquiry based learning in higher education: principal forms, educational objectives, and disciplinary variations. In *Studies in Higher Education*, 38(9), 1239 – 1258.

Barr, R.B. & Tagg, J. (1995). From Teaching to Learning – A New Paradigm For Undergraduate Education. In *The Magazine of Higher Learning*, 27(6), 12 – 26.

Boyer Commission (1998). *Reinventing undergraduate education: A blueprint for America's research universities.* Stony Brook: State University of New York.

Healy, M. (2005). Linking Research and Teaching: Exploring Disciplinary Spaces and the Role of Inquirey Based Learning. In R. Barnett (Hrsg.), *Reshaping the University: New Relationships between Research, Scholarship and Teaching* (S. 67 – 78). McGraw Hill: Open University Press.

Huber, L., Hellmer, J. & Schneider, F. (Hrsg.) (2009). *Forschendes Lernen im Studium. Aktuelle Konzepte und Erfahrungen.* Bielefeld: UniversitätsVerlagWebler.

Huber, L., Kröger, M. & Schelhowe, H. (Hrsg.). (2013). *Forschendes Lernen als Profilmerkmal einer Universität. Beispiele aus der Universität Bremen.* Bielefeld: UniversitätsVerlagWebler.

Kirschner, P., Sweller, J. & Clark, R. (2006). Why Minimal Guidance During Instruction Does Not Work: An Analysis of the Failure of Constructivist, Discovery, Problem-Based, Experimental, and Inquiry-Based Teaching. In *Educational Psychologist*, (41)2, 75 – 86.

Das Projekt »Forschend Lehren lernen« wurde als Impulsgeber für innovative, zukunftweisende Lehre an der Christian-Albrechts-Universität zu Kiel ausgezeichnet. Die Förderung erfolgte durch den PerLe-Fonds für Lehrinnovation mit Mitteln des Bundesministeriums für Bildung und Forschung unter dem Förderkennzeichen 01PL12068.

Forschend Lehren lernen: Lehramtsstudierende betreiben Bildungsforschung

Julia Schwanewedel, Jörg Großschedl, Birgit Heyduck

Zahlreiche Befunde aus der Bildungsforschung geben Anlass zu der Sorge, dass es der universitären Ausbildung häufig nicht in ausreichendem Maße gelingt, angehende Lehrkräfte adäquat auf ihre spätere professionelle Tätigkeit vorzubereiten. Dies kommt beispielsweise in der Überforderung von Junglehrer/innen im Referendariat zum Ausdruck (z.B. Vogelsang & Reinhold, 2013; Stender, Brückmann & Neumann, 2014), aber auch in Klagen über eine unzureichende Einbettung theoretischer Inhalte in praktische Anwendungssituationen (Bransford, Brown, Cocking, 2000). Scheinbar mangelt es in der universitären Phase der Lehrerbildung an Lerngelegenheiten, in denen das erworbene Fach- und fachdidaktische Wissen mit authentischen Anwendungssituationen verknüpft wird. In der Folge verbleibt das erworbene Wissen theoretisch. Ein hoch vernetztes Wissen, das auf vielfältige Art und Weise organisiert und in unterschiedlichsten Anwendungssituationen abgerufen und eingesetzt werden kann, ist jedoch die Voraussetzung für Expertise in einem Tätigkeitsbereich (Bransford et al., 2000). Es genügt demnach nicht, angehenden Lehrkräften ein umfangreiches Faktenwissen zu vermitteln. Vielmehr muss das Wissen im Kontext konkreter Unterrichtssituationen unmittelbar nutzbar sein (z.B. Borko, Roberts & Shavelson, 2008; Van Driel & Berry, 2012).

Um die Kluft zwischen den eher theoretisch ausgerichteten Veranstaltungen im Bereich der universitären Ausbildung und den späteren Praxisanforderungen an Lehrkräfte zu schmälern, wurde an der Universität Kiel ein biologiedidaktisches Mastermodul nach den Prinzipien Forschenden Lernens umgestaltet. Die Studierenden entwickeln innerhalb des Moduls innovative Lernangebote, führen diese mit Schulklassen praktisch durch und evaluieren die eigene Planung und Durchführung der Lernangebote nach dem Prinzip des Forschenden Lernens (Huber, 2009). Im Folgenden werden die unserer Arbeit zugrunde liegenden theoretischen Ansätze zum Forschenden Lernen von Huber (2009) und zu Handlungsfeldern von Lehrkräften der JoMiTE-Group (2009) vorgestellt. Anschließend wird dargestellt, wie das neu konzipierte Mastermodul aufgebaut ist und inwiefern die zuvor dargelegten Ansätze berücksichtigt bzw. umgesetzt wurden. Weiterhin werden sowohl Relevanz, Lernwirksamkeit als auch Übertragbarkeit des Moduls auf andere Fächer aufgezeigt und diskutiert.

1. Theoretischer Hintergrund

Ziel einer modernen Lehrerbildung ist die Entwicklung einer professionellen Handlungskompetenz, d.h. derjenigen Fähigkeiten und Fertigkeiten, die für die Gestaltung qualitativ hochwertigen Unterrichts erforderlich sind (Baumert & Kunter, 2006). Es wird davon ausgegangen, dass

> »professionelle Handlungskompetenz aus dem Zusammenspiel von [...] spezifischem, erfahrungsgesättigten deklarativen (sic) und prozeduralen (sic) Wissen (Kompetenzen im engeren Sinne: Wissen und Können) entsteht.« (Baumert & Kunter, 2006, S.481)

Die professionelle Kompetenz von Lehrkräften kann in vier Handlungsfeldern beschrieben werden: Lehrkräfte sollten in der Lage sein, als Entwickler (developer), Vermittler (instructor), Coach (coach) und Forscher (researcher) zu agieren (JoMiTE-Group, 2009). Mit einem Schwerpunkt auf das Handlungsfeld des Forschers skizziert der vorliegende Beitrag die Neukonzeption eines Mastermoduls in der Biologielehrerausbildung nach dem Prinzip des Forschenden Lernens (Huber, 2009), das universitär erworbenes, theoretisch formales (deklaratives) Wissen mit konkreten Anwendungssituationen verknüpft. Forschendes Lernen zeichnet sich nach Huber

> »vor anderen Lernformen dadurch aus, dass die Lernenden den Prozess eines Forschungsvorhabens, das auf die Gewinnung von auch für Dritte interessanten Erkenntnissen gerichtet ist, in seinen wesentlichen Phasen – [...] in selbstständiger Arbeit oder in aktiver Mitarbeit in einem übergreifenden Projekt – (mit)gestalten, erfahren und reflektieren« (ebd., S.10).

Bezogen auf die fachdidaktische Ausbildung angehender Lehrkräfte heißt dies, dass die Studierenden selbst in die Rolle von Unterrichtsforschern/innen schlüpfen und dabei alle Phasen eines typischen Forschungsprozesses durchlaufen. Als solche Phasen stellt Huber (2009) die Entwicklung von Fragen und Hypothesen, die Wahl und Ausführung von Methoden und die Prüfung und Darstellung von Ergebnissen heraus.

Zentraler Aspekt beim Forschenden Lernen ist die Selbstständigkeit der Lernenden. Sie stellt laut Huber gleichzeitig das Ziel und den Weg zu diesem Ziel dar (Huber, 2009). In der konkreten Umsetzung bedeutet dies, dass sowohl Thema als auch Strategie des Forschungsprozesses (darunter fallen insbesondere Methoden, Versuchsanordnungen und Recherchen) von den Lernenden selbstständig gestaltet werden. Die Lernenden stehen vor der Herausforderung wissenschaftlichen Standards gerecht zu werden, ihre Ergebnisse kritisch zu prüfen und ihre Resultate so darzustellen, dass ihre »Bedeutung klar und der Weg zu ih[nen] nachprüfbar wird« (ebd., S. 9). Das hohe Maß an Selbstständigkeit birgt zwar ein »Risiko an Irrtümern und Umwegen«, anderseits aber auch – und das ist entscheidender – eine große Chance auf Zufallsfunde und besonders »fruchtbare Momente« (ebd.). Beim Forschenden Lernen müssen die Lernenden darüber hinaus »mit Ausdauer und logischer Konsequenz bis zu einem (positiven oder negativen) Ergebnis« durchhalten, ihre »Kenntnisse und Instrumente zur Lösung des Problems in zureichendem Maße [...] prüfen« und sich »selbst Einwände [...] machen bzw. systematisch nach möglichen Einwänden [...] suchen" (ebd., S. 10). Ihre Arbeit zielt, wie bei Forschern, auf die Gewinnung neuer Erkenntnisse ab. Die Bundesassistentenkonferenz (BAK, 1970) bezeichnet Forschendes Lernen deshalb auch als »Lernen durch Forschung bzw. Beteiligung an Forschung« (BAK, 1970, zitiert nach Huber, 2009, S. 9). Beim gemeinschaftlichen Durchlaufen eines typischen Forschungszyklus erfahren die Lernenden, dass Wissenschaft ein sozialer Prozess ist, in dem kognitive, emotionale und soziale Aspekte gleichermaßen eine Rolle spielen und der von einer Anfangsneugier über Höhen und Tiefen bis zur Problemlösung und deren Präsentation reicht (Huber, 2009). Diese »Bildung durch Wissenschaft verlangt die intensive aktive Auseinandersetzung damit, wie Wissenschaft betrieben wird« (ebd., S. 13). Die Neugestaltung des hier beschriebenen Mastermoduls zielte darauf ab, den Studierenden zu dieser aktiven Auseinandersetzung mit der Erforschung des eigenen Unterrichts Gelegenheit zu geben.

2. Das neugestaltete Mastermodul: Studierende als Unterrichtsentwickler und Unterrichtsforscher

Im neugestalteten Mastermodul geht es nicht darum aufbereitete Forschungsergebnisse zu rezipieren, wie dies im Lehramtsstudium häufig der Fall ist, sondern die Studierenden »lernen forschend«. Sie übernehmen die Rolle von Bildungsforschern (Lehrkraft als researcher), stellen selbstständig Untersuchungen an, präsentieren ihre Ergebnisse und reflektieren ihr eigenes wissenschaftliches Vorgehen. Durch die Einbettung von Planung, Gestaltung und Durchführung spezifischer Lernangebote schult das vier Semesterwochenstunden umfassende Mastermodul zugleich die anderen drei zentralen Handlungsfelder: die Lehrkraft als Entwickler, Vermittler und Coach (JoMiTE-Group, 2009).

2.1 Gestaltung nach Huber und JoMiTE

Laut Huber fängt Forschendes Lernen beim »[m]odellhafte[n] *Vorführen*, Sichtbarmachen und Thematisieren des Forschungsvorganges« (Huber, 2009, S. 11) an, das bereits in den klassischen akademischen Lehrformen behandelt werden sollte. In Anlehnung an diese Forderung wurde die *erste Phase* des neuen Mastermoduls konzipiert: In dieser *Dozenten-gesteuerten Inputphase* wurden die Grundlagen wissenschaftlichen Forschens (z. B. Forschungsfragen formulieren, Untersuchungspläne erstellen, Datenerhebung und Datenauswertung vornehmen) behandelt und in anwendungsorientierten Übungen vertieft (z. B. Entwicklung eines Fragebogens, Eingabe und Analyse von Daten mit SPSS und Excel). Zudem wurden fachwissenschaftliche und fachdidaktische Grundlagen vermittelt und angewendet (z. B. experimentelle Labormethoden und Hinweise zur Durchführung mit Schüler/innen).

Da sich nach Huber (2009) für die Lehrerausbildung Forschendes Lernen insbesondere in Form von »Erkundungen konkreter Kontexte und Prozesse und Fallstudien zu einzelnen Schülerinnen und Schülern« (Huber, 2009, S. 30) anbietet, wurde mit der Kieler Forschungswerkstatt (KiFo), einem Kieler Schülerlabor kooperiert. In Zusammenarbeit mit dieser Einrichtung gestalteten die Studierenden Lernangebote für Schulklassen und erhielten im Gegenzug die Möglichkeit, diese vor Ort durchzuführen und ihre Lernwirksamkeit (unter Anwendung ausgewählter Methoden der empirischen Sozialforschung) selbstständig zu beforschen.

Nachdem die theoretische Einführung in die empirische Sozialforschung erfolgt war, bildeten sich in einer darauf folgenden *Studierenden-zentrierten Planungsphase (Phase 2)* arbeitsteilige Gruppen, die sich auf die Entwicklung von Lernangeboten für Schüler/innen (im Folgenden Entwicklergruppen genannt) und eines damit verbundenen Forschungsvorhabens (im Folgenden Forschungsgruppe genannt) konzentrierten. Letztere unterteilte sich wiederum in Subgruppen, die sich spezifischen Teilaufgaben widmeten.

Bezogen auf die zentralen Handlungsfelder der JoMiTE-Group (2009) übernahmen die Studierenden in dieser Phase also entweder die Rolle des Entwicklers oder des Forschers. Durch die Fokussierung auf nur eine spezifische Rolle in dieser Phase des Moduls sollte einer Überlastung der Studierenden entgegengewirkt und ein intensives Einarbeiten in eines der Handlungsfelder ermöglicht werden.

Die von den Entwicklergruppen angefertigten Lernangebote bezogen sich auf ein Thema aus dem Bereich der modernen Genetik, einem gleichsam zentralen biologischen und gesellschaftlich bedeutsamen

Thema. Das von den Studierenden entwickelte Forschungsvorhaben bezog sich auf die Beforschung der Schüler/innen, an denen die entwickelten Lernangebote erprobt werden sollten. Die Studierenden der Forschergruppe entschlossen sich dazu, eine experimentelle Interventionsstudie mit einer Interventions- und einer Kontrollgruppe durchzuführen. Der Lernerfolg der Schüler/innen wurde mittels selbstentwickelter Fragebögen erfasst. Die unabhängige Variable bildete die Verfügbarkeit so genannter kognitiver Prompts: Dabei handelte es sich um kurze, auf kleine Karten gedruckte Aufforderungen, die während des Experimentierprozesses im Labor den Lernerfolg der Schüler/innen der Interventionsgruppe unterstützen sollten.

Um die Tätigkeiten der arbeitsteiligen Studierendengruppen passgenau aufeinander abzustimmen und zu koordinieren, wurde zusätzlich zu den Entwicklergruppen und der Forschungsgruppe eine sogenannte Rahmengruppe gebildet, die alle Arbeitsprozesse überwachte, regulierte und optimierte. Sie sorgte z.B. dafür, dass sich die Inhalte des Fragebogens zur Erfassung des Lernerfolgs der Schüler/innen mit den Inhalten des Lernangebots deckten. Außerdem arbeitete sie einen übergreifenden Kontext mit Bezug zur Lebenswelt der Schüler/innen aus, in den die einzelnen Lernangebote sinnvoll verortet werden konnten. Die Rahmengruppe wird deshalb im Folgenden zur Gruppe der Entwickler gezählt.

Um einen Informationsfluss zwischen den Gruppen – insbesondere zwischen Entwicklergruppen und Forschungsgruppe – zu garantieren, wurde ein Feedbacksystem eingerichtet. Zahlreiche Studien zeigen, dass Feedback ein wirksames Mittel zur Förderung von Lernprozessen darstellt. Die Feedbackstruktur im Modul war so angelegt, dass jeweils Tandems aus zwei Gruppen gebildet wurden. Diese Tandems diskutierten einerseits während der universitären Präsenzphasen Ideen, Ausarbeitungen und konkrete Materialien (z.B. erste Entwürfe von Forschungsfragen, Fragebögen, Unterrichtsmaterialien), andererseits tauschten sie Feedback über die Lernplattform OpenOLAT aus. Dafür wurden auf der Lernplattform gezielt separate Foren eingerichtet, in denen die Tandemgruppen sich austauschen und bspw. Materialien zur Diskussion stellen konnten. Um die Qualität des Feedbacks sicherzustellen, erhielten die Studierenden von den Dozent/innen Hinweise zum Geben und Nehmen von Feedback.

Zusätzlich wurde die Gesamtplanung in regelmäßigen Abständen im Plenum vorgestellt und mit allen Modulteilnehmer/innen diskutiert. Innerhalb der Planungsphase wurde schließlich ein Lernangebot für zwei Unterrichtstage in der Kieler Forschungswerkstatt für Schüler/innen fertiggestellt sowie ein begleitendes, experimentell angelegtes Forschungsprojekt ausgearbeitet.

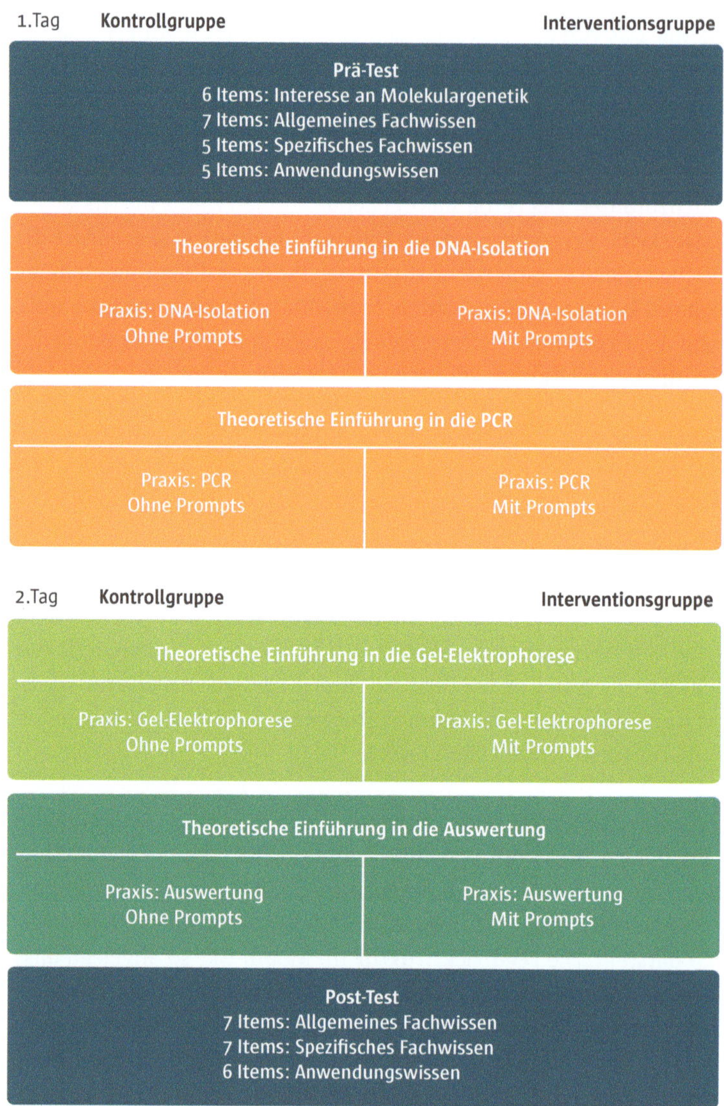

Abb. 1: Forschungsdesign und Zeitplan für die praktische Durchführung des von den Studierenden geplanten Forschungs- und Unterrichtsvorhabens im Schülerlabor

In einer *Studierenden-zentrierten Praxisphase (Phase 3)* durchlief eine eingeladene Schulklasse (25 Schüler/innen eines Kieler Gymnasiums) die entwickelten Lernangebote und wurde dabei von den Studierenden systematisch angeleitet und beforscht. Der von den Studierenden aufgestellte Untersuchungsplan ist in Abbildung 1 dargestellt. In dieser dritten Phase des Moduls waren die Studierenden als Forscher, als Vermittler und als Coach tätig. Die zentrale Aufgabe der Forschungsgruppe bestand darin, die geplante Untersuchung mit Prä- und Post-Test sowie experimentell angelegter Intervention durchzuführen.

Nach der Begrüßung der Schüler/innen durch die Rahmengruppe und der Administration des Prä-Test durch die Forschungsgruppe wurden die Schüler/innen von den Studierenden randomisiert auf die Interventions- und Kontrollgruppe verteilt. Entsprechend Abbildung 1 wurde die Interventionsgruppe (rechts) während der praktischen Laborarbeit gezielt durch schriftliche Aufforderungen (Prompts) in ihrem Lernprozess unterstützt, wohingegen der Kontrollgruppe (links) keine Prompts zur Verfügung standen. Der Lernprozess der Schüler/innen wurde in vier Themenschwerpunkte (DNA-Isolation, PCR, Gel-Elektrophorese und Auswertung) untergliedert und in einer festgelegten Folge abgearbeitet. Jedes dieser Themen wurde, wie in der Abbildung zu erkennen, zunächst theoretisch behandelt, anschließend wurden die Schüler/innen in die praktische Laborarbeit entlassen. So erklärten die Studierenden beispielsweise den Prozess der Gelelektrophorese anhand eines selbst entwickelten Funktionsmodells, sodass die Schüler/innen diese im Anschluss selbstständig praktisch durchführen konnten. Dabei übernahmen die Entwicklergruppen an den beiden Praxistagen die Rolle eines Vermittlers und Coaches. Als solche waren sie dafür zuständig, die Lernenden individuell anzuleiten, bei Problemen und Fragen zur Seite zu stehen und zur aktiven Auseinandersetzung mit den Lerngegenständen zu motivieren. In den beiden Testphasen zu Beginn und am Ende setzte die Forschungsgruppe selbst entwickelte Fragebögen ein, mit denen die Interessen und verschiedene Wissensbereiche bei den Schüler/innen vor und nach der Intervention erhoben wurden.

In einer abschließenden *Studierenden-zentrierten Auswertungs- und Reflexionsphase (Phase 4)* wurden die erhobenen Prä- und Post-Daten von den Studierenden ausgewertet und mit Blick auf die Planung kritisch beurteilt sowie die gemachten Erfahrungen dokumentiert. Dabei arbeiteten die Studierenden erneut selbstständig in ihren Gruppen. Die Studierenden der Forschungsgruppe wurden bei der Aufbereitung und Analyse der Daten (u. a. mit der Statistiksoftware SPSS) von den Dozent/innen unterstützt. Alle Gruppen dokumentierten in dieser abschließenden Phase die Ergebnisse ihrer Arbeit (Planung, Durchführung, Reflexion) in Form eines wissenschaftlichen Posters. Auf einer abschließenden Präsenzveranstaltung wurden die angefertigten Poster schließlich präsentiert und gemeinsam diskutiert, wodurch erneut sichergestellt wurde, dass alle Studierenden Einblick in die Arbeiten der jeweils anderen erhielten.

2.2 Relevanz

Übergeordnetes Ziel des neukonzipierten Mastermoduls war es, dass angehende Biologielehrkräfte Fähigkeiten zur Planung, praktischen Durchführung und Reflexion von Biologieunterricht im Zusammenspiel mit der eigenständigen Entwicklung von Forschungsfragen sowie der Durchführung und Auswertung von Erhebungen erwerben. Die Lehramtsstudierenden sollten die Gelegenheit bekommen, unterrichtspraktische Erfahrungen bei reduzierter Unterrichtskomplexität (u.a. Arbeit mit Kleingruppen statt einer gesamten Klasse) in der Kieler Forschungswerkstatt zu sammeln, um systematisch auf die hochkomplexe Tätigkeit des Unterrichtens vorbereitet zu werden. Während die forschungsmethodische Ausbildung in der bisherigen Form des Mastermoduls nur rudimentär behandelt wurde, bildete sie innerhalb der Neukonzeption einen Schwerpunkt. Die Studierenden sollen so einerseits dazu befähigt werden, Ergebnisse fachdidaktischer Bildungsforschung (besser) zu verstehen, zu bewerten und in ihrer Bedeutung für die eigene Unterrichtspraxis zu reflektieren. Andererseits sollen sie auch lernen, sich selbst als Forscher des eigenen Unterrichts zu begreifen. Dies soll dadurch erreicht werden, dass die Studierenden selbst die Rolle von Unterrichtsforschern/innen einnehmen und alle Phasen eines typischen Forschungsprozesses durchlaufen, angefangen mit der Entwicklung einer Forschungsfrage bis hin zur Dokumentation der Ergebnisse.

In Anlehnung an Hubers Ausführungen zum Forschenden Lernen stellte das Modul Studierende dabei fortlaufend vor Aufgaben, in denen sie

> »Probleme selbst finden, definieren, strukturieren; Hypothesen formulieren, Antworten suchen, Wissen recherchieren, Untersuchungen planen, durchführen, auswerten; Ergebnisse einordnen, berichten, präsentieren, diskutieren; im ganzen Prozess mit anderen kommunizieren, kooperieren, Rat suchen und geben; Zeit und Arbeit einteilen, Ressourcen ›managen‹, Entscheidungen treffen, Ambiguität, Frustrationen und Kritik aushalten usw.« (Huber, 2009, S. 12)

mussten. Es wurden dabei, wie beispielsweise vom Wissenschaftsrat (2000) für ein Hochschulstudium gefordert, auch Kommunikations- und Teamfähigkeit, Präsentationstechniken, der Umgang mit modernen Informationstechnologien, die Fähigkeit, Wissen und Informationen zu verdichten und zu strukturieren, sowie eigenverantwortliches Lernen geschult. Die Methode des Forschenden Lernens bietet nämlich den Vorteil, zentrale überfachliche Kompetenzen gleichzeitig zu fachlichen Inhalten zu vermitteln. Damit wird laut Huber die Möglichkeit geschaffen, »dass allgemeine Kompetenzen in inhaltlichen Zusammenhängen, so wie sie im späteren Beruf auch gebraucht werden, entwickelt werden« (Huber, 2009, S. 12). Forschendes Lernen ist folglich besonders gewinnbringend, weil die »Kernkompetenzen für Berufsfähigkeit in hochqualifizierten Berufen bzw. Professionen [...] genau die sind, die im Forschen gebraucht und geübt werden« (ebd.).

2.3 Lernwirksamkeit

Das neukonzipierte Mastermodul wurde mittels studentischer Portfolios systematisch evaluiert. Die schriftlichen Rückmeldungen der Studierenden erlauben den Schluss, dass die eigenständige Gestaltung des gesamten Forschungsprozesses und die Anwendung sozialwissenschaftlicher Forschungsmethoden das Verständnis der Studierenden über biologiedidaktische Forschung positiv beeinflusste. Verglichen mit einer rein theoretischen Vermittlung von Forschungsmethoden scheint das Seminar dem Anspruch nahe zu kommen, der vom National Research Council (2003) in einem Satz prägnant zusammengefasst wurde: »Research itself is the purest form of teaching«. Positiv aufgenommen wurden weiterhin die praktische Erprobung des Unterrichtsmoduls an einer konkreten Schulklasse und die eigenständige Planung, Durchführung und Auswertung des Forschungsvorhabens. Die Studierenden lobten die Vernetzung theoretischer und praktischer Ausbildungsinhalte. Die Durchführung der Unterrichtsmodule im Schülerlabor an Schulklassen wurde als wertvolle Erfahrung für die spätere Berufspraxis eingeschätzt.

Kritik betraf die Spezialisierung in Entwickler- und Forschergruppen. Innerhalb der einzelnen Gruppen konnten zwar unterschiedliche Vorkenntnisse und Fähigkeiten der Studierenden besonders gut fruchtbar werden, Mitglieder der Forschungsgruppe bedauerten jedoch den geringen Einbezug in die Arbeit mit den Schulklassen. Umgekehrt vermissten Mitglieder der Entwicklergruppen die konkrete Erfahrung im Umgang mit der Erarbeitung von Forschungsinstrumenten und der Auswertung der erhobenen Daten mittels SPSS. Um allen Studierenden Forschungs- und Unterrichtserfahrung zu ermöglichen, soll zukünftig die strikte Trennung dieser Bereiche aufgehoben werden. In diesem Zusammenhang ergab die Evaluation auch, dass die Organisation des Feedbacksystems und die Präsentations- und Reflexionssitzung am Ende des Semesters nicht ausreichend waren, um den Austausch der Studierenden aus Entwickler- und Forschungsgruppen im geeigneten Maß zu gewährleisten. Vor allem die Online-Feedbackschleifen über die Lernplattform wurden als unnötig kompliziert und zu ›unpersönlich‹ kritisiert, auch wenn die Durchführung mehrerer Feedbackrunden als gewinnbringend beurteilt wurde. Statt des computergestützten Feedbacksystems soll zukünftig ein face-to-face-Feedbacksystem etabliert werden.

Die Studierenden empfanden viele Aspekte des Mastermoduls als motivierend, vor allem die Möglichkeit, Inhalte sowohl auf Unterrichts- als auch auf Forschungsebene mitzubestimmen und eigenständig ein Forschungsprojekt zu planen und durchzuführen. Die Motivation der Studierenden war dadurch so stark erhöht, dass der größere Arbeitsaufwand (im Vergleich zum alten Modul) gerne auf sich genommen wurde. Anfängliche Klagen über erhöhte Präsenzzeiten und einen zu großen Workload verschwanden im Laufe des Semesters gänzlich und wurden nach Abschluss des Moduls im Vergleich zum Lerngewinn als unwichtig eingeschätzt. Insgesamt wird die Umgestaltung des Mastermoduls in Bezug auf die Zielsetzung, eine forschende Haltung bei den Studierenden zu etablieren und Möglichkeiten zu schaffen zentrale Handlungsfelder des zukünftigen Berufs als Biologielehrkraft zu erschließen, aus Sicht der Dozenten positiv beurteilt. In zukünftigen Kursen soll das Konzept modifiziert werden und zusätzlich eine systematische Evaluation der Lernzuwächse der Studierenden (z. B. in Bezug auf fachliches und fachdidaktisches Wissen oder auch Einstellungen zur Rolle des Lehrers als Forscher) erfolgen.

2.4 Innovationsgehalt und Übertragbarkeit

In der bisherigen Form wurde im hier beschriebenen Mastermodul die forschungsmethodische Ausbildung der Studierenden lediglich rudimentär behandelt. Zukünftig soll diese jedoch einen Schwerpunkt bilden und die Studierenden befähigen, Ergebnisse fachdidaktischer Bildungsforschung zu verstehen, zu bewerten und in ihrer Unterrichtsplanung zu berücksichtigen. Zudem kann das Konzept des Forschenden Lernens aus unserer Sicht dazu beitragen, dass sich bei zukünftigen Lehrkräften eine forschende Haltung gegenüber dem eigenen Unterricht herausbildet. Diese wiederum kann als Bestandteil professionellen Berufshandelns bzw. als zentrales Handlungsfeld einer Lehrkraft angesehen werden (JoMiTE-Group, 2009; Wissenschaftsrat, 2001). In analoger Weise kann das Lehrveranstaltungskonzept daher auf andere empirisch arbeitende Disziplinen oder auch andere Fächer in der Lehramtsausbildung übertragen werden.

Das Projekt soll zudem zum Aufbau einer professionellen, fachspezifischen Handlungskompetenz bei Lehramtsstudierenden beitragen und einen konstruktiven Beitrag zur Diskussion um die Gestaltung akademischer Lehre (in der Lehramtsausbildung) leisten. Dabei geht das Projekt durch die theoretische Verankerung und systematische Evaluation im Rahmen der Diskussion um die Wirksamkeit in der Lehrerbildung und deren Umstrukturierung über solche hochschuldidaktischen Entscheidungen hinaus, die oftmals nur auf der Grundlage von Überzeugungen getroffen werden. Mit dem neugestalteten Mastermodul konnte gezeigt werden, dass Hürden beim Forschenden Lernen mit einiger Organisation zu überwinden sind und das Konzept für den Hochschulalltag geeignet ist.

Durch die Lage des Moduls im letzten Mastersemester der Studierenden, in dem im Kieler Lehramtsstudium nur wenige andere Pflichtveranstaltungen liegen, konnte umgangen werden, dass das relativ zeitaufwendige Forschende Lernen der fachsystematisch notwendigen Stoffvermittlung im Wege steht oder von den Studierenden (in Konkurrenz mit anderen Veranstaltungen) zeitlich nicht geleistet werden kann. Der Einwand, dass die im Prozess des Forschenden Lernens geforderten Arbeitsformen bzw. die erzielten Lernerfolge nicht mit gewöhnlichen Prüfungsformen kompatibel sind, wurde durch die Anfertigung schriftlicher Portfolios und die Dokumentation von Ergebnissen in Form wissenschaftlicher Poster weitestgehend zerstreut. Die Zusammenarbeit mehrerer Dozierender, aber vor allem die Übertragung vieler Bereiche (wie z.B. das gegenseitige Feedback, die Koordination als Aufgabe einer Studierendengruppe) in die Zuständigkeit der Studierenden selbst zeigten auf, dass es möglich ist, anspruchsvolle Lehr- und Lernformen wie das Forschende Lernen auch bei ggf. knapper Personalausstattung und weniger günstigen Betreuungsrelationen zu praktizieren.

Insgesamt wird aber auch deutlich, dass die Etablierung des Forschenden Lernens in Hochschulseminare etwas ›kostet‹: »Verzicht auf andere Inhalte, mehr Zeit- und Organisationsaufwand, komplexere Prüfungsformen und Differenzierung der Lernangebote« (Huber, 2009, S.15). Diese ›Kosten‹ zeigten sich auch bei der Durchführung des Projekts »Forschend Lehren lernen«. Die Einbindung der Studierenden in Koordinations- und Planungsprozesse sowie die Nutzung zusätzlicher Institutionen (wie bspw. ein Schülerlabor der Universität) stellen dabei jedoch Mittel zur Minderung dieser ›Kosten‹ dar.

Herausgestellt werden kann weiterhin, dass es sich beim Forschenden Lernen um eine »Form des Studiums für jeden« handelt und nicht um eine »Ausbildung nur für den Beruf des Forschers« (ebd., S.10). Auch wenn es erhebliche Unterschiede zwischen den Fächern gibt (in Bezug auf Begriffe, Paradigmen von Forschung und Formen Forschenden Lernens), kann das Forschende Lernen aufgrund der dargestellten Vorzüge auch für andere Fächer empfohlen werden. Authentische Probleme und Offenheit sind dabei aus unserer Sicht einerseits Voraussetzung für die erfolgreiche Umsetzung des Konzepts und gleichzeitig Voraussetzung für die Entwicklung von Selbständigkeit und Strukturierungsfähigkeit auf Seiten der Studierenden.

3. Zusammenfassung und Ausblick

In diesem Beitrag wurde mit der Neugestaltung eines Mastermoduls im Biologielehramtsstudium ein Vorschlag für die Einbettung von Forschendem Lernen in den Hochschulalltag vorgestellt. Da die Entwicklung von Lernangeboten einen zentralen Teil der fachdidaktischen Ausbildung angehender Lehrkräfte ausmacht, wurde die Lernwirksamkeit dieser Angebote zum Gegenstand eines Forschungsprojektes gemacht. Das Prinzip des Forschenden Lernens, das im Rahmen des vorgestellten Moduls erprobt wurde, soll künftig auch in die Ausgestaltung des Praxissemesters von angehenden Biologielehrkräften implementiert werden.

Praxistipp:

- **Fragen finden:** Studierende Forschungskontexte und Phänomene selbst »suchen« lassen.
- **Kontrolle abgeben:** Selbstständig forschen lassen statt Input geben.
- **Offen bleiben:** Statt Kategorien wie »richtig« und »falsch« anzuwenden, Ergebnisoffenheit mit Studierenden kommunizieren und selbst zulassen.
- **Praktisch werden:** Forschung praktisch anwenden lassen (z.B. Unterricht erforschen).
- **Ganzheitliche Blicke ermöglichen:** Allen Studierenden alle Perspektiven (Forschung, Praxis, Datenauswertung) ermöglichen.
- **Persönlich treffen:** Feedback face-to-face statt digital geben.
- **Jammern lassen:** Anfängliche Beschwerden der Studierenden über erhöhten Aufwand und ungewohnte Aufgaben geschehen lassen.
- **Mehrere Köpfe nutzen:** Lehrveranstaltungen in Teams vorbereiten und durchführen, um Arbeit zu teilen und von unterschiedlicher Expertise zu profitieren.

Literatur

Baumert, J., & Kunter, M. (2006). Stichwort: Professionelle Kompetenz von Lehrkräften. *Zeitschrift für Erziehungswissenschaft*, 9(4), 469–520.

Borko, H., Roberts, S.A. & Shavelson, R. (2008). Teachers' decision making: From Alan J. Bishop to today. In P. Clarkson & N. Presmeg, *Critical issues in mathematics education* (S. 37–67). New York, NY: Springer.

Bransford, J.D., Brown, A.L. & Cocking R.R. (2000). *How People Learn: Brain, Mind, Experience, and School.* Washington, DC: National Academies Press.

Huber, L. (2009). Warum Forschendes Lernen nötig und möglich ist. In L. Huber, J. Hellmer, & F. Schneider (Hrsg.). *Forschendes Lernen im Studium. Aktuelle Konzepte und Erfahrungen* (S. 9–35). Bielefeld: Universitätsverlag Webler.

JoMiTE-Group (2009). *JoMiTE Curriculum Framework 2009/2010.* URL: http://de.scribd.com/doc/56466883/JoMiTe, 14.09.2016.

National Research Council (2003). BIO 2010: *Transforming undergraduate education for future research biologists.* Washington, DC: National Academies Press.

Stender, A., Brückmann, M. & Neumann, K. (2014). Der Einfluss der professionellen Kompetenz auf die Qualität der Skripte. In S. Bernholt (Hrsg.), *Gesellschaft für die Didaktik der Chemie und Physik, Jahrestagung in München 2013*. Kiel: IPN.

Van Driel, J.H., & Berry, A. (2012). Teacher Professional Development Focusing on Pedagogical Content Knowledge. *Educational Researcher*, 41, 26–28.

Wissenschaftsrat (2000). *Empfehlungen zur Einführung neuer Studienstrukturen und -abschlüsse (Baccalaureus/Bachelor–Magister/Master) in Deutschland.* Berlin. URL: http://www.wissenschaftsrat.de/download/archiv/4418-00.pdf, 14.09.2016.

Wissenschaftsrat (2001). *Empfehlungen zur zukünftigen Struktur der Lehrerausbildung*. Berlin. URL: http://www.wissenschaftsrat.de/download/archiv/5065-01.pdf, 14.09.2016.

Raum geben

Das Qualitätspakt-Lehre-Projekt »Humboldt reloaded – Wissenschaftspraxis von Anfang an« der Universität Hohenheim, Stuttgart, wird von 2011 bis 2020 durch das Bundesministerium für Bildung und Forschung unter dem Förderkennzeichen 01PL11003 gefördert. Maßnahmen in der Studienberatung, Hochschulkommunikation, Qualifikation des Lehrpersonals und Entwicklung von Formaten des Forschenden Lernens sollen die Qualität der Lehre und des Studiums verbessern. In studentischen Forschungsprojekten wird Studierenden schon im Grundstudium die Teilnahme an aktueller Forschung ermöglicht. Ziel ist es, methodische und persönliche Kompetenzen der Studierenden zu entwickeln sowie das Interesse von geeigneten und motivierten Studierenden für Forschung zu wecken, um gezielt Nachwuchsförderung zu betreiben. Die Methode des Open Space wird als übergreifende Maßnahme zum Erreichen der Projektziele eingesetzt.

Über den offenen Raum zum Forschenden Lernen. Wie der Open Space die Haltung von Studierenden und Hochschullehrenden wandeln kann

Julia Gerstenberg

Wer sich für den Einsatz von Forschendem Lernen (FL) entscheidet, will meist Lernende weg vom bloßen kurzfristigen Pauken für den Leistungsnachweis und gute Noten hin zu kritischem, selbstständigem und tiefgründigem Denken führen, zu intrinsischer Motivation für Inhalte und Handlungen, zu Problemlösungsfähigkeit und einer hohen Frustrationstoleranz. Es gibt verschiedene Möglichkeiten, FL einzuführen, umzusetzen oder auszuweiten. Eine Variante stellt die Methode des Open Space dar, die aus dem Lehralltag heraustritt und Forschendes Lernen vorbereitet, indem sie intrinsische Motivation anregt sowie Lehrende und Studierende zu Projekten Forschenden Lernens zusammenbringt. Zudem kann sie die Etablierung von FL an der Hochschule unterstützen, indem sie einer heterogenen Personengruppe Impulse für einen Austausch über die bestehende Lehr-/Lernkultur und mitunter auch für deren Wandel gibt – und zwar sowohl von oben nach unten als auch von unten nach oben. Der folgende Beitrag beschreibt die Kennzeichen eines Open Space, welche Parallelen er mit FL hat, wie er zur Anregung von FL und zu dessen Implementierung an der Hochschule eingesetzt werden kann. Einen Überblick über seine Stellschrauben und Empfehlungen zur erfolgreichen Organisation werden aus dem Erfahrungsschatz der Universität Hohenheim und deren Qualitätspakts Lehre-Projekt »Humboldt reloaded: Wissenschaftspraxis von Anfang an« mit eingebunden.

Wozu ein »offener« Raum?

Eine Open-Space-Veranstaltung ähnelt der großen Kaffeepause einer Tagung, denn sie ermöglicht genau die anregenden Gespräche, die sonst in dieser kurzen Zeit zustande kommen und meist der beliebteste Teil der ganzen Tagung sind. Die Offenheit, das zu besprechen, was gerade anliegt und relevant ist, und ohne Verpflichtungen mit Personen in Austausch zu treten, die sich für das gleiche Thema interessieren, nimmt der Open Space als Format auf. Wie bei einer Tagung kann eine größere Gruppe von Personen erreicht werden, denn Open-Space-Veranstaltungen funktionieren für 20 Teilnehmende genauso wie für 1.000.

Ein Open Space kann ein erstes, informelles Forum für die Diskussion von Fragen und Möglichkeiten sein, die zu einem für alle Beteiligten wichtigen Thema gehören. Über das offene Format können Gleichgesinnte, Personen mit interessanten Informationen und zukünftige Arbeitspartner/innen gefunden werden, mit denen Ideen diskutiert und konkretisiert werden können. Das Format ist so offen und spielerisch angelegt, dass Kreativität gefördert und ein Einblick in die Vielfalt und Komplexität eines Themas gewährt wird, was im Hochschulalltag mit seinen festgefahrenen Abläufen oft zu kurz kommt. Da die Beteiligten zu nichts verpflichtet sind, sondern betont selbstverantwortlich agieren, kann eine überraschende Leichtigkeit unter den Teilnehmer/innen entstehen, die wiederum zum Austausch und zu neuen Ideen anregt. Die Kommunikation innerhalb der Gruppe der Beteiligten wird gestärkt, es werden Netzwerke aufgebaut oder bestehende Kontakte vertieft bzw. erneuert.

Im Einsatzbereich einer Organisation – bspw. einer Hochschule – ist der Open Space eine Variante, deren Mitglieder untereinander zu vernetzen und den informellen Austausch anzuregen. So werden sie in die Gestaltung der eigenen Organisation eingebunden und ihre Identifikation mit der Organisation gefördert. Die daraus hervorgehenden Lösungen werden von den Beteiligten besser getragen und umgesetzt als von höheren Hierarchieebenen aufoktroyierte Vorgaben. Hier kann zudem eine Priorisierung von zu lösenden Schwierigkeiten stattfinden und eine effektive Ressourcennutzung angeschoben werden, da das Wissen der Teilnehmer/innen verschiedener Arbeitsbereiche einfließt und verknüpft wird. In der Hochschullehre ist der Open Space eine Veranstaltung außerhalb des regulären Lehr-/Lernsettings, in der es um das individuelle und gruppenübergreifende Miteinander geht. Es ist ein Format für intrinsisch Motivierte oder die, die es werden wollen.

Charakteristika eines Open Space

Die Methode des Open Space kann im ersten Eindruck chaotisch, uferlos oder bar jeglicher Kontrolle erscheinen. Doch auch den offenen Raum umgibt ein Gerüst, das Halt und Ordnung verleiht. Vier **Bausteine** sind grundlegend für dieses Format und seine besondere Atmosphäre: Erstens müssen das gewählte Thema und die dazugehörigen Fragestellungen vielseitig sein, so dass alle Beteiligten auf eine Art in Beziehung dazu stehen (können). Zweitens sollte die Gruppe der Teilnehmenden so vielfältig wie möglich zusammengesetzt sein, um für alle Perspektiven des komplexen Themas Vertreter/innen vor Ort zu haben. Drittens muss das Thema für die Organisation aktuell und wichtig sein. Möglicherweise herrscht bereits ein akuter Konflikt dazu. Viertens muss ein Handlungsdruck oder ein Veränderungswille unter den Beteiligten bestehen. Am inspirierendsten ist es dabei, wenn die am Open Space Teilnehmenden tatsächlich die Macht haben, auf die weitere Entwicklung bezüglich des Themas Einfluss zu nehmen. Aus diesen vier Grundbausteinen heraus können sich Motivation, Selbstwirksamkeit und Schaffenskraft entfalten – sowohl für die einzelnen Teilnehmenden als auch für die gesamte Gruppe.

Neben diesen Bausteinen stellen vier **Prinzipien** die Eckpfeiler des Open Space dar: Erstens: Wer auch immer da ist, es sind die richtigen Personen. Denn alle, die sich für die Teilnahme an der Veranstaltung entschieden haben und gekommen sind, werden motiviert arbeiten. Zweitens: Das, was geschieht ist richtig und das Einzige, was geschehen konnte. Denn gerade die kreativen und unerwarteten Momente sind oft besonders hilfreich. Drittens: Wann immer ein Gespräch beginnt oder endet, ist die richtige Zeit dafür. Denn es geht nicht darum, einen Plan einzuhalten, sondern die richtige Arbeitsatmosphäre zu schaffen. Und viertens: Alle Teilnehmenden bleiben nur solange in einer Arbeitsgruppe, wie sie etwas lernen, einen Nutzen davon haben oder etwas beitragen können. Wenn das nicht mehr der Fall ist, sucht sich der/die einzelne Teilnehmer/in eine andere Arbeitsgruppe. Dahinter stehen die Aufforderung zum selbstbestimmten, verantwortungsvollen Handeln und die Einladung, selbst auf den Prozess Einfluss zu nehmen. Diese vier Prinzipien sollten für alle Teilnehmer/innen erst einmal erklärt und zusätzlich auf gut platzierten Plakaten sichtbar gemacht werden, denn sie brechen mit den gewohnten Regeln der meisten Veranstaltungen, bei denen sich die Teilnehmer/innen im Voraus für bestimmte Programmpunkte entscheiden, auf deren Verlauf sie dann meist keinen Einfluss haben. Um aus der durch festgelegte Programmpunkte, nicht erfüllte Erwartungen an angekündigte Inhalte und internalisierte Höflichkeitsregeln entstehenden Passivität heraus in die Aktivität zu kommen und das Vorhandene für sich zu nutzen, sind die **Prinzipien** für den Open Space aufgestellt worden.

Während des **Ablaufs** eines Open Space werden diese Prinzipien in einem großen Plenum und vielen kleinen Arbeitsgruppen, die sich alle in Stuhlkreisen treffen, umgesetzt. Durch die Begegnung im Kreis sind die Teilnehmer/innen im Gespräch auf gleicher Ebene. Die Beteiligten kommen während eines Open Space mehrmals zusammen und gehen wieder auseinander: zuerst im Plenum, in dem alle anliegenden Gesprächsthemen bezüglich des vorgegebenen Themas gesammelt werden, dann in den Arbeitsgruppen zu den einzelnen Gesprächsthemen, bei Bedarf zwischendurch noch einmal im Plenum für eine zweite Themensammlung und am Ende für den gemeinsamen Abschluss der Veranstaltung. Alles, was währenddessen als wichtig und interessant eingeschätzt wird – die möglichen Gesprächsthemen oder die prägnant formulierten Notizen aus den Arbeitsgruppen – wird für die Teilnehmenden in der Veranstaltung mittels Aushängen öffentlich sichtbar gemacht, so dass wie auf einem Markt entschieden, ausgewählt und verhandelt werden kann, wer sich an welcher Stelle einbringt. Getragen wird die gesamte Veranstaltung von dem Interesse der Teilnehmenden am Thema und ihrem Willen, sich tatkräftig einzubringen. Zur Unterstützung dieser Struktur gibt es eine/n Moderator/in, der/die die Regeln des Open Space vorstellt, durch die Veranstaltung begleitet und immer wieder auf die Freiheiten der Methode hinweist. Der/die Moderator/in macht keine inhaltlichen Vorgaben, sondern hilft den Teilnehmer/innen dabei, das Plenum für sich zu nutzen, die Räume und Zeiten für die Gesprächsrunden zu koordinieren, sich in Gruppen zusammenzufinden und das Besprochene zu dokumentieren. Was genau besprochen und festgehalten oder auch geplant wird, liegt ganz bei den Teilnehmer/innen. Es können erst einmal Gedanken und Informationen gesammelt und Meinungen eingeholt, oder aber auch konkrete Verabredungen getroffen und Dinge gezielt geplant werden.

Es gibt Situationen, in denen ein Open Space sein Potential nicht entfalten kann. **Verhindernde Umstände** bestehen, wenn für die obersten Entscheider/innen die Ergebnisse des Open Space bzw. die Fragestellungen bezüglich des Themas bereits feststehen, wenn von den Teilnehmer/innen ein konkretes Ziel seitens der Veranstaltenden vermutet wird, wenn zu viel Kontrolle ausgeübt wird oder die Hierarchieebenen nicht verlassen werden. Denn bei einem Open Space geht es vor allem um Freiheit im Prozess, die Befreiung von einer zugeschriebenen Rolle und die Freiheit selbst zu gestalten. Darüber hinaus verliert die Veranstaltung ebenfalls an Wirkung, je weniger der Grundbausteine – vielfältige Teilnehmer/innengruppe, Wichtigkeit und Komplexität des Themas sowie der Wille zum Handeln – gegeben sind.

Einsatzmöglichkeiten des Open Space und Parallelen zu Forschendem Lernen

Wie kann nun dieser offene Raum für Forschendes Lernen nützlich sein? FL soll hier verstanden sein als eine Lernform, die Forschung und Lehre miteinander verbindet, und befördert, dass Studierende, neben dem Erwerb von Fachwissen und fachmethodischen Kenntnissen, intrinsische Motivation, Engagement und eine analytische, kritische Haltung entwickeln. Dieses Heranführen der Studierenden an ein wissbegieriges, selbstbestimmtes und verantwortungsvolles Handeln, egal, ob es in eine wissenschaftliche oder nichtwissenschaftliche Tätigkeit nach dem Studium mündet, wirkt sich auch prägend auf die Lehre und die Hochschule aus. Denn dadurch verlagert sich der Fokus vom traditionellen Lehren mehr und mehr auf das Lernen. Lehrende übernehmen dann je nach Entwicklungsgrad des FL zunehmend die Rolle eines/r Begleiters/in der Lernenden.

FL und die Methode des Open Space versetzen ihre Beteiligten in eine Situation, in der nicht nur Rezeption und Reproduktion von Kenntnissen verlangt werden, sondern auch Reflexion und Eigentätigkeit. Beide Formate regen dazu an, Wissen zur Problemlösung in variablen, unvorhersehbaren Situationen verantwortungsvoll zu nutzen. Sowohl bei FL als auch bei Open-Space-Veranstaltungen spielt der Prozess eine wichtige Rolle, denn er bringt Erkenntnisse und unerwartete Ergebnisse mit sich. Parallelen der beiden Formate gibt es auf zwei Ebenen: zum einen bei der Art der inhaltlichen Zusammenarbeit zwischen Studierenden und Lehrenden und zum anderen im strukturellen Zusammenwirken der Beteiligten an Hochschul- und Lehrentwicklung. Genau dort kann ein Open Space auch für die Förderung des FL eingesetzt werden.

Wenn man davon ausgeht, dass es für FL eine/n motivierte/n Lehrende/n und eine/n motivierte/n Lernende/n braucht sowie ein Thema, für das sich beide interessieren, dann kann der Open Space dazu dienen, erstens diese Personen zu einem Thema zusammenzubringen und ihnen zweitens die Möglichkeit bieten, sich darüber auszutauschen, wie das Thema bearbeitet werden kann und welche Facetten daran für beide Seiten besonders spannend sind. So können unter Mitgestaltung von Studierenden konkrete Themen für Projekte in Form des FL generiert und dimensioniert oder ihnen das wissenschaftliche Arbeiten allgemein näher gebracht werden. Die Basis für ein gemeinsames Durchlaufen eines Forschungsprozesses kann also durch ein **Treffen zwischen Studierenden und lehrenden, wissenschaftlichen Mitarbeiter/innen** im Open Space begründet werden. Hier begegnen sie sich mit verminderten hierarchischen Rollen, wie es dann im Forschenden Lernen ebenfalls durch selbstgestaltetes Lernen seitens der Studierenden und einer eher begleitenden Lehrperson angestrebt wird. Im FL rücken soziale, kommunikative, reflexive Kompetenzen in den Vordergrund, die auch im Open Space von den Beteiligten eingefordert werden. Studierende können dabei nicht mehr in der Rolle von Konsumierenden bleiben, sondern werden aufgefordert, selbst tätig zu werden, was durch ein Interesse am Thema und der Möglichkeit, etwas zu bewegen, meist auch geschieht. Solch ein aktives Verhalten seitens der Studierenden wirkt sich auch positiv auf die Lehrenden aus, von denen im Rahmen des

Open Space die Last des Vom-Stoff-Überzeugens und des Leistungen-Prüfens abfällt. Die eingespielten Hierarchien verlieren an Gewicht und ein Raum für Austausch sowie Fragen öffnet sich. Die Teilnehmer/innen sind Expert/innen und Fragende in einem. Die Lehrenden können somit das Begleiten der Lernenden und das Mitnehmen der Studierenden in ihren Forschungsprozess im Ansatz ausprobieren. In der direkten Begegnung kann auch Begeisterung oder Interesse für ein Thema besser transportiert oder wahrgenommen werden, sowohl vom Lehrenden zum Studierenden als auch umgekehrt. Wird ein Open Space für die Bearbeitung eines wissenschaftlichen Themas innerhalb einer Forschergemeinschaft angewendet, so können Studierende in diesem Format besonders stark in die wissenschaftliche Debatte einbezogen werden und an Diskussion und Planung innerhalb des Forschungsprozesses teilhaben.

Neben der einzelnen Lehr-/Lernsituation können FL und Open Space auch in der **Weiterentwicklung der Lehre und der Hochschule** als Organisation einen Beitrag leisten. Wenn man die Entwicklung des Studierens betrachtet, in der die Studierendenschaft immer größer wird und sich zunehmend heterogen zusammensetzt, die Menge an Informationen zu- und deren Halbwertszeit abnimmt, da kann FL ein Weg sein, wieder zu Tiefe im Studium, zu zielgerichteter Motivation, zu Mut sich auszuprobieren und zu einem Gefühl der Sinnhaftigkeit zu gelangen. An dieser Stelle kann die Methode des Open Space ein Türöffner für FL sein. Denn auch innerhalb eines Open Space übernehmen die Beteiligten – für einen vergleichsweise kurzen Zeitraum – Verantwortung und bestimmen selbst den Prozess im Umgang mit einem komplexen Thema, für das ein Handlungsbedarf besteht. In diesem Format kann einerseits das Interesse für Wissenschaft und Forschung geweckt und andererseits dem Bildungsauftrag nachgekommen werden, Studierenden Verantwortungsbewusstsein zu vermitteln und sie für die Gestaltung der Gesellschaft in ihrer Komplexität und mit ihren Problemen zu öffnen und zu befähigen. Ein Open Space kann auch ein Schritt hin zur Etablierung von FL bei den Studierenden, Lehrenden und weiteren an Hochschullehre beteiligten Personen sein, um über die gemeinsame Auseinandersetzung zu passgerechten Lehrformen und zur Reflexion der eigenen Haltung und Rolle zu kommen. Open Space als wiederkehrendes Forum, kann eine gemeinsame Kultur des FL und der Prozessgestaltung unter Lehrenden und Studierenden schaffen.

Für Studierende kann der Open Space eine zwanglose Heranführung an Forschung und Wissenschaft sein und zeigen, welche Themen es im wissenschaftlichen Diskurs der Hochschule gibt und welche Personen sich mit diesen Themen beschäftigen. Hier können sie Fragen an eine breite Personengruppe stellen, für die sie keine Ansprechperson kennen oder bisher keine zufriedenstellende Antwort erhalten haben. Für sie ist diese Veranstaltung ein Appell, sich zu engagieren und einzubringen. Für Lehrende und Wissenschaftler/innen ermöglicht es der Open Space, zu sehen, wer unter den Studierenden offen für mehr als den Vorlesungsstoff ist und für welche Themen sich die Studierenden interessieren. Hier kann der wissenschaftliche Nachwuchs gefunden werden. Es kann ein Kontakt entstehen, der in den Vorlesungen und Seminaren oft nicht zustande kommt, weil das Rollenmuster dort festgelegt und Lehrende und Studierende oftmals distanziert zueinander stehen. Im Rahmen des Open Space kann eine Metakommunikation stattfinden – z. B. zu Fragen wie »Was braucht ihr eigentlich?«, »Wie können wir damit umgehen?«, „Was können wir geben?", »Wo liegen jeweils unsere Grenzen?« – anstatt sich an festgelegten Formaten zu reiben und über unklare Lehrveranstaltungsinhalte zu sprechen. Andererseits können die Lehrenden auch gleichgesinnte Kolleg/innen finden, mit denen eine fachübergreifende Zusammenarbeit möglich werden kann. Durch die Inspiration, die Begeisterung und das Gefühl, etwas bewirken zu können, die oftmals mit dem Open Space einhergehen, kann dann eine Motivation entstehen, sich auf ein aufwändigeres Lehr-/Lernformat wie FL einzulassen und sich engagiert in die Themen und Methoden des Fachs zu vertiefen.

Organisation eines Open Space

Die Vorbereitung eines Open Space braucht mindestens ein halbes Jahr, denn es müssen ein passendes Thema gefunden und Teilnehmer/innen aus verschiedenen Bereichen gewonnen werden. Wenn die Methode des Open Space zur Einführung oder Förderung Forschenden Lernens eingesetzt werden soll, dann ist das Hintergrundthema Forschendes Lernen. Da dieses jedoch als Anknüpfungspunkt für Studierende und Lehrende zu trocken sein kann, ist es möglich, ein plakativeres Thema zu wählen, das alle Fachgebiete, Studierenden und Studierendengruppen anspricht, die später eingeladen werden sollen. Mit einem Thema wie bspw. »Klimawandel und seine Folgen für die Weltwirtschaft« können dann sowohl inhaltliche Impulse für Forschendes Lernen, z. B. durch die Erarbeitung von Projekten, bei denen Studierende unter wissenschaftlicher Betreuung forschen oder forschend lernen können, als auch struktur- oder formatbezogene Schritte für FL vorgezeichnet werden.

Die Dauer einer Veranstaltung kann für einen ganzen oder einen halben Tag geplant werden. Für Teilnehmer/innen, die die Methode bereits kennen und sich in unterschiedlichen Kombinationen absehbar viel mitzuteilen haben, kann ein mehrtägiger Open Space ebenfalls passen. Das gilt auch bei sehr großen Themen, wie die Umgestaltung eines ganzen Systems, oder bei einer Veranstaltung mit einer sehr großen Teilnehmer/innengruppe ab ca. 300 Personen.

Was den **Raum** betrifft, sind ein großer Plenumsraum und mehrere Orte für Gesprächsrunden einzuplanen, daneben Orte für selbstgewählte Pausenzeiten und für ein Buffet sowie zum Aufhängen der Gesprächsprotokolle. In allen oder in den zentralen Räumlichkeiten werden die vier Prinzipien deutlich sichtbar mit Tafeln, Plakaten oder Bannern platziert, so dass die Teilnehmer/innen immer wieder an ihre Freiheit und Eigenständigkeit erinnert werden.

Sobald ein Thema für den Open Space steht und Dauer sowie Räumlichkeiten festgelegt sind, gilt es, vor allem **Werbung** für die Veranstaltung zu machen. Um Teilnehmer/innen aus verschiedenen Fachbereichen und Hierarchieebenen für den Open Space zu gewinnen, ist es wichtig, Bezüge zu diesen verschiedenen Gruppen herzustellen und ihnen ihr Einflussvermögen oder möglichen Beitrag aus ihren Erfahrungen heraus aufzuzeigen. Bereits aktive Gruppen sind oft dankbar, wenn ihnen Gelegenheit geboten wird, ihre Anliegen einzubringen und von ihrer Arbeit zu berichten. Dadurch kann auch eine Anfangsskepsis gegenüber dem Open-Space-Format, dessen Resultate vorher nicht absehbar sind, überwunden werden. Oftmals hilft es an dieser Stelle, persönlich auf die Gruppen oder Vertreter/innen zuzugehen oder über persönliche Kontakte für die Teilnahme am Open Space zu werben.

Eine Schlüsselrolle spielt auch der/die **Auftraggeber/in.** Je höher er/sie in der Hierarchie der Hochschule steht – bspw. der/die Studiendekan/in oder Prorektor/in für Lehre –, desto erfolgreicher können über ihn/sie Teilnehmer/innen geworben werden, denn so wird die Veranstaltung eher als relevant für Entscheidungsprozesse wahrgenommen. Er/sie muss jedoch auch Handlungsspielraum für Vorschläge der Open-Space-Teilnehmer/innen einräumen. Als hilfreich bei der Organisation eines Open Space hat sich auch erwiesen, das Organisationsteam mit Personen aus verschiedenen Fachbereichen zusammenzustellen. Denn diese bringen ein eigenes Netzwerk an Kontakten in der Hochschule mit und wissen, wie Personen aus ihren Fachbereichen angesprochen werden können.

Hinsichtlich des **Personals** ist für die Umsetzung des Open Space ein/e Moderator/in notwendig, der/die zu Beginn die Methode erklärt, mit den versammelten Teilnehmer/innen Gesprächsthemen sammelt und diese an einer großen Übersichtstafel Räumen und Zeiten zuordnet. Der/die Moderator/in sollte die Open-Space-Methode kennen, da es für die Veranstaltung förderlich ist, wenn er/sie immer wieder Impulse für den gemeinsamen, selbstverantwortlichen Austausch unter den Teilnehmer/innen gibt – zu Beginn, während der Veranstaltung und auch beim Abschluss des Open Space. Im Hintergrund sind für den Open Space Personen wichtig, die darauf achten, dass alle Gesprächsgruppen über die möglichen Wechselzeiten informiert sind, und die die Gesprächsprotokolle einsammeln oder sogar verfassen, was bei den ersten Durchführungen von Open Spaces dienlich sein kann. Ebenfalls wird Hilfe beim Kopieren der Gesprächsprotokolle benötigt, da diese gebündelt am Ende der Veranstaltung allen Beteiligten als Produkt mitgegeben werden. Ein Team an Helfer/innen wird natürlich auch für die Vorbereitung der Räumlichkeiten und für den Abbau gebraucht.

Als **Einstimmung** für den Open Space eignen sich neben der Erklärung der Methode und ihrer Prinzipien verschiedene Statements von Beteiligtengruppen und Hinweise zum Facettenreichtum des Veranstaltungsthemas, die vorab auf einer Webseite zur Veranstaltung online gestellt werden. Hierbei ist zu beachten, dass die dort vertretenen Gruppen auch am Open Space teilnehmen. Darüber hinaus können auch Vorträge aus verschiedenen Perspektiven zum Thema dem Open Space vorgelagert werden und als Inspiration und inhaltliche Vorbereitung dienen.

Zu Beginn des Open Space hat sich eine unkonventionelle Performance als **Eisbrecher** bewährt, um zum offenen Format einzuladen und eine kreative Stimmung herzustellen. Das kann eine Theateraufführung sein, bei der das Publikum mit einbezogen wird, oder eine experimentelle Musikdarbietung mit erkennbarem Bezug zum Thema des Open Space. Auch Impulsreferate von Expert/innen zu Teilbereichen des Themas können inspirieren. Sie können auch Grund zur Teilnahme an der sonst ungewohnten Veranstaltungsform sein. Daher ist es wichtig, dass die Redner/innen im Anschluss beim Open Space bleiben und sich in die Gespräche einbringen. Sonst besteht die Gefahr, dass mit ihnen auch andere Teilnehmer/innen den Open Space wieder verlassen. Gerade wenn das Format noch unbekannt und sein Reiz noch unentdeckt ist, sollte das bedacht werden.

Der Open Space ist eine Impulsveranstaltung. Was die Beteiligten mit den Informationen, Ideen und Plänen danach machen, liegt in ihren Händen oder in den Händen des/r Auftraggebers/in, welche/r die gesammelten Informationen weiterverarbeitet. Ein Hinweis auf die **Eigenverantwortlichkeit der Beteiligten** in Bezug auf die Resultate ist für die Teilnehmer/innen und zur Klarheit über die Methode wichtig. Der/die Moderator/in teilt keine Gesprächsgruppen ein. Für welches Thema sich die Teilnehmenden interessieren, bestimmen sie selbst. So gibt es auch keine vorgegebenen Gruppengrößen für die Gesprächsrunden. Ein Aussortieren von Themen findet, wenn überhaupt, durch das Nichtinteresse der Teilnehmer/innen statt. Für die Gespräche werden Protokollvorlagen ausgehändigt, auf denen neben kurzen Stichpunkten zu den Inhalten des Gesprächs auch die Gesprächsbeteiligten und ihre Ideen zum weiteren Vorgehen festgehalten werden können. Die Gesprächsprotokolle werden nach jeder Runde einer Arbeitsgruppe für alle Veranstaltungsteilnehmer/innen sichtbar ausgehängt und zum Mitnehmen vervielfältigt. Somit können die Inhalte von Parallelgruppen später noch einmal nachvollzogen und darüber auch Kontakte geknüpft werden.

Zum **Abschluss** eines Open Space kann der/die Moderator/in noch einmal zu einem Plenum rufen, in dem die Teilnehmer/innen nach Belieben ihre Eindrücke und Erkenntnisse der Veranstaltung schildern können. Eine andere Möglichkeit besteht darin, zum Abschluss allen Teilnehmer/innen einen Feedback-Bogen auszuhändigen und um anonyme Rückmeldung und Anregungen zum Open Space zu bitten. Daran anschließend können die Teilnehmer/innen, mit einem Getränk ausgestattet, auch noch einmal die gesammelten Gesprächsnotizen, die z. B. in einer Galerie aufgehängt wurden, ansehen und so die Veranstaltung locker ausklingen lassen. Sofern möglich, werden jedem/r Teilnehmer/in zum Abschluss des Open Space die gesammelten Gesprächsnotizen als eigenes Dokumentationsexemplar ausgehändigt. Falls dies nicht möglich ist, können die Ergebnisse auch im Anschluss per Mail an alle Beteiligten versandt werden.

Erfahrungen mit dem Open Space

An der Universität Hohenheim wird eine Vielzahl von studentischen Forschungsprojekten mit dem Ansatz des FL durchgeführt (im Wintersemester 2013/14 und Sommersemester 2014 waren es 161 Projekte mit 665 teilnehmenden Bachelorstudierenden). Um dieses breite Angebot zu verstetigen, ist eine Entscheidung für dieses Lehr-/Lernformat an der gesamten Hochschule wichtig. Eine positive Haltung bzw. Offenheit bezüglich FL, vor allem unter den Lehrenden der Hochschule, kann mit fakultätsübergreifenden Veranstaltungen geschaffen werden. Mit dem Format des Open Space sind zu verschiedenen Themen wichtige Impulse zur Vernetzung unter den für FL wichtigen Beteiligtengruppen, zur Generierung neuer studentischer Forschungsprojekte im Format des FL sowie zur Implementierung von FL im Curriculum gegeben worden. Mit Themen wie »gut-billig-essen«, »Lehren und Lernen in Hohenheim« oder »Werkstatt zu interdisziplinärer Lehre und Forschung« wurden dabei die Fachgebiete aller drei Fakultäten der Universität Hohenheim sowie die Interessensgebiete ihrer Studierenden und Mitarbeiter/innen angesprochen. Denkbare zukünftige Themen wären beispielsweise»Bioökonomie entwickeln und umsetzen«, »Klimawandel und Weltwirtschaftskrise« oder auch »Wertvoller Müll«.

Als Resultat der Hohenheimer Open-Space-Veranstaltungen ist das eingetreten, was angestrebt wurde: Unter den beteiligten Lehrenden, Studierenden, Vertreter/innen verschiedener Einrichtungen, Gruppen und Fachbereiche sind Kontakte geknüpft worden, aus denen Kooperationen und neue studentische Forschungsprojekte an allen Fakultäten hervorgingen. Studierende fühlten sich eingeladen, sich mehr an der Themenwahl und der Gestaltung studentischer Projekte zu beteiligen und sich in die Abläufe der Universität einzubringen. Studentische Gruppen konnten ihr Wissen und Engagement mit dem der Fachbereiche verbinden. Das Interesse für weitere offene und fachübergreifende Veranstaltungen im Format des Open Space wurde geweckt und deutliche Schritte zu einer positiven Haltung gegenüber FL seitens Studierender und Lehrender gegangen. Der Open Space war ein Ort für ungezwungenen aber themenfokussierten Austausch, auch mit Personen aus fremden Fachbereichen, den es sonst in der Wahrnehmung der Beteiligten wenig im Hochschulalltag gibt. Die Gespräche boten Einblicke in die Gedankengänge und Beweggründe der Beteiligten und trugen so zum gegenseitigen Verständnis bei. Teilnehmer/innen gaben zurück, dass ihnen die Methode des Open Space sehr gefallen habe, weil sie aktionsorientiert sei und viel Freiraum in einem angenehmen, inspirierenden Rahmen biete.

Als Element zur Organisationsentwicklung hat sich der Open Space ebenfalls bewährt: zur fächerübergreifenden Implementierung von FL an der Hochschule, als Methode, Angehörige der Hochschule für eine gemeinsame Veranstaltungsplanung zu engagieren sowie zur stärkeren Verknüpfung von Hochschuldidaktik, Lehrentwicklung und Qualitätsmanagement an der Hochschule.

Nach mehreren Durchläufen hat sich zudem gezeigt, dass auch vermeintlich wenige Teilnehmer/innen – 30 Anwesende nach einer hochschulweiten Werbeaktion – eine Open-Space-Veranstaltung gelingen lassen können. Auch externe Teilnehmer/innen aus anderen Fachbereichen oder aus der Praxis außerhalb der Hochschule haben wiederholt wertvolle Beiträge in den Open Spaces eingebracht. Die Open-Space-Methode braucht jedoch Zeit, um sich zu etablieren, sowie Gelegenheiten, in denen eine große und vielfältige Personengruppe in die Entscheidungsfindung und Gestaltung von Abläufen im Einverständnis mit den oberen Hierarchieebenen einbezogen werden kann, und persönliche Werbung. Je bekannter die Methode unter den Teilnehmer/innen ist, desto stärker wird die Offenheit der Veranstaltung genutzt. Neben der Unterstützung des FL geht auch die Entwicklung forschungsnaher, studentischer Projekte an der Universität Hohenheim im Open Space in multi- und interdisziplinäre Lehre ein. Für die Generierung von forschungsorientierten Projekten für Studierende wurde die Open-Space-Methode auch in einzelnen Fachbereichen als eine Art Brainstorming angewendet oder als offener Teil einer Veranstaltung zur Ideenentwicklung und ersten Planung genutzt.

Fazit und Empfehlungen

Eine Open-Space-Veranstaltung kann eine den konkreten studentischen Projekten zum Forschenden Lernen vorgelagerte Maßnahme sein. Die Methode eignet sich dafür, kurz und unverbindlich für die Prinzipien des Forschenden Lernens zu sensibilisieren und einen Impuls für einen Rollenwandel von Lehrenden und Studierenden hin zu Handelnden auf Augenhöhe zu geben. Denn der Open Space bietet einen Raum, in dem zu einem Thema, zu dem jede/r Teilnehmer/in einen Bezug hat, gemeinsam Ideen diskutiert und Handlungspläne entwickelt werden. Den Teilnehmer/innen kann durch die Methode auch erstmals Einfluss innerhalb einer Organisation verliehen werden, so dass ein Open Space auch zum Empowerment beitragen kann. Die Veranstaltung dient dem fach- und hierarchieübergreifenden Zusammenkommen, Kennenlernen, Austauschen und Vernetzen. Alle Teilnehmer/innen sind Expert/innen und Lernende gleichermaßen, denn jede/r kann sein Wissen einbringen und die für ihn/sie interessanten Fragen stellen. Alle Beteiligten sind verantwortlich für den Verlauf der Veranstaltung und für das, was daraus hervorgeht.

Für die Einführung eines Open Space kann als Basis empfohlen werden, selbst einmal an einem Open Space teilzunehmen und die Atmosphäre unter den Teilnehmer/innen zu erleben. Für die Umsetzung bietet es sich an, in kleinem Rahmen mit einzelnen Unterstützer/innen und Aktiven an der Hochschule zu beginnen. Wichtig sind dabei eine respektvolle Kommunikation gegenüber allen Beteiligten und das Wiederholen der Prinzipien und der Offenheit eines Open Space. Die Beteiligten sind stets an Resultaten für ihren Einsatz in einer Veranstaltung interessiert. Daher ist es maßgeblich, sie während des Open Space darauf hinzuweisen, die eigenen Ideen und Impulse selbst in die Hand zu nehmen und über die Veranstaltung hinaus zu verfolgen. Demgegenüber wird es trotzdem dankbar angenommen, wenn Anliegen und Ideen aus einem Open Space im Nachhinein vom Auftraggebenden, dem/der Organisator/in oder innerhalb der Organisation aufgegriffen, weitergeleitet und weiter verfolgt werden.

Ungefähr ein halbes Jahr nach dem Open Space können die Beteiligten noch einmal nach Resultaten oder Entwicklungen durch die Veranstaltung gefragt werden, am besten in persönlichen Gesprächen, bei denen auch neue mögliche Themen für den nächsten Open Space abgefragt werden können. Wenn es möglich ist, sollte über die Resultate öffentlich berichtet werden. Perspektivisch gesehen kann ein regelmäßig durchgeführter Open Space eine feste Veranstaltung für Lehrende, wissenschaftliche Mitarbeiter/innen, Doktorand/innen und Studierende sein, in denen gemeinsame forschungsnahe Projekte entwickelt und gestartet werden.

Praxistipp:
Open Space zur Förderung Forschenden Lernens

Einsatzmöglichkeiten

- zur Entwicklung konkreter Lehrforschungsprojekte durch Studierende und Lehrende
- zur Förderung einer forschenden Haltung unter Studierenden und einer Verknüpfung der Lehre mit Forschung
- zur Implementierung Forschenden Lernens in der Hochschule

Struktur

- ergebnisoffene Impulsveranstaltung herausgelöst aus dem Hochschulalltag
- vielfältige Beteiligtengruppe (verschiedene Fachgruppen, Studierende, Lehrende, Externe aus der Praxis)
- aktuelles, relevantes Thema, zu dem alle Beteiligten Bezug und Handlungsvermögen haben und sich in selbstgewählten Arbeitsgruppen je nach Interesse austauschen
- inhaltliche Gestaltung der Veranstaltung obliegt den Teilnehmer/innen, ebenso die Verwertung der Erkenntnisse nach der Veranstaltung

Organisationstipps

- Unterstützung von der Hochschulleitung oder von Prorektor/in für Lehre einholen
- Organisationsteam aus verschiedenen Fachgruppen
- viel persönliche Werbung für die Veranstaltung unter Professor/innen, wissenschaftlichen Mitarbeiter/innen und Studierenden machen, auch Externe einladen, jeweils Bezüge und Mitwirkungsmöglichkeiten herstellen
- Resultate in den Hochschulalltag einfließen lassen und so die Selbstwirksamkeit und Motivation der Beteiligten stärken

Literatur

Huber, L. (2009). Warum Forschendes Lernen nötig und möglich ist. In L. Huber, J. Hellmer & F. Schneider (Hrsg.), *Forschendes Lernen im Studium. Aktuelle Konzepte und Erfahrungen* (S. 9–35). Bielefeld: UniversitätsVerlagWebler.

Petersen, H.-C. (2000). *Open Space in Aktion. Kommunikation ohne Grenzen. Die neue Konferenzmethode für Klein- & Großgruppen.* Paderborn: Jungfermann Verlag.

Staatskanzlei des Landes NRW (2003). *Modernisierung – eine ständige Aufgabe! Diskussion im Open Space.* Düsseldorf: Projekt Verwaltungsmodernisierung.

Studium 3.0 (2013). Open Space 2013 | *gut–billig–essen.* Stuttgart: Universität Hohenheim. ULR: https://studium-3-0.uni-hohenheim.de/open-space-allg, 2.9.2014.

Im Wintersemester 2012/13 wurde mit Mitteln des BMBF (Qualitätspakt Lehre) an der TU Berlin ein Orientierungsstudium eingerichtet. In diesem Rahmen wurde auch eine Reihe von Projektlaboren geschaffen, die sich zumeist am Forschenden Lernen orientieren. Wir berichten über diese Labore, insbesondere aber über die zwei, die wir selbst betreut haben.
Wir erwähnen dabei Details, die uns für das Gelingen Forschenden Lernens in der jeweiligen Veranstaltung wichtig erscheinen und verzichten mitunter auf eine verallgemeinernde Beschreibung. Wir hoffen, dass Lehrende, die etwas Ähnliches planen, gerade die Details hilfreich finden werden.
Wer mehr über die MINTgrün-Labore und deren aktuellen Stand wissen möchte, wende sich an uns oder das MINTgrün-Team.

Projektlabore im Orientierungsstudium

Stefan Born, Lisa Bor

Angehenden Studierenden fällt die Entscheidung für eine Hochschule und einen Studiengang gewiss nicht leicht; sie wird erschwert durch die ständig wachsende Zahl von Studiengängen (im WS 2015/16 allein 8298 Bachelor-Studiengänge, siehe: Hochschulrektorenkonferenz, 2015) und vermutlich auch durch die Verkürzung der Sekundarstufe. Eine falsche Studienwahl zählte laut einer exemplarischen Studie (Bockisch et al., 2009) an der Technischen Universität (TU) Berlin auch zu den wichtigsten Gründen für einen Studienabbruch. Das seit dem Wintersemester 2012/13 an der TU Berlin angebotene zweisemestrige Orientierungsstudium MINTgrün soll Studierenden daher die Gelegenheit geben, genug über sich und mögliche Studienfächer herauszufinden, um anschließend eine qualifizierte Studienwahl treffen zu können.

Die von uns angebotenen Projektlabore spielen in diesem *Studium vor dem Studium* eine besondere Rolle. Sie bieten den Studierenden die Gelegenheit, forschend zu lernen, und damit in einem selbständigen und kreativen Zusammenhang Kontakt zu den Disziplinen aufzunehmen, die am Studienanfang ansonsten vor allem rezeptiv erfahren werden. Damit lernen die Studierenden nicht nur etwas im Zusammenhang mit dem erklärten Ziel eines wissenschaftlichen Studiums, sie zur Forschung zu befähigen, das für eine gute Studienentscheidung eine Rolle spielen sollte, sondern erproben auch Haltungen und Verhaltensweisen, die für nachhaltiges Lernen überhaupt wichtig sind.

Im Folgenden stellen wir unsere Erfahrungen mit den Projektlaboren im Orientierungsstudium vor. Dabei gehen wir besonders auf die beiden ein, die wir selbst mitveranstaltet haben: das der mathematischen Modellierung gewidmete Labor »Mathesis« und das Labor zu Grundlagen der Konstruktion »Kreativität und Technik«. Zunächst stellen wir den Ansatz und den Gegenstand unserer Labore dar, anschließend erläutern wir die Rahmenbedingungen im Orientierungsstudium. Ausführlich schildern wir dann den Ablauf und die Umsetzung unserer Veranstaltungen, wobei wir besonders auf die Eingangsphase, die Projektwahl, die Gruppenarbeit, die Wissens- und Methodenaneignung sowie die Dokumentationspflichten eingehen.

1. Ansatz und Gegenstand der Projektlabore

Die Projektlabore versuchen Situationen zu schaffen, in denen Studentinnen und Studenten möglichst alle Schritte eines Forschungsprozesses erfahren können (selbständige Wahl eines Themas, selbständige Planung und Organisation der Arbeit in der Gruppe, Suche nach Quellen, Wahl und Aneignung von Methoden, Darstellung und Reflexion der Ergebnisse, Umgang mit Misserfolgen). Dabei orientieren sich die Lehrenden am umfassenden Begriff Forschenden Lernens, wie er sich etwa bei Huber findet (Huber, 2013), machen jedoch je nach Ausrichtung des Labors Abstriche. Zum Beispiel nimmt die Vermittlung von inhaltlichen und methodischen Grundlagen in der Eingangsphase der jeweiligen Labore einen mehr bzw. minder großen Raum ein. Dabei findet noch kein Forschendes Lernen statt, aber durchaus forschungsorientiertes Lernen (ebd.), indem neben Frontalunterricht die selbständige Beschäftigung mit Materialien und Aufgaben die Studierenden für die Auswahl und Verwendung von Methoden sensibilisiert.

Wir teilen die Erwartungen, die generell in Forschendes Lernen gesetzt werden (ebd.; Schneider & Wildt, 2013). Die erhofften Wirkungen gehen über die reine Kompetenzentwicklung hinaus und erstrecken sich auch auf reflexive Einstellungen und Handlungsdispositionen, die umso größeren Einfluss auf ein Studium haben, je früher sie sich entwickeln. Daher erachten wir Forschendes Lernen gerade auch am Anfang eines wissenschaftlichen Bildungsprozesses als sinnvoll. Darüber hinaus setzt das Orientierungsstudium auf die mögliche Rolle solcher Lernerfahrungen als Entscheidungshilfe für eine gute Studienwahl. Dabei hoffen wir, insbesondere auch Studierende zu erreichen, denen der gewöhnliche rezeptive Einstieg in die Studienfächer und das dadurch entstehende Bild der jeweiligen Fachkultur widerstrebt. Auch sollen Studierende, die in ihrem Umfeld keine entsprechenden Vorbilder vorfinden, einen Eindruck von den beruflichen und fachspezifischen Tätigkeiten gewinnen können.

Die Machbarkeit Forschenden Lernens am *Studienanfang* wird häufig bezweifelt, da den Anfänger/innen die Grundlagen fehlten. Nach unseren Erfahrungen halten wir solche Veranstaltungen dagegen für möglich und sinnvoll. Die Schwierigkeiten, die Aneignung von nicht voraussetzbaren Grundlagen und die Verfolgung eigener Forschungsprojekte in einer Veranstaltung unterzubringen, sollten jedoch nicht unterschätzt werden.

2. Rahmenbedingungen

Das Orientierungsstudium »MINTgrün« bietet Studienanfängerinnen und -anfängern Gelegenheit, innerhalb von zwei Semestern herauszufinden, ob ein MINT-Studium und (gegebenenfalls) welches für sie geeignet sein könnte. Zugleich können auf ein späteres Studium anrechenbare Studienleistungen erbracht werden. Das Orientierungsstudium ist als Vollzeitstudium angelegt. Es enthält einen sehr kleinen Pflichtteil in Gestalt eines so genannten Orientierungsmoduls, das die Reflexion einer vernünftigen Entscheidung für ein Studium ermöglichen soll, und einer Ringvorlesung, die mögliche Berufsfelder und Fachkulturen vorstellt. Im Wahlpflichtteil werden Einstiegsveranstaltungen der meisten an der Hochschule studierbaren MINT-Studiengänge angeboten – in der freien Wahl können weitere Veranstaltungen besucht werden. Das wurde durch Absprachen mit allen Fakultäten ermöglicht. Zudem gibt es eine Reihe von Modulen, die sowohl wissenschaftliche Arbeitstechniken und Grundbegriffe vermitteln, als auch Gelegenheit zu deren Reflexion bieten.

Ein weiteres zentrales Wahlpflichtelement des Orientierungsstudiums sind mehrere eigens geschaffene *Projektlabore*. In den ersten zwei Jahren nach Einführung des Orientierungsstudiums waren das neben »Mathesis« und »Kreativität und Technik« noch ein Labor zur Robotik und eines zur Umwelttechnologie. Inzwischen sind weitere Labore zu Strömungstechnik, Chemie, Gender-Aspekten in MINT-Fächern sowie Wissenschafts- und Technikgeschichte dazugekommen. Die Studierenden sollen in ihrem Orientierungsstudium mindestens ein Labor besuchen. Wer am Orientierungsstudium teilnimmt, ist erklärtermaßen dabei, etwas zu erproben, und noch nicht den Zwängen und Erwartungen eines Fachstudiums unterworfen. Studierende sind daher zumeist bereit, viel Zeit in ein Projektlabor zu investieren.

Tipp:
Damit Forschendes Lernen gelingt, sollten die Studierenden genug Zeit haben. Es wäre fatal, Forschendes Lernen bloß zusätzlich zum schon Vorhandenen in die Curricula zu schreiben, ohne an anderer Stelle die Studierenden zu entlasten. Eher sollte die Frage gestellt werden, welcher Teil des Curriculums für eine Aneignung in Formaten Forschenden Lernens geeignet wäre. Auch Blockveranstaltungen oder hochschulweite Projektwochen könnten solche Lernformate von der zeitlichen Belastung befreien.

Forschendes Lernen zu prüfen scheint uns grundsätzlich problematisch (vgl. Huber, 2013). Dennoch sind die Projektlabore als benotete Module im Umfang von sechs Leistungspunkten konzipiert, um die

Anrechnung in einem späteren Studium zu erleichtern. Der Präsenzanteil beträgt zumeist vier Semesterwochenstunden zuzüglich unterstützender Tutorien.

Das dritte Wahlpflichtelement besteht in einer Reihe von Modulen, die sowohl wissenschaftliche Arbeitstechniken und Grundbegriffe vermitteln, als auch Gelegenheit zu deren Reflexion bieten.

Für die Gestaltung der Labore war noch eine weitere Rahmenbedingung wesentlich. Das Labor »Kreativität und Technik« sollte zum Pflichtmodul »Konstruktion I« der Maschinenbaustudiengänge äquivalent sein. Die Konzeption lief also auf den *Umbau einer bereits bestehenden Veranstaltung* hinaus. Dabei war das Ziel, möglichst viel davon forschend erlernbar zu machen, aber dieselben Kompetenzen zu prüfen wie in dem ursprünglichen Modul. »Mathesis« dagegen wurde neu entworfen und musste sich nicht an einem bestehenden Modul orientieren, was die Konzeption leichter machte, aber die künftige Verankerung an der Hochschule erschwert.

3. Aufbau und Ablauf der Veranstaltungen

Im Folgenden werden Aspekte unserer Labore behandelt, die uns für deren Gelingen wichtig scheinen. Wo es nötig ist, gehen wir spezifisch auf das eine oder andere Labor ein.

Vergabe der Laborplätze

Der Modus, in dem die Laborplätze verteilt werden, hat direkte Konsequenzen für den Ablauf und Erfolg der Labore. Die Studierenden können einen Erst-, Zweit und Drittwunsch für Laborplätze abgeben. Diese werden gemäß den Wünschen verteilt, wobei es gegebenenfalls zur Verlosung der verfügbaren Plätze unter gleichrangigen Wünschen kommt. Die Labore sind ausdrücklich nicht als »Förderung der Fähigsten« beziehungsweise der »intrinsisch Motiviertesten« gedacht, wie es Programme zu Undergraduate Research (etwa in den USA, vgl. Healey & Jenkins, 2009) häufig sind. Unsere Studierenden bewerben sich allerdings freiwillig um die Laborplätze ihrer Präferenz und bringen in der Regel viel intrinsische Motivation mit. Die Unterschiede in der Motivation zwischen Studierenden, deren Erstwunsch erfüllt wurde, und solchen, bei denen es der Zweitwunsch war, erwiesen sich als erheblich.

Tipp:
Da für Forschendes Lernen die intrinsische Motivation besonders wichtig ist, ist es günstig, wenn mehrere verschiedene Veranstaltun-

gen zur Auswahl stehen. Dadurch erhöht sich die Chance, dass die Teilnehmenden wirklich motiviert sind, es kann allein schon eine Rolle spielen, dass sie wählen konnten.

Eingangsphase der Veranstaltung

Forschendes Lernen am Studienanfang kann nicht auf bereits erworbenes Fachwissen (außer sehr heterogenem Schulwissen) bauen, insbesondere nicht die erfolgreiche Teilnahme an anderen Veranstaltungen zur Voraussetzung machen. Für die Eingangsphase bedeutet das eine besondere Herausforderung

Sie sollte zu einer Situation Forschenden Lernens hinführen und zugleich einen Grundstock an Inhalten und Methoden vermitteln. Es ist nicht leicht, beiden Zielen gerecht zu werden, vor allem da die Einführungsphase nicht zu viel Zeit in Anspruch nehmen sollte, die dann bei der eigentlichen Projektarbeit fehlen würde.

Für die Eingangsphase sind allerlei spezifische Abwägungen und Entscheidungen zu treffen. Zunächst ist festzulegen, welcher Teil des Wissens in diesen allen in gleicher Weise vermittelten Grundstock gehört und welcher Teil der selbständigen Aneignung in der Projektarbeit überlassen bleibt. Weiterhin ist zu klären, wie in der Eingangsphase verschiedene Lehr-/Lernformen so kombiniert werden können, dass sie die Studierenden nicht überfordern, aber schon auf die selbständige Projektarbeit vorausweisen. Das sei am Beispiel des Labors »Mathesis« näher ausgeführt.

Eingangsphase von »Mathesis«:
In diesem Labor ist das wichtigste Werkzeug zur Untersuchung und Verwendung mathematischer Modelle die Programmiersprache Python. Die Grundlagen der Programmierung mit Python werden in einem ca. vierwöchigen Einführungskurs gelegt. Die dabei zu lösenden Programmieraufgaben (Präsenzaufgaben und Hausaufgaben, die bewertet werden) verweisen schon auf mögliche Projekte: etwa die Erzeugung und Analyse von Schall oder die automatische Analyse geschriebener Texte. Die Aufgaben sind komplex genug, verschiedene Lösungen zuzulassen, die verglichen und bewertet werden können. Am Ende dieser Phase sind die Teilnehmenden aufgefordert, sich in kleinen Gruppen zusammenzufinden, ein eigenes Projekt zu formulieren und schließlich einen ersten Projektplan in eines für das Labor erstellten Wiki zu dokumentieren.

Tipp:
Damit es zur Formulierung eigener Projekte kommen kann, muss schon vorher Gelegenheit zur Diskussion und Reflexion über mög-

liche Projekte und zur problemlösenden Kooperation in kleinen Gruppen gegeben werden. Nach Analyse der Schwierigkeiten der Projektfindung in den ersten Semestern hat sich das Vortragen von Projektideen in kleinen Exposés bzw. die Beschreibung dieser Ideen in einem gemeinsamen elektronischen Dokument bewährt. In der Eingangsphase halten Teilnehmende aus vergangenen Semestern Vorträge über ihre Projekte, um weitere Anregungen zu geben.

Da die für die Modellierung in den jeweiligen Projekten benötigte Mathematik vom Thema abhängt, ist diese nicht mehr Gegenstand der Eingangsphase, sondern soll von der Projektarbeit der Gruppen selbständig erarbeitet werden.

Die Projektwahl

Wer so ein Labor mit freier Themenwahl veranstaltet, muss einen Rahmen abstecken, in dem sich die Themen bewegen können. Einerseits sollte im Sinne Forschenden Lernens der Rahmen weit genug gefasst sein, dass die Studierenden wirklich ein eigenes Ziel formulieren können. Für die Betreuung der Projektarbeit durch die Lehrenden gestaltet sich jedoch andererseits eine stärkere Eingrenzung als einfacher. Auch hier ist eine spezifische Abwägung zu treffen. Exemplarisch sei die Projektwahl in »Mathesis« näher beschrieben.

Projektwahl in »Mathesis«:
Das Labor gibt den Teilnehmenden Gelegenheit zur mathematischen Modellierung. Dabei können diese zunächst nur auf mathematisches Schulwissen bzw. im Laufe des Semesters auf die Gegenstände der mathematischen Grundlagenvorlesungen zurückgreifen. Diese Grundlagen ermöglichen bereits die Beschreibung und Modellierung recht komplexer Phänomene (aus Biologie, Verkehr, Bildverarbeitung, Akustik, Geometrie), jedoch nicht die rein mathematische Analyse dieser Modelle. Hier kommt die Programmierung von Computern mit Python ins Spiel. Sie ermöglicht, die Eigenschaften von Modellen durch Simulation zu explorieren bzw. die Modelle zur Lösung einer Aufgabe zu verwenden. Am Ende eines Projekts steht daher nicht nur die Erfahrung und Dokumentation eines Forschungsprozesses, sondern auch – in Gestalt von Programmen – eines sinnlich erfahrbaren ›Produkts‹.

Die Projekte ergeben sich normalerweise nicht aus der Analyse einer objektiven Forschungslücke, sondern kommen durch Neugierde und Interesse zustande. Bei vielen Projekten gibt es eine sinnliche Komponente, indem es etwa um Sichtbares oder Hörbares geht. Mitunter aber handelt es sich tatsächlich um Forschungslücken, insofern eine relativ neue Frage gestellt wird, auf die es noch keine befriedigende Antwort gibt.

Die thematische Offenheit erschwert es den Studierenden mitunter, sich ein bestimmtes Thema zu überlegen. Die Lehrenden können über vergangene Projekte berichten, Anregungen zu möglichen Themen geben und, wenn sich die Projekte konkretisieren, Stellung nehmen sowie für Fragen zur Verfügung stehen. »Mathesis« wurde mit der erklärten Absicht entworfen, den Studierenden bei der Wahl ihrer Projekte viel Freiheit zu lassen. Mit dieser Offenheit geht aber eine große Bandbreite möglicher Themen einher, für die die Lehrenden oftmals keine Experten sind. Es ist daher wichtig, dass die Lehrenden klar ausdrücken, ob und wieviel sie vermutlich helfen können bzw. ob sie die Projekte für machbar oder zu schwierig halten.

Manchen Studierenden fällt es schwer, sich mit anderen auf ein konkretes Vorhaben zu einigen. Anstatt auf eine Projektwahl zu drängen, wurde den Studierenden bis zum Sommersemester 2014 auch die Möglichkeit gegeben, anstatt ein eigenes Projekt durchzuführen, gewisse Phänomen- bzw. Modellierungsbereiche angeleitet zu erkunden. Dabei konnten sich dann später noch Projektideen ergeben, manchmal blieb das aber aus. In diesen Fällen entfernt sich die Lernform vom Forschenden Lernen in seiner umfassenden Bedeutung hin zu einer mehr übenden Form – ähnlich einem physikalischen Grundpraktikum, in dem vorgegebene Versuche durchgeführt und protokolliert werden. Aus diesem Grund bestehen wir seitdem auf einer Projektentscheidung, obwohl die zögerlichen Gruppen dann zuweilen weniger motiviert sind und mit der selbständigen Arbeit weniger gut zurechtkommen. Das Interesse am Lernen ist dann insgesamt geringer als in dem angeleiteten Szenario, die Studierenden machen aber wichtige Erfahrungen mit Selbständigkeit.

Gruppenarbeit

Das Orientierungsstudium richtet sich an Studierende, die an MINT-Fächern interessiert sind. Im Projektlabor treffen Studierende mit höchst unterschiedlicher Vorbildung aufeinander. Ein angenommenes oder tatsächliches Wissensgefälle in der Gruppe stellt für diejenigen Teilnehmenden eine Hürde zur Partizipation dar, die sich als weniger wissend einschätzen und erhöht den Druck auf jene, von denen Vorwissen erwartet wird (hierzu in Bezug auf Gender siehe Bednarz & Schmidt, 2010.)

Tipp:
Um unsichtbare Hierarchien und bestehende Rollen in der Gruppe aufzulösen, sollten zunächst in einer Liste alle in der Gruppe vorhan-

denen Fähigkeiten gesammelt und den möglichen Aufgaben für das geplante Projekt gegenübergestellt werden. Zudem ist es hilfreich, bei der Verteilung der Zuständigkeiten und Aufgaben für alle Teilnehmenden die verbindliche Auflage vorzugeben, sich während des Projekts eine neue Fähigkeit anzueignen oder sich zumindest in einer neuen Tätigkeit auszuprobieren. Um Gruppenarbeiten durch Arbeitsmethoden zu demokratisieren, müssen Gesprächsregeln festgelegt (Redezeit begrenzen, einander Ausreden lassen, ggf. eine Redeliste führen, Kritik konstruktiv formulieren) und Diskussionen entsprechend moderiert werden. Eine weitere Variante ist die sogenannte »Stumme Diskussion«: Einen schriftlichen Austausch zu einer Frage mit Markern auf Papier, der im Anschluss ausgewertet wird.

Im Projektlabor »Mathesis«:
beobachten die Lehrenden die Gruppenarbeit und mischen sich behutsam ein, wenn Gruppenmitglieder nicht richtig beteiligt zu sein scheinen. Die Einmischung erfolgt in erster Linie in Gestalt von Fragen: Wie habt ihr die Aufgaben verteilt, wer ist wofür verantwortlich, wer hat gerade nichts zu tun oder ist sich über die eigene Aufgabe nicht im Klaren? In seltenen Fällen gibt es Gruppenmitglieder, die schneller arbeiten als die anderen und dazu tendieren, alles selber zu machen, während die anderen zuschauen. In einem Einzelgespräch wird diesen dann nahegelegt, außer der bestehenden Aufgabe in der Gruppe auch die Rolle eines Mentors oder einer Mentorin anzunehmen, der oder die den anderen bei ihrer Entwicklung behilflich ist.

Aneignung von Wissen und Methoden

Nicht nur in der Eingangsphase spielt die Aneignung von Wissen und Methoden eine Rolle. Neben kanonischen Inhalten für alle Studierenden, benötigen die Projektgruppen in Abhängigkeit von ihrem Thema weiteres Wissen und weitere Methoden. Anhand der beiden Labore soll auf zwei Aspekte dieser Aneignung eingegangen werden: Zum einen Sinnstiftung durch den Projektkontext, zum anderen die Bedingungen selbständiger Erarbeitung von Wissen.

»Kreativität und Technik« – Fachwissen sinnvoll vermitteln:
Die Anerkennung des Projektlabors im Rahmen der Maschinenbaustudiengänge erfordert, dass der Inhalt des äquivalenten Moduls »Konstruktion I« vermittelt wird. Dazu dienen eine begleitende Vorlesung über Konstruktion und Statik, gemeinsame Übungen mit Tutor/innen zur Berechnung von mechanischen Grundgrößen und ergänzende Vorträge.

Tipp:
Auch in Vorträgen sollten Beispiele verwendet werden, die bei den Studierenden an ihnen bekannte Technik anknüpfen, statt in der Fachsprache mit ihren üblichen Beispielen und ihrem eigenen Humor zu verbleiben. Diese stellen nach Auskunft der Studierenden eine Hürde zum Lernen dar und erschweren den Zugang zum Fach. Ebenso sind solche Redeweisen hinderlich, die geschlechtsspezifische Zuschreibungen machen und damit Ausschlüsse produzieren (»Ordentliche Mädchen« oder »Das kennt ihr sicher aus der Werkstatt von eurem Vater«.) Am besten Nachfragen: »Wer hat etwas ähnliches schon einmal gesehen?« »Woher kennt ihr so etwas?«

Eine zentrale Kompetenz, die in »Konstruktion I« und damit auch in diesem Labor erworben werden soll, ist die Anfertigung einer Technischen Zeichnung nach Norm. Diese wurde in den vergangenen Jahrzehnten in vielen Lehrveranstaltungen der »Technischen Mechanik« oder ähnlichen technischen Fächern als wesentliche Komponente der Ingenieurskunst vorausgesetzt. Die Übung gerät jedoch zur reinen Fleißaufgabe, wenn Studierende eine solche Zeichnung gewissermaßen aus Gründen der Tradition, gar mit Tusche auf Papier als verpflichtende Leistung anfertigen sollen, um so eine nach Ansicht der Lehrenden ›wichtige Etappe‹ auf ihrem Weg zur angehenden Ingenieurin oder zum angehenden Ingenieur durchzustehen. Oft sind die zu zeichnenden Objekte den Studierenden aus ihrem Alltag nicht bekannt und dadurch unverständlich.

Auch im Projektlabor soll eine Technische Zeichnung angefertigt werden. Hier können wir aber durch den sofortigen Gebrauch der Zeichnung in der Projektarbeit herausstellen, dass eine bildliche Darstellung nach Norm wichtige Zwecke erfüllt: Die Studierenden verbildlichen ihre Idee, sie treffen in der Zeichnung konstruktive Entscheidungen. Die Vorstellung dessen, was gebaut werden soll, nimmt hier schon konkrete Gestalt an. Zudem ist sie ein Kommunikationsmittel, durch das die Funktionsweise, die Art der Fertigung und die Maße einer Konstruktion vermittelt werden. Die Norm ist dabei die fachspezifische Konvention über die Art der Darstellung. Zudem dient die Technische Zeichnung als Dokumentation der Idee für spätere Reproduktionen. In den Holz- und Metallwerkstätten der Universität kann von den Studierenden sowohl diese Behauptung aus der Vorlesung, als auch die Aussagekraft ihrer Zeichnung im Praxistest überprüft werden. Dort zeigt sich, ob die Zeichnungen für diejenigen lesbar sind, die damit weiterarbeiten sollen. Ein Feedback von den Mitarbeitenden der Universitätswerkstatt oder ähnlichen Fachleuten kann den Studierenden helfen, den Nutzen der Zeichnung zu erfassen und je nach Anliegen sinnvolle Schwerpunkte bei der Erstellung zu setzen.

»Mathesis« – Wissen selbst aneignen:
Da die Projekte im Hinblick auf die Bereiche der mathematischen Modellierung sehr weit streuen, ist eine individuelle Aneignung von Wissen durch die Projektgruppen unvermeidlich. Idealerweise würden die Gruppenmitglieder selbst recherchieren, welche Mathematik und welche Programmiertechnik sie benötigen, entsprechende Quellen suchen und sich diese dann erarbeiten. In vielen Fällen, und besonders bei komplexen Themen, würde das die Studierenden allerdings überfordern. Ein Kompromiss besteht darin, geeignete Materialien zur Verfügung zu stellen, die teils aus Lehrbüchern und Publikationen stammen, teils für das Labor angefertigt wurden. Die Anfertigung solcher Materialien nahm in den ersten beiden Jahren des Projektlabors viel Zeit in Anspruch, jetzt ist es aber leichter geworden, da ein großer Teil der neuen Projekte von den alten Materialien Gebrauch machen kann. Die Lehrenden stehen im Labor für Erläuterungen zu den Materialien zur Verfügung.

Tipp:
Ein Repositorium von Materialien, am besten geteilt zwischen verschiedenen Lehrenden, gern auch hochschulübergreifend, kann eine große Hilfe bei der Arbeit sein. Sogar für einen einzelnen Dozenten oder eine einzelne Dozentin lohnt sich auf Dauer ein elektronisches Repositorium. Wir verwenden ein gitlab des Universitätsrechenzentrums und ein Wiki zur Verwaltung von Materialien.

Projektorganisation und -dokumentation

In jedem der Labore werden die Anforderungen an Organisation und Dokumentation der Projekte definiert und offengelegt. Dabei lässt sich die Möglichkeit der allgemeinen Prüfungsordnung der TU Berlin nutzen, die schriftliche Projektplanung und verschiedene Bestandteile der Dokumentation im Rahmen einer so genannten Portfolioprüfung in die Benotung einfließen zu lassen. Durch die Gewichtung dieser Teilleistungen lässt sich auch deutlich machen, dass uns manche Bestandteile wichtiger sind, auch wenn diese auf den ersten Blick nebensächlich erscheinen.

Planung und Dokumentation in »Mathesis«:
Zur Planung, Protokollierung und strukturierten Dokumentation dient das Wiki. Jede Gruppe beginnt mit der Erstellung einer Projektplanungsseite, die die Namen der Mitglieder, das Thema, mögliche Etappenziele, benötigte Hilfsmittel und Zeitpläne enthält. Am Anfang sind diese Planungen meistens vage, werden aber allmählich konkretisiert. Jede Woche dokumentieren die Studierenden ihre Fortschritte in einem fortlaufenden Protokoll. Wenn das Projekt weiter fortgeschritten ist, soll

im Wiki eine möglichst vollständige, strukturierte Dokumentation der Arbeit verfasst werden, die es künftigen Teilnehmenden erlauben soll, das Projekt nachzuvollziehen.

Wir als Lehrende verfolgen die Planung in ihrer Entstehung. Zwar versuchen wir, die Selbständigkeit der Gruppen bei der Planung weitestgehend zu respektieren, greifen aber helfend ein, wenn sie es beispielsweise nicht schaffen, ihre Probleme so in Teilprobleme zu untergliedern, dass eine Arbeitsteilung möglich wird. In solchen Fällen erhöhen Eingriffe die Chancen einer gelingenden Gruppenarbeit, bei der alle Gruppenmitglieder eine aktive Rolle haben. Ein anderes häufiges Problem ist die Stagnation bei der Verfolgung eines einmal festgelegten Plans. Es ist wichtig, den Studierenden Gelegenheit zur Erfahrung von Irrwegen und zu deren Korrektur zu geben. Es hat sich aber auch als sinnvoll herausgestellt, in solchen Fällen Gespräche zu führen, die bei der Revision des Plans helfen können.

Tipp:
Das Medium eines Wiki hat sich in mehreren Laboren bewährt. Es ermöglicht eine fortschreitende Planung und Dokumentation, die sowohl von den Studierenden als auch von den Lehrenden jederzeit eingesehen werden kann. Das Format hilft den Studierenden bei der Strukturierung und gruppeninternen Kommunikation. Außerdem kann ein über Jahre geführtes Wiki ein wichtiges Lehrmittel für neue Projekte werden, indem diese an die Dokumentation früherer Projekte verwiesen werden können.

Prüfungsformen

Unsere Labore werden – trotz grundsätzlicher Bedenken gegenüber der benotenden Bewertung Forschenden Lernens – im Rahmen einer Portfolioprüfung benotet. Bei einem Modul wie »Kreativität und Technik«, das in Maschinenbaustudiengängen als Grundveranstaltung anrechenbar ist, ist das ohnehin unvermeidlich.

Die Veranstaltung wird jedoch nicht im Hinblick auf ihre Bewertbarkeit konzipiert, sondern umgekehrt wird unter den Veranstaltungselementen nach solchen gesucht, die sich zur Überprüfung von Kompetenzen eignen. Es können die Protokolle, die Planung, die Dokumentation, Vorträge über die Projekte im Labor oder in einem größeren Rahmen, die Hausaufgaben und die Projektergebnisse, wozu auch Zwischenetappen gehören, in die Bewertung einbezogen werden. Dadurch, dass viele verschiedene Bewertungsdimensionen in die Benotung einfließen, wird sie zwar zu einer vertretbaren, aber noch immer nicht zu einer angemessenen Bewertung Forschenden Lernens. Immerhin lässt sich die Gewichtung der Prüfungsteile, wie im

Abschnitt »Projektorganisation und -dokumentation« erwähnt, in einer dem Lernen förderlichen Weise zur Verdeutlichung wichtiger Bestandteile verwenden.

Weitere Elemente

Da wir hoffen, dass für Leserinnen und Leser, die eine ähnliche Veranstaltung planen, Details der Umsetzung wichtig sind, seien noch einige zentrale Elemente erwähnt:

Gruppenübergreifende Aktivitäten:
Die Kleingruppen sind in der Projektarbeit auf sich und ihr Thema konzentriert und nehmen unter Umständen wenig Notiz von den anderen, falls es keine übergreifenden Aktivitäten gibt. Das Labor »Mathesis« wird beispielsweise durch gelegentliche Rätsel und mathematische Probleme aufgelockert. Das ermöglicht den Gruppen, sich von der Fixierung auf ihre Projekte vorübergehend zu lösen und in der großen Runde zu kommunizieren. Unter Rätseln sollen dabei solche Probleme verstanden werden, die ohne großes Vorwissen und ohne Formalisierung verstanden und gelöst werden können. Dieses Element wird von den Studierenden positiv evaluiert. Anregungen für mögliche Probleme haben wir aus dem Kontext von Puzzle-based Learning (Michalewicz & Michalewicz, 2008) und Peer Instruction (Mazur, 1997) sowie aus zahlreichen Büchern über mathematische Problemlösestrategien genommen. Was dadurch gelernt wird bzw. ob dabei allgemeine Problemlösekompetenzen trainiert werden, prüfen wir allerdings nicht.

Weiterarbeiten in der vorlesungsfreien Zeit:
Häufig reicht die Zeit während der Vorlesungen, die nach der Eingangsphase noch bleibt, zur Fertigstellung der Projekte nicht aus. Insbesondere wenn die Gruppen mit Freude bei der Arbeit sind, sind sie froh, von den zeitlichen Zwängen der Vorlesungszeit befreit weiterarbeiten zu können. Auch kommt es der konzentrierten Arbeit zugute, nicht ständig zwischen verschiedenen Fächern oder Veranstaltungen hin- und herschalten zu müssen. In den MINTgrün-Laboren wurden daher verschiedene Modelle des Arbeitens in der vorlesungsfreien Zeit mit Erfolg erprobt.

In »Mathesis« können die Studierenden z. B. während einer Blockveranstaltung (typischerweise drei aufeinanderfolgende Arbeitstage in der vorlesungsfreien Zeit) ihre Projekte weiter verfolgen oder abschließen.

In anderen Laboren wie etwa »Robotik« sind an gewissen Tagen der vorlesungsfreien Zeit die Laborräume geöffnet und die Lehrenden anwesend.

Tradierte Bilder verwerfen:
Forschendes Lernen zu ermöglichen bedeutet auch, die Verwendung tradierter Bilder und Beispiele zu vermeiden. So ist es beispielsweise wichtig, etwa in der Lehrveranstaltung »Kreativität und Technik« die Vorstellungen vom ›typischen Ingenieur‹ und seiner idealen Arbeitsweise nicht aufzugreifen, sondern neue Identifikationsmöglichkeiten zu schaffen.

Als Dozent/innen, bzw. Tutor/innen vermeiden wir daher geschlechterstereotype Ansprachen und Bildsprache und hinterfragen unsere Ausführungen auf Routinen: Sind sie für die Studierenden verständlich, oder sprechen wir aus fachlicher Erfahrung plötzlich nur noch »Maschinenbausprache« – ohne Übersetzung?

4. Abschließende Bewertung und Fazit

Den Lehrenden verlangt Forschendes Lernen ein hohes Maß an Aufmerksamkeit und Arbeit zur Unterstützung der verschiedenen Projekte ab, mehr als bei den meisten anderen Lehrveranstaltungen. Die Veranstalter/innen der MINTgrün-Projektlabore bewerten diese dennoch sehr positiv. Dabei spielt es eine große Rolle, dass die von den Studierenden gewählten Themen auch für die Lehrenden interessant und teilweise neu sind. Wir sehen darin sogar eine Gelingensbedingung für Forschendes Lernen allgemein: Das Lehrpersonal muss selbst dabei noch etwas lernen. Zudem wurde der immense Betreuungsaufwand der ersten Veranstaltungssemester durch das Anwachsen einer Materialsammlung allmählich kleiner.

Die Qualität der Projekte zeigte eine große Streuung, dennoch haben die meisten Teilnehmer/innen die Labore erfolgreich abgeschlossen und grundlegende Inhalte und Methoden erlernt. Die Evaluation durch die Teilnehmer/innen zeigt ein differenziertes Bild: Die Studierenden fanden die Labore überwiegend interessant, sinnvoll und empfehlenswert und gaben an, etwas über ihre Interessen sowie von den anderen Gruppenmitgliedern gelernt zu haben. Die Projektlabore konnten auch Studierende für ein Studium in damit zusammenhängenden Fächern interessieren. Die Mehrheit glaubt aber nicht, dass das Labor ihnen bei der Studienentscheidung geholfen habe. Zudem sind die meisten Studierenden unentschieden, ob andere in der Gruppe etwas von ihnen gelernt haben. Die praktische Anwendung und das freie Arbeiten wurden bei der Evaluation von »Kreativität und Technik« besonders hervorgehoben.

Darüber hinaus wurde versucht, gender- und andere sozialisierungsbedingte Lernhürden abzubauen. Unter den Teilnehmenden von »Kreativität und Technik« sind mehr als 1/3 weiblich, das ist für eine Veranstaltung im Maschinenbaustudium überdurchschnittlich.

Die Evaluation belegt, dass deren Interesse an den Inhalten – Konstruktion und Umsetzung – geweckt wurde.

Wir hoffen, dass die obige Darstellung ein nachvollziehbares Bild der Projektlabore im Orientierungsstudium MINTgrün gezeichnet hat. Im Orientierungsstudium sind die Bedingungen für die Erprobung Forschenden Lernens bei Studienanfänger/innen geradezu idyllisch. Wir glauben aber, dass so etwas auch in gewöhnlichen Studiengängen möglich ist und die Erfahrungen dabei von Nutzen sind.

Literatur

Bednarz, S., Schmidt, E., Otte, B., Lippe-Heinrich, A., Döring, I. & Sprenger, T. (2008). *Arbeitsprozessorientierte und gendergerechte IT-Ausbildung.* Bielefeld: Bertelsmann.

Bockisch, C., Müllers, S., Norkus, M. & Schubert, H. (2009). *Abschlussbericht zum OWL-Projekt Studienabbruch 2.–4. Semester: Statistische Erhebung, sozialwissenschaftliche Untersuchung und Maßnahmen in zentralen Großveranstaltungen, Projekt-Nr. 9935/33/50.* URL: http://www.tu-berlin.de/fileadmin/f3/Dokumente/OWL_Abbruch_abschlussbericht_abgabe_210930.pdf, 29.11.2016.

Healey M., & Jenkins A. (2009): *Developing Undergraduate Research and Inquiry.* York, Higher Education Academy.

Hochschulrektorenkonferenz (Hrsg.) (2015). *Statistische Daten zu Studienangeboten an Hochschulen in Deutschland. Wintersemester 2016/17.* URL: https://www.hrk.de/uploads/media/HRK_Statistik_WiSe_2015_16_webseite.pdf, 29.11.2016.

Huber, L. (2013). Warum Forschendes Lernen nötig und möglich ist. In L. Huber, J. Hellmer & F. Schneider (Hrsg.): *Forschendes Lernen im Studium. Aktuelle Konzepte und Erfahrungen* (S. 9–35). Bielefeld: UniversitätsVerlagWebler.

Mazur, E. (1997). *Peer Instruction: a user's manual.* New Jersey: Prentice Hall.

Michalewicz, Z. & Michalewicz, M. (2008). *Puzzle-based learning: An introduction to critical thinking, mathematics, and problem solving.* Melbourne: Hybrid Publishers.

Schneider, R. & Wildt, J. (2013). Forschendes Lernen und Kompetenzentwicklung. In L. Huber, J. Hellmer & F. Schneider (Hrsg.). *Forschendes Lernen im Studium. Aktuelle Konzepte und Erfahrungen* (S. 53–68). Bielefeld: UniversitätsVerlagWebler.

Hohe Abbrecherquoten, vollbesetzte Hörsäle und ein enorm großer Theorieanteil in den MINT-Fächern? Mit den studentisch organisierten Projektwerkstätten im Format Forschenden Lernens wird diesen Tendenzen an der Technischen Universität Berlin bereits seit 1985 wirksam etwas entgegengesetzt.
Der folgende Artikel stellt daher die studentisch selbst organisierte Lehre in den Projekten vor und geht gründlich auf das Konzept sowie Chancen und Herausforderungen ein. Die genannten Beispiele helfen dem oder der Lesenden dabei, sich ein konkretes Bild vom Forschenden Lernen in den Projekten zu machen.

Forschendes Lernen in selbst organisierten Projektwerkstätten

Frank Becker, Elke Beyer, Julia von Buxhoeveden, Johannes Dietrich, Fabian Krüger, Gisela Prystav

Das Studium der MINT-Fächer im Allgemeinen sowie der Ingenieurswissenschaften im Speziellen ist gekennzeichnet durch einen großen Theorieanteil, hohe Abbrecher/innenquoten von Studierenden in den ersten Fachsemestern, vollbesetzte Hörsäle und einen relativ niedrigen Frauenanteil unter den Lernenden. Formate Forschenden Lernens können helfen, diesen Missständen wirksam etwas entgegenzusetzen. In diesem Zusammenhang rücken auch studentisch organisierte Projekte zunehmend in das Scheinwerferlicht wissenschaftlichen Interesses.

Die Technische Universität (TU) Berlin schaut auf eine 30-jährige Geschichte ihres Lehrveranstaltungsformats »Projektwerkstätten für sozial und ökologisch nützliches Denken und Handeln« sowie auf etwa 160 durchgeführte Projektwerkstätten und daran konzeptuell angelehnte *tu projects* zurück (vgl. www.projektwerkstaetten.tu-berlin.de).

Im folgenden Artikel wird zunächst die Geschichte der Projektwerkstätten und *tu projects* in wesentlichen Zügen nachgezeichnet. Anschließend wird das ihnen zugrunde liegende Prinzip selbst organisierten Lehrens und Lernens als Anknüpfungspunkt zu Forschendem Lernen erläutert. Beispielthemen und -projekte geben hierbei einen Einblick in die Lehrpraxis. Chancen, die mit den Projekten verbunden sind, werden ebenso dargestellt und diskutiert wie Herausforderungen und Barrieren, die sich selbstverständlich und regelmäßig auftun. Auch wird der Frage nach der möglichen Verstetigung von Projektaktivitäten ein Kapitel gewidmet.

Inwiefern kann selbst organisiertes Forschendes Lernen in Projektwerkstätten eine Alternative zur Regellehre sein bzw. eine sinnvolle Erweiterung des Lehrangebots darstellen? Entlang dieser Fragestellung möchten wir mit diesem Artikel handlungsleitendes Wissen zur Praxis Forschenden Lernens vermitteln.

Kurze Geschichte der Projektwerkstätten

Die »Projektwerkstätten für sozial und ökologisch nützliches Denken und Handeln« entstanden 1985 aus einem Tutor/innenstreik heraus. Die studentischen Mitarbeiter/innen Berliner Hochschulen kämpften damals unter anderem für bessere Studienbedingungen. Das neue Lehrformat startete als zweijähriger Testdurchlauf und wurde danach per Hochschul-Senatsbeschluss fest verankert.

Im Zusammenhang mit dem Streik der Tutor/innen gründete sich auch die »Kooperations- und Beratungsstelle für Umweltfragen/ZEWK-kubus«, die seit 2011 die Tutor/innen der Projektwerkstätten berät und betreut. 2012 konnte die TU Berlin im Rahmen eines Projektantrags »Erste Klasse für die Masse« beim Bundesministerium für Bildung und Forschung/Hochschulpakt III zusätzliche Mittel für studentische Projekte akquirieren und startete die an das Konzept der Projektwerkstätten angelehnten *tu projects*.

Das seit 1985 an der TU Berlin existierende Gasthörerstudium »Berliner Modell: Ausbildung für nachberufliche Aktivitäten« (BANA) hat das zentrale Ziel, wissenschaftliche Weiterbildung für ältere Erwachsene mit der Förderung von bürgerschaftlichem Engagement zu verbinden. 2013 wurde in diesem Rahmen in enger Anlehnung an die Projektwerkstätten der Bereich »BANA-Projektwerkstätten« ins Leben gerufen, um der großen Nachfrage nach selbst organisiertem und Forschendem Lernen Älterer eine förderliche Struktur zu geben.

Heute geht es verstärkt darum, wie Impulse aus Projektwerkstätten und *tu projects* in Innovationen für die Regellehre umgesetzt werden können. Außerdem stellt sich die Frage nach den Effekten des Lernens in den studentischen Projekten, beispielsweise inwiefern sie zu einer Reduzierung der Abbrecher/innenquote in den Bachelorstudiengängen, speziell in der Studieneingangsphase, sowie zu einer gendersensiblen Lehre beitragen können. Wir – die selbst Betreuende oder ehemalige Tutor/innen der studentischen Projekte sind – erhoffen uns von der Partnerschaft im Projekt »ForschenLernen« und der Arbeitsgemeinschaft »Studentische Initiativen« diesbezüglich neue Erkenntnisse.

Selbst organisiertes Lernen

Mit den selbst organisierten, interdisziplinären Projektwerkstätten und *tu projects* werden insbesondere Studierende aus den Bachelorstudiengängen angesprochen. Ihnen wird mit den Projekten weitgehende Mitbestimmung in Lehre und Forschung ermöglicht, außerdem werden Selbstorganisationsfähigkeiten im Studium gefördert, und

›nebenbei‹ tragen die Studierenden mit den Projekten zur Lösung sozialer und/oder ökologischer Probleme bei. Dabei können sie in der Regel drei oder sechs ECTS-Punkte für Prüfungsleistungen innerhalb des Projekts erwerben.

Lehre und Forschung werden in Projektwerkstätten und *tu projects* von Studierenden in Eigenregie betrieben. Das heißt, dass die Forschungsprojekte von mindestens zwei Studierenden selbst konzipiert und initiiert werden. Als Forschungsthemen werden solche gewählt, die in der Regellehre zu kurz kommen oder gar nicht aufgegriffen werden (können).

Die Antragstellung sieht zunächst eine Antragsberatung durch kubus vor. Die Bewilligung liegt bei der Kommission für Lehre und Studium (LSK) *(tu projects)* bzw. beim Vizepräsidenten für Lehre und Studium (Projektwerkstätten). Ist ein Projekt bewilligt, werden in der Regel die Antragstellenden als Tutor/innen eingestellt und übernehmen somit die Projektleitung. Zusammen mit den teilnehmenden Student/innen – durchschnittlich etwa 15 pro Projekt und Semester – werden die genauen Inhalte und Methoden des Projekts abgestimmt. Inhaltlich wird ein sozial-ökologischer Bezug vorausgesetzt sowie Praxisnähe. In der Regel hat das Projekt ein praktisches Ergebnis, z.B. einen Prototypen, eine Anwendung/ein Verfahren oder eine dauerhafte Lehrveranstaltung. Somit schließt sich der Bogen einer vollständigen (Forschungs-)Handlung.

Die Methoden in den interdisziplinären Studierendengruppen umfassen überwiegend aktivierende Lehr-/Lernformate. Hier wird auf Workshop-Methoden aus dem Bereich Jugend- und Erwachsenenbildung zurückgegriffen, wie Kleingruppenarbeit, Brainstorming-Prozesse und Teambuilding. Die Tutor/innen verstehen sich als Inputgebende und vor allem als Moderator/innen, welche das interdisziplinär zusammengesetzte Team der Teilnehmenden befähigen, die Seminare aktiv mitzugestalten, ihre Kreativpotenziale auszuschöpfen und fächerübergreifend voneinander zu lernen. Dabei werden nicht nur alternatives Lehren, Lernen und Forschen auf Augenhöhe ermöglicht, sondern auch fach- und sprachkulturelle Barrieren überwunden.

Auf institutioneller Ebene sichert eine breit aufgestellte Unterstützungsstruktur die Qualität der Projekte:

- *Finanzierung:* Die Finanzierung umfasst zwei Tutor/innen-Stellen pro Projekt über zwei Jahre sowie geringe Sachmittel in Höhe von etwa 100 € pro Semester.
- *Fachliche Begleitung:* Die Projekte sind formal an einen Lehrstuhl angeschlossen, Tutor/innen und betreuende Hochschullehrende entscheiden gemeinsam über Art und Umfang der fachlich-wissen-

schaftlichen Betreuung und Prüfungsleistungen. Außerdem stellt das entsprechende Fachgebiet oder Institut die notwendigen Büro- oder Seminarräume zur Verfügung.

- *Weiterbildung:* im Rahmen der Weiterbildungsprogramme »Train the tutor« und »tu tutor[plus]« werden spezifische Weiterbildungsseminare für Tutor/innen angeboten.
- *Überfachliche Betreuung:* kubus berät die Tutor/innen in der Antragsphase, organisiert regelmäßige Tutor/innentreffen zur projektübergreifenden Vernetzung in der Vorlesungszeit und ist Anlaufstelle für die Tutor/innen bei bürokratischen Herausforderungen und zwischenmenschlichen Konflikten. Zur überfachlichen Betreuung gehören beispielsweise die Erstellung von Leitfäden für den Projektalltag, die Pflege des Hochschul-übergreifenden wissenschaftlichen Austauschs, Öffentlichkeitsarbeit, Bereitstellung der technischen und Kommunikationsinfrastruktur sowie die beratende Unterstützung bei der Verstetigung der Projektaktivitäten.
- *Berichterstattung:* Nach einem Jahr senden die Tutor/innen kurze Zwischenberichte aus ihren Projekten im Umfang von maximal zehn Seiten an die LSK, am Ende der Projektlaufzeit einen Endbericht.

Themen und Beispiele

Wir haben anhand der inhaltlichen Schwerpunkte und didaktischen Methoden angedeutet, dass die studentischen Projekte sehr unterschiedliche Ausprägungen haben. Gemeinsam ist ihnen der Bezug zur sozialen und/oder ökologischen Nachhaltigkeit sowie der interdisziplinäre bzw. Studienfach-übergreifende Charakter und die Erarbeitung eines praktischen Ergebnisses. Außerdem wird die Anforderung an die Projekte gestellt, dass sie eine bestehende Lücke im Lehrangebot der Technischen Universität Berlin schließen und didaktisch innovativ sind.

Im Folgenden werden drei Beispiele mit verschiedenen thematischen Schwerpunkten beschrieben, um den Einblick in die Arbeitsweise und Ergebnisse der Projekte zu konkretisieren.

1. Im Projekt »Ökonik Lebensraumgestaltung« (Laufzeit 2012-14) setzten sich die Studierenden mit den Folgen des Klimawandels und den Konsequenzen für die Gestaltung anthropogener Systeme auseinander. So stellten sich die Studierenden am Beispiel der »Städte der Zukunft« die Frage, wie diese nachhaltig gestaltet werden können. Dazu analysierte das Projektteam Dynamiken und Funktionsweisen komplexer ökologischer Systeme und entwickelte Ansätze zur Übertragung dieser Prinzipien auf Städte als Teile des ›Superökosystems‹ Erde.

Die Studierenden lernten im Projekt eine ganzheitliche Betrachtungsweise der Städte sowie die wechselseitige Bedingtheit von Öko- und anthropogenen Systemen kennen. Zudem entwickelten sie Kritikfähigkeit in Bezug auf technische Innovationen, indem sie sich intensiv an natürlichen Vorbildern – also Prinzipien wie Standortgerechtigkeit, Diversität und Symbiose – orientierten und die Implikationen von Technik entsprechend evaluieren lernten.
Im Rückblick bewerteten die Projekttutor/innen auch eine »Störung« im zweiten Semester des Forschungsprojekts als besonders lehr- und hilfreich für die Projektgruppe: So wurde aufgrund von Meinungsdifferenzen über die methodische Herangehensweise ein Teil der inhaltlichen Arbeit zurückgestellt und über die Form der Zusammenarbeit diskutiert. Auf diese Weise wurde den Teilnehmenden die Priorität funktionierender Aushandlungsprozesse sowie entsprechender Kommunikationsregeln als Grundlage einer ergebnisorientierten Arbeitsweise im Team deutlich.

2. Ziel des Projekts »Begrünung in Modulen« (2011–13) war die Konstruktion eines Bewässerungs- und Pflanzsystems, welches die Begrünung von Balkonen, Fassaden, Dächern und Gärten vereinfacht und somit verschiedenen nachteiligen Einwirkungen von Städten auf Umwelt (z. B. Reduktion von Lebensräumen für vielfältige Tierarten) und Gesundheit (z. B. durch den »Hitzeinseleffekt«) entgegenwirkt.
   Im Ergebnis der Forschungs- und Entwicklungsarbeit der Studierenden, die sich in Arbeitsgruppen organisierten, entstand das System »Sören«. Dieses ermöglicht – nach dem Prinzip des Spülkastens beim WC – eine gleichmäßige Bewässerung jeglicher Art von Pflanzmodulen (Töpfe, Kästen, Beete, Fassaden). Die Erfindung kam erstmalig in Form einer Hinterhofbegrünung auf dem Gelände des »Berliner Büchertisch e.V.« in Berlin in der Praxis zur Anwendung. Eine wichtige Erkenntnis aus diesem praxisorientierten Forschungs- und Entwicklungsprojekt bezog sich auch auf die Frage der Motivation zur Teilnahme an studentischen Lehr- und Forschungsprojekten. So fand das Projekt zunächst ein Jahr lang als, ›freies Projekt‹ in Kooperation mit einem wissenschaftlichen Mitarbeiter des Instituts für Ökologie statt. Obwohl es nicht möglich war, in diesem Projekt Leistungspunkte für die Teilnahme zu erhalten, war es ebenso gut besucht wie die Projektwerkstatt, die 2011 startete und den Erwerb von Leistungspunkten ermöglichte.

3. Im *tu project* »Radio Tierstimme« (2012–14) beschäftigten sich die Studierenden wissenschaftlich mit ethischen Fragen des Mensch-Tier-Verhältnisses in industrialisierten Ländern. Als Ergebnis der

Auseinandersetzung entstanden mehrere Audiobeiträge, die im Archiv der Projektwebsite abrufbar sind (vgl. www.tierstimme.blogsport.de).

Dieses Projekt zeigt deutlich auf, dass die Studierenden neben Fachwissen weitere, nicht zuletzt für die eigene berufliche Orientierung nützliche, Zusatzkenntnisse erwerben. Im Fall von »Radio Tierstimme« achteten die Tutor/innen auf die Vermittlung von Kompetenzen zur Audiotechnik sowie Radiorhetorik.

Die Inhalte wurden in diesem Projekt mittels Auswertung von Fachliteratur und durch Interviews mit Bürger/innen auf der Straße erarbeitet.

Die Methoden des *tu projects* – Aufnahmeübungen und Durchführung von Spaß-Interviews sowie die Auswertung von Radiosendungen zum Thema – dienten der Überwindung psychologischer Barrieren der Teilnehmenden bei der Erstellung eines Audioprodukts.

Im Projektbericht reflektieren die beiden Tutoren über die in der Modulbeschreibung angegebenen inhaltlichen Schwerpunkte des Projekts und resümieren, dass die Projektinhalte »meist durch die Wünsche der Teilnehmenden in der Umsetzung modifiziert wurden.«

Effekte und Chancen

Durch die Projektwerkstätten und *tu projects* sollen Studierende die Möglichkeit erhalten, sich an einem motivierenden, weitgehend ergebnisoffenen Lehr-/Lern- und Forschungsformat zu beteiligen und entsprechende Kompetenzen zu erwerben. Die betreuenden Fachgebiete sollen einen Zugewinn an inhaltlicher und didaktischer Innovation erlangen und diese in die Regellehre übertragen. Nicht zuletzt soll die anbietende Universität durch dieses Angebot attraktiver für Studierende der MINT-Fächer werden. Da es kaum möglich ist, in Bezug auf die Projekte Rückschlüsse auf die Abbrecher/innenquoten zu ziehen, wurde 2013 in einer umfassenden Evaluation 2013 2013 (vgl. Dietrich et al., 2014) unter anderem untersucht, wie die Teilnehmenden das Lehr- und Forschungsformat im Vergleich zu anderen Lehrveranstaltungen bewerten.

Die positiven Effekte sind im Einzelnen: Projektwerkstätten und *tu projects* erweitern das inhaltliche Spektrum des Lehrangebots um interessante Inhalte. So entscheiden sich über die Hälfte der **Teilnehmenden** aufgrund des Forschungsthemas für die Teilnahme an einem der Projekte. Die wichtigsten Unterscheidungsmerkmale im Vergleich zum sonstigen Lehrangebot der TU Berlin sind der Erwerb praxisrelevanter Kompetenzen sowie das Einbringen eigener Beiträge zu Lehre und Forschung. Daher heben die Teilnehmenden die Möglichkeit zur Eigeninitiative sowie das praxisorientierte Lernen als besondere Eigenschaft der Projekte hervor.

Die Projekte bieten eine Alternative zu den anderen Lehrveranstaltungen der TU Berlin – insbesondere auch für Frauen, die etwa 50% der Teilnehmenden ausmachen. Dies dürfte unter anderem auf den häufigeren Einsatz sozialer Lernformen (Gruppenarbeit, Exkursionen, Feedback-Runden etc.) zurückzuführen sein.

Den Tutor/innen bieten die Projekte zudem die Chance, Selbstorganisationsfähigkeiten auszubilden und Leitungserfahrungen zu machen. Dabei werden sie durch spezifische Weiterbildungskurse der TU Berlin unterstützt, in denen Zeit- und Aufgabenplanung, Moderationstechniken, Umgang mit schwierigen Seminarsituationen sowie die gendersensible Öffentlichkeitsarbeit thematisiert bzw. eingeübt werden.

Aus Sicht der betreuenden Hochschullehrenden bieten die Projekte insbesondere den Vorteil der selbst organisierten Bearbeitung eines komplexen Themas im Team. Sie schätzen dabei beispielweise die Auseinandersetzung mit größeren, zusammenhängenden Projekten, die im Kontrast zu den häufig isoliert betrachteten, kleinteiligen Lehrinhalten steht.

Nicht zuletzt bieten die Projekte die Chance des Erwerbs von anrechenbaren Leistungsnachweisen. Ca. 87% der Teilnehmenden erhalten ECTS-Punkte, etwa die Hälfte dieser Leistungen ist benotet.

Für die **Fachbereiche** bieten die studentischen Projekte Zugang zu neuen Inhalten und alternativen Formen von Lehre und Forschung, die sie in ihren eigenen Zusammenhang einbetten können. Jede/r Dritte der betreuenden Hochschullehrer/innen sieht eine besondere Chance der Projekte in der Bereicherung der Lehrinhalte des eigenen Fachgebiets um neue Diskussionsthemen, während für etwa jede/n Vierte/n die Arbeit mit kreativen, interessierten und engagierten Studierenden ausschlaggebend ist.

Sind die Projekte besonders erfolgreich, können sie direkt an Lehrstühlen verstetigt werden und damit in das reguläre Lehrangebot der Universität übergehen. Begleitet von einem *tu project* gelang es bereits, das Studienreformprojekt »Blue Engineering« ins Leben zu rufen. Studienreformprojekte dauern zwei Jahre und sind mit einer wissenschaftlichen Mitarbeitendenstelle sowie Mitteln für Tutor/innen ausgestattet. Das »Energieseminar«, die Fahrradwerkstatt »unirad« und die »Umwelttechnisch Integrierte Lehrveranstaltung« (UTIL) sind Beispiele für Aktivitäten, die nach einer Phase als studentisches Projekt direkt an einer Fakultät als dauerhaftes Angebot der TU Berlin verankert wurden.

Wie jedes andere Tutorium sind die Projektwerkstätten und *tu projects* nicht zuletzt auch aufgrund der Entlastung von Lehrpersonal positiv einzuschätzen.

Die **Universität** profitiert durch eine höhere Motivation und Identifikation der Studierenden mit ihrer Bildungseinrichtung. Dies ist aufgrund der hohen Abbrecher/innenquoten in den ersten Fachsemestern, insbesondere in Bezug auf Studierende der Bachelorstudiengänge, die etwa 70% der Teilnehmenden in den studentischen Projekten stellen, positiv zu bewerten.

An der TU Berlin füllen die Projekte einerseits den Gedanken zur Einbindung Studierender in Forschung und Lehre sowie andererseits den Nachhaltigkeitsgedanken – beide im Leitbild (vgl. TU Berlin (o.J.). Leitbild der TU Berlin) bzw. im »Ziethener Manifest« (vgl. TU Berlin (o.J.). Ziethener Manifest) der Hochschule formuliert – mit gelebter Praxis aus.

Die Chancen der Projektwerkstätten und *tu projects* beziehen sich nicht zuletzt auf die **Gesellschaft** als Ganzes. So können Selbstorganisationsfähigkeiten, Kritikfähigkeit und die gesteigerte Bereitschaft zur Übernahme von Verantwortung durch Tutor/innen und Teilnehmende allen Menschen zugutekommen.

Projektwerkstätten fördern die Kompetenzen im intergenerativen Lernen, da das Format den Raum eröffnet, in direkten Absprachen von jüngeren und älteren Studierenden auszuloten, welche unterschiedlichen Kompetenzen und Forschungsinteressen ein- und zusammengebracht werden können. Die Projekte helfen im Angesicht des demografischen Wandels und dessen Herausforderungen, gemeinsam intergenerative Lösungen zu entwickeln: durch das Lernen miteinander und voneinander. Es hat sich zudem gezeigt, dass BANA-Projektwerkstätten ein geeignetes Format darstellen, in dem ältere Erwachsene ihr Wissen, ihre Erfahrungen und Fähigkeiten aus einem langen Berufsleben adäquat einbringen können und dann, ihren Interessen folgend, gern und engagiert weiter an der gesellschaftlichen Entwicklung von Lösungen mitwirken. Beispielhaft seien hier »Barrierefreies Fahrradfahren in der Stadt – Verkehrsplanung der Zukunft« und »Landwirtschaft in der Stadt – Barrierefreies Urban Gardening« genannt.

Herausforderungen

Die Herausforderungen, denen sich die Akteur/innen rund um die Projektwerkstätten und *tu projects* stellen müssen, betreffen im Wesentlichen folgende Aspekte:

Eine Barriere besteht in der **Anrechenbarkeit** von interdisziplinären Studienleistungen in disziplinären Studienfächern. Außerdem ist es eine Herausforderung, interdisziplinäre Projekte in die disziplinäre Lehre zu überführen. Diese Probleme wurden in der Vergangenheit gelöst, indem die Projekte von fachlichen Betreuer/innen mit interdisziplinärer Ausrichtung begleitet wurden, die entsprechende Erfahrungen mit der Erstellung von Lehrmodulen und Prüfungsformen haben.

Ein weiteres Problem ist, dass der **Frauenanteil** unter den Teilnehmenden zwar höher als im Gesamtdurchschnitt der Studierenden der TU Berlin ist, dies jedoch nicht für die Tutor/innen der Projekte gilt, bei denen der Anteil in etwa dem des Gesamtdurchschnitts der TU Berlin von ca. 37% entspricht. Bei Aufrufen zur Einreichung von Anträgen achten kubus und die LSK daher besonders auf gendersensible Ansprache in Bild und Text.

Ein weiterer Punkt sind Gruppendynamiken und die **didaktischen Kompetenzen** der Tutor/innen. Dies betrifft einerseits die nicht immer spannungsfreien Aushandlungsprozesse mit den betreuenden Lehrstühlen, andererseits die Vermittlungs- und Aushandlungsprozesse mit (von Semester zu Semester wechselnden) Studierenden, die jeweils auch ihre eigenen Wünsche und Zielvorstellungen in das Projekt einbringen. In der Praxis konnte diesem Spannungsfeld durch bedarfsorientierte Weiterbildungsangebote sowie Kurse zur Konfliktmoderation erfolgreich begegnet werden.

Zudem gibt es bestimmte **Problemphasen**. Beim Projektstart sind bürokratische Hürden zu nehmen (z.B. der Einstellungsvorgang der Tutor/innen) und ggf. ein Umgang mit zu vielen bzw. zu wenigen Teilnehmenden zu finden. Hier helfen Leitfäden sowie Weiterbildungsangebote zu Arbeitsplanung und -methoden.

In der Projektdurchführung geht es vor allem um den Umgang mit Konflikten in jede Richtung. In einem Weiterbildungsseminar speziell für Projekttutor/innen werden dazu entsprechende Fähigkeiten und Regeln vermittelt und eingeübt. Zudem wird im Rahmen von Kick-off-Gesprächen zu Projektbeginn auf die Entwicklung einer kritisch-konstruktiven Konfliktpartnerschaft aus Lehrenden, Lernenden und der Hochschulverwaltung Wert gelegt.

Häufige Fragen am Projektende beziehen sich auf die Verstetigung der Projektaktivitäten an oder außerhalb der Universität. In diesen Fragen kann kubus – nicht zuletzt aufgrund der Kenntnisse über weiterführende Angebote der TU Berlin – eine kompetente Erstberatung durchführen.

Auch die **Qualitätssicherung** ist eine große Herausforderung in studentisch selbst organisierten Projekten. Hierfür ist eine kontinuierliche, überfachliche und didaktische Betreuung unabdingbar. kubus wirkt didaktisch und allgemein beratend und regulierend ein, ermittelt Verbesserungspotenziale (z.B. durch Befragungen aller Beteiligten), organisiert den Austausch zwischen den Tutor/innen (z. B. durch regelmäßige Tutor/innentreffen) sowie den wissenschaftlichen Austausch über Universitätsgrenzen hinaus.

Nicht zuletzt ist anzumerken, dass das erklärte Ziel, etwa 20-30 % der Teilnehmenden der *tu projects* aus dem **ersten Studienjahr** der Bachelorstudiengänge zu rekrutieren, mit einer ermittelten Quote von ca. 15 % nicht erreicht wurde. Da die Projekte im Wahlbereich angeboten werden und Studierende zu Studienbeginn vor allem Pflichtveranstaltungen besuchen, ist eine Steigerung des Anteils unwahrscheinlich. kubus hat daher durch Aufrufe und Präsentationen innerhalb des Orientierungsstudiums der TU Berlin »MINTgrün« versucht, Studienanfänger/innen für die Beantragung von Projekten zu begeistern. Daraus ging bereits die Projektwerkstatt »Biotechnologie in der Klimahülle« hervor.

Verstetigung

Aspekte der Verstetigung von Projektwerkstätten sind in dreierlei Hinsicht zu erkennen:

1. Dem großen Interesse von Studierenden an Forschendem Lernen in studentischen Projekten und der großen Anzahl von Projektanträgen kann am besten durch eine Ausweitung der dafür bereitgestellten Tutor/innenstellen entsprochen werden.
2. Dem großen Interesse sowohl von Studierenden als auch Professor/innen an aktivierenden, selbst organisierten Lehrveranstaltungen, die geeignet sind die Studieneingangsphase attraktiver zu gestalten, kann durch Ansprache der Teilnehmenden vorhandener Einführungs- und Orientierungsveranstaltungen begegnet werden. Ferner ist eine Einrichtung von durch Studierende selbst organisierte Einführungsveranstaltungen oder eine dahingehende Umstellung bereits existierender projektorientierter Einführungsveranstaltungen denkbar.
3. Die Idee der Projektwerkstätten wirkt seit ihrer Einführung 1985 kontinuierlich als Inkubator für innovative Ideen in der Regellehre. Dabei könnten verschiedene organisatorische Maßnahmen die Verstetigung bzw. die Einrichtung eines kontinuierlichen Innovationsprozesses für die Regellehre bestärken.

So wäre z.B. eine Pflicht zur Beschreibung von Übertragungsmöglichkeiten in die Regellehre für Projekttutor/innen im Rahmen ihrer Zwischen- und Endberichte ein erster Schritt. Hier bieten die sogenannten »Studienreformprojekte« der TU Berlin ein geeignetes Format. Ein zweiter Schritt wäre eine verbindliche, regelmäßige Auswertung der

Projektergebnisse durch die jeweiligen Studiendekane hinsichtlich Übertragungspotenzialen in die Regellehre. In einem weiteren Schritt wären durch die Kommission für Lehre und Studium unter Teilnahme des Vizepräsidenten für Studium und Lehre anhand der Erfahrungen generelle Potenziale für die Übertragung der Projektergebnisse in Lehrveranstaltungen der TU Berlin zu analysieren und zu beschreiben.

Bezüglich einer Verstetigung außerhalb der TU Berlin steht mit kubus, dem Gründungsservice der TU Berlin und dem Weiterbildungsangebot eine umfangreiche Beratungs- und Schulungsstruktur bereit, die Studierenden in allen Fragen der Unternehmensgründung, der Patentierung von Erfindungen sowie der Kooperation mit Unternehmen, Organisationen und der öffentlichen Verwaltung weiterhilft.

Fazit: Bewertung des Lernens in Projektwerkstätten

Wir begreifen selbst organisiertes Forschendes Lernen als Chance, einen kontinuierlichen Verbesserungsprozess in der Regellehre anzustoßen. Die Verbesserung der Lehre bezieht sich nach unserer Auffassung auf das zivilgesellschaftliche Potenzial der Hochschulbildung in studentisch organisierten Projekten, welches die Aspekte sozial-ökologische Nachhaltigkeit, Generationen- und Fächerübergriff sowie Gender- und Sozialkompetenzen betrifft. Somit setzen die Projekte auch zentrale Forderungen des Bologna-Prozesses um.

Anhand des vorgestellten Projektbeispiels »Begrünung in Modulen« kann man gut erkennen, warum Forschendes Lernen in studentischen Projekten besonders wertvoll ist: In Arbeitsgemeinschaften werden verschiedene Aspekte eines Gesamtvorhabens – etwa die Entwicklung, Wirtschaftlichkeit, Öffentlichkeitsarbeit, Patentierung und Gründung – bearbeitet und anschließend im Gesamtteam zusammengeführt. Dies schult die Konzentration auf eine selbst gewählte Arbeitsaufgabe, ohne das Gesamtprodukt aus den Augen zu verlieren.

Die Projektbeispiele »Ökonik« und »Radio Tierstimme« zeigen aber auch: Partizipative Lehr- und Forschungsangebote stellen ein geeignetes Format dar, wenn es vorrangig um das prozessorientierte Lernen geht, das weit über den Erwerb von Soft Skills hinausgeht und gesellschaftlich verantwortliches Handeln und Engagement adressiert. Als wichtig erachten wir auch die zweijährige Projektdauer. Dadurch ist ein Spielraum gegeben, der Zeit lässt für Aushandlungsprozesse der Lernenden sowie für ein mögliches Scheitern und Neustrukturieren der Projekte. Das unterscheidet die Projektwerkstätten und *tu projects* von vielen anderen problembasierten, aktivierenden Formaten forschungsnahen Lernens, in denen innerhalb eines Semesters vorgegebene Aufgabenstellungen zielorientiert bearbeitet werden sollen.

35 Jahre nach Einführung der Projektmethode in die berufliche Erstausbildung ist es an der Zeit, diese als Format Forschenden Lernens auch im Studium mehr zu berücksichtigen und zu entwickeln. Ein solcher integrierender Ansatz wäre auch ein notwendiges wie passendes Korrektiv zur Fragmentierung der Studieninhalte seit Einführung der Bachelor- und Masterstudiengänge.

Der immer wieder von Unternehmensvertreter/innen geforderte Bezug zur Wirtschaft und Arbeitswelt lässt sich nicht über eine willkürliche Verkürzung von Studienzeiten durch Bachelorabschlüsse erreichen, er ist nur durch praxisbezogene, ganzheitliche Studienformate realisierbar.

Praxistipp:

- Die Eigenmotivation der Studierenden ist ein entscheidender Aspekt. Von außen an die Studierenden herangetragene Themen entsprechen oft nicht ihrem Eigeninteresse, was leicht zum Scheitern des Projekts vor dem eigentlichen Projektstart führen kann. Daher sollten die Studierenden die Möglichkeit bekommen, die Forschungsthemen mitzubestimmen oder die eigenen Forschungsinteressen anderweitig einzubringen.

- Zudem ist eine gewisse Offenheit für die methodische Gestaltung der Projekte hilfreich. So sollte die Durchführung von Blockveranstaltungen und Exkursionen ebenso möglich sein wie eine kontinuierliche Arbeit mittels regelmäßiger Arbeitstreffen. Vielseitig nutzbare/ausgestattete Räume, eine unkomplizierte Versicherungsregelung bei Veranstaltungen außerhalb der Hochschule sowie zusätzliche Honorarmittel für die Einbeziehung externer Expert/innen tragen wesentlich zu dieser Offenheit bei.

- In Bezug auf die Gewinnung von Projektteilnehmenden sollte hingegen nicht nur der mögliche Erwerb von Leistungspunkten kommuniziert werden. Die Studierenden werden vielmehr von den Themen angesprochen, die sonst im Studium zu kurz kommen, sowie von der Möglichkeit, Lehre nach eigenen Vorstellungen inhaltlich und methodisch mitzugestalten.

Literatur

Birkhölzer, K. (1989). UniMut für Projektwerkstätten. In AStA TU Berlin & Inst. f. Medienpädagogik und Hochschuldidaktik (Hrsg.), *Projektwerkstätten* (S. 5 – 12). Berlin: Eigenverlag.

Deci, E.L. & Ryan, R.M. (1993). Die Selbstbestimmungstheorie der Motivation und ihre Bedeutung für die Pädagogik. *Zeitschrift für Pädagogik,* 39, 223 – 238.

Dietrich, J., Lebek, K., Reinhard, M. & Becker, F. (2014). *Projektwerkstätten und tu projects der TU Berlin, Evaluationsbericht.* Berlin: Eigenverlag. URL: http://www.projektwerkstaetten.tu-berlin.de/menue/veroeffentlichungen, 14.10.2016.

Dürnberger, H., Hofhues, S. & Sporer, T. (Hrsg.). (2011). *Offene Bildungsinitiativen. Fallbeispiele, Erfahrungen und Zukunftsszenarien.* Münster: Waxmann.

Kirchgeßner, K. (2014). TU Berlin: Lehre in Eigenregie. In HRK/nexus (Hrsg.), *Die engagierten Hochschulen* (S. 36ff.). Bonn: Eigenverlag.

Krapp, A. & Ryan, R.M. (2002). Selbstwirksamkeit und Lernmotivation. *Zeitschrift für Pädagogik,* 44, 54 – 82.

Lempert, W. (2006). Wirtschaftsberufliche Erziehung angesichts des real expandierenden Kapitalismus. *Zeitschrift für Berufs- und Wirtschaftspädagogik,* 102(1), 108 – 133.

Prystav, G. (2012). Anders lernen – Wenn Studierende die Lehre übernehmen. In M. Rummler (Hrsg.), *Innovative Lernformen: Projektarbeit in der Hochschule. Projektorientiertes und problembasiertes Lehren und Lernen* (S. 150 – 160). Weinheim/Basel: Beltz.

TU Berlin (o.J.). *Leitbild der TU Berlin.* URL: https://www.tu-berlin.de/menue/ueber_die_tu_berlin/gesetze_richt_leitlinien/leitbild_der_tu_berlin, 14.10.2016.

TU Berlin (o.J.). *Ziethener Manifest.* URL: http://www.tu-berlin.de/-?id=130390, 14.10.2016.

Das diesem Artikel zugrunde liegende Vorhaben wurde mit Mitteln des Bundesministeriums für Bildung und Forschung unter dem Förderkennzeichen 01PL12086 im Projekt »PerLe«– Projekt erfolgreiches Lehren und Lernen« gefördert.

Räumliche Interventionen – gestalterisches Vorgehen im Forschenden Lernen

Julia Albrecht, Elisa Ruhl

Pädagogische Interventionen, invasive Medizin, militärisches Einschreiten oder »Urban Hacking«-Interventionen sind in vielen Disziplinen und Arbeitsfeldern bekannt und beschreiben das Dazwischentreten, Hinzukommen, Unterbrechen oder auch Durchkreuzen bestehender Situationen. Im Kontext der Erforschung von Lernräumen können räumliche Interventionen als Untersuchungsinstrumente dienen. Pädagogikstudierende der Christian-Albrechts-Universität zu Kiel haben in universitäre Lernräume interveniert, um deren sozio-materielle Qualitäten zu erforschen. Im Rahmen der Interventionen wurden Materialien arrangiert, transformiert, ersetzt oder auch hinzugefügt und Lernsettings sowie (soziale) Interaktionen gestaltet und/oder erweitert. Die Verwendung der Räume mit ihren Interventionen durch Studierende, Lehrende und Verwaltungspersonal wurde beobachtet, ausgewertet und bildete wiederum den Ausgangspunkt für weitere Interventionen und die Weiterentwicklung der Forschungsfragen.

Im Folgenden werden das dem Seminar zugrunde liegende Lehr-/ Lernmodell »Design als Untersuchung« eingeführt und räumliche Interventionen als Untersuchungsinstrument Forschenden Lernens beschrieben. Praxisbeispiele veranschaulichen die Vorbereitung, Durchführung und Auswertung von räumlichen Interventionen in studentischen Forschungsprozessen sowie die Einbettung in eine universitäre Lehrveranstaltung. In einem abschließenden Rückblick werden Schwierigkeiten und Potenziale der Praxisbeispiele diskutiert. Ein Ausblick gibt Hinweise auf die Weiterentwicklung der Lehrveranstaltung.

1. Interventionen als gestaltete Situationen

»Design als Untersuchung« ist ein in der Pädagogik entwickelter Ansatz Forschenden Lernens (Allert & Richter, 2012), der Design als Wissensgenerierung konzeptualisiert (research through design). Er strukturierte den Forschungsprozess der Studierenden in der Lehrveranstaltung. Das Gestalten von Artefakten und Situationen wird in diesem Ansatz genutzt, um mehr über das Forschungsthema und die selbstgewählte Forschungsfrage herauszufinden. Die Produktentwicklung und -optimierung selbst tritt damit in den Hintergrund des Interesses und muss nur soweit prototypisch entwickelt sein, als das sie der Erforschung des gewählten Gegenstands dienlich ist.

Der Forschungsprozess zeichnet sich durch das iterative Durchlaufen folgender Phasen aus: (1) Durch das Verorten grenzen Studierende ihr Forschungsthema ein und entwickeln ein vorläufiges Verständnis. (2) Im Rahmen der Erkundung explorieren sie Nutzungspraktiken der Beteiligten. Durch diesen Analyseschritt decken die Studierenden Annahmen in Bezug auf ihre Forschungsfrage auf. (3) Die Generierung verschiedener Hypothesen, die neue Lösungen bzw. Handlungsoptionen bieten, kann als projektiver Schritt verstanden werden. (4) Ausgewählte Hypothesen werden mit Material verdinglicht, um neue Handlungsoptionen praktisch zu erproben. Das hierdurch generierte situative Wissen soll kommuniziert und mit anderen geteilt werden, damit weiter darauf aufgebaut werden kann (vgl. ausführlicher zu dem Modell Allert, Reisas & Richter, 2014). Gleichzeitig hat sich jedoch durch das Eingreifen auch die Situation selbst verändert.

Räumliche Interventionen – intentional vom Forschenden gestaltete bzw. veränderte Artefakte und Situationen – spielen als Untersuchungsinstrument bei der Materialisierung von Hypothesen, also insbesondere bei Phase 3 und 4 des Lehr-/Lernmodells »Design als Untersuchung« eine Rolle. Ihnen geht eine Analysephase voraus, die bestehende soziale Raumnutzungspraktiken erhebt. Aufbauend auf diesen Einsichten können alternative Perspektiven auf die vorgefundene Situation entwickelt und visionäre Handlungsoptionen an Ort und Stelle umgesetzt bzw. materialisiert werden. Charakteristisch sind dabei das Spielen mit physischen Strukturen, das Hinterfragen bestehender Interaktionen im Raum und das Offenlegen unsichtbarer Regeln des Ortes.

Interventionen können dabei Verbesserungen vorantreiben, die sich an menschlichen Bedürfnissen in Räumen orientieren. Ursprünglich werden Interventionen eher sozialräumlich gedacht, indem zum Beispiel provokative Aktionen und Strategien in kurzfristigen, im Raum stattfindenden Interaktionen (z.B. Flashmobs) durchgeführt werden, um auf Diskurse aufmerksam zu machen oder diese mitzugestalten (vgl. u.a. Boyd & Mitchell, 2014). Andere Akteure des Felds arbeiten experimentell mit Veränderungen des physischen Raums, indem sie wie z.B. der Streetartkünstler IEPE durch Farbe Nutzungswege sichtbar machen (IEPE, 2011). Interventionen in diesem Sinne sind (meist minimale) Veränderungen im Raum, die die zentralen Mechanismen des vorhandenen Raums offenlegen, diese sichtbar machen und durch das Eingreifen zum Teil auch verändern. Somit wird angenommen, dass Raum kein in sich geschlossener Container ist, der Nutzungen vorschreibt, sondern dass die beteiligten Akteure Räume aktiv mitproduzieren (Löw, 2001).

Für den Kontext Forschenden Lernens bieten räumliche Interventionen den Vorteil, dass Überlegungen zu den gegenseitigen Bedingungen von Lernen und Raum sowie implizite Annahmen darüber nicht theoretisch bleiben, sondern über das Herstellen eines Artefakts oder einer realen, leiblich erfahrbaren Situation nachvollziehbar werden. Die Umgangsweisen mit den gestalteten Interventionen werden beobachtet, dokumentiert und ausgewertet. Die Wirkung der Intervention im lokalen Kontext und die Betrachtung aus einer theoretisch fundierten Perspektive, die zugrunde liegende Mechanismen erkennen lässt, bilden den Ausgangspunkt für die Weiterentwicklung der Forschungsfrage und auf diesen Erkenntnissen aufbauenden weiteren Interventionen.

2. Wissensnomaden – Gestalten für fluide Lernumgebungen

Der vorliegende Beitrag führt räumliche Interventionen in ihrem Status als Untersuchungsinstrument ein und illustriert die Vorbereitung, Durchführung und Auswertung von räumlichen Interventionen durch Studierendengruppen. Um den Einsatz von Interventionen beleuchten zu können, werden zunächst die Rahmenbedingungen des Seminars, in dem die Methode erstmalig mit Pädagogikstudierenden genutzt wurde, beschrieben:

Das Seminar wurde am Institut für Pädagogik der Christian-Albrechts-Universität (CAU) zu Kiel, im Rahmen des 2-Fächer-Bachelors of Arts in Education im Wintersemester 2014/15 angeboten. Das Seminar wurde als Kooperationsprojekt zwischen der Abteilung »Medienpädagogik« der CAU und dem Fachbereich »Raumstrategien« der Muthesius Kunsthochschule Kiel im Teamteaching mit Lehrenden beider Disziplinen realisiert. In den »Raumstrategien« sind räumliche Interventionen als Form des künstlerischen Forschens (vgl. Dombois, 2006) ein häufig genutztes Vorgehen. Somit konnte die Dozentin dieses Seminars ihr Expertenwissen über räumliche Interventionen aus ihrem Arbeitsbereich in das Seminar einbringen. Die Transformation in den Kontext des Pädagogikstudiums war durch die Dozentin der »Medienpädagogik« möglich. Die elf teilnehmenden Studierenden, die sich größtenteils im fünften Fachsemester befanden, arbeiteten in Kleingruppen an selbstgewählten Forschungsfragen zum Thema »Gestaltung von Lernräumen für die Bedürfnisse des studentischen Wissensnomaden« (zum Begriff Wissensnomade siehe: Su & Mark, 2008).

Um den Einstieg in das Seminarthema zu ermöglichen, erkundeten die Studierenden die Institutsräume, beobachteten, beschrieben und clusterten Aktivitäten des Lernens und Arbeitens. Neben unterschiedlichen Lernaktivitäten wurden sowohl räumliche Probleme wie z. B. fehlende Infrastrukturen für spontane Gruppenarbeiten als auch relevante Orte für das Lernen, wie z. B. der Eingangsbereich des Instituts, identifiziert. Vertiefend dokumentierten die Studierenden eigene Lernerlebnisse in Selbstbeobachtungen und präsentierten diese in der folgenden Sitzung in einem »World Café«. Das Material diente als Ausgangspunkt für die Entwicklung der eigenen Forschungsfragen. Um die Verortung der gewählten Themen in aktuelle pädagogische und raumstrategische Diskurse zu ermöglichen, führten die Dozentinnen in Konzepte von Lernen und in aktuelle Raumdiskurse ein. Das Konzept »Interventionen als Untersuchungsmethode« wurde beispielsweise durch einen Interventionsworkshop in der Kunsthochschule, in dem Grundbegriffe, Anwendungsfelder und Mechanismen von Interventionen in praktischen Übungen erprobt wurden, für die Studierenden zugänglich gemacht.

In den nächsten drei Sitzungen hatten die Studierendengruppen Zeit, ihre Hypothesen zu formulieren und räumliche Interventionen zu planen, durchzuführen und auszuwerten. Zudem konnten sie in dieser Phase Beratungstermine mit den Dozentinnen wahrnehmen. An den folgenden zwei Präsentationsterminen stellten die Arbeitsgruppen ihren bisherigen Forschungsprozess dar und präsentierten wahlweise ein Thema, das sich aus ihrem Forschungsprozess ergeben hatte (z. B. ethische Richtlinien bei verdeckter Beobachtung) oder Konzepte und Modelle, mit denen sie sich auseinandergesetzt haben (z. B. eine kritische Beleuchtung des Modells der »Lerntypen«). Es folgte noch eine zweite Arbeitsphase, in der weitere Interventionen geplant, durchgeführt und ausgewertet wurden und die Dozentinnen wieder beratend begleiteten. Die letzte Sitzung diente der Reflexion und der Zusammenfassung des Seminars. In der abschließenden mündlichen Prüfung stellten die Gruppen ihren Forschungsprozess und ihre Erkenntnisse dar.

3. Interventionen zur Erforschung universitärer Lernräume

Die von den Studierenden durchgeführten Interventionen waren aufgrund ihrer Forschungsfragen und Intentionen sehr unterschiedlich. Um eine Kategorisierung der im Folgenden beschriebenen Interventionen vorzunehmen, wird eine im »Design Education« genutzte Taxonomie (Tharp & Tharp, 2009) genutzt, die gestalterisches

Vorgehen anhand verschiedener Intentionen im Gestaltungsprozess unterscheidet und folgende Kategorien vorschlägt: Commercial Design, Responsible Design, Discursive Design und Experimental Design. Die Kategorien bieten auch für die Beschreibung exemplarischer Interventionen der Studierenden eine hilfreiche Hintergrundfolie, um unterschiedliche Intentionen der Studierenden in der Gestaltung von räumlichen Interventionen sichtbar zu machen. Da die Kategorie Commercial Design primär markt- und monetär-orientiert ist, wurde sie für den Kontext des Forschenden Lernens nicht weiter eingebunden.

Bedürfnisorientierte Interventionen sind angelehnt an das verantwortungsbewusste (Responsible) Design, das insbesondere Produkte für soziale Randgruppen mit speziellen Bedürfnissen gestaltet. Bei der Beschreibung dieser Interventionen steht besonders die Fokussierung auf vorab explorierte oder angenommene Bedürfnisse der Nutzerinnen und Nutzer im Vordergrund. Diskursive Interventionen basieren auf dem Discursive Design und transportieren eine Idee oder regen die Nutzerinnen und Nutzer zum Reflektieren und Debattieren an. Experimentelle Interventionen nach dem Experimental Design fokussieren die entdeckende Suche nach bisher Unbekanntem. Der Prozess des Forschens und der Erkenntnis ist dabei wichtiger als die Optimierung eines Designprodukts (die gestaltete Intervention).

Im Folgenden werden zunächst die Interventionen der Studierenden dargestellt, um sie später in der Diskussion kritisch auf ihre Eignung als Untersuchungsinstrument bzw. ihre Rolle im Forschungsprozess zu betrachten. Die Kategorien des Designs sind dann hilfreich, um die unterschiedlich starke Forschungsorientierung der Arbeitsgruppen beleuchten zu können und die Frage zu stellen, ob tatsächlich »Design als Untersuchung« stattgefunden hat.

Bedürfnisorientierte Intervention

Um studentische Lernorte zu erfassen, stellte eine Arbeitsgruppe eine Pinnwand mit Poster und Stiften an einen zentralen Durchgangsort im Institut für Pädagogik. Mit dem Plakat sprach die Gruppe Studierende an und fragte, wo die Studierenden am besten lernen. Sie beobachteten die Reaktionen auf das Plakat und werteten diese sowie die schriftlichen Kommentare aus. Es stellte sich heraus, dass aus Sicht der Studierenden zum Lernen ein gemütliches Umfeld, weiche und bequeme Sitzmöbel, ein gutes Raumklima und Verpflegung notwendig sind.

Mit der darauffolgenden Intervention griff die Arbeitsgruppe die zuvor explorierten Bedürfnisse der Studierenden auf und formte eine Hypothese. Um diese zu überprüfen gestalteten sie einen Seminarraum um, indem sie Gruppentische einrichteten, ein Sofa an einem der Tische platzierten, Verpflegung bereitstellten, ein Bett mit Kissen und Decken nachbauten und das Raumklima insgesamt durch Grünpflanzen und Bilder aufwerteten. Die Gruppe beobachtete die Nutzung der verschiedenen Angebote während einer Seminarsitzung. In der Auswertung der Intervention wurde deutlich, dass nicht alle Anforderungen an einen guten Lernraum für einen Seminarkontext anschlussfähig sind. Die Beobachtung veranlasste die Gruppe dazu, sich noch einmal intensiv mit unterschiedlichen Lernaktivitäten auseinanderzusetzen.

Diskursive Intervention

Eine andere Gruppe widmete sich Gruppenarbeitsplätzen im öffentlich genutzten Raum der Hochschule. Um zu erkunden inwieweit es unter Studierenden überhaupt einen Diskurs und den Wunsch nach solchen Arbeitsinseln gibt, klebten die Studierenden einen Bereich in einem Foyer ab und kündigten durch Plakate entsprechende Umbaumaßnahmen an. Sie beobachteten die Reaktionen der Vorbeigehenden. In einem zweiten Schritt befragten sie Studierende. Ihre Auswertungen machten deutlich, dass es den Wunsch nach Rückzugsmöglichkeiten für Arbeitsgruppen an diesen öffentlichen Orten gibt, bisher allerdings lediglich Plätze für maximal zwei Personen vorhanden sind.

Auch eine weitere Arbeitsgruppe wollte durch eine Intervention einen möglicherweise versteckt laufenden Diskurs aufdecken. Ihre bisherige Analyse hatte gezeigt, dass Studierende, um sich beispielsweise auf Klausuren vorzubereiten, hauptsächlich in der Bibliothek lernen. Die Gruppe war sich aber unsicher, ob es nicht noch weitere Orte gibt, die für diese Lernaktivität passend erscheinen. Die Studierenden brachten eine halbe Stunde vor Öffnung an den Eingangstüren der Bibliothek Plakate an, auf denen sie ankündigten, dass die Bibliothek an diesem Tag geschlossen bleiben würde. Sie beobachteten die Reaktionen der Studierenden, die kurz vor der offiziellen Öffnungszeit eintrafen und sich, nachdem sie die Hinweisschilder gelesen hatten, enttäuscht zum Gehen abwandten. In einigem Abstand zum Eingangsbereich fingen sie die Personen ab und fragten sie nach ihren Alternativlernorten. Die Annahme der Studierenden war, dass die unerwartete Nachricht der Schließung die Studierenden auf andere Ideen für alternative Orte zum Lernen bringen würde, als es eine einfache Befragung getan hätte.

Experimentelle Intervention

Im Rahmen der praktischen Übungen im Interventionsworkshop erhielten die Studierenden die Aufgabe, das Thema »Interdisziplinärer Austausch zwischen den Disziplinen an der Kunsthochschule« mithilfe von Interventionen zu erforschen. Eine Studierendengruppe erkannte in der Analysephase, dass die Vertreterinnen und Vertreter der unterschiedlichen Disziplinen, die jeweils auf einer Etage des Gebäudes ihre Büros, Seminarräume und Ateliers haben, eine Haupttreppe, einen Fahrstuhl und eine Nebentreppe nutzen können, um ihre Etage zu erreichen. Am häufigsten wurde die Nebentreppe genutzt, die sich jedoch in einem abgeschlossenen Treppenhaus befindet und somit am schlechtesten dafür geeignet ist, spontane Gesprächssituationen zwischen Vertreterinnen und Vertretern der verschiedenen Disziplinen zu provozieren, wie dies zum Beispiel durch die geteilte Enge im Fahrstuhl oder durch ausgestellte Artefakte der Disziplinen auf den entsprechenden Etagen möglich ist. Um die beiden letztgenannten Situationen, die interdisziplinären Austausch anstoßen könnten, zu fokussieren, sperrten die Studierenden die Treppe mit einem Absperrband und brachten ein Schild mit folgendem Text an: »Hier entsteht eine Rutsche. Fertigstellung 1.12.2014«. Das Schild zentrierte zum einen die Nutzungswege der Menschen und löste zum anderem auch noch Gespräche aus. So meldete sich nach einigen Tagen sogar der Kanzler der Hochschule zu Wort, indem er auf einem zweiten Schild antwortete: »Hier ist ein ausgewiesener Fluchtweg, bitte keine Rutsche bauen. Der Kanzler«.

Eine weitere experimentelle Intervention ergab sich aus einer anfänglich rein formell notwendigen Verwaltungstätigkeit. Eine Arbeitsgruppe verfasste einen Brief an den Hausmeister, in dem sie darum bat, im Eingangsbereich des Instituts für Pädagogik für einige Stunden eine Sitzgruppe aufstellen zu dürfen, um die Nutzung derselben durch die Studierenden zu beobachten. Mit Verweis auf die Brandschutzrichtlinien gewährte der Hausmeister den Antrag nicht. In der Auswertung des Verbotes wurde deutlich, dass die Studierenden mit dieser nicht-intentionalen Interventionen ein unsichtbares Regelsystem aufgedeckt hatten: Brandschutz wird höher bewertet als Bedürfnisse, die sich aus Lehre und Forschung ergeben, nicht jedoch als Bedürfnisse bezüglich kommerzieller Veranstaltungen. Derselbe Eingangsbereich wird nämlich für Tagungen und Veranstaltungen genutzt und dann auch möbliert. Diese Erkenntnis führte zu weiteren Briefen, anhand derer dieses implizite Regelsystem offengelegt wurde. Anschließend führte die Gruppe die Intervention durch Briefe auch an der Kunsthochschule durch und konnte so zum Ende des Projekts die Divergenz der Nutzungsmöglichkeiten von öffentlichen Räumen durch Lehre und Forschung an den beiden Forschungseinrichtungen aufzeigen. Sie arbeiteten die unterschiedlichen Kulturen der beiden Einrichtungen, die sie in Erfahrung gebracht hatten, heraus.

4. Diskussion

Die beschriebenen Beispiele räumlicher Interventionen wurden nach der Gestaltung zugrunde liegender Intentionen (in Anlehnung an Tharp & Tharp, 2009) der Studierenden kategorisiert. Diese Taxonomie ist hilfreich, um primäre Intentionen voneinander abzugrenzen, wobei es teilweise eine Überlappung gab. Die Zuordnung wurde dann anhand der am stärksten angenommenen Intention vorgenommen. Zudem ist es wichtig, darauf hinzuweisen, dass die Intention und Hypothese der Studierenden im Vordergrund steht und nicht die Interpretation der Intervention durch die Nutzerinnen und Nutzer (vgl. Tharp & Tharp, 2013). Die Taxonomie dient hiermit einer besseren Abgrenzung der verschiedenen Interventionen und macht im Folgenden Stärken und Schwächen der Praxisbeispiele kontrastreicher diskutierbar.

Nach unseren Erfahrungen fiel es den Studierenden am leichtesten, bedürfnisorientierte Interventionen zu gestalten. Hierbei verstanden sie sich selber jedoch eher als problemlösende Gestalterinnen und Gestalter und weniger als entdeckende Forschende. Sie nutzten ihnen bereits aus ihrem bisherigen Studium bekannte Vorgehensweisen (Interviewtechniken), um Studierende nach ihren Wünschen für einen guten Lernraum zu fragen und ihnen diesen im Anschluss zu bieten. Die Auswertung der Kommentare, die Studierende auf dem bereitgestellten Plakat hinterließen sowie die Auswertung der Beobachtung dieser Intervention blieb insofern an der Oberfläche, als das die Arbeitsgruppe nur explizit kommunizierte Bedürfnisse der Studierenden in der darauffolgenden Intervention berücksichtigte. Das Forschungsthema wurde jedoch nicht durch eine aktive und eigenständige Interpretation der Arbeitsgruppe gerahmt. Somit kann der gestaltete Lernraum als Antwort auf alle genannten Bedürfnisse (gemütliches Umfeld, weiche und bequeme Sitzmöbel, ein gutes Raumklima und Verpflegung) verstanden werden und ist nicht dazu geeignet, konkrete neue Erkenntnisse zu generieren, Spannungsverhältnisse aufzudecken oder auch neue Lernpraktiken zu provozieren. Zudem birgt das Fokussieren- und Erfüllenwollen von (angenommenen) Bedürfnissen der Nutzerinnen und Nutzer die Gefahr, dass letztendlich nur noch die Optimierung des gestalteten Artefaktes oder der gestalteten Situation in den Vordergrund rückt. Das Prototypische und Minimale der räumlichen Intervention, der untersuchende Charakter sowie der Wechsel einer Perspektive (theoretischer Fundierung) treten zulasten einer (ästhetischen) Produktorientierung in den Hintergrund. Im Forschenden Lernen muss das Ziel jedoch immer bleiben, durch die Gestaltung der räumlichen Interventionen die Sicht auf den Gegenstand und eine sich ständig aktualisierende und verändernde Forschungsfrage weiterzuentwickeln.

Diskursive Interventionen machen erst einmal auf ein Thema aufmerksam, sie weisen auf Spannungsfelder hin und regen zum eigenen Denken und Diskutieren an. So wohnt der Ankündigung der Sitzecke sicherlich noch kein offensichtlich kritischer oder auch schockierender Moment inne, wie Tharp und Tharp (o. A.) dies für Designprodukte dieser Kategorie beschreiben. Dennoch wird bisher Gegebenes sichtbar und somit auf etwas Fehlendes hingewiesen: Der öffentliche Lern- und Transitraum unterstützt nur bestimmte Lerntätigkeiten, die allein oder maximal zu zweit ausgeführt werden können. Die Auswertung der Intervention hat dann ergeben, dass den Studierenden dieser Umstand deutlich wurde, und diese Erkenntnis beeinflusste den weiteren Forschungsprozess. Die angekündigte Schließung der Bibliothek sorgte sicherlich bei den Betroffenen für einen irritierenden oder möglicherweise schockierenden Moment und war dazu geeignet, zum Nachdenken über alternative Lernräume anzuregen. Diskursive Interventionen weisen eine Nähe zu klassisch pädagogischen Denktraditionen auf, in denen Schriften jeglicher Art Orientierungswissen anbieten und die Leserin oder den Leser zum selbstständigem reflektieren anregen. Im Unterschied hierzu nutzen räumliche Interventionen jedoch nicht ausschließlich Schrift, um solche Prozesse anzuregen, sondern das Gestalten von Situationen und Artefakten. Diskursiv intendierte Interventionen bergen jedoch die Gefahr, am stärksten aktionistisch und subjektiv gefärbt zu sein, da die Annahmen über den provozierten Diskurs schon in die Gestaltung der Intervention einfließen und diese maßgeblich mitbestimmen. Auch wurde hier keine alternative Handlungsoption zur Verfügung gestellt, die neue Nutzungspraktiken erprobbar und erlebbar gemacht hätte.

Rückblickend betrachtet waren die Interventionen, die der Kategorie Experimentell zugeordnet werden können, am dienlichsten für den Forschungsprozess der Studierenden. Experimentelle Interventionen zeichneten sich durch die größte Ergebnisoffenheit aus, ohne dabei willkürlich oder beliebig zu sein. So ging beispielsweise der Sperrung der Treppe und der gleichzeitigen Ankündigung der Rutsche eine Analyse der aktuellen Nutzungspraktiken voraus. Die Sperrung selber führte zu dem auch angenommenen Ergebnis, dass der Fahrstuhl und das Treppenhaus stärker frequentiert wurden und so Kommunikationssituationen und -anlässe zwischen den Disziplinen förderten. Die Kommentierung des Bauvorhabens durch den Kanzler der Hochschule machte zudem deutlich, dass Eingriffe in den physischen Raum geduldet werden, indem die Sperrung durch den Kanzler nicht entfernt, sondern nur kommentiert wurde. In Kontrast hierzu, konnten Interventionen am Institut für Pädagogik mit Verweis auf entsprechende Verwaltungsrichtlinien zum Teil nicht durchgeführt werden. Diese ersten Hinweise führten eine Arbeitsgruppe letztendlich dazu, die Mitgestaltung von Hochschulräumen in der Kunsthochschule und am Institut für Pädagogik miteinander zu vergleichen. Das Ziel experimenteller Interventionen besteht eben gerade nicht in der Gestaltung eines abgeschlossenen und fertigen Artefakt (vgl. Fernaeus & Lundström, 2004), sondern darin, im Rahmen einer gestellten Forschungsfrage zu forschen und sich auch von Neuem überraschen zu lassen. Hierzu gehört es, bislang gewohnte (theoretische) Perspektiven zu wechseln und die eigene Komfortzone zu verlassen. Insbesondere die Anfrage an den Hausmeister und das folgende Verbot der Intervention führten erst einmal zu großer Unsicherheit. Diese gilt es für Studierende in ihrem Forschungsprozess zu überwinden, unterstützt durch die Begleitung und Beratung der Lehrenden. Eine besondere Bedeutung kommt dann der intensiven Auswertung der Interventionen zu.

Die beschriebenen Beispiele haben verdeutlicht, dass eine trennscharfe Unterscheidung der räumlichen Interventionen nach den Kategorien bedürfnisorientiert, diskursiv und experimentell nicht immer möglich ist. Die Taxonomie ist dennoch dazu geeignet, auch für Studierende die Intention hinter ihrem forschenden Handeln zu erkennen und in der Gruppe reflektierbar und diskutierbar zu machen.

5. Ausblick

In dem Beitrag wurden räumliche Interventionen als Untersuchungsinstrument zur Gewinnung von Erkenntnissen über ein Forschungsthema (»Wissensnomaden – Gestalten für fluide Lernumgebungen«) eingeführt und beschrieben. Basierend auf den Erkenntnissen aus dem beschriebenen Seminar wurden in der erneuten Durchführung des Seminars im Sommersemester 2015 einige Modifikationen vorgenommen. Nachdem die Studierenden sehr viel Zeit und Energie in die Vorbereitung und Durchführung ihrer Intervention gelegt hatten, wurden die Auseinandersetzungen mit Auswertungsmethoden von Interventionen vertieft. So wurden die Beobachtungen ausführlich theoretisch behandelt sowie ein Beobachtertraining mit

Fokus auf Auswertungen von Beobachtungen durchgeführt. Während im ersten Semester zunächst noch häufiger eine problemlösende anstatt einer problemexplorierenden Haltung eingenommen wurde, konnte durch den Schwerpunktwechsel hin zur Auswertung der Ablauf von Planung, Durchführung und Auswertung in ein harmonischeres Verhältnis gebracht werden. Es wurden durch die Veränderung vermehrt experimentelle Interventionen gestaltet, die ihren Schwerpunkt nicht auf Bedürfnisbefriedigung, sondern auf deren Analyse und diskursiver Weiterentwicklung legten. Die Forschungsfragen konnten so im Laufe des Semester besser vertieft und systematisiert werden, und die Studierenden artikulierten einen »kompletten und ergebnisoffenen« Forschungsprozess durchlaufen zu haben.

Praxistipp:

Ein wichtiger Bestandteil der sehr individuellen als auch selbstständigen Forschungsprozesse der Studierendengruppen war die stete Beratung und Rücksprachemöglichkeit mit den Lehrenden sowie den anderen Studierendengruppen.

- Die Beratung durch die Lehrenden sollte fest datiert sein, so dass die Studierenden sie als verlässliche Anlaufstelle wahrnehmen.

- Es sollte für die Studierenden kein Zwang zur wöchentlichen Beratung bestehen, sondern eine bedarfsorientierte Beratung stattfinden. Jedoch sollte in einer längeren offenen Phase gewährleistet sein, dass alle Gruppen einen Zwischenarbeitsstand vorstellen.

- Um zum Beratungstermin möglichst produktiv über den Forschungsprozess und eventuelle Probleme sprechen zu können, ist es wichtig, dass die Studierenden Material aus ihrem bisherigen Prozess und vorformulierte Fragen mitbringen.

- Lehrende agieren in Beratungen meist ad hoc, sollten aber Quelltexte sowie Modelle zur theoretischen Verortung zur Hand haben. Kontakte zu Expert/innen des Feldes können ebenfalls vor der Besprechung vorbereitet werden.

- Zur Besprechung des Forschungsprozesses ist es sinnvoll, in der Beratung auf ein Prozessmodell oder/und einen Zeitplan der Studierenden rekurrieren zu können.

- Die Beratung durch die Lehrenden ist auch durch die Beratung mit weiteren Studierendengruppen ergänzbar. Eine kritisch-analytische Bestandaufnahme des jeweiligen Arbeitsprozesses kann beispielsweise durch die Walt-Disney-Methode in der Großgruppe erfolgen.

- Für die selbstständige Arbeit zwischen den Beratungen ist es hilfreich, die Studierendengruppen am Ende der Beratung einen Arbeitsauftrag und ein Ziel für die kommende Phase formulieren zu lassen.

Literatur

Allert, H. & Richter, C. (2012). Design als Untersuchung: Act & Inquire in an Unfinished Universe. In B. Kossek & M.F. Peschl (Hrsg.), *Digital Turn?: Zum Einfluss Digitaler Medien auf Wissensgenerierungsprozesse von Studierenden und Hochschullehrenden* (S.63–75). Göttingen: V&R unipress.

Allert, H., Reisas, S. & Richter, C. (Hrsg.) (2014). *Design as Inquiry. A Manual.* URL: http://www.knowledge-through-design.uni-kiel.de/images/003a_CKtDCI_D2_D6_ManualBinder_product.pdf, 20.10.2015.

Boyd, A. & Mitchell, D.O. (2014). *Beautiful Trouble: Handbuch für eine unwiderstehliche Revolution.* Freiburg: Orange Press.

Dombois, F. (2006). Kunst als Forschung. Ein Versuch, sich selbst eine Anleitung zu entwerfen. In HKB/HAEB (Hrsg.), *Hochschule der Künste Bern 2006,* (S. 21-29). Hochschule der Künste Bern HKB.

Fernaeus, Y. & Lundström, A. (2014). Intention-Centred Design Education: Beyond Methods and Techniques. In *Design Research Society,* 1157–1167. Umeå Institute of Design.

IEPE (2011). Painting Reality [Video Clip]. URL: https://www.youtube.com/watch?v=N1AHBZybjW4, 21.10.2015.

Löw, M. (2001). *Raumsoziologie.* Frankfurt am Main: Suhrkamp.

Su, N.M. & Mark, G. (2008). Designing for nomadic work. In *Proceedings of the 7th ACM conference on Designing interactive systems,* 305–314. ACM.

Tharp, B. M. & Tharp, S. M. (2009). The Four Fields of Industrial Design: (No, not Furniture, trans, consumer electronics, & toys). *Core77.* URL: http://www.core77.com/blog/featured_items/the_4_fields_of_industrial_design_no_not_furniture_trans_consumer_electronics_toys_by_bruce_m_tharp_and_stephanie_m_tharp__12232.asp, 20.10.2015.

Tharp, B. M. & Tharp, S. M. (2013). Discursive design basics: mode and audience. *Nordes,* 1 (5), 406–409.

Das Format des Inverted Classroom in der Praxis

Christian Freisleben-Teutscher

In Konzepten rund um die Weiterentwicklung der Lehre an tertiären Bildungseinrichtungen wird gern der »Shift from Teaching to Learning« (vgl. Barr & Tagg, 1995) erwähnt. Damit ist eine Wiederbelebung der aktiven Rolle von Lernenden gemeint, u. a. durch eine breite Methodenvielfalt, bei der Peer Learning ein wesentliches Gestaltungsinstrument ist, oder durch eine kompetenzorientierte Ausrichtung von Curricula und Lehrveranstaltungen. Ein Motor für diese Entwicklung ist sicherlich Forschendes Lernen, unterstützt durch verschiedene Möglichkeiten digitaler Kommunikations- und Kollaborationsstrukturen.

Das didaktische Konzept des Inverted Classroom Modells kann Studierende dabei unterstützen, noch intensiver selbst zu Forschenden zu werden, die auch eigene Forschungsfragen formulieren, Antworten darauf suchen und diese auf vielfältige Weise öffentlich zugänglich machen.

Das Inverted Classroom Modell (ICM) – bzw. sein Namenspendant Flipped Classroom – ist eine Form des Blended Learnings (Kombination von Online- und Präsenz-Lernen), bei der sich Studierende bestimmte Teile des Unterrichts bereits zu Hause erarbeiten können. Hierzu dienen z. B. Lernvideos, Podcasts, interaktive Medien etc., die mit verschiedenen Vorbereitungsaufgaben und Assessmentmethoden kombiniert werden. Es wird also das traditionelle Modell – Präsenzveranstaltungen gefolgt von Hausaufgaben – umgekehrt (vgl. Lage, Platt & Treglia, 2000 sowie Handke & Sperl, 2012). Ein Ziel des ICM ist zudem, die Qualität und Effizienz von Lehr- und Lernprozessen zu verbessern (vgl. Demski, 2013; Bergmann & Sams, 2012).

Im Folgenden werden Hintergründe zum ICM beleuchtet sowie Gestaltungsgrundsätze vorgestellt. Zunächst wird das Konzept des Inverted/Flipped Classroom vorgestellt, ebenso wird dabei dessen Ursprüngen nachgegangen. Als wesentlicher Aspekt werden dann die Rollen von Lernenden und Lehrenden in diesem innovativen didaktischen Modell analysiert.

Hintergründe und Umsetzung von Inverted / Flipped Classroom

Das Konzept des Inverted bzw. Flipped Classroom wird inzwischen an vielen Hochschulen mit unterschiedlicher Intensität umgesetzt, zudem gibt es dazu mittlerweile viele Forschungsergebnisse. Auch hat ICM für die Weiterentwicklung von Hochschulen große Relevanz: Der international anerkannte NMC Horizon Report Higher Education Edition (2014) untersucht neue Technologien hinsichtlich ihrer möglichen Auswirkungen auf den Einsatz in Lehre, Lernen und Forschung in den Schulen. In der Ausgabe 2014 ist das Inverted Classroom Model neben studentenzentriertem Lernen der wichtigste Trend, von dem in den nächsten fünf Jahren ein starker Einfluss auf bildungspolitische Entscheidungen erwartet wird. Das zeigt sich auch am Beispiel des »Creative Classrooms Lab« der europäischen Kommission. Hier wurde ein eigener Workshop für politische Entscheidungsträger einberufen, um Standards für die erfolgreiche Implementierung des Konzepts Inverted Classroom zu entwickeln (vgl. Jokisalo, 2013). Insbesondere wird darin hervorgehoben, dass Inverted Classroom Modelle – ganz im Sinn des »Shift from Teaching to Learning« – eine Entwicklung in Richtung Student-centered learning bzw. die aktive Nutzung digitaler Medien fördern.

Grundsätze des Inverted Classroom Modell gehen zurück auf Ansätze des Konstruktivismus sowie auf Konzepte bspw. der Peer Instruction (geprägt u.a. von Eric Mazur, Harvard University 1997). Lernende werden dazu motiviert und dabei unterstützt, sich auf das gemeinsame Arbeiten sowohl offline als auch online vorzubereiten. Dabei kommt eine große Bandbreite an Methoden zum Einsatz, u.a.:

- Recherche zu Fachliteratur, Expert/innen, aktuellen Modellen und Praxisbeispielen
- Studium von Fachmaterialien auch über den Weg von Videos, Podcasts oder durch Web 2.0-Werkzeuge unterstützte interaktive Kommunikationsformen
- Expert/inneninterviews
- bewusste Wahrnehmung und Erforschung verschiedener Sozialräume inkl. Exkursionen;
- gemeinsames Arbeiten an Leitfragen, Konzepten, (multimedialen) Dokumenten inkl. verschiedenster Methoden des Peer Learning und Peer Assessment

Lernende werden damit von ihrer bisher vorwiegend passiven Rolle als Informationskonsument/innen, die positiv benotet werden, wenn sie das Gelernte möglichst detailgetreu wiedergeben können, zu Prosument/innen. Anstelle von ›Informationskonservierenden‹ werden sie also zu kritischen und mündigen Kursteilnehmer/innen gemacht und in einen Dialog eingebunden. Voraussetzung dafür ist, dass sich Studierende – unter Anleitung – aktiv, im Sinne von gestaltend, mit verschiedenen Wissensaspekten auseinandersetzen, um ihren persönlichen Beitrag zum Gelingen der Lehrveranstaltung leisten zu können. Sie lernen Fragen zu stellen und zu beantworten, Informationen zu finden und in ihrer Relevanz und Objektivität einzuschätzen sowie sich an Vorgängen des Suchens – Findens – Verknüpfens von Informationen, der Produktion verschiedenster Lehrmaterialien und der Umsetzung von Projekten selbstbewusst zu beteiligen.

In gemeinsamen Off- und Online-Präsenzphasen, die bewusst dialogorientiert und abwechslungsreich gestaltet sind, können sich Studierende aufgrund der Vorbereitung viel aktiver einbringen, sowie u.a. auch durch Einsatz von Prinzipien des »Lernen durch Lehren« die Relevanz ihres Wissens erleben und weiterentwickeln. Durch Mitgestaltung erhöht sich auch das Interesse an der Materie, die über das Umsetzen von Pflichtaufträgen hinausgeht, gerade weil Lernende ermuntert und unterstützt werden, immer wieder aus der Rolle von Rezipient/innen auszusteigen und Akteur/innen zu sein.

ICM fördert Forschendes Lernen

Nach diesem theoretischen Einstieg folgen nun Überlegungen, die sich vor allem aus der praktischen Arbeit an der Fachhochschule (FH) St. Pölten ergeben haben. Dort ist das Inverted Classroom Modell Teil der aktuellen »Strategie 2017« (vgl. FH St. Pölten, o. J.), und es gibt verschiedene Maßnahmen, um sowohl Lehrende als auch Lernende bei der Nutzung dieser innovativen Lernform zu unterstützen.

> »Forschendes Lernen zeichnet sich vor anderen Lernformen dadurch aus, dass die Lernenden den Prozess eines Forschungsvorhabens, das auf die Gewinnung von auch für Dritte interessanten Erkenntnissen gerichtet ist, in seinen wesentlichen Phasen – von der Entwicklung der Fragen und Hypothesen über die Wahl und Ausführung der Methoden bis zur Prüfung und Darstellung der Ergebnisse in selbstständiger Arbeit oder in aktiver Mitarbeit in einem übergreifenden Projekt – (mit)gestalten, erfahren und reflektieren« (Huber, 2009, S.11).

Im Inverted Classroom Modell finden sich viele solcher Elemente bzw. Phasen, in denen Studierende Fragestellungen auch selbst entwickeln oder verschiedene Aspekte eigenständig nachverfolgen, wieder.

Lernende setzen im ICM also viele Komponenten von Forschendem Lernen um. Ergänzend ist zu betonen, dass dabei vor allem folgende Faktoren wichtig sind:

Annäherung an Wissen aus verschiedenen Perspektiven: Zum einen geht es um vielfältige Methoden der Suche nach Literatur und Expert/innen, zum anderen gleichzeitig um eine kritische Analyse des Gefundenen, auch durch den Vergleich mit anderen Fundstücken bzw. mit eigenen Wahrnehmungen und Erfahrungen. Ein Ansatz kann dabei problem- bzw. projektbasiertes Lernen mit möglichst intensivem Praxisbezug hinsichtlich möglicher künftiger Berufsfelder und deren Herausforderungen sein.

Weiterhin das Visualisieren und Teilen von Ergebnissen: Es bleibt nicht beim Suchen und Analysieren – ein wichtiger Aspekt ist ebenso das Sichtbarmachen. Dies fördert gleichzeitig Vernetzung, Kollaboration in Forschungsprojekten, Weiterentwicklung von Forschungsergebnissen und bringt mit sich, dass etwa durch Zusammenfassungen ein Transfer in die Sprachen und Lebenswelten verschiedener Rezipient/innen unterstützt wird. Ein weiterer Aspekt ist dabei, dass so Informationen noch leichter auffindbar werden. Weiterhin braucht es immer wieder eine Ermunterung für Lernende, selbst zum/zur Forschenden zu werden und Entstandenes auch sichtbar zu machen, also etwa Leitlinien selbst zu entwickeln und dafür nötige vorangehende Fragestellungen sowie Ergebnisse eigenständig zu überprüfen. Eine dabei wichtige Vorgangsweise ist das Prinzip von Versuch und Irrtum: Immer wieder haben Lehrende Angst, Lernende könnten auf falsche Wege geführt werden. Dialogorientierte Bildungsangebote zeichnen sich auch durch Räume zum Experimentieren aus, zum Eigene-Wege-finden, Rückschläge analysieren und dort trotzdem vorhandene Potentiale und neue Herangehensweisen entdecken und nutzen.

Und um an dieser Stelle nochmals darauf hinzuweisen: Digitale Medien bieten heute faszinierende und vielfältige Möglichkeiten für die Aufbereitung von Lehrinhalten. Gerade im ICM kann ein gut geplanter und vorbereiteter Einsatz digitaler Medien eine bereichernde Komponente darstellen, die auch Forschendes Lernen, Kooperation und Kollaboration unterstützt.

Bei der Umsetzung von ICM ist allerdings zu bedenken, dass die Umgestaltung der eigenen Vorgehensweise als Lehrende/r sowie die Gestaltung von Vorbereitungsmaterialien Zeit in Anspruch nimmt. Lehrende dürfen dabei zudem nicht alleingelassen werden. Es braucht sowohl individuelle Unterstützung, in didaktischer sowie in technischer Hinsicht, als auch institutionelle Unterstützung, etwa durch Weiterbildungsangebote, und eine Verankerung in der Strategie der Hochschule. Es besteht sonst die Gefahr, dass Lehrende, die sich hinsichtlich ICM engagieren an technischen Problemen scheitern bzw. durch mangelnden Rückhalt von Vorgesetzten oder Kolleg/innen demotiviert oder sogar behindert werden. Wichtig ist demzufolge ebenso die intensive interne Kommunikation generell zum Thema Didaktik, besonders wenn ein Format wie das ICM umgesetzt werden soll. Damit verbunden ist die Chance, dass Erkenntnisse und Produkte – ganz im Sinne des Forschenden Lernens – auch für andere inner- und außerhalb der konkreten Institution nutzbar werden.

Beispiele aus der FH St. Pölten

An der FH St. Pölten befasst man sich aktiv mit internationalen Trends rund um die Digitalisierung der Hochschullehre, dem »Shift from Teaching to Learning« bzw. dem Student-centered learning und setzt seit dem Studienjahr 2013/14 – als ersten Schritt in Richtung »Lernraum der Zukunft« – das ambitionierte Lehrentwicklungsprojekt Inverted Classroom um. Etwa 45 Lehrende und Mitarbeiter/innen der FH St. Pölten sind derzeit (Oktober 2016) im Projekt involviert. In den folgenden Beispielen enthalten sind weitere Hinweise zur Gestaltung des ICM, die gleichzeitig auch wichtige Grundlagen für Forschendes Lernen sind.

ICM im Studiengang Physiotherapie

Grundprinzipien des ICM wurden etwa im Wintersemester 2013/14 in der Lehrveranstaltung »Gesundheitsförderung in der Arbeitsmedizin« umgesetzt. Über die Lernplattform Moodle wurden Studierenden grundlegende Informationsmaterialien zur Verfügung gestellt, aus denen sie gemeinsam Checklisten für die Beurteilung von Arbeitsplätzen aus gesundheitlicher Sicht entwickelten. Weitere Grundlagen dafür lieferten zudem von den vorhandenen Materialien inspirierte weitergehende Recherchen der Studierenden. Die entstandene Leitlinie wurde in realen arbeitsmedizinischen Begehungen im Universitätsklinikum St. Pölten ausgetestet sowie die Checklisten dann noch einmal evaluiert. Gerade bei dieser Lehrveranstaltung waren das hohe Ausmaß an Selbstorganisation und der sehr unmittelbare Praxisbezug wesentliche Faktoren, ebenso wie der intensive Dialog zwischen Literaturstudium, gemeinsamem Auswählen und Übertragen von Elementen in ein Analysetool und dessen kritische Prüfung.

> »In der Lehrveranstaltung ›Neurodynamische Tests‹ (Sommersemester 2014) habe ich das Medium Video in verschiedener Form eingesetzt. Vorher war die LV sehr stark theorieorientiert und es blieb wenig Platz für Praktisches«,

berichtet der Lehrende. Eingesetzt wurden dabei ebenso Lehrvideos kombiniert mit weiterführenden Materialien (u.a. Arbeitsblätter) via Moodle. In der Präsenzphase wurde das Wissen in Übungen umgesetzt, die die Studierenden aneinander durchführten – es erfolgte also eine Festigung des Gelesenen, Gehörten und Gesehenen im konkreten Tun. Im Hinblick auf Forschendes Lernen ist dies auch insofern ein interessantes Beispiel, als die Umsetzung des zuvor Wahrgenommenen in die Praxis den Vorgang des »Versuch und Irrtum« unterstützt und beschleunigt. Gleichzeitig wird so eine vielfältige Auseinandersetzung mit Wissensinhalten gefördert.

Diese Methode wurde in der Lehrveranstaltung »Physiotherapie in der Orthopädie und Traumatologie« verfeinert (Wintersemester 2014/15) und durch den Einsatz von Lehrvideos und ergänzenden Materialien vor jeder Präsenzphase erweitert. Dazu kamen die gezielte Suche nach ergänzender Literatur als Arbeitsauftrag und das Lösen praktischer Beispiele. Zusätzlich erhielten die Studierenden den Auftrag, einen Befund über reale Patient/innen zu erstellen. Die Befunde wurden in einem Peer-Review-Verfahren von jeweils zwei Studierenden sowohl qualitativ als auch quantitativ beurteilt. Die qualitative Beurteilung wiederum wurde von Stübler bewertet und ebenso in die abschließende Benotung einbezogen. Weiterhin wurde ein Diskussionsforum via Moodle eingerichtet, in dem die Studierenden Fragen und Beobachtungen teilen konnten. Peer Learning und Peer Assessment sind äußerst wichtige Werkzeuge im ICM, weil sie den forschenden Blick fördern: Es wird an Kriterien gearbeitet, nach denen eine Evaluation durchgeführt wird, und durch die Rückmeldungen gewinnt die eigene Wahrnehmung an Qualität, Tiefe und Schärfe. Gleichzeitig geht es um das unverzichtbare Element der Kooperation und Kollaboration sowie wertschätzende Wege einander konstruktive Rückmeldungen zu geben.

In den Lehrveranstaltungen wurde auf eine umfassende Information der Studierenden geachtet – ebenso ein wichtiges Erfolgskriterium für das Gelingen von Formaten wie dem ICM. Denn um die Studierenden zum Lernen und Forschen zu motivieren, braucht es Einblicke u. a. in folgende Aspekte:

Wichtig ist ein Überblick zu den Inhalten des Curriculums bzw. der Lehrveranstaltung sowie zu den angestrebten Lernergebnissen am Ende des Prozesses. Dazu sollte der Workload eines Studiums bzw. einer Lehrveranstaltung in ECTS-Punkten mit klaren Informationen zu Präsenzzeiten und Anteilen selbstorganisierten Lernens inkl. Unterstützung zur Reflexion der tatsächlich investierten Zeit dargestellt werden: Eine stets zu hörende Rückmeldung bei nach ICM gestalteten Lehrveranstaltungen ist, dass Studierende den Eindruck haben, für diese mehr Zeit aufwenden zu müssen. Richtig ist allerdings, dass in anderen Lehrveranstaltungen meist viel zu wenig auf die ECTS-Punkte geachtet wird und der Eindruck entsteht, Lernen würde sich praktisch ausschließlich in der Bildungsinstitution bzw.

in der unmittelbaren Zeit vor der Prüfung abspielen (vgl. Persike, 2014). Die Studierenden müssen auch darüber informiert werden, wie die Erledigung verschiedener Arbeitsaufträge, die Beteiligung in Online- und Offline-Lern- und -Forschungsvorgängen bzw. Peer Assessment, Prüfungsergebnisse etc. bewertet wird und in welchem Prozentsatz diese zu einer Gesamtnote beitragen.

Ein weiterer Aspekt der Transparenz ist der Zugang für Studierende zu den Informationen, welche Methoden warum und in welcher Variante von den Lehrenden eingesetzt werden, inkl. Optionen, selbst Methoden einzubringen bzw. diese etwa im Sinne von Design-based research gemeinsam weiterzuentwickeln. Dazu gehört ebenso die Integration von Methoden und Möglichkeiten, damit sich Lernende und Lehrende gegenseitig Feedback geben können (nicht nur am Ende von Lehrveranstaltungen, sondern als gestalterisches Grundprinzip). Gemeinsam zu klären ist, wo, wann und wie Studierende Fragen einbringen oder jene von Mitstudierenden beantworten können.

Teil des didaktischen Designs muss auch die Selbstlernförderung sowie das Mentoring, also die gegenseitige Unterstützung von Studierenden sein: Hier wird gleichzeitig das Grundprinzip des »Lernen durch Lehren« umgesetzt, das auch sonst breiten Raum im ICM haben sollte, um die Expertise der Lernenden zu fordern und zu fördern.

Ein weiterer Aspekt, der ebenfalls mit dem Forschenden Lernen in Zusammenhang steht, ist der, dass konkrete Lessons Learned der fachlichen Öffentlichkeit zur Verfügung gestellt werden – sowohl in Hinsicht auf das Fachgebiet als auch in Bezug auf didaktische Lernergebnisse. So hat sich Stübler u. a. mit einem Videobeitrag zur Lehrveranstaltung »Neurodynamische Tests« am »3. Tag der Lehre« (Oktober 2014) der FH St. Pölten beteiligt und ist intensiv im interdisziplinären Dialog mit anderen Lehrenden zum Thema ICM präsent.

Auch in der Lehrveranstaltung »Neurologie« im Studiengang Physiotherapie wird eine Variante des ICM eingesetzt. Verschiedene Materialien, die vorab zur Verfügung gestellt werden, geben wiederum Impulse für das gemeinsame Arbeiten in der Präsenzphase. Dort wird davon ausgehend mit »Clinical Reasoning« gearbeitet, d. h. es werden gemeinsam Fälle in einer Art analysiert, wie man es z. B. aus der bekannten Fernsehserie »Dr. House« kennt. Weiterhin werden von den Studierenden auf Grundlage der Vorbereitungsmaterialien und der Inhalte der ersten Präsenzeinheiten Leitlinien für einen gelungenen physiotherapeutischen Prozess in der Neurologie entwickelt. Zum Thema »Therapie neurologischer Diagnosen« werden Videos eingesetzt, sowohl zur inhaltlichen Vorbereitung als auch als analysierendes Instrument in der Begegnung mit Patienten: dafür werden Begegnungen mit diesen aufgenommen und fließen in die Unterlagen für die Lehrveranstaltung ein. Zudem üben die Studierenden aneinander und filmen sich dabei gegenseitig. Diese Videos werden im Anschluss von Mitstudierenden – die Gruppe ist geteilt – in einem Peer Assessment analysiert. Das praktische Üben ist eine gute Methode, um Räume in einem umfassenden Sinn für ›Versuch und Irrtum‹ zu eröffnen. Die Videodokumentation und das Peer Assessment fördern eine analytische Herangehensweise, gleichzeitig geht es darum, komplexe Informationen auf den Punkt zu bringen.

In beiden Beispielen werden also Materialien zur Verfügung gestellt, die dann von Studierenden als Ausgangspunkte für eigenständiges Recherchieren und Entwickeln von Fragestellungen verwendet werden. Weiterhin ist die Erstellung eines Leifadens für einen bestimmten Prozess ein schönes Beispiel für Forschendes Lernen. Diese Ergebnisse sind darüber hinaus ebenso für Praktiker/innen im jeweiligen Feld wichtig – es entstehen also auch Impulse die etwa von Institutionen und Unternehmen sowie für weitergehende Forschungsprojekte genutzt werden können.

ICM im Studiengang Sozialarbeit

Im Wintersemester 2013/14 wurde in der Lehrveranstaltung »Krisenintervention und Trauma« mit dem Einsatz von ICM begonnen:

> »Das gekonnte Verknüpfen und Anwenden von Wissen erscheinen mir gerade im beruflichen Alltag einer Sozialarbeiterin/eines Sozialarbeiters als besonders relevant. Eine Grundvoraussetzung dafür sehe ich im Erleben von Wissen und im gemeinsamen Gestalten von Lernräumen.« (Pilgerstorfer, 2014)

Die Lehrende setzte auf eine Verringerung der Präsenzzeiten: Studierende nutzen dies zu selbstorganisierter Vorbereitung des Theoriewissens (Literaturstudium), individueller Fallbearbeitung und für Gruppenarbeiten. Ebenso flossen Interviews mit Expert/innen in die Lehrveranstaltung ein, die im Laufe eines zuvor absolvierten Praktikums geführt und dokumentiert wurden. In der Präsenzphase wurde das Gelernte für das gemeinsame Austesten von Beratungsgesprächen genutzt. Besonders im Sinne von Forschendem Lernen waren hier die wiederum darauf aufbauenden Gruppenarbeiten im selbst organisierten Arbeiten, mit selbst gewählten Fragestellungen, eigenständiger Recherche und Zusammenstellung von Fakten. So entstanden ein Fachartikel zum Thema Krisenintervention, ein Folder mit einer Übersicht zu Hilfsangeboten bei Krisen, Projektarbeiten zu Trauma, Krisenintervention und internationalen Aspekten sowie ein Video, das in Zusammenarbeit mit Studierenden des Studiengangs »Medientechnik« an der FH St. Pölten produziert wurde und einen aktiven und kreativen Umgang mit der Thematik Krisenintervention darstellt.

In einer weiteren Lehrveranstaltung von Pilgerstorfer (»Internationale Aspekte«) bekamen die Studierenden Informationen zum Land Albanien bzw. der Situation von Menschen mit Behinderung dort vorab zur Verfügung gestellt. Die Studierenden beschäftigten sich davon ausgehend sehr intensiv mit der Situation dieser Personen. Dabei zum Einsatz kamen auch Besuche vor Ort sowie Expert/inneninterviews (auch mittels Videokonferenz) – sowohl mit der Hilfsorganisation Caritas als auch mit Selbstvertretern. Die Studierenden gestalteten aus den Erkenntnissen eine Ausstellung, bei der zudem albanische Spezialitäten zubereitet und verkauft wurden. Hier erfolgte also eine sehr intensive Herangehensweise an die Erforschung von Sozialräumen bzw. einer darin lebenden Gruppe von Menschen. Die Vorinformationen bilden dabei Ausgangspunkte, um etwa Leitfragen zu formulieren bzw. einen Fokus für weitere Recherchearbeiten zu setzen.

Bei diesen beiden Lehrveranstaltungen wurden wiederum Materialien für ein sehr eigenständiges Arbeiten bezüglich des Findens, Setzens und Nachverfolgens eigener Schwerpunkte genutzt. Damit stellen sie ebenso innovative Beispiele für den Einsatz des ICM und Forschendes Lernen dar.

ICM im Bereich Medientechnik

Von Projektbeginn (September 2013) an wurden Studierende der Medientechnik in Forschungsprozesse einbezogen. Sie unterstützten Lehrende bei Recherchetätigkeiten sowie bei der Vorbereitung und Produktion multimedialer Lehrmaterialien, vor allem von Lehrvideos. Auch dies ist ein Beispiel für Forschendes Lernen, da hier Theoriewissen aus der Ausbildung mit praktischen Kompetenzen etwa aus Übungen verknüpft wird. Dazu kommt eine sehr konkrete Themenstellung wie etwa Gesundheitsförderung durch Bewegung oder Krisenintervention, also ein sehr interdisziplinärer Ansatz. Die Studierenden brachten sich dabei auch auf der gestalterischen Ebene stark ein, unterstützten also den Wissenstransfer bzw. die Darstellung der Themen aus prägnanten Blickwinkeln. Eingeübt und umgesetzt wird so ebenfalls das traditionell wenig beachtete Übersetzen von Forschungsergebnissen in eine allgemein verständliche Sprache, die auch die Ton- und Bildebene umfasst.

In der Lehrveranstaltung »Medientechnisches Projekt« setzten fünf Lehrende gemeinsam das ICM um. So gab es unterschiedliche Formen, vor den Präsenzphasen Wissen online zur Verfügung zu stellen: einerseits durch Videos – zum Teil selbst erstellt, zum Teil vorhandenes Material bzw. zusammengestellte Ausschnitte vorhandener Videos –, andererseits mittels Audiomaterialien, Hintergrundtexten sowie

Übungsanleitungen. Davon ausgehend gab es Präsenzphasen mit theoretischen Inputs sowie praktische Übungen. Gearbeitet wurde dabei u.a. auch so, dass die sonst im Anschluss erstellten Laborprotokolle zu Checklisten umformuliert wurden, die im Vorfeld gemeinsam erstellt und dann in der Praxis ausgetestet wurden. Also auch eine interessante Variante zum Vorgehen aus dem Bereich Physiotherapie im Bereich Technik und eine Alternative zum oft als mühsam empfundenen nachträglichen Verfassen von Protokollen.

Die enge Verzahnung von Theorie und Praxis lässt hier zu, dass Studierende theoretische Inputs in praktischen Settings austesten können, als eine Hands-on-Variante von Forschendem Lernen.

Ausblick

Wie anfangs erwähnt, setzen auch viele andere Hochschulen in Europa bzw. in anderen Teilen der Welt das Inverted Classroom Modell ein. Es gibt dabei keine Einschränkung auf ein spezielles Fachgebiet, da es sich um eine didaktische Grundhaltung handelt, die sich stark auf konstruktivistische und konnektivistische Konzepte bezieht. Eine Chance und Herausforderung zugleich ist dabei, dass es nicht das eindeutige IC-Modell gibt, sondern sehr viele verschiede Ausformunsgmöglichkeiten bestehen, gerade auch im Hinblick auf mögliche Intensitäten, Forschendes Lernen umzusetzen.

Auch die Beispiele aus der FH St. Pölten machen eines deutlich: Inverted Classroom bedeutet in vielerlei Hinsicht ein didaktisch sehr reflektiertes Vorgehen, bei dem auch über den Einsatz von vielfältigen Methoden kontinuierlich nachgedacht wird. Gleichzeitig wird erkennbar, dass der Dialog in Lehrveranstaltungen kein Zufall ist, ganz besonders, wenn dieser forschende Aspekte haben soll: Dialogorientierung muss Teil des didaktischen Konzepts und allen Gewählten Methoden sowie Werkzeugen sein. Lehrende werden also in einer weiteren Hinsicht selbst zu Forschenden, da sie die Wirkung bzw. die Weiterentwicklung verschiedener didaktischer Methoden bewusst reflektieren. Damit unmittelbar verbunden ist – wiederum in einem engen Dialog mit Studierenden – das Einbeziehen von aktuellem Wissen und Forschungsergebnissen bzw. gleichzeitig deren Weiterentwicklung.

Auch wenn der Begriff Student-entered learning in den Konzepten vieler tertiärer Bildungseinrichtungen zu finden ist, bedarf es immer wieder Überlegungen, wie sich dies auf die konkrete Gestaltung auswirkt und wie dabei Forschendes Lernen und Handeln umgesetzt werden kann. Ein wesentliches Element ist dabei sicher, dass Zwischen- und Endergebnisse, die aus Lehrveranstaltungen hervorgehen –

auch durch die gemeinsame Weiterentwicklung von zur Verfügung gestellten Materialien – im Sinne des Ansatzes von Open Access stärker nach außen sichtbar werden. Forschung an tertiären Bildungseinrichtungen geschieht auch im Unterricht – vor allem dann, wenn sie durch entsprechende didaktische Impulse unterstützt wird. Der Einsatz von Creative-Commons-Lizenzen und die Produktion offener Bildungsressourcen könnten einen wichtigen Beitrag dazu liefern, dass diese Ergebnisse auch über den engen Rahmen eines einzelnen Semesters hinaus Wirkungen in einer großen Bandbreite zeigen können. Ein weiterer wirkungsvoller Impuls von ICM-Anwendungen ist, dass Didaktik und Forschung in Hochschulen viel stärker miteinander verknüpft werden, wobei die Einbeziehung der Studierenden und der intensive Dialog mit diesen eine Schlüsselrolle einnimmt.

Wesentliche Erkenntnisse für die Weiterentwicklung des ICM an der FH St. Pölten und anderen Institutionen werden sich auch im Zuge einer Forschung mit Design-based research (vgl. Freisleben-Teutscher, o.J.) ergeben, bei der das Einbeziehen der Studierendensicht ein wichtiger Faktor ist.

Praxistipp:

Bei der Umsetzung des Inverted Classroom Modell ist im Vorfeld einiges zu beachten:

- Die Ziele einer Lehrveranstaltung und die Kompetenzen, die die Studierenden erwerben sollen, müssen klar formuliert sein – auch in Bezug auf die Position und Bedeutung der Lehrveranstaltung im Curriculum.
- Weiterhin sollten vorhandene Materialien sowie Erfolgsgeschichten von didaktischem Handeln gesichtet und in die Planung einbezogen werden.
- Besonders wichtig für die Studierenden ist die Visualisierung des Workloads. Diese sollte gerade auch im Hinblick darauf geschehen, wie selbstorganisiertes, forschendes Lernen zwischen Präsenzterminen aussehen kann und soll sowie welche Wertigkeit dieses auf die Notengebung hat.
- Ebenfalls sollte bereits in der Vorbereitung geklärt werden, wie Artefakte, die im Rahmen der Lehrveranstaltung entstehen – also Texte, Bilder, Videos, Podcasts und andere multimediale Materialien, Konzepte, Leitfragen, Linksammlungen usw. – dokumentiert bzw. anderen zur Verfügung gestellt werden können.
- Auch von großer Bedeutung ist, vorab bisherige Reflexions- und Feedbackprozesse zu evaluieren. Denn dies entspricht dem Geist des forschenden, iterativen Vorgehens, um – in diesem Fall – Lehre kontinuierlich weiterzuentwickeln.
- Auf diesen Schritten bauen dann die Weiterentwicklung der Lehrveranstaltung, die Ergänzung von Materialien, das Formulieren und Gestalten von Vorbereitungsmaterialien auf. Ein wichtiger Aspekt bei der Umsetzung ist dann das gemeinsame Reflektieren von Methoden, ihrer Wirksamkeit, die Visualisierung von Lernerfolgen und wie diese in den Alltag transferiert werden können.

Literatur

Barr, R.B. & Tagg, J. (2012). From Teaching to Learning – A New Paradigm For Undergraduate Education. *Change: The Magazine of Higher Learning.* URL: http://www.tandfonline.com/doi/abs/10.1080/00091383.1995.10544672, 27.10.2016.

Bergmann, J. & Sams, A. (2012). *Flip Your Classroom: Reach Every Student in Every Class Every Day* (1. Auflage). Eugene, Or: International Society for Technology in Education (ISTE).

Demski, J. (2013). *6 Expert Tips for Flipping the Classroom.* URL: http://campustechnology.com/articles/2013/01/23/6-expert-tips-for-flipping-the-classroom.aspx, 1.2.2015.

FH St. Pölten. *Mission Statement & Strategie 2017.* URL: https://www.fhstp.ac.at/de/uber-uns/mission-statement-strategie, 27.10.2016.
Freisleben-Teutscher, C. F. (o. J). Forschung mit Design Based Research. URL: http://skill.fhstp.ac.at/forschung-mit-design-based-research, 27.10.2016.

Freisleben-Teutscher, C. F. (o. J). *Forschung mit Design Based Research.* URL: http://skill.fhstp.ac.at/forschung-mit-design-based-research, 27.10.2016.

Handke, J. & Sperl, A. (2012). *Das Inverted Classroom Model: Begleitband zur ersten deutschen ICM-Konferenz. München:* Oldenbourg Wissenschaftsverlag.

Huber, L. (2009). Warum Forschendes Lernen nötig und möglich ist. In L. Huber, J. Hellmer & F. Schneider (Hrsg.), *Forschendes Lernen im Studium. Aktuelle Konzepte und Erfahrungen* (S.9–36). Bielefeld: UniversitätsVerlagWebler.

Jokisalo, E. (2013). *First policy maker scenarios published.* URL: http://creative.eun.org/news/-/blogs/first-policy-maker-scenarios-published?_33_redirect=/news, 11.3.2015.

Lage, M.J., Platt, G.J. & Treglia, M. (2000). Inverting the Classroom: A Gateway to Creating an Inclusive Learning Environment. *The Journal of Economic Education,* 31(1), 30–43.

Mazur, E. (1997). *Peer Instruction: A User's Manual.* URL: http://mazur.harvard.edu/publications.php?function=display&rowid=0, 31.12.2014.

Persike, M. (2014). *Inverted Classroom unter der Lupe.* Keynote auf der Tagung »Inverted Classroom and beyond« in Marburg. URL: https://www.dropbox.com/s/flxg7lpxqydmhu9/OOC_Marburg_2015.pdf?dl=0, 27.10.2016.

NMC Horizon Report. *2014 Higher Education Edition.* The New Media Consortium. (2014). URL: http://redarchive.nmc.org/publications/2014-horizon-report-higher-ed, 5.2.2015.

Pilgerstorfer, A. (2014). *ICM bei LV »Krisenintervention und Trauma«.* URL: http://skill.fhstp.ac.at/2014/07/icm-bei-lv-krisenintervention-und-trauma, 27.10.2016.

(Interdisziplinär) zusammen arbeiten

Die hier vorgestellte Projektwoche ist im Rahmen zweier Programme entstanden, die einen Lehr-/Lernkulturwandel auf den Weg bringen sollen. Dies sind die Teilprojekte »Forschungsbasiertes Lernen im Fokus« (FLiF, gefördert vom BMBF) und »Forschungsorientierte Lehre« (FoL, finanziert aus Studienbeitrags- bzw. Studienqualitätsmitteln) an der Carl von Ossietzky Universität Oldenburg. Beide sind interdisziplinär angelegt und haben zum Ziel, studentischer Forschung an der Hochschule Raum zu geben, Studierenden die Entwicklung von Neugier und einer erkenntniskritischen Haltungen zu ermöglichen sowie den Bezug von Forschung und Lehre zu stärken. In der Fakultät IV Human- und Gesellschaftswissenschaften werden die beiden Programme durch enge Zusammenarbeit von vier Mitarbeiter/innen aus den Instituten für Evangelische Theologie und Religionspädagogik, Geschichte, Philosophie und Sportwissenschaft interdisziplinär verknüpft.

Wozu Hochschule? Interdisziplinäre Projekte im Forschenden Lernen

Jessica Cronshagen, Philip Hogh, André Munzinger, Timm Wöltjen

Alle Philosophie, so Aristoteles am Anfang seiner *Metaphysik*, beginnt mit Verwunderung und Staunen. Zwar gilt die Philosophie heute nicht mehr wie in der griechischen Antike als höchste aller Wissenschaften, doch ist die Darstellung, die Aristoteles vom philosophischen Erkenntnisprozess liefert, heute noch als Beschreibung des Anfangs von wissenschaftlicher Erkenntnis zu verstehen:

> »Denn Verwunderung war den Menschen jetzt wie vormals der Anfang des Philosophierens, indem sie sich anfangs über das nächstliegende Unerklärte verwunderten, dann allmählich fortschritten und auch über Größeres Fragen aufwarfen« (Aristoteles, 1995, 982b).

Ohne Verwunderung, ohne Staunen, Irritation und Beunruhigung gibt es keine wissenschaftliche Erkenntnis. Gleichzeitig kann man aber nicht bei diesem ersten Schritt verharren, weil es für den Gang der wissenschaftlichen Arbeit entscheidend ist, wie mit der anfänglichen Irritation umgegangen wird. Wenn man dem wissenschaftlichen Arbeiten die weitere aristotelische Annahme zugrunde legt, dass »[a]lle Menschen [...] von Natur nach Wissen [streben]« (ebd., 980a), so ergibt sich daraus der für die Gestaltung des wissenschaftlichen Arbeitens entscheidende Gedanke: Das wissenschaftliche Arbeiten besteht darin, sich von dem »nächstliegende[n] Unerklärten« (ebd., 982b) irritieren und zur Arbeit anstoßen zu lassen, mit dem Ziel, die Gründe für die eigene Irritation finden und das Unerklärte erklären zu können.

Irritation, so unsere These, weckt Motivation dafür, das Irritierende systematisch zu begreifen. Wissenschaft findet dann statt, wenn Wissenschaftler/innen die Bereitschaft mitbringen, sich durch den Gegenstand ihrer Arbeit irritieren zu lassen, um dadurch zu einer präziseren und verallgemeinerbaren Erkenntnis eben dieses Gegenstandes zu gelangen. Die Beziehung zwischen Wissenschaftler/innen und ihren Forschungsgegenständen ist grundsätzlich als dynamisch zu verstehen und erfordert, dass die im Verlauf der wissenschaftlichen Arbeit immer wieder auftauchenden Irritationen nicht zur Seite geschoben, sondern fortlaufend für die eigene Arbeit produktiv genutzt werden. Dabei zielt ein solches wissenschaftliches Arbeiten auf gesicherte Ergebnisse ab, die diskursiv analysiert werden können. Jedoch ist es dieser Form wissenschaftlichen Arbeitens ebenfalls inhärent, ergebnisoffen zu sein.

Da diese Charakteristika unserer Auffassung nach grundlegend zu einem forschenden wissenschaftlichen Arbeiten gehören, können sie nicht allein Aspekte der Arbeit fortgeschrittener Wissenschaftler/innen sein. Vielmehr erscheint es uns wichtig, sie als Aspekte der Arbeit solcher Wissenschaftler/innen zu begreifen, die noch ganz am Anfang stehen: der Studierenden.

Im Folgenden soll unser Konzept einer interdisziplinären Projektwoche vorgestellt und ihre Einbettung in die Hochschulidee reflektiert werden. Dabei soll die Rolle der Interdisziplinarität sowie der Öffentlichkeit und die Freiheit studentischer Forschung im Forschenden Lernen thematisiert werden. Abschließend möchten wir im Fazit unsere Erfahrungen mit dem Format zusammenfassen.

Rahmenbedingungen

Unser Konzept des Forschenden Lernens zielt auf die eigenständige Entwicklung von Forschungsfragen durch Studierende. Dabei leiten die Lehrenden in behutsamer Weise die Lernenden im Prozess der Formulierung und Bearbeitung dieser Fragen an und leisten Hilfestellung in der Auswahl sowie der Einübung von Methodenschritten. Zentral ist zudem die kritische Diskussion der Ergebnisse mit anderen Lernenden. Forschen wird somit zum »Grundmodus« des Lernens an der Hochschule (Tremp & Futter, 2012, S. 72).

In unserer Arbeit im FLiF/FoL-Projekt der Human- und Gesellschaftswissenschaftlichen Fakultät der Carl von Ossietzky Universität Oldenburg sind wir zunächst mit Hindernissen in der Umsetzung dieser Ziele konfrontiert gewesen: Zum einen lassen die modularisierten Studiengänge aufgrund der verlangten Abprüfbarkeit und Benotung jeder wissenschaftlichen Leistung den Studierenden und den Lehrenden strukturell zu wenig Raum für ein sich durch seine Gegenstände irritieren lassendes und ergebnisoffenes Forschendes Lernen. Zum anderen bereitet es den Studierenden Probleme, mit Irritation als Moment des wissenschaftlichen Arbeitens produktiv umzugehen, da es auf ihrer Seite häufig ein großes Bedürfnis nach klaren Arbeitsanweisungen gibt. Dieses Bedürfnis ist angesichts der hohen Anzahl von geforderten Prüfungsleistungen nur allzu verständlich. Jedoch liegt darin die Gefahr, dass die Studierenden während ihres gesamten Studiums nur selten dazu kommen, einen produktiven Lernprozess forschend zu durchlaufen und dadurch ihre wissenschaftliche Ausbildung voranzutreiben.

Vor diesem Hintergrund haben wir in gemeinsamen Veranstaltungsformaten versucht, das Irritations- und Beunruhigungsmoment wissenschaftlichen Arbeitens zu nutzen, um gemeinsam mit den Studierenden forschend zu arbeiten und damit den Sinn und Zweck von Hochschule und Forschung in der heutigen Zeit zu reflektieren.

Beunruhigungen – Woche des Forschenden Lernens

Am Anfang stand die Frage nach der Grundidee der Hochschule: Was ist sie, was soll sie sein, was macht sie aus? Was wollen und brauchen Forschende, seien es Studierende oder Hochschulmitarbeitende?

Forschende Lehre lebt von jenen Fragen, die Lehrende wie Lernende umtreiben, ohne dass auf einer Seite bereits Klarheit über die Antwort besteht. Wir gaben daher unsere Frage »Wozu Universität?« an die Studierenden weiter: In einer gemeinsamen Lehrveranstaltung im Wintersemester 2013/2014 der Fächer Geschichte, Philosophie, Sportwissenschaft und Theologie wurden die oben genannten Fragen gemeinsam diskutiert. Die Hochschule als Ort der Forschung, so die Einsicht, kann und soll ein Ort des Fragens und Beunruhigens sein und bleiben. Daraus erwuchs die Idee, diesem Grundsatz den ihm gebührenden Raum an der Universität zu verschaffen: Im folgenden Sommersemester 2014 wurde daher der interdisziplinäre Austausch auf einen größeren Rahmen ausgedehnt und die gesamte Fakultät einbezogen. Gemeinsam mit dem Dekanat der Fakultät entwickelten wir eine Projektwoche zum Thema »Beunruhigungen – Woche des Forschenden Lernens«.

An der Projektwoche beteiligten sich 16 Seminare der Fächer Geschichte, Philosophie, Sportwissenschaft und Theologie. Die Seminare fanden fachintern statt, wobei das Thema der Projektwoche in allen Seminaren zentrale Bedeutung hatte und zwar sowohl bezüglich der Themenwahl der einzelnen Seminare als auch hinsichtlich der Präsentationsformen während der Projektwoche. Forschung, so die These aller Beteiligten, ergibt sich aus dem den Menschen eigenen Zustand der Irritation, des oftmals diffusen Eindrucks, dass ›hier etwas nicht stimmt‹. Aufgabe der Hochschule ist es nun, diese Beunruhigungen in konkrete, beantwortbare Fragen zu übersetzen. Um anderen diese Übersetzung zu verdeutlichen, wollten die beteiligten Seminare zeigen, wie in ihrer jeweiligen Disziplin gefragt und geforscht wird. Zu diesem Zweck wurden in den Seminaren Fragestellungen entwickelt und hochschulöffentlich aufbereitet (z. B. »Wie gelingt Handeln unter Druck im Sport?«, »Dürfen wir der Bibel misstrauen?«, »Hat eine Volksversammlung eine Moral?«, »Wie gehen Menschen mit Veränderungen um?«).

Während der Projektwoche wurde der bunte, vielfältige Charakter geistes- und sozialwissenschaftlicher Forschung durch das zeitgleiche Nebeneinander von jeweils zwei bis drei Seminaren mit jeweils mehreren Präsentationen im Foyer des Hörsaalzentrums unterstrichen. Jedes Seminar bekam durch die Organisator/innen ein Zeitfenster von drei Stunden zugewiesen, welches frei gestaltet werden konnte. Wir als Organisator/innen zogen uns in dieser Zeit in den Hintergrund zurück, blieben jedoch während des gesamten Zeitraums als Ansprechpartner/innen präsent, da es bei einem Veranstaltungsformat dieser Größenordnung gilt, permanent kleine organisatorische Probleme zu lösen. In den Präsentationen sollten ausdrücklich keine Antworten gegeben, sondern Fragen gestellt werden. Dies geschah durch verschiedene, von den Studierenden innovativ entwickelte Präsentationsformen wie Rundgängen, in welchen Besucher zum Mitforschen ermuntert wurden, offenen Seminaren, kleinen Theaterstücken oder Video- und Soundinstallationen. Die währenddessen mit den Besucher/innen der Projektwoche entwickelten Fragen wurden dann im Diskurs zwischen Studierenden und Besucher/innen in die jeweiligen fachspezifischen Wege zu deren Erforschung und Bearbeitung übersetzt.

Die Veranstaltung dauerte drei Tage (Dienstag bis Donnerstag) und umfasste jeweils einen Vor- und einen Nachmittagsblock. Gerahmt wurde die Projektwoche durch eine Diskussionsveranstaltung zum Forschenden Lernen am Montagabend sowie einem gemeinsamen kulinarischen und kulturellen Ausklang am Donnerstag.

Reflexion und Weiterentwicklung der Hochschulidee

Ausgangspunkt für unsere gemeinsamen Veranstaltungen war die Idee, die Universität einmal so zu gestalten, wie es sich die Beteiligten im Ideal vorstellen würden. Wilhelm von Humboldt als Repräsentant der Universitätsidee fungierte dabei als Stichwortgeber, dessen Überlegungen aber unter den heute veränderten gesellschaftlichen Bildungsbedingungen auf ihren Gehalt und ihre praktische Umsetzbarkeit zu überprüfen waren. Entscheidend waren dabei vor allem die folgenden Gedanken Humboldts: Die Hochschule bzw. die Universität ist als höhere Bildungsanstalt allein der Wissenschaft verpflichtet, die »als etwas noch nicht ganz Gefundenes und nie ganz Aufzufindendes« (Humboldt, 1956b, S. 84) zu begreifen sei. Forschung ist ein Prozess, in welchem das Verhältnis von Studierenden und Lehrenden nicht durch institutionalisierte Hierarchien gekennzeichnet sein soll, sondern nur durch die gemeinsame Arbeit am Gegenstand der Forschung. Nach Humboldt unterscheiden sich Lehrende und

Studierende demnach als Wissenschaftler/innen nur darin, dass die Lehrenden bereits geübt seien, sie ohne die Fragen und Anreize der noch ungeübteren Studierenden jedoch keine Wissenschaft betreiben könnten (ebd., S. 83).

In unseren Veranstaltungen versuchten wir diesen Überlegungen durch eine Beteiligung der Studierenden an Organisation und Ablauf Rechnung zu tragen. Um das Zurückfallen auf die gewohnte Seminarkultur zu vermeiden, haben wir übliche Rahmungen aufgelöst: So wurde die Projektwoche gezielt nicht in Veranstaltungsräumen abgehalten, sodass es zwischen den parallel stattfindenden Präsentationen zu beunruhigenden Berührungen kommen konnte. Ebenso wurden die Präsentationen von der gängigen 45- bzw. 90-Minuten-Dauer der Seminare abgelöst und nicht nur die abgeschlossene Gemeinschaft der Seminarteilnehmer/innen, sondern weitere Besucher/innen in die Präsentation einbezogen. Neben diesem zeitlichen und räumlichen Auflösen von Grenzen zwischen den Seminaren und damit auch zwischen den Fächern wurde durch den Verzicht auf klassische Lehrraumeinrichtung zugunsten freierer Alternativen (z.B. Papphocker anstelle von Stühlen) die angestrebte Beunruhigung verstärkt. In den Seminaren sollten die Inhalte in einer Form bearbeitet, diskutiert und präsentiert werden, die Studierenden, Lehrenden und Besucher/innen genügend Raum bot, eigene Ideen zu entfalten. Statt Präsentations-, Diskussions- und Prüfungsformen als gegeben vorauszusetzen, entschieden wir uns dafür, nur den zeitlichen Rahmen festzulegen und ansonsten Hilfestellung für die Realisierung studentischer Projekte zu bieten. Dies hatte unterschiedliche Folgen: Zum einen entstand eine Überforderungs- und Verunsicherungssituation für die Studierenden. Die Irritation, die zum Forschenden Lernen dazugehört, betraf so nicht nur die Arbeit am Forschungsgegenstand, sondern ebenso die Frage seiner Vermittlung. Zum anderen konnten wir feststellen, dass die Studierenden mit dieser größeren Herausforderung und Verantwortung für den Ablauf der Veranstaltung kreativ und produktiv umzugehen wussten, dass sie aber eine klare und transparente Setzung des Rahmens als unbedingt erforderlich für ein erfolgreiches Arbeiten erachteten. Dass sich dieser Rahmen aus den Veranstaltungen selbst ergeben würde und nicht von uns fertig vorausgesetzt werden sollte, erwies sich als durchaus zweischneidig: Auf der einen Seite weckte dies die Kreativität der Studierenden, auf der anderen Seite sorgte die vergrößerte Verunsicherung auch dafür, dass zurückhaltende Studierende sich wenig einbrachten.

Mit Blick auf die unterschiedlichen Anforderungen, die die Studierenden selbst an die Hochschule haben, offenbarten unsere Veranstaltungen fachspezifische Unterschiede, die sich vor allem in dem Verhältnis niederschlugen, in das die Studierenden Bildung und Ausbildung gesetzt sehen wollten. Soll sich das Hochschulstudium Humboldt folgend allein der Suche nach der reinen Wissenschaft widmen, so ist dies an einer Universität wie der Carl von Ossietzky Universität mit einer hohen Anzahl von Lehramtsstudierenden nicht unproblematisch. Zwar ließ sich fächerübergreifend feststellen, dass gerade der Lehrer/innenberuf eine Bereitschaft zum Forschenden Lernen erfordert, gleichzeitig erwarten die Studierenden vollkommen zu Recht, dass die Universität sie auch für diesen Beruf ausbildet, es ihnen also ermöglicht, sich Wissen so anzueignen, dass sie es im späteren Berufsleben erfolgreich anwenden können. Auf der anderen Seite zeigte sich, dass die Studierenden eine forschende Auseinandersetzung mit Gegenständen, die nicht primär auf eine praktische Anwendung des erworbenen Wissens abzielt, als konstitutiven Teil jedes Studiums erachteten, der für die Persönlichkeitsbildung von größtem Wert ist. Es wurde betont, dass Bildung und Ausbildung nicht gegeneinander ausgespielt werden sollten.

Der zentrale Gedanke Humboldts, dass eine berufliche Ausbildung erst nach einer grundlegenden Bildung erfolgen könne, sieht sich heute vor eine schwierige Bewährungsprobe gestellt. Denn die Hochschule ist aufgrund der Ansprüche, die Politik und Ökonomie an sie stellen, dazu gezwungen, Bildung und Ausbildung gleichzeitig und gleichermaßen zu ermöglichen, mit der Gefahr, dass keines von beidem im für die Studierenden zufriedenstellendem Maße erreicht wird. Dass unsere Veranstaltungen diese Einsichten ermöglichten, ist als ein Erfolg zu begreifen.

Stärkung interdisziplinärer Forschung

Für die Studierenden eröffnet interdisziplinäre Forschung weitreichende Vertiefungsmöglichkeiten. Zugleich stellt diese Form des Lernens und Arbeitens aber eine besondere Herausforderung dar. Diese besteht darin, dass sich Studierende im Rahmen der modularisierten Curricula zu Beginn ihres Studiums zunächst den vorgegebenen Stoff für die eigenen Fächer aneignen müssen. Studierende bringen zudem anderes Grundlagenwissen aus der Schule mit als früher. Dadurch steht ein Großteil des Studiums unter der Zielsetzung der Wissensvermittlung. Im Forschenden Lernen ist die Anforderungen an die Lehrenden hoch: Sie sollen gleichzeitig das nötige Grundwissen vermitteln und Freiraum zur Forschung schaffen. Dabei kommt der interdisziplinäre Austausch, der doch eigentlich eine Grundidee der Universität ist, oftmals zu kurz.

Zudem müssen sich Lehrende und Studierende an die Sprachspiele der anderen Fächer gewöhnen und zumindest Grundkenntnisse in deren Wissenskulturen erwerben. So war das Verhältnis von Wissensvermittlung im eigenen Fach und interdisziplinärem Gespräch ein Problem, dem durch die zunächst getrennte Vorbereitung innerhalb der Fächer entgegenzuwirken gesucht wurde. Erst am Ende des jeweiligen Semesters wurde die interdisziplinäre Zusammenführung gezielt angestrebt.

Studierende wie Lehrende mussten die Perspektiven der anderen Teilnehmenden wahrnehmen und die Vielfalt der Ansätze beachten. Die Disziplingrenzen wurden dabei bisweilen klar erkennbar, denn für manche Studierende waren die Diskurse der anderen Fächer nur schwer zugänglich. So wurden z. B. zwischen Sport- und Philosophiestudierenden die unterschiedlichen Zugangsweisen sehr deutlich. Zugleich wurden die Präsentationen der anderen Fächer als inhaltliche Horizonterweiterung empfunden. Die Perspektive der Geschichte diente den Studierenden aus verschiedenen Disziplinen dabei als hilfreiche gemeinsame Ausgangsbasis.

Eine besonders wichtige Kompetenz lässt sich somit im interdisziplinären Forschen und Lernen ausbilden und entwickeln: die Fähigkeit zur Übersetzung zwischen verschiedenen Sprachwelten und Fächerkulturen. Dabei wird die eigene Perspektivität geschult, andere Sichtweisen müssen zugleich kognitiv und emotional verarbeitet und ›Übergänge‹ erarbeitet werden. Diese Fähigkeit der Übersetzung wird für den beruflichen Alltag zunehmend relevant: In Unternehmen, Bildungsinstitutionen und Ministerien gibt es verschiedene Arbeitskulturen, die gemeinsame Perspektiven unter Berücksichtigung legitimer, konkurrierender Interessen entwickeln müssen.

Vielleicht lässt sich die gemeinsame Arbeit in der Projektwoche besser als transdisziplinär beschreiben, denn es wurde *mehr als eine interdisziplinäre* Arbeitsweise geltend gemacht. Transdisziplinär ist das Denken dann, wenn Fächergrenzen sekundär sind und sachliche Fragen im Mittelpunkt stehen. Wir sind wiederholt mit einer solchen transdisziplinären Zielsetzung an die Studierenden herangetreten, ohne die Grenzen der Disziplinen auflösen zu wollen (vgl. Mittelstrass, 2005). Eine vertiefte Auseinandersetzung über die Fächergrenzen hinweg konnte jedoch letztendlich nur eingeschränkt erreicht werden. Die Zeitnot aller Beteiligten ließ nur bedingt eine Auseinandersetzung mit dem originären Gegenstandsbereich und den Lernprozessen der anderen Fächer zu.

Es lässt sich festhalten, dass das interdisziplinäre Forschen eine komplexe, aber sinnvolle Lernweise ist. »Unser Wissenschaftssystem ist auf eine beunruhigende Weise unübersichtlich geworden« (ebd., S. 19), so die kritische Diagnose von Jürgen Mittelstraß. Neben dem starken Wissenszuwachs stellt für ihn die »*Partikularisierung*« der Disziplinen und Forschungsfragen eine Gefahr dar, denn die Disziplinengrenzen drohen auch zu »*Erkenntnisgrenzen*« (ebd., Hervorhebung im Original) zu werden. Interdisziplinäres, Forschendes Lernen kann dazu beitragen, diese gezielt zu überschreiten.

Die Erfahrung der Veranstaltungen zeigt, dass die Überschreitung der üblichen Grenzen des Wissenschaftsbetriebs eine positive Beunruhigung darstellt: Die methodische Unsicherheit und die inhaltliche Pluralität der Perspektiven bieten die Möglichkeit, Neugier auf andere Fachkulturen zu entwickeln, die eigenen Wissensressourcen zu überdenken und Übergänge und Vernetzungen im Arbeiten gezielt aufzusuchen und auszubilden. Forschen ist der »Grundmodus des lernenden Tuns in der Bildungseinrichtung Universität« (Tremp & Futter, 2012, S. 73), und transdisziplinäres Forschen bleibt die besonders fordernde Form.

Offenheit, Öffentlichkeit und gesellschaftliche Relevanz

Im Rahmen der hier vorgestellten Projektwoche wurde neben dem zuvor beschriebenen Überschreiten von Disziplingrenzen noch in weiteren Bereichen Offenheit gefordert. Dies liegt in der schon grundsätzlichen Ergebnisoffenheit von Forschungsprozessen begründet, die – gerade bei der beschriebenen inter-/transdisziplinären Arbeitsweise – durch eine notwendige weitere Öffnung der jeweiligen Zugänge zum zu erforschenden Gegenstand sowie in der methodischen Erarbeitung noch verstärkt wird.

Eine zentrale Änderung der Seminarkultur war die öffentliche Präsentation von Forschung vor und im Gespräch mit fachfremdem Publikum. Dies erfordert Übersetzungsleistungen, die den Studierenden vertiefende Einblicke in ihren Forschungsprozess, dessen Ergebnisse und in ihr sonst ggf. implizit bleibendes Wissen über den Prozess und seine Ergebnisse verschaffen. Zudem ermöglicht dies den Studierenden, sich verstärkt als Expert/innen ihres Fachs zu begreifen und im Gespräch mit den Angehörigen anderer Fachkulturen das eigene Verhältnis zum Gegenstand des Fachs sowie zum Forschungs- und Lernprozess zu reflektieren: Wird in Folge der Bologna-Reformen eine Tendenz zur Verschulung des Studiums und damit auch eine ›Verschülerung‹ der Studierenden beschrieben, so ermöglicht forschungsorientierte Lehre in den hier vorgestellten Formaten eine Veränderung des starren Verhältnisses der Studierenden zum Gegenstand sowie zum Lehrenden. Studierende und Lehrende erhalten einen Einblick in Forschungsprozesse, lernen die Perspektive der jeweiligen Fachkultur kennen und erkennen die eigene Position in Bezug darauf. Zudem werden sie dazu befähigt, diese Punkte und ihre Zusammenhänge zu reflektieren.

Weiterhin ermöglichen solchermaßen geöffnete Formate, die gesellschaftliche Relevanz von Forschung zu erkennen und zu hinterfragen. Studierende können die Aktualität von erworbenen Kompetenzen und fachspezifischem Wissen erleben. Gleichzeitig ermutigten die Formate dazu, die Kulturen der Fächer vor aktuellen gesellschaftlichen Entwicklungen zu hinterfragen und neu zu denken. Für Studierende ist die öffentliche Präsentation ihrer Forschung attraktiv, da die eigene Arbeit nicht wie sonst allein vom Lehrenden gelesen und bewertet wird, sondern ein breiteres Publikum erreicht. Im Sinne eines Lehr-/Lernkulturwandels führt es dazu, dass Studierende mehr über die Arbeit ihrer Kommiliton/innen erfahren und die jeweilige Forschung im Studium auch zum Thema von Gesprächen außerhalb der Seminare werden kann.

Die Freiheit studentischer Forschung

Allen Teilnehmer/innen war die selbst- und eigenständige Arbeit der Studierenden ein Anliegen. Bei 16 beteiligten in verschiedenen Studienabschnitten angesiedelten Seminaren unterschiedlicher Fachkulturen war der Spielraum zwischen eigenständigem Arbeiten der Studierenden und notwendiger Anleitung groß. Letztendlich war jedoch das Engagement einzelner Studierender für dieses Verhältnis weit prägender als das formale Qualifikationsniveau. Die Verortung der jeweiligen Seminare im Curriculum erwies sich als durchaus entscheidend für die studentische Motivation zur Selbstständigkeit: So stellten sich Wahlpflichtveranstaltungen als vorteilhaft gegenüber Pflichtveranstaltungen (fehlende Eigenmotivation) oder freiwilligen Zusatzveranstaltungen (hoher zeitlicher Aufwand ohne entsprechende ›Belohnung‹ durch ECTS-Punkte und/oder einer guten Note) heraus.

Aufseiten der Lehrenden zeigte sich die den Studierenden gewährte Freiheit oftmals zunächst als Herausforderung. Zudem war die Grundidee mitunter schwer vermittelbar und klärte sich erst allmählich. Dies war zeitaufwändig und sorgte für Irritationen, die es durchzustehen galt – sei es aufseiten der Lehrenden (»Können die Studierenden das?«, »Haben sie den Zeitplan im Blick?«), oder seitens der Studierenden (»Wo soll das alles hinführen?«, »Blamiere ich mich mit meinen Ideen?«). Es war oftmals ein schmaler Grat zwischen Eingreifen und Aushalten. Letztendlich waren aber vonseiten der Studierenden zahlreiche innovative Ideen zu verzeichnen, insbesondere in Bezug auf die Entwicklung neuer Präsentationsformen.

Feedback und Fazit

Das studentische Feedback wurde in den Lehrveranstaltungen recht heterogen eingefordert, etwa durch Feedbackbögen, Gespräche oder Essays. Dieses Feedback wurde jedoch erfreulicherweise sehr reflektiert und auf einem hohen Niveau gegeben. Der zeitliche Mehraufwand wurde zwar angemerkt, aber nicht unbedingt negativ bewertet. Besonderes dort, wo die Studierenden eigene Interessen und Kompetenzen einbringen konnten, war die Bereitschaft zum Engagement über ein übliches Maß hinaus vorhanden. Eine weitere positive Rückmeldung betraf die Möglichkeit, selbstständig sowohl die Institution der Hochschule als auch die gesellschaftliche Relevanz des eigenen Faches zu hinterfragen: Dies betraf etwa die Überfrachtung der Hochschulidee in der Lehramtsausbildung.

Als problematisch hingegen erwies sich die Zeitnot der Studierenden. Hohes Engagement aus eigenem Interesse wurde oftmals unter einer als überfordernd wahrgenommenen Prüfungslast erstickt. Die sich stark auf das Semesterende konzentrierende Prüfungslast spiegelte sich nicht zuletzt in der geringen Rezeption der Projektwoche durch nicht direkt beteiligte Studierende wider. Die Anzahl der Besucher schwankte je nach Zeit und Thema des Angebots erheblich. Vorsichtige Schätzungen ergeben eine Zahl zwischen fünf und vierzig externen Besuchern der Veranstaltungen. Zwar hatten alle Veranstaltungen durch die große Anzahl involvierter Studierender ein ausreichendes Publikum, dennoch waren viele Studierende durch die eher geringe Besucheranzahl von außen enttäuscht, besonders da viele bereits im Vorfeld Zeit in die Bewerbung der Veranstaltung investiert hatten.

Die schwachen Besucherzahlen waren dann auch der größte Kritikpunkt im studentischen Feedback. Für eine (insgesamt durchaus erwünschte) Wiederholung einer derartigen Projektwoche wurden verschiedene Vorschläge zur zeitlichen Verlegung gemacht: Zum einen bestünde die Möglichkeit, sie am Anfang des folgenden Semesters, z.B. in der Einführungswoche der Erstsemester, stattfinden zu lassen. Dies ist ein sehr charmanter Vorschlag, der gewiss für ein breites und interessiertes Publikum sorgen würde. Allerdings wären organisatorische und administrative Probleme zu erwarten. So ist etwa die Verlegung der Prüfungsform auf das folgende Semester oftmals nicht gestattet bzw. aufgrund der studentischen Mobilität schwierig. Es gilt allerdings die Option eines auf zwei Semester ausgelegten Seminares mit jeweils eigener Prüfungsform zu überdenken.

Zum anderen könnte die Vorbereitung als Blockveranstaltung angelegt und so die Präsentation in die Semestermitte verschoben werden. Dieser Vorschlag ist realistischer umzusetzen, kann allerdings zur Zeitnot bei den Seminarteilnehmer/innen führen, da die Veranstaltung terminlich sehr eng getaktet wäre.

Im Nachhinein stellte es sich als Versäumnis heraus, dass zur Auswertung kein formales Feedback von den Lehrenden eingeholt wurde. Bei Gesprächen mit beteiligten Kolleg/innen ergab sich aber, dass viele die Zusammenarbeit mit Studierenden auf Augenhöhe zu schätzen gelernt hatten. Einige berichteten von fruchtbaren Impulsen auch für die eigene wissenschaftliche Arbeit, was der Grundidee des Forschenden Lernens und Lehrens eine erfreuliche Dimension hinzufügt. Zudem waren viele Mitwirkende von dem bei Studierenden vorhandenen innovativen und kreativen Potential positiv überrascht.

Kritisch hingegen wurde vielfach die enorme zeitliche Mehrbelastung durch die Seminare gesehen. Dies war in erster Linie dort ein Problem, wo die Zusammensetzung der Seminare für das Ziel der Veranstaltung eher kontraproduktiv war, etwa in Seminarkonstellationen, in denen viele Student/innen unter hohem Prüfungsdruck das Seminar als Pflichtveranstaltung besuchten. In diesen Fällen wurde der konzeptionelle Aufwand schnell ganz auf die Lehrenden übertragen. Wenn nebenbei in den Seminaren auch noch ein hohes Maß an Wissensvermittlung notwendig war, erwies sich der Aufwand für den/die Lehrende/n leicht als jenseits der Belastungsgrenze. Bei einer erneuten Konzeption dieser oder ähnlicher Formate gilt es daher, sehr genau zu prüfen, welche Seminare für eine Mitarbeit infrage kommen. Um den Arbeitsaufwand für die Lehrenden in einem überschaubaren Rahmen zu halten, sollten ferner Studierende stärker in die organisatorische Tätigkeit eingebunden werden. Entsprechend können Möglichkeiten geprüft werden, organisatorische Tätigkeiten von Studierenden (etwa Moderationstätigkeiten, Raumgestaltung, Werbung, Layout von Flyern und ähnliches) als Prüfungsleistung bzw. durch ECTS-Punkte zu honorieren.

Insgesamt stellte sich die Projektwoche durchaus als eine für alle anregende Erfahrung heraus. Die grundlegenden Ideen der Reflexivität, Interdisziplinarität, Offenheit und Selbstständigkeit erwiesen sich als erfolgreich. Zugleich wurde, im positiven wie negativen Sinn, ein großer Erfahrungsschatz in der Durchführung interdisziplinärer Großprojekte gewonnen, der vor einer erneuten Umsetzung derartiger Veranstaltungen noch einmal genau vergegenwärtigt werden muss. Insbesondere die zeitliche Entzerrung, entweder durch kleinere Projekte, größere/mehrsemestrige Module oder eine Auslagerung der Wissensvermittlung aus den beteiligten Seminaren (etwa über eine Koppelung mit Lektüreseminaren) sowie eine erfolgreichere Einbindung der (Hochschul-)Öffentlichkeit sind im Vorfeld zu überdenken. Eine Versöhnung des aristotelischen Staunens und der Humboldt'schen

Freiheit mit den Anforderungen moderner Hochschulen sollte dabei gerade in den Geistes- und Sozialwissenschaften nicht aus den Augen verloren werden.

Praxistipp:

- Die Beteiligung mehrerer Lehrveranstaltungen aus verschiedenen Fächern bedingt einen längeren Planungsvorlauf, sowohl für organisatorische Fragen (Terminfindung, Organisation von Räumen und Material), als auch für inhaltliche Fragen (Findung eines Rahmenthemas, Ablauf der Veranstaltung, Informationen zu Forschendem Lernen für Lehrende).

- Wichtig ist, den sich beteiligenden Lehrenden vorab Hilfestellungen zu geben, damit einerseits studentisches Forschen ermöglicht und andererseits die Andersartigkeit der Lehrveranstaltungen ausreichend berücksichtigt werden kann. So kann mit Unsicherheiten und Mehrbelastung umgegangen werden und geeignete von nicht geeigneten Lehrveranstaltungen (z. B. Wahlpflicht- und Pflichtveranstaltungen) unterschieden werden. Der Wahlpflichtbereich ermöglicht, dass Studierende sich ganz bewusst für diese besondere Veranstaltungsform entscheiden können und so auch eine Passung zu den zeitlichen und in der Gestaltung besonderen Anforderungen gegeben ist.

- Unumgänglich ist selbstverständlich, dass für die teilnehmenden Veranstaltungen die Projektwoche sinnvoll in Studien- und Prüfungsordnungen eingebunden werden kann. Hier bietet es sich an, bereits lange im Vorfeld mit den Lehrenden mögliche Formen sowie (Rahmen-)Themen zu besprechen.

- Um die Projektwoche deutlich als etwas anderes als den üblichen Lehr-/Lern- und Prüfungsbetrieb erfahrbar zu machen, haben wir bewusst die Gestaltung verändert. Hier bietet es sich an, vom üblichen Zeitrhythmus der Lehrveranstaltungen, den gewohnten räumlichen Bedingungen (z. B. fest eingerichtete Räume, eine Lehrveranstaltung pro Raum mit möglichst wenig Störung durch andere) und auch von typischen Aufgabenverteilungen zwischen Lehrenden und Lernenden abzuweichen.

Literatur

Aristoteles (1995): *Metaphysik* (H. Bonitz Übersetzung, H. Seidl Bearbeitung). Hamburg: Felix Meiner.

Brandt, R. (2003). *Universität zwischen Selbst- und Fremdbestimmung. Kants »Streit der Fakultäten«.* Berlin: Felix Meiner.

Brandt, R. (2011). Wozu noch Universitäten? Ein Essay. Hamburg: Felix Meiner.

Brumlik, M. (2014). Von Berlin über Freiburg nach Bologna – Der Kampf um die Autonomie der Universität. In N. Ricken, H. C. Koller & E. Keiner (Hrsg.), *Die Idee der Universität – revisited* (S. 63 – 78). Wiesbaden: Springer VS.

Foucault, M. (2003). *Die politische Funktion des Intellektuellen. In M. Foucault* (Hrsg.), Dits et ecrits. Schriften. Bd. III: 1976-1979 (S. 145 – 152). Frankfurt a.M.: Suhrkamp,.

Foucault, M. (1992). *Was ist Kritik?.* Berlin: Merve.

Humboldt, W. von (1956a). Der litauische Schulplan, 1809. In A. Flitner (Hrsg.), *Schriften zur Anthropologie und Bildungslehre* (S.76 – 82). Düsseldorf, München: Küpper.

Humboldt, W. von (1956b). Über die innere und äußere Organisation der höheren wissenschaftlichen Anstalten in Berlin. In A. Flitner (Hrsg.), *Schriften zur Anthropologie und Bildungslehre* (S. 82 – 90). Düsseldorf, München: Küpper.

Mittelstrass, J. (2005). *Methodische Transdisziplinarität.* Technikfolgenabschätzung. Theorie und Praxis, 14(2), 18-23. URL: http://www.leibniz-institut.de/archiv/mittelstrass_05_11_07.pdf, 15.2.2015.

Tremp, P. & Futter, K. (2012). Forschungsorientierung in der Lehre. Curriculare Leitlinie und studentische Wahrnehmungen. In P. Tremp, K. Futter & T. Brinker (Hrsg.), *Einführung in die Studiengangentwicklung.* Blickpunkt Hochschuldidaktik (S. 69 – 81). Bielefeld: Bertelsmann.

InterFlex basiert auf der Wettbewerbsausschreibung »Exzellente Lehre« von 2009 und wurde bis Ende 2013 vom Stifterverband der Deutschen Wissenschaft und vom Ministerium für Wissenschaft, Forschung und Kultur finanziert. Das Format ist mittlerweile nicht nur implementiert, sondern hat seitdem wesentlich zur Profilbildung der Fachhochschule Potsdam beigetragen. Die Marke InterFlex ist fester Bestandteil des Hochschuldiskurses und steht für innovative Lehre, interdisziplinäre Herangehensweise, Forschendes Lernen und aussagekräftige Ergebnisse.

Forschendes Lernen und Interdisziplinarität – das Lehrformat InterFlex in der Praxis

Diemut Bartl

Forschung und Interdisziplinarität blicken heute auf eine lange gemeinsame Tradition. Diese Vernetzung findet jedoch hauptsächlich in der interdisziplinären Forschung statt, in der klassischen Hochschullehre bildet sie eher die Ausnahme. Es herrscht berechtigter Zweifel daran, wie gut Interdisziplinarität an der Schnittstelle zu forschungsorientierter Lehre funktioniert, und ob es in Zeiten von ehrgeizigen Lehrplänen, überarbeiteten Lehrenden und überforderten Studierenden die Mühe lohnt, die positiven Effekte zu heben.

Die Fachhochschule Potsdam hat sich von solchen Eindrücken nicht abschrecken lassen. Mit dem Ziel die Lehre insgesamt zu verbessern und dabei eine forschende und dennoch anwendungsorientierte Hochschule zu werden, wurde das Projekt »InterFlex« ins Leben gerufen: ein Lehrformat, das Forschendes Lernen und fachbereichsübergreifende Interdisziplinarität in den Bachelorstudiengängen zusammenbringt und zugleich in einzelnen Studiengänge erprobte Lehrformen und -methoden in die Breite der Hochschule überträgt und kontinuierlich weiterentwickelt. Dass auf diesem Weg einige Hürden zu bewältigen waren, ist nicht verwunderlich. Wichtig ist, dass die FH Potsdam sich diesen Herausforderungen gestellt hat und damit nicht nur ihren Gründungsgedanken, sich mit ihrem Fächerspektrum der Lösung übergreifender gesellschaftlicher Probleme zu widmen, auffrischte. Es gelang auch, innerhalb von drei Jahren Strukturen, Rahmenbedingungen und Abläufe zu entwickeln, die als gutes Beispiel für interdisziplinäre Lehr- und Forschungsformate dienen können und das Zusammenwirken der fünf Fachbereiche weiter befördern.

Das ist die Motivation zu diesem an der Praxis orientierten Beitrag, welcher sich an Leser und Leserinnen wendet, die Verantwortung für interdisziplinäre Lehre und Projekte mit Forschungsanspruch an Hochschulen tragen und welche Interesse haben aus den Erfahrungen anderer Hochschulen zu lernen. Der Artikel führt zunächst kurz in das Lehrformat InterFlex ein und beschreibt die wesentlichen Rahmenbedingungen an der Fachhochschule. Im Anschluss werden anhand ausgewählter Beispiele Herausforderungen genannt sowie Tipps geteilt, die zu einem guten Gelingen beigetragen haben.

1. Das Lehrformat InterFlex an der Fachhochschule Potsdam

InterFlex ist ein reguläres und offenes Lehrformat an der Fachhochschule Potsdam, welches Forschendes Lernen und interdisziplinäre fachbereichsübergreifende Lehre verbindet. Es ermöglicht allen Studierenden der Fachhochschule, während des Studiums mit Forschung in Berührung zu kommen. Die Teilnehmenden widmen sich dabei weitestgehend selbstorganisiert eigenen Fragestellungen in einem fachübergreifenden Kontext. Neben der interdisziplinären Gruppe an Teilnehmenden ist das Co-Teaching mindestens zweier Lehrender, die ebenfalls interdisziplinär zusammenarbeiten, fester Bestandteil und Voraussetzung des Formats. Eine weitere wesentliche Säule von InterFlex sind besondere Fragestellungen, die sich für die wissenschaftliche Auseinandersetzung in der Lehre eignen und deren umfassende Betrachtung und ggf. Lösung das Zusammenwirken verschiedener Disziplinen sinnvoll macht.

Die Art und Weise wie Forschendes Lernen bei InterFlex angewendet wird, orientiert sich an der Definition von Ludwig Huber. Es wird versucht, die Studierenden im InterFlex-Programm vollständig oder in Teilen mit den verschiedenen Phasen von Forschung und wissenschaftlichen Arbeitsprozessen vertraut zu machen und sie dabei möglichst selbstständig und interessensgesteuert forschend lernen zu lassen. Dabei stehen nicht nur das wissenschaftliche Arbeiten und das Erarbeiten von komplexen Themen im Vordergrund, sondern auch die öffentliche Präsentation der Ergebnisse. Wissenschaftliches Arbeiten hat durch InterFlex einen noch höheren Stellenwert in der Lehre der Fachhochschule Potsdam erlangt, zudem können die Fragestellungen auch projekthaften und lösungsorientierten Charakter haben.

2. Allgemeine Rahmenbedingungen für interdisziplinäre Forschende Lehre

Zeitfenster

Wer interdisziplinäre Lehre anbieten möchte, braucht ein fachbereichsübergreifendes Zeitfenster. Die zentrale Anforderung an ein gemeinsames Zeitfenster ist, dass währenddessen keine Pflichtveranstaltungen angeboten werden. An der Fachhochschule wurden dazu alle Curricula aller Studiengänge jedes einzelnen Semesters miteinander verglichen, bis sich ein geeigneter zeitlicher Korridor auftat. Die Festlegung eines Zeitfensters stieß dabei auf gewachsene Strukturen und stark differierende Fächerkulturen, wie z. B. die Gewohnheit, dass an Freitagen Studierende oftmals einer Tätigkeit nachgehen oder attraktive Wahlveranstaltungen externer Dozent/innen angeboten werden. Diese Tatsachen stehen dem eingeführten Zeitfenster am Freitag zwischen 12 und 16 Uhr immer noch entgegen, obwohl es sich inzwischen weitestgehend etabliert hat.

Modul

Nach über zwei Jahren intensiver Arbeit zweier fachübergreifend organisierter Arbeitsgruppen, bestehend aus Lehrenden, Studiengangsexpert/innen, Studierenden und Hochschulleitung, gelang es 2013 in allen Studienordnungen bestehende Wahlmodule für InterFlex zu öffnen und/oder ein »InterFlex-Modul« mit einer fachbereichsübergreifend vereinbarten Kreditierung zu implementieren. Dieses Wahl-(Pflicht-)Modul ermöglicht seitdem allen Studierenden aller Fachbereiche und Studiengänge die InterFlex-Angebote zu belegen und dafür in angemessenem und vergleichbarem Maß Anerkennung durch ECTS-Punkte zu erhalten. Dabei ist erwähnenswert, dass die Auseinandersetzung mit dem Workload sich als große Herausforderung erwies, denn dieser musste in die gewohnten Kreditierungsschritte der unterschiedlichen Curricula und etablierten Workload-Zuteilungen der Fachbereiche passen und vergleichbare Wertigkeiten widerspiegeln. Unmut entstand, da der tatsächliche Arbeitsaufwand von InterFlex-Seminaren oftmals wesentlich höher war als für das Modul vorgesehen und die Studierenden der unterschiedlichen Studiengänge sehr unterschiedlich bewertet wurden. Es kam zu Beginn nicht selten vor, dass die Bewertungen der Teilnehmenden sich um bis zu sechs ETCS-Punkte unterschieden. Es konnte sich nach langem Ringen auf ein Modul mit mindestens vier bis maximal sechs ECTS-Punkten geeinigt werden, was weitestgehend auf den gemessenen Workload-Erfahrungen einer im Durchschnitt vier Semesterwochenstunden umfassenden Lehrveranstaltung beruht.

Lehrdeputat und Kompensation

Co-Teaching bei InterFlex fordert sowohl von den Lehrenden als auch von den Fachbereichen zusätzliche zeitliche Ressourcen, denn durch die Zusammenarbeit zweier Lehrender reduziert sich das tatsächliche Lehrangebot. Es wurde daher vereinbart, dass Co-Teaching im Rahmen von InterFlex zum einen in vollem Umfang auf das jeweilige Lehrdeputat angerechnet wird und zum anderen den Fachbereichen Mittel für kompensatorische Lehraufträge zur Verfügung gestellt werden. Aktuell stehen beteiligten Studiengängen jeweils zwei Semesterwochenstunden pro Lehrendem zur Verfügung, maximal vier Semesterwochenstunden pro Fachbereich.

Finanzielle Mittel

Durch die finanzielle Förderung des Stifterverbands und des Landes Brandenburg wurde die Hochschule in die seltene Lage versetzt, alle unter dem Label InterFlex laufenden Lehrveranstaltungen mit Sachmitteln auszustatten. Durch diese Unterstützung konnten sowohl externe Expert/innen eingeladen als auch Mittel zur Ergebnisdokumentation zur Verfügung gestellt werden. Diese Tatsache unterstützte in vielerlei Hinsicht auch die Sichtbarmachung des interdisziplinären Forschungsprozesses und schaffte Anreize, interessante Persönlichkeiten einzuladen und Ergebnisse öffentlich zu präsentieren. Nach dem Auslaufen der Projektförderung hat sich die Hochschule dazu entschlossen, InterFlex fortzusetzen und weiterhin Mittel für Kompensation, studentische Unterstützung, Ergebnisdokumentation, Vortrags- und Werkvertragshonorare zur Verfügung zu stellen sowie eine halbe Stelle zur Koordination einzurichten.

3. InterFlex-Lehr-Praxis

Die im vorangegangenen Abschnitt beschriebenen Rahmenbedingungen wurden im Laufe mehrerer Jahre entwickelt und umgesetzt. InterFlex sollte aber auch so schnell wie möglich Praxis werden, und so startete das erste Lehrsemester im Winter 2010/11. Durch die praktische Umsetzung wurden nicht nur schnell Erfahrungen mit dem Konzept gesammelt, sondern auch neue Baustellen durch qualitative und quantitative Umfragen identifiziert, die dann ebenso schnell angegangen werden konnten. Entwickelt haben sich eine Reihe interessanter und erprobter Verfahren sowie Formate zur Organisation des Projektes, zum Vernetzen, Austauschen und Reflektieren, denen sich die folgenden Abschnitte in Form von Problembeschreibungen und Tipps widmen.

Lehrideen im Antragsverfahren

Lehrende aller Fachbereiche sind jedes Semester angehalten, interdisziplinäre und für Forschung geeignete Lehrkonzepte einzureichen. In einem »Call«, der ca. zwei Monate vor Vorlesungsende kommuniziert wird, gilt es, die eingereichten Konzepte zu unterschiedlichen Themengebieten für das Auswahlgremium vergleichbar zu machen und nach einem Kriterienkatalogs (siehe Praxistipp) hinsichtlich ihrer InterFlex-Eignung zu prüfen.

Als geeignet stellen sich in der Regel Fragestellungen heraus, die sich nicht allein aus einer Fachdisziplin zufriedenstellend bearbeiten lassen oder ideale Ergänzungen in einer anderen Lehrdisziplin aus dem Spektrum der Hochschule finden. Oft liegen diese potenziellen Forschungsfragen aktuellen Geschehnissen sowie gesellschaftlichen, kulturellen, technischen und ökonomischen Problemstellungen zugrunde. Beispiele hierfür sind Lehrveranstaltungen wie »Sozialfokus in Krisen- und Katastrophensituationen«, in dem sich Studierende aus der »Sozialen Arbeit« und dem »Design« mit Szenarien von Stromausfällen in Metropolen beschäftigten, oder auch »Menschen – Migration – Memorien. Welche historischen Migrationsbewegungen verbergen sich hinter der Geschichte von Familien?« mit den Fachbereichen »Soziale Arbeit« und »Informationswissenschaften«, die viele Studierende nutzten, um Migrationsbewegungen in der eigenen Familie zu erforschen. Diese Art von Forschungsfragen findet erfahrungsgemäß großen Anklang und schließt gleichzeitig eine Lücke hinsichtlich als fehlend wahrgenommener Lehrinhalte. Insgesamt haben die Lehrinhalte durch InterFlex für die Studierenden an Relevanz gewonnen.

Der Call mit seinen zu beantwortenden Fragen hinsichtlich Methoden, Interdisziplinarität und Kompetenz soll die Antragsstellenden dazu anregen, sich bereits bei der Entwicklung des Lehr-/Forschungsangebots über die angestrebten Ziele im Klaren zu sein. Die daraus resultierenden Antworten aus der pro Semester stattfindenden Evaluation, spiegeln idealerweise auch die Gründe wieder, die Studierende dazu veranlasst, am InterFlex-Angebot teilzunehmen: An erster Stelle der Erhebung wird das Interesse am Thema der angebotenen InterFlex-Lehrveranstaltung genannt. In einem deutlichen Abstand folgen interdisziplinäre Lehrinhalte und der Erwerb eines Leistungsscheins als Begründung für die Teilnahme. Weniger fällt die Möglichkeit ins Gewicht, dass man durch die Veranstaltung Lehrende oder auch Studierende anderer Fachbereiche kennenlernt (vgl. Mauch & Bartl, 2015).

Tipp: Standardisiertes Antragsformular

InterFlex nutzt seit dem Sommersemester 2011 ein standardisiertes Antragsformular, das mit dem sogenannten »InterFlex-Call« regelmäßig kommuniziert und neben den aktualisierten Antragsmodalitäten bzgl. vorhandener Ressourcen und Beteiligungsbedingungen im Intranet und auf der Webpräsenz der Hochschule zum Download zur Verfügung gestellt wird. Im Antragsformular werden Fragen bezüglich des Themas, der inhaltlichen und didaktischen Gestaltung, des Forschungsziels, der benötigten finanziellen Mittel und deren Verwendung sowie des Formats gestellt, die vom antragsstellenden Team beantworten werden müssen.

Praxistipp:
Bewertungskriterien für InterFlex-Lehre, welche bei der Einreichung der Anträge berücksichtigt und beantwortet werden müssen:

1. **Methodische Ansätze**
   Forschendes Lernen: Auf welche Art und Weise stellt das Thema den Studierenden die Möglichkeit zur Verfügung, eigene Forschungsfragen zu entwickeln und wissenschaftlich zu arbeiten?

2. **Bezug zu inhaltlichen Schwerpunkten**
   der beteiligten Lehrenden, deren Fachbereichen sowie zu den angesprochenen Studierenden: Warum macht die Zusammenarbeit der angestrebten Studiengänge Sinn? Welcher Kompetenzaustausch ist angestrebt?

3. **Berücksichtigung der sozialen Kompetenzentwicklung der Studierenden**
   Was sollen die Studierenden lernen? Welche sozialen Kompetenzen sollen gefördert werden und wie?

4. **Förderung der Forschungskompetenz**
   Welche Forschungsfähigkeiten werden im besonderen Maße gefördert und wie?

5. **Interdisziplinäre Spannbreite**
   Welche ggf. nicht beteiligten Fachbereiche bzw. Forschungsfelder spielen bei der Bearbeitung des Themas noch eine Rolle?

6. **Nachhaltigkeit**
   Leuchtturm-Faktor: Wird durch das Thema ein Forschungsfeld an die Hochschule und in die Lehre gebracht, welches ggf. als Leuchtturmprojekt gehandhabt werden kann? neue Forschungsfelder: Ist das angestrebte Thema ein noch weitestgehend unerforschtes Feld, zu dem es wenig zugängliches Material gibt und es den Studierenden ermöglicht, in hohem Maße interessengesteuert zu arbeiten? Anwendungsorientierung: Handelt es sich bei dem Thema um ein Arbeitsfeld, das mehrheitlich praktisch orientiert ist und aus diesem Grund besonders für die Berufsbefähigung förderlich ist?

7. **Sachkosten**
   Sind die finanziellen Mittel, beispielsweise für Vorträge, wirklich angemessen?

Die Begutachtung und Entscheidung zur Umsetzung der Anträge liegt in den Händen der »Ständigen Kommission für Studium und Lehre«, einem beratenden Gremium der Vizepräsidentin für Studium und Lehre bestehend aus Vertreter/innen aller Fachbereiche und Studierenden. Die Kommission sichtet noch vor Ende des laufenden Semesters alle Anträge und gibt Feedback und Anregungen zur Verbesserung, bevor sie diese in der Regel final bewilligt. Die Entscheidungen werden rechtzeitig zur Semesterplanung bekannt gegeben.

Tipp: Ansprechende Titel für Lehrveranstaltungen
Es war feststellbar, dass Studierende hinsichtlich übermäßig langer Titel mit kryptisch aneinandergereihten Fremdwörtern (aus der Forschung) spürbar Zurückhaltung übten und diese Angebote trotz inhaltlicher Relevanz wenig nutzten. Aus der Erfahrung lässt sich sagen, dass Studierende sich mit ›knackigen‹ Titeln besser angesprochen fühlen und mehr Neugier hinsichtlich eines fremden Angebots zeigen. Aus diesem Grund ist es empfehlenswert, bei der Wahl des Titels auf kurze prägnante Schlagzeilen zu setzen und ggf. die wissenschaftliche Umschreibung in den Untertitel zu packen. Dabei scheinen auch englische Begriffe oder fachspezifische Schlagwörter besonders gut zu funktionieren und eine gewisse Lebensnähe des Themas trotz wissenschaftlichem Kontext zu verdeutlichen.

Menschen zusammenbringen, vernetzen und koordinieren

Während manche Lehrende von Beginn des Projekts an die Gelegenheit erkannten, mit befreundeten oder verbundenen Kollegen und Kolleginnen aus den anderen Fachbereichen zu kooperieren und (endlich) gemeinsam Lehrveranstaltungen durchzuführen, musste in den ersten Jahren das Projekt nicht nur vorgestellt, sondern auch der Großteil des Kollegiums erst einander vorgestellt und zur Kooperation eingeladen werden.

Tipp: Kennenlern-Formate anbieten
Inspiriert vom Speeddating wurde eine sogenannte »Börse« das Kennenlern-Format der ersten Projektjahre. Ziel war es, ein so niedrigschwelliges und unkompliziertes Format wie möglich anzubieten. Die Börse sollte nicht nur neugierig machen, sondern auch bereits in interdisziplinärer Lehre erfahrene Lehrende sowie Studierende mit ihren Lehrideen ansprechen und alle Teilnehmenden in einen lebendigen und offenen Austausch über ihre mitgebrachten Ideen bringen und Lehr-Partnerschaften anbahnen.

Durch die einmal im Semester stattfindende ca. zweistündigen Börse mit Kaffee und Kuchen wurde somit Raum geschaffen, sich entspannt kennenzulernen. Dies passierte in den Vorstellungsrunden, bei der Diskussion der aktuellen Antragsmodalitäten und den reihum vorgestellten Ideen, zum Teil in einer Art »World Café«/Speed-dating, das nicht selten zu einem offenen Brainstorming ausartete. Bei dieser ungezwungenen Atmosphäre trafen kooperationsinteressierte Disziplinen aufeinander, bisherige Erfahrungen wurden ausgetauscht und ungeachtet der Unwägbarkeiten der Zusammenarbeit über Fach- und Standortgrenzen hinweg Tandem-Lehre versprochen. Es entstanden dort immer wieder neue, ungewöhnliche Kooperationen und spannende Forschungsfragen, die ohne die Börse nie zustande gekommen wären.

Die Börse spielte aber auch als informeller direkter Feedback-Raum eine wichtige Rolle, der stets zur Weiterentwicklung des Projekts beitrug, da es in diesem vertrauensvollen Rahmen möglich war, ehrlich und offen über das Lehrformat InterFlex zu sprechen und verbesserungswürdige Punkte anzusprechen.

Tipp: Sprechstunden vor Ort

Neben der mittlerweile obsolet gewordenen Börse sind für die Netzwerkpflege hauptverantwortliche Personen vor Ort ein wichtiges Erfolgskriterium. Dazu wurde das InterFlex-Koordinationsbüro eingerichtet, welches mit einem mehrköpfigen Team startete und seit 2014 mit einer halben Stelle ausgestattet ist. Es fungiert als aktivierender Netzwerkpartner und versucht Lehrende und Themen nun auch ohne die Börse zusammenzubringen. Die InterFlex-Börse wurde 2014 von einem persönlichen Beratungsangebot abgelöst, der »InterFlex-Sprechstunde«. Dabei kann jede interessierte Person direkt auf die InterFlex-Koordinatorin zugehen und auch ohne Termin beraten werden. Das Angebot findet einmal im Monat in den beliebten und hoch frequentierten Hochschul-Cafeterien statt und wird auf der Webseite und der Facebook-Repräsentanz der Hochschule beworben. Ziel der Sprechstunde ist es, vor allem Studierende direkt anzusprechen und zu informieren, und so die Berührungsängste zu dem unbekannten Lehrformat abzubauen. Die InterFlex-Expertin berät bei eigenen Lehrideen und Anerkennungsproblemen, unterstützt bei der Antragsstellung, vernetzt mit Lehrenden und nimmt Verbesserungsvorschläge zum Programm an. Des Weiteren werden gemeinsame Mittagspause mit Lehrenden initiierte, die zum informellen Austausch und ›Anbandeln‹ unter Lehrenden genutzt werden.

Studentische Initiativen und Angebote

Studierende haben von Anfang an Vorschläge für Lehrveranstaltungen eingereicht, in denen sie auch Lehrverantwortung übernehmen.

Dieses Engagement ist ungebrochen. Eine der ersten studentischen Initiativen im Wintersemester 2010/11 mit dem Titel »Der zerbrochene Spiegel. Interdisziplinärer Einbau interkultureller Themen in die Fachhochschule Potsdam« ist ein Paradebeispiel. Ein Team aus vier Studentinnen des sechsten Semesters »Kulturarbeit« organisierte ein Vortrags- und Diskussionsseminar, bei dem es gelang, Lehrende aus allen Fachbereichen sowie externe Experten/innen für Vorträge zu gewinnen. Über ein ganzes Semester hinweg erklärten die divers aufgestellten Vortragenden ihr Verständnis zum Thema Interkulturalität und diskutierten mit den Teilnehmenden. Das Team organisierte die Veranstaltungen, moderierte die Diskussionen und dokumentierte die Ergebnisse. Die Teilnehmenden hingegen waren aufgefordert, sich durch Literaturrecherche und das Lesen von bestimmten Texten auf die Vorträge vorzubereiten und sich aktiv in die Diskussionen einzubringen. Mit 31 Teilnehmenden aus 3 unterschiedlichen Fachbereichen nahm diese erste studentische InterFlex-Veranstaltung einen bewundernswerten und teilnehmerstarken Anfang.

Tipp: Studierende für die Lehre gut vorbereiten
Engagierte Studierende sind oft trotz ihrer großen Motivation bezüglich der Umsetzung eigener Lehrvorstellungen und Ideen von den administrativen Anforderungen der Lehre überfordert. Studierende geraten zudem leicht in einen Rollenkonflikt, da sie zwischen ihrer Rolle als Studierende (lernen und forschen) und der als prozessverantwortliche Lehrende (organisieren, lehren und moderieren) hin und her wechseln müssen. Wenn studentische Lehrinitiativen für alle Beteiligten eine gute Erfahrung werden sollen, braucht es viel Zeit für Beratung, Vorbereitung und Begleitung. Das InterFlex-Koordinationsbüro unterstützt in diesen Fällen und ist Anlaufstelle für alle Fragen rund um studentische Lehre. Darüber hinaus vernetzt die Koordinatorin die Studierenden mit passenden Lehrenden, die sie als Mentoren oder Mitlehrende unterstützen können.

Zusätzlich wird in speziellen, auf studentische Lehrende zugeschnittenen Workshop-Angeboten der Umgang mit Forschendem Lernen thematisiert und konkret anhand der eigenen Lehridee erarbeitet sowie in didaktische Methoden und Projektmanagement eingeführt. Erfahrungen zeigen, dass nicht nur die Inhalte und das Projektmanagement wichtig sind, sondern auch mögliche und kritische Lehrsituationen besprochen werden müssen. Aus diesem Grund ist der Umgang mit heterogenen und interdisziplinären Gruppen und unterschiedlichen Kulturen in der Lehrveranstaltung ebenfalls essentieller Bestandteil dieser Vorbereitungsworkshops.

Kulturunterschiede

Lehrende wie Studierende erleben in interdisziplinären Lehrveranstaltungen auf der Suche nach einem gemeinsamen Warum immer wieder ein überraschendes Aufeinandertreffen unterschiedlicher Kulturen, Forschungs- und Lehransätze. Bis heute überrascht, wie unterschiedlich das *gemeinsame* Thema aufgefasst werden kann und wie sich die Perspektiven unterscheiden. Noch nie bestand per se Einigkeit über die Bedeutung des Gegenstands und auch selten über das Vorgehen. Diese Differenz kann, neben dem Konfliktpotenzial zwischen den Lehrenden und den Studierenden, allerdings auch zur Quelle fruchtbarer Auseinandersetzungen werden.

Tipp: Die Arbeitsweise und Begrifflichkeiten der jeweils anderen Disziplin thematisieren und reflektieren
Um die Grundlage eines erfolgreichen interdisziplinären Forschungsseminars zu schaffen, ist es deshalb sehr zu empfehlen, zu Beginn eines Seminars die Studierenden intensiv mit den Besonderheiten der jeweils beteiligten Fächer vertraut zu machen. Es ist wichtig, den Bezug zu den Gegenständen und Methoden sowie die vorhandenen Kompetenzen zur Bearbeitung der Probleme herzustellen. Es gilt also, für die Lehrenden und Studierenden die unterschiedlichen Begrifflichkeiten der Disziplinen im Forschungsvorhaben zu klären sowie die unterschiedlichen Kulturen einander vorzustellen, um die potenziellen Synergieeffekte zu ermöglichen und das Seminar zu einem erfolgreichen Erlebnis zu machen.

Neben der Vorstellung der Seminarplanung und des Ziels der Lehrveranstaltung durch die Lehrenden, ist es also empfehlenswert, sich frühzeitig mit den gemeinsamen oder auch fachspezifischen Arbeitsweisen vertraut zu machen und Fragen zu stellen. Wie gehen die unterschiedlichen Peers vor und welche Schwerpunkte und Ziele in den Fachdisziplinen gelten erfahrungsgemäß als gesetzt? Am Beispiel einer gemeinsamen Lehrveranstaltung mit Design- und Kulturarbeitsstudierenden war für die Lehrenden merklich zu beobachten, dass Designstudierende gewohnt sind, sehr ergebnisorientiert zu arbeiten, und einen möglichst validen, innovativen und funktionstüchtigen Lösungsprototypen entwickeln möchten. Bei Studierenden der Kulturarbeit und auch im Sozialwesen steht dagegen die Auseinandersetzung mit gesellschaftlichen und kulturwissenschaftlichen Phänomenen im Mittelpunkt, und somit Gründlichkeit unter Berücksichtigung komplexer Zusammenhänge. Es wird in diesen Fächerkulturen nicht zwangsläufig eine Lösung angestrebt. Es muss trotz der vielen positiven und ergänzenden Effekte, die eine Zusammenarbeit unterschiedlichster Disziplinen sinnvoll und effektiv machen, regelmäßig über diese Unterschiede reflektiert werden, so dass die existierenden Vorgehensweisen und Ergebnisse Wertschätzung erfahren können.

Tipp: Gemeinsame Ansprache und Umgang finden
Auch wenn dies auf den ersten Blick nebensächlich erscheint, thematisieren Sie die gegenseitige Ansprache (duzen oder siezen) der Teilnehmenden mit den Lehrenden sowie unter den Studierenden. Damit sichern Sie einen respektvollen und wertschätzenden Umgang im interdisziplinären Austausch. Im Projekt InterFlex führte der unterschiedliche Umgang mit der Ansprache gelegentlich zu Konflikten zwischen Lehrenden und Studierenden.

Organisatorische Herausforderungen in der Lehrpraxis

Trotz gemeinsamem Zeitfenster ist fachbereichsübergreifende Lehre kein einfaches Unterfangen, denn oftmals gibt es außerhalb dieses Zeitfensters wenig bis gar keine zeitlichen Schnittmengen. Die Suche nach einem passenden Format und dem angemessenen Workload ist dabei ein wesentliches Erfolgskriterium interdisziplinär forschender Lehre. Diesem Lehrformat muss es immer wieder gelingen, trotz unterschiedlichster und individueller Semesterstundenpläne das gemeinsame fachübergreifende Forschungsseminar stattfinden zu lassen und zu gewährleisten, dass sich Studierende auch nebenher noch zur Teamarbeit verabreden oder ggf. eine einmalige Seminarverschiebung wahrnehmen können. Das gilt ebenfalls für die Lehrenden.

Neben der klassischen wöchentlich stattfindenden Lehrveranstaltung im Zeitfenster des Freitags von 12–16 Uhr, ist es bei InterFlex auch möglich, Blockseminare anzubieten. Diese werden mittlerweile für gut die Hälfte der Angebote in Anspruch genommen, denn eine Blockwoche am Stück oder mehrere zweitägige Blöcke erlauben es wesentlich besser, thematische Schwerpunkte zu setzen und sich intensiv mit dem jeweiligen Thema auseinanderzusetzten.

Wenn Blockseminare vereinbart sind, bedeutet dies zumeist, dass Studierende bei anderen überschneidenden Seminaren nicht anwesend sein können. Die dann ggf. betroffenen Lehrenden stellen die Studierenden jedoch nur ungern frei. Schwerer wiegt es, wenn Personen tageweise fehlen oder ganze Blöcke nicht wahrnehmen können. Diese Personen drohen in der Diskussion des interdisziplinären Seminars stark zurückzufallen, können in der Teamarbeit keine verlässliche Arbeit übernehmen oder nicht mehr folgen, was allzu leicht zu Lasten des ganzen Seminars geht. Muss ein Seminar oder Block allerdings entfallen, gestaltet sich die Terminfindung eines Ersatztermins aufgrund der dividierenden Lehrpläne (fachbereichsspezifisch und semesterabhängig) oftmals besonders kompliziert bis unmöglich. Dies gilt es grundsätzlich abzuwägen.

Tipp: Vorbereitung ist ein Muss

Gute Vorbereitung im Vorfeld und auch während des Semesters ist extrem wichtig. Die Lehrenden müssen sich sowohl thematisch als auch konzeptionell auf das Thema und auf Lehre im Kontext von Forschendem Lernen einstimmen. Ausreichend Zeit dafür einzuplanen ist essentiell für das Gelingen. Das kooperierende Lehrenden-Team braucht Zeit, um (1) Ziele bezüglich möglicher oder angestrebter Ergebnisse festzuhalten. Es ist von großer Wichtigkeit in der Vorbereitungszeit (2) die passende Prüfungsleistung zu benennen und (3) Kriterien zu benennen, unter welchen Bedingungen hinsichtlich Zeitplanung, Abgaben und Prüfungskriterien nachgesteuert werden muss. Eine gute Vorbereitung bietet sowohl die Gelegenheit, sich über Unterschiede im Lehr- und Forschungsverständnis auszutauschen und ein geeignetes Zeitmanagement zu vereinbaren, als auch die Unterschiede der beteiligten Fachkulturen und Persönlichkeiten zu Gunsten des Prozesses in der Lehre nutzbar zu machen.

Tipp: Begleitendes Studien- und Forschungsmaterial

Es ist ratsam, viel Sorgfalt und Zeit in die Bereitstellung seminarbegleitender (digitaler) Unterlagen zu stecken. Gute Seminarunterlagen ermöglichen es, z.B. bei Fehlzeiten die theoretische Basis in gewissem Umfang selbstständig nachzuvollziehen. Die Herausforderung liegt allerdings darin, sich einerseits auf ausgewählte und passende Fachartikel zu konzentrieren, und andererseits den ergebnisoffenen Forschungsprozess dabei nicht zu stark einzuschränken.

Tipp: Transparenz des Workload

Neben dem ausführlich beschriebenen Kulturaustausch ist es Lehrenden auch sehr empfohlen, frühzeitig und gemeinsam mit den Studierenden Erwartungsmanagement bzgl. des Arbeitsaufwandes bis zum Erlangen des Scheines zu betreiben. Wird dies für die Studierenden zur ›Überraschung‹, sind die Abbruchquoten sehr hoch. Die Studierenden sollten sich über den zu erwartenden Workload im Klaren sein und wie sich dieser in Anwesenheitszeiten und Selbststudium bis zur Prüfungsleistung einteilt. Idealerweise wird er bereits im Ankündigungstext grob beschrieben oder zu Beginn des Seminars thematisiert.

Tipp: Aufmerksamkeit und Humor

Die Lehrenden treten im Rahmen von Forschender Lehre aus ihrer klassischen Rolle als Inhaltsvermittler/in und Didaktiker/in heraus und nehmen die eines/r Lernbegleiters/in, Forschungsprozess-Ermöglichers/in oder auch eines Coaches ein. Dabei betreten viele Lehrende ungewohntes und herausforderndes Terrain. Darum sollten sie sich auf diesen Rollenwechsel sowie auf die gemeinsame Lehre mit den Co-Lehrenden vorbereiten und flexibel sein. In der Reflektion ließen die Lehrenden wissen, dass es in allen Phasen der Planung, Durchführung und Auswertung ein besonders hohes Maß an Konzentration, Fokussierung und Strukturierung zwischen den beiden Lehrverantwortlichen braucht, um das Seminar zu einem erfolgreichen Erlebnis für alle Teilnehmenden zu machen. Dazu sei es notwendig, ständigen Augenkontakt in den Lehrsituationen zu halten und sich respektvoll zu ergänzen. Ein hohes Maß an gegenseitiger Sympathie und eine Portion Humor seien dabei sehr hilfreich, wenn nicht sogar notwendig (vgl. Freund & Abri, 2013).

Prüfungspraxis

Eine besondere Herausforderung stellen Prüfungen von Einzel- und Gruppenleistungen interdisziplinärer Seminare dar. Es ist in der Regel nicht möglich, fachbezogene schriftliche Prüfungen in gewohnter fachspezifischer Art und Weise durchzuführen, da es eher keinen Sinn macht, die Studierenden in ihrer Fachkompetenz zu prüfen. Vielmehr sollte sich für die Prüfung darauf konzentriert werden, was sie aus der Zusammenarbeit mit dem anderen Fach hinzugewonnen haben und wie das beispielsweise bei der Abschlusspräsentation sichtbar gemacht werden kann.

Tipp: Peer-to-Peer
Peer-to-Peer-Feedback-Methoden stellen eine erprobte Alternative zu bekannten Einzelprüfungsszenarien dar und können entweder im Laufe der Veranstaltung oder zum Abschluss sinnvoll sein. Sie können online (Bsp. Moodle) oder im Rahmen einer Diskussion durchgeführt werden, in der sich Studierende bezüglich ihrer Arbeit (Texte und/oder Präsentationen) gegenseitig einschätzen. Peer-to-Peer-Feedback-Methoden werden von Lehrenden als besonders effektiv beurteilt, wenn sich die Teilnehmenden auf gemeinsame Bewertungskriterien einigen. Hierbei ist es empfehlenswert, diese bereits in den ersten Seminareinheiten gemeinsam zu vereinbaren.

Tipp: Gemeinschaftliche Prüfungsleistungen und Präsentation
Gemeinschaftsreferate zur Aufbereitung bestimmter Themenkomplexe im Laufe eines Seminars und/oder eine umfassende Abschlusspräsentation der Ergebnisse eignen sich als Prüfung für große interdisziplinäre Seminare und Gruppen. Es ermöglicht den Teams, ihre Zusammenarbeit im Ergebnis sichtbar zu machen, die gemeinschaft-

lichen Prozesse zu thematisieren und sich in ihren verschiedenen fachlichen und persönlichen Rollen zu zeigen. Gleichzeitig werden auch die Lehrenden entlastet, da sie weniger Hausarbeiten begutachten müssen. Eine Abschlusspräsentation und die oftmals anschließenden Reflexionsrunden oder auch Peer-to-Peer ermöglichen es, voneinander zu lernen und über die Ergebnisse, den Prozess und die Erfahrungen zu diskutieren.

4. Rückblick und Ausblick

Die Entwicklung und Ausgestaltung von InterFlex vollzog sich über drei Kernjahre (2010-2013), aber bis heute werden die Verfahren angepasst und Formate (weiter-)entwickelt.

Die Arbeitsgruppen »Themen und Methoden« und »Struktur«, die zur Umsetzung von InterFlex eingerichtet wurden, schufen die Grundlagen des Lehrformats und die Voraussetzungen dafür, dass InterFlex an der Hochschule nachhaltig implementiert werden konnte. Als ein wichtiger Garant für die erfolgreiche Arbeit der top-down eingesetzten Arbeitsgruppen kann die Tatsache genannt werden, dass es gelang, alle Positionen nicht nur mit erfahrenen Personen zu besetzten, sondern auch mit Mitgliedern, die aus verschiedenen Fachbereichen und unterschiedlichen Ressorts, beispielsweise dem Prüfungsamt oder der Verwaltung, stammten. Zudem waren auch die Studierendenvertretungen aktiv eingebunden. Es gelang dadurch den aktuellen Stand der Umsetzung in den einzelnen Studiengängen regelmäßig in Erfahrung zu bringen und so die Bedarfe der Studierenden und Lehrenden stets im Fokus zu halten.

Implementierung eines großen Wahlbereichs

Die Hochschule nimmt die Neuausrichtung der Rahmenordnung für Studium und Prüfung zum Anlass, den Wahlmodulbereich insgesamt zu erweitern. Das neue bis zu 15 ECTS-Punkte umfassende Wahlmodul (ab 2017) soll für alle Studienrichtungen und Lehreinheiten gelten und unter anderen Wahlangeboten besonders die Anrechnung von InterFlex-Veranstaltungen in größerem Maße als bisher ermöglichen. Das bedeutet praktisch, dass Studierende im Laufe ihres Studiums problemlos an zwei bis vier InterFlex-Angeboten teilnehmen können. Dies ist ein großer Schritt und bei den Verhandlungen ein schwieriger Verhandlungsposten, denn für viele Studiengänge bedeutet das, Pflichtlehre zugunsten unkonkreter Wahlmöglichkeiten zu verschieben.

Verstärkung der Kooperationen innerhalb des Lehr- und Forschungsprojekts

Kooperationen mit anderen Projekten an der Hochschule, die die Verbindung von Forschung und Lehre vorantreiben und das 2013 gegründete »Institut für angewandte Forschung Urbane Zukunft« haben maßgeblich zur Weiterentwicklung von InterFlex beigetragen. So haben die drei Forschungsprofessuren des Instituts neben der Entwicklung eines neuen Masterstudiengangs und der Einwerbung von Drittmitteln für Forschung einen großen Lehranteil bei InterFlex, der sich aus Themen ihrer Forschungsgebiete speist. Die Lehrenden kooperieren in der Lehre dabei mit Kolleg/innen aus allen Fachbereichen der Hochschule sowie aus dem Kreise ihrer eigenen Forschungsfelder.

So gelingt es, einerseits innovative Forschungsthemen im Rahmen von Lehre zu ›testen‹ und beispielsweise noch weitere potenzielle Thesen durch die Studierenden zu entdecken, und andererseits geförderte Forschungsprojekte in die Lehre zurückzubringen und dort ebenfalls entscheidend voranzubringen. Die Forschungsqualität der InterFlex-Lehre im Besonderen und Forschungsaktivitäten in der Lehre im Allgemeinen konnte dadurch an der Fachhochschule Potsdam enorm gesteigert werden.

Interkulturalität als Selbstverständnis

In den letzten Jahren ist durch den deutlichen Anstieg an fachbereichsübergreifenden Lehrkooperationen zu beobachten, dass die Fachhochschule Potsdam nicht nur ihrer im InterFlex-Antrag postulierten These »Forschendes Lernen braucht Interdisziplinarität – Interdisziplinarität braucht Flexibilität« mehr und mehr gerecht wird, sondern auch den Forderungen der Studierenden nach mehr fachbereichsübergreifendem Austausch.

Studierenden ist daran gelegen, bei der Lösung gesellschaftlicher Fragestellungen mitzuwirken. Sie erkennen darin zunehmend die Wichtigkeit von interkulturellen Kompetenzen, die sie nun in ihrem Studium erlangen können. Die Fähigkeit sich flexibel verändernden Arbeitsbedingungen anpassen zu können, macht es auch notwendig, wissenschaftliche Arbeitsweisen zu beherrschen und in der Lage zu sein, effektiv interdisziplinär zusammenzuarbeiten. Ziel scheint es zu sein, im Hier und Jetzt Einfluss zu nehmen und Kopf und Zeit zu investieren, auch wenn die tatsächliche Zusammenarbeit, das Erforschen und Lösen interdisziplinärer Probleme auch in Zukunft eine herausfordernde Aufgabe bleibt.

Literatur

Freund, S. & Abri, M. (2013). Lehrarrangement im Tandem – Augenkontakt und Augenhöhe. *InterFlex – Querdenken Erwünscht*. Potsdam: Fachhochschule Potsdam.

Mauch, M. & Bartl, D. (2015). *InterFlex und digitale Medien: Zur Nutzung digitaler Medien in der interdisziplinären Hochschullehre*. Poster auf der 23. Jahrestagung der Gesellschaft für Medien in der Wissenschaft e.V. München: Ludwig-Maximilians-Universität.

Im folgenden Beitrag wird der Einführungsworkshop des Göttinger Projekts »Forschungsorientiertes Lehren und Lernen« (FoLL) vorgestellt, welcher Teams aus unterschiedlichen Fakultäten auf die anstehende Projektarbeit vorbereitet. Die Lesenden erhalten Anregungen, wie ein Workshop mit bis zu 60 Teilnehmenden – gestaltet werden kann, von dem Lehrende wie Studierende gleichermaßen profitieren, wie das Potential des interdisziplinären Austauschs genutzt und wie die Inhalte »Präsentieren der Forschungsfragen«, »Teamarbeit« und »Zeitschienen einhalten« in einem Kurzformat umgesetzt werden können. Herausforderungen und Chancen werden dabei ebenfalls reflektiert.

Workshopkonzept zur Einführung in ein Projekt zum Forschenden Lernen in interdisziplinärer Teamkonstellation

Susanne Wimmelmann

Forschendes Lernen erfordert, dass sich Lehrende und Studierende ihre Rollen und Aufgaben im Forschungsprozess bewusst machen und dass sich Studierende mit der eigenen Fachkultur auseinandersetzen. Interdisziplinäre Workshops, an denen Lehrende und Studierende gemeinsam teilnehmen, können neue Impulse für forschungsorientiertes Lehren und Forschendes Lernen setzen.

Der folgende Beitrag über den Einführungsworkshop des Göttingen Projekts »Forschungsorientiertes Lehren und Lernen« (FoLL) beschäftigt sich mit den Herausforderungen und Chancen eines interdisziplinär gestalteten Veranstaltungsformats zur Vorbereitung auf eine anstehende Projektarbeit, von dem Studierende wie Lehrende gleichermaßen profitieren. Ziel des fünfstündigen Formates ist es, dass jedes Team seine Forschungsfrage vor einem fachfremden Publikum verständlich präsentiert, sich auf die anstehende Projektarbeit im Team vorbereitet und Kriterien für ein gutes Zeitmanagement erarbeitet.

Zunächst wird das Projekt »Forschungsorientiertes Lehren und Lernen« (FoLL), in das der Einführungsworkshop eingebettet ist, mit seinen Grundgedanken und dem ihm zugrunde liegenden didaktischen Konzept kurz vorgestellt. Anschließend wird der Fokus auf den Einführungsworkshop selbst gelenkt, wie er in das im Rahmen von FoLL angebotene Workshopprogramm eingebettet ist und welche Ziele mit ihm im Hinblick auf das Gesamtprojekt verfolgt werden. Davon ausgehend werden seine Rahmenbedingungen genannt. Es handelt sich dabei selbstverständlich um Richtwerte, die als Anregung dienen sollen und ggf. auf die eigenen Rahmenbedingungen übertragen werden müssen. Jedes der Workshopbestandteile »Research-Gallery«, »Zeitplanung eines Projektes« und »Zusammenarbeit im Team« wird mit seinen Inhalten, dem Vorgehen und den Zielen separat erläutert. Dieses Vorgehen ermöglicht es, ggf. auch nur einen Workshopbestandteil oder einzelne Elemente daraus in die eigene Lehre zu integrieren. In der Diskussion wird der Einführungsworkshop als Gesamtformat mit seinen drei Bestandteilen reflektiert. Ausgehend von den Workshopevaluationen und Feedbackgesprächen mit den Teilnehmenden wird das Workshopformat im Hinblick auf Weiterentwicklungsmöglichkeiten überdacht.

1. Das Projekt »Forschungsorientiertes Lehren und Lernen« (FoLL) an der Georg-August-Universität Göttingen

Das seit 2010 an der Georg-August-Universität Göttingen angesiedelte Projekt »Forschungsorientiertes Lehren und Lernen« (FoLL) bietet Bachelorstudierenden die Möglichkeit, im Team und begleitet durch ihre Lehrenden über ein selbst gewähltes Thema aus ihrem Fach in einem Zeitraum von acht Monaten zu forschen. Die Hochschuldidaktik koordiniert das Projekt, berät Lehrende und Studierende bezüglich des forschungsorientierten Lehrens und Lernens und bietet flankierend zur Projektarbeit in den Fächern Workshops für Lehrende, Studierende und beide Gruppen gemeinsam an. Am Projektende werden die Ergebnisse hochschulöffentlich sichtbar gemacht. Pro Semester forschen fünf bis sieben Teams. Ein Team besteht in der Regel aus acht Studierenden und zwei Lehrenden und kann sich aus einer oder mehreren Disziplinen zusammensetzen. Die Teams bewerben sich mit einem idealerweise von Lehrenden und Studierenden gemeinsam verfassten Antrag bei der Hochschuldidaktik. Ein Lenkungsausschuss, bestehend aus Mitgliedern des Präsidiums, Lehrenden, Studierenden und Hochschuldidaktiker/innen, entscheidet auf der Basis von festgelegten Kriterien über die Förderungswürdigkeit der Projekte.

Bei FoLL durchlaufen die Studierenden im Sinne des didaktischen Konzeptes vom Forschenden Lernen nach Ludwig Huber den gesamten Prozess eines Forschungsvorhabens von der Entwicklung der Fragestellung über die Durchführung des Forschungsprozesses bis hin zur öffentlichen Abschlusspräsentation (vgl. Huber, 2009, S. 11). Dabei generieren sie nicht nur fachliches Wissen und entwickeln fachmethodische Fähigkeiten, sondern üben auch überfachliche Kompetenzen ein wie die Zusammenarbeit im Team, das Einhalten von Zeitschienen und Präsentationsfähigkeit. Die Teamarbeit und die Teilnahme an den gemeinsamen Workshops bieten den Studierenden schon früh die Möglichkeit, sich handelnd in einer wissenschaftlichen Gemeinschaft und damit Wissenschaft auch als »sozialen Prozess« (Huber, 2009, S. 10) zu erfahren. Forschendes Lernen setzt die Bereitschaft der Studierenden voraus, sich in aktiver Mitarbeit in den Forschungsprozess einzubringen und »auf allen Stufen nicht nur Antworten zu rezitieren, sondern Fragen selbst zu entwickeln und zu definieren« (Hochschuldidaktik der Universität Zürich, 2011, S. 2). Lehrende, die Studierende beim Forschenden Lernen begleiten, sollten offen sein für ein »Mitmachen lassen« (Huber, 2009, S. 11) und darüber hinaus »Lerninteresse wecken« und »Studierende[] bei der Herstellung von Sinneszusammenhängen unterstützen« (Ludwig,

2011, S. 8). Die hochschuldidaktischen Workshops zielen darauf ab, Studierende und Lehrende für die Haltungen im Forschenden Lernen und in der forschungsorientierten Lehre zu sensibilisieren.

In den hochschuldidaktischen Workshops treffen Lehrende und Studierende aller geförderten Projekte zusammen und begleiten einander im Forschungsprozess vom ersten Vorstellen ihrer Forschungsvorhaben über den Austausch bzgl. Highlights und Herausforderungen im Forschungsprozess bis hin zur öffentlichen Abschlusspräsentation. Dieser interdisziplinäre Austausch ermöglicht nicht nur einen Einblick in eine andere Fachkultur, sondern auch ein Schauen über den eigenen fachlichen Tellerrand. Oft können sowohl Lehrende als auch Studierende im Anschluss an die Workshops benennen, was das Besondere am Forschen in ihrem Fach ausmacht.

Für die Lehrenden werden im Rahmen eines FoLL-Projekts drei begleitende Veranstaltungen angeboten: ein sogenannter »Kaminabend« als Auftaktveranstaltung, ein Midterm-Meeting zu Projektmitte und eine Abschlussreflexion nach Beendigung des Forschungsprojektes. Der »Kaminabend« dient sowohl zum gegenseitigen Kennenlernen, als auch zur Vorstellung der Projektziele. Begleitend werden in diesem Veranstaltungsformat die für das Forschende Lernen und forschungsorientierte Lehren erforderlichen Haltungen seitens der Hochschuldidaktik thematisiert. Darüber hinaus wird auf Veranstaltungen des offenen hochschuldidaktischen Workshopangebots hingewiesen, die eine gute Unterstützung zur Begleitung eines Projekts zum Forschenden Lernen darstellen (z. B. »Moderation und Begleitung studentischer Teams« oder »Forschen(d) lernen«).

Die Studierenden treffen sich zeitversetzt in zwei projektbegleitenden Workshops: einem fünfstündigen Einführungsworkshop und einer vierstündigen Vorbereitung auf die Abschlusspräsentation. Während sich der Workshop für die öffentliche Abschlusspräsentation vornehmlich an die Studierenden richtet, die darin auf das Erstellen eines wissenschaftlichen Posters und das Halten eines Kurzvortrags vorbereitet werden, wird der Einführungsworkshop für Studierende und Lehrende gemeinsam angeboten, um beiden Zielgruppen einen gemeinsamen Startpunkt zu geben und die anderen Projektgruppen kennenzulernen.

2. Workshopkonzept zur Einführung in ein Projekt zum Forschenden Lernen

Lehrende erfahren anhand der Arbeitsphasen im Einführungsworkshop, inwieweit ihre Studierenden das anstehende Forschungsprojekt inhaltlich und methodisch durchdrungen haben und die Zeitschienen realistisch einschätzen. Indem sie ihre Studierenden bei den Gruppenarbeiten erleben, bekommen sie einen Eindruck über deren Zusammenarbeit im Team. Die Voraussetzungen für solche Beobachtungen sind, dass Lehrende sich in den Arbeitsphasen zurückhalten und eine beobachtende Perspektive einnehmen. Diese Vorgehensweise wurde ihnen bereits beim Kaminabend durch die Hochschuldidaktik theoretisch erläutert. Während der verschiedenen Workshopphasen im Einführungsworkshop haben die Lehrenden nun die Möglichkeit, die Rolle der Beobachtenden und Inputgebenden einzuüben, damit sie diese auch später in ihren eigenen Projekten einnehmen können. Denn für einen gelungenen forschungsorientierten Projektverlauf ist diese, für die Lehrenden oft ungewohnte Rolle, unabdingbar. Die unterschiedlichen Arbeitsphasen geben den Betreuenden Raum, sich mit Kolleg/innen über ihre Rolle, die das anstehende Projekt erfordert, auszutauschen.

Die Lernziele für die Studierenden bestehen darin, dass sie ihr Forschungsvorhaben vor Fachfremden verständlich präsentieren und den zeitlichen Ablauf ihres Projektes sowie die einzelnen Forschungsphasen, die sie durchlaufen werden, benennen können. Darüber hinaus sollen sie die wesentlichen Eckpfeiler und unterstützende Kommunikationsstrategien für eine gute Zusammenarbeit im Team kennenlernen und ihre Rolle beim forschungsorientierten Lernen verstehen. Übergeordnetes Ziel des Einführungsworkshops ist einerseits, dass alle Teilnehmenden einer Kohorte sich und ihr Projektvorhaben kennenlernen, und andererseits auch Lust dazu bekommen, sich im Projektverlauf auszutauschen.

Der Einführungsworkshop ist im Rahmen des Projektes »Forschungsorientiertes Lehren und Lernen« (FoLL) bislang mit elf Kohorten durchgeführt worden. Dabei gab es zwei wesentliche Formate: Beim ersten Format wurden die teilnehmenden FoLL-Teams in zwei Gruppen aufgeteilt, um die Gesamtgröße an Teilnehmern pro Gruppe in einem überschaubaren Rahmen zu halten. Beide Gruppen, bestehend aus jeweils zwei bis vier Teams, nahmen jeweils an einem vierstündigen Workshop teil. Die Teams erarbeiteten das Vorstellen ihres Forschungsprojektes im Workshop. Beim zweiten Format nahmen alle sechs Teams in einem Zeitfenster von fünf Stunden gemeinsam an einem Workshop teil. Die Teilnehmenden bereiteten ihre Präsentationen jedoch nicht innerhalb des Workshops vor, sondern wurden gebeten, diese im Vorfeld zu erstellen, um sie im Workshop den anderen Teams vorzustellen. Im Folgenden soll das zweite Format genauer erläutert und in der Abschlussreflexion ein Vergleich zwischen den beiden Formaten hergestellt werden.

Am Einführungsworkshop nehmen durchschnittlich sechs Teams à vier bis acht Studierende und ein bis zwei Lehrende teil. Der Workshop findet in der Aula statt, wo die Teams zu Projektende auch ihre

Ergebnisse präsentieren. Zum einen bietet dieser Raum die erforderliche Größe für 60 Personen, und zum anderen bekommen die Studierenden aufgrund der darin befindlichen Bühne die Gelegenheit, sich mit dem Präsentieren in einer offiziellen Situation vertraut zu machen und sich somit schon zu Projektbeginn auf die Abschlusspräsentation vorzubereiten.

Bestandteile des fünfstündigen Einführungsworkshops sind der Einstieg, die »Research-Gallery«, eine Einheit zur Zeitplanung des Forschungsprojektes, eine Einheit zur Zusammenarbeit im Team und die Abschlussevaluation.

Die zeitliche Gliederung ist wie folgt:

Zeit/Min	Ablauf
50	**Einstieg** Begrüßung, Information zum Projekt, Teilnehmende stellen sich vor
105	**Research-Gallery** Präsentation der Forschungsprojekte vor einem fachfremden Publikum
20	Pause
45	**Zeitmanagement** Zeitplanung des anstehenden Forschungsprojektes
60	**Zusammenarbeit im Team** Erstellen eines Vertrages zur Zusammenarbeit im Team
20	**Workshopevaluation und Ausklang**

2.1 Einstieg

Der Einführungsworkshop wird von dem/r Projektkoordinator/in (im Folgenden PK) durchgeführt. In der Einstiegssequenz lernen die Teilnehmenden diese/n und die anderen Teams mit ihren Forschungsfragen kennen. Sie erfahren von den Grundgedanken und dem zeitlichen Ablauf des Projektes sowie den von ihnen zu erfüllenden Aufgaben. In der Aula sind sechs Gruppentische vorbereitet, an denen jeweils ein Team Platz nimmt. Es gibt einen siebten für die Lehrenden, der in der Phase der interdisziplinären Kleingruppenarbeit, in der Lehrende getrennt von den Studierenden miteinander arbeiten, benötigt wird. Die Teilnehmenden werden gleich zu Beginn gebeten, ihre Namen auf ein Kreppband zu schreiben und sich dieses anzuheften. Sie entscheiden selbst, ob nur der Vornamen oder auch der Nachname auf dem Kreppband steht, was ausdrückt, ob sie geduzt oder gesiezt werden wollen. Eine einheitliche Anrede ist bei diesem Workshopformat nicht möglich, da sich Lehrende und Studierende in einigen Fachkulturen duzen und in anderen siezen. Diese Gewohnheit soll nicht aufgebrochen werden, da die Anrede bestehende Rollenverhältnisse, wie beispielsweise das Prüfungsrecht Lehrender Studierenden gegenüber, impliziert. Nachdem die/der PK sich und die wesentlichen Grundgedanken des Projektes vorgestellt hat, werden die einzelnen Teams gebeten, sich namentlich vorzustellen, zu benennen aus welcher Fakultät sie kommen und was ihr Forschungsthema ist. Außerdem sollen sie auf einer Landkarte, die an eine Stellwand angeheftet ist, ihre »universitäre Heimat« mit einem Punkt kenntlich machen und beschriften. Dadurch erfahren sie, wo sich die Einrichtungen der anderen Teams befinden, um sich bei Bedarf während der Projektlaufzeit zu besuchen.

Beim Vorstellen des Projektablaufs möchte die/der PK einerseits verbindliche Punkte innerhalb des Projektes aufzeigen, wie die Teilnahme an allen Workshops, das Einhalten von Zeitschienen und das Anfertigen der Abschlussprodukte, andererseits möchte sie/er die Teams dazu einladen, sich aktiv mit Vorschlägen und Ideen in die Gestaltung des Gesamtprojektes einzubringen, beispielsweise durch das Besuchen fachfremder Teams in ihren Seminaren oder Instituten, das Organisieren von Stammtischen oder das Sicheinbringen mit kreativen Ideen in die öffentliche Abschlusspräsentation. Ein wesentliches Ziel der Einstiegssequenz ist es, die Zusammensetzung der bestehenden Tischgruppen aufzulösen und die Workshopteilnehmenden in einen ersten Austausch miteinander zu bringen. Damit soll für den weiteren Workshopverlauf das Interesse an den anderen Forschungsprojekten geweckt werden. Um dies zu erreichen, lösen sich die Tischgruppen auf und bilden sechs neue Gruppen, die sich über ein Durchzählen in ihrem ursprünglichen Team von eins bis acht ergeben. Alle ›Einser‹, alle ›Zweier‹ etc. bilden dann ein Team. Die so entstandenen neuen Gruppen tauschen sich über die Frage aus »Was sind meine Lernziele für das anstehende Projekt?«. Die maximal zwölf Lehrenden bilden ebenfalls eine Gruppe und gehen im Austausch miteinander der gleichen Fragestellung nach. Jede Kleingruppe visualisiert ihre Ergebnisse auf maximal drei Karten (eine pro Gedanken). Im Anschluss daran stellt ein/e Vertreter/in der Gruppe die Ergebnisse im Plenum vor und pinnt sie an eine Stellwand. Von dem Ergebnis wird ein Fotoprotokoll angefertigt, welches zu Projektende dazu genutzt wird, die formulierten Lernziele mit dem tatsächlich Gelerntem zu vergleichen.

Überblick:

Zeit/Min	Ablauf
10	Nach der Begrüßung stellt die/der PK sich und die wesentlichen Grundgedanken des Projektes vor.
10	Die Teams präsentieren sich (Fakultät, Forschungsfrage, Namen) und markieren ihre »universitäre Heimat« auf einer geographischen Karte.
10	Die/der PK informiert über die Workshopinhalte, einzuhaltende Termine und zu erstellende Endprodukte des Projektes.
10	Lehrende und Studierende unterschiedlicher Teams tauschen sich in Kleingruppen über ihre Lehr- bzw. Lernziele für das anstehende Forschungsprojekt aus und visualisieren die drei wichtigsten Ziele auf Karten.
10	Die Kleingruppen stellen ihre Ergebnisse im Plenum vor.

2.2 Research-Gallery

Im zweiten Teil des Workshops, der sogenannten Research-Gallery, gehen die Studierenden wieder in ihre ursprünglichen Teams zurück und präsentieren ihr geplantes Forschungsprojekt in Schrift oder als Zeichnung auf einem Flipchartblatt. Einige Teams stellen es auch in Form eines Sketches dar oder bringen ein gedrucktes Poster mit. Die Art und Weise der Vorstellung ist den Teams selbst überlassen. Die Vorbereitungen für die Vorstellung des eigenen Forschungsprojekts finden in den Instituten oder Seminaren statt. Damit wird garantiert, dass sich die Teammitglieder bereits vor dem Einführungsworkshop als Gruppe gefunden haben und sich vorbereitend über die Darstellung ihres Forschungsvorhabens vor einem fachfremden Publikum ausgetauscht haben. Wichtig ist, dass die Präsentation von den Studierenden durchgeführt wird und die Lehrenden dadurch beobachtend erfahren, inwieweit ihre Studierenden das Forschungsprojekt inhaltlich, methodisch und vom Ablauf her durchdrungen haben. Beim ca. zwei Monate später stattfindenden Midterm-Meeting tauschen sich die Lehrenden über ihre Beobachtungen und die danach erfolgten Entwicklungsschritte ihrer Studierenden aus.

Die Präsentation des Forschungsvorhabens im Rahmen der Research-Gallery soll pro Team maximal fünf Minuten dauern. Dadurch üben die Studierenden schon frühzeitig ein, einen Vortrag gut zu gliedern und sich auf das Wesentliche zu beschränken. Darüber hinaus wird garantiert, dass der Präsentationsblock nicht zu lang und damit ermüdend wird. Vor Beginn der Kurzvorträge gibt die/der PK einen kurzen Überblick zum Thema »Gut strukturiertes und verständliches Vortragen« (vgl. Pawlowski, 2015, S. 67–69, S. 108–109 und S. 157–158). Die wesentlichen Punkte dafür sind visualisiert und bieten eine Grundlage für das zu gebende Feedback, welches von jeweils einem nicht präsentierenden Team übernommen wird. Die wichtigsten Feedbackregeln werden ebenfalls vor Beginn der Präsentationen vorgestellt und währenddessen sichtbar gemacht (vgl. Schulz von Thun, 2015, S. 76–90). Dadurch, dass nicht präsentierende Teams Beobachtungsaufgaben übernehmen, bleiben sie in einer aufmerksamen Haltung. Des Weiteren üben sie die Gesprächsstrategie des Feedbackgebens ein, welche wichtig für ihre anstehende Zusammenarbeit im Team ist und in der darauffolgenden Einheit explizit gemacht wird (vgl. Weisbach, 2015, S.161–190). Die Studierenden stehen nach ihren Präsentationen vor der Herausforderung, Fragen von fachfremden Teams zu beantworten. Das führt dazu, dass sie sich in einer flexibleren und nicht zu kalkulierenden Art und Weise mit ihrem Forschungsthema auseinandersetzen und ihnen dadurch die Rolle der Expertinnen und Experten des eigenen Faches zukommt.

Im Anschluss an die Präsentationen gibt es eine Pause, die sowohl für die Erholung als auch für den informellen Austausch wichtig ist. Die Erfahrung hat gezeigt, dass es zu den Präsentationen noch viele unbeantwortete Fragen gibt und ein großes Interesse, sich mit einzelnen fachfremden Teams auszutauschen. Diesem Bedürfnis sollte entsprechend Raum gegeben werden.

Überblick:

Zeit/Min	Ablauf
10	Die/der PK stellt den Ablauf der Research-Gallery vor und gibt Input zu den Themen »Verständliches Beschreiben und Präsentieren« und »Feedbackregeln«.
05	Die Teams sprechen sich über die anstehenden Präsentationen ab.
90	Die Teams präsentieren ihre Forschungsprojekte (jeweils 5 Minuten). Fachfremde Teams stellen Fragen (jeweils 5 Minuten). Ein weiteres fachfremdes Team gibt Feedback (jeweils 2 Minuten). Eine Pufferzeit von drei Minuten pro Team sollte eingeplant werden.
20	Es gibt eine Pause und die Möglichkeit des informellen Austausches.

2.3 Zeitmanagement

Nach der Pause erfolgt eine Einheit zum Thema »Zeitmanagement im Forschungsprojekt«. Sie wird damit eingeleitet, dass die Teams sich darüber austauschen, wie die Vorbereitungsphase auf die fünfminütige Präsentation ihres Forschungsvorhabens für den Einführungsworkshop gelaufen ist. Jedes Team schreibt dazu alle Vorbereitungsschritte nacheinander auf und notiert auf maximal zwei grünen Karten, was gut gelaufen ist, und auf maximal zwei orangen Karten, was verbesserungswürdige Aspekte sind. Die Gruppenergebnisse werden im Plenum präsentiert, indem die Karten nach Farben geordnet an eine Stellwand gepinnt werden. Anknüpfend an die von den Teams erarbeiteten Kriterien für erfolgreiches bzw. verbesserungswürdiges Zeitmanagement, stellt die/der PK die »ALPEN-Methode nach Seiwert« zur Zeitplanung vor, anhand derer deutlich wird, dass ein gutes Zeitmanagement das Einplanen von Pufferzeiten vorsieht (vgl. Seiwert, 2015, S.34–35). Im Anschluss daran geht es um die Zeiteinteilung für das anstehende Projekt. Dafür werden die Teams zunächst gebeten, die einzelnen Schritte ihres Forschungsprozesses in einer Zeitabfolge zu visualisieren und mit Zeitschienen zu beschriften. Um den Start zu erleichtern, erhält jedes Team Kärtchen, auf denen allgemeine Schritte des Forschungsprozesses stehen. Die Kärtchen dürfen selbstverständlich durch selbst beschriebene ergänzt werden. Die Lehrenden werden auch hier vorab gebeten, eine primär beobachtende Position einzunehmen und den Studierenden Impulse und Tipps zu geben, falls diese Fragen haben. Bezogen auf die Studierenden verfolgt diese Übung zwei Ziele: Zum einen sollen sie die vorher vorgestellten Methoden des Zeitmanagements berücksichtigen. Oft ist es ein Aha-Erlebnis für sie, dass auch Pufferzeiten für Urlaub, Krankheit, schlechte Wetterverhältnisse bei Exkursionen in der Natur etc. eingeplant werden müssen. Zum anderen wird den Studierenden bewusst, dass die Abfolge der Forschungsphasen (möglicherweise) in konkreten Prozessen oft nicht linear verläuft: Es kann Vorgriffe, Rückbezüge und iterative Schleifen geben (vgl. Huber, 2014, S. 23). Zum Abschluss dieser Übung schauen sich die Teams die Zeitpläne der anderen an und geben bei Bedarf Feedback. Auf diese Weise wird sichergestellt, dass die Projekte in einem zeitlich machbaren Rahmen durchgeführt werden. Ferner festigen die Studierenden das Geben von Feedback, das sie in der Übungseinheit zuvor gelernt haben.

Überblick:	
Zeit/Min	Ablauf
10	Die Teams reflektieren ihre Vorbereitung auf die fünfminütige Präsentation ihres Forschungsvorhabens.
10	Die Ergebnisse werden im Plenum präsentiert und durch die/den PK ergänzt.
15	Die Teams entwickeln ihren Forschungszyklus (ihre Forschungsetappen) und versehen sie mit Zeitschienen.
10	Die Teams geben sich gegenseitig Einblick in ihre Ergebnisse und ggf. Feedback.

2.4 Zusammenarbeit im Team

In der letzten Einheit des Einführungsworkshops »Zusammenarbeit im Team« geht es darum, dass sich die Mitglieder der einzelnen Forschungsteams ihrer besonderen Teamkonstellation bewusst werden, Herausforderungen und Nutzen erkennen, die sich daraus ergeben, und für sie wichtige Aspekte in Bezug auf die anstehende Teamarbeit in einem Vertrag festhalten. Den Anfang bildet eine Übung, die den Kräfteeinsatz für ein gut funktionierendes Team symbolisieren soll (Abwandlung von »Tower of Power« siehe: METALOGR training tools (ohne Jahr)). Dazu verteilen sich die Mitglieder eines Teams rund um ihren Arbeitstisch, auf dem sechs umgedrehte Plastikbecher verteilt stehen. Jedes Teammitglied hat ein Fädchen in der Hand, welches an ein gemeinsames Gummiband angeknotet ist. Das Gummiband muss nun von allen Mitgliedern gemeinsam auseinandergezogen werden, um die Becher zu ›greifen‹ und zu einer Pyramide aufzustapeln (Ziel des Spiels). Direkt im Anschluss an die Übung werden die Teams gebeten, sich darüber auszutauschen, was die Voraussetzungen für ein Gelingen der Übung sind. Die Ergebnisse werden per Zuruf im Plenum zusammengetragen, unter der Leitfrage »Was erfordert eine gute Zusammenarbeit in einem Team?«. Bei Bedarf ergänzt die/der PK. Ziel der darauffolgenden Übung ist es, dass die Teilnehmenden sich der Besonderheiten und Stärken ihres eigenen Teams bewusst werden, um diese gezielt in der anstehenden Zusammenarbeit einsetzen zu können. Dazu erhalten sie die Aufgabe, jeweils in drei Begriffen zu folgenden Fragen Stellung zu nehmen:

1. Was macht das Besondere an unserem Team aus?

2. Welche Potentiale für die anstehende Zusammenarbeit im Team ergeben sich daraus?
3. Was erachten wir für unsere anstehende Teamarbeit als wichtig?

Jedes Team stellt seine Ergebnisse anschließend im Plenum vor. Falls die Aspekte »Lehrende und Studierende forschen zusammen« und »interdisziplinäres Arbeiten« noch nicht genannt worden sind, ergänzt die/der PK diese als gemeinsame Besonderheiten aller anwesenden Teams im Vergleich zu anderen Teams und eröffnet eine Diskussion über Herausforderungen und Potentiale. Aus ihrer/seiner Projekterfahrung gibt sie/er Anregungen, wie ggf. mit einigen Herausforderungen umzugehen ist. Abschließend werden die zu Frage drei genannten Punkte betrachtet. Die/der PK weist darauf hin, dass Aspekte wie »Zuverlässigkeit«, »Pünktlichkeit« etc. nur erfolgreich im Team umgesetzt werden können, wenn sie zum einen von allen als wichtig betrachtet und zum anderen konkretisiert werden. Deshalb besteht die letzte Aufgabe der einzelnen Teams darin, die zur dritten Frage genannten Punkte im Hinblick auf die Leitfrage »Was verstehen wir als Team genau darunter?« zu konkretisieren. Pro Begriff sollen maximal drei Konkretisierungen aufgeschrieben werden. Das Ergebnis wird von allen Teammitgliedern unterzeichnet und dient als Vertrag für die anstehende Zusammenarbeit. Um den jeweils anderen Teams einen Einblick in die Ergebnisse zu geben, stellt jedes Team jeweils ein konkretisiertes Vorhaben vor.

Überblick:

Zeit/Min	Ablauf
5	Die Becherübung wird durchgeführt.
10	Die Teams reflektieren die Übung und tragen die Ergebnisse ins Plenum.
10	Ein Austausch in den Teams zur Frage »Was sind unsere Besonderheiten?« findet statt.
10	Die Teams stellen ihre Ergebnisse im Plenum vor.
10	Die Aspekte »Lehrende und Studierende forschen zusammen« und »Interdisziplinarität« werden beleuchtet.
10	Die Teams konkretisieren ihre Vorhaben und erstellen einen Vertrag.
5	Pro Team wird ein konkretes Vorhaben im Plenum vorgestellt.

2.5 Workshopevaluation

Die Workshopevaluation erfolgt mit geschlossenen und offenen Fragen. Mit den geschlossenen Fragen soll evaluiert werden, ob die Teilnehmenden mit der Workshopdauer, den Inhalten, dem Raum und der Gruppengröße zufrieden waren. Ziel der offenen Fragen ist es, herausfinden, was die Teilnehmenden genau aus dem Einführungsworkshop für ihr bevorstehendes Forschungsprojekt mitgenommen und welche Verbesserungsvorschläge und Anregungen sie hinsichtlich des Einführungsworkshops haben. Lehrende und Studierende erhalten die gleichen Bögen, in der Kopfleiste machen sie ihren Status kenntlich. Darüber hinaus werden nach dem Workshop Evaluationsgespräche mit den Lehrenden geführt. Zum Ausklang des Workshops haben die Teilnehmenden noch die Möglichkeit, Fragen an die/den PK zu stellen und miteinander in Austausch zu treten.

3. Diskussion, Bewertung und Weiterentwicklung

Aus den Evaluationen geht hervor, dass sowohl Studierende als auch Lehrende von den im Einführungsworkshop angebotenen Inhalten hinsichtlich der Durchführung ihres Forschungsprojektes profitieren. Studierende erwähnen, durch den Einführungsworkshop Zielstrebigkeit, Vorfreude und gesteigerte Motivation für ihr anstehendes Projekt entwickelt zu haben. Der Workshop habe zum größeren Zusammenhalt im Team und zur besseren Zeitplanung im Projekt beigetragen. Besonders Aspekte wie das Einplanen von Pufferzeiten und die Relevanz eines Gleichgewichtes zwischen Studierendeninitiative und Richtungsvorgabe der Betreuenden seien wichtige Erkenntnisse. Das größte Highlight stellt sowohl für Studierende als auch für Lehrende das Kennenlernen fachfremder Teams dar. Durch den Vergleich mit anderen Forschungsprojekten in Bezug auf Methodik, Arbeitsweise und Zeitplanung könne der eigene Standpunkt im Projekt besser bestimmt werden. Gespräche mit Lehrenden haben ergeben, dass sie durch den Einführungsworkshop erfahren, wie ihre Studierenden und Studierende anderer Fächer miteinander agieren, ob die Studierenden die Forschungsfrage verstanden haben, den Arbeitsaufwand im Projekt und die Zeitfenster realistisch einschätzen und welche Rollenerwartungen sie von ihren Lehrenden haben. Als verbesserungswürdigen Punkt führen die Teilnehmenden die Länge der Pausen an. Sie wünschen sich mehr Zeit, um in eher informeller Weise in Kontakt mit den fachfremden Teams zu treten, gezielt Nachfragen zu stellen und sich ggf. über Kooperationsmöglichkeiten auszutauschen. Gleichzeitig führt ein großer Teil der Workshopteilnehmenden an, dass die Workshopdauer insgesamt als zu lang empfunden wird.

Dieses Evaluationsergebnis wirft Fragen zur Weiterentwicklung des Einführungsworkshops auf. Eine Entwicklungsmöglichkeit könnte darin bestehen, zu dem Vorgänger dieses Formats zurückzukehren, bei dem an zwei Terminen jeweils drei Gruppen in einem Zeitfenster von maximal vier Stunden teilgenommen haben und die Pausen länger waren. Ein wesentlicher Kritikpunkt dieses Formats ist jedoch, dass nur die Hälfte der Teams einer Kohorte anwesend war. Eine Möglichkeit, alle Teams miteinander in Austausch zu bringen, könnte darin bestehen, dass die/der PK die drei nicht anwesenden Teams bereits in der Vorstellungsrunde kurz vorstellt und die Anwesenden bittet, zu ihnen in Eigeninitiative Kontakt aufzunehmen. Um Verbindlichkeit zu erzeugen, sollte schriftlich festgehalten werden, welches der anwesenden Teams zu welchen Zeitpunkten Kontakt zu den nicht anwesenden aufnehmen möchte.

Ein anderer Ansatz zur Gestaltung des Einführungsworkshops könnte darin bestehen, eine Zusammenarbeit der großen Kohorte beizubehalten und bzgl. der inhaltlichen Ausrichtung einen klaren Fokus auf das Vorstellen der Forschungsprojekte und den Austausch der Teams zu legen. Konkrete Überlegungen dazu wären, die Pause nach der Vorstellung der Forschungsprojekte von 20 auf 45 Minuten zu verlängern und den Teams neben der Erholungsphase die Möglichkeit zu geben, miteinander ins Gespräch zu kommen. Dazu würde es sich anbieten, die Poster auf Stellwänden zu befestigen und zu einem »Gallery Walk« einzuladen. Damit wäre dann genau das Format gegeben, welches für die öffentliche Abschlusspräsentation angestrebt wird: Nach zehnminütigen Kurzvorträgen kann das Publikum mit den Forschenden Austauschgespräche vor den Postern führen. Die Einheiten »Zusammenarbeit im Team« und »Zeitschienen einhalten« könnten auf die einzelnen Bausteine verkürzt werden, wobei ein Austausch in interdisziplinärer Konstellation wichtig ist. Konkrete Arbeitsaufträge, wie beispielsweise das Visualisieren des Forschungsprozesses mit Zeitschienen und das Erstellen eines Vertrages zur Zusammenarbeit im Team, könnten mit entsprechenden Arbeitspapieren in die Projektarbeit verlagert werden. Dadurch käme den Betreuenden eine andere Rolle hinsichtlich des Erwerbs von Schlüsselkompetenzen bei ihren Studierenden zu. Schlüsselkompetenzen würden nicht mehr als ausgelagert und von der Hochschuldidaktik vermittelt betrachtet werden, sondern als integrierter Bestandteil eines Forschungsprojektes, für dessen Vermittlung auch die Lehrenden Verantwortung übernehmen.

Praxistipp:

Vom dargestellten Einführungsworkshop lassen sich alle oder auch nur einzelne Bestandteile in die Lehre integrieren. Je nach Situationsanforderungen könnte die Workshoplänge ausgedehnt und/oder die Teilnehmendenzahl verringert werden. Von den in der Einleitung genannten Zielen ausgehend, sollten jedoch folgende Eckdaten erhalten bleiben:

1. An dem Workshop nehmen Lehrende und Studierende aus mindestens drei unterschiedlichen Fächern teil.
2. Die Teilnehmenden arbeiten zum einen in ihrem eigenen Team zusammen, zum anderen gehen sie in einen Austausch mit fachfremden Teams. Nach dem Austausch auf interdisziplinärer Ebene werden die Ergebnisse im Plenum zusammengetragen.
3. Es gibt Arbeitsphasen, in denen Lehrende mit Lehrenden unterschiedlicher Teams, Studierende mit Studierenden unterschiedlicher Teams und Lehrende mit Studierenden eines Teams in Austausch miteinander treten. Nach jeder Arbeitsphase werden die Ergebnisse im Plenum zusammengetragen.
4. Die Lehrenden werden im Vorfeld auf ihre Aufgaben beim Einführungsworkshop vorbereitet.
5. Nach dem Einfuhrungsworkshop gibt es Möglichkeiten für die Teams, sich über ihren Projektstand auszutauschen.
6. Die Lehrenden treffen sich zur Nachbesprechung des Workshops.

Literatur

Hochschuldidaktik der Universität Zürich (2011). Forschendes Lernen. *Hochschuldidaktik von A-Z,* 2. URL: www.hochschuldidaktik.uzh.ch/de.html, 27.09.2016.

Huber, L. (2009). Warum Forschendes lernen nötig und möglich ist. In L. Huber, J. Hellmer & F. Schneider (Hrsg.), *Forschendes Lernen im Studium. Aktuelle Konzepte und Erfahrungen.* Bielefeld: UniversitätsVerlagWebler.

Huber, L. (2014). Forschungsbasiertes, Forschungsorientiertes, Forschendes Lernen: Alles dasselbe? *Das Hochschulwesen,* 1+2, 22–29.

Ludwig, J. (2011). Forschungsbasierte Lehre als Lehre im Format der Forschung. *Brandenburgische Beiträge zur Hochschuldidaktik,* 3, 7–16.

METALOGR training tools (ohne Jahr). Tower of Power. URL: www.metalog.de/de/tower-of-power.html, 30.09.2016

Pawlowski, K. (2015). *Du hast gut reden! Ein Spiel- und Trainingsbuch zur praktischen Rhetorik.* München: Reinhardt.

Schulz von Thun, F. (2016). *Miteinander reden 1: Störungen und Klärungen. Allgemeine Psychologie der Kommunikation* (53. Auflage). Reinbek: Rowohlt.

Seiwert, L. (2015). *Das 1x1 des Zeitmanagements.* München: Gräfe und Unzer.

Weisbach, C.-R. (2008). *Professionelle Gesprächsführung. Ein praxisnahes Lese- und Übungsbuch.* München: DTV.

Praktisch werden

In der aktuellen hochschulpolitischen Diskussion werden die Idee des Forschenden Lernens und die – im Kontext des Bologna-Prozesses oft unter der Überschrift »Employability« stehende Forderung nach einer Praxisorientierung des Studiums häufig als unvereinbare Gegensätze dargestellt. Diese Wahrnehmung wird im vorliegenden Beitrag sowohl aus hochschuldidaktischer Sicht als auch aus einer hochschulpolitischen Studienreformperspektive hinterfragt und kritisch diskutiert. Hierzu werden die konzeptionellen Überschneidungen der beiden Ansätze sowie die in rechtlichen und politischen Vorgaben für die Gestaltung von Studiengängen formulierten Qualifikationsziele vorgestellt und diskutiert. Insgesamt kann gezeigt werden, dass es sich bei der Praxisorientierung keineswegs um ein neues Thema handelt und sich diese Forderung und das didaktische Konzept des Forschenden Lernens keinesfalls ausschließen.

Praxisorientierung des Studiums und Forschendes Lernen: Keine unvereinbaren Gegensätze, sondern (potenziell) eine produktive Verbindung

Ulf Banscherus

Kaum ein anderer Aspekt der europäischen Hochschulreformen hat in der deutschen Hochschullandschaft zu ähnlich langandauernden Kontroversen geführt wie die Forderung nach einer stärkeren Berücksichtigung der »Employability« der Absolventinnen und Absolventen. Seitens der Hochschulforschung wird vor allem die Tauglichkeit des Begriffs in Frage gestellt, denn Employability sei in der europäischen Arbeitsmarktpolitik »ein feststehender Begriff für Probleme und Maßnahmen im Falle von Personen, die als kaum beschäftigungsfähig oder als größte Risikogruppen erscheinen«. Angesichts der Situation von Hochschulabsolventinnen und -absolventen auf dem Arbeitsmarkt bedeute die Verwendung dieses Begriffs »im Rahmen des Bologna-Prozesses eine Entgleisung« (Teichler, 2008, S.77).

In stärker hochschulpolitisch orientierten Äußerungen wird zum einen die Einforderung einer stärkeren Orientierung an der Berufswelt als neues Phänomen beschrieben, so werde

> »von Seiten der Arbeitgeber zunehmend die bereits erwähnte ›employability‹ der Hochschulabsolventen eingefordert: statt berufsferner Bildungserlebnisse ›praxisnahe‹ Kompetenzen« (Schimank, 2009).

Zum anderen wird eine weitgehende Unterordnung der Hochschulpolitik insgesamt unter diese Forderung konstatiert. Akademische Lehre werde nicht mehr als Forschendes Lernen, sondern vielmehr als Vermittlung von beruflichen Kompetenzen und beruflichem Wissen konzipiert. Damit werde der »Bildungsauftrag der Universität« zerstört, es heißt:

> »Mit akademischer Bildung hat das alles nichts zu tun. Deren Idee bestand [...] nämlich darin, jungen Menschen durch [...] forschendes Lernen, durch Selbstdisziplin der Erkenntnissuche, durch Methodenstrenge, durch ›Einsamkeit und Freiheit‹ ein Angebot zur Persönlichkeitsbildung zu machen« (Lenzen, 2014).

Es wird also ein Widerspruch zwischen dem Forschenden Lernen auf der einen Seite und einer Berufsorientierung des Studiums auf der anderen Seite formuliert: »Mehr Praxisinhalte im Studium bedeuten *zwingend* weniger Forschungsinhalte. Das Ganze ist eine Entweder-

oder-Angelegenheit« (Grothe-Hammer, 2014). Insgesamt lässt sich festhalten, dass seitens der Kritiker des Bologna-Prozesses die Forderung nach einer höheren Employability der Absolventinnen und Absolventen als Versuch betrachtet wird,

> »die wissenschaftliche Unabhängigkeit, die humanistische Orientierung und die kritische Funktion des Studiums zu untergraben und die Universitäten zu Berufsschulen entsprechend dem vorherrschenden Zeitgeist der Arbeitgeber-Erwartungen zu machen« (Teichler, 2008, S. 70).

Vor diesem Hintergrund werden in diesem Beitrag zunächst die Konzepte von Praxisorientierung und Employability sowie des Forschenden Lernens unter Berücksichtigung ihrer historischen Entwicklung vorgestellt und aufgezeigt, in welchem Verhältnis diese Absätze zueinander stehen. Anschließend wird danach gefragt, ob sich in den politischen und rechtlichen Vorgaben in Deutschland Hinweise auf eine dominante Stellung der Berufs- bzw. Praxisorientierung finden lassen. Abschließend erfolgt eine kurze Bewertung der Befunde.

1. Praxisorientierung und Employability – ›Entwissenschaftlichung‹ der hochschulischen (Aus-)Bildung?

Der Begriff Employability wird in den Dokumenten des Bologna-Prozesses zwar regelmäßig erwähnt, diesem Ziel wird allerdings keine Vorrangstellung eingeräumt, auch wenn es mit der Zeit immer stärker betont wird. Dabei bleibt die Bedeutung des Begriffs weitgehend unklar, es findet sich dort keine Operationalisierung bzw. lassen die Dokumente einen großen Interpretationsspielraum (Schindler, 2004; Koepernik & Wolter, 2010). Bereits erwähnt wurden die Ursprünge des Begriffs, die in der europäischen Arbeitsmarktforschung und -politik zu finden sind, wo sich das Ziel der (Wieder-) Herstellung von Employability im Sinne einer grundsätzlichen Beschäftigungsfähigkeit in erster Linie auf ›Problemgruppen‹ bezieht (Teichler, 2008; Wolter & Banscherus, 2012). Einer anderen Lesart zufolge bezeichnet Employability allerdings nicht nur die Fähigkeit, den Anforderungen eines bestimmten Tätigkeitsfeldes, sondern des Beschäftigungssystems insgesamt gewachsen zu sein – und dies in einer langfristigen Perspektive. Zu dieser dauerhaften Beschäftigungsfähigkeit sollen vor allem Schlüsselqualifikationen bzw. -kompetenzen (u.a. Selbstmanagement und Lernfähigkeit) beitragen (Schindler, 2004). Eine dritte Position entspricht der Auffassung, dass erst die Ergänzung der Employability-Forderung um das Ziel der Befähigung zur »Citizenship« bzw. zum zivilgesellschaftlichen Engagement das Praxisverständnis des Bologna-Prozesses vollständig abbilde, beides zusammen stehe dann für die Fähigkeit zur dauerhaften Übernahme von Verantwortung in Beruf und Gesellschaft (Wildt, 2012).

Es wäre sicher grob fahrlässig, wenn das Ziel der Aufnahme eines Beschäftigungsverhältnisses ohne die Formulierung weitergehender qualitativer Anforderungen im Zentrum der Ausgestaltung von Studium und Lehre stehen würde. Um die mit einem Studium verbundenen multiplen Zielsetzungen, zu denen sowohl wissenschaftliche als auch berufsvorbereitende und persönlichkeitsbildende Aspekte gehören, angemessen beschreiben zu können, stellt deshalb der von Claudia Koepernik und Andrä Wolter (2010, S. 61) vorgeschlagene Ansatz einer »wissensbasierte[n] professionelle[n] Handlungskompetenz« eine Alternative zum Employability-Begriff (im engeren Sinne) dar, der an die zuvor beschriebenen Erweiterungen des Begriffsverständnisses anschlussfähig ist und möglicherweise einen Kompromiss zwischen der traditionellen Orientierung an den akademischen Disziplinen und dem Ausbildungsinteresseder Mehrheit der Studierenden aufzeigen kann (Wolter & Banscherus, 2012). Diese »wissensbasierte professionelle Handlungskompetenz« setzt sich konzeptionell aus sieben Aspekten zusammen: (1.) demVerstehen und Beherrschen von wissenschaftlichen Theorien und Methoden, (2.) disziplinärem Wissen und entsprechenden Fachkompetenzen, (3.) der Fähigkeit zur Herstellung von inter- bzw. transdisziplinären Bezügen, (4.) einer über die reine Anwendung von Wissen und Kenntnissen hinausgehende berufliche Handlungskompetenz, (5.) der individuellen Persönlichkeitsentwicklung (verbunden mit dem Erwerb von Schlüsselkompetenzen), (6.) einer kritischen Reflexions- und Innovationsfähigkeit sowie (7.) interkulturellen Kompetenzen und der Fähigkeit zum produktiven Umgang mit Internationalität (eng angelehnt an Wolter & Banscherus, 2012, S. 33f.). Gemeinsam ist den verschiedenen Varianten eines erweiterten Begriffs der Beschäftigungsfähigkeit von Hochschulabsolventinnen und -absolventen, dass dadurch die Wissenschaftlichkeit des Hochschulstudiums nicht in Frage gestellt wird, sondern im Gegenteil den konstituierenden Kern der beschriebenen Ansätze darstellt. Die an ein Hochschulstudium gerichtete Forderung eines Praxis- bzw. Berufsbezugs bedeutet also keineswegs zwangläufig eine Reduktion der Hochschulen auf ihre – gleichwohl vorhandene – Funktion als Ausbildungseinrichtungen für einen relevanten Teil einer jeweiligen Alterskohorte.

Trotz aller berechtigten Kritik am Employability-Begriff ist dessen forcierte Verwendung im Kontext des Bologna-Prozesses zugleich als Mahnung zu verstehen, dass es angesichts des seit Jahrzehnten fast kontinuierlichen Anstiegs der Zahl der Studienanfängerinnen und -anfänger für die Hochschulen – und hier insbesondere für die Universitäten –

> »nicht mehr akzeptabel sein sollte, sich zum Verhältnis von Hochschule und Beruf für eine Vogel-Strauß-Politik zu entscheiden: zu hoffen, dass die Hochschule, je weniger sie bewusst gestaltete, desto besser funktionieren werde« (Teichler, 2008, S. 78).

Insofern steht die anhaltende Diskussion um eine passende Ausgestaltung der Praxisorientierung von Studium und Lehre in einer lang zurückreichenden Diskursgeschichte, in der statt des Begriffs der Employability traditionell eher andere Begriffe wie Praxis- und Berufsorientierung eine Rolle spielen. Diese werden im Unterschied zu Employability auch häufig in Studien- und Prüfungsordnungen als Studienziele benannt (Schindler, 2004; Wildt, 2012). Das ›deutsche Modell‹ der Forschungsuniversität mit dem Paradigma einer forschungsbasierten akademischen Persönlichkeitsbildung, seiner charakteristischen Berufsferne und der besonderen Ausrichtung auf den wissenschaftlichen Nachwuchs ist bereits seit den 1960er Jahren und dann verstärkt ab den 1990er Jahren unter Druck geraten, seiner beruflichen Qualifizierungsfunktion stärker als bisher gerecht zu werden (Koepernik & Wolter, 2010). In diesem Verständnis galt der Praxisbezug vielfach als »Herzstück der Studienreform« (Wildt, 2012, S. 262). Eine Stärkung des Praxisbezugs galt als Möglichkeit, Hochschulen und Gesellschaft stärker miteinander in Beziehung zu setzen und aus dem sprichwörtlichen akademischen Elfenbeinturm auszubrechen (Wolter & Banscherus, 2012). Dabei stehen Praxisbezüge von Studium und Lehre aber »immer auch in Bezug zur Wissenschaft, schöpfen aus deren Quellen und tragen zur Persönlichkeitsentwicklung bei, sei es intentional als Bildung, sei es funktional als Sozialisation« (Wildt, 2012, S. 269).

Das Verhältnis von Wissenschaft und Praxis wurde im Zeitverlauf ganz unterschiedlich modelliert. Zu den drei wichtigsten Ansätzen gehören:

> »(1.) ein emphatisch-idealistisches Verständnis von aufgeklärter Praxis und einer darauf gerichteten Bildung durch Wissenschaft [...], (2.) gesellschaftlich-emanzipatorische Praxis, die über das Vorfindbare hinaus geht, mit Innovation und Wandel bis hin zum Umsturz [...] oder (3.) ein pragmatisch-qualifikatorischer Ansatz, der Praxis als Berufsbefähigung versteht, ausgerichtet am Arbeitsmarkt« (Bargel, 2012, S. 44).

Nach dem Ende der Bestrebungen für eine grundlegende Reform von Studium und Lehre im Sinne der ersten beiden Varianten wurde die Forderung nach einer Praxisorientierung zunehmend »in einer entpolitisierten, konformen Version, die primär die Anforderungen von Arbeitsmarkt, Beruf und Beschäftigung im Auge hat, vertreten« (Wolter & Banscherus, 2012, S. 24).

Die unterschiedlichen konzeptionellen Ansätze zur Ausgestaltung des Praxisbezugs von Studium und Lehre treffen in der hochschulischen Praxis auf ganz verschiedene Ausprägungen des Berufsbezugs – abhängig von den einzelnen Typen von Studiengängen und den damit verbundenen Konstellationen im Verhältnis von Studium und Beruf. Hier lassen sich (mindestens) drei Verbindungen unterscheiden:

> »[1.] Das Studium ist der allein mögliche Zugangsweg für bestimmte Berufe, die als Professionen verstanden werden (z.B. Medizin, Lehramt [.] [2.] Das Studium ermöglicht eine Bandbreite unterschiedlicher, klar beschreibbarer Berufe und Positionen (z.B. BWL, Ingenieurwissenschaften)[.] [3.] Das Studium ist vor allem eine wissenschaftliche Ausbildung, konkrete Berufsbilder sind nicht automatisch zugeordnet (z.B. Geistes- und Sozialwissenschaften)« (Oechsle & Hessler, 2010, S. 13).

Damit korrespondieren unterschiedliche Anforderungen seitens der Studierenden. Für die einen sind Angebote zur Berufsorientierung und Praktika essentiell, um bereits im Studium die Regeln der Arbeitswelt kennenzulernen, für andere sollte der Schwerpunkt des Studiums beim Erwerb wissenschaftlicher Kompetenzen liegen und nur punktuell um Schlüsselqualifikationen ergänzt werden, während wieder andere sich vom Studium eine möglichst unmittelbare Vorbereitung auf die Berufstätigkeit erwarten (Oechsle & Hessler, 2010). Die für einen ganz bestimmten Studiengang passende Ausgestaltung des Praxis- und/oder Berufsbezugs wird also von unterschiedlichen Faktoren beeinflusst, die auch miteinander interagieren. Vor diesem Hintergrund erscheint die Formulierung von universell gültigen berufs- bzw. praxisorientierten Lernzielen als wenig sinnvoll, vielmehr sind ganz offensichtlich studiengangspezifische Differenzierungen geboten.

Hinweise auf eine mögliche Realisierung des Berufs- bzw. Praxisbezug von Studium und Lehre bieten – wie bereits erwähnt – neben dem Employability-Ansatz in seinen unterschiedlichen Ausprägungen vor allem die Konzepte der Praxis- und Berufsorientierung sowie des Projektstudiums. Hinzu kommen verschiedene Beispiele auf der studienorganisatorischen, curricularen und/oder didaktischen Ebene.

Praxisorientierung meint die »Vorbereitung der Studierenden auf die allgemeine berufliche Praxis, ohne dass bestimmte Berufe den Bezugspunkt darstellen«, unter anderem durch fachlich begleitete und intensiv betreute Praktika (Schindler, 2004, S. 7). Demgegenüber bedeutet Berufsorientierung »den Erwerb fachlich-inhaltlicher, methodischer und sozialer Qualifikationen für Tätigkeiten in einem speziellen berufsspezifischen Aufgabenspektrum«; das Studium soll sich hier also nicht an zu eng geschnittenen Berufsbildern orientieren, sondern eher Tätigkeitsfelder in den Blick nehmen (ebd.).

Der Ansatz des Projektstudiums (aktuell nicht selten mit Forschendem Lernen gleichgesetzt) ist in den 1970er Jahren entstanden und zeichnete sich vor allem durch das Ziel aus, gesellschaftlich relevante Probleme in kritischer Absicht aufzugreifen, um so zur Veränderung der gesellschaftlichen Praxis beizutragen. Im Rahmen des Projektstudiums konnten durchaus Forschungsaktivitäten stattfinden, diese waren aber in Bezug auf Ausrichtung und Themenwahl weniger offen als das Konzept des Forschenden Lernens (Huber, 2014). Frühe Beispiele für die Verbindung von Forschungs- und Praxisbezügen sind (1.) die Aktionsforschung, definiert als Verbindung von praktischem Handeln und wissenschaftlichem Arbeiten in einem gemeinsamen Prozess von Forschenden und Forschungssubjekten, in dem Beforschte im Rahmen eines gleichberechtigten Diskurses sowohl an der Datenauswertung und -interpretation als auch an der Ableitung von Handlungsempfehlungen sowie ggf. der Formulierung weitergehender Forschungsfragen beteiligt sind (Spieß, 1994), und (2.) die studentische Praxisforschung, durch die beispielsweise im Fach Psychologie problematische Praxiserfahrungen im psychologisch-therapeutischen Kontext reflektiert und konkrete Handlungsalternativen entwickelt werden sollten, die langfristig zu einer politisch-gesellschaftlichen Verbesserung der Lebensbedingungen aller Menschen beitragen sollten (Kaindl & Markard, 2000). An diese beiden Ansätze knüpft aktuell (3.) das »Service Learning« an – allerdings mit anderen normativen Vorzeichen. In diesem Lehr- und Lernkonzept sollen Studierende eine ehrenamtliche Tätigkeit in einer gemeinnützigen Einrichtung ausüben und auf diese Weise Verantwortung für das Gemeinwesen übernehmen. Diese Aufgabe, die teilweise auch Elemente des Forschenden Lernens umfassen kann, soll Studierende dazu befähigen, im Studium erworbene Wissens-und Kompetenzbestände in der Praxis zu erproben und zugleich ihre fachlichen, personalen und sozialen Kompetenzen zu erweitern (Schubarth & Speck, 2013).

Konkrete Bezüge zur (beruflichen) Praxis können im Studium auch durch entsprechende Beispiele in den Lehrveranstaltungen, Vorträge von Praktikerinnen und Praktikern, Trainings von Schlüsselqualifikationen sowie Praktika – aber auch durch die Tätigkeit als studentische Mitarbeiterin oder studentischer Mitarbeiter bzw. Tutorin oder Tutor – hergestellt werden (Bargel, 2012; Schubarth & Speck, 2013). Studierendenbefragungen zufolge kann sich ein enger Praxisbezug auch positiv auf den Erwerb von Fachkenntnissen auswirken. Dies gilt sowohl für Fachhochschulen als auch – und sogar in höherem Maße – für Universitäten. Außerdem gelten Forschungsbezüge des Studiums und eigene Forschungserfahrungen der Studierenden als förderlich für die Realisierung einer Praxisorientierung des Studiums (Bargel, 2012). In diesem Zusammenhang wird auch die Position vertreten, dass Forschendes Lernen »eine organische Verbindung zwischen wissenschaftlichem und praktischem Lernen« ermögliche und zugleich eine »hochschulgemäße Gestaltung von Praxisbezügen« darstelle (Wildt, 2012, S. 276).

Die hochschulpolitische Forderung einer stärkeren Praxisorientierung des Studiums, wie sie unter anderem in der Diskussion um die Employability von Hochschulabsolventinnen und -absolventen zum Ausdruck kommt, ist insgesamt differenziert zu betrachten- und kann seitens der Hochschulen keineswegs umstandslos als illegitime Einmischung in wissenschaftsinterne Belange zurückgewiesen werden. Vielmehr stellen verschiedene Ansätze zur Ausgestaltung der Praxisorientierung einen Versuch zur Verbindung unterschiedlicher Lernziele dar, wobei das Forschende Lernen als Instrument zur reflektierten Aneignung von praktisch relevantem Wissen durchaus einen prominenten Platz einnehmen kann.

2. Forschendes Lernen – ein praxisfernes Konzept?

Die Basis für den Ansatz des Forschenden Lernens wurde im Jahr 1970 durch eine Denkschrift der Bundesassistentenkonferenz gelegt. Auf diese Weise sollten die starren Statusgrenzen zwischen Lehrenden und Lernenden überwunden oder zumindest abgeschwächt werden, um Wissenschaft auch für Studierende als sozialen Prozess erfahrbar zu machen – im Idealfall durch die Beteiligung an einem gesamten Forschungszyklus von der Entwicklung der Fragestellung über die Durchführung bis zur Ergebnisdarstellung (Huber, 2009). Forschendes Lernen kann somit zwar als Beitrag zu einem wissenschaftlichen Sozialisationsprozess betrachtet werden (Reiber & Tremp, 2007), dieser Ansatz sollte aber »eine Form des Studiums für jeden« darstellen, nicht nur eine Ausbildung für angehende Forscherinnen und Forscher (Huber, 2009, S. 12). Dahinter steht das Leitmotiv »Bildung durch Wissenschaft«, das an neuhumanistische Ansätze anschließt, Universitäten aber zugleich für weitere Kreise öffnen sollte. Im Ergebnis sollte Forschendes Lernen zum einen dazu führen, dass

> »die Forschend-lernenden in gewissem Sinne in die *community* der Wissenschaftler [eintreten], [...] in der sie sich allmählich von Positionen ganz an der Peripherie zur Mitte hin vorarbeiten können« (Huber, 2014, S. 25).

Zum anderen sollte so eine zentrale Kernkompetenz für die Tätigkeit in hochqualifizierten Berufen außerhalb der Wissenschaft vermittelt werden: die Fähigkeit zu einem produktiven »Umgang mit Unbestimmtheit« (Huber, 2009, S. 16).

Im Laufe der Zeit hat sich das Begriffsverständnis erweitert, unteranderem auf Settings, in denen nur ein Ausschnitt des Forschungszyklus behandelt wird (z.B. im Rahmen von Übungen zur Hypothesenbildung, Praxisforschungsprojekten, Lehrforschungsprojekten, Fallstudien, problembasiertem Lernen, Planspielen und Simulationen) (Huber 2009). Teilweise ist dieses durch die »Vervielfältigung der Ansätze« allerdings »unscharf« geworden (Huber, 2014, S. 22), denn andere didaktische Ansätze, die die Eigenaktivität der Studierenden fördern sollen (z.B. problemzentriertes Lernen oder projektorientiertes Studium) sind mit dem Forschenden Lernen zwar verwandt, von diesem aber dennoch unterschieden durch dessen unmittelbare Orientierung an der Wissenschaft (Huber, 2009). Ludwig Huber (2014) hat deshalb die Unterscheidung von drei Formen forschungsnahen Lernens vorgeschlagen: Neben dem Forschenden Lernen im traditionellen Verständnis sind dies das »forschungsbasierte Lernen« (z.B. Reflexion eines Forschungsprozesses im Rahmen einer Lehrveranstaltung) und das »forschungsorientierte Lernen« (z.B. im Rahmen eines Lehrforschungsprojektes). Teilweise dient der Begriff des Forschenden Lernens auch zur Bezeichnung einer Lehre, die auf dem neuesten Stand der Forschung basiert. Dies ist aus Sicht von Huber jedoch nicht als legitime Variante des Begriffs zu betrachten, da hier die Studierenden nicht selbst tätig werden; denn »der harte Kern des Forschenden Lernens steckt im eigenen Tun der Studierenden« (Huber, 2014, S. 25). Somit ist Forschendes Lernen keineswegs eine Fortschreibung tradierter universitärer Lehr- und Lernformen, wie es teilweise in hochschulpolitischen Äußerungen vermittelt wird. Im Gegenteil wird damit gerade ein Bruch mit den traditionellen Mustern des akademischen Betriebs verbunden, der auch zu einer ›Enthierarchisierung‹ der Wissenschaft beitragen sollte. Dieser Aspekt ist in aktuellen hochschulpolitischen Äußerungen allerdings eher selten anzutreffen.

Hinsichtlich des Berufs- und Praxisbezugs des Forschenden Lernens finden sich in der hochschuldidaktischen Diskussion zwei prominente Interpretationen. Einerseits wird ein Spannungsfeld zwischen dem traditionellen Verständnis des Forschenden Lernens und der geforderten Praxisorientierung beschrieben, das nur durch eine konzeptionelle Modernisierung aufzulösen sei (Reiber & Tremp, 2007; Euler, 2005), während andererseits das Forschende Lernen gerade als besonders geeignet für einen reflektierten Umgang mit den Anforderungen der beruflichen Praxis dargestellt wird (Schneider & Wildt, 2002; Wildt, 2012). Der erstgenannten Perspektive zufolge setzt eine zeitgemäße Interpretation des Ansatzes zwingend eine Erweiterung des Kompetenzverständnisses auf die Sozial- und Selbstkompetenz sowie eine durchgängige Orientierung auf konkrete Probleme voraus, wobei das Ziel nicht die Ausrichtung auf eine gegebene (berufliche) Praxis sein sollte, sondern ein differenziertes Verstehen von Praxissituationen (vor allem aus der beruflichen, aber auch aus der gesellschaftlichen Praxis sowie der alltäglichen Lebenspraxis) (Euler, 2005). Forschendes Lernen stellt demzufolge kein Organisationsprinzip (mehr) dar, sondern vielmehr ein methodisches Prinzip für eine Gestaltung der Lehre, das sich durch eine enge Verbindung von Praxiserfahrungen und wissenschaftlichen Theorien auszeichnet. Insbesondere soll in den Lehrveranstaltungen unter Bezugnahme auf konkrete Beispielfälle herausgearbeitet werden, inwieweit wissenschaftliche Theorien zur Erklärung und Gestaltung der Praxis beitragen können (Euler, 2005). Die andere Perspektive drückt sich beispielsweise im Einsatz des Forschenden Lernens in schulpraktischen Studien von Lehramtsstudierenden aus, indem im Sinne eines »wissenschaftsgeprägten Zugang[s] zur pädagogischen Berufspraxis« (Schneider & Wildt 2002, S.10) und in Anknüpfung an Methoden des entdeckenden und projektorientierten Lernens eine enge Verzahnung von Forschungs- und Praxisprozessen erfolgt. Dies kann in den folgenden Schritten realisiert werden: (1.) Bezug der Forschungsfrage auf ein Problem der (pädagogischen) Praxis, (2.) Beschreibung und Analyse des Praxisphänomens anhand von wissenschaftlichen Forschungsmethoden, (3.) Reflexion der Ergebnisse vor dem Hintergrund von wissenschaftlichen, praktischen und persönlichen Referenzrahmen sowie (4.) Rückbindung an die (eigene) pädagogische Praxis (Schneider & Wildt, 2002).

Trotz unterschiedlicher Schwerpunktsetzungen, die in den verschiedenen Konzepten des Forschenden Lernens zum Ausdruck kommen, lässt sich doch übergreifend festhalten, dass in keiner der beschriebenen Varianten ein Bezug auf gesellschaftliche und oder berufliche Fragestellungen konzeptionell ausgeschlossen ist. Vielmehr ist von unterschiedlichen Realisierungsgraden eines möglichen Praxisbezugs auszugehen. Während eine Praxisorientierung im traditionellen Verständnis des Forschenden Lernens lediglich eine von mehreren möglichen Ausrichtungen darstellt, die von den Forschenden ausgewählt werden kann, stellt die enge Verbindung mit Praxisphänomenen in anderen Varianten ein konstituierendes Merkmal dar. Insgesamt ist also keineswegs von einem strukturellen Gegensatz zwischen dem Ziel einer stärkeren Praxisorientierung des Studiums und dem Ansatz des Forschenden Lernens auszugehen.

3. Rechtliche und politische Vorgaben für die Ausgestaltung von Studiengängen

In den einschlägigen rechtlichen und politischen Vorgaben in Deutschland findet sich der Employability-Begriff nicht wieder. Dennoch sind vor allem in Beschlüssen des Akkreditierungsrates und der Kultusministerkonferenz (KMK), aber auch in den Hochschulgesetzen von Bund und Ländern Hinweise darauf zu finden, in welcher Weise Studiengänge auf eine berufliche Tätigkeit vorbereiten und welche Rolle (fach-)wissenschaftliche Aspekte dabei spielen sollen bzw. spielen dürfen. Zunächst gilt, dass alle Studiengänge, die nicht mit einem Staatsexamen abschließen, im Regelfall akkreditiert werden müssen. Deshalb sind für die Hochschulen die Vorgaben des Akkreditierungsrates von besonderer Bedeutung. Dieser hat zwar keine fachlich- inhaltlichen Kriterien definiert, übergreifend gilt aber für alle Studiengänge, dass sich das Studiengangkonzept insbesondere an vier Qualifikationszielen orientieren soll: (1.) wissenschaftliche oder künstlerische Befähigung, (2.) Befähigung, eine qualifizierte Erwerbstätigkeit aufzunehmen, (3.) Befähigung zum gesellschaftlichen Engagement und (4.) Persönlichkeitsentwicklung (Akkreditierungsrat, 2013). Diese Qualifikationsziele stehen grundsätzlich nicht in einem hierarchischen Verhältnis zueinander, vielmehr ist es Aufgabe der Hochschulen, plausibel herzuleiten, wie diese Ziele in einem konkreten Studiengang erreicht werden können.

Die KMK hat sich ebenfalls darauf beschränkt, fachübergreifende Vorgaben zu formulieren und deren Ausgestaltung weitgehend den Hochschulen – und natürlich den Akkreditierungsorganisationen – zu überlassen. In den KMK-Strukturvorgaben heißt es:

> »In Bachelorstudiengängen werden wissenschaftliche Grundlagen, Methodenkompetenz und berufsfeldbezogene Qualifikationen [...] vermittelt. Damit wird insgesamt eine breite wissenschaftliche Qualifizierung [...] sichergestellt.«

Weiter wurde festgelegt, dass »Masterstudiengänge [...] der fachlichen und wissenschaftlichen Spezialisierung« dienen sollen (KMK, 2010, S. 5). Ergänzend wurden im Qualifikationsrahmen für den Hochschulbereich Kompetenzen beschrieben, die Absolventinnen und Absolventen im Laufe ihres Studiums erwerben sollen. Auf der Bachelorebene sollen sie nicht nur über »ein breites und integriertes Wissen und Verstehesn der wissenschaftlichen Grundlagen ihres Lerngebietes« verfügen, sondern auch über die Fähigkeiten, »ihr Wissen und Verstehen auf ihre Tätigkeit oder ihren Beruf anzuwenden und Problemlösungen und Argumente in ihrem Fachgebiet zu erarbeiten und weiterzuentwickeln«.

Außerdem sollen sie »wissenschaftlich fundierte Urteile« abgeben können (KMK, 2005, S. 2). Absolventinnen und Absolventen von Masterstudiengängen sollen darüber hinaus in der Lage sein,

> »auch auf der Grundlage unvollständiger oder begrenzter Informationen wissenschaftlich fundierte Entscheidungen zu fällen und dabei gesellschaftliche, wissenschaftliche und ethische Erkenntnisse zu berücksichtigen, die sich aus der Anwendung ihres Wissens und aus ihren Entscheidungen ergeben,«

sowie »weitgehend selbstgesteuert [...] eigenständige forschungs- oder anwendungsorientierte Projekte durchzuführen« (KMK, 2005, S. 4). Auf der Masterebene erfolgt im Qualifikationsrahmen kein expliziter Bezug zur beruflichen Praxis bzw. einer Erwerbstätigkeit, während dieser Bereich auf der Ebene des Bachelors einer von mehreren Aspekten ist, die als relevante Kompetenzbereiche definiert werden. Hier werden ausdrücklich auch fachwissenschaftliche und methodische Kompetenzen angeführt.

Die Zielvorgabe, Studierende durch ihr Studium auf eine berufliche Tätigkeit vorzubereiten, ist auch in den Hochschulgesetzen von Bund und Ländern enthalten. Im Hochschulrahmengesetz (§ 7) heißt es dazu:

> »Lehre und Studium sollen den Studenten auf ein berufliches Tätigkeitsfeld vorbereiten und ihm die dafür erforderlichen, fachlichen Kenntnisse, Fähigkeiten und Methoden dem jeweiligen Studiengang entsprechend so vermitteln, dass er zu wissenschaftlicher oder künstlerischer Arbeit und zu verantwortlichem Handeln in einem freiheitlichen, demokratischen und sozialen Rechtsstaat befähigt wird.«

Ähnliche Formulierungen finden sich auch in den Hochschulgesetzen der Länder (z. B. § 55 Bayerisches Hochschulgesetz, § 21 Berliner Hochschulgesetz, § 49 Hamburgisches Hochschulgesetz, § 58 Hochschulgesetz Nordrhein-Westfalen). Auf den ersten Blick könnte man aus der Formulierung des Paragrafen eine höhere Gewichtung beruflicher gegenüber wissenschaftlicher Aspekte ableiten und darin eine Bestätigung der eingangs skizzierten Befürchtungen einer Dominanz des Employability-Ansatzes im hochschulpolitischen Diskurs sehen. Die zitierte Formulierung ist allerdings identisch mit dem ursprünglichen Gesetzentwurf aus dem Jahr 1973 und kann deshalb kaum als Ausfluss des Bologna-Prozesses betrachtet werden. Außerdem sind für die konkrete Ausgestaltung von Studienkonzepten die Vorgaben der KMK und des Akkreditierungsrates sowie deren Umsetzung in den Akkreditierungsverfahren von größerer praktischer Relevanz.

Insgesamt lässt sich für die Ebene der rechtlichen und politischen Vorgaben festhalten, dass

> »[d]ie traditionelle Idee der deutschen Universität, dass ein Wissenserwerb, der nicht vom Gedanken der nützlichen Vorbereitung

> auf den Beruf getragen ist, letztendlich höhere professionelle und gesellschaftliche Relevanz haben kann als eine explizit nützliche Ausrichtung [...] des Studiums am Beruf, durch die [...] offiziellen Dokumente zum Bologna-Prozess nicht in Frage gestellt worden ist« (Teichler, 2008, S. 78).

An den Hochschulen in Deutschland ist also auch unter Bologna-Bedingungen Forschendes Lernen grundsätzlich möglich. Bei der konkreten Umsetzung sind aber immer – und dies zunächst unabhängig von der Studienstruktur – curriculare und studienorganisatorische Aspekte zu berücksichtigen, die die Realisierung erschweren können (Schubarth & Speck, 2013; Huber, 2009).

4. Schlussbetrachtung

Die differenzierte Betrachtung der Konzepte des Forschenden Lernens auf der einen Seite sowie der Employability und der Praxisorientierung von Studium und Lehre auf der anderen haben gezeigt, dass die im hochschulpolitischen Diskurs nicht selten anzutreffende Annahme, die Forderung einer stärkeren Berufs- bzw. Praxisorientierung des Studiums werde im Wesentlichen erst seit Beginn des Bologna-Prozesses an die Hochschulen gerichtet, unter Berücksichtigung einer historischen Perspektive nicht zutreffend ist. Vielmehr ist sie in unterschiedlichen Ausprägungen bereits seit den 1960er Jahren präsent. Auch wird in den rechtlichen und politischen Vorgaben für die Gestaltung von Studienkonzepten keine Priorisierung berufsvorbereitender Zielsetzungen gegenüber wissenschaftlichen Aspekten vorgenommen, im Gegenteil wird hier die hohe Relevanz *beider* Qualifikationsziele betont. Der im hochschulpolitischen Raum teilweise erhobene Vorwurf an die Politik, den wissenschaftlichen Kern des Hochschulstudiums pauschal in Frage zu stellen, findet in den entsprechenden Dokumenten also keine Grundlage. Schließlich konnte in diesem Beitrag gezeigt werden, dass sowohl die Konzepte des Forschenden Lernens als auch der Praxisorientierung in verschiedenen Varianten vorliegen und somit auch in unterschiedlicher Weise ausgestaltet werden können. Dabei weisen die Modellausprägungen überwiegend mögliche wechselseitige Anknüpfungspunkte auf, teilweise sind sogar unmittelbar konzeptionelle Überschneidungen festzustellen. Insgesamt sind die Forderung nach einer Praxisorientierung des Studiums und der Ansatz des Forschenden Lernens also keineswegs als unüberbrückbare Gegensätze zu verstehen, sondern stellen vielmehr interagierende Konzepte dar, zwischen denen bei der Umsetzung in konkrete Studienkonzepte produktive Verbindungen möglich sind, die an einigen Hochschulen auch – teilweise bereits seit Langem – praktiziert werden.

Literatur

Akkreditierungsrat (2013). *Regeln für die Akkreditierung von Studiengängen und für die Systemakkreditierung* (Beschluss des Akkreditierungsrates vom 08.12.2009 in der Fassung vom 20.02.2013).

Bargel, T. (2012). Bedeutung von Praxisbezügen im Studium. In W. Schubarth, K. Speck, A. Seidel, C. Gottmann, C. Kamm & M. Krohn (Hrsg.), *Studium nach Bologna: Praxisbezüge stärken?! Praktika als Brücke zwischen Hochschule und Arbeitsmarkt* (S. 37–66). Wiesbaden: Springer VS.

Euler, D. (2005). Forschendes Lernen. In W. Wunderlich & S. Spoun (Hrsg.), *Universität und Persönlichkeitsentwicklung* (S. 253–272). Frankfurt am Main: Campus.

Grothe-Hammer, M. (2014). Mehr Praxis im Studium? Ein Problem für die Forschung. In *Was bildet ihr uns ein? Bildungsblog der neuen Generation.* URL: http://wasbildetihrunsein.de/2014/12/01/mehr-praxis-im-studium-ein-problem-fuer-die-forschung, 31. 8. 2016.

Huber, L. (2009). Warum Forschendes Lernen nötig und möglich ist. In L. Huber, J. Hellmer & F. Schneider (Hrsg.), *Forschendes Lernen im Studium* (S. 9–35). Bielefeld: UniversitätsVerlagWebler.

Huber, L. (2014). Forschungsbasiertes, Forschungsorientiertes, Forschendes Lernen: Alles dasselbe? Ein Plädoyer für eine Verständigung über Bergriffe und Unterscheidungen im Feld forschungsnahen Lehrens und Lernens, *Das Hochschulwesen,* 1+2, 22–29.

Kaindl, C. & Markard, M. (2000). Das Ausbildungsprojekt »Subjektwissenschaftliche Berufspraxis«–theoretische, methodische und organisatorische Aspekte studentischer Praxisforschung. In M. Markard & Ausbildungsprojekt Subjektwissenschaftliche Berufspraxis (Hrsg.), *Kritische Psychologie und studentische Praxisforschung* (S. 29–43). Hamburg: Argument.

Koepernik, C. & Wolter, A. (2010). *Studium und Beruf* (Arbeitspapier Nr. 210 der Hans-Böckler-Stiftung). Düsseldorf.

Kultusministerkonferenz [KMK] (2005). *Qualifikationsrahmen für Deutsche Hochschulabschlüsse* (Beschluss der Kultusministerkonferenz vom 21.4.2005).

Kultusministerkonferenz [KMK] (2010). *Ländergemeinsame Strukturvorgaben für die Akkreditierung von Bachelor- und Masterstudiengängen* (Beschluss der Kultusministerkonferenz vom 10.10.2003 in der Fassung vom 4.2.2010).

Lenzen, D. (2014). Bologna zerstört unsere akademische Bildung. In *Die Welt.* URL: http://www.welt.de/126898676, 31.8.2016.

Oechsle, M. & Hessler, G. (2010). Praxis einbeziehen – Berufsorientierung und Studium. *HDS. Journal: Perspektiven guter Lehre,* 2, 11 – 22.

Reiber, K. & Tremp, P. (2007). Eulen nach Athen! Forschendes Lernen als Bildungsprinzip. In B. Berendt, B. Szczyrba, H.-P. Voss & J. Wildt (Hrsg.), *Neues Handbuch Hochschullehre. Lehren und Lernen effizient gestalten* (A 3.6, S. 1 – 14). Berlin: Raabe.

Schimank, U. (2009). Humboldt: Falscher Mann am falschen Ort. In *Frankfurter Allgemeine Zeitung.* URL: http://www.faz.net/-gyl-12736, 31.8.2016.

Schindler, G. (2004). Employability und Bachelor-Studiengänge – eine unpassende Verbindung. *Beiträge zur Hochschulforschung,* 26(4), 6 – 26.

Schneider, R. & Wildt, J. (2002). Forschendes Lernen in Praxisstudien. Das Beispiel des Berufspraktischen Halbjahres in der Lehrerausbildung. In B. Berendt, B. Szczyrba, H.-P. Voss & J. Wildt (Hrsg.), *Neues Handbuch Hochschullehre. Lehren und Lernen effizient gestalten* (G 3.1, S. 1– 29). Berlin: Raabe.

Schubarth, W. & Speck, K. (2013). *Employability und Praxisbezüge im wissenschaftlichen Studium* (Fachgutachten im Auftrag der Hochschulrektorenkonferenz). Bonn.

Spieß, E. (1994). Aktionsforschung. In L. von Rosenstiel, C. M. Hockel & W. Molt (Hrsg.), *Handbuch der Angewandten Psychologie. Grundlagen – Methoden – Praxis* (III – 7, S. 1 – 8). Landsberg am Lech: ecomed.

Teichler, U. (2008). Der Jargon der Nützlichkeit. Zur Employability-Diskussion im Bologna-Prozess. In *Das Hochschulwesen,* 3, 68 – 79.

Wildt, J. (2012). Praxisbezug der Hochschulbildung – Herausforderung für Hochschulentwicklung und Hochschuldidaktik. In W. Schubarth, K. Speck, A. Seidel, C. Gottmann, C. Kamm & M. Krohn (Hrsg.), *Studium nach Bologna: Praxisbezüge stärken?! Praktika als Brücke zwischen Hochschule und Arbeitsmarkt* (S. 261 – 278). Wiesbaden: Springer VS.

Wolter, A. & Banscherus, U. (2012). Praxisbezug und Beschäftigungsfähigkeit im Bologna-Prozess – »A never ending story?« In W. Schubarth, K. Speck, A. Seidel, C. Gottmann, C. Kamm & M. Krohn (Hrsg.), *Studium nach Bologna: Praxisbezüge stärken?! Praktika als Brücke zwischen Hochschule und Arbeitsmarkt* (S. 21 – 36). Wiesbaden: Springer VS.

Der folgende Beitrag stellt das Planspiel LaMaGO vor, das als Teil des Projekts »Humboldt reloaded« entwickelt wurde. »Humboldt reloaded« ist ein vom Bundesministerium für Bildung und Forschung (BMBF) gefördertes Projekt des Qualitätspakts Lehre, das auf die Förderung Forschenden Lernens in einer frühen Phase des Bachelorstudiums an der Universität Hohenheim ausgerichtet ist. Planspiele als Vorstufe eines Forschenden Lehr-/Lernprozesses bieten die Möglichkeit Lehrveranstaltungen interaktiver zu gestalten. Sie können als Einstiegsstufe einer Lernpyramide des Forschenden Lernens angesehen werden.

Planspiele als methodisches Werkzeug Forschenden Lernens: das Planspiel LaMaGO©

Melvin Lippe

»Forschendes Lernen erspielen oder spielerisch forschend lernen?« Diese Frage könnte vor allem für sogenannte Planspiele gestellt werden, die durch das Aufgreifen von problemorientierten, oftmals angewandten Fragestellungen und der Einbindung systemorientierter Problemlösungsprozesse charakterisiert sind. Planspiele werden oftmals auch als Einstiegstufe eines forschenden Lernprozesses angesehen (Huber, 2009). Im folgenden Beitrag wird anhand des Planspiels »LaMaGO« (Landscape Management as Goal-Oriented communication process), das für Lehrveranstaltungen im Themenkomplex Umwelt- und Landschaftsmanagement entwickelt wurde, das zugrunde liegende Lehrkonzept von Planspielen erläutert. Dazu werden zunächst die Problemstellung sowie die Art der Lehrveranstaltung vorgestellt. Im darauf folgenden Abschnitt werden die beobachteten Effekte aus der mehrjährigen Anwendungspraxis von LaMaGO sowie die daraus resultierenden Herausforderungen und Hemmnisse zum Einsatz von Planspielen im Hochschulalltag diskutiert. Der Beitrag endet mit einem Fazit zur Verwendung von Planspielen im Lehralltag und dessen Mehrwert für Studierende und Lehrende im Kontext Forschenden Lernens.

1. Planspiele als Form Forschenden Lernens

Planspiele sind durch das Aufgreifen von problemorientierten Fragestellungen und die Selbständigkeit der beteiligten Studierenden geprägt. Studierende werden dabei als Co-Konstrukteur/innen einer Lehrveranstaltung angesehen (Huber, 2009). Charakteristisch für diese Art des Forschenden Lernens ist die Verwendung eines Lehrarrangements, das (i) auf einer problemorientierten Ausgangsfragestellung basiert, (ii) einen systematischen Problemlösungsprozess analog den Phasen eines Forschungsprozesses beinhaltet, und (iii) von kritisch-konstruktivem studentischem Interesse zur Wahrnehmung gesellschaftlicher Verantwortung geprägt ist (Klippert, 2009). Die Integration des Planspielansatzes in das didaktische Repertoire einer Lehrveranstaltung kann z. B. durch die eigenständige Recherche von Forschungsbefunden zu einer Problemstellung, oder durch die Verwendung komplexer, praxisbezogener Fragestellungen stattfinden (Reiber, 2007).

Im Gegensatz zu reinen Rollenspielen, in denen vorwiegend Gesprächssituationen und Kommunikationsprozesse im Vordergrund stehen, beinhalten Planspiele neben Akteur/innen und Regeln auch Ressourcen und deren Verwendung (Klabbers, 1999). Das prototypische Planspiel verbindet daher Rollenspiel und Simulation, denn das zielgerichtete Handeln von Menschen in Entscheidungsprozessen und dessen Folgewirkungen oder Rückkopplungseffekte sind dabei von zentraler Bedeutung. Planspiele sind durch die Aktivität und Selbständigkeit der beteiligten Studierenden geprägt, in denen die Teilnehmenden oftmals interessensbestimmte Rollen einnehmen. Dabei sind die Studierenden angehalten, Entscheidungen zu treffen, um gegenwärtige oder fiktive Konflikte aus realitätsnahen Fragestellungen zu bearbeiten. Durch das Erfahren und Erleben der Konsequenzen einer Entscheidung innerhalb des Planspielkontexts erlangen Studierende Expertenwissen, das durch wiederkehrende Problemlösungsschritte geprägt ist. Planspiele können inhaltlich vielschichtig und zeitintensiv sein, und stellen eine komplexere und dynamischere Umsetzung der Fallmethode dar (Lin-Klinzig et al., 2008). Im Hochschulalltag bieten Planspiele die Möglichkeit, anwendungsorientiertes Wissen und soziale Kompetenzen aufseiten der Studierenden auszubilden. So kann durch diese Art des Forschenden Lernens ein tieferes Verständnis von bestehenden Organisationsstrukturen und Prozessen erzielt werden (Kriz, 2001).

Mögliche Herausforderungen für den Einsatz von Planspielen können Umsetzungshemmnisse bedingt durch die inhaltlich von den Lehrenden vorgegebene Fragestellung darstellen, da z. B. nicht alle Lehrinhalte eines Faches oder einer Disziplin durch ein Planspiel abgedeckt bzw. dargestellt werden können. So können Lehrinhalte, die einen naturwissenschaftlichen Grundlagencharakter haben wie z. B. Experimentalphysik oder Laboranalytik nicht durch ein Planspiel vermittelt werden. Ebenso sind Planspiele für geisteswissenschaftliche Fragestellung oftmals ungeeignet, bei denen hingegen Rollenspiele bessere Einsatzmöglichkeiten bieten. Im Gegensatz dazu sind Themengebiete, die sich vor allem mit den Bedingungen und Regeln des gesellschaftlichen Zusammenlebens sowie daraus ableitbaren Zukunftsszenarien befassen, für die Planspielmethode gut geeignet. Hierbei kann es sich z. B. um interessensabhängige Konflikte (sozioökonomisch, kulturell-religiös, umwelttechnisch, oder eine Kombination davon) handeln, in denen menschliches Verhalten zu Problemen oder Konflikten führen kann. Diese Doppelfunktion als Lern- und Kommunikationsinstrument, wurde z. B. von Pahl-Wostl (2007) für Fallbeispiele des Wasserressourcenmanagements eingehender diskutiert. Die Form des Kommunikationsprozesses, der durch Planspiele zwischen den beteiligten Personen entsteht, stellt dabei ein wichtiges

Merkmal dieser Methode Forschenden Lernens dar (Huber, 2009). Der angestoßene und durch das Planspiel katalysierte Kommunikationsprozess kann in der Folge Entscheidungsprozesse in Lehr-/Lernsituationen des Ressourcen- und Konfliktmanagements aktiv unterstützen. Darüber hinaus können Planspiele auch zur Simulation von technischen und wirtschaftlichen Prozessen eingesetzt werden (Klippert, 2008).

Der folgende Abschnitt stellt das Planspiel LaMaGO und dessen Aufbau im Detail vor. Die zugrunde liegenden methodischen Bausteine, anhand derer LaMaGO in Lehrveranstaltungen eingesetzt wird, können dabei auch als Blaupause für andere Planspielformen verwendet werden. Hervorzuheben ist der modulare zeitliche Aufbau, abwechselnde Aktivierungs- und Arbeitsphasen für Studierende, sowie ein abschließendes Debriefing, um das bearbeitete Fallbeispiel aus dem spielerischen in den realen Kontext zu überführen.

2. Das Planspiel LaMaGO

Das Planspiel LaMaGO wurde am Institut für Pflanzenproduktion und Agrarökologie in den Tropen und Subtropen der Universität Hohenheim zusammen mit Studierenden des Bachelorstudiengangs »Nachwachsende Rohstoffe und Bioenergie« als Teil eines Humboldt-reloaded-Projekts entwickelt (Humboldt reloaded, ohne Jahr). Es wurde erstmals im Wintersemester 2012/13 in der Lehrveranstaltung »Rohstofflieferende Pflanzen der Tropen und Subtropen«, die für Studierende des ersten Bachelorfachsemesters »Nachwachsende Rohstoffe und Bioenergie« verpflichtend angeboten wird, eingesetzt.

Im Entwicklungsprozess von LaMaGO wurde die Darstellung des Planspielszenarios in einem geographisch-räumlichen Kontext durch die Studierenden als wichtige Komponente identifiziert. Die räumliche Simulation interessensabhängiger Konflikte in einem Planspiel ermöglicht die Ableitung von Handlungsempfehlungen, z.B. eines nachhaltigen Landschaftsmanagements im Kontext von LaMaGO, und eröffnet Studierenden die Analyse kausaler Wirkfaktoren in einem komplexen sozial-ökologisch geprägten Fallbeispiel. Ein ähnliches Konzept verfolgt auch das Planspiel »Raum« (proVISION, 2011), das die Wechselwirkungen zwischen wirtschaftlichen und umweltspezifischen Aspekten zur Förderung eines nachhaltigen Agrar- und Landschaftsmanagements mit Vertreter/innen bürgerlicher, institutioneller und politischer Gruppierungen behandelt. In diesem Fall dient das Planspiel nicht nur als reines Lerninstrument, sondern wird auch als Werkzeug zur Übersetzung von Forschungsergebnissen in die Praxis eingesetzt.

2.1 Modularer Aufbau

Im folgenden Abschnitt werden am Beispiel von LaMaGO die individuellen Arbeitsschritte eines Planspiels anhand eines Ablaufplans erläutert (vgl. Tabelle 1). Der vorgestellte modulare Aufbau in Form von Themenblöcken kann auch als Arbeitsgrundlage für andere Planspielkonzepte Verwendung finden. Die Modularisierung ermöglicht es Studierenden sowie Lehrenden gleichermaßen, Themenblöcke ohne größeren Aufwand zeitlich und inhaltlich anzupassen oder auch durch eigene Literaturrecherchen zu erweitern.

Im Fall von LaMaGO müssen Studierende an zwei Vorlesungsterminen von je 90 Minuten Aufgabenstellungen anhand eines Fallbeispiels in Nordwest Vietnam (Kommune Chieng Khoi) zur lokalen Bioenergie- und Nahrungsproduktion bearbeiten. Dabei sollen sie durch weiterführende Literaturrecherchen und das Studium von verwandten Vorlesungsinhalten die Motive des Planspielszenarios und der verschiedenen Interessengruppen verstehen, selbstständig erweitern und mit bereits vorgegebenen Informationen verknüpfen.

Während der LaMaGO-Spielphase repräsentieren die studentischen Teams lokale und regionale Interessengruppen, die unterschiedliche Sichtweisen auf den Aufbau einer Bioenergie-Produktionsanlage haben. Die simulierten Interessengruppen basieren auf Forschungsergebnissen (z. B. Fröhlich et al., 2013) oder wurden anhand von Sekundärliteratur entwickelt. Generell dienen kurze Beschreibungen der lokalen Interessengruppen den studentischen Teams als Hinweise zur Umsetzung der Planspielaufgabe. Sie werden den verschiedenen Gruppen vor Beginn des Planspiels ausgehändigt und sind entsprechend als Teamaufgaben formuliert:

Bioenergie-Bauern: »Sie haben ein großes Interesse an Bioenergiegewinnung, da Sie sich einen erhöhten Profit durch den Verkauf der Biomasse an die neue Bioenergieanlage erhoffen. Weiterhin erhoffen Sie sich neben der Einkommenssteigerung auch eine gleichbleibende Elektrizitätsversorgung der Kommune Chieng Khoi. Durch die Erfahrung Ihrer Großeltern in Zeiten der Nahrungsmittelknappheit wissen Sie aber auch, dass man nicht alles ›auf eine Karte setzten‹ sollte. Ihr LaMaGO-Ziel: Einkommenssteigerung durch den Verkauf der Biomasse an das Bioenergieunternehmen generieren sowie die Nahrungsmittelversorgung sichern.«

Konservative Bauern: »Sie haben ein geringes Interesse an der Erzeugung von Bioenergie. Sie befürchten, dass durch den hohen jährlichen Bedarf an Biomasse für den Betrieb der Bioenergieanalage, die Landschaft ›vermaisen‹ wird. In den vergangenen Jahren haben

Themenblock	Aufgabenziel	Zeit
Tag 1: 90 min		
Auftakt	• Vorstellung des Fallbeispielszenarios und weiterer Hintergrundinformationen mittels einer Präsentation durch den/die Lehrende/n	15
Fragerunde	• Verständnisfragen der Studierenden zum Fallbeispiel	5
Teameinteilung	• Teameinteilung der Studierenden (2–5 Personen)	5
Themenblock-Spielphase 1	• Aushändigung der Informationen zu Interessengruppen und Landschaftsbild an die studentischen Teams • Festlegung individueller Aufgaben innerhalb der Teams, z. B. Gruppensprecher/in, Protokollant/in • Auswahl des Anbaumusters der vorhandenen Feldfrüchte auf den Feldern des LaMaGO-Spielbretts, entsprechend den lokalen Bodeneigenschaften und Zielen der Interessengruppe • Beginn der Berechnung des Bioenergiepotentials, dem gewählten Anbaumuster folgend • weiterführende Literaturrecherche und Studium bereits bestehender Vorlesungsinhalte	65
Tag 2: 90 min		
Spielphase 2	• Abschluss der Berechnung des Bioenergiepotentials • Vorbereitung der Abschlusspräsentation zur Vorstellung im Plenum	30
Teampräsentation und Diskussion im Plenum	• studentische Teams präsentieren das Ziel der Interessengruppe und erläutern ihre Entscheidung zum gewählten Anbaumuster	40
Debriefing und Feedback	• Abschlusspräsentation (im Fall von LaMaGO = Debriefing) durch den/die Lehrende/n beendet das Planspiel durch Vorstellung der realen Fakten des Fallbeispiels • Studierende diskutieren im Plenum zu den Inhalten des Fallbeispiels basierend auf dem erlernten Wissen der vorherigen Lehrveranstaltungen • allgemeines Feedback der Studierenden	20

Tabelle 1: Modularer Aufbau von LaMaGO, dargestellt anhand idealisierter Zeitabschnitte (in min.) während einer Veranstaltungszeit von 2 x 90 min.

Sie bemerkt, dass der Maisanbau auf den teils steilen Hanglagen zu verstärkter Bodenerosion führen kann. Daraus resultierend propagieren Sie ein konservatives Landschaftsmuster und möchten verstärkt integrierte Anbausysteme in der Kommune Chieng Khoi einsetzen. Durch die Erfahrung Ihrer Großeltern in Zeiten der Nahrungsmittelknappheit wissen Sie aber auch, dass man nicht alles ›auf eine Karte setzten‹ sollte. Ihr LaMaGo-Ziel: Nahrungsmittelversorgung sichern und Landschaftsdiversität erhalten.«

Lokale Maishändler: »Sie repräsentieren die lokalen Maishändler, die ein geringes Interesse an der Erzeugung von Bioenergie haben, da Sie befürchten, dass die lokalen Bauern den Mais an die Bioenergieanlage verkaufen werden. Ihr LaMaGO-Ziel: Alles bleibt beim Alten. Sie möchten eine Gewinnmaximierung durch den Maishandel erreichen. Nahrungsmittelsicherheit ist zwar wichtig, aber anstatt eine Selbstversorgung durch den Reisanbau anzustreben, kaufen Sie Ihre Nahrungsmittel bei örtlichen Geschäften und auf dem Markt ein.«

Betreiber Bioenergieanlage: »Sie repräsentieren die Betreiber der Bioenergieanlage. Die Anlage soll für mindestens 20 Jahre oder sogar länger Bioenergie für die Kommune Chieng Khoi liefern. Sie haben ein großes Interesse daran, die Anlage kontinuierlich mit Biomasse zu versorgen. Hierbei ist es auch wichtig, während der Regen- und Trockenzeit ausreichend Biomasse zur Verfügung zu haben, um die Wirtschaftlichkeit der Anlage zu gewährleisten. Ihr LaMaGO-Ziel: Die Bioenergieanlage wurde gerade fertiggestellt. Sie möchten nun beweisen, dass es sich gelohnt hat, in diese Form der Energieerzeugung investiert zu haben. Sie möchten mit allen Interessengruppen ein gutes Miteinander haben und sind an der Nachhaltigkeit der Landschaftsfunktionen, z.B. Bodenfruchtbarkeit, sehr interessiert, da gerade dieser Aspekt eine langfristige Biomasseproduktion für den Betrieb der Anlage sichern kann.«

Regionales Umweltamt: »Sie repräsentieren das regionale Umweltamt. Durch den gestiegenen Maisanbau der vergangenen Jahre ist die Bodenerosion in der Kommune Chieng Khoi stark gestiegen Dies führt auf den teils steilen Hanglagen zur Reduzierung der Bodenfruchtbarkeit. Da die Provinzregierung aber auch die Bioenergieanlage aktiv fördern möchte, müssen Sie nun einen Anbaukompromiss finden, um langfristig Biomasse für die Anlage zu erzeugen und gleichzeitig die Bodenerosion zu verringern. Ihr LaMaGO-Ziel: Sicherung der Biomasseproduktion für die lokale Bioenergieanlage und Reduzierung der Bodenerosion.«

2.2 Ablauf der Lehrveranstaltung

Eine Einführungspräsentation von 15 Minuten, in der Hintergrundinformationen zum Fallbeispiel (nationale und lokale Rahmenbedingungen, Sichtweisen der beteiligten Interessengruppen, verwendete Kulturpflanzen, lokale Bodentypen und Klimabedingungen) vorgestellt werden, bildet den Auftakt des Planspiels. Darauf folgt eine Fragerunde zur Klärung möglicher Unklarheiten aufseiten der Studierenden, die mit der Einteilung der Studierenden in Teams von je zwei bis fünf Teilnehmenden abschließt. Die Einteilung erfolgt mittels Los- bzw. Zufallsverfahren. Dies sorgt für die nötige Begabungsvielfalt der individuellen Teams und lässt sich unter der vorgegebenen Zeitlimitierung zügig durchführen (vgl. Tabelle 1). Die studentischen Gruppen erhalten weiterführende Unterlagen mit Hintergrundinformationen der jeweiligen Interessengruppe. Auch diese Zuteilung erfolgt mittels Zufallsverfahren, um eine unnötige Gruppendynamik bei der Auswahl einer bestimmten Interessengruppe zum Anfang des Planspiels auszuschließen. Jeder studentischen Gruppe wird nun das LaMaGO-Spielbrett (vgl. Abb. 1) und weiteres Arbeitsmaterial ausgehändigt. Dies beinhaltet farbig markierte Pins und bebilderte Karten, die die unterschiedlichen Feldfrüchte (Hirse, Mais, Maniok, Purgiernuss), die auf dem Spielbrett ausgelegt werden sollen, repräsentieren. Das Spielbrett simuliert die Funktion des lokalen Landschaftsbilds (Topographie, Bodentypen, Straßen- und Flussnetzwerk, Besiedlungsflächen) des Fallbeispiels. Die Pins basieren auf handelsüblichen Stecknadeln und dienen der Darstellung der unterschiedlichen Bodentypen, da das Spielbrett im Verlauf von LaMaGO durch die bebilderten Karten verdeckt wird. Die zugrunde liegenden räumlichen Informationen wurden anhand digitalen Kartenmaterials in einem »Geographischen Informationssystem« (GIS) aufbereitet, mittels Laserplotter im Größenformat A1 farbig ausgedruckt und auf eine Polystyrolplatte von 15 mm Stärke aufgeklebt. Auf diesem Landschaftsbild wurde zusätzlich ein Schachbrettmuster von 100 Zellen (10 × 10) abgebildet, auf dem die LaMaGO-Spieler ein Anbaumuster mit den vorgegebenen Feldfrüchten anlegen müssen. In Abhängigkeit ihrer Planspielrolle muss jede Interessengruppe die Auswahl der Feldfrüchte bestimmen und entscheiden, auf welcher Schachbrettzelle eine Feldfrucht angebaut werden soll. Diese Entscheidung wird weiterhin durch die interessengruppenspezifischen Vorgaben zum Bioenergie- bzw. Nahrungsbedarf der lokalen Bevölkerung beeinflusst. Die dafür benötigten Informationen werden den Teams zu Beginn des Spiels durch mehrseitige Arbeitsblätter ausgehändigt und können durch weitere Literaturrecherchen der Studierenden ergänzt werden. Bei der Auswahl der zu pflanzenden Feldfrucht müssen die studentischen

Teams die lokalen Bodentypen sowie andere topographische Begebenheiten (z.B. Hangneigung oder Stauwassergefährdung) berücksichtigen. Während des Planspiels entsteht durch das Auslegen der bebilderten Pflanzenkarten auf dem Spielbrett ein teamspezifisches Anbaumuster mit daraus resultierenden positiven und negativen Umweltauswirkungen auf die Landschaft des Fallbeispiels.

Zur Berechnung des spezifischen Bioenergiebedarfs einer Interessengruppe sowie der Nahrungsproduktion stehen den Studierenden die oben genannten Arbeitsblätter zur Verfügung. Weiterhin können sie auf einer E-Learning-Plattform einen Bioenergiebedarfsrechner, der in Microsoft Excel programmiert wurde, verwenden. Dieser Excel-Rechner berücksichtigt die feldfruchttypischen Ertragswerte und kalkuliert anhand verschiedener Umrechnungsfaktoren den zu erwartenden Bioenergie- und Nahrungsertrag als Funktion des ausgelegten Anbaumusters einer Interessengruppe.

Entsprechend den Planspielvorgaben bzw. der individuellen Interessengruppe muss sich jedes studentische Team für ein Anbaumuster entscheiden und dessen Bioenergie- bzw. Nahrungsproduktion berechnen. Die Simulation von LaMaGO wird während des zweiten Vorlesungstermins abgeschlossen, indem jede Interessengruppe den anderen Teams ihr generiertes Anbaumuster und den daraus resultierenden Bioenergie- bzw. Nahrungsertrag durch eine Präsentation im Plenum vorstellt. Dies fördert den Wissens- und Erfahrungsaustausch zwischen den Studierenden und öffnet gleichzeitig einen Diskussionsraum, in dem die generierten teamspezifischen Anbaumuster in Bezug auf mögliche Vor- und Nachteile, z.B. nachhaltige Ressourcenverwendung, Auswirkungen auf Landschaftsmanagement oder Ökosystemfunktionen, in der Gruppe analysiert werden können.

3. Eindrücke aus dem Praxisalltag

Seit dem Start von LaMaGO im Wintersemester 2012/13 haben mehr als 100 Studierende – jährlich zwischen 26 und 33 – am Planspiel teilgenommen. Die Eindrücke aus dem Praxisalltag der vergangenen Jahre können insgesamt als positiv bewertet werden. So hat z.B. keine der studentischen Gruppen vorzeitig das Planspiel beendet. Im Gegenteil, die bisherige Erfahrung hat gezeigt, dass die teilnehmenden Studierenden von dem stetigen Wunsch nach komplexeren Fragestellungen und weiteren Fallbeispielen geprägt waren, oder selbst mehr Einfluss auf das Spielgeschehen nehmen wollten. Ein Kurzfilm mit Eindrücken und Interviews des ersten Jahres, dabei noch mit dem LaMaGO-Prototyp, ist auf dem Youtube-Kanal der Universität Hohenheim einsehbar (siehe Universität Hohenheim,

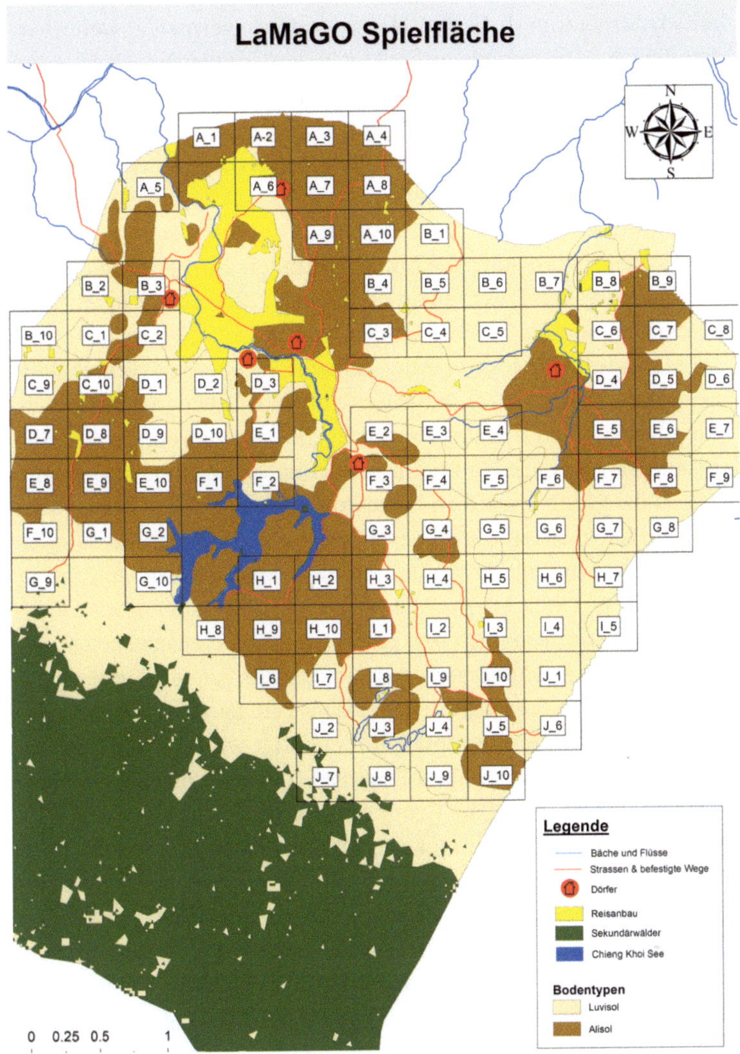

Abb. 1: LaMaGO-Spielbrett in Größe A1 mit ausgelegtem Anbaumuster (hier vor allem Mais) der Interessengruppe »Maishändler«

2013).

Während im ersten Jahr der Planspieldurchführung noch studentische Kleingruppen von bis zu acht Personen erlaubt waren, wurde die Gruppengröße in den beiden Folgejahren sukzessive auf drei bis fünf Personen reduziert. Eine kleinere Gruppengröße hat den Vorteil, dass die gruppenspezifischen Aufgaben zwischen den beteiligten Studierenden gleichwertig aufgeteilt werden können. Dies fördert nicht nur die Arbeitsdynamik innerhalb der Gruppe, sondern vermeidet weiterhin, dass einzelne Studierende nicht aktiv in den Gruppenentscheidungen mitwirken. Die gemeinsame Bearbeitung der Planspielaufgaben ist wichtig, um die intrinsische Motivation der Studierenden während der beiden Veranstaltungstage aufrechtzuerhalten sowie ihnen die Sinnhaftigkeit des Planspiels transparent vermitteln zu können. Es ist weiterhin anzumerken, dass Kleingruppen von zwei bis fünf Personen den Vorteil bieten, dass die Entscheidungen zur Bewältigung der Planspielaufgaben unter einem geringeren Konsensdruck gefunden werden müssen, als in einer Gruppe von bis zu acht Personen.

Die mögliche Herausforderung kleinerer Gruppen liegt je nach Jahrgangsgröße darin, auf Lehrendenseite bis zu elf Kleingruppen gleichzeitig betreuen zu müssen. Dies kann z. B. dazu führen, dass der/die betreuende Lehrende ständig in Bewegung ist, um mögliche Fragen seitens der Studierenden zu beantworten. Andererseits kann durch eine ausführliche und klar beschriebene Aufgabenstellung solch eine Grunddynamik vermieden werden. Eine weitere Option zur Betreuung großer Jahrgänge (von mehr als 40 Personen) wäre auch der Einsatz von studentischen Tutoren, die das Planspiel selbst aus der Praxis, z. B. als Studierende aus dem Vorjahr, kennen. Ein Nachteil, der hierbei zu nennen wäre, ist der Faktor Zeit. Da zum Abschluss des Planspiels mehr Präsentationsraum benötigt würde und die idealisierten Zeitfenster des zweiten Tages (vgl. Tabelle 1) nicht aufrechtzuerhalten wären. Damit die Gruppenstärke in solch einem Fall dennoch bewerkstelligt werden kann, wären auch andere Formen von Präsentationen denkbar. So könnten sich z. B. die studentischen Teams in Arbeitsgruppen ihre Planspielergebnisse gegenseitig vorstellen und diese gemeinsam bewerten und diskutieren. Sicherlich wäre dennoch weiterhin eine begleitete Diskussion durch eine Lehrperson oder die oben genannten Tutoren/innen sinnvoll, um entstehende Meinungsverschiedenheiten zwischen den Interessengruppen moderieren zu können.

Damit positive Gruppendynamiken leichter entstehend können, ist auch die Einteilung der studentischen Teams zu Beginn des Planspiels mittels Los- bzw. Zufallsverfahren wichtig. Klippert (2009) merkt dazu an, dass dieses Verfahren die Begabungsvielfalt der Gruppen fördert, und es gleichzeitig ein pragmatischer Ansatz ist, um unter den vorgegebenen Zeitlimitierungen den Auftakt der Planspielsimulation zügig einleiten zu können. Beobachtungen aus dem LaMaGO-Praxisalltag bestätigen diese Annahme.

Für eine/n Lehrende/n ist die Durchführung eines Planspiels, im Vergleich zur klassischen Frontalpräsentation, mit einer längeren Vorbereitungszeit verbunden. Dies beinhaltet die Zeit zur Erstellung des Planspielmaterials und der Konzeption der Interessengruppen sowie das Testen des Planspielszenarios anhand einer kleineren Gruppe von Proband/innen. Nachdem das Planspielkonzept konkretisiert und erstellt wurde, sind die weiteren Herausforderungen für den regelmäßigen Einsatz im Vorlesungsbetrieb mit denen einer klassischen Vorlesung gleichzusetzen. Der Vorteil der Verwendung der Planspielmethode in einer Lehrveranstaltung ist aber gerade das Aufbrechen des klassischen Lehrveranstaltungsmusters. Im Fall von LaMaGO werden die Studierenden schon zu Beginn ihres Bachelorstudiums durch die interessengruppenspezifische Arbeit dazu angeregt, über lokale Umweltprobleme wie Bodendegradation oder Wassermanagement sowie globale Aspekte des Tank-Teller-Konflikts oder auch der Bioenergieautarkie und Nahrungssicherheit zu diskutieren. Ein weiterer wichtiger Aspekt von Planspielen ist die Wiederholung von Vorlesungsinhalten in einem angewandten Kontext. Im Fall von LaMaGo ist das Planspiel Teil einer semesterbegleitenden Lehrveranstaltung und wird üblicherweise am Ende der Vorlesungsreihe durchgeführt. Durch die zeitliche Einbettung in das Curriculum des angegliederten Bachelorstudiengangs »Nachwachsende Rohstoffe und Bioenergie« werden durch die Vorstellung der gruppenspezifischen Anbaumuster der Feldfrüchte Vorlesungsinhalte wiederholt und in einem realitätsnahen Kontext mit den Studierenden diskutiert. Die Vorlesungsinhalte werden dadurch in einer spielerischen Art dargestellt und können die Motivation der beteiligten Studierenden für den weiteren Verlauf des Studiums aus dieser Sichtweise heraus nachhaltig fördern.

Aktuell ist es angedacht, das Planspiel LaMaGO mit weiteren Onlinemedien und einer E-Learning-Plattform zu verknüpfen. So soll durch den Aufbau einer virtuellen 3-D-Karte in Google Earth das Planspielszenario komplexer gestaltet werden.

4. Planspiele: Lustiger Zeitvertreib oder sinnvolle Ergänzung des Lehralltags?

Planspiele bieten als didaktisches Werkzeug des Forschenden Lernens die Möglichkeit, Vorlesungen interaktiver zu gestalten und eröffnen wie im Falle von LaMaGO den Studierenden schon zu Beginn des Bachelorstudiums Einblicke in Fragestellung der Energie-, Nahrungs- und Umweltsicherung. Das Aufbrechen der klassischen Vorlesungsformen kann zu einer positiven Motivation aufseiten der Studierenden führen und interdisziplinäre sowie systemische Denkstrukturen fördern. Moderierte Diskussionsrunden und eine Abschlussbesprechung (De-briefing) sind in diesem Format Forschenden Lernens sehr wichtig, da der Diskurs zwischen Studierenden und Lehrenden aktiv gefördert wird, und Studierende Wissen »spielerisch« erlernen können. Mögliche Hemmnisse und Herausforderungen sind vor allem aufseiten der Durchführbarkeit mit großen Jahrgangsgruppen zu erwarten, die aber durch detaillierte Arbeitsanweisungen oder studentische Tutoren/innen vermieden werden können. Planspiele wie das hier vorgestellte LaMaGO sind hervorragend für studentische Gruppen von 10–30 Personen geeignet und können in einem überschaubaren zeitlichen Horizont durchgeführt werden. Sie bieten eine sinnvolle Ergänzung des Lehrbetriebs und können als Einstiegsstufe eines forschenden Lehr-/Lernkonzepts angesehen werden. Die Herausbildung interdisziplinärer und systemischer Denkstrukturen ist ein wichtiges Merkmal dieser Form Forschenden Lernens, das insbesondere im Kontext zukünftiger Arbeitsfelder immer wichtiger wird.

Praxistipp:
Dos und Don'ts bei der Umsetzung von Planspielen

Dos

- Realitätsnahe Planspielthemen fördern das Interesse der teilnehmenden Studierenden.
- Eine Verknüpfung mit den oftmals theoretischen Vorlesungsinhalten ist sinnvoll.
- Ein modularer Aufbau unterstützt Lehrende bei der Ergebnis- und Zeitkontrolle.
- Planspielteams von 3 bis 5 Personen sind ideal.
- Ein Debriefing am Ende des Planspiels ist essenziell.

Don'ts

- Hypothetische Themen ohne realitätsnahen Charakter sollten vermieden werden.
- Ein neu entwickeltes Planspiel sollte nicht ohne vorherige Durchführbarkeitstests (zeitlich, logischer Ablauf und Arbeitsanweisungen) verwendet werden.
- Damit ein zeitlich vorgegebener Ablaufplan eingehalten werden kann, sollten die studentischen Gruppen sich nicht eigenständig formen, da dies zu Zeitverzögerungen führen kann.
- Gruppengrößen von mehr als fünf Teilnehmenden führen zu einseitiger Teamaktivität

Literatur

Fröhlich, H.L., Schreinemachers, P., Stahr, K. & Clemens, G. (Hrsg.) (2013). *Policies and Innovations for Sustainable Land Use and Rural Development in Mountain Areas of Southeast Asia.* Heidelberg: Springer.

Huber, L. (Hrsg.) (2009). *Forschendes Lernen im Studium. Aktuelle Konzepte und Erfahrungen.* Bielefeld: UniversitätsVerlagWebler.

Humboldt Reloaded (ohne Jahr). *Humboldt Reloaded.* URL: https://studium-3-0.uni-hohenheim.de/humboldt-reloaded, 14.08.2016

Kriz, W.C. (2001). Die Planspielmethode als Lernumgebung. In H. Mandl, C. Keller, M. Rei-serer & B. Geier (Hrsg.), *Planspiele im Internet. Konzepte und Praxisbeispiele für die Aus- und Weiterbildung* (S. 41–64). Bielefeld: Bertelsmann.

Lin-Klinzig, S., Neef, B. & Kröber, E. (2008). »Offene« Lehr/Lernformen an der Hochschule – ein hochschuldidaktisches Fortbildungskonzept. In B. Berendt, H. P. Voss & J. Wildt (Hrsg.), *Neues Handbuch Hochschullehre* (S. 1–26). Berlin: Raabe Fachverlag für Wissenschaftsinformation.

Klabbers, J. (1999). Three Easy Pieces: A Taxonomy on Gaming. In D. Sounders (Hrsg.), *Simulation and Gaming Yearbook,* 7, 16–33. London: Kogan Page.

Pahl-Wostl, C. (2007). The implications of complexity for integrated resources management. *Environmental Modelling and Software,* 22(5), 561–569.

proVISION (2011). *Universität Innsbruck, Institut für Botanik.* URL: http://www.landnutzung.at/dokumente/Planspiel/Das%20Planspiel.pdf, 23.06.2016.

Reiber, K. (2007). Forschendes Lernen als hochschuldidaktisches Prinzip – Grundlegung und Beispiele. *Tübinger Beiträge zur Hochschuldidaktik,* 1(3). URL: http://www.tat.physik.uni-tuebingen.de/~speith/publ/TBHD_Beitrag_Forschendes_Lernen.pdf, 05.04.2016.

Universität Hohenheim (2013). *Humboldt reloaded – LaMaGO* [Video Clip]. URL: https://www.youtube.com/watch?v=v_Oo26W-Esk&feature=youtu.be

Auf dem Marktplatz wird Forschendes Lernen initiiert und reflektiert: Gemeinsam mit Expert/innen aus Wissenschaft und Praxis werden konkrete Forschungsprobleme mit unterschiedlichem Schwierigkeits- und Komplexitätsgrad definiert und unterschiedliche Disziplinen (z.B. Ökonomie, Technik und Nachhaltigkeit) miteinander verknüpft. Die (interdisziplinären) Problemstellungen werden von den Studierenden im Laufe eines Semesters bearbeitet. Ihre Lösungsansätze präsentieren sie wiederum auf dem Marktplatz. Dort erhalten sie Feedback und erörtern gemeinsam mit den Expert/innen und Kommiliton/innen offene Fragen.

Marktplatz – eine Organisationsform für Forschendes Lernen und Lehren

Juliana Schlicht, Fritz Klauser

Auf Marktplätzen treffen sich Anbieter und Nachfrager von Produkten und Leistungen. Auf den ersten Blick hat das wenig mit Forschendem Lernen zu tun. Definiert man jedoch Forschungsprobleme als Angebote und deren Lösungen als Produkte oder Leistungen, können Marktplätze durchaus als Organisationsformen für Forschendes Lernen dienen oder als solche ausgestaltet werden. Der vorliegende Beitrag skizziert an Beispielen aus der Automobilindustrie und der Gaswirtschaft die Funktionsweise eines Markplatzes als Ausgangs- und Bezugspunkt für universitäre Lehr-/Lern- und Forschungsprozesse. Der Markplatz ist dabei ein hochschuldidaktisches Instrument, das wir in wirtschaftspädagogischen Bachelor- und Masterstudiengängen der Universität Leipzig entwickelt und erprobt haben und das auf andere Studiengänge und Disziplinen übertragbar ist. Im Folgenden werden zunächst das spezifische Begriffsverständnis und die didaktische Gesamtkonzeption skizziert, in die der Marktplatz eingebettet ist und die für das Verständnis des Vorgehens wichtig sind. Anschließend wird anhand praktischer Beispiele veranschaulicht, wie ein Marktplatz organisiert und ausgestaltet werden kann. Abschließend werden Herausforderungen und offene Fragen thematisiert, die mit der Marktplatz-Konzeption und ihrer curricularen Integration verknüpft sind.

1. Begriffsverständnis – Forschendes Lernen und Lehren

Forschendes Lernen und Lehren beruht zum einen auf den lehr-/lerntheoretischen Grundannahmen des entdeckenden Lernens nach Bruner (1981), ist jedoch in Bezug auf die Ausgestaltung des Entdeckens davon verschieden: Beim entdeckenden Lernen werden in der Regel realitätsnahe Problemstellungen für Lernende didaktisch und aus fachwissenschaftlicher Sicht, vielfach jedoch eher ›künstlich‹ für die Studierenden und die Lehr-/Lernprozesse aufbereitet. Die Lernenden müssen passende Lösungen ›entdecken‹ und können die eigenen Lernergebnisse sowie die Problemlöseprozesse anhand von Musterlösungen überprüfen und reflektieren. Dagegen geht es beim Forschenden Lernen nur bedingt um den Nachvollzug bereits bearbeiteter Probleme oder schon existierender Lösungen. Das Konzept ist vielmehr darauf gerichtet, Studierende an der Bearbeitung realer, das heißt noch ungelöster Forschungsprobleme zu beteiligen und dabei einerseits den Erwerb von fachlichen und (forschungs)methodischen Kenntnissen und Fähigkeiten zu fördern und andererseits Elemente des Forschens in den individuellen Lernprozess der Studierenden zu integrieren (Schneider & Wildt, 2009). Für derartige Forschungsprobleme gibt es allerdings keine oder nur sehr bedingt Musterlösungen, die zur Kontrolle und für Reflexionen der Lernens und Arbeitens genutzt werden könnten. Forschendes Lernen in diesem Begriffsverständnis bringt deshalb spezifische didaktische Herausforderungen im Hinblick auf Organisationsformen, Methoden und Mechanismen mit sich, denen nicht ad hoc, sondern nur theoretisch fundiert, das heißt auf der Basis wissenschaftlicher Ansätze und Konzepte begegnet werden kann. An zentraler Stelle steht dabei der Ansatz des Problem-based Learning mit seinen Grundannahmen zum Lernprozess und zur Gestaltung von Curricula sowie von Lehr- und Studienprozessen (vgl. Klauser, 1998). Bezieht man diese Grundannahmen auf das Forschende Lernen und Lehren ergibt sich folgende Begriffsbestimmung:

Forschendes Lernen wird als individueller Konstruktionsprozess aufgefasst. Das heißt die Studierenden konstruieren ihr Wissen, Können und Wollen, das für wissenschaftliches Denken und Arbeit notwendig ist. Das geschieht durch eine sozial eingebundene, aktive Auseinandersetzung mit forschungsorientierten Lernangeboten sowie mit unterschiedlichen Forschungsdesignansätzen und Methoden, z.B. der empirischen Sozialforschung (vgl. Friedrichs, 1990).

Forschendes Lehren ist darauf gerichtet, Studierende systematisch in die Denk- und Arbeitsweise von Wissenschaftler/innen und Expert/innen aus der Berufspraxis einzuführen. Vor allem geht es darum, sie dazu zu befähigen,

- selbst Forschungsabläufe in Grundzügen zu konzipieren und umzusetzen,
- Forschungsmethoden (insbesondere zur Erhebung, Auswertung und Interpretation von Daten) ziel- und gegenstandsadäquat auszuwählen und anzuwenden,
- Problemlösungen für die Praxis zu erarbeiten und zum individuellen, aber auch zum wissenschaftlichen Erkenntnisfortschritt beizutragen sowie wissenschaftlich erzeugtes Wissen auf berufliche Anwendungskontexte zu übertragen.

In traditionellen Lehr-/Lernformen (z.B. Vorlesungen, Seminaren, Übungen) spielen reale Forschungsprobleme eher keine oder lediglich eine untergeordnete Rolle – zumeist als Beispiele zur Veranschaulichung für bereits vermitteltes Wissen. Im Unterschied dazu generieren die Studierenden beim Forschenden Lernen ihr theoretisches Wissen und forschungsmethodisches Können vor allem im Prozess der Problemfindung und Bearbeitung. Das Studieren wird als generatives Problemlösen geplant und initiiert (Klauser, 1998). Beim generativen Problemlösen müssen die Studierenden

- die Forschungsprobleme präzisieren und selbstständig dazugehörige Forschungsfragen entwickeln,
- sich theoretisches Wissen aneignen und Quellen selbstständig erschließen, um die Probleme umfassend analysieren, verstehen und bearbeiten zu können,
- den Forschungsgegenstand operationalisieren und ein entsprechendes Untersuchungsdesign konzipieren, adäquate Forschungsmethoden auswählen und geeignete Forschungsinstrumente entwickeln (z. B. Interviewleitfäden, Skalen),
- Vorgehensmodelle adaptieren, entwickeln und umsetzen,
- Experimente durchführen und Daten im Feld erheben, erhobene Daten auswerten und interpretieren oder Inhaltsanalysen durchführen,
- die Arbeits- und Forschungsergebnisse präsentieren und diskutieren,
- das wissenschaftliche Vorgehen, den Lernprozess sowie die verschiedenen Problemlösungen und Lösungswege systematisch reflektieren (Metakognition) und
- über die Reflexion der Forschungsergebnisse hinaus Verallgemeinerungen hinsichtlich des Erkenntnis- und Theoriezuwachses erarbeiten.

Durch das generative Problemlösen wird zum einen ein Anwendungsbezug des erworbenen theoretischen Wissens und der studentischen Forschungsergebnisse hergestellt. Zum anderen kann ein solches Vorgehen die Forschungsfähigkeit der Studierenden fördern.

2. Der Marktplatz als Ausgangs- und Bezugspunkt von Lernen, Forschen und Problemlösen

Der Marktplatz fungiert in den wirtschaftspädagogischen Bachelor- und Masterstudiengängen der Universität Leipzig als ein Forum, auf dem Studierende Forschendes Lernen praktizieren. Auf dem Marktplatz definieren sie gemeinsam mit Expert/innen aus Wissenschaft und Praxis zu untersuchende Forschungsprobleme und diskutieren Lösungsansätze, z. B. zum Qualitätsmanagement in der Automobilindustrie oder zur Aus- und Weiterbildung in der Energiewirtschaft (vgl. Praxisbeispiele im Punkt 3).

Der Marktplatz ist kein räumliches, sondern ein konzeptionelles Konstrukt, das fachlich, personell und organisatorisch ganz unterschiedlich ausgestaltet werden kann. Grundsätzlich geht es darum, dass Praxispartner/innen (z. B. aus Unternehmen, Behörden, Schulen) auf dem Markplatz zunächst betriebliche Problemsituationen vorstellen, für die Lösungsvorschläge erarbeitet werden sollen. Die Problemsituationen dienen einerseits als kognitiver und motivationaler Stimulus für den Lernprozess der Studierenden und fungieren andererseits als verbindendes Element zwischen wissenschaftlicher Theorie und betrieblicher respektive künftiger beruflicher Praxis der Studierenden. Die Aufgabe der Studierenden besteht darin, gemeinsam mit den Lehrenden und Praxispartner/innen ausgehend vom Geschehen auf diesem Marktplatz Forschungsfragen zu formulieren und zu strukturieren.

Um die Problemsituationen in der Realität zu veranschaulichen, werden u. a. betriebliche Exkursionen, Beobachtungen im Feld oder teilnehmende Beobachtungen durchgeführt, mit dem Ziel, die in Rede stehenden Sachverhalte und die zu untersuchenden Objekte im Sinne wissenschaftlicher Fragestellungen präzise zu beschreiben (Exploration). Die entwickelten Forschungsfragen und Untersuchungsziele werden anschließend in eine wissenschaftliche Untersuchung transformiert und in einer Werkstatt, einem Labor sowie einem Transferstudio bearbeitet (vgl. Abb. 1).

Der Marktplatz ist aber nicht nur der gemeinsame Startpunkt des Forschungsprozesses, sondern zugleich auch das Forum, auf dem die Problem(teil)lösungen vorgestellt und weiterführende Fragen und Aufgaben definiert werden. Als Ergebnis ihrer Forschungsarbeit präsentieren die Studierenden die Lösungen (Exposition) und diskutieren darüber auf dem Marktplatz gemeinsam mit den Praxispartner/innen und Lehrenden. Dabei werden auch offene Forschungsfragen und Grenzen der Lösungen thematisiert.

Der Marktplatz wird in den Bachelor- und Masterstudiengängen zur Wirtschaftspädagogik wie folgt umgesetzt: Im Rahmen einer dreistündigen Blockveranstaltung zu Semesterbeginn und am Ende der Vorlesungszeit werden von Dozent/innen Forschungsprojekte präsentiert und aktuelle Praxisprobleme zunächst aus einer Forschungsperspektive (z. B. der wirtschaftspädagogischen oder der betriebswirtschaftlichen Perspektive) erörtert. Im Idealfall laden wir dazu auch Expert/innen aus benachbarten Disziplinen (z. B. der Psychologie oder den Verwaltungswissenschaften) und weitere Partner/innen ein. Letztere arbeiten in Forschungsinstitutionen, Unternehmen, Behörden und Schulen, mit denen die Universität Kooperationsvereinbarungen geschlossen hat.

Für die Blockveranstaltung nutzen wir in unserem Fachbereich einen Seminarraum mit 100 Sitzplätzen. Die Veranstaltung wurde als Pflichtbestandteil zweier Mastermodule (drittes und viertes Fachsemester) und zweier Bachelormodule (zweites und drittes Fachsemester) konzipiert. Die Studierenden haben in diesen Pflichtmodulen

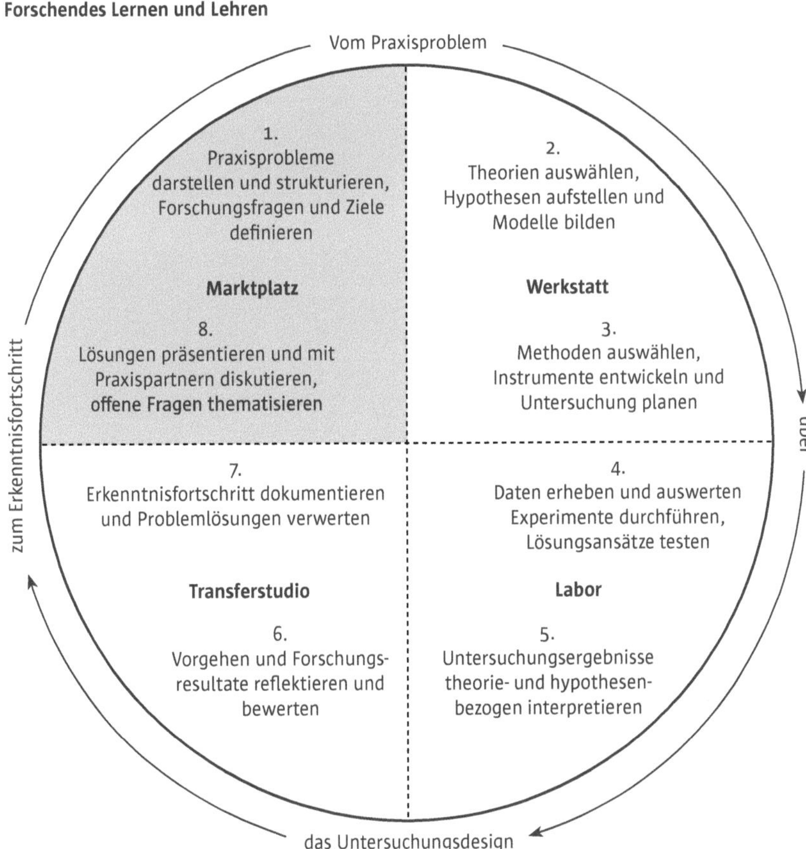

Abb. 1: Organisationsformen für forschendes Lernen und Lehren (angelehnt an Schlicht, 2013, S. 168)

Projektarbeiten zu schreiben und mündlich zu verteidigen (die Leistungsbewertung ist in den Modulbeschreibungen geregelt). Darüber hinaus steht die Teilnahme allen anderen interessierten Studierenden fach- und semesterübergreifend offen. Wir empfehlen die Teilnahme insbesondere den Studierenden, die eine projektbezogene Bachelor- oder Masterarbeit schreiben wollen.

In der Regel sind die Praxisprobleme so gestaltet, dass sie in einem Semester in Teamarbeit bewältigt werden können. Das heißt die Wissenschaftler/innen (Dozent/innen) grenzen die Probleme im Plenum thematisch ein und formulieren für die Studierenden konkrete Arbeitsaufträge, die in Kleingruppen-, Partner- oder Einzelarbeit realisiert werden. Die Studierenden wählen ein Thema, klären im Plenum erste Fragen und erörtern im Anschluss mit den Wissenschaftler/innen in Gruppenkonsultationen, welche Forschungsfragen sich ergeben und welche Ziele verfolgt werden. Die Ausrichtung der Forschungsarbeit geschieht dabei in enger Absprache zwischen Wissenschaftler/innen und Praxispartner/innen. Je nach Projektkontext, Problemstellung und Forschungsgegenstand erhalten die Studierenden zudem individuelle Gelegenheiten für Explorationen, z.B. in Form von begleiteten Exkursionen und Explorationsgesprächen mit den Praxispartner/innen.

Praxistipp:
Unsere Tipps zur Gestaltung eines Marktplatzes

- realitätsnahe Materialien (Zitate, Dokumentenausschnitte, Bilder, Filme etc.) eignen sich in besonderem Maße, um Praxis zu veranschaulichen
- konkrete Arbeitsaufträge, Literaturhinweise und Kontextbeschreibungen geben eine inhaltliche Richtung vor und helfen den Studierenden, sich zu orientieren und die Problemstellungen zu strukturieren
- lautes Denken von Wissenschaftler/innen (Dozent/innen) unterstützt die Studierenden dabei, Strategien für das Strukturieren und Lösen unterschiedlicher Problemtypen nachzuvollziehen
- fachsemesterübergreifende Blockveranstaltungen mit Ergebnispräsentationen motivieren sie zum Forschenden Lernen

Aufgabe der Masterstudierenden ist es, die Problemstellungen zu strukturieren und Forschungsfragen zu entwickeln, die während eines Semesters zu bearbeiten sind. Dafür erhalten sie von den Wissenschaftler/innen gezielte Hilfestellungen in Form von Kontextbeschreibungen, konkreten Arbeitsaufträgen und Literaturhinweisen. Zum Ende der Vorlesungszeit bzw. zu Beginn des nächsten Semesters stellen die Studierenden ihre Lösungsansätze in der Blockveranstaltung vor und zur Diskussion. Aufgabe der Bachelorstudierenden ist es, die forschungsmethodischen Schritte der Problemfindung und Bearbeitung nachzuvollziehen, die präsentierten Lösungsansätze kritisch zu diskutieren sowie Rückschlüsse für eigene Tätigkeiten (insbesondere bei Seminar- und Bachelorarbeiten) zu generieren. Wissenschaftler/innen (Mentor/innen) moderieren die Gruppendiskussionen und formulieren zu den präsentierten Ergebnissen ein Feedback.

Die Studierenden sollen auf dem Marktplatz zum einen erkennen, das die Problemstellungen nicht nur eine praktische Relevanz für

Unternehmen und Verwaltungsorganisationen haben, sondern auch für den wissenschaftlichen Erkenntnisfortschritt relevant sind und mit wissenschaftlichen Methoden (z.B. Befragungen, Beobachtungen etc.) strukturiert und gelöst werden müssen, wenn daraus empirisch fundierte Entscheidungen, z.B. für berufliche Aus- und Weiterbildung, getroffen werden sollen. Zum anderen geht es darum, die Studierenden zum Forschenden Lernen zu motivieren bzw. im Idealfall Entdecker- und Forscherneugier bei den Studierenden zu wecken.

Zwischen der gemeinsamen Definition des Forschungsprojekts und der Vorstellung der Lösungen auf dem Marktplatz liegen verschiedene Arbeitsphasen, die wir ebenfalls organisatorisch verfasst haben, und zwar in einer Werkstatt, einem Labor und einem Transferstudio (vgl. Abb. 1). Insofern ist der Markplatz eingebettet in ein didaktisches und organisatorisches Gesamtkonzept, dessen einzelne Komponenten unterschiedliche, aufeinander abgestimmte didaktischmethodische Funktionen verfolgen, um Forschen und Lernen effektiv miteinander zu verbinden.

Die Werkstatt, das Labor und das Transferstudio werden in einer Kombination aus einem forschungsmethodischen Grundlagenseminar für Bachelorstudierende des zweiten Fachsemesters sowie einem Zusatzangebot für Studierende aller Fachsemester in Form einer wöchentlichen Veranstaltung und semesterbegleitenden individuellen Beratungsgesprächen mit Mentor/innen umgesetzt. Die Nutzung des Zusatzangebots erfolgt freiwillig und wird nicht mit Leistungspunkten bewertet. Den Teilnehmer/innen wird die Möglichkeit gegeben, ihr forschungsmethodisches und fachspezifisches Wissen und Können zu vertiefen und zu reflektieren. Dafür werden zum einen Übungsaufgaben (u.a. zur Definition von Begriffen, zu lernpsychologischen und didaktischen Theorien, Forschungsmethoden und Instrumenten sowie zum Verfassen wissenschaftlicher Texte) bearbeitet. Zum anderen stellen die Studierenden im Plenum Lösungsansätze ihrer Projekt- bzw. Seminar-, Bachelor- und Masterarbeiten vor und diskutieren ihr methodisches Vorgehen.

Folgende Beispiele veranschaulichen die Funktionsweise des Marktplatzes und dessen Einbettung im didaktischen Gesamtkonzept bezogen auf zwei ganz unterschiedliche Probleme aus der Praxis.

3. Beispiele aus der Praxis

3.1 Qualitätsprobleme in der Automobilindustrie

Manager/innen aus dem BMW-Werk Leipzig haben auf dem Marktplatz (organisiert als Blockveranstaltung) Probleme in der manuellen Fließbandfertigung geschildert. Das betraf insbesondere Fehler beim Verkleben von Abstandshaltern für Heckscheiben und beim Einrasten von Stirnwandtüllen für Kabelbäume. Die Fehler hatten einerseits bei einigen Fahrzeugen Feuchtigkeit und Nässe im Innenraum zur Folge und führten andererseits zu Verzögerungen im Produktionsablauf mit entsprechenden Folgen für die Kosten. Aus Sicht der Manager/innen wurden alle technischen Lösungsmöglichkeiten bereits ausgeschöpft. Die Fehler mussten also beim Produktionsfaktor »Mensch« liegen, ohne dass jedoch klar war, wie und warum die Fehler zustande kamen bzw. wie sie abgestellt werden könnten.

Die Aufgabe der Wissenschaftler/innen und Studierenden der Wirtschaftspädagogik bestand zunächst darin, das unklare Problem – »Fehlerverursachung durch Menschen« – zu präzisieren und zu strukturieren. Dafür wurden aus wirtschaftspädagogischer Sicht zunächst mehrere mögliche Ursachen für die Qualitätsmängel diskutiert und das Forschungsproblem in drei Teilprobleme »Qualitätsbewusstsein«, »Aufmerksamkeitssteuerung« und »Handlungsregulation« gegliedert.

An der Bearbeitung des Forschungsprojektes wirkten 16 Masterstudierende im Rahmen ihrer Masterarbeit mit. Das Projekt wurde durch zwei Wissenschaftler federführend begleitet. Um die Untersuchungsgegenstände und die damit verbundenen Teilprobleme präzise beschreiben zu können, haben wir mit den Studierenden Exkursionen ins Werk unternommen. Dort wurden die in Rede stehenden Fließbandtätigkeiten beobachtet und von den Studierenden probeweise selbst ausgeführt. Die Studierenden haben die Arbeiter/innen am Band zudem interviewt und die Art und Weise der Tätigkeitsausführung detailliert erfragt. Anhand der Ergebnisse wurden in gemeinsamer Diskussion mit den Manager/innen im Werk konkrete Forschungsfragen und Untersuchungsziele formuliert sowie ein entsprechendes Forschungsdesign entworfen, das in der Werkstatt, im Labor und im Transferstudio zu bearbeiten war. Dabei ging es u. a.

- um eine Literatur- und Dokumentenanalyse insbesondere zu Fahrzeug- und Bauteilmodellen, zum Produktionsprozess, zur Aufmerksamkeitssteuerung, zu Memorier- und Lerntechniken sowie Instruktionsansätzen,
- um weitere mündliche Befragungen und teilnehmende Beobachtungen am Fließband zur präzisen Modellierung der Arbeitshandlungen, zur präzisen Beschreibung von Handlungsroutinen sowie zur Fehlersuche und Klassifizierung von Fehlern,
- um die Konzeption von Schulungen zur Steigerung des Qualitätsbewusstseins der Mitarbeiter/innen und Führungskräfte sowie
- um die Entwicklung und Erprobung von Lernmaterialien und Handlungsanleitungen für das Verkleben von Abstandshaltern und das Verrasten von Stirnwandtüllen.

Die Problemlösungen und Produkte wurden von den Studierenden und Wissenschaftler/innen gemeinsam auf einem Marktplatz (organisiert als Inhouse-Veranstaltung) im BMW-Werk den Führungskräften und Produktionsmitarbeiter/innen präsentiert. Dabei wurde auch gezeigt, wie die entwickelten Methoden und Materialien in Schulungsmaßnahmen und bei Unterweisungen am Arbeitsplatz genutzt werden können. In der Diskussion mit den Praxispartner/innen wurden auch die Grenzen der entwickelten Konzepte diskutiert und weiterer Entwicklungs- bzw. Forschungsbedarf formuliert. Letzterer wurde von den BMW-Manager/innen aufgegriffen und in einem weiteren Forschungsauftrag an die Studierenden zurückgegeben. Die studentischen Arbeitsresultate sind zudem in Masterarbeiten verwertet und im Rahmen der Blockveranstaltung den anderen Studierenden präsentiert worden.

3.2 Kommunikation und Interaktion in Geschäftsprozessen der Gaswirtschaft

In einem weiteren Projekt haben Manager/innen eines Ferngasnetzbetreibers auf dem Marktplatz (organisiert als Blockveranstaltung) Probleme bei der Ausgestaltung der Geschäftsprozesse geschildert, die im Zuge der Energiewende und der Liberalisierung des Energiemarktes aufgetreten sind. Das betraf insbesondere Fehlkoordinierungen bei der Personalplanung und -entwicklung, bei der Netzanbindung von Biogasanlagen, bei der Umsetzung von behördlichen Regulierungsvorgaben und bei der Bearbeitung von Kundenbeschwerden. Die Fehler führten u.a. zu einem unstrukturierten und überbordenden E-Mail-Verkehr im Unternehmen, verknüpft mit einer Mehrbelastung der Mitarbeiter/innen. Sie verursachten Unsicherheiten bezogen auf die Verantwortlichkeiten für einzelne Arbeitsaufgaben und führten auch zu Verzögerungen bei Biogasprojekten mit entsprechenden Folgen für die Kosten und das Image des Unternehmens. Aus Sicht der Manager/innen wurden alle technischen Lösungsmöglichkeiten bereits ausgeschöpft. Zudem waren sie der Ansicht, dass der Ablauf aller Geschäftsprozesse im Organisationshandbuch präzise beschrieben sei und die Verantwortlichkeiten damit klar verteilt waren. Die Fehler mussten also in der Kommunikation und Kooperation der Mitarbeiter/innen liegen, ohne dass jedoch klar war, wie und warum die Fehler zustande kamen bzw. wie sie abgestellt werden könnten.

Die Aufgabe der Wissenschaftler/innen und Studierenden bestand darin, das unklare Problem – »Kommunikation und Kooperation der Mitarbeiter/innen« – zu präzisieren und zu strukturieren. Dafür wurden aus wirtschaftspädagogischer Sicht zunächst mehrere mögliche Ursachen für die Mängel diskutiert und das Forschungsproblem in drei Problembereiche – »kognitive, motivationale und emotionale

Kommunikationsbedingungen«, »soziale Vernetzung« und »Mediennutzung« – gegliedert.

In dieses Forschungsprojekt haben wir 14 Masterstudierende und acht Bachelorstudierende der Wirtschaftspädagogik eingebunden. Um die Untersuchungsgegenstände und die damit verbundenen Teilprobleme präzise beschreiben zu können, haben wir gemeinsam mit den Masterstudierenden und Mitarbeiter/innen verschiedener Organisationsbereiche der Unternehmung (insbesondere der Unternehmenskommunikation, des Prozessmanagements, der Personalabteilung und des Regulierungsbereichs) Explorationsgespräche geführt. Die Studierenden haben die Mitarbeiter/innen zu den Arbeitsabläufen und wahrgenommenen Schwierigkeiten interviewt. Anhand der Ergebnisse wurden in gemeinsamer Diskussion mit den Manager/innen konkrete Forschungsfragen und Untersuchungsziele formuliert sowie ein entsprechendes Forschungsdesign entworfen, das gemeinsam mit den anderen Studierenden in der Werkstatt, im Labor und im Transferstudio zu bearbeiten war. Dabei ging es u.a.

- um eine Literatur- und Dokumentenanalyse, insbesondere zur Modellierung und Ausgestaltung von Geschäftsprozessen in der Energiewirtschaft, zu Bedingungen zwischenmenschlicher Kommunikation und Kooperation und zur Nutzung von Kommunikationsmedien,
- um die Durchführung einer Online-Befragung und einer Interview-Studie, mit deren Hilfe präzise analysiert werden konnte, (1) wie die Mitarbeiter/innen in den Geschäftsprozessen (zur Personalplanung und -entwicklung, zur Netzanbindung von Biogasanlagen, zum Regulierungsmanagement und zur Bearbeitung von Beschwerden) miteinander und mit Externen kommunizieren und kooperieren, (2) wie die Unternehmensbereiche miteinander vernetzt sind, (3) wie die Kommunikationskultur und das Arbeitsklima wahrgenommen werden, (4) wie intensiv die Medien genutzt werden und (5) welche Auswirkungen das auf den Ressourcenverbrauch und das Belastungsempfinden der Mitarbeiter/innen hat.

Darüber hinaus ging es

- um die Konzeption von Workshops zur Auswertung der Untersuchungsergebnisse und zur Schulung der Mitarbeiter/innen und Führungskräfte in Bezug auf eine verbesserte Kommunikation und Kooperation in den Geschäftsprozessen sowie
- um die Entwicklung und Erprobung von Lernmaterialien und Handlungsanleitungen für eine effektive Mediennutzung (z.B. zur E-Mail-Kommunikation).

Die Problemlösungen und Produkte wurden von den Masterstudierenden gemeinsam mit drei Wissenschaftler/innen auf einem Marktplatz (Inhouse) im Unternehmen den Führungskräften und

Mitarbeiter/innen präsentiert, nachdem sie in der Werkstatt, dem Labor und dem Transferstudio erarbeitet worden waren. In der Diskussion mit den Praxispartner/innen wurden zudem die Grenzen der entwickelten Konzepte erörtert und weiterer Entwicklungs- bzw. Forschungsbedarf formuliert. Das betraf zum Beispiel die Durchführung einer Imagestudie und die Untersuchung der Zufriedenheit der Geschäftspartner/innen mit der Kommunikation und Kooperation. Dieser Bedarf wurde von den Manager/innen aufgegriffen und in einem weiteren Forschungsauftrag an die Studierenden zurückgegeben. Darüber hinaus sind die studentischen Arbeitsresultate im Rahmen von Bachelor- und Masterarbeiten verwertet worden.

Eine besondere Herausforderung bestand in diesem Projektbeispiel zum einen darin, betriebliche Praxis und Praxisprobleme auch für diejenigen Studierenden authentisch und motivierend zu modellieren, die an den Explorationsgesprächen und Mitarbeiterbefragungen (aus datenschutzrechtlichen Gründen) nicht teilnehmen konnten. Wir haben dafür eine zusätzliche Blockveranstaltung durchgeführt, in der wir den Studierenden mithilfe von anonymisierten Beispielzitaten die Sicht des Managements und der Mitarbeiter/innen veranschaulichten, Bilder zum Unternehmen sowie Ausschnitte aus Dokumenten zeigten.

Zum anderen war es notwendig, die Komplexität der von den Manager/innen geschilderten Situation zu reduzieren und die Schilderungen in wissenschaftliche Teilprobleme zu transformieren, die einerseits für Studierende bearbeitbar sind und deren Schwierigkeitsgrad anderseits in Bezug auf die unterschiedlichen Lernvoraussetzungen von Bachelor- und Masterstudent/innen im Sinne von Wygotski (1964) in der Zone der nächsten Entwicklung variiert werden konnten. Wir haben dabei auf verschiedene Ansätze der didaktischen Reduktion zurückgegriffen (vgl. Lehner, 2012). Eine didaktische Reduktion der Problemsituation ist darauf gerichtet, Forschungsaufträge für Studierende fasslich zu machen und ihnen Hilfestellungen beim Präzisieren der Teilprobleme sowie beim Entwickeln zugehöriger Forschungsfragen zu geben, so dass sie die Forschungsgegenstände operationalisieren und dafür anschließend in der Werkstatt, im Labor sowie Transferstudio zielgerichtet Lösungen erarbeiten können.

Von den Bachelorstudent/innen wurde in diesem Zusammenhang erwartet, dass sie Teilprobleme lösen können, die zwei der folgenden fünf forschungsmethodischen Schritte erfordern: (1) die operationalisierbare Definition von Begriffen, (2) die begründete Auswahl von Forschungsmethoden, (3) die Erhebung von Daten im Feld, (4) die Auswertung und Interpretation quantitativer und qualitativer Daten und/oder (5) die Konzeption eines Lösungsansatzes auf der Grundlage empirischer Befunde. Von Masterstudent/innen wurde dagegen erwartet, dass sie Teilprobleme bearbeiten können, die mindestens vier der fünf genannten Forschungsschritte erfordern.

Beispielsweise haben Masterstudent/innen auf dem Marktplatz mit den Praxispartner/innen das Teilproblem erörtert, inwieweit Mitarbeiter/innen bei der Bearbeitung von Beschwerden mit eigenen und fremden Emotionen umgehen müssen, welche Defizite es bei den Mitarbeiter/innen im Umgang mit den Emotionen geben könnte und inwieweit sie dafür ggf. zu schulen sind. Die Studierenden haben dazu entsprechende Forschungsfragen entwickelt und diese in der Werkstatt, im Labor und im Transferstudio bearbeitet. Dafür mussten sie Daten der Interviewstudie auswerten, das Material auf der Grundlage erarbeiteter Begriffsdefinitionen strukturieren, eine geeignete Methode zur Inhaltsanalyse auswählen und anwenden sowie auf der Grundlage der empirischen Befunde, Konzepte für Schulungen und Handlungsanleitungen entwickeln. Die Untersuchungsergebnisse und Lösungsvorschläge wurden auf dem Marktplatz gemeinsam mit den Mitarbeiter/innen und Führungskräften diskutiert.

Im Vergleich dazu wurde für Bachelorstudierende der Schwierigkeitsgrad in Bezug auf ihre Lernvoraussetzungen angepasst. Sie bekamen beispielsweise die Aufgabe, quantitative Daten der Online-Befragung statistisch auszuwerten und auf dem Marktplatz Vorschläge für eine verbesserte E-Mail-Kommunikation zu präsentieren.

4. Schlussbetrachtung

Die einzelnen Projektergebnisse sowie die Befunde einer Evaluationsstudie, die wir zu den Organisationsformen für Forschendes Lernen durchgeführt haben (vgl. Schlicht & Klauser, 2014), stimmen optimistisch im Hinblick auf die Wirkungen der vorgelegten Marktplatz-Konzeption. Positive Effekte werden insbesondere hinsichtlich der Motivation und der Problemlösefähigkeiten der Studierenden erzielt. Unabhängig davon bedarf es weiterer didaktisch-methodischer Überlegungen, um das entwickelte Vorgehen unter den Bedingungen der aktuellen Studienstrukturen dauerhaft zu etablieren und auch auf andere Studiengänge zu übertragen. Dabei sind aus unserer Sicht insbesondere folgende Fragen fach- und hochschulspezifisch zu bearbeiten, die aus der konkreten Umsetzung von anderen, als den dargestellten Forschungsprojekten resultieren:

1. Wie können Studierende dazu motiviert und befähigt werden, auch effektiv an Forschungsprojekten mitzuwirken, bei denen theoretisch gewonnene Problemstellungen (ohne unmittelbaren Praxisbezug) bearbeitet werden oder bei denen es der Projektkontext (z. B. aus Geheimhaltungs- und datenschutzrechtlichen Gründen)

nicht erlaubt, die Studierenden unmittelbar mit Partner/innen aus der Praxis zusammenarbeiten zu lassen?

2. Inwieweit ist der Grad der didaktischen Reduktion nicht nur in Abhängigkeit der Lernvoraussetzungen und der Praxissituation, sondern auch in Bezug auf die zu bearbeitenden Problemtypen zu variieren bzw. welche unterschiedlichen Hilfestellungen müssen Studierende z. B. bei der Präzisierung von Fehlersuch-Problemen, Entscheidungsproblemen, Diagnose-Lösungsproblemen und Design-Problemen (vgl. Jonassen, 2000) erhalten, um ihre Forschungsaufgabe effektiv bearbeiten zu können?
3. Inwieweit können Studierende durch Forschendes Lernen zum Erkenntnisgewinn im Fach beitragen bzw. wie sind Praxis- respektive Forschungsprobleme didaktisch-methodisch aufzubereiten, um solche Beiträge zu ermöglichen?

Eine wesentliche Voraussetzung dafür, dass Studierende nicht nur einen individuellen Erkenntnisgewinn erzielen, sondern auch einen Beitrag zur Wissenschaftsentwicklung leisten können, besteht darin, die universitären Forschungs- sowie Lehr- und Lernprozesse miteinander zu verknüpfen und Studierende in die Realisierung realer Forschungsprojekte einzubeziehen. Universitäten haben heute die Maßgabe, Forschungsprojekte durch Drittmittel zu finanzieren und dafür mit Unternehmen bzw. Verwaltungsorganisationen zu kooperieren. In diesem Zusammenhang stellt sich die Frage, wie eine Kooperation zwischen Universität und Unternehmen bzw. Verwaltungsorganisationen ausgestaltet werden kann, sodass einerseits regelmäßig Praxisprobleme generiert werden können, die einerseits den Ausgangs- und Bezugspunkt für die Forschungs-, Lehr- und Lernprozesse bilden und die andererseits die Unabhängigkeit der Universität bzw. die Freiheit von Forschung und Lehre nicht einschränkt.

Literatur

Bruner, J. S. (1981). Der Akt der Entdeckung. In H. Neber (Hrsg.), *Entdeckendes Lernen* (S. 15 – 29). Weinheim: Beltz.

Friedrichs, J. (1990). *Methoden empirischer Sozialforschung* (14. Aufl.). Opladen: Westdeutscher Verlag.

Jonassen, D. H. (2000). Toward a Design Theory of Problem Solving. *Educational Technology Research & Development,* 48(4), 63 – 85.

Klauser, F. (1998). Problem-Based Learning – ein curricularer und didaktisch-methodischer Ansatz zur innovativen Gestaltung der kaufmännischen Ausbildung. *Zeitschrift für Erziehungswissenschaft,* 1(2), 273 – 293.

Lehner, M. (2012). *Didaktische Reduktion.* Bern: Haupt.

Schlicht, J. (2013). Forschendes Lernen im Studium: Ein Ansatz zur Verknüpfung von Forschungs-, Lehr- und Lernprozessen. In U. Faßhauer, B. Fürstenau & E. Wuttke (Hrsg.), *Jahrbuch der berufs- und wirtschaftspädagogischen Forschung* (S. 165 – 176). Berlin, Toronto: Verlag Barbara Budrich Opladen.

Schlicht, J. & Klauser, F. (2014). Improving Higher Education by Linking Research with Teaching and Learning Processes. *South African Journal of Higher Education,* 28(3), 1017 – 1032.

Schneider, R. & Wildt, J. (2009). Forschendes Lernen und Kompetenzentwicklung. In L. Huber, J. Hellmer & F. Schneider (Hrsg.), *Forschendes Lernen im Studium. Aktuelle Konzepte und Erfahrungen* (S. 53 – 69). Bielefeld: UniversitätsVerlagWebler.

Wygotski, L. S. (1964). *Denken und Sprechen.* Berlin: Akademie-Verlag.

Angewandtes Lernen durch Service-Learning – eine praktische Kritik der Erwartungen, Rollen und Konflikte in kooperativen Lehrformaten

Sebastian Mehling, Florian Tienes, Marion Schuchardt

Ein Grundtenor, der sich durch eine Vielzahl der Veröffentlichungen zum Forschenden Lernen hindurchzieht, ist die Annahme, dass sich durch das Überwinden disziplinärer, institutioneller oder gesellschaftlicher Grenzziehungen zuvor funktional ausdifferenzierte Felder (wieder) verbinden oder vergemeinschaftlichen lassen und sich dadurch sowohl Qualitäts-, Effizienz-, Effektivitäts- als auch Demokratievorteile für die kooperierenden Partner/innen ergeben. In der Praxis sind solche ganzheitlichen Plus-Summen-Spiele jedoch schwer umzusetzen, insbesondere im Rahmen des Forschenden Lernens und seiner anverwandten Ansätze in der angewandten Forschung/Lehre, etwa dem »Community-based Research« oder dem »Service-Learning«-Ansatz.

Dieser Artikel analysiert deshalb die Erwartungen und konkreten Erfahrungen eines Dozenten, eines Studenten und einer Landschaftsarchitektin in Zusammenhang mit dem gemeinsam unternommenen Service-Learning-Kurs »Partizipative Demokratie in Theorie und Praxis« an der Europa-Universität Viadrina (2012–13). Die Analyse soll hierbei die praktischen Herausforderungen bei Kooperationen zwischen Universität, Bürger/innen und Verwaltung im Rahmen des angewandten Lernens genauer beleuchten. Im ersten Teil des Artikels wird kurz in den Themenbereich zivilgesellschaftliches Engagement und bürgerschaftliche Bildung durch Service-Learning eingeleitet. Im zweiten Teil dieses Artikels werden Interviewaussagen des Dozenten, des Studierenden und der Landschaftsarchitektin analysiert, welche aus einem gemeinsamen Gespräch über Erwartungen, Erfahrungen und Ergebnisse eines zusammen durchgeführten Service-Learning-Kurses stammen. Dieser Analyseteil wird in zwei Schritte unterteilt: Zunächst wird Bezug auf Motivationen, Identitäten und Erwartungen genommen. Anschließend wird der Fokus auf die praktischen Erfahrungen in der Durchführung des Seminars gelegt, ehe mit einem kurzen Fazit abgeschlossen wird.

1. Kontext: Zivilgesellschaftliches Engagement und bürgerschaftliche Bildung durch Service-Learning – Beispiele aus Literatur und Praxis

Es war immer Aufgabe der Hochschulen, der Gesellschaft spezifische Leistungen zur Verfügung zu stellen, traditionell im Bereich der Forschung und Ausbildung. Seit einiger Zeit jedoch und speziell in der Förderlandschaft wird verstärkt von Hochschulen gefordert, direkten Einfluss auf zivilgesellschaftliche, politische oder ökonomische Felder auszuüben und unmittelbar transferierbare oder verwertbare Resultate und Dienstleistungen anzubieten (vgl. Ward, 2003, S. 15; Bridge & Alter, 2007; Benneforth et al. 2009).

Diese Erwartung geht beispielsweise aus der UNESCO Graz Erklärung (2005) hervor. Darin wird gefordert, dass Hochschulen zivilgesellschaftliche Verantwortung übernehmen und eine führende Rolle dabei spielen sollen, ihre unmittelbare lokale, regionale und nationale Umgebung durch den gesellschaftlichen Transformationsprozess hin zu einer nachhaltigen Gesellschaft zu führen. Um dieser Rolle gerecht zu werden, werden Hochschulen aufgefordert

> »viel stärker mit anderen Stakeholdern in ihrer gemeinschaftlichen Umgebung zu kooperieren, um sowohl besser auf deren Bedürfnisse und Anforderungen eingehen als auch von deren professionellen und lebensweltlichen Erfahrungen lernen zu können« (ebd., Übersetzung vom von den Autor/innen).

In dem von Angela Merkel initiierten »Dialog über die Zukunft Deutschlands« (2012) werden ähnliche Schlüsse gezogen. In einer der vielen Empfehlungen des Abschlussberichts heißt es, Hochschulen seien »als zivilgesellschaftliche Organisationen zu konzeptualisieren und vor Ort in den lokalen Kontext passgenau und praxisnah zu integrieren« (S. 52). Hierbei wird Service-Learning-Formaten, in denen akademische Lernziele mit dem Erlernen zivilgesellschaftlichen Engagements verbunden werden, eine Schlüsselrolle zugedacht.

Im Hochschulnetzwerk »Bildung durch Verantwortung« (2013) wird in diesem Sinne auch gefordert, dass die Hochschulen als Institutionen gesellschaftliche Verantwortung übernehmen, indem sie verstärkt innovative Kooperationen mit zivilgesellschaftlichen Akteur/innen eingehen. Kooperationen werden hier vor allem in der Form von Community-based Research und Service-Learning empfohlen: Community-based Research, weil es ermöglicht, »gemeinwohlorientierte Forschungsprojekte gemeinsam mit Partnern aus der Zivilgesellschaft gleichberechtigt zu entwickeln und den Forschungsprozess gemeinsam zu gestalten«, wobei gleichzeitig sowohl »wissenschaftliche Standards eingehalten als auch die berechtigten Interessen der

Zivilgesellschaft berücksichtigt« werden sollten; und Service-Learning, weil es den Hochschulen erlaubt, wichtige Fragestellungen und Projekte gesellschaftlicher Verantwortung aufzugreifen und so eine relevantere, handlungs- und problemorientierte Lehre mit der Vertiefung wissenschaftlich-theoretischer Inhalte zu verbinden (ebd.).

In diesen drei Beispielen wird ein Grundtenor im Diskurs zu sektorübergreifenden Lehr- und Forschungskooperationen zwischen Hochschule und nichtakademischen Partner/innen deutlich: Durch die Vernetzung von Hochschulen mit nichtakademischen Akteur/innen werden Plus-Summen- oder Win-win-Situationen geschaffen. Dies geschieht zum einen durch eine höhere Motivation und Bereitschaft der Studierenden, die sich in alltagsnahen, problemlösungsorientierten Situationen ausprobieren können. Dadurch ist es ihnen möglich, sich nicht nur zahlreiche neue Fähigkeiten anzueignen, sondern auch neue Netzwerke zu knüpfen, die ihnen den Übergang in die Arbeitswelt erleichtern (vgl. Hochschulnetzwerk Bildung durch Verantwortung, 2013, S. 5). Zum anderen profitieren Lehrende, Forschende und die Hochschulen als Ganzes vom kooperativen Engagement in dem Sinne, dass sich neue relevante Forschungs- und Lerninhalte ergeben (UNESCO, 2005). Auch auf dieser Ebene eröffnen sich neue Netzwerke, die es ermöglichen, Studien- und Forschungsprojekte durch das Mobilisieren externer Ressourcen zu realisieren und zu finanzieren (vgl. Memorandum, 2013, S. 5). Zivilgesellschaftliche Akteur/innen hingegen bekommen die Möglichkeit, durch die Nähe zu den Hochschulen ihr eigenes Arbeitsfeld mit akademischem Wissen, Forschungs- und Analysemethoden zu reflektieren und diese in ihre Tätigkeiten zu integrieren (ebd.).

Neben diesen individuellen und instrumentellen Vorteilen innerhalb der Partnerschaft ergibt sich aber auch ein, über die Kooperation selbst hinausgehender, allgemeingesellschaftlicher Nutzen: die Stärkung demokratischer, zivilgesellschaftlicher Werte und gesellschaftsrelevanter Fähigkeiten bei den Studierenden, Forschenden und ihren Partner/innen sowie auf institutioneller Ebene. Es entsteht also das Bild einer effektiveren und engagierteren Hochschule, welche sich durch die Kooperation mit zivilgesellschaftlichen Akteur/innen neu formiert und damit gleichzeitig neue Kapazitäten im zivilen sozialen Sektor für wissenschaftsgeleitetes Handeln schafft. Gleichzeitig entsteht das Bild einer harmonisch kollaborierenden Gesellschaft, in der Hochschulen eine bürgerschaftsstärkende, gemeinschaftsbildende Führungsrolle übernehmen und so politische und soziale Konflikte zwischen gesellschaftlichen Feldern, Interessen und Gruppierungen durch gemeinsames Forschen mittels Community-based Research oder gemeinsames Lernen mittels Service-Learning befrieden.

Service-Learning als Konzept wurde in den 1980er-90er Jahren in den

USA entwickelt, um zivilgesellschaftliche Institutionen bzw. die gesellschaftliche Wohlfahrt allgemein zu stärken und gleichzeitig bürgerschaftliches Engagement und demokratisches Selbstverständnis unter den Studierenden und in der Hochschule zu steigern (Jacoby, 2003, S. xvii). Das Konzept des Service-Learning vernetzt hierbei akademische Disziplinen, Studierende und Wissenschaftler/innen mit zivilgesellschaftlichen Akteur/innen, in der Absicht, einen gegenseitigen kooperativen Lern- und Erfahrungsaustausch sowie einen Gemeinschaftsbildungsprozess anzustoßen oder Solidarität zu generieren (Sheffield, 2005, S. 49). Es geht wie beim Ansatz des Forschenden Lernens allgemein darum, universitäres Wissen und wissenschaftliche Kompetenzen durch konkrete Arbeit im (gesellschaftlichen) Feld zu erwerben und dadurch gleichzeitig Nutzen jenseits des Klassenraums herzustellen (Reinders, 2010, S.532). Das Lehrformat Service-Learning zielt hierbei insbesondere darauf ab, gemeinnützige, soziale Arbeit (Service) mit formellem, wissenschaftlich-reflexivem Lernen (Learning) in einem Plus-Summen-Spiel (oder Win-Win) zu verbinden, welches die Qualität und Relevanz beider Komponenten sowie beider gesellschaftlicher Sektoren (Gemeinschaft und Wissenschaft) steigert. Service-Learning verbindet also ganz im Sinne des Forschenden Lernens wissenschaftliche Arbeit mit authentischen, komplexen Fragestellungen, die allerdings aus dem gesellschaftlichen Feld stammen, und begreift somit die Studierenden im Rahmen einer problemorientierten und angewandten Lehrforschung als sozial engagierte, wissenschaftlich arbeitende Bürger/innen.

2. Konzeption des Service-Learning-Seminars – Instrumentelle und gemeinwohlorientierte Motivationen und Erwartungen

Die Konzeption des Service-Learning-Seminars »Partizipative Demokratie in Theorie und Praxis« basierte auf einigen dieser Annahmen und Erwartungen. Es zielte darauf ab, verschiedene analytische Methoden, Projektmanagementansätze und Stadtentwicklungstheorien miteinander zu verknüpfen und die Studierenden dazu zu befähigen, aktiv an einem Partizipationsprozess innerhalb der Berliner Bezirksverwaltung teilzunehmen. Auf diese Weise sollte nicht nur akademisches Wissen in Bezug auf Methodik, Theorie und partizipatives Stadtmanagement vermittelt, sondern auch Einblicke in die Komplexität angewandter Sozialwissenschaften ermöglicht und das bürgerschaftliche Engagement der Studierenden gestärkt werden. Gleichzeitig war es das Ziel, die Bezirksverwaltung und ihre zivilgesellschaftlichen Partner/innen bei der Etablierung eines inklusiven Ansatzes für das gemeinschaftliche Management eines öffentlichen Berliner Parks zu unterstützen.

2.1 Instrumentelle Motivationen

Vom Dozenten war der Service-Learning-Kurs im Rahmen eines Antrags seines Lehrstuhls auf EU-Mittel entwickelt worden. In dieser Ausschreibung wurde die Miteinbeziehung von außeruniversitären Akteur/innen als Bedingung für die Bewilligung von EU-Forschungsgeldern gestellt:

> »Passende Forschungsmethoden sollten verwendet und weiterentwickelt werden, insbesondere ein multidisziplinärer und transdisziplinärer Ansatz, bei dem städtische Akteure, die urbane Vielfalt repräsentieren, eine wichtige Rolle spielen, um so ihr oft implizites Wissen mobilisieren zu können. Die Bewerbung sollte konkret aufzeigen, wie die Methodik, oder entsprechende Teile davon, in die städtische Politikanalyse und Praxis übertragbar ist.« (European Commission, 2011, S. 25 – eigene Übersetzung)

Hier sind mehrere Annahmen zu sehen, die auch im Citizen-Science-Diskurs zu finden sind: Erstens, die Hochschule sollte sektorübergreifende Kooperationen anstreben, was nicht nur interdisziplinäre Zusammenarbeit bedeutet, sondern auch die systematische Inklusion von städtischen, also nichtakademischen Akteur/innen. Zweitens, dieser Forderung liegt vor allem die Motivation zugrunde, das »implizite Wissen« dieser Akteur/innen für die Wissenschaft zugänglich und für die politische Praxis nutzbar zu machen. Drittens, die Hauptaufgabe der Forschung ist es daher, problemorientierte Methoden und transferierbares Wissen zu produzieren, die unmittelbar die stadtpolitische Praxis verbessern.

Der Kursleiter wendete dieses auf Verwertbarkeit ausgelegte Forschungsprogramm auch innerhalb des Service-Learning-Kurses an. Zum einen sah er in dem Kurs ein vorbereitendes Experiment für die EU-Bewerbung und hoffte, dadurch Erfahrung in der Zusammenarbeit mit außeruniversitären Partner/innen zu sammeln, welche direkt in die Bewerbung einfließen könnte. Zum anderen hoffte er »egoistischerweise«, die studentischen Projektbeschreibungen direkt in der Bewerbung nutzen zu können, ebenso wie die professionellen Kontakte zur Stadtverwaltung und zu zivilgesellschaftlichen Organisationen, die sich durch den Service-Learning-Kurs bilden würden. Seine Erwartungen spiegeln somit die Motivation wieder, durch das kooperative Format zusätzliche Ressourcen zu mobilisieren, soziales Kapital herzustellen und »implizites Wissen« zugänglich zu machen. In Bezug auf seine Lehre drückt er eine ähnlich gelagerte instrumentelle Motivation aus: »Ich persönlich hoffte anfangs, dass ein kooperativ angelegter Kurs mir meine Arbeit erleichtern würde, da ich ja Verantwortung für Inhalte an Studenten und Projektpartner abgeben konnte.« Zusätzlich erwähnt er, dass er bereits am Anfang des Kurses daran dachte, zu diesem Projekt zum Thema Service-Learning oder partizipative Stadtplanung publizieren zu können, um so eine weitere für seine akademische Karriere wichtige Veröffentlichung im Lebenslauf zu haben.

Die Landschaftsarchitektin, die als außeruniversitäre Partnerin und Klientin an dem Kurs teilnahm, sieht ebenfalls einen professionellen Nutzen in der Arbeit der Studierenden. Zum Beispiel sei es hilfreich für ihre Arbeit, Fragen der Studierenden bspw. bezüglich ihres Vorgehens beantworten zu müssen. Sie schätze diese Außenansicht, die man als Aktive durch die Beobachtung und Reflexion der Studierenden gewinnen könne:

> »Gerade auch die wissenschaftlich-theoretische Ebene ist hier wichtig: ›Unter welchen Prämissen läuft so ein Prozess?‹ Diese Reflexionsebene haben wir in der Praxis nicht per se, und von daher ist so ein Feedback immer bereichernd.«

Neben diesem Feedback durch die Studierenden lobt sie auch konkrete Prozessverbesserungen durch den Kurs. So stellten diese bspw. fest, dass ältere Menschen im partizipativen Parkmanagementprozess nicht angemessen und zielgruppengerecht berücksichtigt wurden, und schafften es dadurch »Potenziale für Partizipation aufzuzeigen. Und eben auch, dass an bestimmten Stellen diese persönliche Ansprache und das Aufsuchen von Leuten ein adäquater Weg ist.«

Für den Studenten war diese Kombination von Theorie und Praxis ein wichtiger Aspekt in seiner Entscheidung den Kurs zu belegen, da er vorher an der Universität Stadtpolitik, Sozialgeographie und Stadtethnographie eher von einer »theoretischen Beobachtungsperspektive« aus studiert hatte und sich aus diesem Grund, wie viele seiner Kommiliton/innen in den Geisteswissenschaften, die Frage stellte, was er mit diesem theoretischen Wissen tun sollte. Aus der Sicht des Studenten ist es von großem Nutzen, dass der Kurs ihn in den direkten Kontakt zu ganz verschiedenen Berufszweigen gebracht und als ein ›Türöffner‹ fungiert hatte, vor allem gegenüber dem Planungsbüro der Landschaftsarchitektin, das bei der Organisation der partizipativen Parkinitiative beteiligt war. Dies könne er nun direkt anrufen, um mit dessen Hilfe eventuell ein interessantes Thema für seine Masterarbeit zu finden. Neben dieser Netzwerkentwicklung war es für ihn und die weiteren Studierenden außerdem wichtig zu lernen, sich »in einem komplexen Feld zu verorten, unsere Kompetenzen einzubringen und uns selbst in einem längerfristigen Projekt als Gruppe zu organisieren«. Der Student erklärt weiter:

> »Da wir in dem Kurs oft autodidaktisch vorgegangen sind, war der Lerneffekt besonders hoch. Die Ergebnisse einer solchen Arbeit dann außerhalb der Uni Menschen aus anderen Berufsfeldern zu präsentieren und direkte Reaktionen zu erhalten, war auch eine sehr gute Erfahrung.«

Diese Aussagen bekräftigen die Annahme eines großen Teils der Service-Learning-Literatur, dass die lebensweltliche Erfahrung durch Service-Learning die Motivation und Lernleistung der Studierenden verbessert. Oder mit den Worten des Studenten:

> »[D]er Arbeitsaufwand war für alle sehr hoch, aber ich glaube trotzdem, dass es eine gute Erfahrung war, denn man hat sich richtig reingekniet, weil man persönlich engagiert war. Die Studierenden mal machen zu lassen, hat in dem Sinne ganz gut funktioniert [...]. Da wurde an einem Strang gezogen und alle haben gesagt: ›Wir stellen das dort persönlich vor, da werden wir jetzt keine halbgaren Sachen präsentieren.‹«

Diese Konfrontation mit der Berufswelt hat auch sein Selbstbewusstsein als Wissenschaftler gestärkt:

> »Es hat mich persönlich darin bestärkt und macht mir gewissermaßen Hoffnung, dass ich von meiner Ausbildung einen Nutzen habe und, dass es bei Themen, die mich interessieren, also Stadtplanung, auch für Geisteswissenschaftler eine Aufgabe zu erfüllen gibt.«

Als Geisteswissenschaftler sieht er seine Aufgabe vor allem darin, Wissenslücken im Planungsprozess zu schließen und kritische Reflexion zu ermöglichen, anstatt die Stadtverwaltung oder zivilgesellschaftliche Organisationen aktiv in der Umsetzung ihrer Pläne zu unterstützen. Daher betont er, wie auch die Landschaftsarchitektin, den direkten Nutzen durch das Reflexionsvermögen sowie den kritischen und theoretischen Input, den die Studierenden in die Stadtplanungspraxis einbrachten.

2.2 Gemeinwohlorientierte Haltungen und Motivationen

Im Gegensatz zu diesen eher instrumentellen Motivationen lassen sich auch gemeinwohlorientierte Beweggründe für die Teilnahme am Service-Learning-Kurs erkennen. Für den Dozenten ist sein Selbstverständnis als Nachbar und Bürger eindeutig mit der Konzeptionierung des Kurses verbunden, wenn er erklärt, dass der Kurs nur deshalb möglich war, weil

> »[ich] persönlich mit der Initiative ›Unser Görli‹ [die partizipative Parkmanagementinitiative der Stadtverwaltung] bekannt war, weil ich am Park lebe und mit einigen der lokalen Aktivisten befreundet bin.«

Ein Teil seiner Motivation, die partizipative Parkinitiative in seiner

Nachbarschaft durch seine beruflichen Tätigkeit als Dozent und Forscher und den Einsatz universitärer Ressourcen (insbesondere einschließlich seiner Studierenden) zu unterstützen, war also auch bürgerschaftlicher Natur (wenn auch nicht ganz frei von Eigennutz). Er hoffte, dass die studentischen Projekte rund um die Parkinitiative den Anwohner/innen kommunizieren könnten, »dass es eine partizipative Initiative gibt und, dass ihre Meinung wichtig ist«. Er sah also die Involvierung der Studierenden teilweise auch als politische Aktivität an, die die Teilhabe der Anwohner/innen am Park und ihr Mitspracherecht als Bürger/innen stärken sollte.

Auch die Landschaftsarchitektin beschreibt ihre eigene Erfahrung mit dem Görlitzer Park als wichtige Motivation. Sie hatte schon als Studentin in den 1970er Jahren versucht Theorie und Praxis durch ihr persönliches Engagement in einer Bürgerbewegung miteinander zu verbinden, welche sich die Gründung des Görlitzer Parks zur Aufgabe gemacht hatte, also genau des Parks, in dem sie nun im Auftrag der Verwaltung die partizipative Parkmanagementinitiative koordinierte. Wie auch beim Dozenten bezieht sich also ihr Engagement im Service-Learning-Kurs auf persönliche, bürgerschaftliche Erfahrungen und vorheriges Engagement als Aktivistin, Bürgerin und Nachbarin. Sie sieht sich dabei auch als Mentorin und genießt es, den Studierenden in ihrer Ausbildung zeigen zu können, wie ein solches Projekt umgesetzt wird. Und wie der Student sieht auch sie eine zusätzliche Lerndimension in der Konfrontation der Studierenden mit der Realität angewandter Forschung unter der Bedingung externer Einflüsse und äußeren Drucks.

Dieses Selbstverständnis als Türöffner/in in die wirkliche Welt und als Mentor/in, wird ebenfalls von dem Dozenten geteilt:

> »[Ich wollte] den Studenten damit ein tolles, angewandtes Forschungsprojekt liefern [...], in dem sie ihren eigenen Forschungsauftrag definieren und ihre individuellen Interessen und Wissen einbringen [konnten].«

Es sei ihm dabei auch wichtig gewesen, ihnen einen konkreten Zugang zu einem partizipativen und zivilgesellschaftlich relevanten Projekt zu geben. Er hoffte, dass dies vielleicht auch ihr soziales Engagement stärken könnte. Hierbei übernimmt er eine weitere wichtige Annahme des Service-Learning-Ansatzes, nämlich die Hoffnung, dass bei den Studierenden ein Gefühl der gesellschaftlichen Teilhabe und Verantwortung erzeugt wird, indem ihnen Möglichkeiten des sozialen Engagements aufgezeigt und sie in direkten Kontakt mit zivilgesellschaftlichen Akteur/innen gebracht werden. Dieser letzte Aspekt wird auch vom Studenten herausgestellt, wenn er erklärt, dass der Kurs ihm das Gefühl gab, endlich aus dem Klassenraum ausbrechen und mit seinem Wissen einen konkreten Stadtentwicklungsprozess von unten unterstützen zu können. In dieser Aussage des Studenten lässt sich also, wie auch beim Dozenten und der Landschaftsarchitektin, eine eher bürgerliche oder politische Motivation für den Service-Learning-Kurs erkennen.

2.3 Fazit: Gleichzeitigkeit der instrumentalen und bürgerlichen Haltungen und Motivationen

Bei allen drei Beteiligten des Service-Learning-Kurses kann also eine komplexe Mischung aus instrumentellen, eher eigennützigen Motiven sowie auf das Allgemeinwohl abzielenden Motivationen festgestellt werden, die – in der Hoffnung durch Kooperation Vorteile für alle Beteiligten herzustellen – miteinander harmonisch verbunden werden sollen. Dementsprechend sollten überaus viele Ziele durch das Service-Learning-Seminar erreicht werden: persönliche, berufliche Entwicklung, bessere Lehre, bessere administrative und zivilgesellschaftliche Praxis, effizientere Ressourcennutzung und Transfer von Wissen zwischen den Parteien sowie verbesserte Motivation und Leistung der Studierenden und anderer Stakeholder. Der Dozent beschreibt diese Hoffnung, zwischen den verschiedenen Zielen ›Synergien‹ herzustellen, treffend damit, dass er »versuchte, [s]eine verschiedenen Aktivitäten und Identitäten zu verbinden – als wissenschaftlicher Mitarbeiter, Doktorand, Lehrer und Nachbar«. Instrumentelle und gemeinwohlorientierte Motivationen auf sinnhafte Weise in Formaten des Forschenden Lernens und insbesondere des Service-Learning miteinander zu verbinden, beinhaltet also durchaus auch Aspekte einer identitätsbasierten Suche nach Ganzheitlichkeit, insofern, dass versucht wird, verschiedenste Aufgaben, Funktionen und Identitäten miteinander in einer einzigen, effektiven und sinnvollen Beschäftigung zu verbinden.

3. Durchführung des Service-Learning-Seminars – Konflikte, Komplikationen und Improvisation

Persönliche Motivationen und Einstellungen sind ein wichtiger Bestandteil, um die komplexe Gestalt eines Service-Learning-Kurses zu verstehen. Ebenso wichtig ist es aber, sich den tatsächlichen Prozess der Umsetzung und die damit verbundenen Herausforderungen näher anzuschauen. Im vorherigen Teil wurde bereits erwähnt, dass die Komplexität, die durch die Konfrontation zwischen Wissenschaft, Verwaltung und Zivilgesellschaft entstand, eine wichtige Kurserfahrung war. In diesem Teil soll versucht werden, besser zu verstehen, was das konkret bedeutet und wie diese Erfahrung mit den persönlichen Motivationen und allgemeinen Überlegungen verbunden ist.

3.1 Ergebnisoffenheit des Prozesses und unbegrenzte Erwartungshaltungen

Der anfänglichen Ergebnisoffenheit des Service-Learning-Kurses, in dem die Teilnehmenden erst im Verlauf der Zusammenarbeit miteinander die Ziele bestimmen sollten, brachte eine Vielzahl von Herausforderungen mit sich. Der Student erinnert sich, dass er das Kurskonzept so verstand, »dass wir erst einmal das Projekt und die Akteure kennenlernen und dann mit ihnen zusammen etwas entwickeln sollten«. Für ihn war dies

> »eine enorme Herausforderung. Denn es bedeutete, sich in einem Semester mit den Akteuren zu vernetzen, vor Ort präsent zu sein, sich das nötige Wissen über das Parkprojekt anzueignen, um dann kreative Lösungen zu finden, die – wenn möglich – auch noch umgesetzt werden sollten.«

Der Dozent reflektiert diese große Erwartungshaltung ebenfalls und erklärt sie durch den offenen Charakter des Kurses und seiner Prämisse, möglichst wenig vorzugeben, um so die verschiedenen Teilnehmenden in seine Ausgestaltung und Zielsetzung miteinzubeziehen:

> »[D]as war ja auch das Ziel: etwas Neues wagen und gemeinsam lernen. [...] Es war ein offenes Projekt, das allen Beteiligten viele Gestaltungsmöglichkeiten bot. Es war aber auch angesichts der vielen Möglichkeiten für uns alle schwierig, realistisch einzuschätzen, was wir erwarten konnten.«

Ein Teil dieser Überfrachtung drückte sich in einer Überschätzung des Beitrags aus, den die Studierenden für die Parkinitiative leisten konnten. Der Dozent spricht von einem Gefühl allgemeiner Enttäuschung nach dem ersten Treffen zwischen den Kursteilnehmenden und den Projektpartner/innen bei der Verwaltung:

> »Dabei erinnere ich mich an ein Gespräch im Rathaus im ersten Semester, bei dem wir als ganzer Kurs mit den Verantwortlichen vom Bezirk zusammensaßen. Die Studierenden hatten schon ein paar Ideen, was wir im Rahmen der partizipativen Parkinitiative hätten machen können. Aber da war noch nichts Konkretes und am Ende dieses Gespräches habe ich auf beiden Seiten etwas Enttäuschung gespürt. Die Partner vom Bezirksamt waren enttäuscht von unserer unprofessionellen oder unkonkreten Herangehensweise, und die Studierenden schienen überfordert von den Erwartungen an sie.«

Eine ähnliche Enttäuschung drückt der Dozent auch in Zusammenhang mit seiner anfänglichen Hoffnung aus, dass ein kooperatives, inklusives Kurskonzept seinen Arbeitsaufwand reduzieren würde, indem Studierende und Projektpartner/innen selbstverantwortlich größere Teile der Kurskonzeption und -umsetzung übernehmen:

»[A]m Anfang [hat] jeder für sich eine klare Erwartung vom Nutzen [...]. Je länger man sich aber miteinander auseinandersetzt, desto unklarer wird es, wem das Projekt wie nutzt. Und während der Nutzen auf der einen Seite immer fragwürdiger wird, steckt man zugleich immer mehr Energie in die Zusammenarbeit und vor allem in die Kommunikation.«

Dies liest sich im Grunde wie ein kritischer Kommentar zu der oft impliziten Erwartung, dass sich durch Kooperation automatisch die Arbeitsbelastung eines jeden reduziert, während zeitgleich der Nutzen eines jeden einzelnen durch die gemeinschaftliche Ausbeutung von Synergien (dem Win-win) gesteigert wird. Die anfängliche Erwartung eines Vorteils für alle Seiten verwandelte sich innerhalb des Kurses jedoch in die enttäuschende Erfahrung, dass sich die Kosten der Kooperation, und hier besonders die Kommunikationskosten zwischen den Beteiligten, beständig erhöhten, während der erhoffte Nutzen immer mehr zu schrumpfen schien. Der Dozent nennt diese Entwicklung an anderer Stelle auch eine ironische Umkehrung der anfänglichen Erwartung, durch Kooperation Synergien freizusetzen und Relevanz, Effizienz sowie Effektivität zugleich steigern zu können.

3.2 Konflikte und Widersprüche im Prozess

Zu dieser Art von Frustration, die sich wohl eher als Resultat übertriebener instrumenteller Erwartungen verstehen lässt, gesellt sich allerdings noch eine weitere Quelle der Enttäuschung: das Überschätzen der normativen, verbindenden Kraft kooperativer Lehrformen bei gleichzeitigem Unterschätzen ihres Konfliktpotentials.

Diese Erfahrung machte zum Beispiel der Student in Bezug auf seine Hoffnung, einen Stadtplanungsprozess ›von unten‹ zu unterstützen:

»Ich denke, wir haben [...] total unterschätzt, was es bedeutet, wenn wir uns im Nachbarschaftshaus hinstellen und sagen, dass wir für ein Stadtentwicklungsprojekt im Görlitzer Park arbeiten. Man wird direkt mit vielem konfrontiert: Die Leute sind entweder sauer auf die Behörden, weil schon wieder nichts passiert ist, oder sie möchten unbedingt mal dieses und jenes loswerden.«

Da die Rolle der Studierenden anfänglich undefiniert blieb, gerieten sie leicht zwischen die Fronten in einem oft konfliktreichen Planungsprozess, der sie mit unerwarteten politischen und Projektmanagementproblemen konfrontierte und es ihnen zusätzlich erschwerte, die gesetzten Erwartungen als Unterstützer/innen des Prozesses zu erfüllen. Doch, wie die Landschaftsarchitektin erklärt, war dies zumindest teilweise auch durch den offenen (oder ebenfalls unzureichend definierten) Rahmen der Görlitzer-Parkinitiative des Bezirks bedingt:

> »[D]ie Entwicklung des partizipativen Verfahrens zum Görlitzer Park [war] auch für uns ein Lernprozess [...]. Der Bezirk hatte hier eine Weile gedacht, er bekomme den Görlitzer Park als ein normales Grünflächenprojekt in den Griff, wobei das Thema Bürgerbeteiligung im Park eine eher begrenzte Rolle spielen sollte, z. B. bei der Ausgestaltung von bereits vorgesehenen Spielplätzen. [...]. Diese Form von Beteiligung funktioniert bei herkömmlichen objektplanerischen Projekten wie einer Spielplatzplanung, nicht aber bei größeren Beteiligungsprozessen, wie dem gemeinsamen Management eines Parks.«

Diese Fehlkonzeption des Beteiligungsprozesses verursachte einige Irritationen und Konflikte zwischen Bürger/innen, Aktivist/innen und der Verwaltung. Solche Konflikte können allerdings auch als Lernmöglichkeit aufgefasst werden, wie die Landschaftsarchitektin erklärt:

> »[S]o ist eben das Leben! Dann hat man am Schluss nicht die ganze einschlägige Literatur eingearbeitet und zusammengefasst, sondern man erlebt einen solchen Prozess in seiner Widersprüchlichkeit. Das ist etwas, worauf man sich als Studierender, als Lehrender, einlassen muss.«

Der Student sieht es ganz ähnlich, wenn er erklärt, dass die Studierenden viel über die Komplexität von partizipativen oder kooperativen Prozessen gelernt haben. Und auch der Dozent zeigt seine Wertschätzung der Konfrontation mit realgesellschaftlichen Konflikten:

> »Dafür gibt es ein gutes Beispiel aus dem Kurs, in dem wir durch eine Präsentation über die Kinderbeteiligung im Park ungewollt eine Konfliktlinie zwischen zwei Projektbeteiligten offenbart haben. Denn ein Teil der Stakeholder lancierte gegenüber den Studierenden die Idee eines Naturempfindungspfades. Als sie in ihrer Abschlusspräsentation darauf Bezug nahmen, kam es zu einem Eklat, da diese Idee für andere Partner überrumpelnd daherkam. Da war es dann für mich auch sehr spannend zu sehen, wie durch die Präsentation [der Studierenden] eine bestimmte Sichtweise plötzlich als ›wissenschaftlicher Konsens‹ dastand.«

Der Lerneffekt durch diese und ähnliche Konflikterfahrungen brachte die Studierenden auch zu einer Neuinterpretation ihrer Rolle, die sie zunehmend als kritische, distanziert beobachtende Akademiker/innen, anstatt wie anfänglich als eher sozial engagierte und aktiv am Prozess beteiligte Studierende definierten. Wie bereits die Landschaftsarchitektin die Außenansicht der Studierenden wertschätzte, so erhöhte die Annahme einer beobachtenden und reflektierenden Rolle durch die Studierenden auch ihre Anerkennung bei den anderen Projektbeteiligten, wie der Student berichtet:

> »Dieser neue [eher wissenschaftliche] Fokus wurde außen, also bei den anderen Beteiligten, auch stärker anerkannt. Ein Universitätskurs sollte nicht Rollen imitieren, die schon von Behörden

> und zivilgesellschaftlichen Akteuren eingenommen werden [...], sondern stattdessen die Analyseebene fokussieren, z.B. fragen: ›Warum ist das Bürgerbeteiligung? Was für ein Bild von Partizipation herrscht hier vor?‹ «

Durch die Auseinandersetzung mit der Bürgerbeteiligungsinitiative und der allmählichen Fokusverlegung des Kurses, weg vom dienstleistenden Service-Learning-Format hin zu einer eher distanzierteren Praxis angewandter Forschung, wurden sich die Studierenden also zunehmend ihrer eigenen Position und Identität innerhalb des Prozesses bewusst. In diesem Zusammenhang ist hier der Hinweis auf Mimesis oder Imitation interessant, denn er lässt sich indirekt auch als Kommentar zu den Aussagen des Dozenten lesen, der durch Kooperation und soziales Engagement seine verschiedenen Identitäten und Interessen in ein ganzheitliches Programm zu vereinigen suchte. Denn das Streben nach Ganzheitlichkeit verschiedener Identitäten steht in starkem Kontrast dazu, eine funktional eingeschränkte, eigene und dadurch qualifizierte Rolle in einem kooperativen Prozess zu spielen. Das Streben nach Ganzheitlichkeit kann einzelne Teilnehmer/innen dazu verleiten, ihr Eigeninteresse wie auch ihre Kernkompetenzen falsch einzuschätzen, ihre Position und Funktion zu überschätzen, eigene sowie die Grenzen anderer zu übertreten, Rollen zu übernehmen oder zu imitieren, die eigentlich in die Expertise und Verantwortlichkeit anderer fallen. Der Dozent fasst diesen Lernprozess wie folgt zusammen:

> »Ich denke, es ist ein wichtiger Punkt, dass wir uns anfangs als Akteure innerhalb des Prozesses definiert haben und uns dadurch, wie auch durch den Anwendungsfokus des Service-Learning-Ansatzes, kaum kritische Distanz ermöglicht haben. Am Anfang hätten wir uns die Zeit nehmen sollen, um über unsere eigene Rolle zu reflektieren, also nicht nur zu fragen: ›Was können wir überhaupt leisten?‹, sondern auch etwas kritischer: ›Was sollen wir oder wollen wir leisten?‹ Und dabei auch zu verstehen, dass ein kritisches Verhältnis, welches nicht gleich Dienstleistung bedeutet, auch seinen Nutzen hat.«

Hier zeigt sich eine interessante Reflexionsmöglichkeit kooperativer Projekte: sie sowohl durch die Linse eigener Interessen als auch von einer abstrakteren, eher normativen Perspektive her zu reflektieren, um nicht kritiklos an eine selbstverständliche Harmonie zwischen Eigennutz und Allgemeinwohl eines kooperativen Service-Ansatzes in Forschung und Bildung zu glauben. In dem Sinne sollten sich Leiter/innen, Teilnehmende und Partner/innen in einem Service-Learning-Kurs (oder anderen kooperativen Forschungs- oder Bildungsformaten) während ihrer Beteiligung selbst bezüglich ihrer instrumentellen Annahmen (Was will/kann ich tun?) und des gemeinschaftlichen Wertes ihres Engagements hinterfragen (Was sollte getan werden?/ Was wird erwartet?).

4. Fazit

Durch die Analyse der Motivationen und Erfahrungen des Dozenten, des Studenten und der Projektpartnerin in einem Service-Learning-Kurs sollte gezeigt werden, dass sich die Annahmen zu sektorübergreifenden Kooperationen zwischen Hochschulen und anderen sozialen oder politischen Akteur/innen, wie sie etwa die Grazer Erklärung, der Kanzlerin-Dialog oder das EU-FP7-Förderprogramm vorsehen, nicht so einfach und problemlos in konkreten Kooperationsinitiativen umsetzen lassen. Es wird deutlich, dass es hilfreich ist, das Zusammenspiel verschiedener instrumenteller und gemeinwohlorientierter Motivationen bei den einzelnen Teilnehmer/innen zu reflektieren, anstatt unreflektiert anzunehmen, dass die verschiedenen Motivationen, Positionen und Kompetenzen sich in einem kooperativen Plus-Summen-Spiel quasi selbstverständlich ergänzen und so eine harmonische Ganzheitlichkeit (wieder)herzustellen vermögen. Wie die Analyse stattdessen gezeigt hat, besteht in Kooperationen ein komplexes, konfliktreiches Nebeneinander verschiedener Motivationen und Identitäten. Deshalb sollten eigene Interessen, Erwartungen und Kompetenzen (das Wollen und Können) systematisch reflektiert sowie abstraktere Überlegungen zum normativen Kontext der eigenen Handlungen (das Sollen) angestellt werden. Auf diese Weise können Rollen innerhalb einer Kooperation klarer definiert und begrenzt werden, ohne sich ideologischer Kooperationsdiskurse zu bedienen, die die Komplexität reduzieren wollen, sie aber stattdessen nur verdecken. Die quasiideologischen Prämissen einer vorgefertigten, ganzheitlichen Win-win-Situation in angewandten Lernformaten wie dem Service-Learning kann auf diese konstruktive Weise infrage gestellt werden und so die Chancen für eine realistisch begrenzte, tatsächlich sinnvolle Kooperation verbessern.

Dies wiederum führt zu einem weiteren wichtigen Punkt, der in der Analyse deutlich wurde: dass die Ergebnisoffenheit und Widersprüchlichkeit solcher kooperativer und angewandter Lernformate tatsächlich echte Lernmöglichkeiten beinhalten, wenn sie von einer Wertschätzung für Konflikte und einer gewissen Toleranz von Frustration und Enttäuschung getragen werden. Diese Konfliktdimension und das Umgehen mit fremden/eigenen Erwartungen, äußerem/innerem Druck und Frustration sollte daher systematisch als Lernziel in ein angewandtes, kooperatives Lernformat eingebaut werden.

Praxistipp:

- **Reduzieren Sie Erwartungen:** Anstatt sich anfangs übersteigerter Erwartungen leichter Qualitäts-, Effektivitäts-, Effizienz- oder auch Demokratiegewinne durch kooperative Formen angewandter Forschung/Lehre hinzugeben, sollten Sie in Ihrer Planung unbedingt eher von einer verstärkten Belastung aller Teilnehmer/innen ausgehen (insbesondere bei Kommunikation und gemeinschaftlicher Planung), und sich gleichzeitig darauf einstellen, dass die zu erwartenden Ergebnisse (jenseits des Lernens) mit höchster Wahrscheinlichkeit bescheiden ausfallen werden.

- **Klären Sie Motivationen und Rollen innerhalb einer Kooperation:** Bauen sie systematisch gemeinsame Reflexionsrunden ein, die die instrumentellen Motivationen (Was will/kann ich tun?) innerhalb der Kooperation und den gemeinschaftlichen Wert (Was soll getan werden?/Was wird erwartet?) des gemeinsamen Engagements hinterfragen helfen und so dazu beitragen, die Kooperation an sich sowie die eingenommenen Rollen klarer zu definieren und realistischer zu begrenzen.

- **Setzen Sie den Fokus eindeutig auf das Lernen:** Trotz der vielversprechenden Ansätze Lernorte an Räume außerhalb der Universität zu verlegen und Lernsituationen offener zu gestalten sollte das wissenschaftliche Lernen im Mittelpunkt einer jeden angewandten Lehrkooperation stehen. In diesem Sinne sollte die Arbeit der Studierenden auch in einem Service-Learning-Seminar in erster Linie als wissenschaftliche (d. h. nicht unmittelbar auf partnerschaftlichen Nutzen und projektrelevanten Mehrwert ausgerichtete) Arbeit verstanden werden, die kritische Distanz benötigt um eine höhere reflexive Ebene ermöglichen zu können.

- **Fördern Sie die Wertschätzung von Konflikten:** Angewandtes Forschen/Lernen fasziniert auch gerade durch sein vielfältiges Konfliktpotenzial. Der Umgang mit fremden/eigenen Erwartungen, äußerem/innerem Druck, Frustration und anderen Konfliktlinien zwischen Theorie und Praxis sollte daher systematisch als Lernziel in ein angewandtes, kooperatives Lernformat eingebaut werden und durch entsprechende pädagogische sowie wissenschaftlich-kritische Reflexionsprozesse begleitet werden.

Literatur

Benneworth, P.S., Conway, C., Charles, D., Humphrey, L. & Younger, P. (2009). *Characterising modes of university engagement with wider society – A literature review and survey of best practice.* Final Report. Newcastle: Office of the Pro-Vice-Chancellor (Engagement).

Bezirksverwaltung Friedrichshain-Kreuzberg (2013). *Integratives Parkmanagement Görlitzer Park 2011 – 2013.* URL: www.unsergörli.de, 07.04.2014.

Bridger, J. C. & Alter, T. R. (2007). The engaged university, community development, and public scholarship. *Journal of Higher Education Outreach and Engagement,* 11(1), 163 – 178.

European Commission (2011). *Work Programme 2012, Cooperation Theme 8 – Socio-Economic Sciences and Humanity.* URL: http://ec.europa.eu/research/participants/data/ref/fp7/89485/h-wp-201201_en.pdf, 07.04.2014.

Hochschulnetzwerk Bildung durch Verantwortung (2013). *Memorandum: Gesellschaftliche Verantwortung an Hochschulen.* URL: http://www.bildung-durch-verantwortung.de/Documents/Memorandum-des-Hochschulnetzwerks.pdf, 07.04.2014.

Jacoby, B. (2003). *Building Partnerships for service-learning.* San Francisco: Jossey-Bass John Wiley & Sons.

Merkel, A. (Hrsg.) (2012). *Dialog über Deutschlands Zukunft.* Hamburg: Murmann.

Reinders, H. (2010). Lernprozesse durch Service Learning an Universitäten. *Zeitschrift für Pädagogik,* 56(4), 531 – 547.

Sheffield, E. (2005). Service in service-learning education: The need for philosophical understanding. *The High School Journal,* 89(1), 46 – 53.

UNESCO, Karl Franzens University Graz, TUG, Copernicus-Campus and Oikos (2005). *Graz Declaration on Committing Universities to Sustainable Development.* Graz: UNESCO.

»Innovationsmodul Bremssysteme« – ein Konzept zum Forschenden Lernen in technischen Disziplinen

Michael Radermacher, Karsten Runge, Mike Scherfner

Konzepttipp

Diversität und Leistungsheterogenität einer in absehbarer Zukunft immer noch wachsenden Zahl von Studierenden stellen auch für die Studiengänge der Ingenieurwissenschaften erhöhte Anforderungen an die inhaltlichen, methodischen und didaktischen Handlungsfelder. Diesem Anspruch an eine zeitgemäße, fachlich fundierte und an den Akteur/innen orientierte Ausbildung müssen sich alle Hochschultypen in ähnlichem Umfang stellen. Den häufig beschriebenen Defiziten in Kommunikationstechniken und Schlüsselqualifikationen stehen auf der anderen Seite Kompetenzen gegenüber, die sich aus den unterschiedlichsten (Bildungs-)Biographien entwickelt haben und im klassischen Lehrbetrieb zu selten und zumeist nur rudimentär gefördert werden. Letztendlich scheitern viele Studierende jedoch schon während der Studieneingangsphase an den Grundlagenfächern (vgl. Heublein et al. 2010, S. 158 ff.), ohne von ihren Stärken profitieren zu können. Der Fachbereich Maschinenbau der Hochschule Bochum, in dem das hier dargestellte Vorhaben realisiert wird, konzentriert sich daher auf Maßnahmen, die allen Studierenden einen berufsnahen, handlungs- und praxisorientierteren Studienstart ermöglichen.

Dieser Beitrag stellt ein Konzept für fächerübergreifende Vernetzung in Kombination mit individueller Betreuung vor, das bestehende ›Alltags‹-Kompetenzen der Studienanfänger/innen einbezieht. Als Beispiel wird das »Innovationsmodul Bremssysteme« beschrieben, das an der Hochschule Bochum die Inhalte verschiedener Lehrveranstaltungen miteinander verknüpft und als ›kognitiver Anker‹ die Inhalte der einzelnen Veranstaltungen zu motivieren hilft.

1. Fahrräder als Ausgangspunkt für Forschendes Lernen

Das Fahrrad ist eine der am meisten gebauten und verwendeten Maschinen weltweit. Durch seine Verbreitung – und die daraus resultierende Vertrautheit mit diesem Gefährt – erscheint es uns als idealer Startpunkt für Forschendes Lernen in der Studieneingangsphase. Wer diese Maschine fährt, lernt vorher den Umgang mit ihr zumeist spielend. Jedoch erkennt man bei genauer Betrachtung nicht nur eine Ansammlung verschiedener Materialien, sondern durchaus – gerade bei modernen Rädern im Bereich des Leistungssports, aber auch beim ambitionierten Alltagsfahrer – technische Raffinessen, die aus der Sicht der Ingenieurwissenschaften interessant sind. Je leichter, ausgefeilter, schneller das Rad wird, desto größer sind auch die Anforderungen an die einzelnen Komponenten; und was schnell fährt, das muss auch zuverlässig zum Stehen gebracht werden – dafür gibt es diverse Bremssysteme.

Aufgrund dessen haben sich die Lehrenden im Rahmen eines Strategieworkshops auf dieses problemorientierte Rahmenthema geeinigt, das in die bestehenden Curricula integrierbar ist. Mögliche erste Aufgaben und Themen für studentische Arbeiten im Bereich der Fahrradbremsen sollen unter dem Aspekt des Forschenden Lernens betrachtet werden, indem sich die Studierenden die benötigten mathematischen Teilgebiete selbstständig erarbeiten und diese in der direkten Anwendung verstehen. Es gibt dabei einen Austausch zwischen den technischen und mathematischen Inhalten. Die Aufgaben geben dabei einen groben Rahmen vor, der dennoch eine Offenheit in Bezug auf die Lösungen und Betrachtungsrichtungen zulässt. Die Verknüpfungen der Gebiete Mathematik und Technik bieten dabei die Möglichkeit, im Zuge des Erforschens der Sachverhalte das Gelernte aus zwei Fachrichtungen zu verankern. Beispiele für Themen und Aufgaben wären:

1. Welche Arten von Bremsen gibt es aktuell beim Fahrrad und wie werden die Bremsen angesteuert? Welche Bedeutung haben dabei z. B. Hebel, und wie lassen sich die auftretenden Kräfte mit Vektoren darstellen? Erkennen Sie mehr Geometrie in den Bremssystemen?

2. Was bremst ein Fahrrad, ohne dass die Bremsen betätigt werden? Wie lässt sich beispielsweise die Geschwindigkeitsreduktion durch die Reibung in Lagern und beim Reifen-Fahrbahn-Kontakt mit einer Funktion beschreiben und welchen Einfluss hat der Luftwiderstand? Welche Eigenschaften haben die von Ihnen betrachteten Funktionen?

3. Wenn Sie ihr Rad auf einer spiralförmigen Bahn einer gewissen Höhe und mit einem gewissen Radius rollen lassen – wobei Reibung jeglicher Art vernachlässigt wird – wie sieht dann die Kurve aus, auf der sich das Rad bewegt? Können Sie diese Kurve mathematisch beschreiben? Welche Geschwindigkeit hat das Fahrrad am Ende der Bahn und nach welcher Strecke können Sie es durch Bremsen zum Stillstand bringen?

2. Das »Innovationsmodul Bremssysteme«

Im vier Semester umfassenden »Innovationsmodul Bremssysteme« entwickeln Studierendengruppen basierend auf aktuellen Unfallauswertungen Konzepte für ein bremswegoptimiertes, gebrauchstüchtiges Pedelec (Pedal Electric Cycle, Elektrofahrrad). Sie skizzieren ihre Entwürfe und weisen die Vorzüge ihrer Konstruktionen in einem Paper mathematisch-physikalisch nach. In den Grundlagenveranstaltungen Mathematik I und II, Physik I und II, Informatik sowie Werkstofftechnik, moderiert in Schlüsselqualifikationsmodulen, werden dazu progressiv Lösungen für typische Bremssysteme entwickelt. Der Sinn liegt in der Verknüpfung fachwissenschaftlicher Inhalte mit allgemeinem Erfahrungswissen und der ingenieurwissenschaftlichen Annäherung an ein reales, lösbares Problem: ein bremswegoptimiertes Pedelec. Dieser ›rote Faden‹ ermöglicht die Anknüpfung komplexer Sachverhalte an bekannte ›kognitive Anker‹. Der Ankereffekt wird durch Logos und eine einheitliche Symbolik visuell unterstützt.

Im ersten Semester (WS) steuert die Physik als Leitfach den handlungs- und problemorientierten Kontext. Der Schwerpunkt der Kompetenzentwicklung liegt hier bei der mathematisch-physikalischen Modellierung des eigentlichen Bremsvorgangs. Dazu stehen den Dozierenden spezielle vorbereitende Vorlesungen (derzeit drei Stück) zur Verfügung, durch welche die Thematik »Bremssysteme« vorgestellt und mit den technischen Aspekten aus mathematischer Sicht verknüpft wird.

Im folgenden Sommersemester werden die »Entwurfsmethoden« zum Leitfach. Die Studierenden erhalten in den Fächern Mathematik II, Physik II und Elektrotechnik ausgewählte Aufgabenstellungen, die sie in Kleingruppen bearbeiten, dokumentieren und präsentieren. Die erworbenen Punkte werden als Klausurbonus (5%) angerechnet.

Entsprechend der automotiven Ausrichtung der Hochschule verschiebt sich der Fokus in den folgenden Semestern auf Aspekte der E-Mobilität sowie der Steuerungs- und Regelungstechnik. Lehrende und Studierende kommunizieren über einen Moodle-Kurs. Dieser wird, ebenso wie die studentischen Arbeitsgruppen, vom IMT (Institut für Mathematik- und Technikdidaktik) moderiert und beurteilungsneutral betreut. Obwohl die Teilnahme freiwillig ist und keine Kreditierung erfolgt, ist die Akzeptanz hoch. Manche Ideen aus dem Bereich Antiblockiersysteme lieferten sogar Denkanstöße, die von Studierenden einer Wahlpflicht-Veranstaltung des sechsten Semesters (»Simultaneous Engineering«) aufgegriffen wurden und zu einer Patentanmeldung führten.

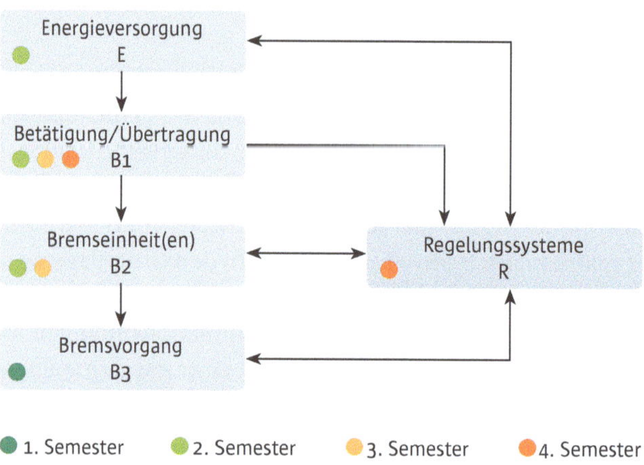

Abb. 1: Gesamtablauf des »Innovationsmoduls Bremssysteme«

3. Fazit

Forschendes Lernen legt den Schwerpunkt des Wissenserwerbs auf eigenständiges (Nach-)Forschen und Entdecken. Setzt sich der/die Studierende in diesem Rahmen mit einer geeigneten Problemstellung auseinander, so stößt er/sie auf Wissenslücken oder im Wesentlichen bekannte aber zu wiederholende Vorkenntnisse, die er/sie durch eigene Überlegungen, Recherche und im Austausch mit Anderen zu füllen versucht. Dadurch werden einerseits Kenntnisse aus den oft abstrakten Grundlagenveranstaltungen relevant und in die Praxis geholt, da sie zur Lösung des Problems erforderlich sind. Andererseits wird die Fähigkeit gefördert, sich zu vernetzen und die eigenen Kompetenzen sowie Kenntnisse Anderer für das Studium nutzbar zu machen.

Das Konzept konnte bisher aufgrund anfänglicher curricularer Planungsprobleme noch nicht vollständig umgesetzt werden, dies ist für eines der kommenden Semester angedacht. Jedoch konnten einzelne Aufgaben im Rahmen eines Seminars verwendet werden, das durchgehend positiv aufgenommen wurde, wie die Evaluationen der Studierenden zeigen. Bei vielen wurde das Interesse für die Mathematik geweckt, insbesondere für die Anwendung im Alltag.

Literatur

Heublein, U., Hutzsch, C., Schreiber, J., Sommer, D. & Besuch, G. (2010). *Ursachen des Studienabbruchs in Bachelor- und in herkömmlichen Studiengängen Ergebnisse einer bundesweiten Befragung von Exmatrikulierten des Studienjahres 2007/08* (HIS: Forum Hochschule 2/2010). Hannover: HIS Hochschul-Informations-System.

Öffentlich machen

Im Rahmen des Projekts »Forschungsbasiertes Lernen im Fokus« (FLiF), das aus Mitteln des Bundesministeriums für Bildung und Forschung im Rahmen des Programms »Gemeinsames Bund-Länder-Programm für bessere Studienbedingungen und mehr Qualität in der Lehre« unter dem Förderkennzeichen 01PL11056 gefördert wurde, haben wir ein existierendes Studienmodul des Forschenden Lernens (»Lehrforschung«) um einen studentischen Forschungskongress erweitert. Auf diese Weise konnte ein Forum für studentische Forschung in den Sozialwissenschaften an der Carl von Ossietzky Universität Oldenburg errichtet werden.

Studentischer Forschungskongress – Ergebnisse sichtbar dokumentieren

Frédéric Falkenhagen, Steffen Bandlow-Raffalski, Christian Reimann

»Wofür machen wir das überhaupt?« Dieser Schrei der Verzweiflung entwich einer unserer Studierenden, als sich während ihres Forschungsprojekts zum wiederholten Male die Datenlage radikal änderte. Damit drückte sie eine der großen Frustrationen der studentischen Arbeit im Allgemeinen und speziell im Forschenden Lernen aus: Sie findet unter Ausschluss der Öffentlichkeit zwischen Lernenden und Prüfenden statt, obwohl in jeder Einleitung steht, welcher essentiellen und relevanten Fragestellung nun endlich nachgegangen wird. Auch im Forschenden Lernen herrscht hier ein Mangel an Lösungswegen. Während von der guten Entwicklung von Forschungsfragen bis zur Abfassung exzellenter Berichte ein umfangreicher, zugänglicher und einsetzbarer Wissensbestand existiert, der für fast alle Fächer, Studierendentypen und Lehrendentemperamente angepasst abrufbar ist, wird man bei der öffentlichen Dokumentation und Präsentation auf grundsätzliche Betrachtungen zurückgeworfen. Der studentische Kongress wird zwar neben der studentischen Zeitschrift gern als Konzept für die Dokumentation und Präsentation vorgestellt, jedoch bleibt seine Anwendung sehr selten. An der Carl von Ossietzky Universität Oldenburg haben wir beschlossen, an diesem Punkt des Forschungszyklus neue Erfahrungen zu sammeln.

Im folgenden Beitrag werden wir unsere Erfahrungen mit einem studentischen Forschungskongress darlegen und auf ihrer Basis Anpassungs- und Verbesserungsideen formulieren, die für die Durchführung zu einer anderen Zeit oder an einem anderen Ort nützlich sein können. Hierzu werden wir zunächst die Ausgangssituation umreißen, in der die studentische Forschung entstanden ist, bevor wir unsere didaktischen Überlegungen darstellen, die zur Organisation des Kongresses geführt haben. Daran anschließend werden wir die praktischen Überlegungen und Vorbereitungen zusammenfassen und eine synthetische Beschreibung des Ablaufs an den Kongresstagen geben. In der abschließenden Bilanz werden wir auf die Transfermöglichkeiten und Verbesserungspotentiale eingehen.

Ausgangssituation

Der Forschungskongress wurde in einem Modul des Forschenden Lernens im Bachelor »Sozialwissenschaften« entwickelt. Das Modul »Lehrforschung« sieht in einem Umfang von 18 ECTS-Punkten über einen Zeitraum von drei Semestern (früher 4. bis 6., zur Verbesserung der internationalen Mobilität mittlerweile 2. bis 4.) die Durchführung eines eigenen Forschungsprojekts durch die Studierenden vor. Im Rahmen der Möglichkeiten des Instituts und entsprechend den Studierendenzahlen werden jedes Jahr zwischen zwei und vier verschiedene-Lehrforschungen neu angeboten. Sie bilden so weit wie möglich eine breite Auswahl an Themen und Methoden. Unser Kongress schloss einen Zyklus mit 60 Studierenden verteilt auf drei unterschiedlich stark besuchte Lehrforschungen ab. Bedingt durch den Aufwand wird ein solches Projekt häufig in kleinen Gruppen von zwei bis vier Studierenden durchgeführt. Als Prüfungsleistung legt die hiesige Prüfungsordnung einen Forschungsbericht und eine Ergebnispräsentation fest. Das Modul verfolgt hierbei mehrere Ziele: Bei seiner Einrichtung stand die Idee im Vordergrund, durch Forschung für die Forschung auszubilden und gezielt wissenschaftlichen Nachwuchs bereits in diesem frühen Stadium zu fördern. In der Durchführung haben sich die Ziele angepasst. Sowohl Lehrende als auch Lernende haben die »Lehrforschung« als ein Modul entdeckt, das die Chance zu eigenen Projekten, thematischem Austausch und zur Vertiefung bietet, die in der relativ straffen Struktur des Studiengangs sonst nur eingeschränkt möglich sind. Die besondere Möglichkeit, einen kompletten Forschungszyklus durchlaufen zu können, hat die »Lehrforschung« zu einer Kernkomponente und dem bewussten Aushängeschild des Studiengangs gemacht.

An dieser Besonderheit setzt auch die Analyse an, die zur Durchführung des Forschungskongresses geführt hat: Einerseits wurde von den Studierenden auf einem Niveau geforscht, das es rechtfertigte, die Ergebnisse einer breiteren Öffentlichkeit zugänglich zu machen. Andererseits litt das Modul, wie viele Umsetzungen des Forschenden Lernens, an der relativen Schwäche der letzten Phase des Forschungsprozesses: der Dokumentation. Denn während der Zeit, in der allein Berichte produziert wurden, sind die Ergebnisse weder wirklich diskutiert noch publiziert worden. Hier setzten unsere Überlegungen an, an deren vorläufigem Ende die Durchführung eines zweitätigen Kongresses mit insgesamt über zwanzig Wortbeiträgen und einer Gesamtbesucherzahl knapp unter 80 stand. Die Beiträge wurden auf eine Vortragsschiene konzentriert und in etwa gleichmäßig auf die beiden Tage verteilt (mit kleiner Abweichung, um Platz für die Keynote zum Forschenden Lernen zu schaffen) und mit je 50 Minuten eingeplant (für Präsentation und Diskussion). Insgesamt hat die Vorbereitung den Gegenwert eines Arbeitsmonats erfordert, der über ein knappes Jahr verteilt war.

Didaktische Ziele

Unser Kongress steht grundsätzlich in der Tradition des Forschenden Lernens, die schon bei der Einrichtung und Ausgestaltung des Moduls »Lehrforschung« am Institut Pate stand und der durch das Projekt FLiF hochschulweit besondere Aufmerksamkeit zuteil wird: Studierende werden dabei als Akteure des Forschungsprozesses verstanden und in die Lage versetzt, selbstständig ihre Forschung auf Basis des aktuellen Stands der Wissenschaft zu entwickeln. Die Lehrenden stehen den Studierenden als forschende Berater in ihrem eigenen Forschungsfeld bereit und agieren wissenschaftlich (fast) auf Augenhöhe mit den forschenden Studierenden. Bedingt durch die Rahmenbedingungen des Faches ist es möglich, an extrem aktueller Forschung zu partizipieren, die den Stand der Wissenschaft erst in den kommenden Jahren erreichen wird. Das Durchlaufen des vollen Forschungszyklus von der Genese der Frage bis zur Dokumentation der Ergebnisse als Gesamterfahrung der Studierenden steht dabei im Vordergrund, konnte jedoch vor allem zum Prozessende hin nur teilweise eingelöst werden. Der Kongress ermöglicht nun die Veröffentlichung und Nutzung der Erkenntnisse durch die wissenschaftliche Gemeinschaft und erlaubt das Lernen der wissenschaftlichen Dokumentation am selbstgeschaffenen, realen Forschungsprojekt.

Die didaktischen Ziele des Forschungskongresses können entlang dreier Dimensionen strukturiert werden: Zunächst soll die öffentliche Diskussion der Ergebnisse in den Forschungszyklus integriert und so die Relevanz von Forschung für die Außenwelt betont werden. Zweitens gilt es, die Rolle der Studierenden aufzuwerten und ihnen und ihrer Arbeit mehr Wertschätzung entgegenzubringen. Drittens sollen schließlich berufsqualifizierende Kompetenzen des Vortrages und der Diskussion in der Öffentlichkeit geschult werden. Die Bedeutung der öffentlichen Diskussion der Ergebnisse ist ein Stiefkind der Ausbildung an der Hochschule. Studentische Arbeiten bestehen meist aus der Reproduktion oder Analyse von Arbeiten Dritter, deren Ergebnisse bestenfalls mit dem Lehrenden als Prüfer diskutiert, meist aber mit nur minimaler Interaktion bewertet werden. Selbst theoretisch interaktive Formate wie das Referat werden selten zur kritischen Auseinandersetzung zwischen Studierenden genutzt und degenerieren nicht selten in mündliche Prüfungen mit apathischem Publikum. Die fundierte öffentliche Diskussion eigener Erkenntnisse ist jedoch ein wichtiger Aspekt des Lernens, da hier einerseits der eigene Wissensfortschritt messbar wird und andererseits die Aufbereitung der Inhalte eine bessere Durchdringung derselben ermöglicht. Das Prinzip der Mobilisierung und Argumentation von erlerntem und erfahrenem Wissen ist eine Grundsäule des Problem-based Learning (Savery & Duffy, 1995), jedoch im Rahmen des Forschenden Lernens besonders wichtig, da hier von den Studierenden selbst produziertes Wissen in einen systematischen Austausch eingebracht wird. Hier wird die Qualität des Wissens direkt diskursiv überprüft und gleichzeitig im Spiel mit Anderen nochmals gefestigt. Die Möglichkeit eines solchen Austauschs auf Augenhöhe stellt in unserer Reflexion eine deutliche Qualitätssteigerung des Forschenden Lernens im Modul dar, vor allem, da so die Forschung wieder mit ihrem Kontext, der zumindest universitären Öffentlichkeit, verbunden wird.

Hier setzt die zweite Dimension an: Studierende sind im Zuge der Entwicklungen durch die Umsetzung des Bologna-Prozesses zunehmend in die Rolle von abhängigen, ja sogar unmündigen Wissensempfängern gedrängt worden. Ihre historisch bereits geringe Teilhabe an der universitären Wissenschaft wurde hierbei nochmals deutlich reduziert. Diese ›Verschulung‹ wurde nicht nur in den Lehrplänen, sondern auch in der Wahrnehmung von Lehrenden und Lernenden gefestigt. Neben einer Behandlung als Untergebene nahm auch die Identifikation mit dem eigenen Studium deutlich ab. Studierende sind immer mehr zu Fremdkörpern in der Hochschule geworden, die über eine kurze Periode beschult werden (müssen), bevor sie an andere übergeben werden können. Hierbei werden Berufungen und Begabungen erstickt und auch dem wissenschaftlichen Personal die Chance genommen, durch die Fragen und Ideen der Lernenden einen unvoreingenommenen Blick auf die eigene Forschung zu erhalten. Die Möglichkeit, studentische Arbeiten im (hochschul-)öffentlichen Raum vorzustellen, wertet nicht nur die Arbeit an sich auf, sondern auch ihre Urheber. Auf diese Weise werden die Studierenden als legitime Produzenten von Wissen positioniert und zumindest teilweise aus ihrer symbolischen Abhängigkeit gelöst. Eine einzelne Konferenz wird dies nicht bewerkstelligen, aber sie kann einen Ausgangspunkt darstellen: einerseits für den studentischen Rollenwechsel, indem das Vertrauen in die eigene Fähigkeit der Wissensproduktion gestärkt wird, und andererseits für die Veränderung der externen Wahrnehmung und Kategorisierung der Studierenden durch die Hochschulöffentlichkeit (insbesondere Hochschullehrer), indem die Arbeit der Studierenden in einem wissenschaftlich bekannten und anerkannten Rahmen legitimiert wird. Mittelfristig kann so auch ohne direkte Rezeption der studentischen Arbeit das Vorurteil der Infantilität der aktuellen Studierendengeneration gebrochen und das asymmetrische Rollenverständnis abgemildert werden. Dieses grundsätzliche Ziel des Forschenden Lernens soll durch die Öffentlichkeit des Kongresses auch für unbeteiligte Hochschulangehörige angestrebt werden und einen langfristigen Wandel der Lernkultur einleiten.

Drittens liegt der Veranstaltung des Kongresses auch eine direkte Kompetenz- und Berufsbildorientierung zugrunde: Die Fähigkeiten zu präsentieren und zu diskutieren sowie der grundsätzliche mündliche Ausdruck sind für die meisten Akademiker Kernkompetenzen in ihren wahrscheinlichen Berufsfeldern. Ein freier und diskutierter Vortrag vor Publikum ohne Prüfungscharakter ist eine seltene Möglichkeit, diese Kompetenzen in vivo anzuwenden bzw. zu schulen. Den Kongress selbst nicht zu benoten, ist dabei ein wichtiger Aspekt, da eine Prüfungssituation bei den Vortragenden zu einer Fixierung auf die Prüfer führen würde. In ihrer Eigenschaft als Expert/innen in dem von ihnen gewählten Fachgebiet sind die Studierenden in einer sehr berufsweltnahen Situation, auch und gerade wenn sie in einem nicht-forschenden Berufsfeld tätig sein werden. Der Kongress hatte dementsprechend nicht nur das Ziel, durch Forschung für die Forschung auszubilden, sondern bewusst eine Kernkompetenz für die Vielfalt der Berufsfelder in den Sozialwissenschaften zu vermitteln. Hierzu bietet sich das Format des studentischen Forschungskongresses gerade dadurch an, dass die Diskussion der eigenen Forschungsergebnisse dem vertrauten Umfeld des Seminars entzogen und in einen größeren Rahmen gestellt wird. Dies verlangt von den Studierenden als Expert/innen ihres Forschungsprojektes, ihre Themen mündlich und im Vortrag so aufzubereiten, dass Personen der Präsentation folgen können, die bisher nicht mit den Themen in Berührung gekommen sind. Dies wird weiterhin dadurch verstärkt, dass an dieser Stelle nicht mehr allein die Prüfenden Adressaten des Vortrags sind.

Praktische Umsetzung

Bis der Kongress stattfinden kann und alle didaktischen Ziele ausreichend in der Veranstaltung berücksichtigt sind, muss diese geplant und auf verschiedene Weise vorbereitet werden. Im Folgenden werden wir zunächst die Vorbereitung und anschließend die Durchführung des Kongresses beschreiben und dabei auch auf besondere Hilfen sowie Hürden eingehen. Die Vorbereitung der Tagung kann grob in drei Kategorien zusammengefasst werden: klassische Organisation, inhaltliche Arbeit und schließlich pädagogisch-didaktische Arbeit mit den Studierenden.

Organisatorische Arbeit

Die organisatorische Arbeit ist die sichtbarste, da sie von jedem Teilnehmer wahrgenommen wird und in Erinnerung bleibt. Hier lohnt es sich bereits weit im Vorfeld zu planen und erste Absprachen zu Form und Inhalt der Tagung innerhalb der Organisationsgruppe zu treffen, da jeder und jede Lehrende seine bzw. ihre Studierenden vorbereiten muss und Zeit braucht, die Seminarabläufe anzupassen. Wir haben die ersten Planungen ca. neun Monate vor dem Kongress begonnen (zwei Semester zuvor zu Beginn der Vorlesungszeit). Sobald die ersten Punkte geklärt waren, konnte eine Person die weitere Organisation übernehmen.

Der erste Punkt umfasst die Frage nach Raum und Zeit. Da die meisten Universitäten mit akuter Raumknappheit zu kämpfen haben und es aussichtslos ist, die Stundenpläne aller Teilnehmer/innen zu koordinieren, ist ein Termin außerhalb der Vorlesungszeit für den Kongress naheliegend. Hieran anschließend muss jedoch ein Termin gefunden werden, der einerseits keine für die Studierenden relevante Klausurphase kreuzt (aufgrund der Studiengangsstruktur fast ausgeschlossen) und andererseits ein möglichst geringes Risiko für Überschneidungen mit Praktika oder Urlaubsreisen aufweist. Im Interesse der Berücksichtigung der Diskussion im Endbericht ist außerdem noch ein hinreichender Abstand zum Abgabetermin wünschenswert. In dieser Konstellation war für uns die erste Woche der vorlesungsfreien Zeit der beste Zeitpunkt, vor allem, da es die letzte Woche im Monat war und somit die meisten Praktika erst in der folgenden Woche begannen. Durch diese frühe Terminierung war es möglich, dass alle Gruppen am Kongress teilnehmen konnten. Bei der Wahl des Raumes gibt es relativ wenig zu beachten. Zunächst sollte er gut zu erreichen und in gutem Zustand sein, ausreichende technische Ausstattung sowie eine passende Größe aufweisen. An dieser Stelle haben wir als Faustregel die Anzahl der Teilnehmer am Modul (60 Studierende) genommen und ein wenig mehr Platz eingeplant (insgesamt 80 Plätze). Dies war ausreichend, ohne den Eindruck eines leeren Saals zu vermitteln. Aus der Lehrerfahrung heraus haben wir einen Raum mit guter Akustik ausgesucht, um die Verwendung von Mikrophonen vermeiden zu können. Insbesondere in der Diskussion sind wandernde Mikrophone ein Ärgernis, da dies den Austausch behindert. Außerdem sind sie in den meisten Universitäten der am wenigsten beherrschte technische Ausstattungsgegenstand. Sollte kein passender Saal verfügbar sein (z.B. weil die erwartete Zuschauerzahl zu groß ist oder aber kaum Räume mit guter Akustik verfügbar sind), dann sollte ein eingehender Test mit einem oder mehreren Mikrophonen je nach Saalgröße und Bestuhlung gemacht werden.

Der zweite Punkt, die Auswahl eines Sprechers für ein Grußwort, Abschlusswort oder einen Abendvortrag, gehorcht zwei Prinzipien: Was könnte die Studierenden wirklich interessieren und wer kann fest zusagen? In unserem Fall haben wir die erste Frage damit beantwortet, den Sinn von Forschendem Lernen im Studium auch denjenigen begreifbar machen zu wollen, die nicht in die Forschung möchten. Die Bedeutung für den Studiengang und die Anforderungen im Modul »Lehrforschung« waren in den vergangenen Jahren Aspekte, die häufig an den Studierenden vorbei in den Gremien diskutiert wurden und ihnen so nur eingeschränkt klar waren. Als Vortragende bot sich somit jemand aus dem an der Universität Oldenburg angesiedelten Projekt FLiF (Forschungsbasiertes Lernen im Fokus) an. Die Wahl fiel auf Frau Dr. Muckel, die die Professur für forschungsbasiertes Lernen aktuell verwaltet. Ein interner Redner bietet den Vorteil der besseren Verfügbarkeit, sollte den Studierenden jedoch nicht bereits so bekannt sein, dass ihr Interesse erlahmt. Frau Dr. Muckel war hier ideal, da sie zwar zur gleichen Fakultät gehört, jedoch zu diesem Zeitpunkt in die Lehre des Instituts noch nicht einbezogen war. Aufgrund der thematischen Vielfalt der Forschungsprojekte war die Idee eines Vortrags zum Forschen und Forschenden Lernen naheliegend. Bei einem engeren Fokus der Projekte wäre aber auch ein am thematischen Rahmen der Projekte orientierter Vortrag denkbar.

Um eine echte Öffentlichkeit herzustellen, wurde in bescheidenem Maße geworben: Der Kongress wurde mit einem Programm auf den Internetseiten des Instituts angekündigt sowie in den Veranstaltungskalender der Universität eingetragen. Außerdem wurden im Institut Plakate aufgehängt sowie die Institutsmitglieder schriftlich zum Kongress eingeladen. Über die Lehrenden wurde der Kongress sowohl in den Basisvorlesungen des Studiengangs als auch in den Lehrforschungen des folgenden Durchgangs beworben. Hinsichtlich der Resonanz haben sich Einladungen in Lehrveranstaltungen als am effektivsten herausgestellt. Aushänge sowie eine Ankündigung auf der Institutswebseite dienen ebenso wie die schriftliche Einladung eher der Wahrnehmung des Kongresses durch die Lehrenden denn der tatsächlichen Teilnahme. Trotzdem sollte die Nutzung dieser Kanäle beibehalten werden, um langfristige Effekte vor allem in der Wahrnehmung studentischer Forschung zu unterstützen.

Inhaltliche Arbeit

Neben der klassischen Organisation ist jedoch auch eine inhaltliche Vorbereitung nötig. Für das Programm müssen von den Studierenden zunächst Kurzzusammenfassungen ihrer Arbeit erstellt werden. Dieser Prozess sollte unbedingt inhaltlich in den Lehrveranstaltungen begleitet werden, da es für einen Großteil der Studierenden die ersten Abstracts sind, die sie selbst verfassen, auch wenn sie ihnen als Leser/innen wissenschaftlicher Artikel nicht unbekannt sein dürften. Die klare Umschreibung des eigenen Forschungsprojekts sowie der Kernergebnisse kann hier auch zur Klärung der Berichtsstruktur nützlich sein, da das Wesentliche vom Nebensächlichen getrennt wird. Sobald diese Dokumente vorliegen, müssen sie in eine sinnvolle Abfolge gebracht werden, mit dem Ziel interessante Dialoge im Programm zu erarbeiten. Wir haben uns für die erste Ausgabe des Kongresses für nur eine Vortragsschiene entschieden, da wir so ein großes Publikum erwarten konnten und die Länge des Kongresses noch beherrschbar blieb. In der Rückschau wäre eine kleine Parallelisierung (zwei Schienen) absolut möglich gewesen und wird für eine weitere Durchführung auch angestrebt. Die dritte inhaltliche Aufgabe ist die Auswahl und Vorbereitung von Diskutanten. Wir haben die jeweils betreuenden Lehrenden als Diskutanten eingesetzt, da sie die Projekte am besten kannten und so mit dem geringsten Aufwand die Diskussion beleben konnten. Heute, wo der Kongress bei den Mitgliedern des Instituts präsenter ist, denken wir, dass es möglich sein dürfte, auch lehrveranstaltungsexterne Diskutanten einzuladen. Die Aufgabe an Studierende zu übertragen erscheint problematisch, da sie meist mit ihren eigenen Präsentationen bereits ausgelastet sind. Allerdings könnte hier eine weitere Chance bestehen, das universitäre Studium konkreter auf spätere berufliche Tätigkeiten auszurichten. Denkbar wäre es beispielsweise, Studierende aus dem Master als Diskutanten zu laden. Studierende, die ggf. eine wissenschaftliche Karriere anstreben, könnten so eine weitere Kernkompetenz erlernen und gewinnbringend einsetzen: die inhaltliche Diskussion fremder Forschungsarbeiten.

Pädagogisch-didaktische Arbeit

Die dritte Kategorie der Vorbereitung ist die didaktische, und insbesondere bei unerfahrenen Studierenden die wichtigste. In der inhaltlichen Vorbereitung wurden bereits die Kurzzusammenfassungen oder Abstracts angesprochen, die bestimmten, den Studierenden wenig bekannten Formalia gehorchen, aber nicht die einzige didaktische Hürde darstellen. Auch die Präsentation von Forschungsergebnissen geschieht in einem kodifizierten Rahmen, der vermittelt und begriffen werden sollte. Diese Formalien müssen im Vorfeld mit den Studierenden behandelt werden. Wir haben uns je nach Gruppengröße eine oder mehrere Sitzungen in den Seminaren genommen, um einerseits die Normen zu erklären und bei der Abfassung und Gestaltung der Beiträge zu unterstützen. Hierbei kommt den Lehrenden auch eine besondere Rolle zu, da sie die Trainer ihrer Studierenden werden müssen, ihnen einerseits das theoretische Rüstzeug für den großen Tag liefern und sie andererseits motivieren, kritisieren und antreiben. Im Vorfeld des Kongresses entsteht so eine sehr intensive Betreuungsphase, die man einplanen muss, damit die Studierenden die Veranstaltung in guter Erinnerung behalten. Der Kongress baut auch einen besonderen Druck auf, da eventuelle Fehlschläge nicht mehr allein zwischen Dozent/innen und Studierenden bleiben, sondern auch für die Kommilitonen sichtbar werden. Auch wenn bei den meisten unserer Studierenden kein Grund zur Sorge besteht, übt diese Öffentlichkeit einen hohen Druck sowohl auf die Studierenden individuell als auch auf ihre Arbeitsgruppen aus. Wir haben in den letzten Wochen vor dem Kongress eine Zuspitzung von Konflikten in den Gruppen erlebt, die geschlichtet oder ausgetragen werden mussten. Auch wurden einzelne Studierende, unabhängig von diesen Konflikten, vor allem durch die Möglichkeit der Öffentlichkeit emotional stark beansprucht. Es ist wichtig, in diesen Situationen den Studierenden eine Stütze zu sein, die nicht nur zugänglich ist, sondern auch angenommen wird. Dies erfordert einerseits einen guten persönlichen Kontakt zu den Studierenden und ihren Respekt sowie andererseits eine hohe zeitliche Verfügbarkeit und eine quasi seelsorgerische Ader, um die richtige Dosis aufbauender Worte mit konkreten Handreichungen zu verbinden, die es den Studierenden ermöglichen, ihre Aufgaben zu lösen, ohne sich angeleitet zu fühlen.

Der Tag X – Wie der Kongress (ab)lief

Nachdem all diese Überlegungen umgesetzt und die Hürden gemeistert waren, konnte der Kongress endlich stattfinden: An zwei aufeinanderfolgenden Tagen wurden die Forschungsergebnisse der Studierenden in einem repräsentativen Rahmen öffentlich vorgestellt und besprochen. Dabei wurde jeder Vortrag (20 Minuten) zunächst von einem/r Lehrenden diskutiert (5 – 10 Minuten) bevor das Publikum in den Austausch mit den Vortragenden getreten ist (ca. 20 Minuten pro Beitrag). Im Vorfeld war jedem/r Modulteilnehmer/in ein Programm mit den Abstracts aller Vorträge digital zugeschickt worden, das auch auf der Internetseite des Instituts heruntergeladen werden konnte. So war auch das Publikum auf die Vorträge vorbereitet und konnte teilweise sehr pointierte Fragen stellen. Den Abschluss der Veranstaltung bildete ein Vortrag von Frau Dr. Muckel mit dem Titel »Forschendes Lernen – Eine Reise ins Unbekannte«.

Für die Lehrenden blieb an diesen Tagen nur noch eine Aufgabe übrig: die Diskussionen zu leiten und falls diese zu schleppend wurden, einige Anmerkungen einzustreuen. Aus der Sicht der Gesprächsleitung bleibt als Bilanz, dass die Redezeitkarten (Grün = noch 5 Minuten, Gelb = noch 2 Minuten und Rot = Ende des Vortrages) relativ sparsam eingesetzt werden mussten und insgesamt die Länge sowie die Form der Vorträge besser respektiert wurde als bei manchen Fachtagungen. Die Diskussionen waren meist angeregt sowie sachbezogen, und nur mit einigen wenigen Ausnahmen waren längere Interventionen der Diskutanten erforderlich. Die Qualität der studentischen Forschung war gut und die Vorträge insgesamt ebenso.

Die Teilnahme muss etwas nuancierter gesehen werden. Die Studierenden des Moduls waren fast vollständig sowie durchgehend anwesend und sorgten so für eine gute Kulisse für die Vorträge. Die Anwesenheit von Institutsmitgliedern sowie anderen Studierenden war eher spärlich. Dennoch hat es eine kleine Gruppe von externen Gästen gegeben, die zu einzelnen spezifischen Vorträgen erschienen ist und sich in diesen Momenten aktiv in die Diskussion eingeschaltet hat. Insgesamt waren immer mindestens 50 Personen im Publikum anwesend. Der Abschlussvortrag wurde positiv angenommen, wobei nach zwei Tagen die Diskussionslust deutlich erlahmt war und die daran anschließende Diskussion daher etwas schleppend verlief. Insgesamt waren sowohl die Lehrenden als auch die Studierenden mit dem Kongress zufrieden, wie Gespräche über die nächsten Wochen und Monate zeigten.

Bilanz: Transfermöglichkeiten, Veränderungen

Wenn wir nun Bilanz ziehen, waren die Erfahrungen grundsätzlich positiv und auch die Transfermöglichkeiten erscheinen uns insgesamt gut.

Als Erstes sind die von uns in der Planung formulierten studierendenbezogenen Ziele grundsätzlich erfüllt worden. Überraschend war, dass die zu Beginn spürbare Angst der Studierenden, sich zu blamieren, im Laufe der Vorbereitungen abnahm und während des Kongresses kaum mehr zu bemerken war. Durch die Aufwertung der Diskussion und der studentischen Forschung sehen wir bei der Studierendengeneration, die am Kongress teilgenommen hat, ein größeres Selbstvertrauen, um eigene Projekte auch mit Daten oder Methoden anzugehen, die nicht in der Lehre behandelt werden, sowie eigene Ideen mit Institutsmitgliedern zu diskutieren. Die Veränderungen werden auch von Hochschullehrer/innen positiv wahrgenommen, die der Kongressidee zunächst sehr zurückhaltend gegenüberstanden. Feststellbar ist auch, dass viele Studierende sich in den methodologischen und epistemologischen Debatten des Fachs spontan positioniert haben und diese Positionen in den Diskussionen auch virulent vertreten. Diese Entwicklung war weder geplant noch erwartet worden und sorgte während des Kongresses zu einigen hitzigen Diskussionen, was denn nun Wissenschaft und Forschung sei. Die Qualität der Präsentationen und Diskussionen in den Kolloquien des Instituts ist subjektiv besser geworden, auch wenn es weder eine objektive Datengrundlage noch ausreichend belastbare Anzeichen für eine Kausalität gibt. Insgesamt scheint auch die externe Wahrnehmung zumindest dieser Studierendengeneration besser geworden zu sein, wenn auch der angestrebte Kulturwandel im Rollenverständnis von Studierenden und Lehrenden noch nicht ansatzweise messbar ist. Inwiefern die Professionalisierung erfolgreich war, können wir erst feststellen, wenn ein signifikanter Anteil der Studierenden den Arbeitsmarkt erreicht hat.

Für die Transfer- bzw. Weiterentwicklungsmöglichkeiten muss als Erstes der Aufwand ins Auge gefasst werden. In unserer Situation haben wir als im Modul Lehrende die komplette Organisation und Vorarbeit übernommen und auch am Tag der Konferenz den Großteil der Aufgaben selbst erledigt. Die Zeitinvestition war beträchtlich (über die Schultern von drei Lehrenden und ein Lehrstuhlsekretariat verteilt ca. 150 Stunden zuzüglich der Arbeit in den Seminaren und der Studierenden an ihren Beiträgen, die schwer zu quantifizieren ist) und auch belastend (die letzten Nächte vor dem Kongress sind unruhig). Für eine zweite Durchführung oder einen Transfer sollte man den Aufwand reduzieren. Eine erste Strategie könnte die Einbindung der Studierenden in die Organisation sein, die es ihnen auch ermöglichen würde, eigene Akzente zu setzen (z. B. beim Abendvortrag). Man könnte ihnen auch inhaltliche Aufgaben wie die Erstellung des Programms anvertrauen. Eine zweite Strategie könnte die Institutionalisierung des Kongresses darstellen, die mittelfristig den didaktischen Aufwand deutlich reduzieren kann, da Formalien bekannter sind und der Druck der ungewohnten Situation abnimmt. Als dritte Strategie wäre die Einbeziehung weiterer Mitglieder des Instituts als Diskutanten und Moderatoren ein Weg, die Sichtbarkeit und damit den Einfluss auf die Institutskultur des Kongresses zu erhöhen und die Aufgaben auf mehrere Schultern zu verteilen.

Kommen wir nun zu den materiellen Komponenten des Kongresses: Die Länge von zwei vollen Tagen war angemessen, sollte aber keinesfalls länger sein. Ein eintägiger Kongress wäre auch denkbar, wenn man mehrere Vortragsschienen ohne Probleme unterbringen kann. Ein sehr überschaubares Budget (50€) für Getränke (Mineralwasser und Heißgetränke) sowie etwas Gebäck war der Atmosphäre des Kongresses zuträglich und sollte eingeplant werden. Die Bekanntmachung und Bewerbung des Kongresses kann in der Rückschau auch komplett digital vollzogen werden, außer im Institut wird noch sehr viel Wert auf gedruckte Einladungen gelegt. Bei den Räumen sollte nicht nur die technische Ausrüstung sichergestellt, sondern auch die Sichtbarkeit der Vortragenden und ihrer Präsentationen im Raum überprüft werden. In unserem Fall waren die Präsentationsfolien durch eine relativ kleine Projektionsfläche zwar in den ersten Reihen sehr gut lesbar, jedoch in den letzten Reihen, die in unserem Testlauf nicht besetzt waren, kaum zu entziffern.

Für den Transfer bleibt abschließend die Frage, welche Ergebnisse präsentiert werden können. Wir haben durch die »Lehrforschung« eine sichere Basis von Forschungsprojekten, die wir in einer neuen Auflage durch Forschungsprojekte aus dem Master und um Abschlussarbeiten erweitern können, jedoch ist diese Situation nicht immer gegeben. Unserer Meinung nach sollte die Basis des Kongresses jedoch in klassischen Lehrveranstaltungen generiert werden und nicht zu einem Schaulaufen der besten Abschlussarbeiten degenerieren. Abschlussarbeiten werden bereits gewürdigt und durch die Aufnahme in die Bibliotheksbestände legitimiert, während die Arbeit in den vielen anderen Modulen bisher in Schubladen oder auf Festplatten verstaubt. Diesen Schatz gilt es zu heben und seinen Urhebern Ehre zu erweisen, nicht eine Prämierung zu doppeln. Wie in einzelnen Modulen oder Seminaren studentische Forschung ermöglicht werden kann, kann auf vielen Seiten dieses Sammelbandes gesehen werden. Unser Ziel war die verbesserte Sichtbarmachung dieser Ergebnisse. Unseren Studierenden und uns hat dieser Kongress viel Spaß gemacht und einige Anregungen gegeben. Wir hoffen, dass wir nicht allein mit dieser Erfahrung bleiben, und würden uns freuen, wenn andere Kongresse die studentische Forschung ins rechte Licht rücken.

Praxistipp:

- Moderation ist nicht jedem (Lehrenden) gegeben. Die Anstrengung, zwei Tage lang auf Kommando zu reden, ist beträchtlich. Hier sind unbedingt Vorkehrungen zu treffen (Übung, Halspastillen etc.).
- Mikrophone sind der am wenigsten beherrschte technische Gegenstand an Universitäten. Wenn sie notwendig werden sollten, sind Testläufe unverzichtbar.
- Ganz gleich wie es verpackt wird: Öffentlich zur eigenen Arbeit zu stehen setzt Studierende unter Druck. Es liegt auch an den Lehrenden diesen auf ein erträgliches Maß zu reduzieren.
- Der zusätzliche Arbeitsaufwand zur Organisation ist beträchtlich. Er sollte immer auf ein Team aufgeteilt werden.

Literatur

Savery, J.R. & Duffy, T.M. (1995). Problem-Based Learning. An instructional model and its constructivist framework. *Educational Technology,* 35, 31–38.

»Spiel, Satz und Sieg« ist das Ergebnis eines einjährigen Lehrprojektes an der Christian-Albrechts-Universität zu Kiel, das von den Literaturwissenschaftlern Dr. Ingo Irsigler und Gerrit Lungershausen geleitet und von Studierenden eigenverantwortlich realisiert wurde. Das Projekt wurde von »PerLe – Projekt erfolgreiches Lehren und Lernen« und damit vom Bundesministeriums für Bildung und Forschung gefördert. Unterstützung erfuhr das Publikationsvorhaben durch den Börsenverein des Deutschen Buchhandels e.V. Das fertige Buch erschien zur Verleihung des Deutschen Buchpreises im Verlag bup und wurde im Frankfurter Römer im Beisein der beteiligten Studierenden vorgestellt.

Spiel, Satz und Sieg – ein kulturwissenschaftliches Buchprojekt mit Studierenden

Gerrit Lungershausen, Ingo Irsigler

Wissenschaft sieht sich häufig mit dem Vorwurf der Praxisferne konfrontiert, weshalb die Forderung einer praxisnahen Hochschulausbildung immer wieder erhoben wird, insbesondere was das Lehramtsstudium betrifft (vgl. Sarand, 2015). Aber was bedeutet eigentlich wissenschaftliche Praxisnähe, wo es doch keine Häuser zu bauen oder Leitungen zu verlegen gibt? – Doch nichts anderes als die Imitation des ›akademischen Ernstfalls‹, des Alltags von Wissenschaftler/innen, die keineswegs ziellos Vor-sich-hin-Grübeln oder bloß um der Diskussionen willen diskutieren, sondern Forschungsprojekte realisieren: die eigene Dissertation, Habilitation oder ein größeres und vielköpfiges Projekt. Warum sollte Hochschulunterricht sich nicht an diesem Projektgedanken orientieren? Der Einwand liegt nahe, dass Studierende damit völlig überfordert wären, besonders die Bologna-Kohorten: Sie könnten weder forschen noch schreiben, so hört man immer wieder, studieren am allerwenigsten. Der Ausgangspunkt unseres Projekts war die Annahme, dass die Studierenden besser sind als ihr Ruf, dass sie unter den richtigen Bedingungen schon sehr früh forschen können und mehr zu schreiben in der Lage sind als bloß Hausarbeiten: Projektorientierte und forschungsbezogene Lehre stellt diese Bedingungen her.

Dieser Beitrag möchte ein zweisemestriges literaturwissenschaftliches Projektseminar zum Thema »10 Jahre Deutscher Buchpreis« vorstellen, das wir (Gerrit Lungershausen und Ingo Irsigler) als wissenschaftliche Mitarbeiter zusammen mit Studierenden der Christian-Albrechts-Universität geplant und durchgeführt haben sowie dessen Ergebnisse öffentlichkeitswirksam publiziert wurden (vgl. Irsigler & Lembke, 2014, Abb. 1). Das Projekt hatte das Ziel, Konzept, Ritual und Wirkung der Literaturpreisvergabeinstitution Deutscher Buchpreis sowie die thematischen und formalen Strukturen der Gewinner-Romane zu untersuchen. Das Buch, das daraus entstanden ist, haben die Studierenden auf der Frankfurter Buchmesse vorgestellt, und die Fachkritik hat es sehr positiv aufgenommen (vgl. Houscheid, 2015). Das Projekt war lehrreich, hat Spaß gemacht, und wir sind uns sicher, dass es für alle eine nachhaltige Lehrerfahrung gewesen ist.

Die Lernziele für die Studierenden bestanden in der Vermittlung von fachlichen Kompetenzen (Textanalyse, Literaturtheorie und -methodik, Argumentation und Thesenbildung, Komplexitätsreduktion), von Selbst- und Sozialkompetenzen (Erweiterung individueller Schreibfähigkeiten und Konfliktkompetenz) sowie von Grundlagenkenntnissen im Projektmanagement (Organisationsfähigkeit, Zeitmanagement) und Professionalität im kooperativen Arbeiten (Team- und Kommunikationsfähigkeiten). Das Buch, dessen Aufsätze die Studierenden selbst verfasst haben, sollte die Kulturwissenschaften über die Fachgrenzen hinaus repräsentieren, denn diese leben mehr als andere Disziplinen von der Vermittlung ihrer Erkenntnisse an die interessierte Öffentlichkeit. »Spiel, Satz und Sieg« ist der Titel unseres Buches und angesichts des Ergebnisses auch ein treffender Slogan für Forschendes Lernen.

Projekte lassen sich allgemein in vier Phasen unterteilen, die auch unserem Aufsatz zugrunde liegen: Nach einer Erläuterung unseres Verständnisses von forschungsbasierter Lehre beschreiben wir zunächst die Konzeptionsphase *(Das Vorspiel),* in der wir Projektleiter die Rahmenbedingungen festgestellt bzw. -gelegt haben (Ziel, Ressourcen, Zeitrahmen, Team). Die zweite Phase ist der konkreteren Planung der einzelnen Schritte gewidmet *(Die Aufstellung und Taktik).* In der Realisierungsphase geht es um die Umsetzung der selbstgesteckten Ziele *(Das Spiel dauert 90 Minuten),* und die Abschlussphase dient schließlich der Veröffentlichung und Evaluation des Projekts *(Abschluss: Spielbericht).*

Zum Konzept einer forschungsbasierten Lehre

Forschungsbasierte Lehre stellt aus verschiedenen Gründen eines der wesentlichen Elemente moderner Hochschullehre dar: Sie ist *erstens* notwendig, um die vielfach sowohl von Dozent/innen wie auch von Studierenden beklagte Distanz von Lehre und Forschung zu verringern (vgl. Hartmann, 2010, S. 369). *Zweitens* – und damit zusammenhängend – ist forschendes Lernen

> »eine zeitgemäße Form der wissenschaftlichen Ausbildung […], die einer zunehmend verwissenschaftlichten Berufsarbeit […] in der globalen Wissensgesellschaft angemessen ist« (Kossek, 2009, S. 3).

Drittens ist forschungsbasierte Lehre ein probates Mittel, um die eigentliche Funktion der Universität als kollektiver Lehr- und Lernraum zu stärken und auf diese Weise kreative Energien sowohl auf Dozierenden- wie auch auf Studierendenseite freizusetzen. Die Beteiligung der Studierenden an Forschungsprozessen – dies zeigt die Praxis ganz deutlich – führt zu mehr Eigenmotivation auf beiden Seiten und produziert überdies Ergebnisse, welche die Lehrenden in

eigenen Forschungsarbeiten gewinnbringend einsetzen können. Lehre ist in dieser Form für die Dozierenden ein integraler Bestandteil des Forschens.
Die Forderung nach forschungsbasierter Lehre – »Make research-based learning the standard« (Boyer, 1998, S. 15) – ist also alles in allem sinnvoll, weil sie die Kluft zwischen Wissenschaft, Lehre und Praxisbezug überwindet (vgl. Euler, 2005, S. 253). Unter forschungsbasierter Lehre verstehen wir eine Form des Hochschulunterrichts, in der die Dozierenden nicht als Wissensvermittler/innen auftreten, sondern als Organisator/innen von Erkenntnisprozessen und Mentor/innen der Studierenden: »Learning is based on discovery guided by mentoring rather than on the transmission of information.« (Boyer, 1998, S. 15) Zentral für unser Verständnis praxisorientierter Lehre ist dabei, dass die Studierenden den gesamten Ablauf eines konkreten wissenschaftlichen Projekts von der Planung über die eigentliche Durchführung bis hin zum gemeinsamen Abschluss mitgestalten und in ihren Entscheidungen von erfahrenen Wissenschaftler/innen beraten werden. Damit folgen wir der Definition von Huber (2009), dem zufolge Forschendes Lernen sich dadurch auszeichnet,

> »dass die Lernenden den Prozess eines Forschungsvorhabens, das auf die Gewinnung von auch für Dritte interessanten Erkenntnissen gerichtet ist, in seinen wesentlichen Phasen – von der Entwicklung der Fragen und Hypothesen über die Wahl und Ausführung der Methoden bis zur Prüfung und Darstellung der Ergebnisse in selbstständiger Arbeit oder in aktiver Mitarbeit in einem übergreifenden Projekt – (mit)gestalten, erfahren und reflektieren.« (S. 11)

Mit unserem Projektseminar »Deutscher Buchpreis« wollten wir unser Verständnis einer forschungsbasierten Lehre im Bereich der Kulturwissenschaften umsetzen und den Studierenden einen Einblick in die Praxis wissenschaftlichen Arbeitens geben.

Konzeption: Das Vorspiel (ca. 18 Wochen)

Ziele formulieren – Ressourcen einschätzen – Team zusammenstellen

Am Anfang eines jeden Projekts stehen meist eine möglichst kühne Idee sowie ein kritischer Seitenblick auf die verfügbaren Ressourcen: Zeit, Finanzen und Mitarbeiter/innen. In dieser Phase waren wir bemüht, unsere Idee eines Buchprojekts mit Studierenden soweit zu konkretisieren, dass sie schließlich antragsfähig würde. Die erste Herausforderung dabei war unser Zeitrahmen, nicht nur wegen unserer eigenen Lehr- und Arbeitsbelastung, sondern auch, weil wir die Studierenden schließlich kaum ohne Weiteres für ein mehrjähriges Projekt verpflichten konnten. Die Laufzeiten des zweijährigen Master- und dreijährigen Bachelorstudiums konnten wir also nicht ausschöpfen, also planten wir die Projektphasen so kurz wie möglich: Mehr als zwölf Monate von der gemeinsamen Konzipierung mit allen Teilnehmer/innen bis zur Projektpräsentation sollte es nicht in Anspruch nehmen, weniger allerdings erschien uns aus unserer Publikationserfahrung heraus als nicht durchführbar. So knapp dieser Zeitplan auch war, hielten wir ihn für realistisch, wenn alle Beteiligten bereit wären, mit viel Herzblut, Kraft und Zeit an die Sache heranzugehen.

Bei der Auswahl der Studierenden wollten wir nicht auf das reguläre Anmeldeverfahren unserer Universität zurückgreifen. Uns war bewusst, dass dieses zeitintensive Projekt sowohl für die Studierenden wie auch für uns höchst anspruchsvoll werden würde. Das Team stellten wir selbst zusammen und wählten die Studierenden nicht nur anhand ihrer Noten und argu-mentativen Stärken aus, sondern hielten ebenso Ausschau nach Diskussionsbereitschaft, kritischem Bewusstsein und Teamfähigkeit. Das Ergebnis war ein 24-köpfiges Team, dessen Heterogenität seine größte Stärke war: Erfahrene Studierende, die gerade ihre Masterarbeit begannen, saßen neben jungen Bachelorstudierenden. Gesellschaftlich engagierte Team-Player neben selbstbewussten Individualist/innen und textsichere Autor/innen neben Studierenden mit Schreibhemmungen. Manche Studierende, die von dem Projekt erfuhren und an der Teilnahme interessiert waren, haben wir nach persönlichen Gesprächen aufgenommen. Da wir etwa zehn Texte eingeplant hatten und sie von jeweils zwei Autor/innen verfassen lassen wollten, legten wir die Gruppengröße auf 24 Mitglieder fest, um eventuelle Ausfälle kompensieren zu können. Die unterschiedlichen Erfahrungen der Studierenden waren eine Herausforderung, immerhin sollte das Buch nicht auf dem Niveau von Hausarbeiten verfasst werden, sondern mit anspruchsvollen Sachbüchern konkurrieren können. Die erwarteten Synergien traten dann auch ein: Die Bachelorstudierenden haben sich an den Fortgeschrittenen orientiert und die Fortgeschrittenen haben ihre Argumentation stets so formulieren müssen, dass sie auch für die Studienanfänger/innen verständlich war.

Die Finanzierung des Projekts wurde durch PerLe (Projekt erfolgreiches Lehren und Lernen) und den Börsenverein des Deutschen Buchhandels gewährleistet. PerLe bewilligte Projektmittel in Höhe von 8.000 Euro, die für zwei Hilfskräfte und einen Druckkostenzuschuss vorgesehen waren, während der Börsenverein uns vor allem logistisch unterstützte, indem er Archivmaterial zur Verfügung stellte, uns Zugang zur Preisverleihung des Deutschen Buchpreises ermöglichte und sogar die Gelegenheit gab, mit Phillip Genêt, dem dafür Verantwortlichen im Börsenverein, eine gemeinsame Seminarsitzung in Kiel durchzuführen.

Nach diesen Überlegungen zum zeitlichen Rahmen, der studentischen Zielgruppe und der finanziellen Ausstattung galt es nun, das

Forschungsobjekt näher zu bestimmen: Woran wollen und können wir mit Studierenden gemeinsam arbeiten, um schließlich ein Buch zu publizieren? Zum einen sollte das Thema für Studierende interessant genug sein, um sie über einen Zeitraum von etwa zwölf Monaten an ein Projekt binden zu können, von dem sie keinen direkten Nutzen in Form von ECTS-Punkten ziehen können. Schließlich lag das Projekt außerhalb des Curriculums und die Leistungen waren nur zu einem sehr kleinen Teil übertragbar. Nicht nur die Projektform, auch das Thema musste also in irgendeiner Hinsicht attraktiv sein. Zum anderen lag ein ganz pragmatisches Kriterium schließlich darin, dass die Forschungslage für uns wie auch für die Studierenden angesichts des Zeitrahmens rasch zu überblicken sein musste. Diese beiden Faktoren legten es nahe, ein Thema aus dem Bereich der noch wenig erforschten Gegenwartsliteratur zu wählen und – da Ingo Irsigler im Zuge einer früheren Publikation (2011) bereits eine Forschungslücke diesbezüglich aufgefallen war – den Deutschen Buchpreis zum Gegenstand unseres Projekts zu machen. Dass dieser 2014 zum zehnten Mal vergeben werden sollte, war ein günstiger Zufall, weil das prominente Jubiläum die Finanzierung vereinfachte und ein öffentliches Interesse am Gesamtprodukt versprach. Wir nahmen frühzeitig Kontakt zum Börsenverein des Deutschen Buchhandels auf, der den Deutschen Buchpreis ausrichtet, und dessen Unterstützung unserem Projekt wesentliche Impulse gegeben hat.

Planung: Mannschaftsaufstellung und Taktik (14 Wochen)

Studierende motivieren – Teams bilden – Gliederung erstellen

In der Planungsphase haben wir großen Wert auf das **Teambuilding** gelegt: Da die Studierenden ihre Aufsätze nicht, wie es in den Kulturwissenschaften traditionellerweise der Fall ist, allein, sondern grundsätzlich in Autor/innenteams verfassen sollten, haben wir sie von der ersten Sitzung an rasch miteinander in Kontakt treten lassen. Warum in Teams? Studierende lernen viel voneinander, und neben der Förderung von Sozialkompetenzen ist das wissenschaftliche Arbeiten in einem gewissenhaften Team auch für die Ausbildung von Schreib- und Fachkompetenzen vorteilhaft. Die Studierenden schulen ihre argumentativen Fähigkeiten, und die Texte durchlaufen einen ersten ›internen‹ Review-Prozess.

In der Eingangssitzung haben wir nach einer kurzen Vorstellung der groben Projektziele und des Ablaufs den Studierenden die Möglichkeit gegeben, sich in wechselnden Kleingruppen kennenzulernen. Auch der Einsatz des Lernmanagementsystems OpenOLAT hat den Austausch gefördert: Die Studierenden haben Blogs eingerichtet, in denen sie Arbeitsproben ausgetauscht, ihre Motivation für das Seminar oder ihre allgemeinen Studienziele formuliert haben. Auch das Online-Diskussionsforum, in dem die Studierenden ihre Literaturentdeckungen geteilt und kommentiert, Vorschläge zur Zusammenarbeit diskutiert oder ihre Fragen an das Plenum gerichtet haben, bot eine Möglichkeit zur Kommunikation. So haben die Studierenden sich nicht nur persönlich kennenlernen, sondern ihre Kommiliton/innen auch in fachlicher Hinsicht einschätzen können.

Ein weiteres Ziel in dieser Phase war die **Motivation** der Studierenden, um einen positiven Gegenpart zur hohen Arbeitsbelastung zu schaffen. Die Vorstellung, als Ergebnis ihrer Arbeit ein selbst erstelltes Buch in ihren Händen halten können, wirkte dabei motivierender als sämtliche ECTS-Punkte, die wir hätten vergeben können. Auch die Tatsache, dass es nicht nur einen Text zu schreiben galt, den die Dozierenden bewerten sollen, sondern der für eine breite Öffentlichkeit zugänglich und vor allem lesbar sein sollte, beförderte ihren Ehrgeiz über unsere Erwartungen hinaus. Hierzu gehörte auch ein hoher Grad an Mitbestimmung von Anfang an. Durch die Partizipation an den meisten Entscheidungen haben die Studierenden – ganz im Sinne des Konzeptes vom Forschenden Lernen – den Arbeitsprozess mitgesteuert und neben den fachlichen auch ihre Organisationskompetenzen ausgebildet. Diese Mitbestimmung führte dazu, dass die Studierenden sich in hohem Maße mit dem Projekt identifizierten: Es wurde immer mehr *ihr* Projekt, und damit stieg auch ihre Motivation.

Neben dem Teambuilding und der Motivation galt es auch, in wenigen Seminarsitzungen das notwendige **Kontextwissen** über Buchpreise und ihre literatursoziologische Funktion zu vermitteln sowie das für die wissenschaftliche Praxis notwendige methodische Rüstzeug bereitzustellen. Durch die Erstellung eines Wikis zu Literaturpreisen in OpenOLAT regten wir die erste Auseinandersetzung der Studierenden mit Literaturförderungsmaßnahmen an und gewährleisteten einen Überblick über die deutsche Literaturpreislandschaft. Nach der Eingangs- und einer dozentenzentrierten Sitzung zur Literatursoziologie und Literaturpreislandschaft folgten zwei Sitzungen in Kleingruppen, in denen wir die Fähigkeiten der Studierenden zur Argumentation und Thesenbildung förderten: In betreuten Gruppenarbeiten reflektierten sie spezifische Fragestellungen zu einzelnen Romanen, die den Deutschen Buchpreis gewonnen hatten, während wir die Diskussionen unterstützend begleiteten. Studierende bringen ihren kritischen Verstand und ein grundsätzliches Interesse am Gegenstand meist schon mit, für uns galt es nun, ihnen beizubringen, die ›richtigen‹ Fragen zu stellen und die richtigen Methoden zu finden, um diese zu beantworten.

Zur Mitte dieser Phase, die wir mit einem gemeinsamen Treffen kurz vor der Weihnachtspause beschlossen, wollten wir ein hochmotiviertes Team gewonnen haben, das vertrauensvoll miteinander arbeitet, eine grobe Vorstellung vom Gegenstand hat und in der zweiten Hälfte der Planungsphase unter unserer Anleitung eine erste und vorläufige Gliederung des Buches entwerfen kann: Wer schreibt gemeinsam mit wem? Worüber? Und am wichtigsten: Warum ist das gewählte Thema überhaupt relevant – für die Fachkolleg/innen ebenso wie für ein kulturell interessiertes Publikum?

Die zweite Hälfte der Planungsphase war also der ersten von insgesamt drei Feedbackrunden gewidmet. Die Studierenden sollten ein Feedback zu ihren Themen, Fragestellungen und Thesen bekommen, damit sie zu einem sehr frühen Zeitpunkt ihrer Arbeit konkrete Ideen entwickeln und mit der Textarbeit beginnen konnten. Da die Studierenden nach dieser kurzen Einarbeitungszeit kaum die nötigen fachlichen Kompetenzen erwerben konnten, um die Projekte der Kommiliton/innen einschätzen zu können, haben wir die anderen Studierenden zwar den Sitzungen beiwohnen und auch Kritik üben lassen, allerdings unseren eigenen Einschätzungen sehr breiten Raum gewährt. Da hier die zentralen Entscheidungen für die Teilprojekte gefällt werden sollten, haben wir an diesem Punkt stärker eingegriffen als in anderen Phasen. Am Ende dieser Planungsphase hatten die Autor/innenteams eine Vorstellung, mit welcher Fragestellung sie worüber schreiben und welche Probleme sie erwarten würden. Gleichzeitig waren alle informiert, auf welchem Stand die Kommiliton/innen sind. Der erste Meilenstein war damit erreicht – und eine kleine Feier wert, damit alle optimistisch der Realisierungsphase entgegenblicken konnten.

Realisierung: Das Spiel dauert 90 Minuten (ca. 28 Wochen)

Texte schreiben – Plenumsredaktion – Leitungsredaktion

In der achtwöchigen Schreibphase vom 1. Februar bis zum 25. April haben wir keine Plenumssitzungen veranstaltet, sondern den Gruppen ihr eigenes Tempo gestattet. Unsere Beratung in dieser Phase beschränkte sich auf E-Mail-Kommunikation, persönliche Sprechstunden und kurze Meldungen über die Lernmanagementplattform OLAT. Damit die Studierenden auch voneinander lernen, haben wir uns entschieden, die meisten Texte in zwei- bis vierköpfigen Autor/innenteams schreiben zu lassen. So konnten sie sich gegenseitig helfen, erste (interne) Rückmeldungen erhalten und ihre Unterschiede in den Studienerfahrungen ausgleichen. Dies stellte die Studierenden vor einige Herausforderungen: Hier mussten sie ihre Teamfähigkeiten (Zusammenarbeit unter Zeitdruck und unter hohen Erfolgserwartungen der Gruppe), ihre Kompetenzen im Konfliktmanagement (unterschiedliche Meinungen im Schreibprozess, heterogene Zusammensetzung der Teams) und ihre Organisationsfähigkeiten (Zeitmanagement, Verbindlichkeit) testen. Diese Anforderungen zu berücksichtigen, ist Aufgabe der Projektleitung gewesen.

Der Höhepunkt des Seminars war der mehrstufige Redaktionsprozess, in dem das gegenseitige Feedback der Studierenden ein größeres Gewicht bekommen hat. Nach einer Sitzung, in der wir das Verfahren im Detail erläutert, unsere Erwartungen an Argumentation, Struktur und Stil der Texte vorgestellt und Feedbackregeln formuliert hatten, folgten sieben Plenumssitzungen (vgl. Abb. 1), deren Ziel es war, die Studierenden jeweils zwei Buchbeiträge diskutieren zu lassen. Diese wurden von allen vor der Sitzung kritisch gelesen und von einer zwei- bis vierköpfigen Kommentargruppe vorgestellt und hinsichtlich Argumentation, Struktur und Stil kommentiert. Das Seminargespräch wurde von Studierenden protokolliert und dem Autor/innenteam zugänglich gemacht. Damit die Autor/innen die zahlreichen Kommentare und Hinweise besser einschätzen konnten, haben wir Projektleiter in einer Nachbesprechung dieses Protokoll diskutiert und die Änderungsvorschläge der Studierenden priorisiert. Dieses Verfahren haben die Studierenden sehr verantwortungsvoll absolviert, obwohl es eine spürbar hohe Belastung war, immerhin stand nicht nur irgendeine Note auf dem Spiel, sondern der Erfolg des Gesamtprojekts. Durch diese große Verantwortung und die konstruktiv-kritische Offenheit des Seminars wurden zu diesem Zeitpunkt auch die Probleme im Arbeitsprozess sichtbar. Umso sinnvoller war es, das Feedback deutlich, aber dennoch mit Rücksicht auf die Belastbarkeit der Studierenden zu formulieren. Zu diesem Zeitpunkt haben die Autor/innen also im Anschluss an das Feedback der Dozenten in der Planungsphase (F1) das Feedback einer sehr sorgfältig vorbereiteten Kommentargruppe (F2) erfahren, das Feedback des gesamten Plenums (F3) und schließlich, darauf basierend, das der Dozierenden (F4).

Die ersten Versionen, die in diesen Redaktionssitzungen diskutiert wurden, enthielten meist schon die prägnanten Thesen und trafen den richtigen Ton, waren aber noch lange nicht fertig. Oft war der Ausdruck noch etwas schief, die Argumentationen manchmal lückenhaft, die Thesen nicht immer präzise genug. Nun wurde die Herausforderung besonders sichtbar: Die Studierenden sollten eben nicht nur Texte schreiben, die den Ansprüchen von akademischen Hausarbeiten genügen, sondern thesenstarke Aufsätze mit knackigen

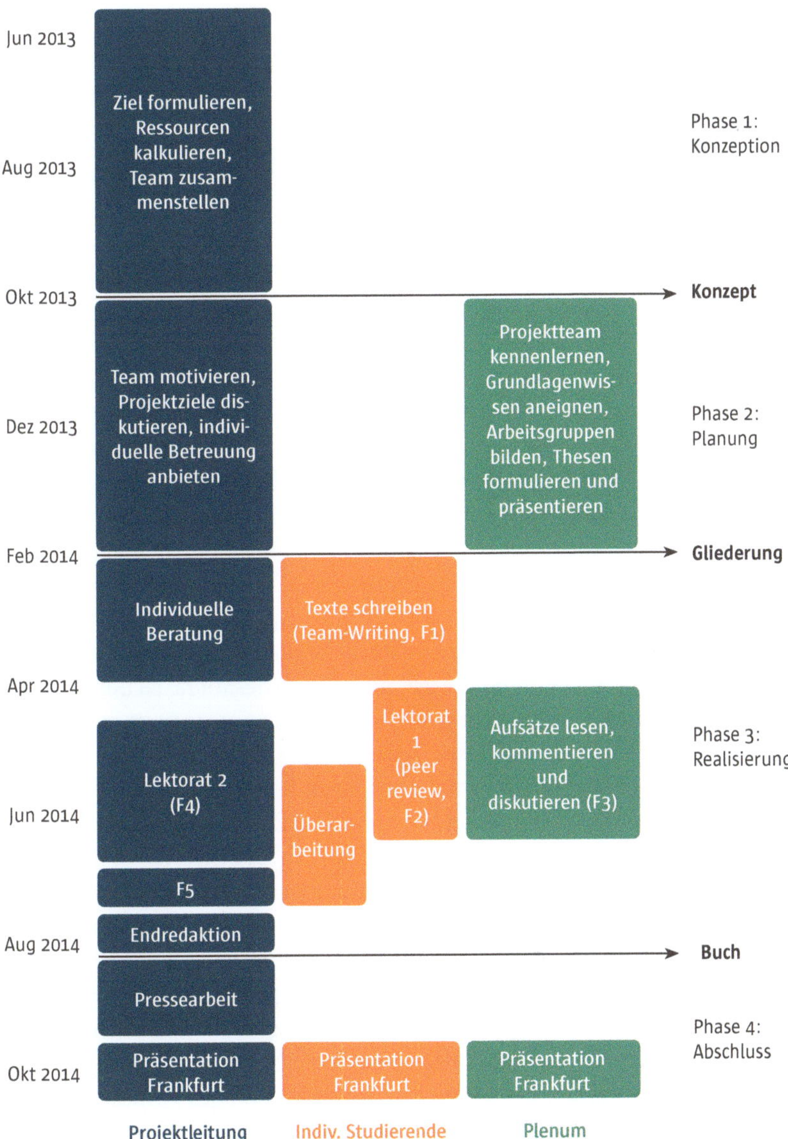

Abb. 1: Zeitplan des Gesamtprojekts

Einleitungen und ungewöhnlichen Metaphern schließlich war das Buch auch als ein Projekt externer Wissenschaftskommunikation gedacht: Literaturwissenschaft zum Anfassen. Und das heißt, auf Fachbegriffe möglichst zu verzichten und stattdessen eine bildhafte Sprache zu wagen sowie Fußnoten nur dort zu setzen, wo es unumgänglich ist. Die Studierenden sollten die Texte durch die akademische Brille (also methodenbewusst) lesen, aber mit leichter Feder schreiben. Die gemeinsame Arbeit an den Aufsätzen, den eigenen und fremden, hat den Studierenden einen neuen Blick auf ihre Texte ermöglicht. In der Überarbeitungsphase sollten sie nun die Vorschläge berücksichtigen, damit zunächst die Hilfskräfte und dann wir Dozenten die Redaktionsarbeit im Detail übernehmen konnten. Von nun an fand die Feedback-Kommunikation nur noch zwischen den Autor/innenteams und der Projektleitung statt (F5). Dabei wurden Änderungswünsche formuliert und konkrete Vorschläge gemacht. Hatten wir bis zu diesem Zeitpunkt vieles in der Gruppe ausgehandelt, mussten wir nun einige Entscheidungen allein treffen: Angesichts des zunehmenden Zeitdrucks und der hohen Ansprüche aller an das Buch, schien uns als Projektverantwortliche dies sinnvoll, zumal wissenschaftliche Review-Prozesse auch keine demokratischen Abstimmungen sind. Diese Kursänderung haben wir transparent gemacht, damit sie nicht zu Unmut in der Gruppe führt.

Die Textarbeit war intensiver als in normalen Review-Prozessen und ging von weitgehenden strukturellen Eingriffen über grundsätzliche stilistische Korrekturen bis hin zu erheblichen Kürzungsvorschlägen. Das Vorgehen orientierte sich aber an den Ansprüchen wissenschaftlichen Publizierens, wodurch die Studierenden unseren akademischen Alltag kennenlernten: Wie macht man eine Idee zum Text? Und welche Schritte sind nötig, um eine abstrakte Argumentation verständlich zu Papier zu bringen? Der Gedanke des Forschenden Lernens impliziert eben auch, dass das Ergebnis den zuvor selbstformulierten Ansprüchen, aber auch den Bedürfnissen des wissenschaftlichen Betriebs genügen muss.

Abschluss: Spielbericht (7 Wochen)

Abschlusspräsentation – Evaluation

Das Buch ist pünktlich zur Verleihung des Deutschen Buchpreises am 6. Oktober 2014 erschienen und dort nicht nur an alle geladenen Gäste des Festakts ausgeteilt, sondern auch von uns auf der Frankfurter Buchmesse präsentiert worden. Wir haben eine Exkursion nach Frankfurt am Main organisiert, damit alle Studierenden die Möglichkeit bekamen, beim Abschluss unseres gemeinsamen Projekts dabei zu sein. Dieser festliche Abschluss war für die Studierenden wie auch für uns ein besonderer Event. Um das Projekt auch in unserem direkten akademischen Umfeld zu präsentieren und die Studierenden zu würdigen, haben wir ein Poster erstellt und dies am Tag der Lehre 2014 sowie am Forschungstag der Philosophischen Fakultät 2014 vorgestellt. Auch der PerLe-Blog »Einfach gute Lehre« hat darüber berichtet (vgl. Stagl, 2014). In dem renommierten Rezensionsportal Literaturkritik ist eine Kritik des Buches erschienen, die die Leistung der Studierenden in höchsten Tönen lobt (Houscheid, 2015).

Die Reaktionen der Fachwelt aber auch der Studierenden haben uns gezeigt, dass Studierende nicht nur Hausarbeiten für unsere überquellenden Schubladen schreiben können, sondern auch interessante Bücher für neugierige Leser/innen. Wir haben gelernt, dass wir die Studierenden nicht als Hindernis in unserem Forschungsprozess verstehen sollten, sondern dass sie unter den richtigen Bedingungen ein wichtiger Teil dessen sein können. Um diese richtigen Bedingungen herzustellen, muss man den Studierenden viel Respekt und Vertrauen entgegenbringen, klare Ziele mit ihnen vereinbaren und viel Zeit darin investieren, sie auf diesem Weg zu begleiten. Das Konzept des Forschenden Lernens und das Selbstverständnis eines Seminars als Projekt haben uns geholfen, bessere Hochschullehrer zu werden, und wir glauben, dass es unsere Studierenden auf ihrem Weg befördert hat. Dass unser ›bunter Haufen‹ nicht nur ein lesenswertes Sachbuch verfasst hat, sondern daraus auch eine Reihe enger Freundschaften entstanden sind, freut uns umso mehr: Forschendes Lernen ist eben auch ein sozialer Prozess.

Praxistipp:

»Review-Prozess«

- den Review-Prozess mehrstufig aufbauen, um die Studierenden nicht zu überfordern
- die Studierenden in der Anfangsphase der Redaktionsarbeit stark einbinden, denn gerade zu Beginn der Redaktion werden strukturelle und argumentative Probleme behoben
- Abläufe organisieren und stets transparent machen, damit eine effektive Redaktion der Texte möglich wird
- den Feinschliff der Projektleitung überlassen, die in redaktionellen Angelegenheiten über Erfahrungen verfügen, die die Studierenden erst erwerben müssen
- die Texte überarbeiten, ohne sie selbst zu schreiben; die Texte müssen auch in ihrer überarbeiteten Form die Ideen und Argumente der Studierenden enthalten

»Gesamtprozess«

- Forschendes Lernen bedeutet, die Studierenden mitbestimmen zu lassen
- Meilensteine definieren und feiern, besonders letzteres dient der Motivation der Studierenden und stärkt das Gruppengefühl
- eher Mentor/in als Lehrer/in sein
- Konflikte akzeptieren
- den Projektabschluss als Höhepunkt inszenieren

Literatur

Euler, D. (2005). Forschendes Lernen. In S. Spoun & W. Wunderlich (Hrsg.), *Studienziel Persönlichkeit. Beiträge zum Bildungsauftrag der Universität heute* (S. 253 – 272). Frankfurt, New York: Campus.

Houscheid, K. (2015). Jubiläumsband mal anders. *Literaturkritik.* URL: http://www.literaturkritik.de/public/rezension.php?rez_id=20300, 20.6.2015.

Huber, L. (2009). Warum forschendes Lernen nötig und möglich ist. In L. Huber, J. Hellmer & F. Schneider (Hrsg.), *Forschendes Lernen im Studium* (S. 9 – 35). Bielefeld: UniversitätsVerlagWebler.

Irsigler, I. (2011). »Der Gewinner ist in jedem Fall die Literatur«. Das Verhältnis von Text und Öffentlichkeit, betrachtet am Beispiel zweier Buchpreisgewinner. In K. Sina & O. Petras (Hrsg.), *Kulturen der Kritik. Mediale Gegenwartsbeschreibungen zwischen Pop und Protest* (S. 237 – 259). Dresden 2011.

Irsigler, I. & Lembke, G. (Hrsg.) (2014). Spiel, Satz und Sieg. *Zehn Jahre Deutscher Buchpreis.* Berlin: Berlin University Press.

Sarand, L. (2015). Bekenntnisse einer Lehramtsstudentin: Wir lernen nicht. *Spiegel Online.* URL: http://www.spiegel.de/schulspiegel/lehramtsstudium-studentin-erzaehlt-wie-wenig-sie-lernte-a-1033194.html, 20.6.2015.

Stahl, A. (2014). Projektvorstellung auf der Frankfurter Buchmesse. *Einfach gute Lehre.* URL: http://www.einfachgutelehre.uni-kiel de/llgemein/projektvorstellung-auf-der-frankfurter-buchmesse, 20.6.2015.

The Boyer Commission on Educating Undergraduates in the Research University (1998). *Reinventing Undergraduate Education. A Blueprint for America's Research Universities.* URL: http://eric.ed.gov/?id=ED 424840, 20.6.2015.

Im Projekt »Forschungsbasiertes Lernen im Fokus« (FLiF) der Carl von Ossietzky Universität Oldenburg wird unter anderem das Ziel verfolgt, Ergebnisse studentischer Forschung aus Kontexten Forschenden Lernens sichtbar zu machen. Mit »forsch! Studentisches Online-Journal der Universität Oldenburg« wird dieser Anspruch umgesetzt. Studierende der Universität haben mit »forsch!« die Möglichkeit, Ergebnisse, die u.a. im Rahmen von Lehrveranstaltungen gewonnen wurden, ihren Kommiliton/innen, der gesamten Universität sowie der interessierten Öffentlichkeit zu präsentieren. Im folgenden Beitrag werden Erkenntnisse vorgestellt, die im Zuge der Implementierung des studentischen Online-Journals gewonnen werden konnten.

Publikation studentischer Forschung in einem Online-Journal

Carmen Wulf, Susanne Haberstroh, Frédéric Falkenhagen, David Kergel, Birte Heidkamp

Forschendes Lernen umfasst idealtypisch alle Phasen des Forschungsprozesses, von der Entwicklung einer Fragestellung über die Erhebung und Auswertung von Daten bis zur Präsentation und Reflexion der Ergebnisse, und ist darauf ausgerichtet, neue Erkenntnisse zu gewinnen (Huber, 2014, S. 25). Zu jedem Forschungsprozess gehören somit das Präsentieren und möglichst auch das Publizieren der Ergebnisse, um diese einem größeren interessierten Publikum zugänglich zu machen. Dieser Schritt des Publizierens, der in Formaten Forschenden Lernens häufig vernachlässigt wird, wird mit »forsch! Studentisches Online-Journal der Universität Oldenburg« im Rahmen eines integrierten Projektes zur Entwicklung einer forschenden Lernkultur in den Vordergrund gerückt.

In diesem Beitrag werden die Ziele und die in diesem Sinne entwickelte Struktur von »forsch!« dargestellt. Das Kernziel der Sichtbarmachung studentischer Forschung liegt dabei in der Nachbildung der Mechanismen einer wissenschaftlichen Publikation auf studentischem Niveau. Im Folgenden werden zunächst Rahmenbedingungen und Entwicklungsschritte beschrieben, bevor in einem zweiten Schritt die praktische Umsetzung des Konzepts thematisiert wird. Der Fokus liegt dabei auf den verschiedenen Herausforderungen, die »forsch!« und die beteiligten Personen zu bewältigen hatten und teilweise noch immer haben: Neben der Bewerbung des Endprodukts ist vor allem die Ermöglichung und Förderung studentischer Forschungsprozesse eine je nach Fächern unterschiedlich schwere Daueraufgabe.

Auch die interne Struktur und Organisation unterliegt einem Anpassungsdruck. Der Etablierungsprozess ist noch im Gang und erfordert einen höheren Aufwand als zunächst erwartet, jedoch ziehen wir eine insgesamt positive Bilanz und entwickeln »forsch!« beständig weiter.

1. Entwicklung und Konzeption des Online-Journals

Die Carl von Ossietzky Universität Oldenburg verfolgt das Ziel, forschungsbasiertes Lernen zum zentralen Profilmerkmal der Lehre auszubauen. Das im Rahmen des Qualitätspakts Lehre geförderte fakultätsübergreifende Projekt »Forschungsbasiertes Lernen im Fokus (FLiF)« ist das Zentrum der universitätsweiten Maßnahmen zur Förderung des forschungsbasierten Lernens. Ein Baustein des Projektes FLiF war die Entwicklung und Implementation eines studentischen Online-Journals, um Ergebnisse studentischer Forschung über die direkte Fach- bzw. Seminarkultur hinweg sichtbar werden zu lassen.

1.1 Entwicklungsprozess von »forsch!«

In einem Prozess von etwa zwei Jahren wurden in einer achtköpfigen Arbeitsgruppe bestehend aus Hochschullehrer/innen, wissenschaftlichen und IT-Mitarbeiter/innen sowie einer Koordination die Eckdaten für das Journal erarbeitet. Inhaltlich waren Fragen zu klären, wie die fachliche Ausrichtung des Journals, die Einreichungs- und Begutachtungskriterien, der Name des Journals sowie die Aufgaben und Zuständigkeiten der beteiligten Rollen, wie Herausgeber/innen, Gutachter/innen und Redaktion. Formale Fragen bezogen sich auf Formatanforderungen, Zitationsrichtlinien und nicht zuletzt auf die technische Implementierung.

Im Zuge dieser Aufbauprozesse wurden in einem nächsten Schritt auch Studierende an der Entwicklung des Journals beteiligt: In einem universitätsweiten Wettbewerb konnten sie Ideen für das Logo entwickeln. Das Gewinner-Logo war dann Grundlage einer Lehrveranstaltung, in der die Studierenden als Prüfungsleistung Design-Vorschläge und In-Design-Vorlagen für die Gestaltung des Journals entwickeln sollten. Parallel zur Einbindung dieser Vorlagen wurde »forsch!« universitätsweit vorgestellt und die erste Ausgabe vorbereitet. Diese erschien im Wintersemester 2014/2015 mit neun Beiträgen aus unterschiedlichen Fachdisziplinen, eine zweite mit sechs Beiträgen im folgenden Wintersemester und die dritte Ausgabe mit fünf Beiträgen wurde im Sommersemester 2016 veröffentlicht.

1.2 Ziele und Aufbau von »forsch!«

Während andere studentische Journale häufig disziplinär ausgerichtet bzw. direkt an eine Fachgesellschaft angelehnt sind (z. B. »sozius – Zeitschrift für Soziologie« der »Skriptum – Studentische Onlinezeitschrift für Geschichte und Geschichtsdidaktik), soll »forsch!«

Studierende unterschiedlicher wissenschaftlicher Disziplinen und Studienphasen ansprechen. »forsch!« soll damit allen Bachelor- und Masterstudierenden der Universität Oldenburg eine Plattform für die fächerübergreifend verständliche Präsentation und den Austausch eigener wissenschaftlicher Arbeiten bieten, wobei sich der Veröffentlichungsprozess an (klassischen) Verfahren bei wissenschaftlichen Publikationen orientiert. Insgesamt soll »forsch!« dazu beitragen, Prozesse forschenden Lernens zu fördern, indem die veröffentlichten Publikationen

- Ergebnisse studentischer Forschung einer breiteren Öffentlichkeit zugänglich machen und damit auch Prozesse sowie Erkenntnisse aus Kontexten Forschenden Lernens dokumentieren und sichtbar machen,
- Beispiele für wissenschaftliche Arbeiten im Studium für andere Studierende darstellen und ihnen so Hilfestellungen bei der Erstellung eigener Arbeiten bieten,
- auf relevante Problematiken und Forschungsfragen der jeweiligen Disziplin aufmerksam machen.

Forschendes Lernen unterstützt einen breit angelegten Kompetenzentwicklungsprozess (vgl. dazu Huber, 2009; Schneider & Wildt, 2009), dem es neben der Entwicklung der Fachkompetenz ebenso um die Förderung der Sozial-, Methoden- und Selbstkompetenz geht. Mit »forsch!« werden konkret folgende Kompetenzen angesprochen:

- Kompetenzen wissenschaftlichen Arbeitens und Schreibens: Das Verfassen eigener wissenschaftlicher Texte stellt im Rahmen der Methodenkompetenz einen Baustein dar, für den im Studienkontext häufig zu wenig Zeit und auch zu wenig Unterstützung vorhanden sind. Studierende werden durch das Verfassen und das Bearbeiten eigener Artikel stärker in wissenschaftliche Arbeitsprozesse wie z.B. Recherche, wissenschaftliche Darstellung oder Analyse einbezogen und lernen in diesem Prozess, unterstützt durch das Feedback der Gutachter/innen, wissenschaftliches Schreiben zu professionalisieren.
- Reflexionskompetenz: Die Auseinandersetzung mit eigenen Texten vor dem Hintergrund von Reviewverfahren unterstützt die kritische Auseinandersetzung mit der eigenen wissenschaftlichen Arbeitsweise. Die Studierenden erhalten die Möglichkeit, durch diesen Prozess ihre Texte zu überarbeiten und für eine Veröffentlichung zu optimieren. Zugleich eröffnet sich für Studierende durch den Reviewprozess ein Möglichkeitsraum, sich in ihrer Rolle als wissenschaftliche Autor/innen zu reflektieren und ein Selbstverständnis als forschend Lernende zu entwickeln.
- Fachkompetenz: Nicht nur die Autor/innen, sondern auch die Rezipient/innen der Zeitschrift werden durch die Beiträge für fachspezifische Problematiken und Forschungsfragen sensibilisiert und er-

halten einen Überblick über aktuelle Ergebnisse und Diskurse in ihrer und anderen Disziplinen.

Da Forschendes Lernen vielfältige Formen annehmen kann (Huber, 2009, S. 28), stehen in »forsch!« unterschiedliche Textformate (»Rubriken«) zur Veröffentlichung von Forschungsergebnissen zur Verfügung. Unabhängig vom Textformat sollte der Umfang der eingereichten Texte sieben Seiten ohne Anhänge nicht überschreiten.

Im Format Wissenschaftlicher Artikel können Beiträge eingereicht werden, die einer Forschungsfrage mit empirischen Methoden entweder hypothesenerkundend oder hypothesenprüfend nachgehen oder Forschungsergebnisse systematisch darstellen. Die genaue Ausgestaltung kann je nach Fachdisziplin variieren. Im Format Essay steht die persönliche kritische Auseinandersetzung der Studierenden mit einem wissenschaftlichen, gesellschaftlichen und/oder politischen Thema im Vordergrund. Während im Format Wissenschaftlicher Artikel der Fokus auf der systematischen, objektiv nachvollziehbaren Art der Darstellung liegt, können Autor/innen in einem Essay relativ frei ihre Gedankengänge und Argumentationen darlegen und eigene Positionen argumentativ schlüssig entwickeln. Im Fokus der Rubrik Exposé steht die Vorstellung eines geplanten Forschungsprojektes. Ein Exposé enthält die anvisierte Fragestellung, einen kurzen literaturbasierten Überblick über den aktuellen Forschungsstand, die Begründung der ausgewählten Methode sowie eine Skizze erwarteter Ergebnisse. Die Rubrik Experimentelles Format bietet die Möglichkeit, eigene Forschungsergebnisse in unterschiedlichen medialen Darstellungen wie z.B. Audio- oder Video-Podcasts oder Fotoserien zu veröffentlichen. Die eher unkonventionellen Darstellungsformen können unter anderem dafür genutzt werden, Erkenntnisprozesse visuell oder auditiv zu veranschaulichen. Als weiteres Format werden die Abstracts prämierter Bachelor- oder Masterarbeiten in »forsch!« präsentiert und mit der vollständigen Arbeit verlinkt.

Mit »forsch!« soll den Studierenden die Möglichkeit gegeben werden, erste Erfahrungen mit einem wissenschaftlichen Publikationsprozess zu machen, insofern ist der Reviewprozess analog zu Veröffentlichungen in wissenschaftlichen Kontexten angelegt (vgl. Müller, 2008). In einem redaktionellen Vorentscheid wird geprüft, ob der Beitrag formell für eine Veröffentlichung in der anvisierten Rubrik geeignet ist. Ist dies der Fall, wird er einem/r Gutachter/in aus der jeweiligen Fachdisziplin zur Beurteilung vorgelegt. Diese Fachgutachter/innen können entweder Lehrende der Lehrveranstaltungen sein, in deren Kontext der eingereichte Beitrag entstanden ist, oder weitere Mitarbeiter/innen der entsprechenden Fachdisziplin. Auf Basis des Fachgutachtens über die Qualität des eingereichten Beitrages entscheiden im Anschluss die Herausgeber/innen, ob dieser akzeptiert, mit Überarbeitungen akzeptiert oder abgelehnt wird. Das Fachgutachten und die Herausgeberreviews werden den Autor/innen übermittelt, so dass diese die notwendigen Überarbeitungen vornehmen können. Die Redaktionsleitung übernimmt das abschließende Redigieren im Hinblick auf Layout und Stil und veröffentlicht halbjährlich die Beiträge im Journal. Dieses Verfahren hat sich in der zweiten Ausgabe bewährt und wird so weitergeführt.

2. Herausforderungen in der Umsetzung

Bis die erste Ausgabe von »forsch!« erscheinen konnte, waren parallel unterschiedliche Herausforderungen zu meistern, die eine Diskussion fachlicher Standards und eine Überarbeitung der geplanten und bereits eingeleiteteten redaktionellen und administrativen Prozesse erforderlich machten.

2.1 Akzeptanz und Bekanntheit von »forsch!«

In der Anlaufphase mussten vor allem die Bekanntheit des Journals und die Akzeptanz bei den Studierenden geschaffen werden. Um möglichst viele Lehrende zu erreichen, die ihrerseits Studierende ermutigen, Beiträge einzureichen, wurde das Journal innerhalb des Projekts FLiF bekannt gemacht und darüber hinaus in verschiedenen Gremien vorgestellt. Durch zusätzliche Werbemaßnahmen (Flyer auf den Mensatischen, Plakate, Vorstellungen in Lehrveranstaltungen, Präsentation im Campusradio, Nutzung des virtuellen Blackboards der Universität) sollten Studierende direkt motiviert werden, gelungene Forschungsarbeiten bei »forsch!« einzureichen. Zwar gelang es mit diesen Maßnahmen, »forsch!« insgesamt an der Universität Oldenburg sichtbar zu machen, aber die Studierenden waren vor Erscheinen der ersten Ausgabe in der Einreichung von Beiträgen sehr zurückhaltend. In Gesprächen mit Studierenden zeigte sich, dass viele ihre Forschungsarbeiten nicht für ausreichend gut halten, um in »forsch!« veröffentlicht zu werden. Um diese Hürde für Studierende zu reduzieren, wurden in Vorbereitung auf die zweite Ausgabe studentische Hilfskräfte als »forsch!«-Tutor/innen eingestellt. Diese sollen Studierende in der Überarbeitung von bereits eingereichten oder auch kurz vor Einreichung befindlichen Texten und bei der Beachtung der formalen Richtlinien unterstützen.

Mit Erscheinen der ersten Ausgabe und der damit verbundenen umfangreichen Werbung über Stud.IP, Facebook und E-Mail scheint das Journal jedoch auch die Studierenden erreicht zu haben, denn die Anzahl der frei eingereichten Beiträge steigt langsam an. Wichtig ist aber immer noch die persönliche Ansprache potentieller Autor/innen durch Lehrende, so dass insbesondere die Unterstützung und die Akzeptanz des Journals duch diese weiterhin im Fokus bleibt.

2.2 Unterstützung studentischer Forschungsprozesse

Obwohl »forsch!« ein studentisches Journal ist, ist die Unterstützung der Lehrenden der Universität für ein Gelingen von zentraler Bedeutung, da Studierende vielfach erst davon überzeugt werden müssen, dass ihre Arbeiten gut genug sind, um einen Reviewprozess zu beginnen. Diese studentische Unsicherheit findet jedoch auch durchaus ihre Entsprechung bei einzelnen Lehrenden: Das Verständnis davon, wie die Standards an studentische Forschungsergebnisse zu definieren sind oder ab welcher Studienphase studentische Forschung wirklich möglich und ernst zu nehmen ist, unterscheidet sich deutlich zwischen den Fächern.

Hierbei sind drei Dimensionen der Forschungsfähigkeit zu beachten (vgl. Becker, 1998): Zunächst einmal das notwendige Fachwissen, um relevante Fragen zu stellen, danach das wissenschaftliche Handwerk zur Durchführung von Forschung und letztlich die materiellen Voraussetzungen für Forschung. Unabhängig von diesen notwendigen forschungspraktischen Voraussetzungen der Studierenden müssen auch unterschiedliche Vorstellungen universitären Lernens berücksichtigt werden: Studierende werden nicht unbedingt als Forscher/innen, sondern vielfach als Auszubildende wahrgenommen – eine Sichtweise, die teilweise von Studierenden auch gern angenommen wird, da so die bekannte schulische Rollenverteilung aufrecht gehalten werden kann. Umfangreiche Instruktionen sowie die Steuerung und Kontrolle der Lernprozesse sind für Studierende wichtige Bedingungen universitären Lernens (Brahm & Gebhardt, 2011, S. 21). Für gelingende Prozesse Forschenden Lernens und damit auch für die Ergebnispublikation aus solchen Prozessen ist es jedoch notwendig, Studierende als gleichberechtigte Partner/innen im Lern- und Forschungsprozess zu betrachten, die in ihrem eigenen Prozess adäquat unterstützt werden müssen (Friedman et al., 2010, S. 780). Eine solche Unterstützung kostet jedoch sowohl aufseiten der Lehrenden als auch aufseiten der Studierenden viel Energie, für die eine entsprechende Motivation notwendig ist (Bundesassistentenkonferenz, 1970, S. 19). Diese Motivation bei Studierenden und Lehrenden weiterhin zu fördern, bleibt eine zentrale Aufgabe des »forsch!«-Teams.

2.3 Wissenschaftliche Ansprüche und studentische Voraussetzungen

Mit »forsch!« sollen Studierende verschiedener Studiensemester angesprochen und explizit auch Studierende im Bachelorstudium dazu ermutigt werden, Texte zu veröffentlichen. Zwar wird häufig angeführt, dass Forschendes Lernen nur ein Format für fortgeschrittene Studierende ist, aber gerade für Studienanfänger ist ein solches Vorgehen sinnvoll, um den Wechsel vom Alltagsdenken zum wissenschaftlichen Denken zu bewältigen (Ludwig, 2011, S. 10). Aus diesem unterschiedlichen Qualifikationsgrad der Studierenden ergibt sich jedoch auch eine weitere Herausforderung in der Umsetzung: Während bei der Beurteilung von Prüfungsleistungen in der Regel berücksichtigt wird, welche Kompetenzen die Studierenden in einer bestimmten Studienphase aufweisen sollten, ist dies im Rahmen einer wissenschaftlichen Veröffentlichung zunächst schwierig. Für die Publikation gelten objektive wissenschaftliche Standards, so dass die eingereichten Texte (bei denen es sich in den ersten Ausgaben überwiegend um Prüfungsleistungen handelte) und die Publikation zum Teil unterschiedlichen Standards genügen müssen. Durch Rückmeldungen der Gutachter und eine intensive Begleitung durch die studentischen Hilfskräfte werden diese Arbeiten an die Standards wissenschaftlicher Veröffentlichungen angepasst. Zusätzlich wird in »forsch!« zu jedem Beitrag angegeben, in welcher Veranstaltung er entstanden ist und an wen sich die Veranstaltung richtete. So haben die Leser/innen die Möglichkeit, die studentische Forschungsleistung vor dem Hintergrund des »Student-Life-Cycle« der jeweiligen Autor/innen einzuordnen.

2.4 Umfang und Koordination der Überarbeitungen

Unabhängig vom Qualifikationsgrad der Studierenden waren in allen eingereichten Beiträgen für die erste Ausgabe relativ umfangreiche Revisionen notwendig. Da die Arbeiten in unterschiedlichen Kontexten im Rahmen einer Prüfungsleistung erstellt wurden, mussten für die formale Anpassung an die Vorgaben von »forsch!« (z.B. in Hinblick auf den Seitenumfang) und für das Verständnis der einzelnen Beiträge über die eigene Lerngemeinschaft hinaus in fast allen Fällen mehrere über die Redaktion organisierte Rückmeldeschleifen der Herausgeber/innen durchlaufen werden. Diese mehrfachen Rückmeldeschleifen sind weder für die Studierenden noch für die Herausgeber/innen tragbar. Nachteilig erscheint dabei auch, dass durch mehrere Überarbeitungsschleifen die Hemmschwelle für eigene Beitragseinreichungen steigt, da für viele der Aufwand im Verhältnis zum individuellen Nutzen zu hoch erscheinen könnte.

Zur zweiten Ausgabe wurden daher studentische Tutor/innen in den Redaktionsprozess mit einbezogen, die im engeren Kontakt mit den Studierenden Hilfestellung bei der Überarbeitung leisten konnten. So konnte sicher gestellt werden, dass bereits in der ersten Überarbeitung der Beiträge die Hinweise der Gutachter/innen Berücksichtigung fanden. Außerdem werden den Studierenden seit der zweiten Ausgabe Formatvorlagen zur Verfügung gestellt, um die Überarbeitung der Beiträge bezüglich formaler Aspekte zu minimieren. In der Vorbereitung der dritten Ausgabe war nur noch eine Rückmeldeschleife notwendig. Unterstützend wirkt hierbei sicher, dass mit jeder Ausgabe von »forsch!« mehr Beispiele für Beiträge aus den verschiedenen Disziplinen vorliegen, die den Autor/innen als Vorlage dienen können.

2.5 Einbezug unterschiedlicher Fachdisziplinen

Ein erklärtes Ziel von »forsch!« ist der Einbezug möglichst aller Fachdisziplinen der Universität Oldenburg, um einen fächerübergreifenden Austausch über studentische Forschung zu ermöglichen. In diesem Kontext ergaben sich drei Hürden:

- Akzeptanz von »forsch!«: Wie schon erwähnt, musste in der Anlaufphase des Journals insbesondere die Akzeptanz bei Studierenden und Lehrenden gleichermaßen geschaffen werden, wobei die einzelnen Fachdisziplinen im ersten Schritt unterschiedlich offen für das Vorhaben waren. Seit Veröffentlichung der ersten Ausgaben scheint dies jedoch auf einem guten Weg.
- Wissenschaftliche Standards: Die einzelnen Fachdisziplinen unterscheiden sich teilweise erheblich in den Dokumentationsstandards für wissenschaftliche Forschungsprozesse. Die augenfälligste Divergenz bestand in den unterschiedlichen Zitationsregeln und -stilen (z.B. Fußnoten), aber auch in der Frage, wie ein Forschungsstand aufzubereiten ist: Ist zum Beispiel eine Referenzierung ausreichend oder muss für eine eigenständige Forschungsleistung eine zusammenfassende Darstellung vorgenommen werden? Die salomonische Lösung hat sich hierbei durchgesetzt: So lange auch interessierte Fachfremde den Ausführungen folgen können, gelten die Standards der Fachdisziplin. Sollte jedoch das Verständnis der Beiträge nicht gewährleistet sein, so sind die Standards anzupassen. Der einheitliche Aufbau der Beiträge wurde somit hinter die fachliche Vielfalt zurückgestellt.
- Fachkulturspezifische Forschungsauffassungen: Forschung und Forschendes Lernen gestalten sich in den verschiedenen Disziplinen recht unterschiedlich und teilweise wird auch der Gedanke, dass Studierende im Grundstudium schon selbständig forschen soll-

ten, abgelehnt, da es in dieser Studienphase insbesondere um die Aneignung von Grundlagenwissen geht (vgl. Huber, 2009, S. 20/21). Hierbei ist zu vermuten, dass die Unterstützung zur Einreichung von Beiträgen in einzelnen Disziplinen unterschiedlich hoch ausfällt.

2.6 Rollen und Zuständigkeiten

Im Umsetzungsprozess der ersten Ausgabe von »forsch!« wurde deutlich, dass zur besseren Abstimmung eine klare Rollenverteilung der Beteiligten notwendig ist. Die Entwicklung von »forsch!« wurde anfangs mit einem sechs Personen umfassenden, relativ großen Herausgeber/innen-Team, einem Koordinator und einer Redaktionsleitung vorgenommen, wobei alle Beteiligten in die Entwicklungs- und Umsetzungsprozesse partizipativ eingebunden waren. Insbesondere in der Umsetzung der ersten Ausgabe hat sich diese Variante aufgrund der großen Anzahl der beteiligten Personen und der damit zusammenhängenden langwierigen Abstimmungsprozesse nicht bewährt. Daher wurde die Organisation entsprechend angepasst: Neben dem Herausgeber/innen-Team gibt es die Rolle eines/einer Chief-Editor/in, die mit hoher Entscheidungsbefugnis ausgestattet und der ein/e Journal-Manager/in direkt zugeordnet ist. Der/die Chief-Editor/in entscheidet bei allen eingereichten Beiträgen, ob diese einen Reviewprozess durchlaufen sollen. Bei positiver Entscheidung wird der Beitrag durch den/die Journal-Manager/in an eine/n Fachgutachter/in und an eine/e Herausgeber/in mit der Bitte um Begutachtung weitergeleitet; gegebenenfalls werden Tutor/innen involviert. Der Review- und anschließende Redaktionsprozess wird von der/dem Journal-Manager/in koordiniert, die Ausgabe schließlich von dem Herausgeber/innen-Team zusammengestellt. Der/die Journal-Manager/in ist zudem für die universitätsweiten und darüber hinausgehenden Werbemaßnahmen sowie für die technische Umsetzung zuständig.

Die erste Ausgabe von »forsch!« wurde in einem WordPress-basierten Format umgesetzt, ab der zweiten Ausgabe in einem Open-Journal-System-Format (OJS). Die Entscheidung, für »forsch!« in Zukunft OJS einzusetzen, liegt darin begründet, dass OJS für Redaktions- und Publikationsprozesse ausgelegt ist, während diese Prozesse in einem WordPress-basierten Blog erst ›nachgebaut‹ werden mussten. Trotz einer Anpassung des genutzten WordPress-Blogs an Redaktionsprozesse konnte die Effizienz und der unkomplizierte Workflow, die OJS ermöglicht, nicht erreicht werden.

3. Fazit und Ausblick

Zum Zeitpunkt der Erstellung dieses Beitrags ist die dritte Ausgabe von »forsch!« im Sommersemester 2016 erschienen. Als nächstes wird eine Sonderausgabe zu »forschen@studium – Konferenz für studentische Forschung« herausgebracht. Auf dieser bundesweiten und fächerübergreifenden Konferenz haben Studierende ihre Forschungsergebnisse in Form von Vorträgen oder Postern präsentiert und die Gelegenheit bekommen, diese anschließend in der Sonderausgabe von »forsch!« zu veröffentlichen.

Somit hat »forsch!« zwar das Anfangsstadium hinter sich gelassen, wird jedoch noch beweisen müssen, ob es sich in der bisherigen Form – universitätsweit, fächerübergreifend und mit Rubriken, die über das übliche Format wissenschaftlicher Artikel hinausgehen – etablieren lässt. Viele Schwierigkeiten ließen sich durch einen Restrukturierungsprozess nach der ersten Ausgabe aus dem Weg räumen, wie zum Beispiel die leichtere technische Umsetzung in einem OJS-Format oder die Aufgabenverteilung in einem neuen Modell mit Chief-Editor/in und Journal-Manager/in. Die größte Herausforderung jedoch sind die Sorgen der Studierenden, ihre Arbeiten könnten den Standards der Zeitschrift nicht genügen. Diese werden sich nur durch beständiges Informieren und die Bereitstellung weiterer Unterstützungssysteme beruhigen lassen. Die sehr ermutigenden Reaktionen innerhalb und außerhalb der Universität auf die ersten Ausgaben zeigen aber, dass das Journal eine wichtige Lücke schließt, indem es die in vielfältiger Weise an der Universität entstehende studentische Forschung in all ihren Facetten sichtbar macht.

Ziel des »forsch!«-Teams ist es, Strukturen und Abläufe so weit zu etablieren, dass das Journal in inhaltlicher, technischer und administrativer Hinsicht vom Projektkontext gelöst und eigenständig weitergeführt werden kann. Zudem sollen Studierende in Zukunft stärker eingebunden werden: Bisher gab es studentische Beteiligung vor allem im Aufbau der Zeitschrift (studentischer Wettbewerb für das Logo, Ausarbeitung von Design-Vorschlägen im Rahmen einer Lehrveranstaltung) und natürlich aufseiten der Autor/innen. Zukünftig sollen Studierende im Sinne eines echten Peer-Reviewverfahrens auch in den Redaktionsprozess und vor allem den Reviewprozess eingebunden werden. Denkbar wäre auch eine Erweiterung des Herausgeber/innen-Teams sowie der Redaktion um Studierende, um perspektivisch auch das Journal weitgehend in die Hände von Studierenden zu legen und so dem Titel »forsch! Studentisches Online-Journal der Universität Oldenburg« in jeder Hinsicht gerecht zu werden.

Praxistipp:

Akzeptanz

- Fachkulturunterschiede müssen in einem fächerübergreifenden Journal berücksichtigt werden.
- Durch aktive Ansprache sollten möglichst viele Lehrende zur Unterstützung eines studentischen Journals gewonnen werden.
- Studierende sollten als Multiplikatoren auf möglichst vielen Ebenen beteiligt werden.

Konzeption

- Konsequenzen der Entscheidung für ein spezifisches technisches System sollten bedacht und diskutiert werden.
- Der Öffentlichkeitsarbeit sollte im Aufbauprozess eine zentrale Rolle zugewiesen werden.

Umsetzung

- In der Umsetzung sind klare Rollenverteilungen notwendig, um Entscheidungsprozesse zu beschleunigen.
- Zurückhaltung und Hemmschwellen der Studierenden bei der Einreichung von Beiträgen sollten nicht unterschätzt werden.
- Für die Anpassung der eingereichten Arbeiten ist eine gute Unterstützung bereitzustellen, um eine (potentielle) Überforderung der Studierenden zu vermeiden.

Literatur

Barr, R. B. & Tagg, J. (1995). From Teaching to Learning – *A New Paradigm for Undergraduate Education Change,* 27(6), 13 – 25.

Becker, H. S. (1998). *Tricks of the trade. How to think about your research while you're doing it.* Chicago: University of Chicago Press.

Brahm, T. & Gebhardt, A. (2011). Motivation deutschsprachiger Studierender in der »Bologna-Ära«. *Zeitschrift für Hochschulentwicklung,* 6(2), 15 – 29.

Bundesassistentenkonferenz. (1970). Forschendes Lernen – Wissenschaftliches Prüfen. *Schriften der Bundesassistentenkonferenz,* 5. Bonn.

Friedman, D. B., Crews, T. B., Caicedo, J. M., Besley, J. C., Weinberg, J. & Freeman, M. L. (2010). An exploration into inquiry-based learning by a multidisciplinary group of higher education faculty. *Higher Education,* 59(6), 765 – 783.

Huber, L. (2009). Warum forschendes Lernen nötig und möglich ist. In L. Huber, J. Hellmer & F. Schneider (Hrsg.), *Forschendes Lernen im Studium. Aktuelle Konzepte und Erfahrungen* (S. 9 – 35). Bielefeld: UniversitätsVerlagWebler.

Huber, L. (2014). Forschungsbasiertes, Forschungsorientiertes, Forschendes Lernen: *Alles dasselbe? Hochschulforschung,* 36(1/2), 22 – 29.

Ludwig, J. (2011). *Forschungsbasierte Lehre als Lehre im Format der Forschung.* Potsdam: Brandenburgische Beiträge zur Hochschuldidaktik. URL: http://pub.ub.uni-potsdam.de/volltexte/2011/4985/, 30.6.2015.

Müller, U. T. (2008). *Peer-Review-Verfahren zur Qualitätssicherung von Open-Access-Zeitschriften – Systematische Klassifikation und empirische Untersuchung.* Humboldt-Universität zu Berlin. URL: http://www.zalf.de/de/forschung/services/pubman/service/Documents/Manuskriptfluss/Mueller_2008_peer_review.pdf, 30.6.2015.

Schneider, R. & Wildt, J. (2009). Forschendes Lernen und Kompetenzentwicklung. In L. Huber, J. Hellmer & F. Schneider (Hrsg.), *Forschendes Lernen im Studium. Aktuelle Konzepte und Erfahrungen* (S. 53 – 69). Bielefeld: UniversitätsVerlagWebler.

Bloggen in der Lehre – Beispiele und Ideen aus der Praxis

Johanna Voll

Mein Dropbox-Speicher ist voll mit meinen alten Hausarbeiten, die neben mir und meiner besten Freundin lediglich jeweils eine Person gelesen hat: die Dozentin bzw. der Dozent des jeweiligen Kurses, in dem sie entstanden sind. Auch nach zehn Jahren hat sich das nicht geändert. Gleiches gilt für viele der Abschlussarbeiten, die regelmäßig an Hochschulen entstehen. Mittlerweile ist die Möglichkeit aber gar nicht so klein, dass eigene Texte auf irgendeine Art sowieso im Internet landen. Damit dies strukturiert geschieht und nicht von Urheberrechtsverletzungen oder Datenmissbrauch gekennzeichnet ist, könnten wir das doch gleich selbst machen. Besonders den letzteren Aspekt möchte ich betonen. Wie bei vielen der Formate und Ansätze zum Forschenden Lernen, setzt auch das Thema »Wissenschaftliches Schreiben im Netz« auf eine nachhaltige, zugleich aber transparente Herangehensweise des lernerzentrierten Lehrens. Eine Möglichkeit im Rahmen mannigfaltiger Social-Media-Anwendungen ist die Einrichtung und regelmäßige Beitragserstellung in einem Blog als Teil des Web 2.0. Darunter »versteht man den Trend, Internetauftritte so zu gestalten, dass ihre Erscheinungsweise *in einem wesentlichen Sinn* durch die Partizipation ihrer Nutzer (mit-)bestimmt wird« (Münker, 2012, S. 45). Doch was bedeutet das für das Forschende Lernen während einer bloggestützten Lehrveranstaltung?

In meinem Beitrag werde ich mich aufgrund meiner eigenen Nähe zu den Geisteswissenschaften auf diese Beispiele beziehen. Dazu sollen zunächst drei Blogprojekte kurz vorgestellt werden. Im Anschluss gehe ich auf mein eigenes Projekt im Rahmen eines Bachelorseminars in den Sozialwissenschaften aus dem Sommersemester 2014 an der Europa-Universität Viadrina ein. Hier haben die Studierenden gemeinsam ein Blog zum Thema »Internet und Kollaboration« gestaltet und regelmäßig bespielt. Darauffolgend möchte ich darstellen, was bei der Planung eines Lehrformats mit dem Einsatz eines oder mehrerer Blogs vorab zu bedenken ist und welche Möglichkeiten mir bislang bekannt sind. Durch den innovativen Charakter eines solchen Lehrformats und die stetige Weiterentwicklung lautet die zentrale Fragestellung des Textes: Inwiefern kann Bloggen in der Lehre Mehrwerte im Rahmen des Prozesses des Forschenden Lernens bieten und für die Studierenden eine weitere, praxisnahe Reflexionsebene sein?

1. Nutzung von Blogs in der Wissenschaft

Blog ist die Kurzform von Weblog, einem internetbasiertem Logbuch. Die meist öffentlichen Einträge müssen dabei nicht täglich verfasst werden. Ob sich überhaupt ein regelmäßiger Rhythmus ergibt, hängt ebenso von den Verfasserinnen und Verfassern ab, wie das Erscheinungsbild und der Umfang der Funktionen. Dies macht Blogs zu einem vielseitigen Element in der Webpräsenz von Unternehmen und Organisationen, aber auch im Rahmen persönlicher Webauftritte von Privatpersonen. Einen wichtigen Einfluss haben Blogs ebenfalls in der digitalen Wissenschaftskommunikation. Hier werden sie als »Fenster der Elfenbeintürme« beschrieben (Nentwich, 2011, S. 42). Sie sind seit mehr als zehn Jahren auch im wissenschaftlichen Bereich ein fester Bestandteil. Als eine der vielen Anwendungen der sozialen Medien stehen sie damit in Konkurrenz und Ergänzung zu anderen Netzwerken, z. B. dem Micro-Blogging-Dienst Twitter oder speziellen Wissenschaftscommunities (wie ResearchGate, Mendeley oder Academia.edu). Allerdings haben die unterschiedlichen Kanäle jeweils besondere Funktionen und werden nach persönlichen Präferenzen entsprechend genutzt. Eine gute Übersicht dazu bieten die Autor/innen des Science 2.0-Survey vom Leibniz-Forschungsverbund »Science 2.0« (Pscheida, Albrecht, Herbst, Minet & Köhler, 2013).

Dieser Beitrag widmet sich nun im speziellen dem Einsatz von Blogs in der Lehre. Die grundlegenden Vorteile eines Blogs sind die Interaktivität durch die Verlinkungen auf andere Inhalte im Internet (wie Videos, Podcasts, Foren oder andere Blogs) und die Kommentarfunktion. Letztere kann schon während der Beschäftigung bzw. Forschung zu einem bestimmten Thema, ein guter Kanal für direktes Feedback sein – eine Art ständig offener Kanal des Peer Reviews.

Digitale Medien sind oder sollten zumindest ein integraler Bestandteil einer Hochschulausbildung sein – unabhängig von den jeweiligen Disziplinen und fachlichen Schwerpunkten –, denn sie umfassen die Lebensrealität der Studierenden (aber auch der Lehrenden): Knapp 80% der Deutschen nutzen das Internet mindestens gelegentlich. Bei den 20 – 29-jährigen sind es 99,4% (ARD/ZDF-Onlinestudien 1998 – 2014, 2014). So ist es nicht verwunderlich, dass auch für spätere berufliche Herausforderungen eine Förderung der Web Literacy unumgänglich ist. Das zielt also auf Fähigkeiten und Kompetenzen bezüglich des Handelns im Internet ab. Diese Webkenntnisse umfassen grundlegend drei Bereiche: Erstens, die Fähigkeit sich mit Hilfe verschiedener Inhalte (Audio, Video, Text) im Internet adäquat auszudrücken und zu produzieren. Zweitens, die Fähigkeit, Wissen und Informationen organisieren zu können, also ein Wissensmanagement im Web. Drittens, geht es um eine Vernetzungsfähigkeit und damit einhergehend um den Umgang mit der bzw. den eigenen Identitäten im Netz (Wittenbrink, 2010).

Mit dem Bloggen im Rahmen einer Lehrveranstaltung werden alle drei Bereiche berührt. Zunächst geht es um die Produktion von content, also Inhalten. Diese müssen nicht zwangsläufig in Textform entstehen, sondern können auch andere Medien betreffen. Das verarbeitete Wissen muss logisch und sinnvoll aufbereitet werden, um nicht zuletzt einen Mehrwert durch die Verbreitung und Vernetzung zu generieren. Auch die Bestimmung der eigenen Rolle (Identität) findet zu Beginn eines Blogprojekts statt. Diese wird eine andere sein wenn ich, z. B. im Gegensatz zu einem Reisebericht eine Textbesprechung online stelle.

Anhand der Fülle täglich neu entstehender Webinhalte ist es schwierig, eine Anzahl an wissenschaftlichen Blogprojekten auszumachen. Mehr als ein Drittel aller Personen, die bereits Blogs im wissenschaftlichen Bereich nutzen, setzen diese in der Lehre ein, etwa die Hälfte nutzt Blogs im Bereich der Forschung (Pscheida et al., 2013, S. 22). Zum Kontext der Nutzung gaben die Befragten an, dass es vordergründig zu Recherchezwecken verwendet wird (71,4 %), danach folgen mit 44,1 % der Informationsaustausch sowie der Austausch von Materialien (16,4 %). Es kann aber auch zur Auswertung und Erhebung von Daten dienen (12,0 %), zum Datenaustausch (9,7 %) oder zur Kommunikation (8,3 %) (ebd., S. 23). Erhebungen, die sich konkret und vertiefend mit dem Einsatz eines Blogs in Lehrveranstaltungen auseinandersetzen liegen noch nicht vor.

2. Bloggen in der Lehre – Praxisbeispiele

Dieser Beitrag soll kein Leitfaden für die Durchführung eines bloggestützten Seminars sein, sondern vielmehr einen Einblick in die Grenzen und Möglichkeiten des Blogeinsatzes für eine lernerzentrierte Ausrichtung von Lehrveranstaltungen geben. Wie eine Lehrveranstaltung dann konkret aussehen kann und wie groß die Rolle des Kursblogs ist, wird von persönlichen Präferenzen bestimmt. Für mich stand von vornherein der Spaß am Schreiben und am Austausch darüber an erster Stelle, was ich den Studierenden mit Bezug auf die thematischen Inhalte unseres Seminars vermitteln wollte. Nach den folgenden Praxisbeispielen werden gebündelt Ansätze, Konzepte und Tipps zur Umsetzung eines eigenen Projektes gesammelt.

2.1 Best Practices aus dem Netz

2011 wurde an der Universität Potsdam erstmalig ein Blog (»Gender and the welfare state«) zu einer Lehrveranstaltung initiiert. Das zweiwöchig stattfindende Seminar zum interdisziplinären Themenkomplex »Wohlfahrtsstaatspolitiken in vergleichender Länderperspektive« wurde dabei durch die Nutzung der Lernplattform Moodle und einem Teacher's Blog ergänzt. Letzteres ist ein zentrales Blog, das vom Lehrenden verwaltet wird, um Kursmaterialen und weiterführende Informationen zur Verfügung zu stellen. Die Grundidee dabei ist auch, dieses Blog über mehrere Semester hinweg zu führen. Den Studierenden wurden während des Seminars immer wieder Möglichkeiten gegeben, eigene Interessensschwerpunkte zu setzen und diese in ihre diversen Gruppenarbeiten zu überführen. Als Leistungsnachweis wurden am Ende des Seminars die entstandenen Blogbeiträge und Kommentare (jeweils mindestens 6) gebündelt abgegeben. Inwiefern dies möglich ist, muss mit der jeweiligen Prüfungsordnung abgeglichen werden. Für diesen Kurs wurde eine detaillierte Bewertungsmatrix erstellt, die ebenfalls im Szenario verfügbar ist (Knoth, 2012).

Auch an der Zürcher Hochschule der Künste (ZHdK) werden Lehrveranstaltungen schon seit vielen Jahren mit einem Blog begleitet (»Medien denken – Maschinen denken«). Dieser wird dabei kontinuierlich durch mehrere Lehrveranstaltungen geführt und jeweils von anderen Studierenden bespielt. Monika Schmidt beschreibt in der Hochschulzeitung »hgkzintern« die Funktionsweise und ihre Erfahrungen: »Durch die Einträge im Blog haben die Studierenden – und der Dozent – die Möglichkeit, im Laufe der Woche nachzulesen, was andere an der Vorlesung interessiert« und inwiefern noch Fragen offen geblieben sind (Schmidt, 2007, S. 18). Spannend sind hier die sehr individuell geprägten Beiträge, deren formale Aspekte genauso wie die inhaltlichen sehr unterschiedlich gestaltet sind. Schmidt beschreibt weiter, dass der »Blog nicht als eine Schilderung von Wahrheiten betrachtet werden [sollte], sondern als Einladung, über das Geschriebene nachzudenken – eine Alphabetisierung des jeweiligen Blickwinkels« (ebd.). Außerhalb des Kreises der Studierenden bleibt allerdings unklar, mit welcher Aufgabenstellung die Beiträge formuliert wurden. Sie wirken gar zusammenhanglos und zusammengewürfelt, sind aber dennoch für alle im Internet zu lesen, sodass sich hier neue Anschlussmöglichkeiten bieten.

Im Kontext zweier Masterseminare an der Europa-Universität Viadrina wurde im Oktober 2014 eine Exkursion in die Ukraine durchgeführt. Begleitend dazu entstand das Blog »Viadrina Goes Ukraine«. Die zehntägige Reise führte die 13 Studierenden und zwei Professoren durch drei Städte (Kiew, Harkiv und Lviv), in denen zuvor organisierte Treffen mit diversen Akteur/innen aus Politik, Wissenschaft und Zivilgesellschaft stattfanden. Bei diesem Beispiel eines Reiseblogs standen die individuellen Eindrücke der Teilnehmenden im Vordergrund. So berichteten die Kursteilnehmenden in ganz unterschiedlicher Art von ihren Erlebnissen – mal anekdotenhaft oder mit konkreten Bezügen zu den aktuellen politischen Ereignissen vor Ort. Neben Texten wurden auch Bilder der Reise veröffentlicht. Nach Abschluss des Projekts wurde das Blog mit einem abschließenden Beitrag offiziell beendet. Allerdings wurde ein Ausblick auf weitere Exkursionen gegeben, zu denen er wieder aktiviert werden kann.

2.2 Eigene Erfahrungen – das Kursblog »Kollaboration und Internet«

Diese drei Beispiele zeigen ganz unterschiedliche Herangehensweisen, an deren Anschluss ich mein eigenes bloggestütztes Seminar aus dem Sommersemester 2014 etwas ausführlicher vorstellen möchte. Unter dem Titel »Zusammen ist man weniger allein: Internet und Kollaboration« habe ich ebenfalls einen zweiwöchigen Rhythmus für meine Lehrveranstaltung gewählt. Das Seminar ist im Studiengang Kulturwissenschaften im Modul Sozialwissenschaften angesiedelt. Die zentrale Herausforderung war es, die theoretischen Inhalte mit der Praxisaufgabe des Bloggens zu verbinden. Die behandelten Theorien zu den Seminarthemen (u.a. kollaborativer Konsum, Sharing Economy, vernetzte Informationswirtschaft, Peer Production, Crowdsourcing) sollten direkt mit einem nachhaltigen Praxisbezug umgesetzt werden. Was haben AirBnB, Carsharing, Wikipedia und Coworking Spaces gemeinsam? Welche Rolle spielt dabei das Web 2.0? Die Seminarinhalte hatten also einen direkten Bezug zu einer kollaborativen Arbeitsweise beim Bloggen.

Der Fokus des Seminars lag auf einer aktiven Mitarbeit während des Semesters. Es war in Anlehnung an das Modell der Analogie von Forschungs- und Lernprozessen auf ein prozesshaftes Lernen in Zyklen strukturiert. Online- und Offlinephasen wechselten sich dabei ab. Zwischen zwei Präsenzterminen mit einem 14-tägigen Abstand lag jeweils eine Online-Phase. Das Seminar wurde von einem Moodle -Kurs aktiv begleitet. Dort war auch die Einteilung der Phasen für die Teilnehmenden ersichtlich, darüber hinaus wurden alle zu lesenden Texte und weitere Materialien (Präsentationen, Handouts, Videos, Links, Feedback-Formulare) dort abgelegt. Ich forderte die Studierenden zudem dazu auf, zur Kommunikation mit mir und untereinander das Diskussionsforum zu nutzen. So klärten sich viele Fragen dort im Gespräch und ich hatte weniger E-Mails mit ähnlichen Fragen im Postfach.

Die Vorarbeit umfasst neben der Einrichtung eines Moodle-Kurses und dem ›Füttern‹ desselben auch das Anlegen des zu bespielenden

Kursblogs. Ich entschied mich für den kostenlosen Anbieter wordpress, mit dem ich schon zuvor Erfahrungen gesammelt hatte. So entstand mit »Kursblog: Kollaboration und Internet« unser zentrales Blog. Im Rückblick würde ich keine Jahreszahl mehr in der Internetadresse, also der URL, verwenden, da es so bei einer Fortführung des Blogs in späteren Lehrveranstaltungen verwirrend und nicht aktuell wirken kann.

Zunächst stellte ich das Blog in einen geschützten Modus, so dass lediglich die Autor/innen untereinander das Geschriebene sehen konnten. Wir konnten dann im Kurs gemeinsam entscheiden, wie offen unsere Gedanken im Internet zu sehen sein sollten. Ich meldete mich mit verschiedenen Zugängen und Rollen (Administrator vs. Redakteur) an und begann zu testen, ob alles so funktionierte, wie ich wollte. Außerdem legte ich schon mal eine vorläufige Menüstruktur an und probierte verschiedene themes, also Designvorlagen aus.

Ich entwickelte ebenso eine Bewertungsmatrix, die auf einem Punktesystem basierte und die zu erbringenden Leistungen im Seminar klar darstellte. Für die rund 20 Teilnehmenden war eine Teilnahme am Blogprojekt obligatorisch mit dem Scheinerwerb verknüpft. Konkret bedeutete das, dass pro Person mindestens fünf Beiträge (min. 800 Zeichen) erstellt und in Hinblick auf die jeweilige Fragestellung bearbeitet werden sollten. Wahlweise konnten für maximal zwei Beiträge auch eigene Podcasts oder Videos erstellt werden. Diese Möglichkeit wurde aber nicht genutzt. Zudem mussten insgesamt mindestens fünf Kommentare (min. 200 Zeichen) zu Beiträgen der anderen Kursteilnehmer/innen formuliert werden. Die Beiträge mussten jeweils drei Tage vor unserem nächsten Termin hochgeladen werden, so dass alle die Chance hatten, sie vorab zu lesen.

Aufgrund der hohen Anzahl an Anmeldungen vorab (ca. 50) habe ich mich dazu entschlossen, eine Selektion durch die erste Aufgabe vorzunehmen. Das bedeutete für die Studierenden, dass sie sofort loslegen mussten und folgenden ersten Arbeitsauftrag erhielten, an dessen Erfüllung die Teilnahme geknüpft war:

> »Melde dich bei unserem Blog an und erstelle ein Profil. Schicke mir danach eine Mail mit deinem Namen, Nicknamen, Matrikelnummer, Semesteranzahl. Erstelle einen ersten Beitrag zum Text von Markus Franken (Teilen, Tauschen, Schenken). Stelle darin ein konkretes Beispiel des kollaborativen Konsumierens vor. Dazu sind mögliche Themen schon als Seite im Blog angelegt. Melde dich ebenso bei Moodle an.«

Die Studierenden konnten dabei selbst entscheiden, ob sie sich mit Klarnamen oder einem Pseudonym anmelden wollten. Nach Semesterende vereinbarten wir eine Frist von zwei Wochen, in der Inhalte gelöscht werden konnten, die nicht öffentlich sichtbar gemacht werden sollten. Niemand nutzte dies. Seitdem ist das Blog öffentlich einsehbar, jedoch inaktiv, obwohl ab und an Menschen darin lesen. Kommentare von kursfremden Personen gab es bislang nicht.

Die weiteren Fragestellungen im Verlauf des Kurses waren offener gestellt. Die Studierenden konnten aus verschiedenen Fragen wählen oder eigene bearbeiten. Diese griffen die Themen aus der jeweils vergangenen Sitzung auf oder bezogen sich auf Textpassagen, die in der kommenden Sitzung besprochen werden sollten. Dadurch beschäftigten sich viele aktiver mit den Texten. Eine Studentin gab an, tatsächlich erstmalig alle zu lesenden Texte in einem Seminar bearbeitet zu haben – was nicht in jeder Lehrveranstaltung selbstverständlich ist. Einer der nächsten Aufträge lautete:

> »Besuche eine der folgenden Seiten und wähle einen für dich spannenden Beitrag aus, um ihn in Relation zu den im Seminar besprochenen Theorien (Rifkin, Benkler, New Work, Wissensgesellschaft) zu setzen. Nimm dabei gerne auch schon Bezug auf den nächsten Pflichttext im Reader von Botsman und Roo. Erstelle dazu einen Blogbeitrag.
> a) www.timebanks.org
> b) www.collaborativeconsumption.com
> c) www.berlin.de/projektzukunft«

Zunächst habe ich den Studierenden weitere Ideen und Fragen an die zu verfassenden Beiträge mitgegeben, da sie sich die Textsorte Blogeintrag erst erschließen mussten. Die entstandenen Texte zeigten, dass dies noch nicht allen gut gelang. Dabei ging es auch um den Umgang mit (Online-)Quellen und die Besonderheiten des Forschungsfeldes Internet, in dem es tendenziell schwerer ist, fremdes Gedankengut klar vom eigenen abzugrenzen.

Der für mich spannendste Auftrag zielte auf die Produktion einer Mindmap oder einer Concept-Map ab – digital oder traditionell mit Stift und Papier. Die Studierenden waren angehalten, zu einem der zu lesenden Texte eine solche zu gestalten und diese als Bild in einem Blogeintrag hochzuladen. Dazu vermittelte ich in der Sitzung zuvor, dass dies eine der Methoden zur Erschließung eines Textes ist und diesen in Gänze visuell erfassen soll. Zunächst waren einige Teilnehmende skeptisch, doch es entstanden interessante und sehr individuelle Beiträge, die wir dann gemeinsam diskutierten.

Der letzte zu verfassenden Blogbeitrag zielte auf eine persönliche Reflektion des Seminars:

> »Guckt euch euren ersten Beitrag im Blog noch einmal an. Reflektiert diesen nach dem Input des Seminars kritisch und stellt ihn in Zusammenhang mit einer oder mehreren theoretischen Überlegungen des Seminars. Schreibt dazu einen letzten Eintrag im Kursblog sowie ein Resümee zum Kurs.«

Dieser Beitrag sollte dann gesammelt mit allen anderen in einer strukturierten Form und nach den Regeln des wissenschaftlichen Arbeitens als Leistungsnachweis abgegeben werden. Dazu zählten auch die Kommentare und eine Zusammenstellung der verwendeten Literatur am Ende. Die Idee war, dass alle Studierenden mit dem letzten Tag des Seminars auch schon die sonst oft in die vorlesungsfreie Zeit verlagerten, schriftlichen Leistungsnachweise erbracht haben würden, um damit den Kurs abzuschließen.

2.3 Auswertung

Insgesamt war das Seminar erfolgreich und das Feedback grundlegend positiv. Das Blogprojekt wurde zeitweise jedoch von Zeitdruck, sowohl der Studierenden als auch meinerseits, überschattet. Ich hatte nicht immer die Zeit, alle Beiträge zu lesen und ggf. zu kommentieren. Dies lag zum einen an der ungünstigen Terminwahl. Das Seminar fand am Montag statt, so dass ich mich mehr am Wochenende dafür hätte engagieren müssen. Auch die Einbindung der online-Inhalte in die offline-Veranstaltung erwies sich als Herausforderung. Es sind zwar vielfältige Diskussionen während des Seminars zustande gekommen, aber nur selten wurden dabei die Blogbeiträge tatsächlich berücksichtigt. Diese Rückbindung müsste besser gestaltet werden. Ich kann mir vorstellen, dass dies am ehesten durch mehr Gruppenarbeitsprozesse und eine gesteigerte Interaktion online in den Kommentaren möglich wäre. Letzteres hat während des Kurses keine Eigendynamik entwickelt und die Kommentare gingen i.d.R. nicht inhaltlich-kontrovers mit den kommentierten Beiträgen um.

Das Seminar war durch eine spannende Diskussionskultur während der Präsenzveranstaltungen geprägt und schloss mit der beschriebenen alternativen Prüfungsform ab. Das wurde sowohl von den Studierenden als auch mir sehr positiv bewertet. Die Studierenden haben sich intensiv mit dem Thema des Kurses, aber auch mit dem Themenkomplex Bloggen auseinandergesetzt. Auffallend ist, dass sich die Qualität der Blogbeiträge im Verlauf des Semesters verbessert hat und die Studierenden sich zunehmend kritisch mit den bearbeiteten Themen auseinandergesetzt haben. Letztendlich muss jede/r selbst entscheiden, mit wie viel Aufwand ein solches Projekt in der eigenen Lehre umsetzbar ist. Dazu habe ich im folgenden Teil ein paar allgemeinere Überlegungen zum Bloggen in der Lehre zusammengefasst.

2.4 Faktoren für ein gelungenes Blogprojekt in Lehrveranstaltungen

Vorab gilt wie so oft: Es gibt nicht den *einen* gültigen Weg. Vielmehr kommt es auf viele grundsätzliche Faktoren an. Erstens, die eigentliche Funktion des Blogs und das damit verbundene Lernziel sollten klar definiert sein. Das kann z.B. eine Wissenssammlung, eine nachhaltige, nach außen wirksame Dokumentation oder aber eine Verlagerung der Diskussion zu den im Seminar angerissenen Themen, die dort nicht weiter besprochen werden konnten, sein. Ferner lassen sich durch Schreibaufgaben auch kommende Sitzungen vorbereiten und eine erste Auseinandersetzung mit zu lesenden Texten oder anderen Materialien koordinieren. Aus dieser Grundüberlegung leiten sich die nachfolgenden Schritte beim Aufsetzen des Blogs und der Planung des Kurskonzepts ab.

Zweitens, die Lehrpersönlichkeit: Wie sehr brennt die Person für das Projekt und kennt sich vielleicht schon in der themenspezifischen Blogosphäre aus? Wird sie den Blog auch primär aktiv betreuen und lesen, um die Inhalte entsprechend in den Kurs zurückzuspiegeln oder übernimmt das eine andere Person? Der letztere Fall fordert dann eine enge Kommunikation bzw. klare Absprachen.

Drittens, der Umfang und die Größe des Seminars: Es macht einen großen Unterschied, ob das Blogprojekt mit einer kleinen Gruppe von Studierenden oder innerhalb einer großen, oft anonymen Vorlesung geführt werden soll. Besonders der Betreuungs- und Bewertungsaufwand ist bei letzterem fast nicht zu leisten. Demnach stellt sich die Frage, wie frei die Entscheidung aufseiten der Studierenden ausfallen darf, ob sie bloggen möchten. Die mir bekannten Projekte haben gezeigt, dass die Verpflichtung von Anfang an präsent sein muss und regelmäßige Stichtage für Beiträge am sinnvollsten wirkten. Im schlimmsten Fall entstünde sonst ein totes Blog, in dem lediglich zu Semesterende aktiv geschrieben wird, was ein Eingehen auf Beiträge innerhalb des Kurses unmöglich macht. Monika Schmidt fasst zusammen: »Das Problem oder auch die Chance eines Blogs als Werkzeug im Unterricht liegt vor allem in der Verpflichtung jedes Einzelnen, sich mit dem Gehörten und Gesehenem auseinanderzusetzen, Dinge herauszupicken, die zum Weiterdenken anregen« (Schmidt, 2007, S. 18).

Viertens, muss ich vorher den Zeitaufwand und die Ressourcen einplanen. Wie viel Zeit möchte ich wöchentlich für das Lesen und ggf. Kommentieren nutzen? Gerade das Einrichten und Testen vorab kann, gerade beim ersten Einsatz, einige Zeit in Anspruch nehmen. Vielleicht kann sogar eine Kooperation mit dem universitätsinternen Rechenzentrum stattfinden, das bei der Bereitstellung des Webspaces für das Blog behilflich sein kann. Wähle ich eine kostenlose Blogplattform wie wordpress.com, blogger.de oder tumblr.com? Oder gibt es finanziellen Spielraum für die Einrichtung eines selbstgehosteten Blogs? Hier gilt auch zu bedenken, welche Weiterbildungsmöglichkeiten vorab vielleicht eingeplant werden müssen.

Letztendlich ist es immer gut, einen realistischen Plan zu machen, aber auch für neue Impulse offen zu sein. Im Folgenden gehe ich näher auf die verschiedenen Arten von Blogs ein, die zum Einsatz kommen können.

Am Anfang der Einrichtung sollte die Frage stehen, ob alle Teilnehmenden jeweils ein eigenes Blog oder ein gemeinsames gestalten. Es sind aber auch Gruppenblogs zu spezifischen Themen der Lehrveranstaltung denkbar. Eine grundsätzliche Entscheidung in Zusammenhang mit bloggestützten Lehrveranstaltungen, die mit den Studierenden gemeinsam geklärt werden sollte, ist jene nach der Offenheit der Blogs (Tantner, 2014). Sollen die Beiträge für alle im Internet einsehbar sein – womöglich mit Klarnamen? Oder reicht es der Dozentin bzw. dem Dozenten eine Liste mit den fiktiven Namen zu haben, um dann die Einträge den Kursteilnehmenden zuordnen zu können? Eine gangbare Möglichkeit wäre aber auch, ein von vornherein geschlossenes Blog anzulegen, in dem nur die Teilnehmenden andere Beiträge lesen und kommentieren können. Ferner könnte ein Passwortschutz für einzelne Seiten und Beiträge eingebaut werden. Eine weitere Option ist die Nutzung einer ohnehin schon verwendeten Lernplattform wie Moodle. Je nach verwendeter Version bietet diese auch die Möglichkeit der Einrichtung eines Blogs. Beachtet werden müssen aber der eingeschränkte Funktionsumfang und die geringe Anpassbarkeit des Designs.

Die Entscheidung für oder gegen ein öffentliches Blog hängt in erster Linie mit der Zielgruppe zusammen. Um hier eben nicht denselben Effekt meiner alten, wenig gelesenen Arbeiten zu erzielen, eignet sich die kleinstmögliche Zielgruppe zunächst womöglich am besten: alle Kursteilnehmenden und Dozierenden. Je nach inhaltlichem Thema der Lehrveranstaltung ist aber auch eine Öffnung nach außen sinnvoll. Letztendlich können die Privatsphäreeinstellungen auch im Verlauf des Projekts alteriert werden.

In einer Einführung am Anfang der Lehrveranstaltung sollte neben den maßgeblichen Bewertungskriterien (s. u.) auch in die Textsorte Blogeintrag eingeführt werden. Diese unterscheidet sich von den üblichen Schreibaufgaben für Studierende (Essays, Hausarbeiten oder Exposés). Beim Verfassen von Beiträgen sollte der KISS-Regel gefolgt werden: »Keep it simple, stupid.« Bandwurmsätze und die übermäßige Verwendung von Fremd- und Fachwörtern haben hier wenig verloren. Ein Blogbeitrag darf dafür durchaus die eigene Meinung klar zum Ausdruck bringen und diese in einer weitaus individuelleren Tonalität ausdrücken. Ein aktiver Schreibstil fördert die Lebendigkeit der Texte. Dies kann durch den Einsatz weiterer (digital verfügbarer) Medien unterstrichen werden. So können Links, Videos oder Bilder an passenden Stellen eingebunden werden.

Dabei ergeben sich jedoch auch urheberrechtliche Konsequenzen in Bezug auf die verwendeten Medien. Daher sollten beim Schreiben im Netz Zitierregeln klar vorgegeben sein, um Plagiatsfällen vorzubeugen. Zudem muss die Quelle sorgfältig geprüft werden. Besonders Fotos oder Schaubilder können i.d.R. nicht ohne Weiteres übernommen werden. Selbst wenn eine Quellenangabe (z. B. durch eine Verlinkung zum Original) vorhanden ist, kann das Bild nicht einfach benutzt werden. Das Nutzungsrecht liegt bei denen, die es erstellt haben. Eine gute Lösung ist die Verwendung eigener Bilder oder von Creative Commons-Lizenzen, die eine kostenlose Nutzung unter bestimmten Bedingungen ermöglichen und absichern. Bei einer geschäftsmäßigen Nutzung ist nach § 5 TeleMedienGesetz (TMG) ein Impressum notwendig. Es ist umstritten, ob das auch auf Blogprojekte im Rahmen der Lehre zutrifft, aber da es für Außenstehende ein guter Weg ist, die Betreibenden zu identifizieren und vielleicht zu kontaktieren, rate ich grundlegend zur Einrichtung eines Impressums.

Es wurden schon einige Fragestellungen vorgestellt, dennoch ist es im Rahmen des Lernprozesses beim Forschenden Lernen sinnvoll, so wenig wie möglich konkrete Fragen vorzugeben, dennoch brauchen manche Studierende gerade am Anfang eine Hilfestellung. Anhand einer konkreten Aufgabe kann so an das Schreiben herangeführt werden. Ein spannendes Beispiel liefert Anton Tantner, indem er seine gestellten Übungsaufgaben in eigenen Blogs der Studierenden beschreibt:

> »eine eigene Position zum Einsatz der Wikipedia zu entwickeln unter anderem die Vornahme und Protokollierung einer Recherche zu einem selbstgewählten Thema in nur auf Papier vorhandenen Referenzwerken sowie der Vergleich des Ergebnisses einer jeweils einstündigen Recherche nach Literatur zum einen mittels Google, zum anderen mittels fachspezifischer Datenbanken« (Tantner 2014).

Da es sich bei Blogeinträgen um sehr individuelle Texte handelt, ist es schwer, für alle Teilnehmenden gleichermaßen relevante Bewertungsmaßstäbe festzulegen. Dennoch können Blogeinträge als ein gutes lehrveranstaltungsbegleitendes Prüfungsinstrument dienen, ohne eine formale Prüfung anzusetzen. Anfangs sollten Spielregeln aufgestellt oder gemeinsam entwickelt werden, die auch auf die zuvor beschriebenen rechtlichen Aspekte aufmerksam machen. Ein gelungenes Beispiel sind die Vorgaben von Alexander Knoth, die online verfügbar sind (Knoth, 2012, S. 10–11).

Nur wenige Blogs werden auch nach dem Seminarende weitergeführt. Eine der nachhaltigsten Lösungen ist ein, von der Dozentin oder dem Dozenten eingerichtetes Blog, welches durch die Nutzung in verschiedenen Lehrveranstaltungen erhalten bleibt. Dabei ist bei der Wahl der URL darauf zu achten, einen umfassenderen Titel zu wählen als nur das jeweilige Kursthema. Individuelle Blogs der Studierenden werden oft nicht weitergeführt, wie Anton Tantner beschreibt, auch wenn es vorkam, »dass manche Studierende ihre neu erworbenen Blogkenntnisse zum Anlass nahmen, ein neues Weblog einzurichten« (Tantner, 2014). Das kann dann von einem Reisetagebuch (zum eigenen Erasmussemester in Barcelona) bis hin zum Promotionsblog alles sein. Hier verweist Tantner aber auf einen wichtigen Aspekt, der vor allem forschungsbegleitende Blogs betrifft: Wenn im Prozess des Schreibens einer Abschlussarbeit vorab Textstücke online gestellt werden, gelten diese als veröffentlicht und halten entsprechend nach Abgabe der Arbeit keinem Plagiatscheck stand. Hier bedarf es also einer Anpassung der Prüfungs- und Promotionsordnungen (ebd.). Nichtsdestotrotz ist das regelmäßige Bloggen eine gute Übung für das eigene (wissenschaftliche) Schreiben. So befinden sich alle bloggenden Studierenden kontinuierlich im Schreibprozess und müssen nicht erst am Ende eine große Arbeit abliefern. Für die Dozierenden bietet sich die Möglichkeit, schon vorab Feedback auf einzelne Aspekte zu geben.

3. Fazit: Bloggen in der Lehre

Dieser Beitrag hat anhand von einigen Praxisbeispielen gezeigt, inwiefern Bloggen im Rahmen einer Lehrveranstaltung tatsächlich einen Mehrwert für alle Beteiligten sowie die breite Öffentlichkeit leisten kann. In Bezug auf das Forschende Lernen wurden verschiedene Möglichkeiten aufgezeigt, die mit dem Einsatz eines Blogs umgesetzt werden können. Die Studierenden erfahren das Medium Blog, das Teil ihrer Lebensrealität ist, in einem wissenschaftlichen Kontext neu und erhalten dadurch zentrale Kompetenzen und Fähigkeiten im Umgang mit dem Internet. Monika Schmidt beschreibt das Bloggen – sofern es gut eingesetzt und eingebunden wird – »als eine Art Erkenntnismaschine« (Schmidt, 2007, S. 18). Dieser Schreibprozess kann über einen längeren Zeitraum begleitet werden.

Ich bin mir sicher, dass wir in Zukunft noch einige Lehrveranstaltungsblogs lesen werden. Wie gezeigt wurde, stehen Erhebungen dazu noch aus. Nur die wenigsten Blogs werden über eine konkrete Lehrveranstaltung hinaus weitergeführt. Dennoch bilden sie den erarbeiteten Wissensstand weiterhin ab und lassen ein Abrufen der

Informationen auch zu einem späteren Zeitpunkt zu. Für mich persönlich ist das Bloggen mit viel Spaß am Schreiben verbunden. Daher hoffe ich, dass mit dem einen oder anderen Blogprojekt viel mehr Lehrende und Studierende daran Gefallen finden und ihren Erkenntnissen und Gedanken mehr Reichweite verleihen möchten.

Literatur

ARD/ZDF-Onlinestudien 1998-2014 (Hrsg.).(2014). *Onlinenutzung – Internetnutzer in Deutschland 1997-2014*. ARD/ZDF-Medienkommission. URL: http://www.ard-zdf-onlinestudie.de/index.php?id=504, 16.03.2015.

Knoth, A. (2012). *eTEACHING Szenario: Blog and Teacher's Blog »Gender and the Welfare State«*. URL: https://www.uni-potsdam.de/fileadmin01/projects/zfq/Lehre_und_Medien/eTEACHiNG/Knoth_Alexander_Blog_Gender_and_the_welfare_state.pdf, 23.07.2017.

Münker, S. (2012). Die Sozialen Medien des Web 2.0. In D. Michelis & T. Schildhauer (Hrsg.), *Social Media Handbuch: Theorien, Methoden, Modelle* (2. Auflage) (S. 45 – 55). Baden-Baden: Nomos-Verlag.

Nentwich, M. (2011). Das Web 2.0 in der wissenschaftlichen Praxis. In T. Gloning & G. Fritz (Hrs.), *Digitale Wissenschaftskommunikation – Formate und ihre Nutzung* (S. 35 – 54). Gießener Elektronische Bibliothek. URL: http://geb.uni-giessen.de/geb/volltexte/2011/8227/, 16.03.2015.

Pscheida, D., Albrecht, S., Herbst, S., Minet, C. & Köhler, T. (2013). *Nutzung von Social Media und onlinebasierten Anwendungen in der Wissenschaft. Erste Ergebnisse des Science 2.0-Survey 2013 des Leibniz-Forschungsverbunds »Science 2.0«*. URL: http://www.qucosa.de/fileadmin/data/qucosa/documents/13296/Science20_Datenreport_2013_PDF_A.pdf, 16.03.2015.

Schmidt, M. (2007). Bloggen in der Lehre. In *Hdkzintern*. 18. Zürich.

Tantner, A. (2014). *Weblogs in der universitären Lehre | #wbgavie*. URL: http://redaktionsblog.hypotheses.org/2637, 17.11.2014.

Wittenbrink, H. (2010). *Woraus besteht Web Literacy?*. URL: http://wittenbrink.net/lostandfound/2010/09/woraus-besteht-web-literacy/, 16.03.2015.

Blogs

Gender and the welfare state.
URL: https://welfarestateandgender.wordpress.com

Medien denken – Maschinen denken.
URL: www.mediendenken-maschinendenken.ch

Viadrina goes Ukraine.
URL: https://viadrinagoesukraine.wordpress.com

Kursblog: Kollaboration und Internet – Blog zum Kurs an der Europa-Universität Viadrina.
URL: https://kollaboration2014.wordpress.com

Lehrkompetenz weiter- entwickeln

Ideal und Ambivalenz – Herausforderungen für Lehrende im Prozess des Forschenden Lehrens und Lernens

Udo Gerheim

Die Lehr- und Lernmethode des Forschenden Lernens (FL) erfreut sich nach ihrem bundesdeutschen Take-off in den 1970er Jahren durch die Arbeit und Schrift *Forschendes Lernen – wissenschaftliches Prüfen* der Bundesassistentenkonferenz (BAK 1970) und einer inhaltlichen und diskursiven Schwächeperiode in den 1980er und 1990er Jahren in diesem Jahrtausend einer bedeutenden theoretischen, konzeptionellen und hochschulpolitischen Renaissance. Mit grundlegenden Beiträgen u.a. von Reiber (2007), Huber (2009; 2014), Koch-Priewe/Thiele (2009) und Ludwig (2011) für die bundesdeutsche Diskussion kann die Methode des Forschenden Lernens als ein wohldurchdachtes und gut aufbereitetes Lehr-/Lernformat innerhalb der Hochschuldidaktik begriffen werden. Die systematische Forschung zu FL steckt, abgesehen von vereinzelten Arbeiten, hingegen erst in den Kinderschuhen und empirische Untersuchungen über Wirkungsweisen, Lerneffekte, Prozessabläufe, Steuerungsprozesse, Lehranforderungen, Ambivalenzen und Störfaktoren sind so gut wie nicht existent. Auf praktischer Ebene ist jedoch in den vergangenen Jahren eine deutliche Ausweitung und vermehrte Umsetzung von FL-Lehrveranstaltungen an bundesdeutschen Hochschulen festzustellen, die zudem in produktive Professionalisierungs- und Institutionalisierungsprozesse gemündet ist.

Vielfach ist in diesem Kontext – nach eigenem Augenschein – allerdings festzustellen, dass Lehrende, die Forschendes Lernen in ihr Lehrangebot aufnehmen, mit hohen Erwartungen und idealistischen Hoffnungen an ihre Lehrveranstaltungen herangehen und implizit auf ein erfolgversprechendes, idealtypisches Ablaufmodell setzen. Als engagierte Lehrende wollen sie Studierende für Forschung begeistern, Erkenntnishunger wecken, Methodenkenntnisse vermitteln, Forschungspraxis ermöglichen, kritisches Denken implementieren, und hoffen darauf, dass die Studierenden in autonomen Lerngruppen selbstgewählte Frage- und Problemstellungen motiviert und erfolgreich bearbeiten. Stattdessen treffen sie im modularisierten Studienbetrieb moderner Massenuniversitäten häufig auf Studierende, die vom Freiheitsanspruch und -angebot Forschenden Lehrens und Lernens überfordert sind, deren Lern- und Studierarrangements vielfach an zweckrationaler Noteneffizienz orientiert sind (möglichst gute Noten bei minimalem Arbeitsaufwand zu erlangen), die unter Zeitdruck leiden bzw. diesen beklagen und für die selbständiges Arbeiten und Forschen in autonomen Studiengruppen alles andere als eine Selbstverständlichkeit darstellt.

Wie diese Ambivalenzen und Störvariablen erkannt werden können, wie mit ihnen produktiv umgegangen werden kann und welche Herausforderungen und Anforderungen ein FL-Prozess an Lehrende stellt, möchte dieser Beitrag diskutieren.

Die folgenden Ausführungen, die auf einer fünfjährigen Lehrerfahrung mit FL im Bereich der Lehramtsausbildung sowie auf zwei eigenen laufenden Forschungsprojekten beruhen, sind in diesem Sinne als Annäherungen an den Untersuchungsgegenstand und Hypothesen über die Rolle von Lehrenden im FL-Prozess sowie über den FL-Prozess an sich zu verstehen. Das im Folgenden vorgestellte idealtypische Ablaufmodell Forschenden Lernens in Hochschulsettings basiert daher bewusst auf überspitzten Generalisierungen und empirisch weiter auszudifferenzierenden sowie zu prüfenden Annahmen. Hierdurch soll sowohl auf grundlegende Fragen und Problemstellungen dieser Lehr-/Lernmethode im Allgemeinen als auch auf die pädagogischen Anforderungen an die Lehrenden in FL-Lehrprozessen hingewiesen werden.

1. Der ideale FL-Prozess – implizite und explizite Modellierungen durch Lehrende

In der theoretischen und praktischen Auseinandersetzung mit Forschendem Lernen in Hochschulkontexten, so die hier vertretene und in zukünftigen Forschungsbemühungen zu prüfende These, legen Lehrende dieser Lehr-/Lernmethode zumeist ein implizites, idealtypisches Ablaufmodell zugrunde. In Präsentationen von Best-Practice-Beispielen auf Tagungen und Konferenzen oder in Publikationen werden in der Regel relativ störungsfreie Erfolgsgeschichten seitens der Lehrenden oder FL-Administrator/innen präsentiert, die sich in ihrem Gesamtnarrativ auf dieses idealtypische Ablaufmodell stützen. Es ist deshalb in einem ersten Schritt notwendig, dieses Modell zu (re-)konstruieren und in einem zweiten Schritt darüber nachzudenken, welche Ambivalenzen, Problemlagen und Störvariablen in diesem Prozess auftauchen können und welche Konsequenzen für grundlegende Steuerungsprozesse sowie die Rolle der Lehrenden sich hieraus ergeben.

Zu fragen gilt es also, welche Elemente sich als konstitutiv für ein idealtypisches Ablaufmodell Forschenden Lernens im Hochschulrahmen erweisen und welche zentralen Prämissen und Annahmen darin identifiziert werden können. Konkret können drei zentrale Aspekte genannt werden: 1. Didaktisches und lehrpraktisches Vertrauen in die Methode, 2. Vertrauen in die Produktivität der Studierenden und 3. Vertrauen in die Lehrkompetenz der Lehrenden (ideale Lehrende).

Didaktisches und lehrpraktisches Vertrauen in die Methode des Forschenden Lernens

Unter dieser Prämisse ist zu verstehen, dass die Lehrenden die Methode des Forschenden Lehrens und Lernens in Hochschulkontexten für ein sinnvolles, didaktisch bewährtes, praktikables und auf den Outcome bezogen, erfolgversprechendes Lehrverfahren ansehen und nutzen. Insbesondere die Vermittlung und der Erwerb von Forschungskompetenz als eine zentrale akademische und berufsvorbereitende Befähigung wird darin hervorgehoben (vgl. Huber 2009, ForschenLernen – Programm Kick Off 2014). Verbunden wird damit, den Studierenden Fähigkeiten und Kenntnisse zu vermitteln, die sie in die Lage versetzen, sich zukünftig flexibel in neue Wissensgebiete einzuarbeiten, sowie beliebige Problemstellungen in akademischen, beruflichen oder gesellschaftlichen Kontexten und sozialen Feldern zu identifizieren, zu analysieren und zu bewältigen. Grundlegendes Ziel ist es, selbstgewählte Fragestellungen bzw. Forschungsfragen selbstständig und nach wissenschaftlichen bzw. fachspezifisch gültigen Standards adäquat zu bearbeiten. Des Weiteren soll FL die Studierenden dazu befähigen, mit Daten, Forschungsmethoden und Forschungsergebnissen kompetent und kritisch umgehen zu können (Analyse bestehender Datensätze und Studienergebnisse, Erhebung und Auswertung neuer Daten, Präsentation von Forschungsergebnissen etc.), Kritisches Denken sowie Kommunikations- und Teamfähigkeit auszubilden. Auf lerntheoretischer Ebene wird mit der Methode des Forschenden Lernens die Hoffnung verbunden, dass die Studierenden sich tiefergehendes Wissen (deep learning approach) aneignen, welches langfristig und unwiderruflich in den Köpfen und Körpern der Studierenden abgespeichert ist und praxisrelevant reproduziert werden kann. Dies betrifft sowohl die genuin forschungskompetenzorientierte Ebene als auch das konkrete, fachbezogene Wissen selbst.

Produktivität der Studierenden

Die grundlegende Überzeugung vom didaktischen Gehalt der Methode wird darüber hinaus mit dem Glauben bzw. der impliziten Hoffnung an die Produktivität der Studierenden im Lehr-/Lernprozess gekoppelt. Dies betrifft im Wesentlichen vier zentrale Aspekte, die sich stark auf das Arbeitsverhalten und die motivationale Ebene der Studierenden beziehen, nämlich: a) Interesse, b) Anstrengungsbereitschaft und ertragreiche Ergebnisse, c) Zeitressourcen und d) Steuerung von Gruppenprozessen.

a) Interesse

Die idealistische Modellkonstruktion geht von der Annahme aus, dass Studierende mit hoher Motivation und großem Interesse das angebotene FL-Lehrformat wahrnehmen. Das erhoffte oder erwartete Interesse als didaktischer Goldstandard wird dabei sowohl auf die forschungszentrierte Lehr-/Lernmethode an sich als auch auf den thematischen Rahmen bzw. den ausgewählten Untersuchungsgegenstand bezogen. Damit wird den Studierenden ein organischer Erkenntnishunger (Neugierde, Offenheit, Entdeckungslust) und ein kritischer (wissenschaftlicher) Blick auf die soziale und anorganische Welt unterstellt, womit sie neue, datenbasierte Erkenntnisse generieren, hinter den Schleier ideologischer Verblendung und ungeprüfter Common-Sense-Annahmen blicken können und wollen. Aber auch auf den gesamten Forschungsprozess bezogen, beginnend mit der Literaturrecherche, dem Methodenstudium, der Konzeption und Durchführung der Untersuchung bis hin zur Präsentation der Ergebnisse und der Evaluation des Forschungsprozesses wird den Studierenden ein hohes Maß an Interesse unterstellt und von ihnen erhofft bzw. erwartet.

b) Anstrengungsbereitschaft und ertragreiche Ergebnisse

Die Variable Interesse ist in einem weiteren Schritt eng mit der unterstellten bzw. gewünschten Anstrengungsbereitschaft der Studierenden verbunden. Neben den Kategorien Organisations- und Konzentrationsfähigkeit gilt die Kategorie Anstrengungsbereitschaft innerhalb von lerntheoretischen Konzepten von selbstreguliertem Lernen als ein zentraler Aspekt für einen befriedigenden und erfolgreichen Lernprozess (Baumert et al. o. J., Richardson et al. 2012). Das Forschende Lernen ist eine Lehr-/Lernmethode, die – mehr noch als andere gängige Lehrformate – auf die Eigenständigkeit, Partizipation und aktive Mitwirkungs- und Anstrengungsbereitschaft der Studierenden angewiesen ist. Es ist sozusagen konstitutiv für einen erfolgreichen FL-Prozess, Studierende einzubinden, die nicht nur Interesse an der ganzen Angelegenheit finden, sondern auch noch bereit sind, ein erhebliches Maß an Energie, Zeit, Arbeit und Anstrengung in ihr Forschungsprojekt zu stecken. Ganz konkret bezieht sich dies auf die Bereitschaft, ein erhebliches Lesepensum zu bewältigen, hinsichtlich der theoretischen Aufbereitung des Untersuchungsgegenstands und der Klärung des Forschungsstands, aber auch auf die Bereitschaft, Neues zu erlernen (Methoden, Forschungslogik, Forschungspraxis) und durchzuführen (Forschungsprozess). In Bezug auf die Generierung von (präsentierbaren) Forschungsergebnissen und für den von Huber (2009) erhobenen Anspruch, auch für Dritte relevante Erkenntnisse zu entwickeln und authentische Fragestellungen zu bearbeiten, stellt die Kategorie Anstrengungsbereitschaft zwar keinen Garantieschein aus, aber ohne diese notwendige Prämisse können FL-Lehr-/Lernprozess nicht qualitativ hochwertig und in ihren Forschungsergebnissen ertragreich sein.

c) Zeitressourcen
Ein weiteres konstitutives Moment in der Konstruktion eines idealtypischen FL-Ablaufmodells besteht in der Unterstellung bzw. Hoffnung, dass die Studierenden ausreichende Zeitressourcen für den Lehr-/Lernprozess und die Umsetzung ihrer selbstgewählten Forschungsvorhaben mobilisieren können. Die Dimension Zeit stellt in gewisser Weise *die* zentrale Voraussetzung dar, um überhaupt Interesse und Anstrengungsbereitschaft in konkrete (Forschungs-)Praxis transformieren zu können. Dieser bedeutsame Sachverhalt wird vielfach unterschätzt bzw. verdrängt. Dabei ist evident, dass ohne ausreichende Zeitressourcen, die es den Studierenden erlauben, sich in Vorbereitung, Literaturrecherche, Forschungs- und Präsentationsphase sowie der Evaluation des Gesamtforschungsprozesses adäquat zu engagieren, Forschendes Lernen nicht funktionieren kann bzw. konflikthaft oder unbefriedigend verlaufen wird.

d) Steuerung von Gruppenprozessen
Viele Praxisprojekte Forschenden Lernens im Hochschulrahmen berichten nahezu selbstverständlich davon, dass die selbstgewählten studentischen Forschungsprojekte als Gruppenarbeiten konzipiert sind. Der Sinn dieser Strukturvorgabe ist offensichtlich: enge Anlehnung an reale Forschungspraxis, produktive Ausschöpfung kollektiver Wissensressourcen und (praktischer) Fähigkeiten sowie reziprok-solidarische Unterstützung durch die Gruppe im Forschungsprozess. Die idealisierende Erwartung hinsichtlich der Gruppenarbeitsstruktur konzentriert sich dann auf vier Aspekte: die reibungslose Bildung studentischer Forschungsgruppen, die kontinuierliche und produktive Arbeit dieser Gruppen, auf konstruktive Kommunikationsformen sowie auf den konstruktiven Umgang mit (insbesondere konflikthaften) Gruppendynamiken. Das heißt, Lehrende bauen ihre Erwartung darauf auf, dass es den Studierenden gelingt, sich anhand fachlicher und/oder personeller Entscheidungsmuster effektiv und reibungslos zu Forschungsgruppen in den FL-Seminaren zusammenzufinden und dass diese Gruppen erfolgreich und mit hohem Engagement und Interesse ihr selbstgewähltes Forschungsprojekt durchführen. Auch in Bezug auf die Dimension Gruppenkommunikation und die Bewälti-

gung von schwierigen Gruppendynamiken wie inhaltliche oder persönliche Differenzen, Probleme oder Konflikte, Gruppenunterschiede (bezüglich inhaltlicher Interessen oder Schwerpunkte, Prüfungsanforderungen, Engagement und Anstrengungsbereitschaft, Zeitressourcen o. ä.) wird davon ausgegangen, dass die Studierenden in der Lage sind, diese Herausforderungen produktiv zu bewältigen.

Der ideale FL-Prozess ist zudem davon bestimmt, dass die Ambiguität zwischen den durch das Forschende Lehren gewährten Freiheiten bezogen auf Themen- oder Methodenwahl etc. und der im universitären Lehrbetrieb eingeschriebenen Geschlossenheit der Lehrveranstaltung (Semesterbegrenzungen, finanzielle Begrenzungen, Prüfungsanforderungen etc.) von den Studierenden produktiv gemeistert wird. Damit wird oftmals auch die Hoffnung verbunden, dass die Studierenden auf metakognitive Kompetenzen zurückgreifen können und mit Feedback-Verfahren vertraut sind. Diese sind wichtig für einen konstruktiven Umgang mit den extensiven Freiheitsgraden des Forschenden Lernens ebenso wie für Kommunikationsformen in FL-Seminaren, in denen es den Studierenden möglich ist und ermöglicht wird, Feedback über den Forschungsprozess und -verlauf zu geben (beispielsweise darüber, wo sie Hilfe brauchen, das Seminarkonzept an ihren Fähigkeiten und/oder Bedürfnissen vorbeigeplant oder intransparent ist, wo es in die falsche Richtung läuft oder die Studierenden über- oder unterfordert sind).

Ideale Lehrende

Prägnant zusammengefasst kann der ideale Lehr-/Lernprozess im Forschenden Lernen aus Sicht der Dozent/innen wie folgt beschrieben werden: Hochmotivierte, interessierte und anstrengungsbereite Studierende mit ausreichenden zeitlichen Ressourcen und Arbeitskapazitäten führen ein selbstgewähltes Forschungsvorhaben mit relevanter Fragestellung in autonomen Forschungsgruppen durch und präsentieren darin auch für Dritte relevante und interessante Ergebnisse. Im Umkehrschluss liegt es nahe zu fragen, wie der ideale Dozent und die ideale Dozentin sowie die idealen Rahmenbedingungen für einen produktiven FL-Prozess aussehen.

Ideale Dozent/innen im FL-Prozess zeichnen sich neben sehr guten fachlichen und didaktischen Fähigkeiten dadurch aus, dass sie offen, flexibel und aufmerksam sind – insbesondere gegenüber den (Forschungs-)Bedürfnissen der Studierenden –, dass sie den Wissens- und Kenntnisstand der Seminargruppe sehr gut kennen sowie die Gruppendynamik im Forschungsprozess genau im Blick haben. Dazu sollten sie in der Lage sein, die Studierenden für Forschung im Allgemeinen und in der Umsetzung eigener Forschungsvorhaben zu motivieren bzw. zu unterstützen, das Seminarkonzept ›fehlerfreundlich‹ zu gestalten und soweit möglich und sinnvoll, den realen Bedürfnissen der Studierenden anzupassen und gegebenenfalls zu verändern. Zuletzt dürfen auch die Punkte Transparenz und Flexibilität nicht vergessen werden. Dies betrifft sämtliche organisatorischen, inhaltlichen und kommunikativen Ebenen im FL-Lehr-/Lernprozess, aber insbesondere die Ebene der Prüfungsleistung. Hierzu ist es sinnvoll, realistische, am Kenntnisstand und der Leistungsfähigkeit der Gruppe angepasste Prüfungsanforderungen zu stellen, diese transparent darzulegen und wo möglich flexible Abgabetermine einzurichten. Dass dies alles ein erhebliches Quantum an Zeit und Energie in der akuten Lehrphase sowie in der Betreuung außerhalb des Seminarbetriebs einnimmt, dürfte offensichtlich sein.

2. Ambivalenzen

Als eine wichtige Prämisse der idealtypischen Modellkonstruktion Forschenden Lernens wurde das didaktische und lehrpraktische Vertrauen in die FL-Lehr-/Lernmethode formuliert. Ob sich dieses praktische Vertrauen empirisch beweisen lässt, kann an dieser Stelle weder abschließend erörtert noch der aktuelle Forschungsstand zur Wirksamkeitsforschung zu Forschendem Lernen rekonstruiert werden. Viel eher soll auf einen kritischen Aspekt hingewiesen werden, der insbesondere durch einen Beitrag von Kirschner et al. (2006) eine kontroverse Debatte – nicht nur um Forschendes Lernen – ausgelöst hat. In dem Beitrag werden konstruktivistische Lehr-/Lernmethoden, zu der auch Forschendes Lernen gezählt wird, mit lehrer/innenzentrierten und auf direkter Instruktion basierenden Methoden in kritischen Vergleich gesetzt. Ausgehend von der »Cognitive Load Theory« (S. 76 ff.) argumentieren Kirschner et al., dass Methoden mit geringer Instruktion und hohen forschenden bzw. recherchierenden Lernaktivitäten viel Kapazität des Kurzzeitgedächtnisses der Lerner/innen beanspruchen. Damit fehle jedoch die Energie, um das Gelernte ins Langzeitgedächtnis zu transferieren (dem gültigen, zu erreichenden Lernziel). Weiter wird argumentiert, dass direkte Instruktion und lehrer/inzentrierter Unterricht, empirisch evident, diesen Transfer ins Langzeitgedächtnis besser bewältigen, da Ressourcen im Kurzzeitgedächtnis nicht ›sachfremd‹ gebunden würden, mit der Schlussfolgerung, dass dieser Ansatz konstruktivistischen Ansätzen weit überlegen sei (S. 79 ff.).

Dem Einwurf von Kirchner et al. wurde deutlich widersprochen und eine Vielzahl an empirischen Gegenevidenzen in die Diskussion eingebracht (Hmelo-Silver et al. 2007, Kuhn 2007, Schmidt et al. 2007). Dennoch kann exemplarisch hieran gezeigt werden, dass die Diskussion offen ist und dass es für Lehrende zwingend notwendig ist, über diese Fragen nachzudenken und die eigene FL-Lehrprogrammatik kritisch zu prüfen. Dies insbesondere auf zwei Ebenen: zum einen in Bezug auf die angesprochenen Lerntheorien und zum anderen in Bezug auf die praktischen Fragen, die sich hieraus ergeben: Welche konkreten Lernziele werden mit der FL-Lehrveranstaltung verfolgt, wo liegen die Stärken und Schwächen, wo liegen die Begrenzungen der Lehrmethode, wie offen/geschlossen ist das Seminarkonzept angelegt, wann, wie und in welchem Ausmaß ist direkte Instruktion notwendig und sinnvoll bzw. im Umkehrschluss, wann und wie sollen die Studierenden sich in autonomen, aktiv forschenden Lernprozessen Wissen, Fähigkeiten und Kenntnisse aneignen etc. Darüber hinaus ist es wichtig, die Problematik des Lernerfolgs kritisch zu diskutieren und zu fragen, was »achievement« im Einzelnen bedeutet (abfragbares Wissen, (Schlüssel-)Kompetenzen, Fertigkeiten, Kritisches Denken, Normen/Werte, Denkformen etc.) und wie reliabel es gemessen werden kann (auch auf lange Sicht gesehen: deep learning vs surface learning aproach). Oder, um mit Wolfgang Fichten zu argumentieren, stellt sich gerade im Forschenden Lernen für Lehrende die Frage, was bewertet bzw. benotet werden soll: das Ergebnis (publizier- bzw. präsentierbare Forschungsergebnisse) oder der studentische Forschungsprozess (Fichten 2012).

Welche weiteren Ambivalenz-Muster lassen sich neben dieser grundlegenden Fragestellung rekonstruieren? Würde das oben vorgestellte idealtypische Ablaufmodell nur unter ›keimfreien‹ Laborbedingungen existieren, könnte theoretisch jede Abweichung vom Ideal-Modell als Ambivalenz bzw. Ablaufstörung gekennzeichnet werden. Doch das ist weder damit intendiert, noch soll damit die empirische Realität beschrieben werden. Vielmehr dient dieses Modell, welches konzeptionelle Entwürfe zu Forschendem Lernen bzw. Deutungsmuster von Lehrenden beschreibt, als Hintergrundfolie, um Vorannahmen, Prämissen und Konzeptualisierungen eines idealen Ablaufmodells von Lehrenden zu thematisieren und Ambivalenzen daran kenntlich zu machen. Ziel des Ganzen ist es, Lehrenden auf mögliche Fallstricke und Ablaufstörungen in ihren Lehrveranstaltungen hinzuweisen und ihnen einen produktiven und bewussten Umgang hiermit zu ermöglichen, damit diese nicht unkommuniziert im seminaristischen Untergrund den Lehr-/Lernprozess systematisch konterkarieren und behindern. Im Folgenden werden also einige zentrale Ambivalenzen und Störparameter im FL-Prozess dargestellt und diskutiert, die ebenfalls ausdifferenziert und empirisch überprüft werden müssen.

In Bezug auf die Studierenden können die Ambivalenz-Muster und Ablaufstörungen recht genau aus dem skizzierten Modell abgeleitet werden. Die Kategorie Interesse kann als eine der zentralen

Dimensionen für einen produktiven und erfolgreichen studentischen FL-Lehr-/Lernprozess markiert werden. Interesse macht eine FL-Lehrveranstaltung für die Studierenden sinnvoll, vernünftig, erstrebenswert sowie intellektuell und persönlich begehrenswert. Das Interesse kann aus vielen Gründen gestört bzw. nur gering ausgebildet sein, beispielsweise wenn die FL-Lehrveranstaltung nur in geringem Maße freiwillig gewählt wurde oder eine Pflichtveranstaltung darstellt. Hier kann sich das studentische Interesse schnell in einen Schein-Pragmatismus transformieren, in dem ein Minimum an Anstrengung mit einem Maximum an prüfungsrelevantem Outcome (Note) das strategische (Lern-)Ziel der Studierenden darstellt. Dies potenziert sich, wenn das Rahmenthema bzw. der gewählte Untersuchungsgegenstand persönlich und/oder inhaltlich für die Studierenden nicht passend ist, sich beispielsweise als zu komplex und überfordernd oder als zu banal und unterfordernd herausstellt. Ein Thema zieht dann sozusagen nicht und es kommt nicht zu der für FL-Prozesse so elementar wichtigen Forschungs- und Gruppendynamik aus Interesse, Engagement und Anstrengungsbereitschaft. Praktisch äußert sich das beispielsweise in Rückmeldungen von Studierenden, dass das Thema des Seminars zu weit oder zu eng gefasst, zu abstrakt und praxisfern sei oder vermeintlich zu viele Theorieelemente enthielte.

Das Interesse und die Lust, sich auf den FL-Prozess einzulassen, sich zu engagieren und anzustrengen, können aber auch dadurch verhindert werden, dass die Studierenden keinen eigentlichen Sinn im Forschenden Lernen sehen, da sie beispielsweise keine wissenschaftlich-forschende Ausbildung/Karriere anstreben, nur mangelndes Vorwissen und mangelnde Methodenkenntnisse vorweisen können, nur irrelevante oder längst beantwortete Fragestellungen zu bearbeiten haben, lediglich auf rudimentärem Niveau forschen oder fürchten, kaum in der Lage zu sein, authentische, relevante und veröffentlichbare Forschungsergebnisse produzieren zu können. Der Mangel an Zeitressourcen und allgemeinen Arbeitskapazitäten für das FL-Vorhaben kann diesen Ambivalenz-Prozess zusätzlich verschärfen oder Interesse und Engagementbereitschaft auch von motivierten Studierenden quasi von innen heraus aushöhlen. Dies kann innerhalb der modularisierten Studienstruktur leicht geschehen, wenn das FL-Seminar isoliert oder deplatziert in das Curriculum bzw. den Lehrplan eingebunden ist, beispielsweise sofern ein sehr dichtes Lehrprogramm vorliegt oder verpflichtende Praktika in den Semesterferien den Auswertungs- oder Verschriftlichungsprozess in diesem Zeitraum verunmöglichen oder wenn das FL-Seminar mit anderen Lehrveranstaltungen um studentische Arbeitskapazitäten und Aufmerksamkeit konkurrieren muss. Es entsteht dadurch für die

Studierenden eine objektive Ressourcen-Krise, da nicht genügend Zeitressourcen und Kapazitäten mobilisiert werden können, um den Forschungsinteressen wie gewünscht nachzugehen bzw. das Forschungsvorhaben ordentlich durchzuführen.

Störungen des FL-Prozesses ergeben sich des Weiteren aus einem schwierigen bzw. ambivalenten Umgang der Studierenden mit Freiheitsgraden, den ihnen Dozent/innen im Rahmen von Forschendem Lehren und Lernen gewähren können. Im Prinzip ist die Forschungsautonomie, die es den Studierenden erlaubt, in gewissem Rahmen selbstbestimmt einer selbstgewählten Fragestellung nachzugehen und ein eigenständiges Forschungsvorhaben durchzuführen, als das didaktische Herzstück Forschenden Lernens zu kennzeichnen. Dieser Autonomieanspruch kann sich aber auch in eine Furcht vor der Freiheit transformieren und eine habituelle Krise auslösen (Gerheim 2012). Krise in dem Sinne, dass die Studier- und Lern-Sozialisation der heutigen Studierenden innerhalb modularisierter Bologna-Bedingungen erfolgen muss. Konstitutiv hierfür sind die kontinuierlichen, in fast jeder Lehrveranstaltungen zu erbringenden Prüfungsleistungen, innerhalb eines durch Creditpoint- und Workload-Vorgaben stark reglementierten und verschulten Studienprogramms, das eben nicht vom »shift from teaching to learning« geprägt ist (Barr & Tagg 1995), sondern im Geiste des »teaching for testing« operiert oder um es im studentischen Jargon zu formulieren: durch Bulimie-Lernen geprägt ist. Anekdotisch ist zudem festzustellen, dass immer noch ein Großteil der geistes- und sozialwissenschaftlichen Lehrveranstaltungen als klassische Referate-Seminare in Massenabfertigung konzipiert sind, mit einem äußerst geringen Lernzuwachs für die Gesamtgruppe und hohen Aufmerksamkeits- und Engagementdefiziten für das nicht-referierende Auditorium. Wenn die Studierenden dann noch über wenig bis keine »research literacy« verfügen (BERA/RSA Report 2014), also in ihrem bisherigen Studium kaum mit der Idee, Logik oder Praxis empirischer (Sozial-)Forschung in Kontakt gekommen sind, ist es in der Folge nicht verwunderlich, dass krisenhafte Überforderungsgefühle und -dynamiken entstehen, wenn sie in FL-Kontexten auf reale Forschungsanforderungen mit einem überbordenden Autonomie-, Selbstständigkeits- und Freiheitsanspruch unter Prüfungsbedingungen treffen.

Eine weitere Gefahr für den FL-Prozess droht vielfach durch gestörte Gruppenprozesse in den autonom operierenden studentischen Forschungsgruppen. Hier kann es schon zu Beginn zu erheblichen Problemen im Gruppenfindungsprozess (unterschiedliche Prüfungs- und Studienanforderungen, divergierende Interessen, Zeitbudgets, unterschiedliches Vorwissen etc.) und in den Gruppenarbeitsphasen kommen (divergierendes Interesse, Engagementbereitschaft und

Ernsthaftigkeit, ungleiche Verteilung von Arbeitslasten bzw. Rollenverteilungen, mangelnde Kommunikation, Streit und Konflikte bis hin zum Auseinanderbrechen der Gruppe). Diese Probleme zu erkennen und in den Griff zu bekommen, erfordert von den Lehrenden großes Fingerspitzen- und kommunikatives Feingefühl, ist aber letztendlich als eine zentrale Aufgabe für einen gelingenden FL-Prozess unerlässlich.

Aber auch in Bezug auf die Lehrpraxis der Dozent/innen im FL-Prozess selbst können einige fundamentale Störparameter benannt werden. In erster Linie betrifft dies Unklarheiten und Ambivalenzen hinsichtlich der Lehrplanung eines FL-Seminars. So können auf der didaktischen Ebene sowohl die (Lern-)Ziele und die Ausrichtung des Seminars uneindeutig und intransparent sein (mangelhafte Lehrplanung und Störung in der didaktischen Durchdringung) als auch widersprüchliche oder intransparente Anforderungen und Erwartungen an die Studierenden formuliert werden. Dies erzeugt wiederum insbesondere auf der Ebene der Prüfungsleistung erhebliche Störungen und Dissonanzen des FL-Prozesses.

Des Weiteren können praktische und organisatorische Probleme benannt werden, beispielsweise wenn Dozent/innen die Planung der Lehrveranstaltung (Umfang, Zeiten, Prüfungen/Abgabetermine, Feldzugänge etc.) nicht mit den institutionellen Rahmenbedingungen des sonstigen Studienverlaufs abstimmen und die Modulanforderung der FL-Lehrveranstaltung mit anderen Modulen zeitlich, organisatorisch oder prüfungsbedingt kollidieren. Auf konzeptioneller Ebene können zudem Reibungen entstehen, wenn der Seminarfahrplan bzw. das Forschungsprogramm zu überdimensioniert angelegt ist und mit den Zeit- und Ressourcenbudgets der Studierenden unrealistisch und unsensibel umgeht.

Höchstproblematisch kumulieren all jene Faktoren, wenn die Lehrenden keine produktiven Kommunikationsstrukturen, die durch Offenheit, Flexibilität und Feedback-Verfahren bestimmt sind, in der FL-Veranstaltung implementiert haben, um die multidimensionalen Stimmungslagen im Seminar zu eruieren und gegebenenfalls gegenzusteuern bzw. Unterstützungs- oder Korrekturmaßnahmen einleiten zu können.

3. Schlussfolgerungen

Wie gezeigt werden konnte, beinhaltet die Methode des Forschenden Lernens in der Hochschulbildung ein enormes Lehr- und Lernpotenzial. Zugleich wurde festgestellt, dass zahlreiche Ambivalenz-Muster und Störvariablen den FL-Prozess bedrohen können. Welchen Beitrag, so die entscheidende Frage, können Lehrende nun leisten, damit FL-Lehrveranstaltungen für alle Beteiligten erfolgreich und produktiv durchgeführt werden können (vgl. Schneider/Mustafic 2015)? Im Folgenden wird diese Frage zusammenfassend diskutiert und auf drei zentrale Aspekte näher eingegangen: 1. Ziele, Erwartungen und Transparenz, 2. Prozessteuerung und 3. Wertschätzung.

Ziele, Erwartungen und Transparenz

Von zentraler Bedeutung für einen erfolgreichen FL-Lehr-/Lernprozess ist es, die Studierenden grundlegend von der FL-Methode zu überzeugen und für den Forschungsprozess zu begeistern. Die Erfahrung zeigt, dass dies gelingt, wenn den Studierenden der Sinn und Zweck Forschenden Lernens für ihre weitere Bildungs- und Berufsbiografie vermittelt werden kann, das Thema und der Untersuchungsgegenstand für sie von Interesse und Bedeutung sind (theoretisch oder praktisch) und insbesondere dann, wenn sie eigenständig und aktiv in einen bewältigbaren und befriedigenden Forschungsprozess eingebunden werden. Die Studierenden müssen in diesem Sinne »praktischen Glauben« bzw. »praktische Vernunft« entwickeln (Bourdieu 1993), damit sich ihre soziale Praxis des Forschens im Feld der Wissenschaft für sie vernünftig und erstrebenswert darstellt und sie bereit sind, Energie in diesen Prozess zu investieren. Für die Lehrenden heißt dies konkret, im Spannungsfeld zwischen institutionellen Vorgaben (Prüfungsanforderungen, Zeitbudgets etc.) und notwendigen Freiheitsgraden die Studierenden sowohl für das jeweilige Forschungsfeld zu begeistern und ihnen die notwendigen Fähigkeiten und Kenntnisse für die Bewältigung der Aufgaben und Ziele zu vermitteln als auch die Lernziele und Erwartungen klar zu benennen und sofern möglich, offen und flexibel an die realen Ablaufprozesse und Gruppenbedarfe anzupassen. Wichtig ist in diesem Rahmen auch, dass die Lehrenden ihre impliziten und expliziten Erwartungshaltungen an die Lehrveranstaltung und die Studierenden sehr genau reflektieren und mit der Realität im Seminar abgleichen, damit unterschwellige Enttäuschungs-Dynamiken vermieden werden können.

Prozessteuerung

Damit dies praktisch gelingt, ist es für die Lehrenden wichtig, die Prozesse und Dynamiken im Seminar und in den Studiengruppen sehr genau zu kennen und zu analysieren. Um den Lehr-/Lernprozess produktiv steuern zu können, gilt es im Kern abzufragen, auf welchem Kenntnisstand die Studiengruppe steht (theoretisch, methodisch, forschungspraktisch), wie heterogen sie sich darstellt (Prüfungsanforderungen, Zeitbudgets, Studiendauer, sonstige Studienanforderungen etc.) und welche Interessenlagen und Motivationsmuster sich feststellen lassen. Diese Prozessanalyse ist am konstruktivsten und erfolgreichsten, wenn es sich dabei um ein kontinuierliches Feedback-Verfahren handelt. Das heißt, Lehrende sollten möglichst zu allen Zeitpunkten genau wissen, wo die jeweiligen Forschungsgruppen stehen, welche unterschiedlichen Bedürfnisse und Interessen bestehen, was gut läuft und welche Probleme im Forschungsprozess aufgetreten sind (z.B. beim Feldzugang, mit nicht eingehaltenen Absprachen von Proband/innen, mit der gewählten Methode oder dem Auswertungsverfahren, bezüglich der Gruppendynamik etc.), um aktiv gegensteuern und Hilfestellung leisten zu können. Gezielt gegengesteuert werden kann dabei sowohl auf fachlicher Ebene, beispielsweise bei der problemorientierten Vermittlung von Fachwissen (theoretisch oder methodisch), der Generierung von Fragestellungen oder der Themenwahl, auf institutioneller Ebene (flexible Zeitgestaltung, flexible Prüfungsanforderungen, Hilfestellung im Forschungsfeld) als auch auf der Betreuungsebene (Erhöhung von Betreuungszeiten/Sprechstundenzeiten, Offenheit für Gruppenkommunikation und -konflikte etc.). Damit dies gelingt und auch von den Studierenden angenommen werden kann, ist es wichtig, von Beginn an eine offene Kommunikations- und Feedback-Kultur zu etablieren, auf die sich die Studierenden vertrauensvoll einlassen können. Hier gilt es für die Lehrenden den Spagat zu bewältigen und zu moderieren, einerseits die Studierenden in einem intensiven Forschungsprozess solidarisch zu begleiten und zu betreuen, und andererseits als prüfende und bewertende Ordnungsmacht in einem institutionlisierten Machtverhältnis bezüglich der Studierenden zu agieren.

Wertschätzung

Mehr noch als in anderen Lehr- und Prüfungsformaten ist es beim Forschenden Lernen für Lehrende wichtig, den Studierenden Wertschätzung und Anerkennung für ihre Forschungsleistung zu übermitteln, um damit den anstrengenden und leistungsintensiven Forschungsprozess entsprechend zu würdigen. Diese Anerkennung kann sich auf symbolisch-inhaltlicher Ebene bewegen (unmittelbare Ansprache, Lob, konstruktives Feedback, intensive Nachbereitung der Forschungsarbeiten etc.), falls gegeben auf der materiellen Prüfungs-Ebene, (positive Leistungsbeurteilung), aber insbesondere auf wissenschaftsimmanenter Ebene, indem die Lehrenden es ihren Studierenden ermöglichen, ihre Ergebnisse zu veröffentlichen oder auf Workshops,

Tagungen bzw. Konferenzen vorzustellen. Mit der letztgenannten Ebene wird nicht nur eine allgemeine Wertschätzung der Forschungsarbeiten und Forschungsleistung der Studierenden verbunden, sondern auch das FL-Postulat der Ernsthaftigkeit, mit dem Anspruch auch für dritte relevante Ergebnisse zu produzieren, erfüllt. Zuletzt sei noch darauf verwiesen, dass eine Form der Anerkennung auch darin liegen kann, Studierende zu ermutigen und es ihnen auch konkret anzubieten, ihre Forschungsarbeiten im Rahmen akademischer Abschlussarbeiten (Bachelor- oder Masterarbeiten) weiterzuführen.

Literatur

Barr, R.B. & Tagg, J. (1995). *From teaching to learning. Change,* 27(6), 13–25.

Baumert, J., Klieme, E., Neubrand, M., Prenzel, M., Schiefele, U., Schneider, W., Tillmann, K.-J. & Weiß, M. (o.J.). *Fähigkeit zum selbstregulierten Lernen als fächerübergreifende Kompetenz.* URL: https://www.mpib-berlin.mpg.de/Pisa/CCCdt.pdf, 19.11.2016.

BERA/RSA Report (2014). *Research and the teaching profession. Building the capacity for a self-improving education system.* (Final report of the BERA-RSA inquiry into the role of research in the teacher education). London: British Educational Research Association.

Bourdieu, P. (1993). *Sozialer Sinn.* Frankfurt, M.: Suhrkamp.

Bundesassistentenkonferenz (BAK) (1970). *Forschendes Lernen – Wissenschaftliches Prüfen. Ergebnisse des Ausschusses für Hochschuldidaktik. Bonn:* Schriften der Bundesassistentenkonferenz 5.

Fichten, W. (2012). *Über die Umsetzung und Gestaltung Forschenden Lernens im Lehramtsstudium.* Oldenburg: DIZ.

ForschenLernen – Kick Off (2014). *Programmablauf.* URL: http://www.fh-potsdam.de/fileadmin/user_upload/projekte/ForschenLernen/Programme/Programmheft_KickOff.pdf, 19.11.2016.

Gerheim, U. (2012). *Die Produktion des Freiers. Macht im Feld der Prostitution. Eine soziologische Studie.* Bielefeld: transcript Verlag.

Hmelo-Silver, C.E., Duncan, R.G. & Chinn, C.A. (2007). Scaffolding and achievement in problem-based and inquiry learning: A response to Kirschner, Sweller, and Clark (2006). *Educational Psychologist,* 42(2), 99–107.

Huber, L. (2009). Warum Forschendes Lernen nötig und möglich ist. In L. Hube, J. Hellmer & F. Schneider (Hrsg.), *Forschendes Lernen im Studium. Aktuelle Konzepte und Erfahrungen* (S. 9–35). Bielefeld: UniversitätsVerlagWebler.

Huber, L. (2014). Forschungsbasiertes, Forschungsorientiertes, Forschendes Lernen: Alles dasselbe? Ein Plädoyer für eine Verständigung über Begriffe und Unterscheidungen im Feld forschungsnahen Lehrens und Lernens. In *Das Hochschulwesen,* 1+2, 22–29.

Kirschner, P.A., Sweller, J. & Clark, R.E. (2006). Why minimal guidance during instruction does not work: An analysis of the failure of constructivist, discovery, problem-based, experiential, and inquiry-based teaching. *Educational Psychologist,* 41, 75 – 86.

Kuhn, D. (2007). Is direct instruction an answer to the right question? *Educational Psychologist,* 42(2), 109 – 113.

Koch-Priewe vor Kuhn, B. & Thiele, J. (2009). Versuch einer Systematisierung der hochschuldidaktischen Konzepte zum Forschenden Lernen. In B. Roters, R. Schneider, B. Koch-Priewe, J. Thiele & J. Wildt (Hrsg.), *Forschendes Lernen im Lehramtsstudium. Hochschuldidaktik, Professionalisierung, Kompetenzentwicklung* (S. 271 – 292). Bad Heilbrunn: Klinkhardt.

Ludwig, J. (2011). Forschungsbasierte Lehre als Lehre im Format der Forschung. BBHD -*Brandenburgische Beiträge zur Hochschuldidaktik,* 3. URL: https://www.faszination-lehre.de/file/data/Handreichungen/Beitraege-Hochschuldidaktik/bbhd03.pdf, 19.11.2016.

Reiber, K. (2007). Forschendes Lernen als Leitprinzip zeitgemäßer Hochschulbildung. In K. Reiber, Forschendes Lernen als hochschuldidaktisches Prinzip – Grundlegung und Beispiele. *Tübinger Beiträge zur Hochschuldidaktik,* 1(3), 6 – 12.

Richardson, M., Abraham, C. & Bond, R. (2012). Psychological correlates of university students' academic performance: A systematic review and meta-analysis. *Psychological Bulletin,* 138(2), 353 – 387.

Schmidt, H.G., Loyens, S.M.M., van Gog, T. & Paas, F. (2007). Problem-based learning is compatible with human cognitive architecture: Commentary on Kirschner, Sweller, and Clark (2006). *Educational Psychologist,* 42(2), 91 – 97.

Schneider, M. & Mustafić, M. (Hrsg.) (2015). *Gute Hochschullehre. Eine evidenzbasierte Orientierungshilfe. Wie man Vorlesungen, Seminare und Projekte effektiv gestaltet.* Wiesbaden: Springer.

Der in diesem Beitrag vorgestellte Ansatz zum forschungsnahen Lehren wurde im Zuge der Konzeption der Fortbildung »Lehre forschungsnah konzipieren« im Zentrum für Lehren und Lernen an der Universität Bielefeld entwickelt. In dieser Fortbildung planen die Teilnehmenden eine forschungsnahe Lehrveranstaltung, die sie erproben, durchführen und evaluieren. An diesem semesterbegleitenden Format nehmen vor allem Doktorand/innen und PostDocs teil, die häufig ein großes Interesse daran haben, neben ihrer Forschungstätigkeit auch ihre individuelle Lehrkompetenz weiterzuentwickeln. Außerdem bieten wir einen Kurzworkshop an, in dem die Teilnehmenden (neue) Impulse für die Verknüpfung von Forschung und Lehre erhalten; ein weiteres Treffen dient dem Erfahrungsaustausch über die Umsetzung der Lehrideen. Dieses Format ist auch für erfahrene Lehrende interessant.

Forschungsnah Lehren: Von der eigenen Forschungserfahrung zur Vermittlung von Forschungskompetenzen

Petra Weiß, Kerrin Riewerts

Die Verbindung von Forschung und Lehre gilt im Allgemeinen als das zentrale Grundprinzip universitärer Bildung. In den letzten Jahren sind sowohl im angloamerikanischen als auch im deutschsprachigen Raum – nicht zuletzt angestoßen durch die sogenannte Bologna-Reform – zahlreiche Initiativen und Projekte entstanden, die sich mit der (Wieder-)Belebung der Integration von Forschung in die Hochschullehre beschäftigen. Verstärkt finden solche Überlegungen nicht nur an den klassischen Forschungsuniversitäten, sondern auch an Fachhochschulen (Universities of Applied Sciences) sowie in jüngster Zeit speziell auch im Rahmen der universitären Lehrer/innenbildung statt. Immer wieder wird in diesen Bildungskontexten diskutiert, inwiefern es überhaupt notwendig sei, ein derartiges Aufheben um die Selbstverständlichkeit der Verknüpfung von Forschung und Lehre an Universitäten zu machen (»Das machen wir doch sowieso!«). Oder es wird im anderen Extrem die Befürchtung geäußert, dass die Integration von Forschungsaktivitäten in Lehrveranstaltungen gerade in Zeiten von Bachelor und Master nicht mehr möglich sei. Häufig geht es aber auch darum, ob denn jede/r Studierende zu einem Forscher bzw. einer Forscherin ausgebildet werden müsse und warum z. B. auch zukünftige Lehrer und Lehrerinnen eine forschende Grundhaltung entwickeln sollten.

In diesem Beitrag stellen wir einen Ansatz zur Verknüpfung von Forschung und Lehre – das Konzept der forschungsnahen Lehre – vor und zeigen, wie es gelingen kann, Lehrende in unterschiedlichen Fortbildungsformaten dazu anzuregen, forschungsnahe Lehrkonzepte für das eigene Fach zu entwickeln.

Zunächst ordnen wir das Konzept der forschungsnahen Lehre in den Gesamtzusammenhang »Forschen – Lehren – Lernen« ein und stellen es dem Forschenden Lernen gegenüber. Danach erläutern wir, wie wir mit Lehrenden in unseren Fortbildungen und Workshops an der Entwicklung von Lehrveranstaltungen mit Forschungsbezug arbeiten. Ziel ist herauszufinden, welche Forschungskompetenzen in der jeweiligen Disziplin gebraucht werden, welche davon fachübergreifend und welche fachspezifisch sind und wie sie explizit vermittelt werden können. Danach stellen wir ein Rahmenmodell für die Integration von Forschung und Lehre vor, das sich sowohl für die Verständigung über forschungsnahe Lehre als auch für die praktische Arbeit mit Lehrenden an der Frage, welche (Forschungs-)Kompetenzen sich durch welche (Studien-)Aktivitäten vermitteln bzw. erlernen lassen, als sehr fruchtbar erwiesen hat. Abschließend erörtern wir, wie die Lehrenden auf dieser Basis ein integriertes Gesamtkonzept für eine forschungsnahe Lehrveranstaltung erarbeiten können. Wir diskutieren die Frage, inwiefern sich entsprechende Fortbildungsmaßnahmen nicht nur positiv auf die Lehre sowie das Lernen und die Motivation der Studierenden auswirken, sondern auch zu einer Bereicherung der eigenen Forschungstätigkeit führen können. Und wir geben einen Ausblick auf mögliche Weiterentwicklungen unseres Fortbildungskonzepts.

1. Das Konzept der forschungsnahen Lehre

Geht es um den Gesamtzusammenhang von Forschen, Lehren und Lernen, stellt sich Lehrenden regelmäßig die Aufgabe, sowohl für sich als auch für die Studierenden zu klären, in welcher Beziehung diese Aktivitäten zueinanderstehen. Lehren kann als Bindeglied zwischen Lernen und Forschen betrachtet werden. Studierende sollen lernen, wie ihr Fach funktioniert, wie im Fach gedacht, gearbeitet und eben auch geforscht wird. Nach Schneider und Wildt (2009) besteht die Aufgabe einer Lehre mit Forschungsbezug darin, Lernmöglichkeiten in der Forschungspraxis zu eröffnen. Hierzu müssen der Forschungs- und der Lernzyklus synchronisiert werden (Schneider & Wildt, 2009, S. 58).

Nach dem Humboldt'schen Prinzip der »Einheit von Forschung und Lehre« erscheint es zunächst selbstverständlich, dass sich Forschen, Lehren und Lernen an Hochschulen gegenseitig befruchten sollen und auch können. Häufig zeigen sich in der Praxis jedoch eher wenige Berührungspunkte. Forschung und Lehre werden nicht als Einheit, sondern neben- oder gar gegeneinander realisiert, und Studierende sind entgegen der viel gepriesenen Gemeinschaft von Lehrenden und Lernenden ebenfalls nur selten involviert (vgl. Tremp & Hildbrand, 2012, S. 102). Außerdem wird unter Lehre mit Forschungsbezug häufig lediglich verstanden, den aktuellen Stand der Forschung zu präsentieren, Forschungsbeispiele zu liefern und den Forschungshintergrund zu erläutern. So konnten z. B. Tremp und Futter (2012) in einer Studie an der Universität Zürich zeigen, dass die Bachelorstudierenden der Mathematisch-Naturwissenschaftlichen Fakultät selbst die Bedeutsamkeit der Verknüpfung von Forschung und Lehre für ihr Studium im Vergleich zu anderen Fachgruppen zwar als am höchsten eingeschätzt haben, es aber gerade in diesen

Fächern nur wenig Einbindung von studentischen Forschungsaktivitäten gibt.

Aktuell bestehen im deutschsprachigen Hochschulraum intensive Bestrebungen, das Prinzip des Forschenden Lernens zur (Wieder-) Belebung einer engen Verknüpfung von Forschung und Lehre zu etablieren. Fast schon klassisch zu nennen, ist die Definition von Ludwig Huber (2009, S. 11):

> »Forschendes Lernen zeichnet sich vor anderen Lernformen dadurch aus, dass die Lernenden den Prozess eines Forschungsvorhabens, das auf die Gewinnung von auch für Dritte interessanten Erkenntnissen gerichtet ist, in seinen wesentlichen Phasen – von der Entwicklung der Fragen und Hypothesen über die Wahl und Ausführung der Methoden bis zur Prüfung und Darstellung der Ergebnisse in selbstständiger Arbeit oder in aktiver Mitarbeit in einem übergreifenden Projekt – (mit)gestalten, erfahren und reflektieren.«

Für diese Form des Lernens, die lerntheoretisch häufig auf den konstruktivistischen bzw. situierten Ansatz des Lernens zurückgeführt wird (z.B. Reinmann, 2009), werden als konstitutive Elemente zum einen das möglichst vollständige Durchlaufen des gesamten Forschungsprozesses und zum anderen der Gewinn von möglichst relevanten Erkenntnissen hervorgehoben. Charakteristisch ist außerdem, dass Prozesse der Wissensgewinnung und -vermittlung ineinandergreifen und sich wechselseitig bedingen. Darüber hinaus zeichnet sich Forschendes Lernen auch durch die Einheit von Lehren und Lernen und damit verbunden einem partnerschaftlichen Verhältnis von Lehrenden und Lernenden aus.

Auch wenn wir die zentralen Punkte des Forschenden Lernens teilen, erscheint uns die Definition von Huber (2009) für die Lehrpraxis an der Hochschule zu eng. Wir bevorzugen für unseren Ansatz den Begriff der forschungsnahen Lehre, um die Offenheit im Hinblick auf unterschiedliche Lehr-/Lernformate deutlich zu machen sowie die mögliche positive, wechselseitige Beeinflussung von Forschen und Lehren bzw. Lernen hervorzuheben:

> »Forschungsnahe Lehre zielt darauf ab, in allen Phasen des Studiums Lernaktivitäten an der Arbeitsweise von Wissenschaftler/innen im Fach zu modellieren. Studierende sollen von Anfang an im Studium Gelegenheiten erhalten, in denen sie lernen, mit Wissen auf fachlich angemessene Weise umzugehen, und so Fähigkeiten zum eigenen Handeln in ihrer Disziplin erwerben« (Weiß & Riewerts, 2015, S. 61).

Insbesondere zur Frage der Integration von Forschungs- und Lernaktivitäten im Bachelor-Studium haben wir wertvolle Impulse aus dem angloamerikanischen Raum erhalten. So forderte der Boyer Commission Report für die USA Programme, »[that make] research-based learning the standard« (Katkin, 2003, S. 24). Auch Tremp (2005, S. 347) empfiehlt, das Studium von Anfang an als »Forschungsprojekt« anzulegen. Entsprechende Anregungen finden sich im sogenannten »Zürcher Framework« (Tremp & Hildbrand, 2012), dessen Ziel die praktische Umsetzung von Verknüpfungsmöglichkeiten zwischen Forschung und Lehre sowohl auf der Ebene einzelner Lehrveranstaltungen als auch von Studienprogrammen bis hin zur Ebene der Universität als Bildungseinrichtung ist. Ein entsprechend gestaltetes Studienprogramm zeichnet sich demnach durch eine sorgfältige Komposition aus, die es den Studierenden ermöglicht, forschendes Handeln einzuüben. Durch eine angemessene Unterteilung in Studienstufen kann der komplexe Forschungsprozess in überschaubare, zu bewältigende und somit erlernbare Einheiten zerlegt werden, so dass es möglich wird, »Forschung bereits bei Studienbeginn zur orientierenden Leitidee zu machen und eine schließlich umfassende Forschungskompetenz systematisch aufzubauen« (Tremp & Hildbrand, 2012, S. 110).

Des Weiteren verstehen wir forschungsnahe Lehre nicht nur als Ausbildungsprinzip für eine spätere wissenschaftliche Tätigkeit. Das Forschen als Ausdruck disziplinärer Praxis stellt einen geeigneten Ausgangspunkt für eine Konzeption von Hochschullehre dar, die gemäß dem Motto »Bildung durch Wissenschaft« (Spoun & Wunderlich, 2005) neben dem Erwerb fachlicher Inhalte vor allem die Aneignung von Kompetenzen wie Reflexions-, Kommunikations- und Problemlösefähigkeiten zum Ziel hat, wie sie üblicherweise auch in akademischen Berufen jenseits des klassischen Wissenschaftsbetriebs erwartet werden. Ludwig (2015, S. 35) nennt in diesem Zusammenhang »Professionalität als Ziel der Hochschulbildung«.

Im Forschen drückt sich in besonderer Weise die disziplinäre Praxis eines Fachs aus. Die konkreten Tätigkeiten, die Lehrende im Rahmen ihrer Forschungsarbeiten ausüben, können als Modell für den Kompetenzerwerb der Studierenden dienen. Lehrende müssen jedoch zunächst dafür sensibilisiert werden, ihr fachliches Handlungswissen, das sie sich im Laufe der Zeit angeeignet haben und das ihnen zunehmend zur Selbstverständlichkeit geworden ist, explizit und im fachlichen Kontext diskutierbar für Studierende zu erschließen. Wenn Lehrende die Wissenskonstruktion eines Fachs nicht vermitteln, können aufseiten der Studierenden Lernhindernisse (sog. bottlenecks) aufgebaut werden, die dazu führen, dass grundlegende fachliche Konzepte und Prinzipien unklar bleiben und den weiteren Erwerb von Wissen und Kompetenzen behindern. Das häufig nur implizit vermittelte Prozesswissen kann mithilfe des von Middendorf und Pace (2004; siehe Kaduk & Lahm in diesem Band) entwickelten Ansatzes zum Denken im Fach (Decoding the Disciplines) für Studierende deutlich nachvollziehbar gemacht werden. Zunächst sind die Lernhindernisse zu identifizieren: Bei welchen Konzepten oder Strategien treten aufseiten der Studierenden (Lern-)Widerstände auf? Angeregt durch diese Frage setzt der Lehrende sich bewusst mit diesen sonst selbstverständlich und unhinterfragt angewandten Strategien auseinander, indem er Überlegungen zu folgenden Fragen anstellt: Wie gehe ich als Experte oder Expertin selbst vor? Und: Wie habe ich mir diese Fähigkeiten angeeignet? (Ein Beispiel: Wie gehe ich vor, wenn ich einen wissenschaftlichen Artikel schreibe?) In einem nächsten Schritt des Decoding-Prozesses wird überlegt, durch welche Lernaktivitäten Studierende die jeweils geforderten Fähigkeiten erwerben können. Dann werden die didaktischen Schritte geplant, die den Studierenden diese Strategien und Konzepte vermitteln sollen und in einzelne Lerneinheiten und Aufgaben umgesetzt, die den Studierenden aufzeigen, mit welchen Mitteln Probleme im eigenen Fach gelöst werden.

Mit dieser Vorgehensweise öffnen Lehrende den Studierenden sozusagen die eigene Forschungswerkstatt, »damit sie sehen können, wie Wissenschaft funktioniert und was daran faszinierend ist«(Tremp, 2005, S. 346). Wie dies realisiert werden kann, hängt dabei auch von bestimmten Rahmenbedingungen ab. Nicht nur der fachliche Kontext, das Modul bzw. Curriculum sowie die spezifische Lehrveranstaltung, sondern auch Einstellungen von Lehrenden und Studierenden beeinflussen, ob und wie es gelingen kann, Forschen, Lehren und Lernen sinnvoll und gewinnbringend zu verknüpfen.

Aus hochschuldidaktischer Sicht stellt sich nun die Frage, wie man mit Lehrenden konkret an der Verbindung von Forschung und Lehre arbeiten kann. Im Folgenden stellen wir zentrale Aspekte eines Fortbildungskonzepts zur Entwicklung forschungsnaher Lehrveranstaltungen vor, das wir im Projekt »Forschungsnah Lehren Lernen« im Rahmen der Exzellenzinitiative für gute Lehre entwickeln konnten (Riewerts, Weiß & Lenger, 2013; Weiß & Riewerts, 2015). Das Fortbildungskonzept ist sehr flexibel und kann sowohl für umfangreiche Fortbildungen mit ausführlichen Einheiten zur schrittweisen Entwicklung einer forschungsnahen Lehrveranstaltung als auch für Kurzformate eingesetzt werden.

2. Ein Fortbildungskonzept zur Entwicklung forschungsnaher Lehrveranstaltungen

Bei der Zusammenarbeit mit Lehrenden aus unterschiedlichen Disziplinen ist uns wichtig, dass wir nicht vorgeben, was unter forschungsnaher Lehre zu verstehen ist und wie die Verbindung von Forschung und Lehre gelingen kann. Es geht uns vielmehr darum, eine gemeinsame Sprache für die Entwicklung von innovativen Lehrkonzepten mit Forschungsbezug zu finden. Der Rahmen soll weit gesteckt sein und für einzelne Fachkulturen sowie verschiedene Veranstaltungsformate mit unterschiedlichen organisatorischen und persönlichen Rahmenbedingungen eine Bandbreite von forschungsnahen Lehr-/Lernaktivitäten ermöglichen.

Die Fortbildungen sind außerdem so angelegt, dass die Teilnehmenden auch für ihre eigene Forschungstätigkeit einen praktischen Nutzen ziehen können, indem sie über bestimmte – (für ihr Fach) paradigmatische – wissenschaftliche Prozessabläufe reflektieren und diese für die eigene Lehre explizit machen (müssen) (vgl. Haacke & Frank, 2012). Aus dem Nachdenken darüber, was die eigene Forschungstätigkeit konkret ausmacht und worin eventuelle Hindernisse und Schwierigkeiten in der Vermittlung der dafür notwendigen Kompetenzen bestehen können, werden Ziele, Vorgehensweisen, Aufgabensequenzen und Kommunikationsformen für die eigene Lehre entwickelt (vgl. Middendorf & Pace, 2004; Kaduk & Lahm in diesem Band).

2.1 Die eigene Forschungserfahrung als Ausgangspunkt

Der Einstieg in die Fortbildungen und Workshops besteht in der Regel darin, dass wir die Teilnehmenden bitten, sich z.B. mit einem Nachbarn/einer Nachbarin über die Frage »Was fasziniert mich an meinem Fach?« auszutauschen. Diese bewusst offen gehaltene Frage kann sowohl auf Forschung als auch auf Lehre bezogen werden und führt bereits zu einem regen Austausch unter den Teilnehmenden. Ein solcher Einstieg kann – insbesondere bei kurzen Workshops oder auch im Rahmen von Präsentationen – auch sehr gut zum Kennenlernen eingesetzt werden. Je nach Zeitrahmen und Anzahl der Teilnehmenden können auch einige Punkte ins Plenum gebracht werden.

In einem weiteren Schritt sollen sich die Lehrenden die eigenen Forschungserfahrungen bewusst machen und ebenfalls darüber austauschen. Hierzu erstellen sie ihre individuelle Forschungskurve, d.h. sie werden gebeten, wichtige Stationen sowie Höhen und Tiefen in ihrem Forscher/innen-Leben in ein vorgefertigtes Diagramm mit einer Zeitachse, deren Korngröße und Beginn sie selbst wählen, einzutragen. Diese Übung wurde aus der im Bielefelder Schreiblabor entwickelten Fortbildung »Forschen – Schreiben – Lehren« adaptiert, in der die Teilnehmenden ihre Promotionskurve erstellen (vgl. Fiedler & Hebecker, 2012, S. 259). Leitfragen sind dabei: Wie ist Ihre Forschungslaufbahn bisher verlaufen? Beginnen Sie im Studium oder bei den ersten Forschungsprojekten, an denen Sie beteiligt waren, und enden Sie mit dem jetzigen Zeitpunkt. Wo haben Sie etwas darüber gelernt, wie man – in Ihrem Fach – forscht? Wir fordern die Lehrenden auch dazu auf, über Methoden und Abläufe nachzudenken, die sie gelernt haben, und bitten sie, dazu folgende Fragen zu beantworten: An welchen Punkten haben Sie wichtiges Prozesswissen erlangt, d. h. etwas darüber erfahren, wie Dinge getan werden? Erinnern Sie sich an Situationen, in denen Sie erfolgreich waren, denken Sie aber auch über Misserfolge nach.

Nach dem Erstellen der Diagramme werden die Teilnehmenden gebeten, anhand folgender Impulsfragen die drei wichtigsten Stationen ihrer Forschungslaufbahn hervorzuheben: Wo habe ich Wichtiges über das Forschen gelernt? Wo waren Wende- und Entscheidungspunkte? Und: Was genau ist da passiert? Daran anschließend tauschen sich die Teilnehmenden – z. B. in Form einer Ausstellung der Diagramme – darüber aus, wo und warum sie Höhen und Tiefen in ihrer Karriere als Forschende eingezeichnet haben, welche Hindernisse sie überwinden mussten und welche Fähigkeiten und Kompetenzen dafür nötig waren. Insgesamt zeigen sich regelmäßig große interindividuelle Unterschiede: Was für einige ein großes Hindernis darstellt (z. B. Zeiten finanzieller Unsicherheit), kann auf andere geradezu beflügelnd wirken (z. B. Freiraum für Forschung ohne Verpflichtungen). Andererseits wird immer wieder deutlich, dass es häufig bestimmter Impulse – von Kolleg/innen, Vorgesetzten oder aus dem privaten Umfeld – bedarf, um schwierige Momente in der eigenen Forschung zu überwinden.

Um weiter gemeinsam über die Verknüpfung von Forschen, Lehren und Lernen nachzudenken, entwickeln die Teilnehmenden in den umfangreicheren Fortbildungen dann exemplarisch den typischen Ablauf von Forschungsprozessen. In Kurzformaten werden die Lehrenden meist direkt gebeten, darüber nachzudenken, welche zentralen Forschungskompetenzen sich aus der Reflexion ihrer eigenen Forschungserfahrung ableiten lassen und was dies für Lehren und Lernen bedeutet.

2.2 Der exemplarische Forschungsprozess

Was bedeutet es zu forschen? Welche Tätigkeiten üben Forschende konkret aus? Und wie spiegelt sich dieses Forschungshandeln im (exemplarischen) Forschungsprozess wider? Mit diesem Arbeitsschritt möchten wir die Teilnehmenden dazu anregen, wissenschaftliche Prozessabläufe zu reflektieren und zu diskutieren.

In Kleingruppen entwickeln die Teilnehmenden fachübergreifend, häufig mit der Methode der »Arbeit mit dem Gruppendrehbuch« (Peer Facilitated Learning, PFL; vgl. Fröhlich, 2012; siehe Praxistipp), den typischen Ablauf von Forschungsprozessen und visualisieren ihr Ergebnis – z. B. auf einem Flipchart. Dabei sollen die Teilnehmenden auch darüber nachdenken und diskutieren, welche Aspekte fachübergreifend relevant und welche von fachspezifischer Bedeutung sind. Als Ergebnis zeigt sich regelmäßig, dass weitgehend Konsens dahingehend besteht, welche Schritte bzw. Phasen für den exemplarischen Forschungsprozess charakteristisch sind, auch wenn die konkrete Ausgestaltung im Einzelnen von Fach zu Fach differiert: Am Anfang steht die Frage nach dem theoretische Rahmen und dem Forschungsstand, und es wird eine Fragestellung formuliert; am Ende stehen üblicherweise die Verschriftlichung und Veröffentlichung der Ergebnisse (vgl. auch Tremp & Hildbrand, 2012, S. 105). Häufig wird auch die Klärung der Rahmenbedingungen, insbesondere der Finanzierung, als zentraler Arbeitsschritt genannt. Fast alle Darstellungen weisen Schleifen und Rückkopplungen zu früheren Arbeitsschritten auf. Die größten fachlichen Unterschiede bestehen üblicherweise u. a. hinsichtlich der konkret zum Einsatz kommenden Methoden oder der Gewinnung und Art des Datenmaterials.

Diese Auseinandersetzung mit dem exemplarischen Forschungszyklus macht Prozesse sichtbar, die in der täglichen Arbeit häufig nur implizit durchlaufen werden. Durch den bewussten Blick auf die konkreten Arbeitsschritte beim Forschen werden relevante Forschungskompetenzen deutlich, die in einem weiteren Schritt von den Teilnehmenden identifiziert werden sollen.

2.3 Was sind wichtige Forschungskompetenzen?

Ziel ist, die Teilnehmenden dafür zu sensibilisieren, in ihrer forschungsnahen Lehre explizit Kompetenzen zu vermitteln, die häufig als selbstverständlich bei den Studierenden vorausgesetzt werden. Leitfragen sind: Was sind die wichtigsten Forschungskompetenzen? Was bedeutet das für die Lehre? Was müssen die Studierenden lernen?

Genannt werden hier neben Methodenkompetenzen im engeren Sinne wie z. B. Literaturrecherche, Entwicklung eines Forschungsdesigns oder Datenerhebung und -auswertung auch übergreifende Kompetenzen bzw. Soft Skills wie Austausch und Kommunikation, Offenheit, Neugier, kritische Haltung, Perspektivwechsel, Selbständigkeit sowie Durchhaltevermögen und Disziplin – Kompetenzen, die in der von uns bevorzugten Klassifikation von Lernzielen im sogenannten

Lernzielrad (Fink, 2013; vgl. Riewerts & Weiß in diesem Band) überwiegend dem nicht-kognitiven Bereich zugeordnet werden können.

In einem nächsten Schritt reflektieren die Teilnehmenden die Bedeutung ihrer Erfahrungen für ihre persönliche Lehrpraxis und stellen Überlegungen dazu an, mit welchen didaktischen Konzepten und Lehr-/Lernformaten sie den Erwerb von Forschungskompetenzen unterstützen können (vgl. Tremp & Hildbrand, 2012, S. 105 ff.).

Studierende als aktive Teilnehmer/innen
(studierendenorientiert)

Fokus auf Inhalte/ Ergebnisse	*forschungs-begleitend/ research-tutored teaching*	*forschungs-basiert/ research-based teaching*	Fokus auf Prozesse/ Probleme
	forschungs-vermittelnd/ research-led teaching	*forschuns-orientiert/ research-oriented teaching*	

Studierende als passive Teilnehmer/innen
(lehrendenorientiert)

Abb. 1: Quadrat zur Einordnung forschungsnaher Lehre: der »Research-Teaching Nexus« (nach Healey, 2005, S. 70; Deutsch nach Kossek, 2009, S. 9)

2.4 Forschungsaktivitäten als Studienaktivitäten: Arbeiten mit dem »Research-Teaching Nexus«

Für die Verständigung über und Entwicklung von forschungsnahen Lehr-/Lernformaten hat sich für uns das Modell des sogenannten »Research-Teaching Nexus« von Mick Healey und Alan Jenkins (Healey, 2005) als besonders gut geeignet erwiesen (siehe aber Huber, 2014, der auch eine ausführliche Begriffsdiskussion zum Themenfeld Forschendes Lernen führt). Die Autoren verwenden explizit den Begriff Nexus, da sich der Ansatz sowohl darauf bezieht, inwiefern das Forschen das Lehren unterstützt, aber auch inwiefern das Lehren das Forschen befördern kann. Häufig wird die Diskussion auf den ersten Aspekt eingeschränkt, Healey und Jenkins möchten aber beide Betrachtungsrichtungen vorantreiben.

Im Quadrat zur Einordnung forschungsnaher Lehre nach Healey und Jenkins (Healey, 2005) lassen sich zwei Dimensionen unterscheiden (siehe Abb. 1). Die vertikale Achse entspricht dem Grad der Studierendenorientierung des Lehrens und der Aktivität der Studierenden: Den Studierenden kann eher eine passive (Lehre stärker lehrendenorientiert) oder eine aktivere Rolle (Lehre eher studierendenorientiert) zukommen. Die horizontale Achse entspricht dem Fokus der vermittelten Lehrinhalte mit den Polen Inhalte und Ergebnisse sowie Prozesse und Probleme.

Aus der Kombination dieser beiden Dimensionen ergeben sich vier Quadranten zur Integration von Forschung und Lehre. Dabei kann sich diese Verknüpfung sowohl auf die Ebene einzelner Lehrveranstaltungen als auch auf bestimmte Aufgaben, Aktivitäten oder Phasen innerhalb einer Lehrveranstaltung, aber auch auf die Gestaltung von Modulen bzw. Curricula beziehen (vgl. auch das »Zürcher Framework« zur Verknüpfung von Lehre und Forschung; Tremp & Hildbrand, 2012). Das heißt, es kommt eine dritte Dimension hinzu, die in der Abbildung nicht dargestellt ist. Die vier Aspekte forschungsnaher Lehre lassen sich wie folgt beschreiben (Healey, 2005, S. 69 f.; Kossek, 2009, S. 9):

- *Forschungsvermittelnd (research-led):* Studierende lernen Forschungsergebnisse ihres Fachs kennen, vor allem durch konventionelle Lehrmethoden: Vorlesungen, Seminare mit Referaten und Hausarbeiten, z. B. eine Vorlesung, in der aktuelle Inhalte und Ergebnisse aus dem Fach vermittelt werden.
- *Forschungsorientiert (research-oriented):* Studierende entwickeln eigene Forschungskompetenzen und erlernen Methoden wissenschaftlichen Arbeitens, indem sie über den Forschungsprozess und darüber, wie Wissen in ihrem Fach generiert wird, informiert werden, z. B. eine Methoden-Vorlesung oder eine Veranstaltung zur Geschichte eines Faches.
- *Forschungsbegleitend (research-tutored):* Studierende sind selbst an wissenschaftlichen Debatten beteiligt, indem sie Forschungsliteratur lesen und diskutieren sowie eigene authentische Forschungstexte schreiben, z. B. indem bestimmte Gruppenarbeitsformen und E-Learning-Methoden zum Einsatz kommen, die den Austausch zwischen den Studierenden auch außerhalb der Lehrveranstaltung unterstützen.
- *Forschungsbasiert (research-based):* Studierende lernen durch Forschen. Die Betonung liegt auf dem ergebnisoffenen Forschungsprozess bzw. auf entsprechenden Ausschnitten, z. B. mit Methoden zum projektorientierten und problembasierten Lernen. Hier lässt sich auch das Forschende Lernen im engeren Sinn nach Huber (2009) zuordnen (vgl. auch Huber, 2014).

Dieses Rahmenkonzept erlaubt es, forschungsnahe Lehr-/Lernsettings einzuordnen und sich darüber auszutauschen. Besonders wichtig ist uns bei der konkreten Arbeit, den Blick auf forschungsnahe Lehre zu weiten. Selbstverständlich erscheint es sinnvoll, sich in der Lehre am rechten oberen Quadranten des Modells (siehe Abb. 1) zu orientieren und zu versuchen, Studierende möglichst frühzeitig zum eigenen Forschen anzuregen (vgl. Huber, 2009, S. 20). Dennoch sind alle Formen der Verbindung von Forschung und Lehre wichtig und sinnvoll. Nach Healey (2005) zeichnen sich Module bzw. Curricula und Lehrveranstaltungen mit Forschungsbezug gerade dadurch aus, dass sie alle vier Komponenten enthalten. Die vier Quadranten existieren nicht unabhängig voneinander. Wenn Studierende z. B. selbst an Forschung und an wissenschaftlichen Diskussionen beteiligt sind, können sie viel über aktuelle Forschung in ihrem Fach lernen und Forschungskompetenzen entwickeln. Für die Gestaltung guter Lehre ist entscheidend, wie die vier Möglichkeiten im Rahmen einer Lehrveranstaltung, aber auch in einem Modul oder Studiengang miteinander verknüpft sind. So ist für forschungsnahe Lehre nicht unbedingt die Durchführung eines kompletten Forschungsprojektes im Rahmen einer einzelnen Lehrveranstaltung erforderlich. Es ist immer auch möglich, nur einen Ausschnitt aus dem gesamten Forschungsprozess in eine Lehrveranstaltung einzubauen oder auch bestimmte Aspekte von Forschungstätigkeiten zu simulieren (siehe auch Tremp & Hildbrand, 2012, S. 110). Eine gute Möglichkeit, zentrale Aspekte von Forschungstätigkeiten in die Lehre zu integrieren, besteht z. B. darin, dass Studierende im Rahmen einer Lehrveranstaltung »echte Forschungsprodukte« erstellen, beispielsweise in Form von universitätsinternen bzw. externen Publikationen (eine gelungene Umsetzung hierfür ist Schneider & Mustafić, 2015).

In unseren Fortbildungen und Workshops wird das Modell kurz mit Beispielen vorgestellt. Danach werden die Teilnehmenden angeregt, in Gruppen Lehrformate bzw. Aktivitäten und Methoden mit Forschungsbezug zu sammeln, die sie selbst durchgeführt oder kennengelernt haben bzw. entsprechende (neue) Ideen zu entwickeln. Auch diese Ideensammlung kann sehr gut mit der Methode des »Peer Facilitated Learning« (siehe Praxistipp) erfolgen.

Auch in Kurzworkshops ist eine intensive Arbeit mit dem Quadrat möglich, bei der die Teilnehmenden kreative und gleichzeitig realisierbare Lehrformate und Studienaktivitäten sammeln und entwickeln (vgl. Weiß & Riewerts, 2015, S. 66 ff.). Viele davon lassen sich der studierendenorientierten oberen Hälfte des Quadrats zuordnen, ohne dass die anderen Bereiche vernachlässigt werden. Häufig diskutieren wir mit den Teilnehmenden darüber, dass sich die Aktivitäten und Formate nicht immer scharf voneinander abgrenzen und eindeutig einordnen lassen. Dies sehen wir jedoch gerade als großen Vorteil des Modells, da es hier weniger um die Frage einer trennscharfen Klassifizierung geht, sondern darum, sich bewusst zu werden, welche Möglichkeiten der Verknüpfung von Forschung und Lehre zur Fachkultur, zum Veranstaltungstyp, zur eigenen Person sowie zu den Studierenden und zu den organisatorischen Rahmenbedingungen passen. Die Arbeit mit dem Modell führt somit zu einer großen Offenheit gegenüber Lehrkonzepten und -themen mit Forschungsbezug (vgl. auch Beckman & Hensel, 2009).

3. Wie geht es weiter?

Im Laufe der semsterbegleitenden Fortbildung entwickeln die Teilnehmenden ihr Gesamtkonzept für eine forschungsnahe Lehrveranstaltung und haben abschließend Gelegenheit, einzelne Lehr-/Lernsequenzen mit den anderen Teilnehmenden zu erproben und Feedback zu erhalten.

Die Grundlage für die Konzeption einer eigenen Lehrveranstaltung bildet dabei der Ansatz von L. Dee Fink (2013) zur integrierten Lehrveranstaltungsplanung, den wir an die Verhältnisse einer deutschen Hochschule angepasst haben, indem wir uns weniger stark an den Prüfungsleistungen als an den Studienaktivitäten und Rückmeldeformen orientieren. Für die konkrete Arbeit an einer Lehrveranstaltung ist es essentiell, Lernziele, Studienaktivitäten sowie Feedback- und Prüfungsstrategien gut aufeinander abzustimmen. Für die gesamte Veranstaltung soll hinsichtlich der Aktivitäten in und außerhalb der Präsenzzeiten ein tragfähiges und realisierbares Gesamtkonzept entwickelt werden, das den Studierenden in Form eines schriftlichen Lehrveranstaltungsprogramms oder Kurs- bzw. Seminarleitfadens (im angloamerikanischen Raum »Syllabus« genannt) kommuniziert wird. Auch hierzu geben sich die Teilnehmenden gegenseitig Feedback. Außerdem planen wir genügend Zeit ein, um auf im Laufe der Fortbildung entstehende Themenwünsche einzugehen.

4. Resümee und Ausblick

Der in diesem Beitrag vorgestellte Ansatz zur forschungsnahen Lehre und das damit verbundene Fortbildungskonzept zielen darauf ab, den Lehrenden selbst die Lerneffekte zu ermöglichen, die wir uns von Studierenden in einem forschungsnahen Lernprozess erhoffen, nämlich das eigenständige und dennoch angeleitete, schrittweise Erarbeiten eines bestimmten – häufig neuen – Problemfeldes. Das Explizitmachen von fachlichen Forschungsprozessen, -kompetenzen und -aktivitäten für die Lehre und der intensive Austausch darüber kann auch zu einer Bereicherung der eigenen Forschungstätigkeit führen

(Tremp, 2005, S. 341) und somit Aufwand und Ertrag forschungsnaher Lehre nicht nur für den wissenschaftlichen Nachwuchs, sondern auch für erfahrene Lehrende in ein angemessenes Verhältnis bringen. Wenn sich Lehrende mit Studierenden über die eigene Forschung auseinandersetzen oder sogar gemeinsam forschen, ist dies nicht nur für die Studierenden motivierend, sondern auch ein Gewinn für die Lehrenden als Forschende und kann als profilbildendes Element in Fortbildungen eingesetzt werden. Um noch mehr Lehrende dafür zu gewinnen, sich mit der Verknüpfung von Forschung und Lehre zu beschäftigen, überlegen wir zum einen, wie wir das Fortbildungskonzept (noch) besser in das Bielefelder Zertifikat für Hochschullehre (Riewerts, Paulsteiner-Doms & Weiß, 2016) einbinden und zum anderen, wie wir noch mehr niedrigschwellige Gelegenheiten zum kollegialen Austausch über diese Thematik schaffen können. Langfristiges Ziel ist es außerdem, Lehrende dafür zu sensibilisieren, auch ihre eigene Lehre und das studentische Lernen selbst zum Forschungsgegenstand zu machen (vgl. den Ansatz des »Scholarship of Teaching and Learning« (SoTL); Huber, 2011).

Praxistipp:
Arbeit mit dem Gruppendrehbuch – Peer Facilitated Learning (PFL)

Bei dieser strukturierten Form der Gruppenarbeit (Fröhlich, 2012) hat ein Gruppenmitglied als sogenannte/r Facilitator die Aufgabe, anhand eines Skripts bzw. Drehbuchs, in dem die einzelnen Arbeitsschritte von den Arbeitszielen bis hin zur Ergebnispräsentation mit exakten Zeitangaben festgehalten sind, Verantwortung für den Gruppenarbeitsprozess zu übernehmen. Er/sie unterstützt die Kommunikation innerhalb der Gruppe und sichert und präsentiert auch häufig das Ergebnis der gemeinsamen Arbeit. Teilnehmende an Fortbildungen haben somit auch die Gelegenheit, diese für die unterschiedlichsten Veranstaltungsformate geeignete Gruppenarbeitsform kennenzulernen und zu erproben. Ziel dieser Methode ist, Gruppenarbeit so zu gestalten, dass sie für alle Beteiligten zu einem erkennbaren Mehrwert führt und nicht, wie so häufig, als eher unproduktiv empfunden wird.

Praxistipp:
Beispiel für ein Gruppendrehbuch zur Entwicklung des typischen Ablaufs im Forschungsprozess

Die Angaben zur Dauer der einzelnen Schritte können je nach Aufgabe und zeitlichem Rahmen flexibel gehandhabt werden (Gesamtdauer: 45 min).

Das Gespräch eröffnen (1 min): Thema nennen. Zeitrahmen nennen.
Thema:
- Wie sieht der typische Ablauf im Forschungsprozess aus?
- Was bedeutet das für die Verbindung von Forschung und Lehre?

Stille Reflexion (5 min): Teilnehmende machen sich Notizen.

Moderierte Runde (8 min): Hören, was jede/r gesammelt hat. Gruppe unterstützen und helfen, ein Gespräch zu führen, das entspannt und zugleich fokussiert ist (20 min):
- Gibt es fachübergreifende Punkte? Was ist fachspezifisch?
- Welches sind die zentralen Schritte im Forschungsprozess? Einigung auf einen typischen Ablauf
- Was bedeuten diese Schritte für die Lehre?
- Was brauchen die Studierenden, um selbst Forschungskompetenzen zu entwickeln?

Das Ergebnis sichern (10 min): Darstellung der Ergebnisse auf Flipchart.
Gespräch beenden (1 min): zur geplanten Zeit zurück im Plenum sein.

Literatur

Beckman, M. & Hensel, N. (2009). Making explicit the implicit: Defining undergraduate research. *Council on Undergraduate Research,* 29 (4), 40 – 44.

Fiedler, W. & Hebecker, E. (2012). Promotionskrisen und ihre Bewältigung. In F. Günauer, A.K. Krüger, J. Moes, T. Steidten & C. Koepernik (Hrsg.), *GEW-Handbuch Promovieren mit Perspektive* (2. Aufl.) (S. 257 – 272). Bielefeld: W. Bertelsmann.

Fink, L. D. (2013). *Creating significant learning experiences, revised and updated. An integrated approach to designing college courses.* San Francisco, CA: Jossey-Bass.

Fröhlich, M. (2012). Vielstimmig und offen: Lernräume zum Mitdenken und Mitgestalten durch »Arbeiten mit dem Gruppendrehbuch« (»Peer Facilitated Learning«) an der Universität Bielefeld. *Zeitschrift für Beratung und Studium ZBS,* 1/2012, 13 – 17.

Haacke, S. & Frank, A. (2012). Den Shift from Teaching to Learning selbst vollziehen! – Gedanken zur Selbstverortung einer neuen Kaste an den Hochschulen. In T. Brinker & P. Tremp (Hrsg.), *Einführung in die Studiengangentwicklung* (S. 225 – 237). Bielefeld: W. Bertelsmann.

Healey, M. (2005). Linking research and teaching. Exploring disciplinary spaces and the role of inquiry-based learning. In R. Barnett (Hrsg.), *Reshaping the university. New relationships between research, scholarship and teaching* (S. 67 – 78). New York: Open University Press.

Huber, L. (2009). Warum Forschendes Lernen nötig und möglich ist. In L. Huber, J. Hellmer & F. Schneider (Hrsg.), *Forschendes Lernen im Studium. Aktuelle Konzepte und Erfahrungen* (S. 9 – 35). Bielefeld: UniversitätsVerlagWebler.

Huber, L. (2011). Forschen über (eigenes) Lehren und studentisches Lernen. Scholarship of Teaching and Learning (SoTL): Ein Thema auch hierzulande? *Das Hochschulwesen,* 59 (4), 118 – 124.

Huber, L. (2014). Forschungsbasiertes, Forschungsorientiertes, Forschendes Lernen: Alles dasselbe? Ein Plädoyer für eine Verständigung über Begriffe und Unterscheidungen im Feld forschungsnahen Lehrens und Lernens. *Das Hochschulwesen,* 62 (1+2), 32 – 39.

Katkin, W. (2003). The Boyer Commission Report and its impact on undergraduate research. *New Directions in Teaching and Learning,* 93/2003, 19 – 38.

Kossek, B. (2009). *Survey. Die forschungsgeleitete Lehre in der internationalen Diskussion.* Universität Wien: Center for Teaching and Learning/CTL.
URL: http://ctl.univie.ac.at/fileadmin/user_upload/elearning/Forschungsgeleitete_Lehre_International_090414.pdf, 29.9.2016.

Ludwig, J. (2015). Lehre im Format der Forschung. In A. Dorfer-Novak, D. Pany & L. Scheer (Hrsg.), *Forschung im Hörsaal – Methoden und Modelle forschungsorientierter Lehre* (S. 35 – 45). Graz: Grazer Universitätsverlag – Leykam.

Middendorf, J. & Pace, D. (2004). Decoding the disciplines. A model for helping students learn disciplinary ways of thinking. In D. Pace & J. Middendorf (Hrsg.), *Decoding the disciplines: Helping students learn disciplinary ways of thinking* (S. 1 – 12). San Francisco, CA: Jossey-Bass.

Reinmann, G. (2009). Wie praktisch ist die Universität? Vom situierten zum Forschenden Lernen mit digitalen Medien. In L. Huber, J. Hellmer & F. Schneider (Hrsg.), *Forschendes Lernen im Studium. Aktuelle Konzepte und Erfahrungen* (S. 36 – 52). Bielefeld: UniversitätsVerlagWebler.

Riewerts, K., Paulsteiner-Doms, C. & Weiß, P. (2016). Qualifizierung für die eigene Lehrpraxis und darüber hinaus – das Bielefelder Zertifikat für Hochschullehre. In M. Merkt, C. Wetzel & N. Schaper (Hrsg.), *Professionalisierung der Hochschuldidaktik* (S. 147 – 156). Bielefeld: W. Bertelsmann.

Riewerts, K., Weiß, P. & Lenger, J. (2013). Lehre forschungsnah konzipieren – hochschuldidaktische Fortbildungsprogramme an der Universität Bielefeld. *Personal- und Organisationsentwicklung in Einrichtungen der Lehre und Forschung,* 2+3/2013, 78 – 82.

Schneider, M. & Mustafić, M. (Hrsg.) (2015). *Gute Hochschullehre: Eine evidenzbasierte Orientierungshilfe.* Berlin: Springer.
DOI 10.1007/978-3-662-45062-8_4, 29.9.2016.

Schneider, R. & Wildt, J. (2009). F*orschendes Lernen und Kompetenzentwicklung. In L. Huber, J. Hellmer & F. Schneider (Hrsg.), Forschendes Lernen im Studium. Aktuelle Konzepte und Erfahrungen* (S. 53 – 68). Bielefeld: UniversitätsVerlagWebler.

Spoun, S. & Wunderlich, W. (Hrsg.) (2005). *Studienziel Persönlichkeit. Beiträge zum Bildungsauftrag der Universität heute.* Frankfurt/M.: Campus.

Tremp, P. (2005). Verknüpfung von Lehre und Forschung. Eine universitäre Tradition als didaktische Herausforderung. *Beiträge zur Lehrerbildung*, 23, 339–348.

Tremp, P. & Futter, K. (2012). Forschungsorientierung in der Lehre: Curriculare Leitlinie und studentische Wahrnehmung. In T. Brinker & P. Tremp (Hrsg.), *Einführung in die Studiengangentwicklung* (S. 69–79). Bielefeld: W. Bertelsmann.

Tremp, P. & Hildbrand, T. (2012). Forschungsorientiertes Studium – universitäre Lehre: Das »Zürcher Framework« zur Verknüpfung von Lehre und Forschung. In T. Brinker & P. Tremp (Hrsg.), *Einführung in die Studiengangentwicklung* (S. 101-116). Bielefeld: W. Bertelsmann.

Weiß, P. & Riewerts, K. (2015). Forschen(d) Lehren und Lernen – Impulse für die Entwicklung forschungsgeleiteter Lehre. In A. Dorfer-Novak, D. Pany & L. Scheer (Hrsg.), *Forschung im Hörsaal – Methoden und Modelle forschungsorientierter Lehre* (S. 53–76). Graz: Grazer Universitätsverlag – Leykam.

Das Projekt »FL² Forschendes Lernen – Lehrende Forschung« förderte von 2012 bis 2016 im Rahmen des Qualitätspakts Lehre die engere Verzahnung von Forschung und Lehre an der FH Potsdam. Zielsetzung war es, Studierende bereits im Grundstudium in reale Forschungsprozesse einzubinden, um dadurch ihre Kompetenzentwicklung zu fördern.

Zur Realisierung war es erforderlich, Lehrenden Angebote zur eigenen Qualifizierung zu unterbreiten, um sie in die Lage zu versetzen, Studierende in Forschungsprozessen anzuleiten und zu begleiten.

Das Projekt »FL² Forschendes Lernen – Lehrende Forschung« konnte auf den guten Erfahrungen seines Vorgängers InterFlex aufbauen (vgl. den Beitrag von Bartl in diesem Band).

»Formen Forschenden Lernens« – ein unterstützendes Angebot für Lehrende

Birgit Jubin

Professorinnen und Professoren sind in ihrem Fach die herausragenden Expertinnen und Experten. Die fachliche Fortbildung ist für sie selbstverständlich. Eine didaktische Ausbildung bringen sie dagegen üblicherweise nicht mit. Erfahrungen aus dem eigenen Studium und Weiterbildungen, Fachkultur sowie persönliche Neigung und Talent bestimmen die Art und Weise der Lehre. Wie gestaltet sich diese aber, wenn neue Anforderungen wie Kompetenzorientierung oder die Förderung von Forschendem Lernen in der Lehre umgesetzt werden sollen? In den zentralen hochschuldidaktischen Weiterbildungsprogrammen ist die Zahl der professoralen Teilnehmer/innen erfahrungsgemäß gering, wofür es vielfältige Ursachen gibt. Deshalb haben sich in der Hochschullandschaft verschiedenste Formate entwickelt, in denen sich Professorinnen und Professoren zusammenfinden und das Lehren thematisieren. Ein solches Format, das an der Fachhochschule (FH) Potsdam im Projekt »FL² Forschendes Lernen – Lehrende Forschung« entstanden ist und dort als Veranstaltungsreihe »Formen Forschenden Lernens« angeboten wurde, beschreibt dieser Artikel.

Im ersten Abschnitt wird kurz erläutert, aufgrund welcher Bedingungen die Entwicklung eines unterstützenden Angebots für Lehrende im Projekt FL² notwendig wurde. Anschließend wird das entwickelte Format im Detail vorgestellt. Der dritte Abschnitt geht auf die bisherigen Erfahrungen in der Umsetzung ein. Daraus werden schließlich nach einer Zusammenfassung Ideen für die Weiterentwicklung und Adaption des Formats abgeleitet und ein Ausblick auf die Verstetigung gegeben.

Die Entwicklung eines geeigneten Unterstützungsangebotes für Lehrende

Zusammen mit der Zielsetzung von »FL² Forschendes Lernen – Lehrende Forschung«, Studierenden schon im grundständigen Studium die Teilhabe an realen Forschungsprojekten zu ermöglichen, war bereits im Projektantrag die Umsetzungsmaßnahme formuliert, Lehrende durch unterstützende bzw. qualifizierende Angebote in die Lage zu versetzen, ein solches Konzept auch erfolgreich umzusetzen. Zwar wurde das Konzept des Forschenden Lernens von der Bundesassistentenkonferenz vor über 40 Jahren beschrieben (vgl. BAK, 1970), fristete in der Lehrpraxis an deutschen Hochschulen jedoch eher ein Nischendasein; nur in der Lehrer/innenausbildung gab es bereits breitere Anwendung. Somit stand zu Projektstart nur wenig bzw. vereinzeltes nutzbares Material über Forschendes Lernen zur Verfügung. Mit den »Formen Forschenden Lernens« sollte diese Lücke in zweifacher Hinsicht geschlossen werden: zum einen, die Vielfalt der Erscheinungsformen von Lehrkonzepten zur Förderung des Forschenden Lernens zu verdeutlichen und zum anderen, für ganz typische, konkrete Lehrsituationen Gestaltungsmöglichkeiten aufzuzeigen.

An der FH Potsdam gab es seit 2009 bereits Erfahrungen mit Forschendem Lernen durch das Projekt »InterFlex«, das Forschendes Lernen und interdisziplinäre Lehre verbindet. Die dabei in der Lehrpraxis entstandenen Fragen wurden in einschlägigen Veranstaltungen, in denen sich Lehrende und Studierende über ihre InterFlex-Projekte austauschten, thematisiert. Jedoch handelte es sich hierbei um keine spezifischen Angebote, die diese Fragen systematisch aufgriffen und bearbeiteten, um die Lehrenden in ihrer Lehrpraxis zu unterstützen.

Die FH Potsdam bietet in fünf sehr unterschiedlichen Fachbereichen – Sozial- und Bildungswissenschaften, Stadt | Bau | Kultur, Bauingenieurwesen, Design sowie Informationswissenschaften – mehr als 20 Studiengänge an. Um für die Lehrenden ein spezifisches Angebot entwickeln zu können, mussten Erkenntnisse aus der Hochschuldidaktik mit aktuellen Erfahrungen aus der Lehrpraxis abgeglichen und auf die Situation der FHP-Lehrenden mit sehr unterschiedlichen Fachkulturen bezogen werden. Das zu entwickelnde Angebot musste sich durch eine größtmögliche Passgenauigkeit sowohl thematisch als auch zeitlich sowie konzeptionell auszeichnen.

Die besondere Herausforderung bestand darin, das unterschiedliche Verständnis in den Fachbereichen über Forschung und über Forschendes Lernen zu berücksichtigen und damit konstruktiv umzugehen. Das Projekt FL² der FH Potsdam zielt auf die Definition des Forschenden Lernens nach Huber (vgl. Huber, 2009) ab, wonach Studierende in realen Forschungsprojekten an wesentlichen Phasen aktiv beteiligt sind. Damit an einer derart heterogen aufgestellten Hochschule möglichst breite Akzeptanz und Beteiligung erzielt werden kann, ist es erforderlich, auch andere Formen und einzelne Lehr-/Lernelemente mit großer Wertschätzung aufzugreifen und diese emphatisch zu unterstützen. Dies trägt gleichzeitig zur Weiterentwicklung des Konzepts vom Forschenden Lernen bei.

Neben Recherchen zu Themen und Formaten von Weiterbildungsangeboten an anderen Hochschulen stand zu Projektbeginn die Analyse der Ausgangssituation in den Fachbereichen der FH Potsdam im Vordergrund. Dabei wurden die Lehrenden nach ihren Erfahrungen, Ideen und Wünschen für die Umsetzung Forschenden Lernens befragt. Die hilfreichsten Erfahrungen und wichtigsten Bedarfe aus den Fachbereichen sowie aus InterFlex-Lehrveranstaltungen sollten dann als erster Schritt in einer kleinen Broschüre hochschulweit veröffentlicht werden. Diese Broschüre sollte aber nicht unter dem Label »Best Practice« erscheinen, sondern die Ausprägung, Möglichkeit oder besondere Form der Förderung des Forschenden Lernens herausstellen. Mit dieser Intention wurde der Titel für die Broschüre bald gefunden und für so passend empfunden, dass er ebenfalls als Titel der 2014 gestarteten Veranstaltungsreihe übernommen wurde: »Formen Forschenden Lernens«.

Das Konzept der »Formen Forschenden Lernens«

Das Veranstaltungskonzept berücksichtigt fünf wesentliche Aspekte, die in den Recherchen eruiert wurden:

- relativ geringer Zeitumfang
- konkrete, passende Themen
- aus der Lehrpraxis für die Lehrpraxis
- Austausch, auch über Fachbereichsgrenzen hinweg
- Expert/innenwissen

Zeit: Die Veranstaltung muss das Zeitbudget der Lehrenden schonen. Die Weiterbildungsangebote der zentralen Weiterbildungseinrichtung der Hochschulen des Landes Brandenburg »Netzwerk Studienqualität Brandenburg« (sqb) werden in nur geringem Umfang von Professor/innen genutzt, u.a. weil es sich um Ganztagsveranstaltungen handelt. An der Ruhr-Universität Bochum wurden dagegen schon gute Erfahrungen mit Kurzformaten gesammelt (vgl. Zeuch, Müller & Schmohr, 2011). Deshalb sollte die Dauer des FL²-Angebotes auf max. drei Stunden begrenzt sein.

Themen: Die Themen und Inhalte müssen direkt zu den Bedürfnissen und Bedarfen der Lehrenden passen, damit sie diese so bald wie möglich in den eigenen Lehrveranstaltungen anwenden und Lehrsituationen damit bewusster gestalten können. Beim Anbieter der zentralen hochschuldidaktischen Weiterbildung im Land Brandenburg gab es bisher nur ein Angebot zum Forschenden Lernen, das sich auf das Konzept insgesamt bezog. Konkrete Einzelthemen waren damit nicht abgedeckt. Durch die Gespräche, die bei der Recherche in den Fachbereichen geführt wurden, konnten erste konkrete Themen für die Veranstaltungen von »Formen Forschenden Lernens« identifiziert werden wie z.B. das Formulieren von Forschungsfragen. Weitere ergaben sich durch den Dialog und die konkrete Befragung bei den ersten Veranstaltungen der Reihe.

Lehrpraxis: Es ist typisch, dass Lehrende für die Lehrpraxis geeignete Methoden suchen, um bestimmte Lehr- bzw. Lernziele erreichen zu können. Die größte Akzeptanz und Offenheit gegenüber diesen Methoden besteht dann, wenn Lehrkonzepte erfolgreich erprobt sind und sich möglichst sofort, ohne größeren Aufwand in die eigene Lehre integrieren lassen. Je näher sich Lehrende aufgrund der äußeren Bedingungen wie z. B. Hochschulform, Fachbereich oder Organisation der Lehre sind, umso höher ist die Wahrscheinlichkeit, ein Lehrkonzept unkompliziert übernehmen zu können.

Die darüber hinausgehenden theoretischen hochschuldidaktischen Grundlagen treten dabei allerdings in den Hintergrund, werden aber benötigt, um die Methoden im richtigen Kontext einsetzen zu können. Daher dienen der Austausch in der Veranstaltung sowie der Beitrag einer Expertin bzw. eines Experten zur Klärung dieses Kontexts.

Austausch: Die Veranstaltung muss den Austausch der Lehrenden über Didaktik, auch über Fachbereichsgrenzen hinweg, anregen. Hochschullehrende machen oft die Erfahrung, als Einzelkämpfer dazustehen und sich didaktische Fähigkeiten in mühevoller Kleinarbeit über lange Zeiträume erarbeiten zu müssen. Je nach Fachbereichskultur ist selbst der Austausch über didaktische Fragen der Lehre im eigenen Fachbereich manchmal nur marginal. Tatsächliche oder nur vermeintliche Unzulänglichkeiten in der Lehrpraxis führen leicht zu Demotivation. Durch den Austausch wird ein Klima geschaffen, in welchem die Lehre den hohen Stellenwert zugewiesen bekommt, den sie an einer Fachhochschule einnimmt. Gleichzeitig erfahren Lehrende, dass andere vor denselben Herausforderungen stehen und gleichermaßen nach Lösungen suchen, womit der Eindruck der Unzulänglichkeit relativiert wird.

Ein Austausch wird gut angeregt, wenn sich einzelne Lehrende auf das spezielle Thema der Veranstaltung gezielt vorbereiten, ihre Erfahrungen darlegen und die Herausforderungen oder sich ergebende Fragen formulieren, die von der Expertin bzw. dem Experten und in der Diskussion mit allen Teilnehmenden wieder aufgegriffen werden.

Expert/innenwissen: Obwohl die Lehrenden den Austausch miteinander suchen und gern annehmen, kommt dabei gelegentlich das Gefühl auf, ›im eigenen Saft zu schwimmen‹. So wurde explizit der Wunsch nach Input von Expert/innen formuliert. Die Rolle der Expert/innen ist es, das Wissen zu dem speziellen Thema der jeweiligen Veranstaltung in gebündelter, strukturierter Form darzulegen und dieses auf die Fragen der Lehrenden zu beziehen sowie geeignete Methoden für konkrete Lehr-/Lernsituationen vorzustellen. Im Laufe der Veranstaltung sollen so Lösungsansätze für problematisch oder herausfordernd empfundene Lehrsituationen gefunden werden. Die Expertin bzw. der Experte sollte daher eine Person sein, die sowohl in der Hochschullehrpraxis erfahren ist als auch über den entsprechenden theoretischen hochschuldidaktischen Hintergrund und erprobtes Methodenwissen verfügt.

Das aus diesen Vorüberlegungen entwickelte Veranstaltungsformat »Formen Forschenden Lehrens« umfasst jeweils das Zeitfenster von 16:30 Uhr bis 19:00 Uhr. Die wesentlichen Elemente der Veranstaltungen sind:

- drei bis sechs ca. fünfminütige Vorträge von Lehrenden, in denen sie ihre Erfahrungen darlegen,
- einen Expert/innenvortrag, der ca. 20 bis 30 Minuten dauert und theoretische Grundlagen einbezieht, sowie
- der moderierte Austausch der Teilnehmenden untereinander. Im Anschluss besteht die Möglichkeit, den Abend miteinander in einer zwanglosen Atmosphäre ausklingen zu lassen.

Diese drei Teile sollen harmonisch ineinander übergehen und sich aufeinander beziehen, sind aber organisatorisch klar abgegrenzt. Nach den Vorträgen können deshalb zunächst nur Verständnisfragen gestellt werden. Das ist den Lehrenden, die für die Kurzvorträge aus den verschiedenen Fachbereichen gewonnen werden, sowie den Expert/innen zu kommunizieren. Der Vortrag der Expertin bzw. des Experten muss das Thema der Veranstaltung wie beschrieben in ebenso kurzer, praxisorientierter Weise vermitteln und soll idealerweise Fragestellungen der Kurzinputs aufgreifen. Erst danach folgt die Diskussion, deren Moderation sich als gleichwertig wichtiges Element für den Erfolg der einzelnen Veranstaltung erwiesen hat. Unterstützend soll die zeitliche Taktung sowie die Gestaltung des Raumes, das heißt die Tisch- bzw. Sitzordnung, wirken.

Um die Ergebnisse der Veranstaltungen zu sichern und allen Lehrenden zugänglich zu machen, entstehen nach jeder Veranstaltung Handreichungen zum jeweiligen Thema in handlichen A5-Broschüren. Diese erfüllen vor allem den Anspruch, in knapper Form die in den Veranstaltungen herausgearbeiteten wesentlichen Aspekte des Themas und vor allem die besprochenen Methoden und Ideen für die Lehrpraxis darzustellen. Es wird darin jeweils der Kontext erläutert, in dem diese Methoden anwendbar sind, ausführliche theoretische Begründungen werden nicht geliefert. Dafür wird auf weiterführende Literatur verwiesen.

Um die Nutzung der Handreichungen zu erleichtern, sind die Texte kurzgefasst, übersichtlich gegliedert und mit Stichworten bzw. Kurzhinweisen versehen. In jeder Broschüre finden sich Hinweise auf weitere Angebote zur Unterstützung der Lehrenden.

Erfahrungen mit den »Formen Forschenden Lernens«

Vom Sommersemester 2014 bis zum Wintersemester 2015/16 fanden fünf Veranstaltungen statt, in denen das entwickelte Konzept erprobt und geschärft werden konnte. Eine Veranstaltung pro Semester erwies sich unter Berücksichtigung sonstiger Termine der Lehrenden als praktikabel.

Der erste Termin zum Auftakt thematisierte ausführlich die in den Fachbereichen und bei InterFlex gesammelten Erfahrungen mit Forschendem Lernen und trug noch einmal zur Schärfung des Veranstaltungskonzepts bei. An diesem Tag wurde die Broschüre »Formen Forschenden Lernens an der FH Potsdam« präsentiert. Der Austausch wurde durch Kurzvorträge von sechs Lehrenden eingeleitet und fand noch ohne externe/n Expert/innen statt. Die Moderation lag in der Hand von FL². Die Diskussion umfasste an diesem Tag noch ein breites Themenspektrum der Lehre bezüglich Forschenden Lernens, aus dem sich dann Einzelfragen wie z. B. das Thema Prüfungen herauskristallisierten. Das Einbeziehen von externen Ex-pert/innen wurde an diesem Tag noch einmal als Wunsch bekräftigt und danach konsequent umgesetzt. Die Elemente der Veranstaltungen gut aufeinander abzustimmen und miteinander zu verbinden, so dass Synergieeffekte entstehen, benötigt jedoch einige Erfahrung, auf die im Folgenden näher eingegangen wird.

Themenwahl: Die Themen der weiteren vier Veranstaltungen griffen die Wünsche der Lehrenden auf. Gleichzeitig spiegeln sie typische Phasen bzw. Herausforderungen im Prozess des Forschenlernens wider. Sie grenzen jedoch nicht auf das Konzept des Forschenden Lernens ein, das Studierende einen gesamten Forschungskreislauf durchlaufen lässt. So wird die Bandbreite der Lehrpraxis berücksichtigt und insgesamt ein kompetenzorientiertes Lehren unterstützt. Die Titel der Veranstaltungen lauteten:

- Vom Thema zur Frage
- Interdisziplinäre Lehre gestalten
- Wie prüfen? Forschendes Lernen und kompetenzorientierte Prüfungen
- Erfolgreich scheitern

Es zeigte sich, dass an der Hochschule bereits eine enorme Bandbreite an Erfahrungen und erprobten Methoden zu jedem Thema vorlag, die in den Veranstaltungen expliziert werden konnten. Der bzw. die Expert/in konnte ergänzen, Fragen beantworten und die Reflexion unterstützen sowie Strukturierungshilfe leisten. Obwohl sich das Angebot an Lehrende richtet, waren Studierende stets willkommen und auch unter den Teilnehmer/innen. Das Thema »Erfolgreich scheitern« wurde hingegen direkt so ausgerichtet, dass die Perspektive der Studierenden mit einfloss.

Kurzvorträge: Die gute Vorbereitung der Lehrenden und Studierenden, die die einleitenden Kurzvorträge hielten, zeigte pointiert die Vielfalt der Lehre an der FH Potsdam sowie der damit verbundenen Herausforderungen und bildete eine gute Diskussionsgrundlage. Der Einstieg in die Themen gelang dadurch schnell, was bei der Kürze der Zeit notwendig ist. Da unmittelbar nach jedem Vortrag nur Verständnisfragen geklärt wurden, erwies es sich als hilfreich, allen Teilnehmer/innen Moderationskarten und -stifte anzubieten, damit sie Gedanken und Fragen sofort mitschreiben und im zweiten Teil der Veranstaltung in die Diskussion einbringen konnten.

Expert/in: Zu den vorliegenden Themenwünschen musste der bzw. die passende Expert/in gefunden werden. Diese Person sollte sowohl in fachlicher als auch didaktischer Hinsicht diesen Part ausfüllen können. Dies schließt sowohl ein, alle an der FH Potsdam vorhandenen Fachkulturen gleichermaßen ansprechen zu können, als auch mit den Belangen einer kleinen Fachhochschule vertraut zu sein.

Es stellte sich heraus, dass das breite fachliche und hochschuldidaktische Netzwerk, in dem die Mitarbeiter/innen von FL² agierten, dafür vorteilhaft war. Da im Sinne einer Verstetigung des Angebots die Expert/innen aber zunehmend aus der Region gewonnen werden sollten, wurde versucht, diese über die zentrale hochschuldidaktische Weiterbildungseinrichtung zu akquirieren. Dies gelang jedoch nur teilweise und zeigt, dass im Bereich des Forschenden Lernens weiterhin hochschuldidaktischer Nachholbedarf besteht, insbesondere, wenn wie hier Einzelaspekte näher betrachtet werden sollen. Fachübergreifend agierende Expert/innen in diesem Feld sind rar. Wird hier jedoch keine gute Passung erreicht, ist die schnelle Übertragung in die Lehrpraxis bei den Teilnehmer/innen der Veranstaltungen nicht gewährleistet. Das führt leicht zu Frustration und senkt die Bereitschaft, sich mit dem entsprechenden Thema weiterhin näher zu befassen.

Reihenfolge und zeitliche Taktung: Es gibt verschiedene Varianten für die Taktung, die jeweils Vor- und Nachteile haben. Bei einer Dauer von 150 Minuten und der Lage am späten Nachmittag erwies es sich als erforderlich, eine kurze Pause einzufügen. Diese Pause trennt die Veranstaltung jedoch unweigerlich in zwei Teile, bietet aber auch die Chance, dass sich die Teilnehmer/innen näher kommen und der Austausch angeregt wird. Die Vorträge der Lehrenden mussten unbedingt vor der Pause liegen, um diesen Austausch zu ermöglichen. Die

Expert/innenvorträge wurden in den verschiedenen Veranstaltungen an unterschiedlichen Stellen vor oder nach der Pause bzw. vor oder nach den Kurzvorträgen platziert. Die Lage vor der Pause erwies sich als optimal, da so der kompakte Input am besten aufgenommen und diskutiert werden konnte. In Abhängigkeit vom Thema war jedoch die Lage sowohl vor als auch nach den Kurzvorträgen geeignet.

Moderation: Die ursprüngliche Idee in Bezug auf die Moderation lag darin, dass der bzw. die Expert/in auch die Moderation der Veranstaltung übernimmt und so in der Diskussion aus dem fachlichen Hintergrund heraus didaktisch günstig agieren kann. Es zeigte sich aber, dass diese Aufgabe trotz aller Professionalität und gründlicher Abstimmung in dem engen zeitlichen Rahmen für eine hochschulfremde Person eine extreme Herausforderung ist. Bei dieser Aufgabe ist es zentral, auf ganz wesentliche Fragen aus den Diskussionsbeiträgen spontan reagieren zu können und trotzdem wichtige Diskussionsstränge fortzuführen. Das kann mitunter dazu führen, dass einzelne Fragen untergehen oder der Diskussionsfluss unterbrochen wird und somit Inhaltsverluste auftreten. In der Konsequenz erwies es sich als vorteilhafter, die Moderation bei den Organisator/innen zu belassen, was in der Vorbereitung mit dem bzw. der Expert/in eindeutig abzustimmen ist. Damit konnte leichter über die gesamte Veranstaltung hinweg ein hohes Interaktionsniveau der Teilnehmenden und die Berücksichtigung aller eingebrachten Themen sichergestellt werden. Unterstützend hat sich eine durchgängige Visualisierung von Themen, Fragen und weiteren Inhalten als hilfreich erwiesen, weshalb mindestens zwei Personen zum Moderationsteam gehören sollten.

Tisch- bzw. Sitzordnung: Der wichtigste Aspekt bei den Veranstaltungen ist, miteinander in den Austausch zu treten. Die Tisch- bzw. Sitzordnung sollte deshalb ermöglichen, dass die Teilnehmer/innen sich direkt ansehen können und nicht weit voneinander entfernt sitzen. Es wurde deshalb ein Raum ohne feste Bestuhlung und ohne Reihen gewählt, in dem Tische und Stühle nach freier Wahl angeordnet werden können. Nahe der Präsentationsfläche wurde ein großer Tisch aufgebaut, der Platz für ca. 20 Personen bot. An diesen Tisch sollten sich vor allem die Vortragenden, soweit es die Plätze aber zuließen auch weitere Teilnehmer/innen setzen. Weitere Sitzgelegenheiten wurden halbkreisförmig in lockeren Reihen möglichst nah um den Tisch gruppiert, so dass eine Verbindung zwischen den Teilnehmer/innen am Tisch und auf den anderen Plätzen möglich war.

Trotzdem löste die Sitzordnung oft Irritationen aus, ob den Plätzen eine hierarchische Bedeutung zukäme. Eine aktive Ansprache der Teilnehmer/innen und Einladung am Tisch Platz zu nehmen, löste dieses Missverständnis auf. Die Sitzplätze in den Reihen machten hingegen einen etwas ungezwungeneren Eindruck und wurden u.a. gern von Studierenden genutzt sowie von denjenigen Teilnehmer/innen, die nach dem Beginn der Veranstaltung noch dazukamen oder diese vorzeitig verlassen mussten. Es zeigte sich, dass die Redenden von fast allen Plätzen gleichermaßen gut zu sehen und zu hören waren. Die Diskussion setzte meistens am Tisch ein, ging aber problemlos zwischen den verschiedenen Plätzen hin und her.

Zusammenfassung und Ausblick

Aus den Bedürfnissen und den Bedarfen der Lehrenden der FH Potsdam wurde das Format »Formen Forschenden Lernens« entwickelt. Durch dieses Format tauschen sich Lehrende über konkrete Fragen der Lehrpraxis zur Umsetzung des Forschenden Lernens aus und erhalten durch ihre Kolleginnen und Kollegen sowie eine externe Expertin oder einen externen Experten Anregungen und Methoden zur Weiterentwicklung ihrer Lehre.

Dieses Format eignet sich sehr gut für Lehrende, die in ihrer Lehre bereits Erfahrungen mit der Förderung des Forschenden Lernens oder ähnlichen, kompetenzorientierten Lehr-/Lernformaten gesammelt haben und zu konkreten Fragestellungen aus der Lehrpraxis Anregungen und Austausch suchen. Durch das gering beanspruchte Zeitbudget ist es ein leicht zugängliches Format, das auch spontane Besuche ermöglicht. Die wesentlichen Aspekte und Methoden, die in den Veranstaltungen diskutiert und systematisiert werden, werden in kleinen Broschüren zusammengefasst und zum Nachlesen zur Verfügung gestellt.

Das Konzept der »Formen Forschenden Lernens« soll an der FH Potsdam verstetigt werden. Nach Projektende von FL² wird es voraussichtlich von einem an der FH Potsdam aufzubauenden Zentrum für Studienerfolg mit Unterstützung des zentralen hochschuldidaktischen Weiterbildungsanbieters des Landes Brandenburg sqb übernommen und zur Förderung guter Lehre fortgeführt.

Über den Weiterbildungsanbieter sqb soll ein Transfer an andere Hochschulen erfolgen und gute Erfahrungen anderer Hochschulen des Netzwerkes zum Beispiel durch passende Expertinnen oder Experten in die FH Potsdam zurückfließen.

Eine Öffnung der Veranstaltungen für externe Besucher ist denkbar, allerdings wird ein solches Kurzzeit-Format in einem Flächenland wie Brandenburg nie größeren Stellenwert für Besucher anderer Hochschulen erreichen. Die Weitergabe der Handreichungen an andere Hochschulen ist dagegen unkompliziert möglich. Der Austausch darüber trägt zur Weiterentwicklung des Konzepts vom Forschenden Lernen bei.

Mit den »Formen Forschenden Lernens« steht ein Angebot für Lehrende bereit, das durch Förderung der Weiterentwicklung der Lehre und des fachbereichsübergreifenden Austauschs zur Hochschulentwicklung beiträgt.

Praxistipp:

Kurz und knapp: Das Weiterbildungsangebot sollte insgesamt nicht mehr als drei Stunden je Termin umfassen. Die Beiträge der einzelnen Beteiligten sollten nur wenige Minuten dauern, um viele Perspektiven zum Thema darstellen zu können und genügend Zeit zur Diskussion zu lassen.

Bedarfe und Bedürfnisse: Die gewählten Themen sollten so gut wie möglich zu aktuellen Fragestellungen der Lehrenden passen, damit sie die Anregungen aus der Veranstaltung kurzfristig in die eigene Lehrpraxis integrieren können.

Austausch und Expert / innenwissen: In den Veranstaltungen sollte das vorhandene Wissen expliziert, systematisiert und diskutiert werden. Daher werden für Inputs sowohl Lehrende der eigenen Hochschule als auch praxiserfahrene externe Lehrende als Expert/innen einbezogen.

Aus der Praxis für die Praxis: Es geht darum, möglichst gute und in der eigenen Hochschule erprobte Methoden kennenzulernen sowie Lösungen für als unbefriedigend bzw. problematisch empfundene Lehrsituationen zu finden. In der Veranstaltung werden der Kontext für deren Anwendung geklärt und Anregungen zur Vertiefung des Themas gegeben, jedoch treten die theoretischen Modelle eher in den Hintergrund.

Raum und Zeit: Raum und Zeit der Veranstaltung sollten grundsätzlich so gewählt sein, dass sie die Teilnahmebereitschaft der Lehrenden fördern. Die Raumgestaltung und zeitliche Taktung sollte dazu beitragen, den Austausch anzuregen. In Abhängigkeit vom konkreten Thema und den konkreten Bedingungen der jeweiligen Hochschule können sich daraus verschiedene Ausgestaltungsvarianten ergeben.

Literatur

Huber, L. (2009). Warum forschendes Lernen nötig und möglich ist. In L. Huber, J. Hellmer & F. Schneider (Hrsg.), *Forschendes Lernen im Studium. Aktuelle Konzepte und Erfahrungen* (S. 9 – 35). Bielefeld: UniversitätsVerlagWebler.

Zeuch, M., Müller, K. & Schmohr, M. (2011). Ein Plädoyer für Kurzformate in der Fortbildung für Lehrende. *Zeitschrift für Hochschulentwicklung ZFHE,* 6(3), 189 – 193. URL: http://www.elli-onli-ne.net/fileadmin/content_documents/Publikationen/Plaedoyer_fuer_Kurzformate_Publikation.pdf, 22.4.2015.

Die Fokusgruppen »Forschungsbasierte Lehre« wurden im Rahmen des »Projekts erfolgreiches Lehren und Lernen« (PerLe) initiiert und durchgeführt. Die Autorin dankt den teilnehmenden Lehrenden für den vertrauensvollen und inspirierenden Austausch. Besonderer Dank gebührt Theres Sinn, Antonia Stahl und Prof. Jörg Großschedl für die konstruktiven Anmerkungen und Gespräche. PerLe wird von 2012 bis 2020 aus Mitteln des Qualitätspakts Lehre des Bundesministeriums für Bildung und Forschung gefördert. Es verfolgt das Ziel, die Qualität der Lehre und die Betreuung von Studierenden an der Christian-Albrechts-Universität (CAU) zu Kiel zu verbessern. Dazu werden Maßnahmen in den Bereichen Studienberatung, Orientierung in der Studieneingangsphase, Begleitung von Schul- und Berufspraktika, Qualifikation des Lehrpersonals und Qualitätsentwicklung in der Lehre entwickelt und umgesetzt.

Gemeinsam Wissen generieren – das Weiterbildungsangebot »Fokusgruppe Forschungsbasierte Lehre«

Melanie Sauer

Forschungsbasierte Hochschullehre bringt Perspektivwechsel: Während Studierende einen wesentlich aktiveren Part übernehmen, werden Lehrende zu Lerncoaches. Sie begleiten ihre Studierenden bei der Umsetzung ergebnisoffener Forschungsprojekte, beraten sie prozess- und rückfrageorientiert. Was banal klingen mag, erfordert neben Weitblick auch eine gehörige Portion Gelassenheit. Schließlich setzt das ergebnisoffene Lehrkonzept die Überzeugung voraus, dass Studierende selbst dann viel aus einer Lehrveranstaltung mitnehmen, wenn sie ihre Forschungsfragen am Ende des Semesters einmal nicht zufriedenstellend beantworten können.

An der Kieler Universität begegnen Lehrende diesen Herausforderungen gemeinsam: In zwei Fokusgruppen zur forschungsbasierten Lehre beraten Dozentinnen und Dozenten sich gegenseitig und teilen ihre Lehrerfahrungen miteinander. Dabei setzen die Fokusgruppen-Mitglieder selbst inhaltliche Schwerpunkte, zu denen sie gemeinsam neues Wissen entwickeln.

Der nachfolgende Artikel legt dar, warum und wie das Weiterbildungsangebot »Fokusgruppe Forschungsbasierte Lehre« in die Christian-Albrechts-Universität zu Kiel (CAU) implementiert wurde, wie es didaktisch gestaltet ist und welche Wissensbestände die Teilnehmenden bisher generiert haben. Außerdem wird gezeigt, in welcher Form das erarbeitete Wissen auch Lehrenden außerhalb der Fokusgruppe zur Verfügung gestellt wird. Abschließend wird die Übertragbarkeit des Kieler Weiterbildungsangebots auf andere Hochschulen diskutiert.

1. Der Begriff der forschungsbasierten Lehre

Konzepte wie »forschungsbasierte Lehre« oder auch »Forschendes Lernen« stecken gerade in Deutschland noch in den Kinderschuhen (Huber, 2004), während in anderen Ländern die Vorteile solcher Lehrformen schon längst erkannt wurden. Vor allem Huber beschäftigt sich in Deutschland bereits seit den 1960er Jahren mit der Thematik, doch erst jetzt fällt sie auf fruchtbaren Boden. Der Ausdruck »forschungsbasierte Lehre« – ein Begriff Healeys (2005), ins Deutsche übertragen von Kossek (2009) – fußt vor allem auf dem Prinzip der

Aktivierung Studierender. Studierende betreiben ihre eigene Forschung, durchlaufen den Forschungsprozess und reflektieren ihr Vorgehen. Sie nehmen an der Forschung nicht mehr nur als passive Konsumenten teil, sondern werden durch entsprechend konzipierte Lehrveranstaltungen selbst zum Akteur ergebnisoffener Forschung. Im Vordergrund steht das studentische Forschen und Lernen sowie dessen Reflexion.

2. Der Nutzen von forschungsbasierter Lehre für die Hochschule

Durch die erfolgreiche Einbindung von Lehrveranstaltungen der forschungsbasierten Lehre in die gesamte Hochschule soll es Studierenden ermöglicht werden, von ihrer ›Konsumhaltung‹ bezüglich Wissensbeständen abzurücken und aus der passiven Rolle des Rezipienten in eine aktive und zukunftsweisende Rolle hineinzuwachsen. Studierende haben hier die Möglichkeit, Kompetenzen (vgl. z.B. Kossek, 2009; Müller, 2010; Schneider, 2009) zu erwerben, die ihnen in ihrem Leben außerhalb der Hochschule von Nutzen sein werden – im Beruf und darüber hinaus. Des Weiteren wird ihnen Forschung von einer praktischen Seite nähergebracht, in die sie ihr bisheriges Wissen einbringen dürfen und sollen sowie sich neue Wissensbestände selbständig erarbeiten können. Dadurch bleibt Studierenden das Erlernte länger im Gedächtnis (man spricht auch von deep level learning (Biggs und Tang, 2011) – es handelt sich also um eine nachhaltigere Form des Wissenserwerbs.

Auch Lehrenden ermöglicht das Lehrformat der forschungsbasierten Lehre neue Perspektiven. Sie müssen ihre Rolle im Sinne eines »Shift from Teaching to Learning« (vgl. dazu z.B. Berendt, 2005) von der des Wissensvermittlers hin zum Lerncoach verändern. Einmal in die neue Rolle des Lernbegleiters geschlüpft, erleben viele Lehrende einen Motivationsschub, nicht nur weil sie die Forschung der Studierenden als Impulsgeber für ihre eigene Forschung nutzen können. Sie erfahren diese neue Rolle häufig als belebend, da das Präsentieren von Wissensbeständen nicht mehr im Fokus steht, sondern sie viel stärker mit Studierenden interagieren und daher in ihrer Fachkompetenz sowie darüber hinaus viel stärker gefragt sind. Somit bietet das Lehrformat der forschungsbasierten Lehre sowohl für Studierende als auch für Lehrende die Möglichkeit ihre eigene Rolle sowie ihr Lern- und Lehrverhalten zu reflektieren und weiterzuentwickeln.

3. Ein neues Weiterbildungsformat: Die Fokusgruppe

Das Weiterbildungskonzept der CAU zum Thema forschungsbasierte Lehre wurde mit dem Anliegen entwickelt, Studierende nicht nur als passive Rezipient/innen zu sehen, sondern sie zu eigener Aktivität in Forschung und Lernen zu ermutigen. Es setzt daher bei der Unterstützung Lehrender für die zielgerichtete Konzeption ihrer Lehre an. Somit trifft der Begriff Healeys in diesem Kontext genau das, was positiv verändert werden soll: die Lehre an der Universität. Lehrkräfte können verschiedene Weiterbildungsangebote zur forschungsbasierten Lehre nutzen, um sich mit diesem Format vertraut zu machen und ihre Lehrveranstaltungen entsprechend weiterzuentwickeln. Eines dieser Angebote ist das Austauschformat »Fokusgruppe Forschungsbasierte Lehre«.

In dieser Fokusgruppe treffen sich Lehrende der CAU zu Kiel unter der Leitung der Hochschuldidaktik in etwa monatlichen Abständen zum interdisziplinären Austausch über ihre Lehrveranstaltungen im Format der forschungsbasierten Lehre. Sie diskutieren in dieser Gruppe beispielsweise darüber, wie Lehrende ihre Veranstaltung gestalten können, damit Studierende diese besser annehmen: Was muss für so eine Lehrveranstaltung vorbereitet werden? Wie viele Studierende können sinnvoll die Veranstaltung besuchen? Soll eine Forschungsfrage vorgegeben oder soll diese von den Studierenden entwickelt werden? Wie groß sollen die Gruppen sein, in denen Studierende arbeiten? Wie kann der Forschungsprozess unterstützt werden? Wie können Prüfungen gestaltet werden? Diese und weitere Fragen werden als Problemstellungen identifiziert, diskutiert und verschiedene Lösungsmöglichkeiten erarbeitet.

Die Initiierung des Weiterbildungsangebots »Fokusgruppe Forschungsbasierte Lehre« im Dezember 2012 war mit überraschend guten Anmeldezahlen ein Erfolg. Die damals gestartete Gruppe besteht noch zum heutigen Zeitpunkt. Im Verlauf der Zeit verkleinerte sie sich allerdings, aufgrund von anderen Schwerpunktsetzungen der Teilnehmenden oder dem Verlassen der Universität, auf eine sehr beständige Gruppe von drei Personen aus unterschiedlichen Fakultäten. Da neue Interessierte nicht mehr in die bestehende Gruppe integriert werden konnten, wurde im Februar 2014 eine zweite Fokusgruppe Forschungsbasierte Lehre gegründet, die ebenfalls heute noch besteht.

3.1 Die Anfänge der Fokusgruppe

Die Fokusgruppe Forschungsbasierte Lehre zielt strategisch darauf ab, dass deren Mitglieder das Konzept der forschungsbasierten Lehre in ihre Fachbereiche tragen und dort Prozesse anregen, die zu institutsweiten Weiterentwicklungen der Lehre führen. Aus diesem Grund ist es wichtig, dass die Teilnehmenden Verantwortung für das Thema forschungsbasierte Lehre übernehmen. Um die Grundlage dafür zu schaffen, ist es ein Anliegen der didaktischen Gestaltung der Fokusgruppe, dass die Teilnehmenden auch hier selbstständig Verantwortung für deren Weiterentwicklung tragen.

Beim ersten Treffen der Fokusgruppe war bei den meisten Teilnehmenden zu spüren, dass sie trotz Ankündigung als Austauschformat, eine vorstrukturierte Weiterbildung mit einem großen Anteil an frontaler Wissensvermittlung durch die Leitung erwarteten. Aus diesem Grund war es zum Auftakt der Fokusgruppe wichtig, diese Erwartungshaltung zu zerstreuen und die Vorzüge des Austauschformats deutlich zu machen. Nach der Vorstellungsrunde aller Teilnehmenden wurde daher keine Definition von forschungsbasierter Lehre durch die Leitungsperson vorgegeben, sondern eine solche gemeinsam erarbeitet. Diese Arbeitsdefinition diente der gemeinsamen Verständigung innerhalb der Fokusgruppe. Dabei konnte eine große Übereinstimmung zu Healey (2005) und dem Konzept des Forschenden Lernens nach Huber (2009) festgestellt werden.

Auch im weiteren Vorgehen wurde durch die Leitung vermieden, zu viel Input zu geben, um die Gruppe nicht in die Passivität zu drängen. Inhaltlich wurde die Diskussion dadurch in Gang gesetzt, dass Praxisbeispiele von Teilnehmenden zum Ausgangspunkt des Generierens von Fragestellungen an forschungsbasierte Lehre genommen wurden. Denjenigen Lehrenden, die noch nicht in Berührung mit diesem Lehrformat gekommen waren, gab dies darüber hinaus die Möglichkeit, sich ein Bild davon zu machen, was unter forschungsbasierter Lehre zu fassen ist. So wurde beispielsweise das Seminar einer Dozentin anhand kollegialer Beratung (vgl. z. B. Tietze, 2010) in eine forschungsbasierte Lehrveranstaltung umgestaltet. Das Aufzeigen unterschiedlicher Praxisbeispiele zeigte auch die Vielfalt der Möglichkeiten, forschungsbasierte Lehre zu gestalten. Anhand dieser Beispiele konnten einige Herausforderungen des Lehrformats benannt und unterschiedliche Lösungsmöglichkeiten gegenüber gestellt werden. In der Diskussion der darauf folgenden Treffen konnte auf dieser Grundlage, ohne auf spezifische Beispiele einzugehen, die Auseinandersetzung mit Herausforderungen und Lösungsmöglichkeiten fortgesetzt werden.

3.2 Arbeiten in den Fokusgruppen

Die Fokusgruppen generieren ihre Themen selbst. So beschäftigt sich die Fokusgruppe 2014 viel intensiver mit gruppendynamischen Prozessen innerhalb von forschungsbasierten Lehrveranstaltungen als die von 2012, in der dieser Aspekt nur gestreift wurde. Die jeweilige Gruppe entscheidet selbst, an welchem Punkt sie in welcher Form weiterarbeiten möchte. Die Leitung greift diese Themen auf, treibt sie weiter und initiiert neue Themenfelder, bei denen es allerdings den Teilnehmenden überlassen bleibt, ob sie darauf eingehen möchten. Die Leitungsperson eröffnet den Raum zur Reflexion und sorgt für Gesprächsanlässe. So bietet beispielsweise das Offenlegen eigener Schwierigkeiten in der Vorbereitung eines so offenen Formats wie der Fokusgruppe die Gelegenheit, über den Umgang mit forschungsbasierter Lehre zu sprechen. Denn auch dort stehen Lehrende vor der Herausforderung, Prozesse zu begleiten, die durch ihre Ergebnisoffenheit ein höheres Maß an Flexibilität in der Planung erfordern. Lehrende benötigen daher die Einsicht, dass Prozessmanagement und Reflexionsprozesse elementare Bestandteile forschungsbasierter Lehre sind, sowohl auf Seiten der Studierenden als auch der Lehrenden. Die Unbestimmtheit und Ergebnisoffenheit, die forschungsbasierter Lehre inhärent sind, sind Aspekte, die den meisten Lehrenden schwer fallen und damit immer wieder in den Fokusgruppen thematisiert werden. Lehrende müssen erst das Vertrauen in die Fähigkeiten der Studierenden entwickeln und lernen, sie in ihrem Forschungsprozess optimal zu unterstützen.

Gesprächsanlässe dafür werden nicht nur durch die Leitung der Gruppe angeboten, sondern auch von den Teilnehmenden selbst in die Fokusgruppen getragen. Dies hat den Vorteil, dass im interdisziplinären Austausch Hinweise von Lehrenden authentischer wirken, als wenn diese von einer/m Hochschuldidaktiker/in vorgetragen werden. Der Erfahrungsbericht anderer Lehrender wirkt stärker als Ansporn, einen eigenen Versuch zu starten und selbst solche Erfahrungen zu machen (Tietze, 2010). Die sehr unterschiedlichen Charaktere der Teilnehmenden und die damit verbundene unterschiedliche Auslegung der Rolle der/des Lehrenden bietet einen Raum, die eigene Rolle zu überdenken und weiterzuentwickeln. Da alle Beteiligten immer wieder von Situationen in ihrer eigenen Lehre erzählen, werden Ängste vor dem, das man sich vorher nicht vorstellen konnte auszuprobieren, abgebaut. Die Lehre wird gemeinsam als Feld erkannt, in dem man Neues wagen, sich ausprobieren und weiterentwickeln kann, so dass sie den Lehrenden und Studierenden mehr Freude bereitet. Um dieses Miteinander in der Gruppe zu erzeugen, sollte sich die Leitungsperson nicht als Wissensvermittler/in sehen, sondern als integraler Bestandteil der Fokusgruppe mit besonderen Aufgaben und Pflichten. Nur so kann sie auch von den Teilnehmenden als Mitglied der Gruppe wahrgenommen werden, das zusätzlich über Expertenwissen, Kontakte sowie didaktisch-methodische Fähigkeiten verfügt. Somit lebt sie eine Rolle vor, die geeignet ist, offene Prozesse zu leiten und beim Gegenüber ein Bewusstsein zu entwickeln, für sein eigenes Lernen selbst verantwortlich zu sein.

Ein weiterer wichtiger Faktor, der zu dieser Identifikation mit dem Thema forschungsbasierte Lehre und der Verantwortungsübernahme in der Fokusgruppe beiträgt, ist die Beständigkeit der Gruppe. Die Treffen finden etwa monatlich statt und dauern zwei bis drei Stunden. Auch über die zeitliche Planung entscheiden allein die Teilnehmenden. Die Kontinuität ist entscheidend für die Selbststeuerung der Gruppe, da es nur so möglich ist, eigene Themen einzubringen und aufzugreifen. Die Teilnehmenden bringen sich untereinander eine große Wertschätzung entgegen, so dass auch bei unterschiedlichen Interessenlagen versucht wird, auf alle Bedürfnisse einzugehen. Die Kontinuität und die Wertschätzung die sich gegenseitig vermittelt wird, tragen dazu bei, dass ein Arbeitsklima entsteht, in dem beispielsweise auch eigene Schwächen thematisiert werden können.

4. Generiertes Wissen und Ideen

Die Fokusgruppe Forschungsbasierte Lehre als Austauschformat ist darauf angelegt, einen Raum zu eröffnen, um sich darin interdisziplinär über Lehre auszutauschen. Für viele der Teilnehmenden ist schon das allein Anreiz genug, an der Fokusgruppe teilzunehmen. Zudem wird durch die bloße Einrichtung dieses Angebots die Wertigkeit der Lehre gegenüber der Forschung an der Universität sichtbar. Darüber hinaus bietet die Fokusgruppe auch die Möglichkeit, neue Ideen und neues Wissen zu generieren. Da die Forschungslage zur forschungsbasierten Lehre noch in ihren Kinderschuhen steckt, bietet sich dieses Feld sehr gut dafür an.

Da die Fokusgruppen selbst darüber entscheiden, welches Wissen sie generieren möchten, kann im Vorfeld nicht vorhergesehen werden, welche Produkte dabei entstehen. Die Leitung kann hier lediglich Anregungen geben. Die beiden Fokusgruppen haben sich für sehr unterschiedliche Produkte entschieden, die hier nur exemplarisch für ein Repertoire an Möglichkeiten stehen.

Die Gruppe von 2012 hat einen Leitfaden für Lehrende erarbeitet, der forschungsbasierte Lehre nicht nur interessant machen, sondern auch Schwellen abbauen soll. Das Prinzip lautet: »Forschungsbasierte Lehre geht immer!«, d.h. unter allen Umständen, mit großen oder kleinen Ressourcen. Es werden darin Vorschläge gemacht, wie auch bei schlechten Rahmenbedingungen gute forschungsbasierte Lehre durchgeführt werden kann. Darüber hinaus werden die Vorteile für die Forschung und Lehre der Lehrenden sowie die Vorteile für Studierende herausgestellt. Obwohl der Prozess, eine solche Orientierungshilfe gemeinsam über längere Zeit zu verfassen, als sehr anspruchsvoll erachtet wird, ist die Motivation der drei Lehrenden sehr hoch, diese neben ihrer eigenen Arbeit an der Hochschule fertigzustellen. Ein Grund dafür ist, dass die Lehrenden selbst gern eine solche Hilfe zur Gestaltung ihrer Lehrveranstaltungen hätten und, noch wichtiger, dass sie gern das festhalten möchten, was sie in den vielzähligen Treffen gemeinsam erarbeitet haben. Mit dem festen Glauben, dass es sich lohnt, forschungsbasierte Lehre zu betreiben, möchten sie diese Freude und Motivation an andere Lehrende weitergeben.

Die Fokusgruppe 2014 hingegen entschloss sich, durch die Leitung angeregt, sich dem »Scholarship of Teaching and Learning« (SoTL) (Huber, 2014) zu widmen. Die Idee, ihre eigene Lehre und das studentische Lernen in ihrem Fachbereich zu untersuchen und die Ergebnisse der Öffentlichkeit zugänglich zu machen, wurde sehr positiv aufgenommen. Da forschungsbasierte Lehre und SoTL in Bezug auf den Forschungsprozess viele Ähnlichkeiten haben, begeben sich die Fachwissenschaftler/innen auf einen Weg, der sie in die Nähe ihrer eigenen Studierenden bringt. Auf einmal werden sie zu Bildungsforscher/innen und sind auf sozialwissenschaftliche Forschungsmethoden angewiesen, die eventuell nicht Bestandteil ihrer eigenen Disziplin sind. Dadurch kann das Verständnis für die Studierenden, die sich durch das forschungsbasierte Lernen in einer ähnlichen Lage befinden, da sie sich für sie neuer Methoden bedienen müssen, erhöht werden. Damit kann SoTL ein Instrument zur Reflexion der eigenen Lehre sein, mit dem den eigenen Fragestellungen auf den Grund gegangen werden kann. Die Fragestellungen, die von den Lehrenden der Fokusgruppe entwickelt wurden, beschäftigten sich hauptsächlich mit der Rolle des Lehrenden. Einige zielten auf eine Professionalisierung des eigenen Tuns ab. Das Gefühl, die meisten Entscheidungen in der Lehrsituation aus dem Bauch heraus zu treffen, sollte nun auf eine Datenbasis gestellt werden, die diese Entscheidungen auf Evidenz basieren lässt. So entstand die Idee, dass zwei Teilnehmende ihre eigenen Lehrveranstaltungen nutzen, um in einem quasi-experimentellen Design das Lernen der Studierenden in forschungsbasierten Lehrveranstaltungen zu untersuchen. Eine Gruppe soll dabei Forschungsfragen anhand einer durch den Lehrenden sehr vorstrukturierte Art und Weise nachgehen, die wenig Raum für Kreativität oder Ergebnisoffenheit lässt. Die andere Gruppe soll im Sinne des Forschenden Lernens der vorgegebenen Frage mit maximaler Gestaltungsfreiheit nachgehen. Die Lehrenden kommen aus den Natur- und Sprachwissenschaften, was einen schönen Vergleichspunkt ermöglicht. Durch den ungewöhnlichen Blick, da man plötzlich selbst zum Objekt seiner eigenen Forschung wird, werden Reflexionsprozesse ausgelöst. Zusätzlich wird hier neues Wissen zu forschungsbasierter Lehre generiert, das mit einer Publikation der Öffentlichkeit zugänglich gemacht wird. Damit erhalten andere potentielle Scholars in diesem Feld den Anreiz, sich auch auf diese Reise zu begeben.

5. Resümee und Ausblick

Die beiden Kieler Fokusgruppen zur Forschungsbasierten Lehre zeigen, wie fachübergreifende gemeinsame Reflexion, Diskussion und Forschung zur Verankerung forschungsbasierter Lehre an einer Hochschule beitragen können. Dabei ist nicht nur die intensive inhaltliche Auseinandersetzung mit dem Thema wichtig. Es spielt eine mindestens ebenso entscheidende Rolle, dass die Teilnehmenden der Fokusgruppen die Vorteile forschungsbasierter Lehre am eigenen Leib erfahren: Wer das Weiterbildungsangebot wahrnimmt, bekommt keine vorstrukturierten Inhalte oder frontalen Inputs geliefert, stattdessen werden die Teilnehmenden – genau wie Studierende in forschungsbasierten Lehrveranstaltungen – selbst aktiv, übernehmen Regie und Verantwortung. Letztlich führt diese Vorgehensweise zu einer stärkeren Identifikation mit den Inhalten, sodass Fokusgruppen-Mitglieder durchaus auch als Multiplikator/innen für forschungsbasierte Lehre innerhalb der Kieler Universität eintreten.

Durch die Arbeit an dem gemeinsamen Entwerfen von Ideen, um Lehrveranstaltungen forschungsbasiert zu gestalten, vernetzen sich Lehrende ganz unterschiedlicher Fachbereiche miteinander – auch über die Fokusgruppe hinaus. Der interdisziplinäre Blick auf die Lehre wird als bereichernd empfunden, da Gegebenheiten, die im eigenen Fachbereich vielleicht ganz geläufig sind, für jemand anderen komplett neue Herangehensweisen darstellen, die dessen/deren Handlungsspektrum erweitern können.

Allerdings setzt eine fruchtbare Zusammenarbeit im Fokusgruppen-Format ein gewisses Maß an Kontinuität voraus, das im universitären Alltag nicht immer gegeben ist. Bedingt durch häufige Ortswechsel, die für viele Lehrende an der Tagesordnung sind, empfehlen sich Zielsetzungen und Fragestellungen, deren zufriedenstellende gemeinsame Bearbeitung innerhalb weniger Semester möglich ist.

Welche Ideen und welches Wissen an der Kieler Universität in Zukunft generiert werden, ist derzeit noch nicht abzusehen, da nicht vorausgesehen werden kann, in welche Richtungen sich die beiden Gruppen weiterentwickeln und welchen Themen sie sich zuwenden werden. Die sichtbarsten Ergebnisse der beiden Fokusgruppen werden jedoch zum einen die Auswertung des Projektes im Rahmen des »Scholarship of Teaching and Learning« und zum anderen der Leitfaden von Lehrenden für Lehrende sein. Dennoch sollte ein Weiterbildungsprogramm zum Thema Forschungsbasierte Lehre neben Fokusgruppen auch immer (Kurz)Workshops beinhalten, die Sequenzen des Austauschs beinhalten, aber stärker auf Informationsweitergabe zielen. Damit dienen sie als Ergänzung zum sehr langfristig ausgerichteten Format der Fokusgruppe. Es sollen zusätzlich Lehrende erreicht werden, deren Interesse weniger auf Austausch zielt und die in kürzerer Zeit mit Informationen versorgt werden möchten. Austausch über Lehre soll dennoch weiter gefördert werden und stellt einen wichtigen Bestandteil zur Weiterbildung von Lehrenden dar.

6. Übertragbarkeit des Formats Fokusgruppe

Forschungsbasierte Lehre wird von Lehrenden häufig betrieben, um der ›Konsumhaltung‹ Studierender entgegenzuwirken. Doch gehen einige dieser Lehrenden selbst mit dieser Einstellung in einen hochschuldidaktischen Workshop. Auch sie wollen am liebsten Rezepte konsumieren, exakte Vorschriften zur Gestaltung von erfolgreichen Lehrveranstaltungen. Lehrende sollten durch Weiterbildungsangebote aber nicht in dieser Passivität bestärkt werden. Weiterbildungsformate, die stark auf Austausch fokussiert sind, sind dabei ein guter Weg. Denn wenn Lehrende selbst versuchen, Gestaltungshinweise für die Lehre zu entwickeln, haben sie den Erkenntnisgewinn, dass Lehre komplexer ist und Patentrezepte nicht die Lösung sein können. Daher erkennen Sie das Entwickeln neuer Ideen und das Erstellen von Leitfäden als sinnvolle Aufgabe an, die ihnen Freude bereitet. Damit wird eine Identifikation mit der Fokusgruppe und mit dem Thema forschungsbasierte Lehre gefördert.

Gerade in hochschuldidaktischen Feldern, die noch nicht sehr ausdifferenziert sind, bietet es sich an, sich gemeinsam mit Lehrenden auf den Weg zu machen, diese Felder zu erkunden. Daher kann zur Übertragbarkeit des Formates Fokusgruppe Folgendes geschlussfolgert werden: Man sollte sich trauen, ein solches Format anzubieten, das Lehrenden viele zeitliche Ressourcen und Selbstverpflichtung abverlangt. Man sollte vielleicht nicht mit Menschenmassen rechnen, doch mit den Lehrenden, die regelmäßig teilnehmen, kann man gemeinsam Tolles bewegen und erstaunliches Wissen generieren. Sowohl die Arbeit mit forschungsbasierter Lehre allgemein als auch speziell in der Fokusgruppe Forschungsbasierte Lehre zeigt, dass das gemeinsame Generieren von Wissen lohnenswert ist und dabei auch noch Spaß macht.

Praxistipp:
Leitung einer Fokusgruppe:

- Es ist wichtig, sich selbst als Leitung eines solchen Austauschformats zurückzunehmen: Nur dadurch übernehmen die Teilnehmenden Verantwortung für die Entwicklung der Gruppe.
- Die Rolle der Leitung besteht also eher in einer Begleitung, einer Moderation, einem Anregen und einem Motivieren.
- Auch die Themen sollten nicht von der Leitung vorgegeben, sondern von den Lehrenden selbst gesetzt werden, so dass die Motivation zur Verfolgung dieser tatsächlich vorhanden ist.
- Darüber hinaus sollte man damit rechnen, dass es Schwund in den Teilnehmerzahlen geben wird.
- Man sollte sich nicht entmutigen lassen, wenn an einem Treffen auch mal nur drei Lehrende teilnehmen oder Treffen aufgrund mangelnder Anmeldungen ganz abgesagt bzw. verschoben werden müssen.
- Ein wenig Frustrationstoleranz und Ausdauer lohnen sich auf jeden Fall!

Literatur

Berendt, B. (2005). The Shift from Teaching to Learning – mehr als eine ›Redewendung‹. Relevanz – Forschungshintergrund – Umsetzung. In U. Welbers & O. Gaus (Hrsg.), *The Shift from Teaching to Learning. Konstruktionsbedingungen eines Ideals* (S. 35 – 41). Bielefeld: wbv.

Biggs, J. B., & Tang, C. (2011). *Teaching for quality learning at university.* Berkshire: Open University Press.

Healey, M. (2005). Linking research and teaching. Exploring disciplinary spaces and the role of inquiry-based learning. In R. Barnett (Hrsg.), *Reshaping the University. New Relationships between Research, Scholarship and Teaching.* (S. 67 – 78). New York: McGraw Hill / Open University Press.

Huber, L. (2004). Forschendes Lernen. 10 Thesen zum Verhältnis von Forschung und Lehre aus der Perspektive des Studiums. *Die Hochschule* (2), 29 – 49.

Huber, L. (2009). Warum Forschendes Lernen nötig und möglich ist. In L. Huber, J. Hellmer, & F. Schneider (Hrsg.), *Forschendes Lernen im Studium. Aktuelle Konzepte und Erfahrungen* (S. 9 – 35). Bielefeld: UniversitätsVerlagWebler.

Huber, L., Pilniok, A., Sethe, R., Szczyrba, B., & Vogel, M. (Hrsg.) (2014). *Forschendes Lehren im eigenen Fach. Scholarship of Teaching and Learning in Beispielen.* Bielefeld: wbv.

Kossek, B. (2009). *Survey. Die forschungsgeleitete Lehre in der internationalen Diskussion.* Universität Wien: Center for Teaching and Learning / CTL. Abgerufen von http://ctl.univie.ac.at/fileadmin/user_upload/elearning/Forschungsgeleitete_Lehre_International_090414.pdf

Müller, K. (2010). Forschungsbasierte Lehre. In U. Klingovsky & J. Ludwig (Hrsg.). *Brandenburger Beiträge für Hochschuldidaktik* 2. Potsdam. Abgerufen von http://pub.ub.uni-potsdam.de/volltexte/2010/4966/

Schneider, R. (2009). Kompetenzentwicklung durch Forschendes Lernen? *Forschendes Lernen: Perspektiven eines Konzepts. Journal Hochschuldidaktik* (2), 33 – 36.

Tietze, K.-O. (2010). *Wirkprozesse und personenbezogene Wirkungen von kollegialer Beratung. Theoretische Entwürfe und empirische Forschung.* Wiesbaden: VS Verlag.

Die Weiterbildung »Gute-Online-Lehre« hat zum Ziel, die Hochschullehrenden in der Konzeption und Moderation von Online-Lernphasen zu unterstützen und die Nutzung des Lernmanagementsystems Moodle zu intensivieren. Sie wurde im Rahmen der BMBF-Initiative »ANKOM – Übergänge von der beruflichen in die hochschulische Bildung« und des Forschungsprojekts »Akademische Kompetenzen in den Informationsberufen« (AKIB) an der Fachhochschule Potsdam konzipiert und erstmalig durchgeführt.

Die Potenziale Forschenden Lernens heben – eine Online-Weiterbildung zur Moderation von Lernprozessen für Hochschullehrende

Judith Pfeffing, Martina Mauch, Hans-Christoph Hobohm

Als Hochschullehrende ist es unser Ziel, individuelle Lernprozesse bei Studierenden zu begleiten und zu ermöglichen. Dieser Beitrag stellt ein Online-Weiterbildungsangebot vor, das Hochschullehrende befähigen soll, Herausforderungen hinsichtlich der Lehre im Format Forschendes Lernen zu bewältigen. Handlungsmöglichkeiten von Dozierenden im Rahmen Forschenden Lernens sollen durch diese Online Weiterbildung erweitert und die Nützlichkeit und Bedeutung des Moderierens von Gruppen in virtuellen Lernräumen reflektiert werden.

Nach einer ausführlichen Darstellung der Herausforderungen Forschenden Lernens werden die Konzeption der Online-Weiterbildung zur Moderation von Lernprozessen für Hochschullehrende sowie Erfahrungen und Evaluationsergebnisse vorgestellt. Daraus resultierende Praxistipps für die Durchführung einer Online-Weiterbildung für Hochschullehrende und abschließende Empfehlungen runden den Beitrag ab.

1. Herausforderungen des Forschenden Lernens

Im Lehrformat des Forschenden Lernens steht der Forschungsprozess im Mittelpunkt. Damit Studierende Forschungsprozesse überwiegend selbstorganisiert gestalten können, sind neben der Kenntnis der Phasen von Forschungsprozessen vor allem das Wissen über die charakteristischen Merkmale von Forschung sowie das Wissen über das didaktische Format Forschendes Lernen entscheidende Voraussetzungen.

Forschendes Lernen orientiert sich – im Gegensatz zu traditionellen Lehrformaten – am Erkenntnisgewinn und einer damit einhergehenden Ergebnisoffenheit. Ebendiese **ergebnisoffene Prozessorientierung** ermöglicht im Unterschied zur Fokussierung auf Vorhandenes die Aneignung fachübergreifender Kompetenzen, beispielsweise sozialer Kompetenzen wie Team- und Konfliktfähigkeit, Methoden- oder Selbstorganisationskompetenz, die nicht nur in der Hochschulbildung relevant sind, sondern auch im Berufsleben benötigt werden. Oft engen curriculare Anforderungen diese Offenheit des Lehrens und Lernens ein. Die Herausforderungen des Formats Forschendes Lernen betreffen Spannungsfelder, die sich u.a. aus einer geforderten starken Fachorientierung und Verschulung sowie den zur Verfügung stehenden zeitlichen und personellen Ressourcen aufseiten der Lernenden und Lehrenden ergeben. Es stellt sich die Frage, wie Forschendes Lernen gelingen kann, wenn Studierende bisher mit stark reglementierten ergebnisorientierten Aufgabenstellungen konfrontiert wurden und Dozierende mit ergebnisoffenen Lern- und Lehrprozessen sowie der Begleitung von Gruppenarbeit und Teams wenig Erfahrung haben.

Diese Aspekte betreffen didaktische Entscheidungen bei der Konzeption von Lehrveranstaltungen im Format Forschendes Lernen in folgenden Bereichen:

- offener Forschungsprozess versus Ergebnisorientierung
- Rollen- und Selbstverständnis von Lehrenden zwischen Wissensvermittlung, Moderation und Beratung
- Selbstbestimmtes Lernen der Studierenden im Team versus Steuerung und Bewertung durch die Dozierenden

In Bezug auf die **Rollenverteilung** innerhalb einer Lehrveranstaltung reicht ein kurzer Verweis darauf, dass die Funktion der Kurs-/Seminarleitung im Forschenden Lernen darin besteht, die Studierenden zu beraten und zu begleiten, nicht aus! Ebenso ungenügend ist der alleinige Hinweis auf die Prozessorientierung im Unterschied zur Fokussierung auf das Ergebnis, wenn Studierende bisher i.d.R. ergebnisorientierte Aufgaben gewohnt sind und nur selten symmetrische Kommunikation zwischen Lernenden und Lehrenden erfahren durften. Die Wahrnehmung der Kommunikationsbeziehung als asymmetrisch resultiert dabei auch aus dem Umstand, dass letztlich die Dozentin bzw. der Dozent die Leistung der Studierenden bewertet. Aber erst symmetrische Kommunikation zwischen Lehrenden und Lernenden ermöglicht, dass Forschungsprozesse selbstverantwortlich durchlaufen werden können, und fördert damit die Aneignung wissenschaftlicher Methodenkompetenzen und die Erweiterung von Sozial- und auch Selbstkompetenzen. Entsprechend bedarf es alternativer Prüfungsformate.

Erfolgreiche offene Lernszenarien im Format Forschendes Lernens und Veranstaltungen zur fachnahen fachübergreifenden Kompetenzaneignung setzen außerdem die **Begleitung der Lernenden und die Moderation des Forschungsprozesses durch die Lehrenden** voraus. Dabei bedeutet »offen« nicht, die Gruppe der Studierenden sich selbst zu überlassen; schließlich geht es in der Regel nicht primär um den Wissenserwerb zu gruppendynamischen Prozessen. Moderieren (innerhalb Forschenden Lernens) bedeutet vielmehr, die Gruppe als wesentliche Ressource zu verstehen und methodisch ihre Potenziale zu

Tage zu fördern. Entsprechend bedarf es spezifischer Methoden- und Prozesskompetenzen seitens der Lehrenden. Moderierendes Handeln basiert auf inhaltlicher Un- und Allparteilichkeit gegenüber den Gruppenmitgliedern. Es bedeutet – im Unterschied zum Dozieren, welches auf die eigene inhaltliche Expertise fokussiert –, Prozessgestaltung und ermöglicht damit Metakommunikation, Reflexion sowie Verständigungs- und Aushandlungsprozesse.

Zu den **Aufgaben der Moderatorin bzw. des Moderators** zählen die Vorbereitung und Strukturierung der Lehrveranstaltung ebenso wie die Ergebnissicherung. Neben der Gestaltung des Einstiegs in die Lehrveranstaltung (Begrüßung, Rollenklärung, Methodik etc.) und des Abschlusses derselben, bedeutet Moderieren, die Bearbeitung von Themen zu ermöglichen. Hierzu bedarf es typischer Moderationstechniken und -fähigkeiten. So unterstützen bspw. Fragetechniken das Sammeln, Clustern, Verbinden, Priorisieren und Zusammenfassen das Moderieren.

Moderation ist im Besonderen dann von Interesse, wenn die Seminarteilnehmenden oder Gruppenmitglieder kaum Erfahrungen mit Gruppen- und Teamarbeit haben bzw. diese bisher wenig reflektiert wurde. Kenntnisse über Rollen- oder auch Kommunikationsmodelle können für Team- und Gruppenarbeit hilfreich sein, da sie die Gruppenmitglieder befähigen, Konflikte auf niedrigen Eskalationsstufen selbständig zu klären und die Zusammenarbeit aktiv zu gestalten.

Interessant erscheint hier die Frage, inwieweit Dozierende über entsprechende Moderationskompetenzen verfügen und bereit sind, ihr eigenes Selbstverständnis sowie ihre epistemischen Überzeugungen bzgl. Lernprozess und Wissenserwerb zu reflektieren. Der Einstieg in das didaktische Format Forschendes Lernen gelingt vor allem dann, wenn einerseits eine gewisse Grundhaltung der Offenheit und Wertschätzung sowie eine explorierende Neugierde vorhanden sind und Hochschullehrende andererseits bereit sind, sich durch entsprechende Weiterbildungsangebote zu qualifizieren. Die ständige didaktische Weiterentwicklung der Dozierenden, mit dem Ziel, kompetent Lernprozesse moderieren und begleiten zu können, trägt entscheidend zur Qualität des Forschenden Lernens bei. Zum Erwerb spezifischer Methoden- und Prozesskompetenzen bei Lehrenden eigenen sich u.a. Online-Angebote, weil sie orts- und zeitunabhängig, selbstorganisiert sowie gemeinschaftlich durchgeführt werden können. Sie lassen sich flexibel in den überfüllten Lehralltag der Dozierenden integrieren, fördern gleichzeitig die Medienkompetenz – vor allem in Bezug auf das Moderieren von virtuellen Gruppen – und sensibilisieren auf das zukünftige Lernen und Arbeiten in einer digitalisierten Welt.

2. Eine Online-Weiterbildung für Hochschullehrende

Im Vorfeld des jeweiligen Vorlesungsbeginns wird an der Fachhochschule Potsdam die vierwöchige Online-Weiterbildung »Gute-Online Lehre« angeboten, durchgeführt und evaluiert. Der Arbeitsaufwand für den Online-Kurs wurde mit mindestens 60 Minuten pro Tag kommuniziert. Weitere Durchläufe der Online-Weiterbildung übernahm das E-Learning-Team der Fachhochschule Potsdam. Teilnahmegebühren wurden nicht erhoben. Technisch wird die Online-Weiterbildung mit dem Lernmanagementsystem Moodle und vor allem den Moodle-Aktivitäten »Forum« und »Wiki« umgesetzt.

2.1 Konzeption

Die Sensibilisierung von Hochschullehrenden für die Herausforderungen Forschenden Lernens mit dem Ziel, Lösungsansätze erfahrbar und für die eigene Lehre nutzbar zu machen, benötigt ausreichend Zeit für Denk- und Reflexionsprozesse.

Methoden, die die (Selbst-)Reflexion (Means et al., 2010; Hobohm et al. 2015) sowie die Qualität der Interaktionen sowohl zwischen den Lernenden als auch die zwischen Lehrenden und Lernenden (Bernard et al., 2009) fordern und fördern, wirken sich positiv auf den Lernerfolg aus. Daher erscheint eine inhaltliche und konzeptionelle Orientierung an dem Fünf-Stufen-Modell für die Entwicklung virtueller Gruppen (Salmon, 2011) und dem Modell der E-tivities zur Entwicklung von Online-Aktivitäten (Salmon, 2004, 2013) vielversprechend.

Das **Stufen-Modell nach Salmon** (2011) berücksichtigt die spezifische Entwicklung von Lerngruppen in Online-Lernumgebungen. Im Fokus des Modells steht die Förderung von Online-Beteiligung durch Moderation. Moderieren bedeutet auch im virtuellen Raum, dafür Sorge zu tragen, dass die Gruppe arbeits- und lernfähig ist. Ein funktionierender Zugang zur Online-Lernumgebung stellt die Basis für erfolgreiche computergestützte Lernprozesse dar. Ziel der Moderation ist es, in einem ersten Schritt Medienkompetenz zu fördern, indem die Sicherheit im Umgang mit der Software gewährleistet wird (1. Stufe). Das Modell berücksichtigt die persönliche Motivation, online aktiv zu sein und sich auf Lernprozesse einzulassen, indem die individuellen Erwartungen sowie die eigene Verantwortung für Lernprozesse thematisiert werden (2. Stufe). Der Austausch fachrelevanter Informationen erfolgt i. d. R erst, wenn die Gruppenmitglieder online sozialisiert, d. h. mit den technischen und sozialen Rahmenbedingungen vertraut sind (3. Stufe). Nur durch Zusammenarbeit in kollaborativer Form kann das Ziel der gemeinsamen Wissensgenerierung erreicht werden. Im Gegensatz zur Kooperation, die eher arbeitsteilige Zusammenarbeit darstellt, bedeutet Kollaboration, dass alle Beteiligten gemeinsam an der Aufgabe mitwirken und es somit auch sein kann, dass alle zu jeder Teilaufgabe ihre Leistung beitragen (Haake et al., 2012). Dies bedeutet einen erheblich größeren Aufwand an Abstimmungen untereinander als bei der kooperativen Gruppenarbeit. Innerhalb der Gruppe müssen Sachverhalte ausgetauscht, diskutiert, abgewogen und häufig auch ein Konsens gefunden werden. Emotionen werden hierbei in einem viel größeren Maße angesprochen als bei der kooperativen Teilung eines Aufgabenfeldes. Im Rahmen der Weiterbildung erproben die Teilnehmenden Online-Moderation daher zusätzlich durch einen initiierten Rollenwechsel (4. Stufe). Den Abschluss bildet die Reflexion des Lernprozesses durch die Lernenden und die Formulierung individueller Entwicklungsziele (5. Stufe).

Das Konzept der **E-tivities** (Salmon, 2004, 2013) gibt auf der Mikroebene Lehrenden eine Orientierung, Lern- und Teamentwicklungsprozesse zu steuern. E-tivities stellen konkrete Aufträge für aktives und interaktives Online-Lernen dar und enthalten explizit Reflexionsanlässe. Entsprechend konstruierte Online-Aufgaben beschreiben anschaulich und transparent das Ziel der Aufgabe sowie die Erwartungen an die Kursteilnehmenden. Die Online-Aufgaben bestehen jeweils aus individuellen Textbeiträgen der Teilnehmerinnen und Teilnehmer sowie aus interaktiven Elementen, die Rückmeldungen (Feedback) in Form von Reaktionen auf diese Beiträge initiieren.

E-tivity 2.2 – Informations- und Gedankenaustausch	
Ziel	Austausch von Gedanken, Informationen und Ideen.
Aufgaben	Fragen Sie nach Erfahrungen und Informationen zu einem Thema, das Sie interessant finden. Wählen Sie hierzu einen neuen Betreff, um eine Struktur vorzugeben, in der die Anderen antworten können. Besuchen Sie die von Ihenn eingebrachten Themen über die gesamte Kursdauer. Diese E-tivity ist erfolgreich verlaufen, wenn Sie neue Informationen bzw. Inspirationen erhalten haben.
Reaktion	Antworten Sie anderen Kursteilnehmer-innen, indem Sie nachfragen, Erfahrungen teilen, weiter denken etc.

Abb. 1: Beispiel einer E-tivity aus der Online-Weiterbildung für Hochschullehrende

Das Verfassen von E-tivities orientiert sich an folgenden drei Fragen:
1. Welches Ziel wird mit der Aufgabe verfolgt?
2. Was ist konkret zu tun?
3. Wie wird (Selbst- und Fremd-)Reflexion initiiert?

Den Kursteilnehmenden wird es somit ermöglicht:
- Online-Lernen selbst zu erleben
- Online-Aufgaben zu konzipieren und direkt umzusetzen
- Online-Moderation zu üben, um online Lernprozesse konstruktiv zu begleiten
- im Austausch mit Kolleginnen und Kollegen die eigene Lehre und Lernprozesse zu reflektieren
- Methoden und Instrumente auszuprobieren, die fachnah Schlüsselkompetenzen fördern können

Inhaltlich stehen folgende Themen im Fokus:
- Entwicklung virtueller Gruppen
- Online-Moderation nach Salmon (2011) und Online-Begleitung auf der Lernplattform Moodle
- Konzeption und Umsetzung von Online-Aufgaben nach Salmon (2004, 2013)
- Online-Kommunikation mittels Foren
- Online-Kooperation und -Kollaboration mittels Wikis

2.2 Durchführung

Die maximal 15 Teilnehmenden hatten wöchentlich mindestens zwei von vier Aufgaben und eine Wochenreflexion zu bearbeiten. Jede Woche befasste sich mit einem Gruppenentwicklungsschritt, wobei die ersten beiden, das »Ankommen« und die »Online-Sozialisierung«, in einem Entwicklungsschritt gebündelt wurden: (1) Ankommen und Online-Sozialisierung, (2) Informationsaustausch, (3) kooperative und kollaborative Wissenskonstruktion, (4) Selbstreflexion und individuelle Entwicklungsziele (Salmon, 2011). In der Regel regten die Aufgaben an, auf Foren-Beiträge der Kolleginnen und Kollegen zu antworten, sodass ein ständiger Kommunikationsfluss initiiert und gepflegt wurde.

Drei zertifizierte E-Moderatorinnen begleiteten die teilnehmenden Dozentinnen und Dozenten in ihrem Lernprozess, regten sie an, Neues zu denken und auszuprobieren. Eine E-Moderatorin war für die Kursbegleitung verantwortlich. Sie wurde durch eine Co-Moderatorin unterstützt. Für Fragen und Unterstützung hinsichtlich der Nutzung und des Einsatzes der Lernplattform Moodle stand eine Fachexpertin zur Verfügung. Aktivierende Online-Lehre bedarf Expertise bzgl. der Lernumgebung aufseiten der Lehrenden. Moodle ist eine einfach zu nutzende, flexible und äußerst vielfältige Lern- und Kommunikationsplattform. Neben der Dokumentation und Bereitstellung von Lerninhalten ist Moodle geeignet, kooperatives und kollaboratives Lernen zu fördern. Teilnehmende der Online-Weiterbildung konnten durch den Umgang mit Moodle ihre Medienkompetenz weiterentwickeln.

2.3 Ergebnisse der Evaluationen

Ein wesentlicher Aspekt für gewinnbringendes Lernen ist die Motivation der Lernenden. Ist diese gegeben, stellt sich der Lernerfolg fast von selbst ein. Dies gilt für die Präsenzlehre genauso wie für die Online-Lehre. Nur ist es, u.a. aufgrund der zeitintensiven textbasierten Kommunikation herausfordernder, Personen in asynchronen Online-Lernumgebungen bei der Stange zu halten. Wie stand es um **die Motivation und das Durchhaltevermögen** der Weiterbildungsteilnehmenden? Da sich die Lehrenden aus eigenem Interesse für die Teilnahme an dem Weiterbildungskurs entschieden haben, ist von einer intrinsischen Motivation auszugehen.

Kompetenzaneignung (Erfahrungslernen) ist ein sehr zeitintensives Unterfangen. Es bedarf neben der jeweiligen individuellen Handlung, einer Reflexion derselben. Insbesondere textbasierte Selbst- und Fremdreflexion ist ressourcenintensiv, wenn entsprechende Routinen und Erfahrungen fehlen, denn Selbst-, aber auch Fremdreflexion bedeutet, sich intensiv mit sich selbst auseinanderzusetzen. Das individuelle **Zeitmanagement** für die Beschäftigung mit den Kursinhalten, wurde daher von den Kursteilnehmenden – im Kontext ihres beruflichen und privaten Alltags – als große Herausforderung wahrgenommen. Andere berufliche Tätigkeiten und private Situationen wurden am häufigsten als Hinderungsgründe genannt, kontinuierlich am Kursverlauf teilzunehmen, der als außerordentlich zeitintensiv betrachtet wurde.

Die Anzahl der geschriebenen **Beiträge** der Teilnehmenden im Rahmen der Aufgabenbearbeitung variierte während des Kursverlaufs interindividuell stark. Wobei in der zweiten Woche, in der es um den Informationsaustausch ging, die meisten Beiträge entstanden. Diese Beobachtung verwundert kaum, da Lehrende mit dem textbasierten Austausch von Informationen vertraut sind. Die Anzahl der geschriebenen Beiträge nahm zum Ende der Weiterbildung, in der die Reflexion des eigenen Lernprozesses im Fokus stand, ab. Hier liegt die Vermutung nahe, dass dieser Umstand ebenfalls auf die Besonderheit textbasierter Kommunikation und Reflexion zurückzuführen ist. Im Gegensatz zu sprachlichen Face-to-Face-Interaktionen können Missverständnisse textbasierter asynchroner Kommunikation nicht, in

›Echtzeit‹ direkt aufgeklärt und behoben werden. Daher verlangt das Verfassen von Beiträgen eine inhaltliche Klarheit sowie ein prognostisches Bewusstsein der möglichen Missverständnisse, die sich aus dem formulierten Textbeitrag ergeben könnten, um überhaupt prägnant formulieren zu können. In diesem Sinne stellt textbasierte Reflexion eine komplexe und voraussetzungsvolle Tätigkeit dar, die zum einen einer Reflexionsfähigkeit bedarf und zum anderen besonders nachhaltig Reflexionskompetenzen fördert.

In der dritten Woche stand die **selbstmoderierte kollaborative Zusammenarbeit** der Teilnehmerinnen und Teilnehmer im Fokus. Einhergehend mit dem initiierten Rollenwechsel – von der Rolle des/r Teilnehmenden in die der Moderatorin bzw. des Moderators – wurden dafür Steuerungs- und Unterstützungsleistungen durch die Kursbegleitung gefordert. Diese Nachfrage verdeutlicht, dass kollaborative Zusammenarbeit, im Sinne des gemeinsamen Generierens von Wissen, im Vergleich zu kooperativer, also arbeitsteiliger Zusammenarbeit, vorbereitet werden muss. Kollaborieren, mit dem Ziel neue Erkenntnisse zu generieren, bedeutet, reflektiert zu kommunizieren und ist in textbasierten und asynchronen Lernumgebungen außerordentlich aufwendig.

Der **Mehrwert des Kursangebots** bestand für die Dozentinnen und Dozenten vor allem darin, Online-Lernen in der Rolle der Teilnehmerin bzw. des Teilnehmers selbst zu erleben und zu reflektieren. Insbesondere der Rollenwechsel zwischen Online-Teilnehmer bzw. -Teilnehmerin und Online-Moderator/in ermöglichte eine erweiterte Perspektive auf Online-Lehre und förderte die Reflexion dieser Rollen sowie des eigenen Selbstverständnisses bezüglich der Differenz zwischen dozierendem und moderierendem Lehrhandeln. Mit dem Perspektivenwechsel wurde es den teilnehmenden Dozentinnen und Dozenten zudem ermöglicht, ein Verständnis für Studierende im Kontext virtueller Lernräume zu entwickeln. Diese Erfahrung ist mit Blick auf eine für die Nutzergruppe anschlussfähige didaktische Konzeption von Online-Lehre, bspw. im Format Forschendes Lernen, relevant und wurde mehrheitlich als (sehr) hilfreich bewertet. Auch die Reflexion der eigenen Beiträge durch Kolleginnen und Kollegen sowie die schriftliche Reflexion der Beiträge Anderer empfanden die Teilnehmenden als gewinnbringend. Zudem wurde der Online-Kurs für die Vorbereitung zukünftiger Module/Seminare von den Teilnehmerinnen und Teilnehmern als nützlich wahrgenommen. Ebenso wie die Reflexion der eigenen Lehre und des individuellen Lernprozesses im Austausch mit Kolleginnen und Kollegen.

Eine zukünftige **Orientierung am Stufen-Modell** für die Entwicklung virtueller Gruppen nach Salmon (2011) bei der Konzeption der eigenen Online-Lehre konnten sich die Teilnehmenden mehrheitlich vorstellen. Das gilt vor allem für die Dozentinnen und Dozenten, die sehr intensiv das Kursgeschehen mitgestalteten. Die prinzipielle **Nützlichkeit von E-tivities** (Salmon, 2004, 2013) bei der zukünftigen Entwicklung konkreter Online-Aufgaben sehen die Teilnehmenden mehrheitlich. Das Potenzial der Modelle zur virtuellen Gruppenentwicklung und Konstruktion von Online-Aufgaben (Salmon, 2004, 2011, 2013) für die Gestaltung von Online-Lehre wurde insgesamt von der Nutzergruppe bestätigt.

Im Rahmen ihrer zukünftigen Online-Lehre möchten die Befragten das **Lernmanagementsystem Moodle** wie folgt nutzen:

- Kommunikation und Austausch
- Initiierung von Gruppenarbeit
- Moderation und Begleitung von Lernprozessen
- Bereitstellung für das Medium aufbereiteter Inhalte
- Bereitstellung organisatorischer Informationen
- Kommunikation individuell zu bearbeitender Aufgaben

Hinsichtlich der Förderung von Gruppenarbeit wurden die Moodle-Funktion »Forum« für kooperative Zusammenarbeit und die Funktion »Wiki« für kollaborative Zusammenarbeit als adäquate Werkzeuge/Tools beurteilt.

Einen **Austausch mit Kolleginnen und Kollegen** im Rahmen der Gestaltung der eigenen Online-Lehre erachteten die Teilnehmenden als wichtig. Thematisch besteht Interesse am Dialog u. a. zu folgenden Themen:

- Methoden, konkrete Umsetzung von Themen, Medienvielfalt hilfreiche Tools, mögliche Kurskonzeptionen, Lehrerfahrungen etc.
- Aufgabenstellungen und -bewertung
- interaktive Funktionen, welche die Kursteilnehmer/innen besonders motivieren, eine Aufgabe intensiv und mit Freude zu bearbeiten, sodass Arbeitsergebnisse mit hohem Mehrwert sowohl für den Einzelnen als auch für die Gruppe entstehen
- Umgang mit schwierigen Teilnehmerinnen und Teilnehmern, Motivation

Weiterbildungsangebote in diesem oder einem ähnlichen Format für Lehrende erachteten die Kursteilnehmenden als nützlich. Bezüglich zukünftiger Angebote wurde der Wunsch geäußert, Weiterbildungen, die überfachliche Kompetenzen wie E-Moderation und Online-Kommunikation adressieren, noch stärker an kleinen thematischen Nutzergruppen und/oder konkreten Fachthemen auszurichten. Entsprechend empfiehlt sich, zukünftig die Entwicklung von Lernszenarien, die fachnah die Aneignung von Schlüsselkompetenzen ermöglichen. Dieser Wunsch resultiert sicherlich auch aus der curricularen Verankerung von fast ausschließlich fachspezifischen Lehr- und Lerninhalten.

Hinsichtlich des vierwöchigen, rein virtuellen **Kursformats** wurde der **Zeitpunkt** vor dem neuen Semester als adäquat wahrgenommen, da es den Kursteilnehmenden ermöglichte, das Gelernte im Rahmen der Lehrvorbereitung direkt umzusetzen. Auch die Länge des Kursangebotes wurde von den Teilnehmerinnen und Teilnehmern als angemessen erachtet, wobei vereinzelt der Wunsch geäußert wurde, den Aufgabenumfang ggf. zu minimieren bzw. den Kurs für einen längeren Zeitraum (fünf-/sechswöchig) zu entwickeln.

Zusammengefasst lässt sich konstatieren, dass sowohl das Fünf-Stufen-Modell für die Entwicklung virtueller Gruppen als auch das Konzept für die Entwicklung von Online-Aktivitäten von Salmon (2004, 2011, 2013) als hilfreich für die Entwicklung von Online-Lernszenarien erachtet wurden. Für die Gestaltung von Online-Lehre auch im Format Forschendes Lernen wurde die Bedeutung individueller Erfahrungen mit Online-Lernen betont. Textbasierte, asynchrone Online-Weiterbildungsangebote sind für Hochschuldozierende prinzipiell geeignet und ermöglichen den Teilnehmenden einen Rollen- und Perspektivwechsel, der später im Rahmen der Begleitung studentischer Lernprozesse sehr nützlich ist. Die in der Online-Weiterbildung erworbenen Methoden- und Prozesskompetenzen seitens der Lehrenden ermöglichen es ihnen, kompetent offene Lernprozesse zu moderieren und zu begleiten. Forschendes Lernen wird durch die Online-Weiterbildung der Hochschullehrenden realisierbar.

3. Fazit

Mit diesem Beitrag wurde eine Online-Weiterbildung vorgestellt, die Hochschullehrende auf die Herausforderungen Forschenden Lernens vorbereiten kann. Durch den eigenen Perspektivenwechsel erleben sie konkret die Rolle der Studierenden und erfahren zudem, was es heißt, die Moderationsrolle zu übernehmen.

Es lässt sich festhalten, dass es an Hochschulen derzeit zu wenige digitale Weiterbildungsangebote gibt, die eine Prozessorientierung und eine Erweiterung der Medienkompetenz fördern. Prozessorientierung ermöglicht jedoch die Aneignung von fachübergreifenden Kompetenzen,

> »die es braucht, um in einer transformativen Kultur handlungsfähig zu bleiben, d.h. um auf unvorhersehbare Anforderungen und neue bzw. veränderte Situationen kompetent und sachgemäß zu reagieren« (Landwehr, 1996, S.92).

Der Prozess des Erkenntnisgewinns, weniger die Rezeption von Wissen, steht sowohl bei der fachnahen Kompetenzaneignung als auch beim Forschenden Lehren und Lernen im Vordergrund. Diese Ausrichtung unterscheidet sich in den meisten Fällen wesentlich von den Erfahrungen der Lernenden und Lehrenden im Kontext formaler Bildungsangebote. Resultierend daraus erscheint der Einstieg in Veranstaltungen entsprechender Formate aufgrund der Erfordernis vielfältiger Kompetenzen bedeutsam, aber auch gewagt, da etablierte Vorstellungen, bspw. bezüglich der eigenen Rolle als Lehrende und Lernende, zu hinterfragen sind. Eine diesbezügliche Sensibilisierung und Reflexion benötigt Zeit, Offenheit und Vertrauen.

Die Kompetenz der (Online-)Moderation und die Kenntnis über Bedingungen funktionierender (Online-)Kooperationen und -Kollaborationen sowohl zwischen Lernenden und Lehrenden als auch zwischen den Studierenden legen wesentliche Grundsteine, die Forschendes Lernen (in Online-Lernumgebungen) ermöglichen und unterstützen. Das Potenzial von Forschendem Lernen betrifft ebendiese Möglichkeiten der Initiierung von kooperativem und selbstorganisiertem Lernen (Kerres, 2013). Darüber hinaus sind im Rahmen einer Weiterbildung zum Forschenden Lernen die Herausforderungen des besonderen didaktischen Formats zu thematisieren und zu reflektieren.

Im Kontext der Online-Weiterbildung/Online-Lehre ist zu berücksichtigen, dass Interaktion und Kommunikation überwiegend textbasiert erfolgen. Der Kontakt mit bisher ggf. unbekannten Menschen wird aufgrund der auf Text fokussierten Wahrnehmung u.U. als anonym erlebt, und entsprechend erfordern Beziehungsaufbau und -gestaltung mehr Zeit. Kommunikationsregeln müssen für den Einsatz asynchroner Medien auf die Spezifika des Kontextes übertragen und erarbeitet werden. Prozesse zur Auftragserteilung und -klärung sind hinsichtlich Inhalt und Dauer von der Resonanz der Beteiligten abhängig (Bett & Gaiser, 2010).

Das große Interesse an didaktischen und methodischen Weiterbildungsangeboten, vor dem Hintergrund der genannten Herausforderungen und Schwierigkeiten mit dem Management der eigenen zeitlichen Ressourcen für zeitintensive Kompetenzentwicklungsprozesse, verweist aber auch auf die Notwendigkeit und Bedeutung institutioneller Rahmenbedingungen, die Reflexion und didaktische Weiterbildung im Hochschulbereich verankern und ermöglichen. Ein Beispiel dazu stellt die in diesem Beitrag thematisierte Online Weiterbildung zur Moderation von Lernprozessen für Hochschullehrende an der Fachhochschule Potsdam dar.

Praxistipp:
Online-Moderation

- Eine Begleitung und Moderation durch zwei qualifizierte Online-Moderator/innen empfiehlt sich vor dem Hintergrund, dass textbasierte Kommunikation sowie insbesondere die Phase der Online-Sozialisation sehr zeitintensiv sind.
- Absprachen innerhalb der Online-Moderation bezüglich der Frage, an welchen Tagen und zu welcher Tageszeit Reaktionen auf die Beiträge der Teilnehmenden erfolgen, helfen eine starke Online-Präsenz und eine anregende Online-Begleitung zu gewährleisten.
- Team-Teaching bzw. Team-Moderation ermöglicht die Erweiterung der eigenen Perspektive, die bei Missverständen in der schriftlichen Kommunikation zur Klärung beitragen kann.
- Seitens der Moderation im virtuellen Raum ist Expertise hinsichtlich der eingesetzten Lernplattform entscheidend, um auftretende Schwierigkeiten im Umgang mit der Lernplattform und Fragen zum Einsatz der Lernplattform beantworten und deren didaktischen Potenziale nutzen zu können.
- Eine hohe Medienkompetenz ist für die Online-Moderation unerlässlich, da sie sich auf das Gruppengeschehen und die Lernprozesse im virtuellen Raum konzentrieren. Um den inhaltlichen Überblick über die Beiträge der Teilnehmenden sowie das Team-Teaching zu behalten, kann es sinnvoll sein, die Textbeiträge mittels weiterer digitaler Werkzeuge zu organisieren.

Literatur

Bernard, R.M., Abrami, P.C., Borokhovski, E., Wade, C.A., Tamim, R.M. Surkes, M.A. & Bethel, E.C. (2009). A Meta-Analysis of Three Types of Interaction Treatments in Distance Education. *Review of Educational Research,* 79(3), 1243–1289.

Bett, K. & Gaiser, B. (2010). *E-Moderation.* URL: http://www.e-teaching.org/lehrszenarien/vorlesung/diskussion/e-moderation.pdf, 13.7.14.

Haake, J., Schwabe, G. & Wessner, M. (2012). Grundlagen. In J. Haake, G. Schwabe & M. Wessner (Hrsg.), *CSCL-Kompendium 2.0: Lehr- und Handbuch zum computerunterstützten kooperativen Lernen* (S. 16–30). München: Oldenbourg.

Hobohm, H.-C., Pfeffing, J., Imhof, A. & Groeneveld, I. (2015). Reflexion als Metakompetenz. Ein Konzeptbegriff zur Veranschaulichung akademischer Kompetenzen beim Übergang von beruflicher zu hochschulischer Qualifikation in den Informationsberufen. In F. Walburga, R. Buhr, E. Danzeglocke, S. Schröder & D. Völk (Hrsg.), *Übergänge gestalten. Durchlässigkeit zwischen beruflicher und hochschulischer Bildung erhöhen* (S. 173–191). Münster: Waxmann.

Kerres, M. (2013). *Mediendidaktik. Konzeption und Entwicklung mediengestützter Lernangebote.* (4., überarb. und aktualisierte Aufl.). München: Oldenbourg.

Landwehr, N. (1996). Schlüsselqualifikationen als transformative Fähigkeiten. In P. Gonon (Hrsg.), *Schlüsselqualifikationen kontrovers – Eine Bilanz aus kontroverser Sicht* (S. 89–99). Aarau: Sauerländer.

Means, B., Toyama, Y., Murphy, R., Bakia, M. & Jones, K. (2010). *Evaluation of Evidence-Based Practices in Online Learning: A Meta-Analysis and Review of Online Learning Studies.* U.S. Department of Education, Office of Planning, Evaluation, and Policy Development, Washington, D.C. (Hrsg.). URL: http://learningcenter.nsta.org/products/symposia_seminars/iste/files/Evaluation_of_Evidence-Based_Practices_in_Online_Learning-2010.pdf, 10.3.15.

Salmon, G. (2004) *E-tivities: der Schlüssel zu aktivem Online-Lernen.* Zürich: Orell Füssli.

Salmon, G. (2011). *E-moderating: The key to teaching and learning online* (3. Auflage). New York: Routledge.

Salmon, G. (2013). *E-tivities: The key to active online learning* (2. Auflage). London, New York: Routledge.

Die Hochschule verändern

Das Qualitätspakt-Lehre-Projekt »Humboldt reloaded – Wissenschaftspraxis von Anfang an« der Universität Hohenheim, Stuttgart, besteht seit 2011 und wird bis 2020 durch das Bundesministerium für Bildung und Forschung unter dem Förderkennzeichen 01PL11003 gefördert. Maßnahmen in den Bereichen Studienberatung, Hochschulkommunikation, Qualifikation des Lehrpersonals und Entwicklung von Formaten des forschungsnahen Lehrens und Lernens sollen die Qualität der Lehre und die Betreuung von Studierenden verbessern. In studentischen Forschungsprojekten wird Studierenden schon im Grundstudium die Teilnahme an aktueller Forschung ermöglicht. Ziel ist es, methodische und persönliche Kompetenzen der Studierenden zu entwickeln sowie das Interesse von geeigneten und motivierten Studierenden für Forschung zu wecken, um gezielt Nachwuchsförderung zu betreiben.

Fakultätsübergreifende Implementierung von Forschendem Lehren und Lernen im Bachelorstudium: Rahmenbedingungen, Erfahrungen, Konflikte

Natascha Selje-Aßmann, Hanna Gölz, Julia Gerstenberg, Martin Blum

> »Bleibt sie [die europäische Universität] der humanistischen Substanz der europäischen Universitätsidee treu (Humboldt) oder gerät sie in den Sog einer umfassenden Ökonomisierung, an deren Ende nur ein zerklüftetes Trümmerfeld stehen könnte mit einzelnen von der Industrie abhängigen, hochdotierten und anwendungsorientierten Forschungszentren, einigen elitären ›hohen Schulen‹ und dem großen Rest provinzieller Colleges, deren Absolventen zwar einen ›berufsbefähigenden‹ Bachelor-Abschluss vorweisen können, aber mit dem wissenschaftlichen Studium nicht in Berührung gekommen sind (McKinsey)?« (Nida-Rümelin, 2006)

Forschendes Lehren und Lernen (FLL) verstanden als ein Format, bei dem anhand einer problemorientierten, wissenschaftlichen Fragestellung die (Heraus-)Bildung einer analytischen, (selbst)kritischen Haltung mindestens gleichberechtigt neben dem Erwerb von Fachwissen steht, verknüpft Forschung und Lehre gemäß dem Humboldt'schen Bildungsideal mit zahlreichen Vorteilen für Lehrende, Lernende und Hochschulen. Die lehrenden Forscherinnen und Forscher dozieren nicht im überfüllten Vorlesungssaal, sondern agieren als Vorbilder in ihrem eigentlichen ›Biotop‹, ihrem Forschungs(um)feld. Sie lehren auf ihrem Spezialgebiet, so dass eine zeitaufwändige Einarbeitung in die inhaltliche Thematik entfällt, und generieren im Idealfall zusätzliche Forschungsdaten oder wissenschaftliche Erkenntnisse, die auch für Dritte von Interesse sind, wie es von Huber (2009) für Forschendes Lernen gefordert wird.

Die forschend Lernenden profitieren von der hohen Motivation und dem tiefen Fachwissen der lehrenden Forscher/innen. Bei ihnen führt die Möglichkeit interaktiven und selbstbestimmten Lernens entsprechend der Selbstbestimmungstheorie von Deci und Ryan (1993) zu einer gesteigerten intrinsischen Motivation und tiefgründigen Wissensaneignung. Über reines Fachwissen und methodische Kenntnisse hinaus lernen sie den Forschungsprozess, das ›Handwerk der Wissenschaft‹, von innen heraus kennen, mit allen Höhen und Tiefen. Das stärkt Kompetenzen wie die Fähigkeit zu selbstständigem

Einarbeiten in neue Themengebiete und Methoden, analytisches, lösungsorientiertes und kritisches Denken sowie selbstorganisiertes und teamorientiertes Arbeiten. Diese Kompetenzen gewinnen in einer sich stetig weiterentwickelnden globalisierten Arbeitswelt mit steigendem Umfang an leicht zugänglichem Fachwissen bei gleichzeitig verringerter Halbwertszeit von Hypothesen und Modellen zunehmend an Bedeutung.

Hochschulen, insbesondere Universitäten, werden durch die Integration von FLL in das Lehrportfolio ihrer eigentlichen Bestimmung gerechter, beides zu sein: Lehr- und Forschungsinstitution. Sie stärken durch die Synergie gleichzeitig Forschung und Lehre, nicht zuletzt durch die Rekrutierung und Ausbildung des eigenen wissenschaftlichen Nachwuchses. FLL sollte demnach im Interesse aller genannten Gruppen curricular an deutschen Hochschulen verankert sein – unabhängig davon, ob es als freiwilliges Angebot oder verpflichtendes Format konzipiert ist. Aus historischen, politischen, strukturellen, finanziellen oder individuellen Gründen ist Forschendes Lehren dennoch kein flächendeckender Standard, sondern oft nur in einzelnen Lehrveranstaltungen und abhängig vom Engagement einzelner Lehrender verwirklicht. Stetig steigende Studierendenzahlen ohne in gleichem Maße anwachsende Personal-, Mittel- und Raumausstattung führen zu einer Kultur von Massenvorlesungen und standardisierten Praktika. Die zunehmende Menge an Fachwissen und das sinkende Zulassungsalter der Studierenden befördern die Haltung, dass Studierende zuerst eine Basis an Grundlagenkenntnissen sowie persönlicher Reife erwerben müssten, bevor sie befähigt seien, sich an hochspezialisierten Forschungsfragen zu beteiligen. Vor dem Hintergrund aktueller politischer Forderungen, die Studienanfängerquoten heutiger Abiturjahrgänge weiter zu erhöhen (Hochschulbildungsreport 2020), wird die Möglichkeit, personalintensive Betreuungsangebote wie FLL zu realisieren, weiter erschwert. Auch die höhere Bewertung der Forschungsleistung gegenüber der Lehrleistung mündet bei Nachwuchswissenschaftler/innen in einer oftmals geringeren Auseinandersetzung mit Lehrfragen. Ein anderes Lehr-/Lernverständnis, das Erkenntnisse aus der Lernforschung aufgreift und umsetzt, erfordert jedoch das bewusste Überdenken der eigenen Lehrinhalte und -methoden und ein verändertes Verhältnis zwischen Lehrenden und Lernenden.

Wie kann eine solche Kultur des FLL an Hochschulen möglichst umfassend und nachhaltig implementiert werden? Wie können geeignete Strukturen geschaffen werden, die den Lehrenden eine sich gegenseitig befruchtende Einheit von Forschung und Lehre erleichtern? Wie können Elemente von FLL in bestehende Studiengänge eingebettet werden?

Im Grunde erfordert die Realisierung von FLL nicht viel: eine/n engagierte/n Wissenschaftler/in, neugierige Studierende und ein gemeinsames Forschungsinteresse. Ohne viel Bürokratie, Organisationsaufwand oder zusätzliche finanzielle Mittel lässt sich FLL auf Veranstaltungs-, Fachbereichs- oder Studiengangsebene implementieren. Wird der Einsatz von FLL auf individuelle Lehrveranstaltungen beschränkt und dem persönlichen Engagement einzelner Professor/innen und Wissenschaftler/innen überlassen, bleibt es für Studierende jedoch ein Zufallsmoment, ob sie im Verlauf ihres Studiums, wie von Nida-Rümelin (2006) gefordert, mit dem Wissenschaftsprozess in Berührung kommen oder nicht. Soll allen Studierenden einer Hochschule die Möglichkeit eröffnet werden, sich schon frühzeitig mit Aspekten von Forschung auseinanderzusetzen und sich so im Sinne des Humboldt'schen Bildungsideals zu entwickeln, braucht es eine konzertierte Anstrengung von Universitätsleitung, Lehrenden und Studierenden.

Im vorliegenden Artikel sollen die oben aufgeworfenen Fragen anhand der Erfahrungen aus einem Praxisbeispiel diskutiert werden. Dazu werden kurz Konzeption und Organisation des Qualitätspakt-Lehre-Projekts »Humboldt reloaded – Wissenschaftspraxis von Anfang an« der Universität Hohenheim vorgestellt. Es folgen Einblicke in Evaluationsergebnisse und Weiterentwicklungen, um mögliche Hürden und Erfolge aufzuzeigen. Abschließend werden strukturelle und personelle Maßnahmen herausgearbeitet, die geeignet sind, günstige Rahmenbedingungen für FLL zu schaffen, eine breite Akzeptanz bei den verschiedenen Beteiligtengruppen zu erreichen und damit eine institutionsweite Integration von Forschendem Lehren zu ermöglichen.

Konzeption und Organisation von fakultätsübergreifendem Lehren und Lernen

An der Universität Hohenheim haben fakultätsübergreifend alle Bachelorstudierenden die Möglichkeit, schon im Grundstudium an Forschung teilzunehmen und das Studium durch individuelle Schwerpunkte aktiv zu gestalten. Zentrales Element sind dabei studentische Forschungsprojekte zu den Forschungsschwerpunkten der einzelnen Fachgebiete an der Universität, die in der Regel im 3. oder 4. Semester als alternative oder zusätzliche Studienleistung belegt werden können. Die Teilnahme beruht auf dem Prinzip der Freiwilligkeit, sowohl aufseiten der Studierenden als auch der Projektanbieter/innen. Die Freiwilligkeit sichert eine hohe Motivation von Lehrenden und Studierenden, die sich wiederum positiv auf die Zufriedenheit beider Seiten mit dem Verlauf der Forschungsprojekte auswirkt. Blaupause für das heute universitätsweite Projekt waren freiwillige Forschungsprojekte im Studiengang Biologie, die über acht Jahre hinweg im zweiten Studienjahr angeboten und regelmäßig von 50 bis 95 Prozent der Studierenden gewählt wurden.

Das Konzept von Humboldt reloaded (HR) wurde von Martin Blum als Prorektor für Lehre im Zuge der Ausschreibung von Mitteln aus dem Qualitätspakt Lehre entwickelt. Dies fand unter Einbeziehung der Studiendekan/innen aller Fakultäten, Studierendenvertreter/innen, sowie Mitarbeiter/innen der Hochschuldidaktik, des Studieninformationszentrums und des CareerCenters Hohenheim, einer Schnittstelle zwischen Studierenden und Unternehmen, statt. Das Projekt ist ebenfalls durch seine Organisations- und Personalstruktur fakultätsübergreifend auf allen Ebenen (Rektorat, Dekanat, Mittelbau, Studierende, Verwaltung, Pressestelle) bis in einzelne Fachbereiche verankert (Abb. 1). Die wissenschaftlichen Mitarbeiter/innen von HR (Koordinator/innen, K) werden zentral über Projektgelder finanziert, sind aber dezentral in verschiedenen Fachbereichen der jeweiligen Fakultät forschend tätig und bieten selbst Forschungsprojekte an. Gleichzeitig fungieren sie als Multiplikatoren des Projektes, indem sie Ansprechpersonen für Projektanbieter/innen (W) von jeweils mehreren Nachbarinstituten sind. So wird eine weit verzweigte Durchdringung der Fachbereiche und eine große Bandbreite an angebotenen Projektthemen erreicht. Der regelmäßige fakultätsübergreifende Austausch der Koordinatoren/innen (K) stärkt Strukturen, die über die eigenen Fachgebiete und Arbeitsbereiche hinausgehen. Dadurch entstehen Netzwerke, die die Grundlage zu interdisziplinärer Zusammenarbeit sein können. Regelmäßige Treffen der Koordinatoren/innen (K) mit Projektverwaltung und Projektassoziierten, Diskussionsrunden und didaktische Fortbildungen zu projektrelevanten Themen fördern den interdisziplinären Austausch, eine Kultur des gemeinsamen Gestaltens, die stete Weiterentwicklung aller Mitarbeiter/innen und des Projekts sowie die Verbreitung der Idee von FLL. Projektbetreuende (K und W) und Projektteilnehmende (B) erfahren darüber hinaus weitreichende Unterstützung durch projektinterne und assoziierte Stellen. Betreuende erhalten didaktische Unterstützung in Form von Informationsveranstaltungen, durch eine Methodenwerkstatt und die Arbeitsstelle für Hochschuldidaktik sowie die Archivierung zahlreicher Lehrmaterialien auf der projektinternen Homepage. Auf Seiten der Studierenden werden die Forschungsprojekte von optionalen Studienangeboten innerhalb der von der Zentralen Studienberatung geleiteten Lernwerkstatt komplementiert. Diese bietet eine Lernpartnerbörse, Sprechstunden zur Prüfungsbewältigung, Selbstlernmaterialien und E-Learning-Angebote sowie Kurse in den Bereichen Lerntechniken oder wissenschaftliches Schreiben und Arbeiten.

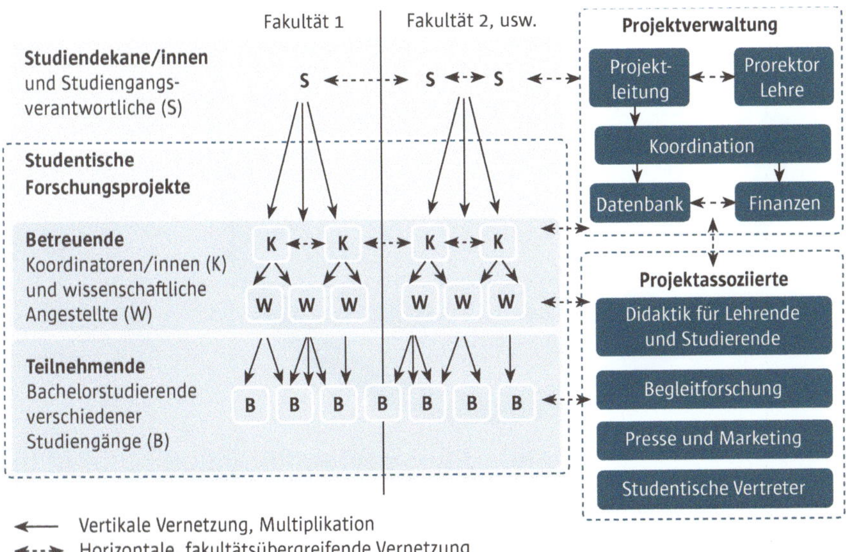

Abb. 1: Organigramm des Projekts »Humboldt reloaded – Wissenschaftspraxis von Anfang an« an der Universität Hohenheim zur Verdeutlichung der fakultätsübergreifenden Vernetzung und Einbeziehung der verschiedenen Hierarchieebenen sowie des Austausches mit projektassoziierten universitären Organen

Die gesamte Verwaltung der studentischen Forschungsprojekte, angefangen bei der Werbung für die Projekte, der Auflistung der einzelnen Forschungsthemen, Anmeldung und Zuteilung der Studierenden, Abrechnung der Projektausgaben bis hin zur Ausgabe der Abschlusszeugnisse wird über eine zentrale, fakultätsübergreifende Projektdatenbank durchgeführt. Das Angebot an die Studierenden, sich an Forschungsprojekten zu beteiligen, wird von der Koordinationsebene in der Projektverwaltung über vielfältige Kanäle wie Email-Verteiler, Facebook, Infoveranstaltungen in Vorlesungen, Infostände und Flyer in der Studierendenschaft kommuniziert. In Kooperation mit der assoziierten Pressestelle (Abb. 1) werden regelmäßig Berichte und Kurzfilme über einzelne Forschungsprojekte auf der universitätsinternen Homepage veröffentlicht. Durch diese weitgehende Übernahme der organisatorischen und finanziellen Abwicklung der Projekte wird

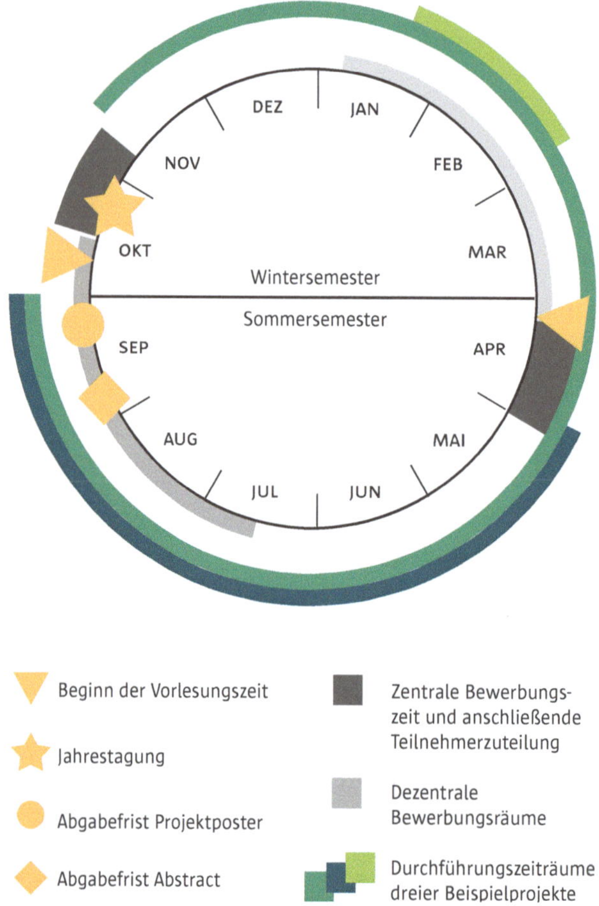

Abb. 2: Jahresverlauf eines Humboldt reloaded-Projektjahres mit Projektlaufzeiten und wichtigen Einzelereignissen

der Zeitaufwand und damit die Hürde für Wissenschaftler/innen, Forschungsprojekte anzubieten, reduziert. Finanzielle Mittel im Umfang von einigen hundert Euro pro Projekt für Verbrauchsmaterialien sowie weitere Mittel zur Anstellung studentischer Hilfskräfte bieten zusätzliche Anreize. Die zentrale Verwaltung stellt eine Standardisierung der Prozesse und Projekte sicher. Dazu gehören die einheitliche Darstellung der Projekte in der Datenbank, die Limitierung auf mindestens 1 bis maximal 6 ECTS-Punkte, je ein zentraler Bewerbungs- und Startzeitraum zu Beginn des Winter- und des Sommersemesters sowie eine jährliche Abschlusstagung zur Präsentation aller Ergebnisse aus Projekten der vergangenen zwei Semester (Abb. 2).

Über zwei wissenschaftliche Begleitstudien werden Projektbetreuer/innen und-teilnehmer/innen in die Weiterentwicklung des Konzeptes und der Umsetzung von FLL einbezogen. Eine Evaluationsstudie untersucht Lerngewinn und Zufriedenheit der teilnehmenden Studierenden und Lehrenden. Im Rahmen der Akzeptanzstudie wird betrachtet, ob und wie die studentischen Forschungsprojekte bei der Gesamtheit der Studierenden und Lehrenden wahrgenommen und angenommen werden, d. h. welche Ursachen einer Teilnahme oder Nichtteilnahme an Forschungsprojekten zugrunde liegen. Diese wissenschaftliche Begleitforschung erlaubt prozessbegleitende Erkenntnisse und Steuerungsmaßnahmen und führte z. B. zu Nachjustierungen im Bereich der Anerkennung der studentischen Leistungen. Der Prorektor für Lehre und Vertreter/innen der Studierendenschaft besitzen beratende Funktion in der Weiterentwicklung des Projektes.

Erfahrungen, Erfolge und Entwicklungen

Als Erfolge der beschriebenen Maßnahmen lassen sich ein hoher Bekanntheitsgrad von HR und hohe durchschnittliche fakultätsübergreifende Akzeptanzwerte von über 70 Prozent bei Studierenden und knapp 65 Prozent bei den Lehrenden nennen (Voeth & Kienzle, 2014). Nach Abschluss eines Projektes bewerteten Studierende die Teilnahme als sehr lohnenswert. Die Befragungen von Studierenden und Lehrenden vor und nach Projektteilnahme (Kaschube & Oberhauser, 2013) zeigen, dass Studierende durch die Teilnahme laut eigener Einschätzung ihre Fachkompetenz signifikant erhöhen konnten. Dieser Zuwachs an Fachkompetenz wurde von den Projektleiter/innen bestätigt. Dagegen wurden Methoden- und Sozialkompetenz von den Studierenden nach der Projektteilnahme signifikant niedriger eingeschätzt. Eine mögliche Erklärung dafür ist, dass Studierenden durch die Projekterfahrung geerdet werden, dass ihnen eigene Schwächen und Wissenslücken bewusst werden bzw. dass sie den Wissenschaftsprozess anders beurteilen.

Die hohe Akzeptanz spiegelt sich in einer steigenden Anzahl an Forschungsprojekten und beteiligten Studierenden wider. So fanden im ersten Projektjahr 95 Forschungsprojekte mit 355 Studierenden, im zweiten Projektjahr 148 Forschungsprojekte mit 530 Studierenden und im fünften Jahr 171 Projekte mit insgesamt 726 Studierenden statt. Bei insgesamt 1.399 Bachelorstudierenden im 3. und 4. Fachsemester (Wintersemester 2015/16) entspricht dies einer Quote von 51 Prozent der Studierendenkohorte, die im 5. Projektjahr erreicht wurde. Aufgrund der großen Heterogenität der Studierenden innerhalb eines Studiengangs, mehr noch zwischen den einzelnen Disziplinen, ist nicht zu erwarten, dass jeder Studierende für dieses Format geeignet ist. Die erreichte Quote von ca. 50 Prozent könnte einer Sättigung entsprechen.

Mit Hilfe der Akzeptanzstudie wurden im Verlauf des Projekts mehrere Akzeptanzdimensionen für die Zielgruppe der **Studierenden** identifiziert und deren Bedeutung für die Studierenden bestimmt. Bei der Entscheidung für oder gegen eine Projektteilnahme waren in allen Fakultäten besonders der Praxisbezug, das individuelle Interesse an den Projektinhalten sowie die Einblicke in die Forschung von sehr großer Bedeutung (Voeth & Kienzle, 2014). Gleichzeitig konnten Problembereiche aufgedeckt und korrigiert werden. Insbesondere in der wirtschafts- und sozialwissenschaftlichen Fakultät erwies sich die Möglichkeit der Anerkennung der Projekte als ausschlaggebend für eine Teilnahme, wohingegen in den agrar- und naturwissenschaftlichen Fakultäten der Einblick in die Forschung eine zentrale Rolle einnahm. Aufgrund dieser Rückmeldungen wurden universitäre Strukturen dahingehend angepasst, eine Anrechenbarkeit der studentischen Leistungen unter Berücksichtigung der fakultätsspezifischen curricularen Besonderheiten zu gewährleisten. Durch HR wurden somit Impulse für die strukturelle Veränderung innerhalb der Hochschulorganisation hin zu fakultätsübergreifenden Formaten gesetzt. So wurde an allen Fakultäten das »Portfoliomodul« eingerichtet und in der Prüfungsordnung verankert, welches die Anrechnung frei wählbarer studentischer Leistungen, darunter auch die studentischen Forschungsprojekte, bis sechs ECTS-Punkte erlaubt. Aufgrund der abweichenden Organisation einzelner Studiengänge selbst innerhalb der Fakultäten wurden unterschiedliche Formen der Integration notwendig. An allen zwölf Bachelorstudiengängen konnte die Anrechenbarkeit als alternative Lehrveranstaltung für reguläre Seminare, innerhalb eines Wahlpflichtmoduls oder eines Zusatzmoduls erreicht werden. Forschungsprojekte als Alternativen für reguläre Seminare müssen dabei 180 Stunden Arbeitsaufwand umfassen und werden benotet, wohingegen Forschungsprojekte als zusätzliche oder frei wählbare Leistungen zeitlich flexibel zwischen 30 und 180 Stunden Arbeitsaufwand betragen können und nicht benotet werden.

Die Hohenheimer Erfahrungen zeigen, dass für eine umfassende Verankerung von FLL die Bereitschaft der **Hochschulleitung** zu strukturellen Veränderungen einen essentiellen permissiven Faktor darstellt. Entsprechende Erfahrungen beschreiben Hellermann et al. (2012) an der Ruhr Universität Bochum:

> »Um Forschendes Lernen als hochschuldidaktisches Konzept an Universitäten nachhaltig zu verankern, ist eine flankierende Unterstützung seitens der Hochschulleitung notwendig. Im Sinne

eines Top-down-Impulses muss durch strukturelle Maßnahmen ein Feld und eine Kultur geschaffen werden, in dem sich Forschendes Lernen nachhaltig entfalten kann bzw. innovative Lehr- und Lernkonzepte gewünscht und unterstützt werden.«

Darüber hinaus konstatieren die Autoren: »Die [...] Top-down-Impulse der Hochschulleitung bedürfen in jedem Fall der Ergänzung durch vielfältige Bottom-up-Aktivitäten im konkreten Lehralltag durch die Lehrenden.«

Aufseiten der **Lehrenden** zeigen sich über alle Fakultäten hinweg drei Akzeptanzdimensionen als ausschlaggebend für das Anbieten eines Projekts (Voeth & Kienzle, 2014). Besonders wichtig für wissenschaftliche Mitarbeiter/innen ist es, die Projektergebnisse für die eigene Forschung verwenden zu können. Darüber hinaus erwarten sie engagierte Studierende und Unterstützung des Projekts durch die jeweiligen Institutsleiter/innen. Dagegen erweist sich der Vorbereitungs- und Betreuungsaufwand im Vergleich zu anderen Lehrveranstaltungen als höher, wodurch die Attraktivität von studentischen Forschungsprojekten sinkt. Dies kann durch die zuvor genannten Aspekte teilweise relativiert werden; außerdem sehen die Mitarbeiter/innen die Chance, besonders leistungsstarke Studierende für den Fachbereich zu gewinnen. Der Aspekt der Nachwuchsförderung bzw. Akquirierung motivierter Studierender für die Arbeitsgruppen der beteiligten Wissenschaftler/innen wird durch die Tatsache deutlich, dass sich drei Viertel der teilnehmenden Studierenden weiter mit dem Thema ihres Projektes beschäftigen – in der Wahl der Studienveranstaltungen, in weiteren Projekten, in Anstellungen als Hilfskräfte oder in der Abschlussarbeit (Oberhauser et al., 2015).

Die Selbstständigkeit der Lernenden in Bezug auf Themenwahl und Entwicklung einer eigenen Forschungsstrategie ist nach Huber (2009) ein wichtiges Merkmal von Lernen durch Forschung im engeren Sinne. Die selbstständige Themengenerierung erfordert dabei einen deutlich höheren Organisationsaufwand, wird besonders in den experimentellen Wissenschaften zusätzlich durch die Verfügbarkeit von Ressourcen und Methoden eingeschränkt und entbehrt den Charme der Synergie des gemeinsamen Forschens von Lehrenden und Lernenden. Ein wesentlicher Aspekt der breiten Akzeptanz von HR bei den Lehrenden und damit der Bereitschaft, Projekte anzubieten und zu betreuen, ist die enge Verknüpfung der studentischen Forschungsprojekte mit der Forschungsfrage der Projektbetreuer/innen. Somit ist ein Spielraum für Studierende, eigenen Forschungsfragen nachzugehen, nur innerhalb der Grenzen der vorgegebenen Projektthemen gegeben. Oft besteht noch kein umfassender Einblick in die Forschungstätigkeit der einzelnen Fachbereiche, bzw. ist das (Selbst-)Bewusstsein, eigene Forschungsfragen zu formulieren, noch nicht ausgeprägt. Wie die Etablierung von FLL benötigt auch die Entwicklung der Fähigkeiten zu selbstständiger Hypothesengenerierung und Versuchsplanung Zeit und muss stufenweise erlernt werden. Es ist deshalb aus unserer Sicht zweckmäßig, mit einer Forschungsbeteiligung zu beginnen, bevor in Bachelor-, Master- und schließlich Doktorarbeit ein zunehmender Grad an Selbstständigkeit in der Forschungstätigkeit entwickelt wird.

Die zentrale Verwaltung der Projekte sowie ein besonders niedriges Studierenden-zu-Betreuer-Verhältnis erfordern **finanzielle Mittel** für zusätzliches Personal. Die fakultätsübergreifende Einführung von FLL über das Projekt Humboldt reloaded wurde durch Mittel des Qualitätspakts Lehre des Bundesministeriums für Bildung und Forschung (BMBF) ermöglicht. Die wissenschaftlichen Mitarbeiter/innen von HR sind nicht kapazitätswirksam, so dass eine tatsächliche Verbesserung des Betreuerverhältnisses erreicht werden kann. Es ist zu erwarten, dass nach Ablauf der Förderphase deutlich geringere finanzielle Mittel und ein verringerter Mitarbeiterstab zur Verfügung stehen werden.

Die **fakultätsübergreifende Matrixorganisation** bietet den Vorteil, gemeinsame Strukturen zu entwickeln und Synergien zu nutzen, eine erhöhte Sichtbarkeit und eine Schärfung des Profils auf gesamtuniversitärer Ebene durch höhere Beteiligtenzahlen und breite Durchdringung der Fachbereiche zu erreichen. Zusätzlich zu den strukturellen und organisatorischen Veränderungen profitiert die Institution von der besseren Vernetzung über Fachbereichs- und Fakultätsgrenzen hinweg, mit der Möglichkeit zum Diskurs und zur Zusammenarbeit. Diese führt zu einem einzigartigen, fächerübergreifenden Wirgefühl der eingebundenen Mitarbeiter/innen und teilnehmenden Studierenden sowie zu einer höheren Identifikation mit der eigenen Universität. Die jährliche gemeinsame Abschlusstagung trägt dazu bei, dass Studierende und Lehrende umfassende Einblicke in die Forschungsthemen anderer Fachbereiche bzw. Fakultäten erhalten. Über HR hinaus bewirkte die Teilnahme projektexterner Wissenschaftler/innen an Fortbildungskursen zu FLL, dass Ansätze von FLL auch in weitere Lehrveranstaltungen integriert wurden. Beispielsweise wurden Vorlesungsreihen in Masterstudiengängen in Forschungsmodule umgestaltet. Ausgehend von HR sind damit die ersten Schritte zu einem Kulturwandel in der gesamten Lehre erkennbar.

Die übergreifende **Projektdatenbank** erlaubt einerseits eine schnelle Zuordnung der Studierenden zu Projekten. Andererseits ist die Verwaltung und finanzielle Abwicklung aufgrund der großen Anzahl an Forschungsprojekten aufwändig. Strukturen und Leitfäden, gleichzeitige Bewerbungs- bzw. Startzeiträume, Eingabemasken und die Projektdatenbank wurden entwickelt, um Projektanbieter/innen organisatorisch zu unterstützen und die Projekte für die Studierenden vergleichbar zu machen. Zu starre Strukturen können jedoch auf das kreative Element von Forschung hinderlich wirken. Zudem wurde der bürokratische Aufwand von einigen Projektbetreuer/innen als zu hoch eingeschätzt. Interessierten Studierenden sollte daher zu jeder Zeit, unabhängig von den bürokratischen Abläufen, eine Teilnahmeperspektive in einem Forschungsprojekt angeboten werden können. Fakultätsbedingte Unterschiede in der Organisation von Forschung und Lehre erfordern darüber hinaus strukturelle Flexibilität über die bereits beschriebene Problematik der Anrechenbarkeit von Studien- und Lehrleistungen in einzelnen Studiengängen hinaus. Beispielsweise starten die Projekte der Fakultät Wirtschafts- und Sozialwissenschaften, welche als alternative Studienleistung 6 ECTS-Punkte umfassen und innerhalb eines Semesters abgeschlossen sein müssen, bereits in der ersten Semesterwoche, was wiederum einen früheren Anmeldezeitraum für die Studierenden erfordert. Demgegenüber können Projekte in den Natur- und Agrarwissenschaften durch die Abhängigkeit von Vegetationsperioden und Wetterbedingungen oft nicht an Semesterlaufzeiten angepasst werden und bedürfen längerer Zeiträume, bzw. Projekte mit intensivem experimentellem Anteil im Labor oder Feld müssen aufgrund voller Studienpläne geblockt in die Semesterferien gelegt werden. Die Universität Hohenheim ist eine vergleichsweise kleine Universität mit nur drei Fakultäten und insgesamt knapp 10.000 Studierenden. Die Etablierung ähnlicher Projekte an größeren Hochschulen erschwert sich mit zunehmender Zahl an Beteiligten und Fakultäten mit jeweils strukturellen und kulturellen Besonderheiten.

Die weit verzweigte Struktur und Vernetzung ist sehr kommunikationsintensiv. Bei der großen Zahl an Mitwirkenden und involvierten Hierarchieebenen kommt es zu **Rollenkonflikten** in den unterschiedlichen Beteiligtengruppen. Die Projektmitarbeiter/innen sind Lehrende, Forscher/innen, Koordinator/innen und Multiplikator/innen in einer Person, so dass die Aufgaben mitunter sehr komplex sind. Die bewusste Verankerung in den Fachgebieten kann dazu führen, dass Projektmitarbeiter/innen zusätzlich zu projektfremden Aufgaben herangezogen werden. Gleichzeitig muss eine ausgeglichene Verteilung der Stellen auf die Fachbereiche beachtet werden, was zu befristeten Verträgen und Teilzeitstellen führt und eine erhöhte Fluktuation von Mitarbeiter/innen im Team nach sich ziehen kann. Hierarchiekonflikte treten besonders innerhalb der Koordinationsebene auf. Einige Beteiligte, wie Prorektor/innen für Lehre oder Studiendekan/innen, sind oft stark ausgelastet, so dass Prozesse von den Koordinator/innen (Abb. 1) geführt werden. Damit Entscheidungen zugunsten des Projektes durchgesetzt werden können, ist es hilfreich, wenn die Projektleitung über ein entsprechendes Standing in der Hierarchie der Einrichtung verfügt und z. B. direkte Kanäle in die Hochschulleitung und die Fakultätsleitungen besitzt. Von den Studierenden erfordert die Teilnahme an einem Forschungsprojekt, sich aus einer passiv-konsumierenden in eine aktive Rolle zu begeben. Die intensive Arbeit in Kleingruppen bedeutet mehr Zeit- und Arbeitsaufwand, Motivation und Durchhaltevermögen über das durchschnittliche Maß hinaus. Gleichzeitig müssen die Studierenden mehr Verantwortung für ihren eigenen Lernprozess übernehmen, so dass Forschendes Lernen nicht für jeden Lerntypus gleichermaßen geeignet ist. In letzter Konsequenz impliziert FLL eine veränderte Einstellung gegenüber dem Lehrpersonal, das nicht aus allwissenden Dozent/innen besteht, sondern aus Wissenschaftler/innen im Forschungsprozess, die aus Beobachtungen Fragen ableiten, daraus Hypothesen entwickeln, diese überprüfen und gegebenenfalls verwerfen. Diese Änderung im Selbstverständnis vom Lehrenden zum Begleitenden muss gleichermaßen bei den Projektbetreuer/innen vollzogen werden und kann erfordern, vertraute Pfade zu verlassen, um gemeinsam in Situationen zu treten, deren Ausgang nicht vorhersagbar oder planbar ist. Ebenso ist ein Kulturwandel bezüglich der Lehr-/Lerninhalte erforderlich, indem nicht »Fächer, sondern Menschen unterrichtet werden« (nach Euler, 2005).

Eine einheitliche **Qualitätskontrolle** der Forschungsprojekte gestaltet sich schwierig aufgrund der großen Zahl und Heterogenität der Projekte, Diskrepanzen im Forschungsverständnis zwischen den Disziplinen und unterschiedlichen Graden der Auseinandersetzung mit dem Konzept von FLL durch die einzelnen Projektbetreuer/innen. Mögliche Fragen sind: Findet wirklich eine Art Forschenden Lernens statt? Wie gut werden Grundlagen der Forschungstätigkeit vermittelt? Wie hoch oder nachhaltig ist der Lernerfolg bzw. Kompetenzgewinn bei den Teilnehmer/innen? Teilweise kann dies mit den beschriebenen Maßnahmen zur Standardisierung, Transparenz und Vergleichbarkeit der Projekte, didaktischen Weiterbildungsangeboten für Projektbetreuer/innen, der Evaluationsstudie zur Lernentwicklung, der Veröffentlichung der Forschungsergebnisse in einem jährlichen Tagungsband und Preisen für herausragende Projekte und engagierte Betreuer/innen erreicht werden. Andererseits rückt bei FLL die Forscherpersönlichkeit als Vorbild stärker in den Vordergrund. Es sollte dem/r jeweiligen Wissenschaftler/in überlassen bleiben, ob die Inhalte stärker auf den Forschungsinhalt oder auf den Forschungsprozess fokussiert werden.

Im Fall von HR beruhen das Angebot und die Teilnahme an den Forschungsprojekten auf **Freiwilligkeit**. Dieses Prinzip halten wir unter den gegebenen Umständen der personellen Ausstattung und Kapazitätsberechnungen für notwendig. Andere Rahmenbedingungen wären gegeben, wenn FLL konstitutiv in das jeweilige Curriculum eingebunden wäre. Hier stellen sich prinzipielle Fragen, wie verpflichtend oder offen diese Einbindung aussehen soll: Muss jeder Studierende im Laufe seines Studiums an einem FLL-Projekt teilgenommen haben? Sollte FLL fundamentaler Bestandteil der universitären Bildung sein, oder soll den Studierenden nur die Möglichkeit gegeben werden, an Forschung teilzuhaben, und die Entscheidung der Teilhabe dem Individuum überlassen werden? Dazu bedarf es bei der Einführung von FLL einer Diskussion über die zugrundeliegenden Motive bzw. der Zielsetzung sowie der Begriffsklärung: Was wird unter FLL verstanden, was wird mit FLL intendiert? Eine Differenzierung des Studiums? Die gezielte Förderung von besonders guten Studierenden? Oder soll durch die Rückbesinnung auf das Humboldt'sche Ideal eine flächendeckende Bildung erreicht werden, bei der alle Studierenden hinsichtlich des analytischen Denkens gefördert werden und den Kerngedanken von Forschung und Wissenschaft durchleben.

Fazit

Das Ideal des Forschenden Lehrens und Lernens auf institutionsübergreifender Ebene ist unter den gegebenen Umständen – hohe Studierendenzahlen, niedriges Betreuungsverhältnis, schmale finanzielle Ausstattung, große Universitäten, kulturelle Unterschiede zwischen den Disziplinen – schwer zu erreichen.

Aus den Erfahrungen dieses Praxisbeispiels leiten wir folgende Schritte und Rahmenbedingungen als förderlich für eine übergreifende Etablierung von FLL ab:

1. Benötigt wird in jedem Fall das Engagement einer einflussreichen Persönlichkeit oder Gruppe, die vom Konzept des FLL überzeugt ist und als Kristallisationspunkt oder Impulsgeber/in dient. Dabei kann es hilfreich sein, das Format im Kleinen zu erproben und die sich als erfolgreich erwiesenen Formen auf größere Bereiche auszuweiten.
2. Alle wichtigen universitären Gruppen, im Besonderen das für die Lehre verantwortliche Personal, aber auch die Studierenden selbst sollten in die Konzeption bzw. den ständigen Weiterentwicklungs- und Anpassungsprozess einbezogen werden. Dies erfordert intensive Kommunikation und vernetzende Maßnahmen. Wir halten es dabei für förderlich, sich mit der Definition von FLL über die Fakultätsgrenzen hinweg bzw. der Zielrichtung der Implementierung von FLL auseinanderzusetzen, Synergien über gemeinsame Strukturen und eine übergreifende Organisation zu nutzen, aber auch die notwendige Flexibilität gegenüber fakultäts- oder fachgebietsspezifischen Besonderheiten zu wahren.

3. Für die Umsetzung von FLL im Studien-, Lehr- und Forschungsalltag ist das wissenschaftliche Personal der Hochschule verantwortlich. Die Lehrenden sind hinsichtlich des Einsatzes von Zeit für Planung und Durchführung, aber auch der Selbstreflexion des eigenen Rollenverständnisses und der Bereitschaft, alternative Lehrformate anzuwenden, gefordert. Jede/r Forschende sollte den Freiraum erhalten, FFL in seine/ihre Lehre zu integrieren.
4. Dafür halten wir die ideelle Unterstützung vonseiten der Hochschulleitung, aber auch durch die Fachgebietsleiter/innen für notwendig, um (Nachwuchs-)Wissenschaftler/innen zur Durchführung von Forschungsprojekten zu ermutigen, dabei zu unterstützen, bzw. ein solches Engagement wertzuschätzen.
5. Gleichzeitig ist ein struktureller, finanzieller und personeller Beitrag gefragt. Strukturen sollten im Hinblick auf die Anrechnung des Lehrdeputats, der Organisation und Integration von FLL in bestehende Studiengänge geschaffen werden. Benötigte finanzielle Mittel und Personal sind einem intensiveren Betreuungsschlüssel, der Weiterbildung der wissenschaftlichen Mitarbeiter/innen sowie der Koordination und Verwaltung der FLL-Projekte geschuldet.
6. Nicht zu vernachlässigen ist der Faktor Zeit, der mit einem kontinuierlichen, stufenweisen Prozess einhergeht. Bei beiden Implementationsrichtungen – sei es durch einen Top-down-Impuls der Hochschulleitung oder Bottom-up-Aktionen aus einzelnen Fachbereichen heraus – dauert es, bis sich das Konzept des FLL über ein Fachgebiet oder einzelne Veranstaltungen hinaus in einer kritischen Masse an unterstützenden Institutsleiter/innen, Lehrenden und innerhalb der Studierendenschaft manifestiert hat. Die Vorteile von FLL müssen kommuniziert und Spielräume für eine vielfältige Umsetzung gegeben werden, so dass ein Wandel der Lehr-/Lernkultur und eine Rückbesinnung auf das Wesen der Universität stattfinden kann.

Praxistipp:
Fakultätsübergreifende Implementierung von FLL

- **Fangen Sie einfach und klein an.** Suchen Sie sich Mitstreiter/innen und probieren Sie Ihre Idee aus. Was sich bewährt, kann auf höherer Ebene implementiert werden.
- **Integrieren Sie** wichtige Beteiligte (Verwaltung, Verantwortliche, Lehrende, Studierende) auf allen Ebenen bei der Konzeption und Weiterentwicklung.
- **Unterstützen Sie** Lehrende ideell, strukturell, finanziell, lassen Sie aber Freiheit für Individualität, Kreativität und Motivation sowie fachkulturelle Unterschiede.
- **Lassen Sie sich Zeit.** Erwarten Sie nicht sofort das perfekte Format FLL, sondern lassen Sie es sich entwickeln.

Literatur

Deci, E. L., & Ryan, R. M. (1993). Die Selbstbestimmungstheorie der Motivation und ihre Bedeutung für die Pädagogik. *Zeitschrift für Pädagogik*, 39(2), 223-238. URL: http://www.selfdeterminationtheory.org/SDT/documents/1993_DeciRyan_DieSelbstbestimmungstheoriederMotivation-German.pdf, 01.09.2016.

Hellermann, K., Schmohr, M. & Sekmann, Ü. (2012). Vielfältige Lernkultur durch »Forschendes Lernen« an der Ruhr-Universität Bochum. *Zeitschrift für Hochschulentwicklung* (ZFHE), 7(3), 28–35.

Huber, L. (2009). Warum Forschendes Lernen nötig und möglich ist. In L. Huber, J. Hellmer & F. Schneider (Hrsg.). *Forschendes Lernen im Studium.* Aktuelle Konzepte und Erfahrungen (S. 9–35). Bielefeld: UVW UniversitätsVerlagWebler.

Kaschube, J. & Oberhauser, E. (2013). *Evaluationsstudie Sommersemester 2013:* Kompetenzgewinn und Erwartungserfüllung. URL: https://studium-3-0.uni-hohenheim.de/fileadmin/einrichtungen/studium-3-0/Humboldt_reloaded/Begleitstudien/Erwartungen_HRSS13_0508.pdf, 05.09.2016.

Nida-Rümelin, J. (2006). Die Universität zwischen Humboldt und McKinsey. Perspektiven wissenschaftlicher Bildung. In J. Nida-Rümelin (Hrsg.). *Humanismus als Leitkultur. Ein Perspektivenwechsel* (S. 67–81). München: C.H. Beck.

Oberhauser, E., Schröter, D., Badermann, M. & Kaschube, J. (2015). Wie wirkt Humboldt reloaded? *Eine Untersuchung der Wirksamkeit der Humboldt reloaded-Projekte an der Universität Hohenheim. Forschungsbericht vom Sommersemester 2012 bis Wintersemester 2013/14.* URL: https://studium-3-0.uni-hohenheim.de/fileadmin/einrichtungen/studium-3-0/Humboldt_reloaded/Begleitstudien/Abschlussbericht_Evaluation_HR_EOberhauser__2_.pdf, 02.09.2016.

Stifterverband für die Deutsche Wissenschaft (Hrsg.) (2012). *Hochschulbildungsreport 2020, Ausgabe 2013.* URL: http://www.stifterverband.de/bildungsinitiative/hochschulbildungsreport.pdf, 01.09. 2016.

Voeth, M. & Kienzle, N. (2014). Die Akzeptanzstudie. *Projektbegleitende Forschung im Rahmen von Humboldt reloaded an der Universität Hohenheim.* URL: https://studium-3-0.uni-hohenheim.de/fileadmin/einrichtungen/studium-3-0/Humboldt_reloaded/Projektbericht_Akzeptanzstudie_final.pdf, 31.08.2016.

Das Karlsruher Institut für Technologie (KIT) ist durch den Zusammenschluss des Forschungszentrums Karlsruhe und der Universität Karlsruhe entstanden und vereint die Aufgaben einer Universität des Landes Baden-Württemberg mit einer Forschungseinrichtung der Helmholtz-Gemeinschaft in Forschung, Lehre und Innovation. Mit rund 9 400 Mitarbeitenden und 24 500 Studierenden ist das KIT eine der größten natur- und ingenieurwissenschaftlichen Forschungs- und Lehreinrichtungen Europas. Strukturell gliedert sich das KIT in fünf Bereiche: Biologie, Chemie und Verfahrenstechnik, Informatik, Wirtschaft und Gesellschaft, Maschinenbau und Elektrotechnik, Natürliche und gebaute Umwelt, Physik und Mathematik. Dabei bilden die Institute, die KIT-Fakultäten, die Helmholtz-Programme und die KIT-Zentren den Kern der fünf Bereiche, in denen Forschung, Lehre und Innovation stattfinden.

Forschungsorientierte Lehre in Leitbild und Lehrstrategie – von der Verankerung bis zur breitenwirksamen Umsetzung am Beispiel des Karlsruher Instituts für Technologie (KIT)

Simone Belgardt, Katrin Klink, Nathalie Lenges

Zu den aktuellen Entwicklungen im Hochschulbereich zählt der Rückzug des Staates aus der engen Kontrolle der Hochschulen. Damit einhergehende Veränderungen sind größere Handlungsspielräume der Universitäten und eine Verschiebung der Input- und Prozesskontrolle hin zur Outputkontrolle. Durch größere organisatorische Autonomie und eine professionellere Leitung haben Hochschulen die Möglichkeit über Leitbilder, Alleinstellungsmerkmale und Rankings einen institutionellen Differenzierungsprozess in Gang zu setzen und so der Forderung nach individueller Profilbildung und mehr Wettbewerb nachzukommen (vgl. Wilkesmann, Schmid 2012, S. 18.).

Die Projekte im Rahmen des Qualitätspakts Lehre können genau zu dieser angestrebten Entwicklung der Kontur der beteiligten Hochschulen unter anderem im Themenfeld des Forschenden Lernens bzw. der forschungsorientierten Lehre beitragen und Prozesse des Austauschs und der aktiven Auseinandersetzung initiieren. Im besten Falle entstehen über den jeweiligen Förderzeitraum hinaus nachhaltige Effekte und Strukturen. Um das zu erreichen, müssen die Projekte strukturell so verankert und begleitet werden, dass sie nicht nur im konkreten Fachkontext und punktuell wirken, sondern eine institutionelle Breitenwirkung erfahren.

Wie Forschendes Lernen bzw. forschungsorientierte Lehre strategisch und systematisch in den Strukturen einer Hochschule verankert werden können, legt dieser Artikel aus der Perspektive der Hochschuldidaktik dar. Zunächst werden die theoretischen Grundlagen und das Begriffsverständnis des Konzeptes der forschungsorientierten Lehre am Karlsruher Institut für Technologie (KIT) aufgezeigt. Daran schließt sich der facettenreiche Entstehungsprozess dieses Ansatzes, die ersten maßgeblichen Impulse und Katalysatoren, die sich daraus entwickelnde Lehrstrategie und das Leitbild Lehre bis hin zur konkreten Umsetzung von Lehrstrategie und Leitbild Lehre am KIT an. Darauf folgend werden sowohl die Effekte und Wirkungen der Maßnahmen als auch die Rahmenbedingungen und Herausforderungen beschrieben. Im Fazit erfolgen die Reflexion der Erfahrungen und Effekte sowie ein Ausblick auf zukünftige Handlungsfelder.

1. Forschungsorientierte Lehre am KIT

Durch die Entwicklung und Implementierung eines Konzeptes zur forschungsorientierten Lehre – als maßgeblichem Schwerpunkt der Lehrstrategie am KIT – wird es den Studierenden ermöglicht, bereits in ihren ersten Semestern einen starken Bezug zu aktuellen Forschungsthemen herzustellen. Begünstigt wird dies durch die besondere Struktur, die das KIT als Forschungsuniversität in der Helmholtz-Gemeinschaft einzigartig macht. Am KIT sind wir der Überzeugung, dass forschungsorientierte Lehre in all ihren Ausprägungen eine optimale Basis für eine erfolgreiche Tätigkeit seiner Absolventinnen und Absolventen in Wissenschaft, Wirtschaft und Gesellschaft bildet. Daher ist es das Ziel des Instituts, forschungsorientierte Lehre in einem breiten Spektrum von Ausprägungen zu etablieren und systematisch und kontinuierlich weiterzuentwickeln.

Um den Kompetenzausbau im gesamten Studienverlauf gewährleisten zu können, ist die Entwicklung von Forschungskompetenz in den Qualifikationszielen von Studiengängen und Modulen und dementsprechend in Lehrveranstaltungen und Prüfungsformaten zu verankern. Folgende Aspekte sind dabei zentral: Erstens müssen die Studierenden bereits in frühen Fachsemestern mit aktuellen Forschungsthemen und -prozessen ihres Faches motivierend vertraut gemacht werden und zweitens sollen sie die wissenschaftlichen Methoden an die Hand bekommen, mit denen sie Probleme angehen sowie Ergebnisse zielführend generieren und validieren können.

Grundlegend für die forschungsorientierte Lehre am KIT sind insbesondere folgende theoretische Konzeptionen: das Modell der drei Ebenen einer Organisation nach Hilb (2009, S. 132) und die Ausprägungen der Verbindung von Forschung und Lehre nach Healey & Jenkins (2009, S. 7). Beide Konzeptionen sowie ihre projektspezifische Modifizierung wurden bereits in Beyerlin, Klink und Diez (2014, S. 51 f.) beschrieben und werden an dieser Stelle nur kurz dargestellt, bevor die konkrete Umsetzung derselben aufgezeigt wird.

1.1 Die drei Ebenen einer Organisation nach Hilb

Will man Veränderungsprozesse in Organisationen betrachten, so bietet die Unterscheidung in die Individual-, Team- und Organisationsebene nach Hilb (2009, S. 132) einen prägnanten Gliederungsrahmen. Mit Fokus auf die Entwicklung von forschungsorientierter Lehre am KIT lassen sich die Lehrpersonen der Individualebene zuordnen, Fakultäten und Institute entsprechen der Teamebene und Prozesse, die das gesamte KIT betreffen, gelten für die Organisationsebene.

Veränderungsprozesse wirken dann besonders erfolgreich nach, wenn sie nicht nur als Top-down-Ansatz vom Management vorgegeben, sondern gleichzeitig als Bottom-up-Prozesse durch die Mitarbeitenden mitgestaltet werden. Neue Entwicklungen werden so nachhaltig angestoßen und in die Organisationsstrukturen überführt. Basierend auf diesen grundlegenden Prinzipien wurde das Leitbild Lehre und die Lehrstrategie von der Hochschuldidaktik im Auftrag des Präsidiums unter Einbezug der Erfahrungen von Lehrenden aus verschiedenen Bereichen entwickelt.

1.2 Das Konzept der forschungsorientierten Lehre – Begriffsverständnis am KIT

Grundlage des theoretischen Konzeptes der forschungsorientierten Lehre am KIT sind die unterschiedlichen Ausprägungen von Forschung und Lehre nach Healey & Jenkins (2009). Danach kann forschungsorientierte Lehre in vier idealtypische Formen eingeteilt werden, die Healey & Jenkins als »research-led«, »research-oriented«, »research-based« und »research-tutored« bezeichnen. Am KIT wurde diese Darstellung modifiziert und weiterentwickelt.

Abbildung 1 zeigt die vier Ausprägungen in deutscher Übersetzung:

Forschendes Lernen

Fokus auf Studierendenaktivität

Schwerpunkt Forschungsergebnisse

Studierende wirken im Forschungsdiskurs mit und wenden generiertes Wissen sowie erlernte Techniken an	*Studierende arbeiten selbstständig an (eigenen) Forschungsprojekten*
Studierende lernen die Grundlagen aktueller Forschungsthemen, -prozesse und -ergebnisse kennen	*Studierende erlernen Techniken und Fähigkeiten zur Lösung von Forschungsproblemen*

Schwerpunkt Forschungsprozesse und -probleme

Fokus auf Dozierendenaktivität

Forschungsorientierte Lehre

Abb. 1: Ausprägungen der Forschungsorientierung in der Lehre am KIT (modif. nach Healey & Jenkins, 2009)

Die Extrempole auf der senkrechten Achse bilden die Studierenden- bzw. die Dozierendenaktivität. Auf der waagrechten Achse liegt linksseitig der Schwerpunkt auf den Forschungsergebnissen, während rechtsseitig Forschungsprozesse und -probleme im Fokus stehen.

Wie in der Abbildung zu erkennen ist, umfasst forschungsorientierte Lehre dem Begriffsverständnis des KIT zufolge ebenso den Begriff des Forschenden Lernens, auch wenn im klassischen Begriffsverständnis beim Forschenden Lernen der Fokus stärker auf der Studierendenaktivität liegt und bei der forschungsorientierten Lehre auf der Dozierendenaktivität. So wird unter forschungsorientierter Lehre am KIT nicht nur das selbständige und aktive Durchlaufen des kompletten Forschungsprozesses verstanden (vgl. Huber, 2013,11), sondern gerade auch das gezielte Thematisieren und Erproben einzelner Schritte daraus (vgl. Beyerlin et al., 2014, S. 46). In diesem Sinne ist

> »das Ziel der Lehre am KIT die Qualifikation junger Menschen auf der Basis einer intensiven wissenschaftlichen und forschungsorientierten Ausbildung und des überfachlichen Kompetenzerwerbs. Die Studierenden können am Ende ihres Studiums eigenständig aktuelle und zukünftige Probleme identifizieren, komplexe Fragestellungen bearbeiten und mit Hilfe wissenschaftlicher Methoden nachhaltige Lösungen entwickeln. Um dieses Ziel zu erreichen, verfolgt das KIT die Strategie der forschungsorientierten Lehre, ausgerichtet an den Standards der (klassischen) Disziplinen« (Auszug aus dem Leitbild Lehre des KIT, verfügbar unter: http://www.pst.kit.edu/452.php).

Wie aus diesen theoretischen Grundlagen die Lehrstrategie und das Leitbild der forschungsorientierten Lehre am KIT entwickelt wurden, wird im Folgenden näher beschrieben.

2. Der Ansatz des Forschenden Lernens am KIT– Entwicklung von Lehrstrategie und Leitbild Lehre

Häufig werden Organisationsentwicklungsprozesse durch aktuelle Impulse angestoßen. Dabei intendiert Organisationsentwicklung »einen langfristigen Veränderungsprozess, im Sinne höherer Wirksamkeit einer Organisation (Produktivität, Effektivität) und stärkerer Beteiligung und Entfaltung der Organisationsmitglieder (Motivation und Kooperation, Qualifizierung und Arbeitszufriedenheit)« (Becker & Langosch, 2002, S. 13). Die externen Auslöser für die Weiterentwicklung und Konkretisierung der Lehrstrategie und des Leitbildes für Lehre am KIT waren Folgende: der Fusionsprozess aus dem das

KIT hervorging, der Qualitätspakt Lehre und die Systemakkreditierung. Im nachfolgenden Kapitel werden diese Impulse und Katalysatoren dargestellt und danach die Entwicklung von Lehrstrategie und Leitbild mit Blick auf die unterstützende Rolle der Hochschuldidaktik beschrieben. Anschließend werden die Implementierung und praktische Umsetzung sowie konkrete Maßnahmen erläutert.

2.1 Impulse und Katalysatoren

Den ersten Anstoß für die Entwicklung eines übergreifenden Leitbildes für die Lehre am KIT gab im Jahr 2009 die Fusion des Forschungszentrums Karlsruhe mit der Universität Karlsruhe (TH) zum Karlsruher Institut für Technologie. Mit dem Zusammenschluss wurden maßgebliche Impulse für eine umfassende Neugestaltung der bisherigen Strukturen gesetzt und ein neues Leitbild für die Lehre wurde unabdingbar. Ziel des Entwicklungsprozesses auf allen Organisationsebenen war die nachhaltige Implementierung von gemeinsamen Zielen, Visionen und Leitideen. Im Jahr 2010 gab der Start des Qualitätspakts Lehre den nächsten Impuls. Im Rahmen der erforderlichen Projektbeschreibung wurde eine Stärken-Schwächen-Analyse (SWOT-Analyse) der Lehrsituation erarbeitet, die als Grundlage für weitere konkrete Ziele und Maßnahmen zur Verbesserung der Lehre diente. Als Letztes war im Prozess der Systemakkreditierung in den Jahren 2012 bis 2014 ein Leitbild für die Lehre eine der maßgeblichen Grundlagen für das Qualitätsmanagement-System. Alle genannten Impulse können rückblickend als sehr förderlich für den gesamten Entwicklungsprozess der Lehre am KIT sowie der Entwicklung eines Leitbildes für die Lehre gesehen werden.

2.2 Entwicklung einer Lehrstrategie und des Leitbilds Lehre

Die Verbindung von Forschung und Lehre hat am KIT eine lange Tradition und so ist es nicht verwunderlich, dass dieser Gedanke den Kern des neu entwickelten Leitbilds Lehre ausmacht. Bestehende Leitlinien und Grundsätze für die Lehre wurden im Entwicklungsprozess konkreter ausgestaltet und systematisiert. Ziel war es, allen Mitgliedern der Organisation eine Handlungsorientierung zu geben (vgl. DGQ, 2015, S. 54).

Konkret bedeutete das, dass die oben beschriebenen Katalysatoren zielführend für die Gestaltung eines für die gesamte Hochschule geltenden übergreifenden Leitbildes genutzt wurden. Zu Beginn dieses Entwicklungsprozesses galt es die nachstehenden Fragen zu klären:

- Welche Vorgehensweisen sollen für die (Weiter-)Entwicklung von Lehrstrategie und Leitbild Lehre gewählt werden?

- Welche Akteure und Akteurinnen sind zu beteiligen?

Bestimmte Abläufe wurden durch den Prozess des Zusammenwachsens von Universität und Forschungszentrum zum KIT, den Qualitätspakt Lehre und die Systemakkreditierung – also die oben beschriebenen Katalysatoren – vorgegeben. Von grundlegender Bedeutung war, dass die Hochschuldidaktik, die am KIT in die Dienstleistungseinheit Personalentwicklung und Berufliche Ausbildung (PEBA) eingebettet ist, sich sowohl in der Rolle als Prozessbegleiter, wie auch mit ihren fundierten fachlichen Kompetenzen als strategischerPartner in die Entwicklungsprozesse einbringen konnte. Gute Netzwerke und intensive Kontakte zu relevanten Organisationsebenen und Schnittstellen bestanden durch die PEBA beispielsweise zum Präsidium des KIT mit dem Vizepräsidenten für Lehre und akademische Angelegenheiten und den KIT-Fakultäten und Instituten. Aber auch die enge Zusammenarbeit mit präsidialen Stabstellen wie das Qualitätsmanagement und die Strukturentwicklung sowie anderen Dienstleistungseinheiten konnte gewinnbringend genutzt werden.

Für die Weiterentwicklung der Lehrstrategie war die Beteiligung dieser und weiterer Bereiche des KIT im Rahmen der Antragstellung für den Qualitätspakt Lehre maßgeblich. Beispielsweise lag die zentrale Rolle der Hochschuldidaktik in der inhaltlich fundierten Prozessgestaltung und der Ableitung notwendiger hochschuldidaktischer Entwicklungen im Rahmen der SWOT-Analyse. Dadurch konnte gemeinsam mit den Projektbeteiligten eine Schärfung des Konzeptes der forschungsorientierten Lehre und dem Leitbild Lehre erreicht werden.

Im Zusammenhang mit der Systemakkreditierung wurde dieses Konzept der forschungsorientierten Lehre nochmals spezifischer an die Gegebenheiten und Bedingungen des KIT angepasst. Da das Personalentwicklungskonzept des KIT maßgeblich den Fokus auf die drei Wirkungsebenen Individuum, Team und Organisation richtet, wurden die erforderlichen Projektschritte von der Hochschuldidaktik auf allen Wirkungsebenen spezifiziert. Abbildung 2 zeigt eine Übersicht über die vielfältigen, begleitenden Angebote der Hochschuldidaktik zur Weiterentwicklung und Umsetzung forschungsorientierter Lehre. So fanden auf Ebene der Gesamtorganisation beispielsweise ergebnisorientierte Moderationen zur Leitbildentwicklung statt, bei denen Vertreterinnen und Vertreter verschiedener Statusgruppen beteiligt waren. Auf der Teamebene wurden u. a. Workshops für Studiendekane und -dekaninnen zur Formulierung von Qualifikationszielen durchgeführt oder auf der Individualebene Beratungen und Workshops für Lehrende zur konkreten Umsetzung der forschungsorientierten Lehre. Diese Beteiligungsstrukturen auf allen Wirkungsebenen waren von richtungsweisender Bedeutung, denn durch die direkte Einbeziehung der Beteiligten an der Entwicklung des Leitbildes sowie des Konzeptes

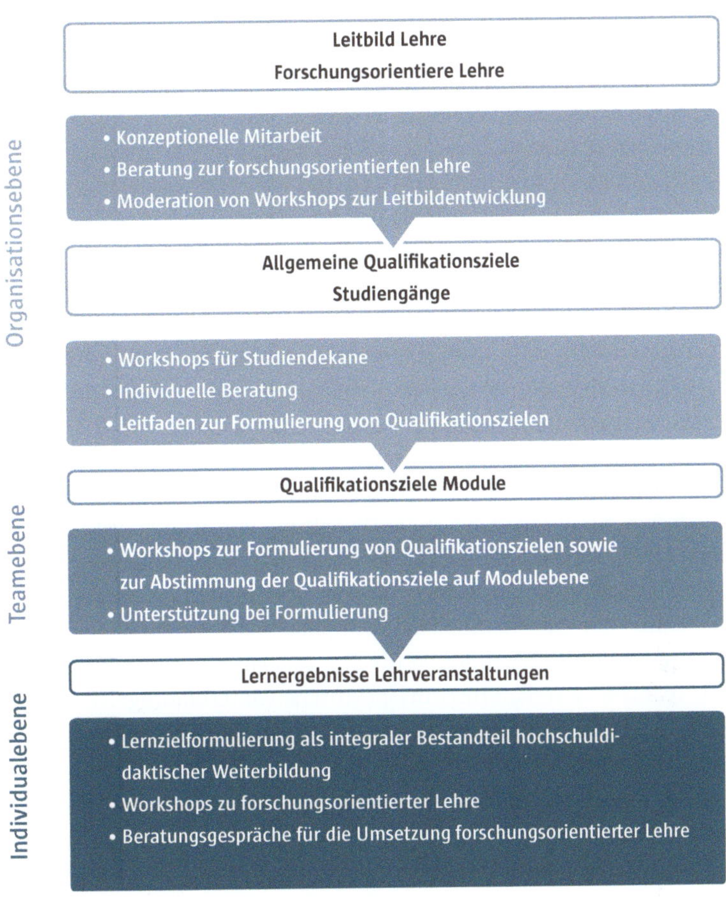

Abb. 2: Wirkungsebenen und begleitende Angebote der Hochschuldidaktik im Rahmen der Systemakkreditierung

zur forschungsorientierten Lehre konnte die konkrete Umsetzung in die Lehre parallel gestärkt werden.

Als weiteres Ergebnis aus dem Entwicklungsprozess und aufgrund vieler Nachfragen wurde seitens der Hochschuldidaktik für alle Lehrenden ein Leitfaden entwickelt, der neben dem theoretischen Konstrukt der forschungsorientierten Lehre auch praktische Umsetzungsbeispiele enthält. Dieser Leitfaden ist auf der KIT-Homepage abrufbar und damit sowohl Mitarbeitenden als auch externen Personen zugänglich. Am KIT wird der Leitfaden nach Maßgabe didaktischer Prinzipien in allen hochschuldidaktischen Weiterbildungen eingesetzt. Insgesamt lässt sich an dieser Stelle festhalten, dass die Implementierung des Konzepts der forschungsorientierten Lehre und des Leitbilds Lehre einen komplexen und alle Ebenen umfassenden Prozess darstellt.

2.3 Umsetzung von Lehrstrategie und Leitbild Lehre

Es wurde bereits herausgestellt, dass viele Akteurinnen und Akteure zusammenspielen müssen, um neue forschungsorientierte Lehr- und Lernformen zu implementieren und zugleich die gesamte Lehre einer Hochschule zu professionalisieren und nachhaltig weiterzuentwickeln. Übergeordnete Leitlinien dürfen nicht nur entworfen werden, sondern erfordern eine aktive Auseinandersetzung, um sie in die Praxis umsetzen zu können. Es gilt, passgenaue Maßnahmen und Instrumente für die jeweiligen Wirkungsebenen zu entwickeln und zu implementieren, um die einzelnen Formen forschungsorientierter Lehre umzusetzen und auszubauen.

Auf Organisationsebene können Lehrstrategie und Leitbild bei der Entwicklung von Studiengängen einfließen. Mittels Beratung zu Modulbeschreibungen sowie der Gestaltung von Studienordnungen mit Fokus auf die Möglichkeiten der forschungsorientierten Lehre und der bedarfsgerechten Unterstützung der Hochschuldidaktik tragen sie zur konkreten Umsetzung in der Lehre bei.

Eine geeignete Maßnahme für den Ausbau von Lehrkompetenz auf Teamebene stellen institutsspezifische Weiterbildungen dar. Entsprechend den Anforderungen einzelner Teams, Arbeitsgruppen oder Institute werden die Inhalte passgenau unter Berücksichtigung von Lehrstrategie und Leitbild entwickelt. Hier findet sich auch ein Beratungsschwerpunkt zu Fragen der strategischen Umsetzung von forschungsorientierter Lehre auf Modul- und Studiengangebene und der Entwicklung von übergreifenden Strategien.

Auf Individualebene werden die Ziele von Lehrstrategie und Leitbild sowohl in Workshops als auch durch individuelle Beratungen für Lehrpersonen umgesetzt. Auf diese Weise wird forschungsorientiere Lehre im Bewusstsein der Lehrenden etabliert und so ein systematischer Lehrkompetenzausbau mit diesem Schwerpunkt ermöglicht. Am KIT besteht zudem die Besonderheit, dass diese Kompetenzerweiterung nicht nur für Lehrende im Hochschulkontext zugänglich ist, sondern auch für Mitarbeiterinnen und Mitarbeiter des Großforschungsbereiches, wenn diese Lehrveranstaltungen übernehmen möchten. Um Nachhaltigkeit zu schaffen, können kritische Aspekte, Anliegen und Schwierigkeiten, die auf den jeweiligen Ebenen aufkommen, von der Hochschuldidaktik an das Präsidium gespiegelt werden. Möglich ist dies durch den regelmäßigen Austausch mit dem Vizepräsidenten für Lehre und akademische Angelegenheiten. Ebenso grundlegend für die Umsetzung von Lehrstrategie und Leitbild Lehre ist die im vorangegangenen Kapitel bereits beschriebene Zusammenarbeit mit anderen Verwaltungseinrichtungen. Neben dem ständigen Austausch stehen hier auch das Voneinanderlernen, die gegenseitige Unterstützung, die Ausrichtung der Angebote auf ein gemeinsames Ziel sowie das Verweisen auf die jeweiligen Expertisen und Beratungskompetenzen im Vordergrund. Die sich dadurch ergebenden Synergien erweisen sich als unterstützend in der gesamten Lehre.

3. Effekte und Wirkungen der Maßnahmen

Im Laufe des Entwicklungsprozesses von Lehrstrategie und Leitbild Lehre wurden auf den unterschiedlichen Ebenen die im Folgenden beschriebenen Effekte und Wirkungen erreicht:

Nachdem auf Organisationsebene die Implementierung des Ansatzes von forschungsorientiertem Lehren und Lernen in den übergeordneten Zielen des KIT und im Leitbild Lehre erfolgte, konnte für die Mitarbeitenden und Studierenden eine höhere Wirksamkeit bei der Umsetzung angestrebt werden. Auf Ebene der Studiengänge und einzelnen Lehrenden wurde dafür das Konzept mit hochschuldidaktischen Weiterbildungen und Beratungen flächendeckend in die Lehre eingebracht. Weiterhin konnte im Rahmen der Systemakkreditierung das Leitbild Lehre als Grundlage für die Ausrichtung und Evaluierung der Studiengänge diskutiert und in deren Entwicklung einbezogen werden – unter anderem gerahmt durch zertifizierte Qualitätssicherungsprozesse, welche im Zuge der Systemakkreditierung entstanden.

Auf Basis dieser übergeordneten Prozesse wurde der in der Einleitung bereits erwähnte Wandel von der Input- zur Outputorientierung auf den Lernprozess der Studierenden übertragen und der Fokus auf die Kompetenzentwicklung der Studierenden gelegt. Um die Forschungskompetenz der Studierenden auch von zentraler Seite entwickeln zu können, wurden spezifische Angebote wie das Zentrum für mediales Lernen oder die Labore des House of Competence (HoC) geschaffen. Das HoC konnte das Angebotsspektrum für Studierende erweitern und ein Methodenlabor einrichten.

Neben den wahrnehmbaren Impulsen für die flächendeckende Umsetzung und der Weiterentwicklung forschungsorientierter Lehre kann festgehalten werden, dass durch die zielführende Zusammenarbeit der einzelnen Dienstleistungseinheitendie Unterstützungsangebote fokussiert und verbessert werden konnten. Durch die verstärkte Zusammenarbeit mit dem Vizepräsidenten für Lehre und akademische Angelegenheiten sowie dem Status der Hochschuldidaktik als ständigem Gast in der Senatskommission Lehre wurde die Bekanntheit und Akzeptanz der hochschuldidaktischen Angebote insgesamt gesteigert. Zudem konnte eine Zunahme der individuellen

Beratungen von Studiendekaninnen und -dekanen erreicht und Impulse für eine stärkere Forschungsorientierung in der Lehre gesetzt werden.

Maßgebliche Synergieeffekte sind auf Ebene der KIT-Fakultäten und Institute durch den Qualitätspakt Lehre zu verzeichnen. Hier zeigt sich, dass ein Voneinanderlernen im weiteren Sinne einer »lernenden Organisation« (Senge 2006) sehr ertragreich für die einzelnen KIT-Fakultäten und Institute aber auch Lehrenden ist. So ist es möglich, dass strategische Organisationsentwicklungsprozesse eine

> »Veränderung der organisationalen Wissensbasis, die Verbesserung der Problemlösungs- und Handlungskompetenz sowie die Veränderung des gemeinsamen Bezugsrahmens von und für Mitglieder der Organisation« (Probst & Büchel, 1998, S. 17)

erreichen können. Zukünftig wird es von großer Bedeutung sein, die angestoßenen Entwicklungen zur Implementierung der forschungsorientierten Lehre in diesem und im Sinne der Nachhaltigkeit auch auf organisationaler Ebene zu reflektieren. Über erste konkrete Maßnahmen, die das Konzept der forschungsorientierten Lehre zielgerichtet sichern können, wird in diesem Zusammenhang bereits nachgedacht.

4. Rahmenbedingungen und Herausforderungen

Die Entwicklung von Lehrstrategie und Leitbild Lehre hin zu den KIT-spezifischen Rahmenbedingungen geht auch mit einigen Herausforderungen einher. Dabei mussten die Organisations-, Team- und Individualebenen großen Ansprüchen gerecht werden, da der Fusionsprozess, der Qualitätspakt Lehre und die Systemakkreditierung rasch aufeinander folgten und manchmal auch parallel verliefen.

Veränderungen und Neuerungen benötigen in jeder Organisation ein gewisses Maß an Zeit, damit eine nachhaltige Entwicklung und Implementierung erfolgen kann. Dies gilt insbesondere, wenn es um Organisationsentwicklungsprozesse im Hochschulbereich geht, die ihre Akzeptanz sowohl aus Top-down- als auch aus Bottom-up-Prozessen ziehen müssen. Dabei bieten externe Anstöße und Katalysatoren einerseits die Möglichkeit für große Entwicklungsschritte und stellen andererseits die Akteurinnen und Akteure vor die Herausforderung, ergebnisorientierte Entscheidungen unter Zeitdruck treffen zu müssen. Zu beachten ist in diesem Zusammenhang auch, dass Hochschulen strukturell gesehen besonders komplexe Organisationen sind. Beispielsweise zeichnen sich Fakultäten – so auch die des KIT – durch Bestrebungen nach autonomem Handeln aus. Daher gilt es diese zu überzeugen, wenn Veränderungen nachhaltig sein sollen.

Die Herausforderung sowie zugleich einmalige Chance des KIT ergab sich vor allem aus der besonderen Zusammensetzung: Universitätsbereich und Großforschungsbereich sind an zwei verschiedenen Standorten angesiedelt und haben verschiedene Strategien und Strukturen. Die Umstrukturierung der bisherigen Fakultäten zu Bereichen bzw. KIT-Fakultäten brachte ganz neue Zusammenarbeitsbereiche hervor. Das hatte neue und förderliche Impulse zur Folge, zeigte aber in manchen Fällen auch fachliche und fachkulturelle Unterschiede auf, die es im Zuge des Fusions-Prozesses zu beachten und zielführend zu integrieren galt.

Weiterhin war es von Beginn an grundlegend, alle Entscheidungsträgerinnen und -träger zunächst auf Organisationsebene und dann folgend auf den weiteren Ebenen inhaltlich abzuholen und aufbauend auf einem gemeinsamen Verständnis die Lehrstrategie und das Leitbild zu entwickeln, damit diese dann sowohl auf Studiengangs-, Modul- und letztlich auf Lehrveranstaltungsebene umgesetzt werden. Dieses gemeinsame Verständnis war insbesondere wichtig, da unter forschungsorientierter Lehre und forschungsorientiertem Lernen teilweise sehr unterschiedliche Vorstellungen bestanden, die beispielsweise auf fachkulturelle Unterschiede zwischen theoretisch- bzw. anwendungsorientierten Fächern zurückzuführen sind. Hier konnte die Hochschuldidaktik ihre Expertise einbringen und diese Prozesse inhaltlich sowie organisatorisch erfolgreich unterstützen.

5. Fazit – lessons learned

Rückblickend lässt sich festhalten, dass der Prozess der Entwicklung und Implementierung von Lehrstrategie und Leitbild trotz der genannten Herausforderungen positiv verlaufen ist. Inwieweit sich dieser Prozess auf andere Organisationen übertragen lässt, kann aufgrund der spezifischen Struktur des KIT nicht abschließend bestimmt werden. Dennoch lassen sich zusammenfassend einige relevante Elemente darstellen, die als generelle Grundpfeiler angesehen werden können, um hochschuldidaktische Entwicklungsprozesse zu fördern und zu unterstützen.

Beteiligungsprozesse auf allen Ebenen der Organisation

Es wurden die Besonderheiten der Organisation Hochschule beachtet und die notwendigen Beteiligungsprozesse entsprechend konzipiert. So wurden nicht nur Top-down, sondern auch Bottom-up alle Ebenen der Organisation miteinbezogen und angesprochen, um eine Breitenwirkung und eine flächendeckende Akzeptanz der forschungsorientierten Lehre zu erreichen.

Katalysatoren nutzen

Es zeigt sich, dass sich die Anstöße durch die KIT-Fusion, den Qualitätspakt Lehre und die Systemakkreditierung als sehr förderliche Katalysatoren zur Profilbildung des KIT erwiesen haben. Die explizite Auseinandersetzung mit dem Verständnis forschungsorientierter Lehre und den damit einhergehenden Qualifikationszielen muss beispielsweise im Rahmen einer Systemakkreditierung kontinuierlich weitergeführt und begleitet werden. Dementsprechend sollten aktuelle Veränderungsprozesse stets als Chance gesehen werden, um die Organisation Hochschule aber im Besonderen die Lehre langfristig weiter zu entwickeln.

Netzwerke und Zusammenarbeit fördern

Weiterhin müssen die entstandenen Netzwerke und die Zusammenarbeit intensiv gefördert und gestärkt werden – sowohl innerhalb der KIT-Fakultäten, als auch zwischen KIT-Fakultäten und Personalentwicklung bzw. Hochschuldidaktik sowie anderen Verwaltungs- und Dienstleistungseinheiten, die im Bereich Lehre agieren. Als Beispiel können hier Studiendekaninnen und -dekane, Senatskommissionen oder andere Gremien, die für die Lehre von Bedeutung sind, genannt werden. Aber auch relevante Vertretungsorgane der Mitarbeitenden sollten bedacht werden, um eine nachhaltige und tiefe Durchdringung möglich zu machen.

Reflexionsprozesse

Um die erzielten Ergebnisse auch zukünftig nachhaltig zu sichern ist es notwendig, Reflexionsprozesse auf allen Wirkungsebenen der Organisation voranzubringen und zu unterstützen. Es gilt seitens der Hochschuldidaktik das Konzept der forschungsorientierten Lehre immer wieder mit den verschiedenen Ebenen der Organisation zu reflektieren und neue Ideen für die Praxis zu entwickeln. Dies kann durch regen Austausch mit Lehrenden innerhalb von hochschuldidaktischen Workshops und Beratungen erreicht werden und über persönliche Gespräche mit Entscheidungsträgern und Entscheidungsträgerinnen in Präsidium, KIT-Fakultäten und Kommissionen.

Literatur

Becker, H., & Langosch, I. (2002). *Produktivität und Menschlichkeit. Organisationsentwicklung und ihre Anwendung in der Praxis.* 5. Neu bearbeitete und erweiterte Auflage, Luzius & Luzius, Stuttgart.

Beyerlin, S., Klink, K. & Diez, A. (2014). Forschungsorientierte Lehre: Konzept und Umsetzungsstrategien auf institutioneller und praktischer Ebene am Beispiel des Karlsruher Instituts für Technologie (KIT). In *Neues Handbuch Hochschullehre,* A 3.13, S. 14–62.

Bundesministerium für Bildung und Forschung. *Qualitätspakt Lehre. Teilnehmende Hochschulen.* http://www.qualitaetspakt-lehre.de/de/1294.php. Stand: 25.03.15.

Deutsche Gesellschaft für Qualität (DGQ) (2015). *Qualitätsmanagement an Hochschulen. Das Praxisbuch.* Hanser.

Healey M. & Jenkins A. (2009): *Developing Undergraduate Research and Inquiry.* York, Higher Education Academy.

Hilb, M. (2009). *Integriertes Personal-Management. Ziele – Strategien – Instrumente.* 19. Auflage. Köln.

Huber, L. (2013). Warum Forschendes Lernen nötig und möglich ist. In: Huber, L.; Hellmer, J.; Schneider, F. (Hrsg.): *Forschendes Lernen im Studium. Aktuelle Konzepte und Erfahrungen.* 2. Auflage. Bielefeld, S. 9–35.

Karlsruher Institut für Technologie. *Das KIT – Organisation.* https://www.kit.edu/kit/organisation.php. Stand: 18.04.2016.

Karlsruher Institut für Technologie. *Leitbild Lehre.* http://www.pst.kit.edu/452.php. Stand: 18.04.2016.

Karlsruher Institut für Technologie. *Leitfaden Forschungsorientierte Lehre.* http://www.peba.kit.edu/downloads/Leitfaden-Forschungsorientierte_Lehre_am_KIT.pdf. Stand: 18.04.2016.

Probst, G.J.B., & Büchel, B. S. T. (1998). *Organisationales Lernen. Wettbewerbsvorteil der Zukunft.* 2., aktualisierte Auflage. Gabler, Wiesbaden.

Senge, Peter (2006): *Die fünfte Disziplin.* Zehnte Auflage, Klett-Cotta, Stuttgart.

Wilkesmann, U. & Schmid, C.J. (Hg.) (2012). *Hochschule als Organisation.* Springer, Wiesbaden.

Die TH Köln hat als größte Hochschule für angewandte Wissenschaften Deutschlands in den Jahren 2012–2016 im Rahmen des QPL-Projekts »ProfiL²« in allen Fakultäten Strukturen, wie z.B. Blockmodule, für die Gestaltung projektorientierter Lehre entwickelt und Konzepte umgesetzt. Die nächsten Schritte fokussieren Aktivitäten, die Akteur/innen einerseits weiter in die Verantwortung zu nehmen. Andererseits sollen sie dabei unterstützt werden, aus einem wissenschaftlichen Selbstverständnis und den in der Projektphase gewonnenen Erfahrungen und Erkenntnissen zu studentischen Belangen und Erfolgen im projektbasierten Studium weitere Schritte abzuleiten. Lehrende und Studierende setzen sich nun forschend mit Ansprüchen an ihre Tätigkeiten, d.h. mit ihren Lehr- und Lernprozessen, auseinander. Vor diesem Hintergrund entsteht an der TH Köln eine Forschungsgemeinschaft von Lehrenden und Lernenden.

Forschendes Lernen als Leitmotiv – eine Hochschule in Bewegung

Sylvia Heuchemer, Birgit Szczyrba

Wie entsteht Partnerschaft von Studierenden und Lehrenden im Wissenschaftsprozess? Und wie fungiert Forschendes Lernen als Leitmotiv und Agens im Wandel der Lehr- und Lernkultur einer Hochschule? In einem integrierten Konzept von Programm-, Personal- und Organisationsentwicklung hat die Technische Hochschule (TH) Köln ihr Selbst- und Qualitätsverständnis zugunsten der Studierendenzentrierung entfaltet. Der Beitrag zeigt, mit welchen Maßnahmen die Hochschule sich den Anforderungen an eine Koproduktion im Medium der Wissenschaft bisher gestellt hat. Als Ergebnis einer systematischen Kommunikation zwischen allen Beteiligten in Studium und Lehre und mit eigens hierzu konzipierter hochschuldidaktischer Forschung, Beratung und Weiterbildung ist es gelungen, das organisationale und individuelle Handeln auf das Leitbild guter Lehre auszurichten. Die Hochschule ist in Bewegung.

Im folgenden Beitrag wird dargestellt, wie ein partizipativ formuliertes Selbstverständnis der Hochschule geholfen hat, sich auf den Weg zum Forschenden Lernen zu machen. Zudem wird gezeigt, mit welchen Strategien und Programmen der Weg zum Forschenden Lernen beschritten, und wie durch zwei Maßnahmen – die hochschulweite Einführung projektbasierter BA-Studiengänge und eine hochschulinterne Studie – das Forschende Lernen bei Lehrenden zum besonderen Gegenstand der eigenen Lehrentwicklung wurde. Das Zusammenwirken der neuen Strukturen mit den Erträgen hochschuldidaktischer Weiterbildung wurde mit dem Instrument Lehrportfolio erschlossen. Abschließend wird dargelegt, mit welchem Fazit die TH Köln in die Zukunft der Bildung durch Wissenschaft schaut.

1. »Diversität nutzen – Kompetenz entwickeln«

Mit mehr als 24.000 Studierenden und über 90 Studiengängen in den Geistes-, Wirtschafts-, Kultur- und Ingenieurwissenschaften ist die TH Köln die größte und in ihrem Angebot vielfältigste Hochschule für angewandte Wissenschaften in Deutschland. Unsere Studierenden sind in ihren Lebenslagen, Bildungsbiographien und Interessen, in ihrer Studienmotivation und Lernauffassung äußerst heterogen. 52% sind Studierende der ersten Generation, ein Drittel hat einen Migrationshintergrund. 44% haben den Abschluss an einer allgemeinbildenden Schule im Inland erworben, 16% im Ausland. Ein Viertel hat vor Aufnahme des Studiums eine berufliche Ausbildung abgeschlossen, 13% eine vollzeitschulische Berufsausbildung und Fachabitur. Etwa 1% unserer Studierenden zählt zu der Gruppe der beruflich Qualifizierten.

Auf diese Diversität hat die Hochschule reagiert, um allen leistungsbereiten Studierenden zu einem erfolgreichen Studienabschluss zu verhelfen. Die Maßnahmen auf Organisations-, Programm- und Personalebene sind nicht auf spezifische Zielgruppen nach Diversity-Merkmalen zugeschnitten, sondern setzen an der hochschulintern erforschten lernrelevanten Diversität unserer Studierenden an, die auf die lehrrelevante Diversität der Lehrenden trifft (Szczyrba et al., 2012).

Ein 2009 partizipativ entstandenes »Leitbild guter Lehre« wurde zu einem unverzichtbaren Instrument der Hochschule, um in Bewegung zu kommen. Als Teil des Hochschulentwicklungsplans 2020 beschreibt das Leitbild das Rollenverständnis von Studierenden und Lehrenden als Partner/innen im Bildungsprozess. Lehr- und Lernarrangements sowie dazu notwendige Rollenbilder in projektbasierten Studiengängen und entsprechende Curricula für das Forschende Lernen konnten nun vorbereitet werden.

Unsere Studiengänge gewährleisten heute die Voraussetzungen für forschungsnahes Lernen. Zur Intensivierung, Verstetigung und Absicherung des bisherigen Kulturwandels, und um bei Studierenden kritisches, kreatives Denken in einer wissenschaftlichen Haltung durch forschende Lernansätze verstärkt in den Fokus zu rücken, setzen wir auf: 1.) ein komplexes Weiterbildungsprogramm für Lehrende, bestehend aus Workshops, Einzelcoachings, Peer-Hospitationen und insbesondere einem Lehrportfolio für Neuberufene in ihrer Rolle als Lernbegleiter/innen, um sie im Umgang mit Anforderungen der Kompetenzorientierung zu stärken und forschende Lernansätze so zu nutzen, dass sie der Vielfalt unserer Studierenden begegnen können; 2.) eine Analyse von Lehrportfolios der Absolvent/innen des Neuberufenenprogramms zu den Fragen: a) Wie werden die Ziele des Weiterbildungsprogramms aufgegriffen? und b) Wie wird Forschendes Lernen aufgefasst und umgesetzt?; 3.) jährliche Lehrpreisausschreibungen, so im Jahr 2015 zum Forschenden Lernen (TH Köln, ohne Jahr a) 4.) eine hochschulinterne Studie im Mixed-Method-Design, bestehend aus Dokumentenanalysen, einer Fragebogenerhebung und leitfadengestützten Interviews zu folgenden Fragen: a) Wie verbinden Lehrende der TH Köln Forschung und Lehre als zentrale Handlungsfelder der Hochschule? b) Welche Motive haben Lehrende, Forschendes Lernen durchzuführen? c) Welche Erfolgsfaktoren beschreiben Lehrende zur Umsetzung von Forschendem Lernen? d) Welche Unterstützungsbedarfe bestehen bei den Lehrenden, die ihre Konzepte im Hinblick auf Forschendes Lernen weiterentwickeln wollen? (s. dazu den Praxistipp).

Seit dem Sommersemester 2016 erhalten die Fakultäten einen umfassenden Einblick in die Ergebnisse, um alle Lehrenden an der Weiterentwicklung des Forschenden Lernens zu beteiligen und einen hochschulweiten Austausch anzuregen. Auf Grundlage der gewonnen Ergebnisse werden zudem passgenaue Qualifizierungsmaßnahmen entwickelt, die an den Bedarfen der Lehrenden ansetzen.

2. Wegbereitung für Forschendes Lernen

Durch Studien- und Betreuungsangebote wurden an der TH Köln Strukturen aufgebaut, die ein erfolgreiches Studium im Sinne des Forschenden Lernens erst ermöglichen. Unseren Lehrenden kommt dabei im Bildungsprozess der Studierenden eine entscheidende Rolle zu, denn die Studierenden richten sich in ihrem Lern- und Arbeitsverhalten an den (An-)Forderungen und Lernerfolgsauffassungen ihrer Lehrenden aus (Szczyrba et al., 2012, S. 57). Die Potenziale der durch hohe Diversität charakterisierten Studierendenschaft müssen (von den Studierenden selbst und von den Lehrenden) erkannt und entwickelt werden. Vom jeweiligen Fach und seiner Wissenssystematik eingerahmte studentische Kompetenzentwicklungs- und damit vielschichtige Lernprozesse sind anzuregen, auszulösen, zu begleiten und zu bewerten. Peer-teaching-, problembezogene, projektorientierte, fallbasierte und schließlich – als Krönung aller interaktiven und komplexen Konzepte – forschungsnahe Lehr- und Lernarrangements ermöglichen eine vielfältige Ansprache und Initiation. Damit Lehrende den neuen Anforderungen begegnen können, sind diesbezügliche Maßnahmen entwickelt worden: Forschendes Lernen wurde zum Leitmotiv der TH Köln, um Lehren und Lernen auf Augenhöhe zu verwirklichen.

Die fachkulturell und disziplinär eingelassenen und impliziten Auffassungen zum Thema Forschen bergen ein weitgespanntes Spektrum: Mit welchen Studierenden in welcher Studienphase und mit Hilfe welcher Aktivitäten kann in den Augen unserer Lehrenden ein solches Lehren und Lernen realisiert werden? Die TH Köln verfolgt den Ansatz der forschungsnahen Lehre in verschiedenen Ausrichtungen: Neben dem Forschen-verstehen-lernen und dem Forschen-üben als traditionellen Formaten der Lehre steht das Selber-forschen der Studierenden im Fokus unseres Ansatzes (Reinmann, 2015, S. 125ff.). Er liegt darin, dass Studierende stärker kontextbezogen, unter Berücksichtigung der jeweils konkreten Herausforderungen und Lösungsmöglichkeiten ihre Fähigkeiten einbringen, um ihren Bildungsprozess im Medium der Wissenschaft gemeinsam mit Kommiliton/innen und Lehrenden zu gestalten. Forschendes Lernen, das auch die Darstellung von studentischen Forschungsergebnissen für interessierte Zielgruppen beinhaltet, bietet die Chance, durch die neuen Perspektiven der Studierenden vorherrschende Praktiken in Hochschule, Beruf und Gesellschaft kritisch zu beleuchten und für Interessierte nutzbar zu machen.

An der TH Köln wurden unterschiedlichste Konzepte und Gelingensbedingungen für Forschendes Lernen sukzessive aufgebaut: Die Hochschule hat seit 2012 in allen Fakultäten Strukturen für die Gestaltung projektorientierter Lehre als Basis für Forschendes Lernen entwickelt und diesbezüglich Konzepte umgesetzt. Weitere Schritte, u.a. mindestens 35 ECTS-Punkte projekt- und forschungsbasierte Lehr- und Lernformen in allen Bachelorstudiengängen, fokussieren Aktivitäten, um Lehrende dabei zu unterstützen, aus einem wissenschaftlichen Selbstverständnis sowie gewonnenen Erfahrungen und Erkenntnissen zu studentischen Belangen und Erfolgen im projektbasierten Studium weiteres Vorgehen abzuleiten. Lehrende und Studierende sollen sich forschend mit Ansprüchen an ihre Tätigkeiten, d.h. mit ihren Lehr- und Lernprozessen auseinandersetzen. Vor diesem Hintergrund kann das Forschende Lernen an der TH Köln weiter ausgebaut werden.

Wie zeigt sich Forschendes Lernen in Lehrveranstaltungen, die nicht grundsätzlich den Formenkreis typischer Forschungsphasen und -aktivitäten abdecken (können) und die auch in Bachelorstudiengängen genutzt werden? Dies ist u.a. Gegenstand unserer hochschulinternen Studie, die bereits zeigt, dass Lehrende mit Elementen des Forschenden Lernens ihre Studierenden am Prozess der Wissenschaft beteiligen bzw. die Lernsituationen der Studierenden an die Prozesse des Forschens im jeweiligen Fach oder in interdisziplinären Settings anpassen. Sie schulen in ihren Lehrveranstaltungen die Fähigkeit zum individuellen und kollektiven Problemlösen, fördern die Eigenständigkeit der Studierenden und bieten Orientierung und Beratung für notwendige Entscheidungen. Studierende erhalten lernförderliches Feedback während des Semesters und können sich so zur Steuerung ihres Lernens im Sinne vorher festgelegter learning outcomes zielsicher auf die Prüfung vorbereiten. Dabei werden unterschiedliche Methoden und Medien genutzt und typisch disziplinär oder auch innovativ und untypisch für das Lernen der Studierenden eingesetzt.

Für die Ausrichtung der hochschuldidaktischen Weiterbildung hat sich gezeigt, dass die befragten Lehrenden drei Elemente Forschenden Lernens identifizieren, die sie im Vergleich zu projektbasierter Lehre vor Herausforderungen stellt: die Frage, ob und wie Studierende eigenständig eine Fragestellung finden, wie sie ihr wissenschaftlich nachgehen und vor allem, wie und welche interessierte/n Dritte/n einzubinden sind, die die studentischen Forschungsergebnisse zur Kenntnis nehmen und diskutieren soll(t)en.

Lehrende der TH Köln entfalten bei der Vorstellung, mit Studierenden auf Augenhöhe fachlich arbeiten und gemeinsam Erkenntnisse und Produkte entwickeln zu können, häufig die Haltung, das ginge ausschließlich mit Masterstudierenden oder Promovierenden. Sie sehen im Kontakt mit solchen fortgeschrittenen Studierenden eine Chance zur eigenen fachlichen Weiterentwicklung, die sie als stark motivierend für ihre Lehre bezeichnen (Szczyrba et al, 2012, S. 61). Doch benötigen Lehrende auch in einem breiteren Verständnis Optionen für Forschendes Lernen, wenn Studierende von Beginn an einen akademischen Habitus entwickeln sollen. Wenn Modulbeschreibungen und darin enthaltene learning outcomes sowie Prüfungsformen (noch) wenig Zugang zum Forschenden Lernen zulassen, wenn Massenveranstaltungen durchgeführt werden müssen und wenig Spielraum für partnerschaftlichen Kontakt in der ausreichenden Intensität und Qualität gelassen wird, können Lehrende z.B. digitale Medien einsetzen, die je nach Spielart Forschenden Lernens unterschiedliche Nutzungsweisen zeigen.

3. Lehrportfolio: Reflexionsinstrument und Spiegel für Forschendes Lernen

Um fachkulturell überformte und intuitiv gebildete Auffassungen vom Lehren, Lernen und von Kompetenzen einer didaktischen Reflexion zugänglich zu machen, wurde an der TH Köln dem Lehrportfolio (Szczyrba & Gotzen, 2012) eine zentrale Rolle zuteil. Das Lehrportfolio, ein strukturiertes Dokument zur reflektierten Darstellung von Lehrkonzepten, von Erfahrungen mit Modulen und Methoden sowie des Umgangs mit Rückmeldungen, ist ein Element des Lehrenden Coaching-Programms für Neuberufene der TH Köln (TH Köln, ohne Jahr b). Es ist eine der Maßnahmen, die das Rollenrepertoire der Lehrenden und die Haltung gegenüber Studierenden als divers zusammengesetzte Zielgruppe neben Workshops, Einzelcoachings und Peer-Hospitationen zum Gegenstand machen. Neuberufene Professorinnen und Professoren tragen als zentrale, weil überwiegend für neue Erfahrungen in der Lehre offene, Akteursgruppe (Heiner, 2012, S. 183) der lernenden Hochschule dazu bei, das Leitbild guter Lehre zusammen mit ihren Kolleg/innen sowie mit den Studierenden zukunftsfähig zu halten. Das Lehrportfolio ist ein begleitendes Reflexionsinstrument, das mit den anderen Bausteinen die Entstehung einer community of practice befördert.

Wie gelingt der Kulturwandel mit dem Lehrportfolio? Was leisten Reflexion und Dokumentation für das Wachsen des Rollenrepertoires der Lehrenden mit Blick auf das Forschende Lernen? Das Lehrportfolio an der TH Köln besteht aus insgesamt fünf Kapiteln, die fünf Perspektiven freilegen (vgl. z.B. Gerber, 2015, S. 6f.), und erklären können, wodurch Forschendes Lernen möglich wird und wodurch nicht:

- Inhaltliche Spezifizierung der Kurstypen und Inhalte: Was lehre ich für wen und in welchem Kontext?
- Lehrkonzeption: Mit welcher Haltung lehre ich und was ist mir wichtig?
- Lehransatz: Wie lehre ich und welche Methoden wende ich wann und wie an?
- Rückmeldung auf die Lehre: Welche Aussagen kann ich aufgrund von studentischen Rückmeldungen über meine Lehre treffen und wie gehe ich mit Rückmeldungen um?
- Engagement und Perspektive: Wo engagiere ich mich in der Lehre, und mit welchem Ziel?

Die Verfasser/innen von Lehrportfolios zeigen ihr Engagement für die Lehre, das in der Regel über die Durchführung von Lehrveranstaltungen hinausgeht. Ihr Lehrprofil zwischen hochschuldidaktischen Theorien, disziplinärer Prägung und nicht zuletzt einer persönlichen Lehrphilosophie, einem bevorzugten Methodenrepertoire in der Lehre, in Verbindung mit Überzeugungen bezüglich des (studentischen und allgemein menschlichen) Lernens sowie die Neigung zu und das Pflegen von Selbstkritik wird sichtbar. Mut und aufrichtiges Interesse an sich selbst als Akteur/in im Kontext Hochschule und im Subkontext Fakultät/Institut ist hier vonnöten. Sich für Forschendes Lernen zu engagieren und sich als Lehrperson in einem quasi öffentlichen Austausch auf Kollegiumsebene zu reflektieren, wird durch unser dahinter liegendes hochschulinternes Leitbild und die darauf bezogenen Maßnahmen vorangetrieben und gestützt.

Die Reflexion der gesammelten Erfahrungen mit neuen Rollen im Forschenden Lernen und mit neuen Gegenrollen der Studierenden als nicht mehr konsumierende sondern aktive Partner/innen – inklusive Erfahrungen des Scheiterns oder Rückschlägen – wurde in Folge der Auseinandersetzung in zahlreichen Lehrportfolios von Neuberufenen 2015 im Rahmen der Lehrpreisausschreibung der TH Köln deutlich. Die Beteiligung an diesem Wettbewerb machte das Forschende Lernen einem breiten Kreis von Lehrenden der Hochschule zugänglich und eröffnete den Diskurs über Konzepte und Erfahrungen bis heute hochschulweit.

Die TH Köln hat über Fragen des Forschenden Lernens Austausch und Reflexion möglich gemacht und eine Kultur des gemeinsamen Weiterentwickelns von forschungsnaher Lehre begünstigt. Lehrportfolios haben sich als wesentliches Instrument für einen solchen Kulturwandel gezeigt. Sie bieten Anlass, den eigenen Lernprozess des Lehren Lernens zu reflektieren. Sie ermöglichen einen individuellen und wissenschaftlichen Weg zur Erforschung und Klärung von offenen Fragen. Das Lehrportfolio ist ein Instrument der Übersetzung von allgemeinen Prinzipien in die eigene Lehrtätigkeit und der Konkretisierung allgemeiner Ideen in die jeweils individuellen Lehrstrukturen und -haltungen.

Insgesamt 25 von 42 Lehrportfolios (verfasst in den Jahren 2013 bis 2014) von Lehrenden der TH Köln (TH Köln, ohne Jahr c) zeigen, inwieweit das reflektierte Dokumentieren von Inhalt und Zielgruppen der Lehre, der Lehrphilosophie, des methodischen Ansatzes, des Umgangs mit Feedback sowie des Planens von Engagement für die Lehre eine intensivere Auseinandersetzung mit dem eigenen Lehrhandeln und dem eigenen Lehrhabitus begründet und welche Anteile das Forschende Lernen in allen Punkten einnimmt.

Aus dem Leitbild guter Lehre abgeleitete Programmziele des LehrendenCoachings wurden zum Teil in unterschiedlicher Bearbeitungstiefe in den Lehrportfolios wiedergefunden (Gerber ebd., S. 11f.). Sie alle stellen Grundvoraussetzungen für den Einsatz von Elementen oder kompletten Arrangements des Forschenden Lernens dar (Huber 2014):

- Qualität der Lehre – Verständnis und Umsetzung
- Selbst- und Rollenverständnis der Lehrenden vom Lehren und Lernen
- Haltung zur Diversität in Studium und Lehre
- Erzeugen und Nutzen von Feedbackgelegenheiten
- Forschende Haltung zum eigenen Lehren

Die Analyse zeigt auch, dass die Lehrenden sich noch in einer suchenden Haltung befinden und sich fragen, wie das komplexe Lehr- und Lernarrangement Forschendes Lernen ertragreich und souverän zu gestalten ist. Hier hat die Hochschuldidaktik orientierende Funktion. Auch der kollegiale Austausch wird nur von einzelnen Verfasser/innen im Portfolio bearbeitet. Diese berichten allerdings, dass sie durch kollegialen Austausch andere Methoden und Lehrstile kennengelernt haben. Der dadurch mögliche Vergleich mit den eigenen Methoden und dem eigenen Lehrstil macht sie sicherer und bereichert ihre Perspektive auf ihre Lehre sowie ihren Mut, sich besonders mit Elementen des Forschenden Lernens auseinanderzusetzen.

4. Fazit: Ein Feld für Forschendes Lernen?

> »Zum einen vermitteln wir den Studierenden zu Beginn ihres Studiums mit dem Primäreinstieg über Vorlesungen das denkbar schlechteste Bild von Wissenschaft und Studium und wundern uns in den Folgesemestern darüber, dass die Studierenden eine vor allem konsumorientierte Haltung in Lehrveranstaltungen an den Tag legen – eine Haltung, die wir selbst produziert haben.«

Reinmann (o. J., S. 2) beschreibt hier kritisch eine Lehrtradition, die Forschendes Lernen eher verhindert. Die TH Köln hat mit Blick auf Strukturen und Akteur/innen Studium und Lehre dafür erschlossen: Neben einer projektbasierten Ausgestaltung aller Bachelorstudiengänge, die die strukturelle Voraussetzungen für Forschendes Lernen schafft, ist die didaktische Qualifizierung der Lehrenden elementar, um die Didaktik des ›wissenschaftlichen Erschließens der Welt‹ umzusetzen. Zur Ermöglichung eines flächendeckenden Forschenden Lernens wurde ein projektorientiertes Studieren implementiert, das zum einen die lernrelevante Diversität der Studierenden in besonderem Maße berücksichtigt und zum anderen dem Anspruch an »Bildung durch Wissenschaft« im Forschenden Lernen am ehesten gerecht wird (vgl. Reinmann, 2013).

Dabei stellt sich die Frage, welche Prüfungsformen den verschiedenen Ausprägungen Forschenden Lernens gerecht werden, besonders wenn Lehrende auf Lernprozesse setzen, die zu einer eigenständigen methodischen Auseinandersetzung mit forschungsbezogenen Fragen führen sollen. Diese Frage wird noch zu beantworten sein.

In der Gesamtsicht zeigt sich an der TH Köln Bereitschaft und Mut der Lehrenden, sich mit den Studierenden auf eine Partnerschaft im Bildungsprozess einzulassen. Doch sind bis zu einer breitflächigen und konsequenten Umsetzung noch viele individuelle und organisationale Aspekte zu reflektieren. Bis dahin unterstützen wir unsere Studierenden dabei, die für sie neue Rolle als aktive Partnerinnen und Partner im Wissenschaftsprozess einzunehmen. Ihrem Commitment begegnen wir mit unserer Selbstverpflichtung, die Strukturen und Angebote so zu gestalten, dass sie den Weg in die ›universitas‹ von Lehrenden und Lernenden zuversichtlich gehen können.

Praxistipp:

Wie kann ich als Lehrperson geeignete Themen- und Aufgabenstellungen für Forschendes Lernen formulieren (vorgegebene Frage- und Themenstellung)?

- im Vorfeld klären, wie offen und weit die Aufgabenstellung sein kann/soll – Prüfung auf Machbarkeit (z. B. in Abstimmung mit verfügbarem Zeitrahmen, Anforderungen an die Studierenden etc.)
- Balance zwischen Offenheit und Begrenzung finden
- ›echte‹ Problemstellungen entwickeln, die weder zu einfach noch zu künstlich sind
- sinnvolle und realitätsnahe Themen mit Anwendungsbezug und Praxisrelevanz formulieren

Was tun, wenn Studierende Themenfelder wählen, in denen ich mich selbst nicht gut auskenne?

- Oberthemen auswählen, an die Studierende mit eigenen Themen anknüpfen können
- als Lehrperson intensives Vor- und Nachbereiten einplanen
- Forschendes Lernen ist eine gemeinsame Suchbewegung von Lehrenden und Studierenden und auch die Lehrperson muss nicht immer wissen ›wo die Reise hingeht‹

Was, wenn Studierende mit der hohen Eigenverantwortung und Offenheit im Lernprozess überfordert sind?

- wichtige Meilensteine setzen, um so einen Orientierungsrahmen zu schaffen und den Forschungsprozess der Studierenden zu strukturieren
- Orientierungsbeispiele geben
- frühzeitige Reflexionsgespräche auf Prozessebene führen

Gerber, J. (2015). *Ziele nehmen Gestalt an – Lehrportfolios als Element der Lehrkulturentwicklung.* URL: http://epb.bibl.fh-koeln.de/frontdoor/index/index/docId/636, 19.4.2015.

Heiner, M. (2012). Referenzpunkte für die Modellierung der Kompetenzentwicklung in der Lehre – Impulse für die hochschuldidaktische Weiterbildung. In Egger, R. & Merkt, M. (Hrsg.), *Lernwelt Universität. Entwicklung von Lehrkompetenz in der Hochschullehre* (S. 167 – 192). Wiesbaden: Springer VS.

Huber, L. (2014). *Forschendes Lernen im Ars Legendi Wettbewerb.* Einleitungsreferat auf dem Workshop der HRK am 9.4.2014.
Reinmann, G. (2013). Forschendes Lernen oder Bildung durch Wissenschaft. URL: gabi-reinmann.de/wp-content/uploads/2013/10/Vortrag_Okt13_ZU.pdf, 3.4.2016.

Reinmann, G. (2013). *Forschendes Lernen oder Bildung durch Wissenschaft.* URL: gabi-reinmann.de/wp-content/uploads/2013/10/Vortrag_Okt13_ZU.pdf, 3.4.2016.

Reinmann, G. (2015). Heterogenität und forschendes Lernen: Möglichkeiten und Grenzen der Hochschuldidaktik. In Klages, B., Bonillo, M., Reinders, S. & Bohmeyer, A. (Hrsg.), *Gestaltungsraum Hochschullehre. Potenziale nicht-traditionell Studierender nutzen* (S. 121 – 138). Opladen, Berlin, Toronto: Budrich UniPress Ltd.

Reinmann, G. (o.J.). *Wie mein »idealer Studiengang« aussehen könnte.* URL: http://gabi-reinmann.de/wp-content/uploads/2009/11/Der-ideale-Studiengang.pdf, 8.4.2015.

Szczyrba, B. & Gotzen, S. (Hrsg.) (2012) *Das Lehrportfolio. Entwicklung, Dokumenta-tion und Nachweis von Lehrkompetenz an Hochschulen.* Berlin: LIT Verlag Dr. W. Hopf.

Szczyrba, B., Gerber, J. & Treeck, T.v. (2012). *Lehr- und lernrelevante Diversität an der Fachhochschule Köln.* Forschungsbericht Projekt Educational Diversity. URL: https://www.fh-koeln.de/hochschule/forschung_5687.php, 7.12.2014.

TH Köln (ohne Jahr a). *Hochschullehrpreis.* URL: https://www.th-koeln.de/hochschule/lehrpreis_5680.php, 3.4.2016.

TH Köln (ohne Jahr b). *LehrendenCoaching.* URL: https://www.th-koeln.de/hochschule/lehrendencoaching_6581.php, 3.4.2016.

TH Köln (ohne Jahr c). *Absolvent*innen des LehrendenCoaching-Programms.* URL: https://www.th-koeln.de/hochschule/absolventinnen-des-lehrendencoaching-programms_31377.php, 3.4.2016.

Anmerkung der Herausgeber/innen: Der folgende Beitrag ist zuerst erschienen im Handbuch *Qualität in Studium und Lehre*, Raabe Fachverlag für Wirtschaftsinformation, Stuttgart. Für den Wiederabdruck wurden lediglich formale und gestalterische Angleichungen vorgenommen sowie veraltete Links entfernt. Wir danken dem DUZ Verlags- und Medienhaus GmbH, Berlin, für die freundliche Abdruckgenehmigung.

Erlebbar machen von Forschung für Studierende an Fachhochschulen

Frank Heidmann, Andreas Klose, Johannes Vielhaber

Forschendes Lernen, die aktive Partizipation von Studierenden an Forschungsprozessen, hat das Ziel, kritisches, kreatives, problemlösendes Denken und Entscheiden als Schlüsselqualifikationen der globalen Wissensgesellschaft konsequent zu vermitteln. Forschendes Lernen findet statt, wenn Studierende eine eigene Forschungsarbeit durchführen, sie durch Übernahme einer einzelnen Aufgabe an einem Forschungsprojekt mitwirken, sie angeleitet und übend Forschung praktizieren oder wenn sie einen Forschungsprozess zumindest nachvollziehen können (Reimann, 2009). Forschendes Lernen ist aber vor allem eine wichtige Voraussetzung für Studierende zur Befähigung, sich zukünftig in hochqualifizierten Berufen zu behaupten und die für die Wissensarbeit notwendigen Kompetenzen, wie komplexe, wenig planbare Aufgaben zu lösen, Gestaltung von Kreativ- und Innovationsprozessen sowie Kommunizieren und Kooperieren in (interdisziplinären) Teams, zu erlangen.

Chancen des Bologna-Prozesses genutzt

Forschung an Fachhochschulen – für die einen eine Anmaßung, für die anderen dagegen längst gelebte Selbstverständlichkeit. Denn gerade die Fachhochschulen haben in diesem Punkt die Chancen, die ihnen der Bologna-Prozess eröffnet hat, ergriffen. Anwendungsorientierte Forschung als Kernaufgabe für Fachhochschulen in den Landeshochschulgesetzen zu fixieren, war eine notwendige Voraussetzung. Jedoch hat vor allem die Möglichkeit der Einführung von forschungsorientierten Masterstudiengängen zu einer deutlichen Beschleunigung der Forschungsaktivitäten an Fachhochschulen geführt. Hier wird die Einheit von Forschung und Lehre gelebt, denn das Fehlen eines wissenschaftlichen Mittelbaus lässt sich nur durch verstärkte – curriculare – Einbindung von Masterstudierenden in die Forschung kompensieren.

1. Forschung in Masterstudiengängen

Als ein ungewöhnliches Beispiel sei der Masterstudiengang »Bauforschung – Forschen in Architektur, Bauingenieurwesen und Restaurierung« an der Fachhochschule Potsdam genannt, dessen Curriculumstableau sich wie folgt darstellt:

	Forschungsarbeit *(60 Credits)*	Studienbereich »Fachwissen« *(30 Credits)*	Studienbereich »Kompetenzen und Methoden« *(30 Credits)*		
1. Semester	M1: Forschungsarbeit: Recherche- und Konzeptphase I *6 Credits*	M5: Fachmodul: Thematisch relevante Lehrveranstaltungen auch an weiteren Hochschulen in Berlin und Brandenburg in Abstimmung mit dem Mentor *30 Credits*	M6: Forschungsmethoden, Wissenschaftsgeschichte, -ethik, Kreativitätstechniken, Forschungs- u. Innovationsmanagement *10 Credits*	M7: LOG-Buch: Wissens- und Forschungsdokumentation *3 Credits*	M8: Kompetenzen I: Wissenschaftsdiskurs als zentrale Veranstaltung *12 Credits*
2. Sem.	M2: Forschungsarbeit: Recherche- und Konzeptphase II *6 Credits*				
3. Sem.	M3: Forschungsarbeit: Durchführungsphase I *21 Credits*		M9: Kompetenzen II: Präsentation und Kommunikation (Tutoring) *5 Credits*		
4. Sem.	M4: Forschungsarbeit: Durchführungsphase II *22 Credits*		Präsentation + Verteidigung *5 Credits*		

Abb. 1: Curriculumstableau des Forschungs-Masterstudiengangs Bauforschung der Fachhochschule Potsdam (FHP)

Kern dieses Studiengangsmodells, welches im angelsächsischen Bereich unter dem Begriff »Master of Sciences by Research« in modifizierter Form zu finden ist, ist die Bearbeitung einer konkreten Forschungsfragestellung, die sich entweder aus laufenden Forschungsvorhaben der Hochschule ergibt, aus aktuellen Fragestellungen, die die Praxis an die Hochschule herangetragen hat, oder in Ausnahmefällen auch auf Vorschlag der Studierenden erfolgt, sofern es ihnen gelingt, von ihrer Idee eine Professorin oder einen Professor so zu begeistern, dass sie/er das Thema mit trägt und sie durch das Studium als Mentor begleitet. Im Regelfall soll über die Arbeit und das Thema auch eine Grundfinanzierung der Studierenden erfolgen. Parallel zur Forschungsarbeit gibt es Einführungen in Forschungsmethoden, in Wissenschaftsgeschichte, -theorie und -ethik, Ringvorlesungen und Kolloquien, um den Wissenschaftsdiskurs zu pflegen, eigene kleine Lehrblöcke und nicht zuletzt fachbezogene Veranstaltungen, die individuell zusammengestellt werden und für die es gelungen ist, in einer Kooperation mit den Hochschulen und Universitäten im nahen Umfeld ein Spektrum von Veranstaltungen anbieten zu können, die sich eine Hochschule allein nicht leisten könnte.

Vergleich mit Masterstudenten der Universitäten

Der unmittelbare Vergleich mit Masterstudierenden der Universitäten im Rahmen universitärer Lehrveranstaltungen ist eine interessante Erfahrung für die Fachhochschulstudierenden und zeigt ihnen, dass sie in diesem »Wettbewerb« nicht nur bestehen, sondern in vielen Fällen sogar Maßstäbe setzen können. Zwar müssen die Fachhochschulen derzeit noch damit leben, dass im Rahmen der Akkreditierung solcher Studiengänge insbesondere universitäre Peers nicht selten mehr emotional als fachlich begründete Hürden und Hindernisse aufbauen; wenn diese aber einmal überbrückt sind, funktioniert die Zusammenarbeit auf der kollegialen Ebene ausgezeichnet. Schwierigkeiten, die einer individuellen Lösung bedürfen, treten auf, wenn zusätzliche Gaststudierende eine Lehrveranstaltung in zulassungsbeschränkten Studiengängen besuchen und mit Leistungsnachweis abschließen wollen.

Am Ende des Studiums wird von den Studierenden erwartet, dass sie neben ihrer Masterarbeit aus ihrem Thema heraus einen konkreten einreichungsfähigen Drittmittelforschungs- oder Förderantragantrag formulieren, der als Basis für ein eigenes zukünftiges Forschungsprojekt mit Promotionspotential dienen kann.

Kritik von Masterstudierenden ...

Eine häufig zu hörende Kritik, die von Masterstudierenden unabhängig von ihrer Herkunftshochschule/-universität formuliert wird, ist, dass sie sich rückblickend gerade im Bereich der Methodenkompetenzen vieles von dem nun Erlernten schon im Bachelor- oder Diplomstudiengang vermittelt gewünscht hätten, weil die Methoden und Techniken ihnen die Herangehensweise an neue Fragestellungen deutlich erleichtert haben.

... und die Konsequenz daraus

Als erste Konsequenz daraus hat die Fachhochschule Potsdam im Jahr 2010 erstmalig das »Summer-Camp Forschung« eingerichtet, in dem über zwei Wochen, zunächst begrenzt auf brandenburgische Fachhochschulstudierende, Forschungskonzepte, -methoden und -ansätze, Kreativtechniken und Innovationsmanagement aus verschiedensten Disziplinen vorgestellt und jeweils anhand kleiner einfacher Beispiele erprobt werden. Fazit der Studierenden am Ende des zweiwöchigen Intensivkurses: Eine solche Einführung müsste jeder Student – auch ein nicht forschungsambitionierter – bereits im grundständigen Studium erfahren und durchlaufen.

2. Forschung in grundständigen Studiengängen

Welche Chancen hat ein ein/e Studierende/r derzeit in einem grundständigen Studiengang einen Einblick in die Forschung und deren Methoden zu erhalten?

Kein Widerspruch zwischen Employability und Forschungsnähe!
In der öffentlichen Diskussion scheint es fast so, als müsse Wissenschaftlichkeit und Forschung in Bachelorstudiengängen geopfert werden, um Employability und Praxisnähe sicherstellen zu können. Doch so wenig wie Praxisnähe gleichbedeutend ist mit Theorieferne, so wenig existiert ein Widerspruch zwischen Employability und Forschungsnähe. Pasternak hat dieses auf zwei Seiten (Pasternak, 2008, S. 20–21) treffend zusammengefasst: »Man schaue sich genauer an, welcher Art die Kernkompetenzen sind, die heute über die sogenannte Employability entscheiden: kritisches und analytisches Denkvermögen, Argumentationsfähigkeit, Fähigkeit zu selbstständigen Arbeiten und Lernen, Problemlösungs- und Entscheidungsfähigkeit, Planungs-, Koordinations- und Managementkompetenzen.« Genau diese Kompetenzen aber erfordert auch die moderne Forschung. Forschungskompetenzentwicklung ist ein wichtiger Beitrag zur Employability der Absolventen.

Dies gilt gleichermaßen für Universitäten wie für Fachhochschulen. Der Position des Stifterverbandes aus dem Jahr 2004 (Stifterverband, 2004) kann man heute nur noch eingeschränkt folgen. Dieser sprach sich für institutionsbezogene Differenzierungen aus, die aus dem unterschiedlichen Bildungsauftrag abgeleitet werden:

> »Ein universitäres Studium bezweckt, Personen zu bilden, die unternehmerische, soziale und künstlerische Innovation leisten können und bei deren praktischer Umsetzung begleitend tätig sind. Zu diesem Zweck ist über die Vermittlung von fachlichem Wissen und Selbstlernfähigkeiten hinaus zusätzlich die Entwicklung von Metakompetenzen erforderlich. Dazu gehört insbesondere Förderung von Kreativität und Methodik zur Erschließung des Neuen,

> Systemverständnis zur Verortung von Erkenntnissen, inter- und transdisziplinäres Vermögen zu fachlich und sozial integrierendem Denken und Arbeiten, Prämissenbewusstsein hinsichtlich des Wissens um Geltungsgrenzen und als Voraussetzung für die Möglichkeit oder Notwendigkeit der Systemüberschreitung. Diese intellektuellen Fähigkeiten müssen durch personale Qualitäten unterstützt sein, die die notwendige soziale Interaktivität der Erkenntnis- und Umsetzungsvorgänge unterstützen.
> In Fachhochschulstudiengängen geht es um die Bildung von Menschen, die Aufgaben in wissenschaftlich fundierten Tätigkeitsfeldern qualifiziert lösen können, indem sie wissenschaftlich gewonnenes Bestandswissen in casu anwenden und es systemimmanent von Fall zu Fall fort denken. Die berufliche Qualifikation wird hier insbesondere durch das Vorhandensein von wissenschaftsbasiertem Fachwissen und in Bezug auf dieses von Weiterbildungs- und Operationalisierungsfähgkeit bestimmt.«

Gerade die zwei jüngsten Papiere des Wissenschaftsrats (vgl. Wissenschaftsrat, 2010a; Wissenschaftsrat 2010b) aus dem Jahr 2010 zur Rolle der Fachhochschulen und zur Differenziertheit zeigen, welch enorme Entwicklung im vergangenen Jahrzehnt gerade im Fachhochschulbereich stattgefunden hat.

3. Wie lässt sich Forschung in grundständigen Studiengängen erlebbar machen?

Im Folgenden soll nicht so sehr auf die individuellen Möglichkeiten einzelner Studierenden eingegangen werden, die beispielsweise als studentische Hilfskräfte in Forschungsvorhaben eingebunden sind oder an Projekten mitarbeiten, sondern auf Möglichkeiten, die sich im Alltag der Lehre allen Studierenden eröffnen.

Vier Anwendungsszenarien

Die Forderung nach der Einheit von Forschung und Lehre darf sich nicht darin erschöpfen, zu Lasten der Lehre mehr Freiraum für die Forschung der Lehrenden zu schaffen, vielmehr sollte Forschung auch unmittelbar in der Lehre sichtbar und erlebbar werden. Einheit von Forschung und Lehre muss auch für Studierende gelten. Healey (Healey & Jenkins, 2009) beschreibt sehr anschaulich vier Anwendungsszenarien, um in grundständigen Studiengängen das Thema Forschung in der Lehre curricular sichtbar werden zu lassen:

- forschungsbasiert: Durchführung eigener (studentischer) Forschungsaufgaben
- forschungsbegleitet: aktive Rolle der Studierenden in Forschungsdiskussionen

- forschungsorientiert: Entwicklung von Forschungskompetenzen
- forschungsgeleitet: Forschungsergebnisse werden in der Lehre präsentiert.

Students are participants

Emphasis on research content	**Research-tutored** *Engaging in research discussions*	**Research-based** *Undertaking research and inquiry*	Emphasis on research processes and problems
	Research-led *Learning about current research in the discipline*	**Research-oriented** *Developing research and inquiry skills and techniques*	

Students frequently are an audience

Abb. 2: The nature of undergraduate research and inquiry (Healey & Jenkins, 2009, S. 7)

Das Modell weist zwei Achsen auf, eine horizontale, die den Weg vom Forschungsinhalt zum Forschungsprozess beschreibt und eine vertikale, die den Weg der Einbindung der Studierenden von passiven Hörern zu aktiv mitwirkenden Studierenden beschreibt. Die gelebte Realität der meisten Studiengänge befindet sich sicher in der unteren Hälfte der Abbildung. Ziel sollte es aber sein, dass jedem Studierenden die Möglichkeit gegeben wird, einen Teil seines Studiums auch in der oberen Hälfte zu absolvieren. Gerade an Fachhochschulen scheinen die Bedingungen hierfür besonders günstig zu sein. Denn aufgrund des hohen Lehrdeputats sind forschungsengagierte Lehrende gezwungen, Wege zu finden, um

- die Forschung und Entwicklung mit Lehre und Studium zu verbinden,
- bei Forschungsaufgaben gerade auch in grundständigen Studiengängen zwangsläufig fehlende Tiefe zu ersetzen durch die kreativen Potentiale vieler Studierender,
- durch Kollaboration, Kooperation, Interdisziplinarität Fragen behandeln zu können, die für den Ein-Personen-Lehrstuhl allein nicht zu bewältigen wären,

- die viel zitierten Softskills nicht in Form zusätzlicher lästiger Nebenveranstaltungen zu absolvieren, sondern als Basis für Innovation, Weiterentwicklung und Handreichung zur besseren Alltagsbewältigung erfahrbar zu machen.

Projekt »InterFlex«
Die Fachhochschule Potsdam hat im Rahmen des Wettbewerbs exzellente Lehre, der vom Stifterverband für die Deutsche Wissenschaft und der Kulturministerkonferenz ausgelobt worden war, mit ihrem Projekt »InterFlex« ein Modellprojekt gestartet, welches versucht, Antworten auf einige der zuvor gestellten Fragen zu geben, Möglichkeiten des »Forschenden Lernens« im Fachhochschulkontext zu definieren, sowie organisatorische und curriculare Veränderungen zu erproben, die die breite Einführung studentischer interdisziplinärer Forschung befördern kann.

4. Forschung an Fachhochschulen

Finanzierung und Förderung
Forschung an Fachhochschulen ist in der Regel anwendungsorientiert und auf den schnellen Wissens- und Technologietransfer in Unternehmen und Institutionen hinein ausgerichtet. Ihre Finanzierung erfolgt über wettbewerbliche Förderprogramme des Bundes (z.B. FHprofUnt), der Länder, Stiftungen und in zunehmendem Maße der Europäischen Kommission. Neben der öffentlich finanzierten Forschung werden an Fachhochschulen bilaterale Forschungs- und Entwicklungsvorhaben mit Unternehmen und Institutionen bearbeitet. Fachhochschulen verfügen damit über hervorragende Rahmenbedingungen für Forschendes Lernen und forschungsnahe Qualifizierungsmöglichkeiten für Studierende. Durch die zunehmende Einbindung universitärer und außeruniversitärer Forschungspartner in die Förderprogramme für Fachhochschulen bieten sich zusätzliche Chancen der Partizipation von Studierenden an anwendungsnahen Forschungsprojekten und transferorientierten Kooperationen.

Angewandte Forschung an Fachhochschulen

Zusammengefasst zeichnet sich angewandte Forschung an Fachhochschulen aus durch
- Forschungs- und Entwicklungsprojekte in der Lehre, d. h. frühe Einbindung von Studierenden in Forschungsprojekte
- vielfältige Kooperationen mit Unternehmen und Institutionen und damit Teilhabe an realen gesellschaftlichen Problemstellungen und Lösungsprozessen
- Vernetzung mit potentiellen Arbeitgebern für die Studierenden durch die Projektarbeit
- verstärkt interdisziplinäre Projekte und begleitende Studienangebote.

4.1 Kernelemente Forschenden Lernens

Definition

Forschendes Lernen hat viele Facetten. Huber (2004) definiert Forschendes Lernen als Prozess eines Forschungsvorhabens, das auf die Gewinnung von auch für Dritte interessanten Ergebnissen gerichtet ist. Entscheidend ist dabei das Durchlaufen wesentlicher Phasen, von der Entwicklung einer Problemstellung und darauf ausgerichteter Hypothesen, über die Recherche des Stands der Wissenschaft, die Wahl eines angemessenen Methodensets bis zur Darstellung, Diskussion und Kommunikation der Ergebnisse. Der Prozess sollte möglichst in selbstständiger Arbeit oder aktiver Mitarbeit in einem Forschungsteam gestaltet, erfahren und reflektiert werden (vgl. Abb. 3). Damit umfasst das Forschende Lernen zahlreiche Aspekte verwandter Lehr- und Lernansätze (z. B. problemzentriertes Lernen, situiertes Lernen, projektorientiertes Studium etc.), setzt aber einen spezifischen Akzent auf das Durchlaufen der Phasen des Forschungsprozesses. Zentral ist mit Huber (2004, S. 33) die kognitive, emotionale und soziale Erfahrung des ganzen Prozesses: vom Ausgangsinteresse, den Fragen und Strukturierungsaufgaben des Anfangs über die Höhen und Tiefen des Prozesses bis zur selbst (mit-)gefundenen Erkenntnis oder Problemlösung.

Stärkung berufsqualifizierender Kompetenzen

Neben den methodisch-inhaltlichen Aspekten, die im Rahmen des Forschenden Lernen adressiert werden, steht die Stärkung berufsqualifizierender Kompetenzen wie Kommunikations- und Teamfähigkeit,

Präsentationstechniken, der Umgang mit Informations- und Kommunikationstechnologien, interdisziplinäre und interkulturelle Kompetenzen sowie Fremdsprachenkenntnissen (z. B. bei der Mitarbeit in EU-Forschungsprojekten), die besonders effektiv und mit hoher Motivation bei der Bearbeitung eines Forschungsvorhabens trainiert werden können.

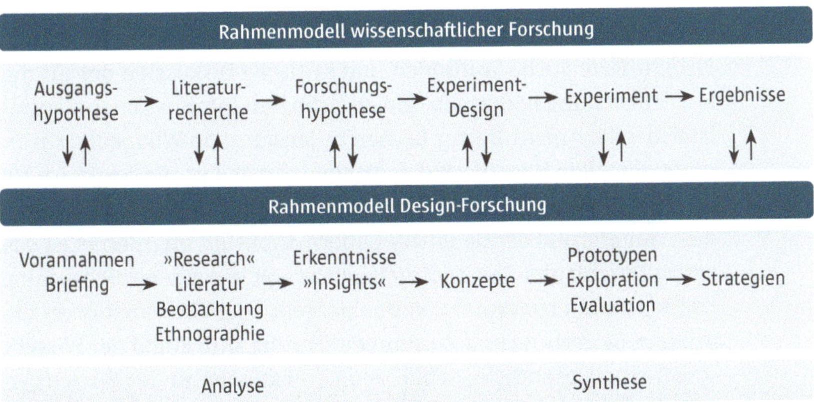

Abb. 3: Rahmenmodell für einen idealisierten Forschungsprozess und dessen beispielhafte Adaption auf die Designforschung (vgl. Blevis, 2010, S. 69)

Die folgende Übersicht spezifischer Phasen des Forschungsprozesses zeigt beispielhaft, wie einzelne Phasen in konkrete Lehr- und Lernsituationen umgesetzt werden können.

Anregung, Problemfindung und -definition

Jede Forschung braucht Anregung. Im Kontext Forschenden Lernens an Fachhochschulen können Anregungen aus dem Alltagswissen und den Lebenserfahrungen der Studierenden stammen, aus Forschungsinteressen der Lehrenden oder aus Aufträgen der Wirtschaft oder von öffentlichen Institutionen. Konkrete Problemfälle oder Fallstudien im Umfeld größerer Forschungsprojekte können ebenso als Anregung dienen, wie Kooperationsanfragen von Unternehmen, die durch ihren Praxisbezug häufig als besonders motivierend empfunden werden. Aber auch das Alltagswissen und die Lebenserfahrung der Studierenden können lohnende Einstiegspunkte für die Problemfindung darstellen. Die Aufgabe einer Lehre, die Forschendes Lernen realisiert, ist es, die kritische Distanznahme zur Alltagserfahrung der Studierenden anzustoßen. Ziel ist es, Unstimmigkeiten, Widersprüche, Probleme oder Unsicherheiten zu entdecken, zu reflektieren und als Ausgangspunkt für die Ausarbeitung einer Fragestellung, der Hypothesenbildung und eines Forschungsdesigns heranzuziehen (vgl. Wildt, 2009). Dabei sollte sich all dies in einer sozialen Gemeinschaft an der Hochschule (oder in Kooperationen mit Unternehmen und Institutionen) abspielen und Forschung damit als sozialer Prozess im Team erfahren werden.

Recherche
Strukturierte Suche, Auffinden und kritische Diskussion der für die Problemstellung relevanten und erreichbaren Informationen. Zentral ist dabei die Anleitung zur Recherche jenseits von Wikipedia, z.B. in professionellen Wissenschaftsportalen. Lernziel ist die strukturierte Beschreibung und Diskussion des Stands der Wissenschaft. Gerade vor dem Hintergrund der Daten- und Informationsflut im Internet ist das aktive Durchlaufen der Recherchephase von besonderer Bedeutung. Das Separieren relevanter von weniger relevanten Informationen, die Analyse, Bewertung und Zusammenführung zum Stand der Wissenschaft sind wesentliche Schlüsselqualifikationen in der Wissensgesellschaft.

Hypothesenbildung und Forschungsdesign
Sind Fragestellungen bereits in Zusammenhang mit dafür relevanten theoretischen Überlegungen spezifiziert, ist es notwendig Hypothesen zu entwickeln und ein angemessenes (experimentelles) Forschungsdesign zu wählen. In dieser Phase sind die Studierenden in der Regel auf ein enges Coaching durch die Lehrenden, Doktoranden oder externe Fachexperten angewiesen. Zentral ist dabei die Vermittlung der Erkenntnis, dass auch widerlegte Hypothesen einen Erkenntnisgewinn darstellen. Ob eine Hypothese bestätigt oder falsifiziert wird, sie ist in beiden Fällen ein wichtiges Werkzeug innerhalb des Forschungsprozesses. Die Wahl des Forschungsdesigns umfasst vor allem die Methodenauswahl. In der Regel werden darunter alle Erhebungsmethoden verstanden, die verwertbare Daten zur Fragestellung liefern. Forschendes Lernen verfolgt das Ziel, Erhebungsmethoden an bisher nicht untersuchten Problemen zu erproben und ihre spezifischen Vor- und Nachteile in der konkreten Anwendung im Kontext der Lehrveranstaltung oder eines Forschungsprojektes kennenzulernen.

Durchführung der Untersuchung und Auswertung
Das praktische Forschen in Form von Feldforschungen oder Laboruntersuchungen kann in vielfältigen Variationen, quantitativ versus qualitativ, reaktiv versus nicht-reaktiv, je nach disziplinärem Hintergrund erfolgen. Wichtige Lernziele sind dabei die Wahrnehmung und

der Umgang mit Störeffekten und widrigen Umständen sowie das Erlernen von Strategien, wie die Störeffekte in den Griff zu bekommen sind. Das Lernsetting kann von der selbstständigen Durchführung von Feldforschungen (z.B. Beobachtungen, Befragungen etc.) und Laborarbeiten bis zu Hospitationen in Rahmen von Forschungsprojekten reichen. Plan- und Simulationsspiele, Forschungs- und Zukunftswerkstätten oder neue Innovationsmethoden wie das Design Thinking eignen sich ebenso, um sich in Gruppen gemeinsam konkreten Problemstellungen und -lösungen zu widmen. Die Auswertung umfasst die Sichtung, Ordnung und Begutachtung des gewonnen Datenmaterials. Lernziele sind dabei unter anderem das Erlernen von Methoden der Datenaufbereitung und Datenvisualisierung. Insbesondere der nutzerfreundlichen Visualisierung von Forschungsergebnissen kommt in allen datenintensiven Disziplinen eine immer größere Bedeutung zu.

Dokumentation und Publikation von Forschungsergebnissen

Im Mittelpunkt der Fachhochschullehre steht die Aneignung von Wissen, aber weniger die Kommunikation von Wissen. Durch die Anleitung zum wissenschaftlichen Schreiben und die Aufforderung, Seminar- und Projektergebnisse in Form eines wissenschaftlichen Beitrags zu formulieren, trainieren Studierende die Strukturierung und Reflexion ihrer Forschungsergebnisse. Gleichzeitig bietet dieses Format die Chance, Feedback von Lehrenden, anderen Studierenden sowie Fachexperten einzuholen. Es stärkt auf diese Weise die in der Forschung etablierte Feedback-Kultur und ist damit ein wesentliches Element der Qualitätsverbesserung für jede Form von Dokument und im weiteren Sinne für jede intellektuelle Arbeit (vgl. Bauer & Reinmann, 2010). Insbesondere auf Konferenzen der Natur- und Ingenieurwissenschaftlichen Disziplinen ist das Angebot eines spezifischen Formats für die Einreichung und Präsentation von Studentenbeiträgen inzwischen die Regel (z.B. als Short Paper oder Poster-Präsentation). Darüber hinaus bietet das Internet eine Vielzahl von Optionen der digitalen Publikation und Kommentierung von studentischen Forschungsergebnissen. Portale für studentische Wissensprodukte und Forschungs-Blogs, die wissenschaftlichen Ansprüchen genügen, stellen heute eine einfach umzusetzende Möglichkeit dar, Studierenden zum einen die Ergebnisse Forschenden Lernens zugänglich zu machen; zum anderen eröffnen solche Portale den Studierenden die Chance, eigene Ergebnisse zu veröffentlichen (vgl. Reinmann, 2009). Um die notwendige Qualität wissenschaftlichen Schreibens zu erlangen, können Schreibwerkstätten dabei helfen, Schreibhemmungen zu überwinden und das Verfassen wissenschaftlicher Arbeiten kontinuierlich zu verbessern.

4.2 Voraussetzungen für Forschendes Lernen an Fachhochschulen schaffen

Für Fachhochschulen, die sich traditionell stärker an eher schulischen Bildungsstandards ausrichten, geht die Implementierung von Forschendem Lernen einher mit zum Teil umfassenden Veränderungen von strukturellen Ordnungen sowie von inhaltlichen, methodischen und didaktischen Lehr- und Lernansätzen und zudem mit einer Veränderung der Atmosphäre (in) der Hochschule. Eine Atmosphäre, die bei Studierenden (und Lehrenden) die Neugier auf Forschung weckt, die eine Kultur der Kooperation zwischen Lehrenden und Studierenden, aber auch der Lehrenden und Studierenden untereinander – und das auch über die Grenzen der Fachdisziplinen hinaus – aufbaut und verstärkt.

Notwendigkeit einer Anschub- und weiteren Steuerungsfunktion durch die Leitung der Hochschule

So können die für Forschendes Lernen zumeist notwendigen strukturellen und inhaltlichen Veränderungsprozesse an Fachhochschulen einfacher und nachhaltiger angeschoben und implementiert werden. Die in solchen Umstrukturierungsprozessen immer wieder gestellte Frage, ob eher top-down oder bottom-up Modelle einen größeren Implementierungserfolg versprechen, muss aufgrund noch weitgehend fehlender Erfahrungswerte unbeantwortet bleiben. Die Notwendigkeit einer Anschub- und weiteren Steuerungsfunktion durch die Leitung der Hochschule sowie der Dekanate der Fakultäten mit kontinuierlicher und verbindlicher Einbindung und Unterstützung der weiteren Hochschulgremien ergibt sich jedoch aus dem übergreifenden, meist die Fachdisziplinen überspannenden Ansatzes des Forschenden Lernens (vgl. Ruhr Universität Bochum, ohne Jahr). So stellen sich Fachhochschulen den Herausforderungen, ihre strukturelle Lehr- und Lernarchitektur in der Weise zu verändern, dass verstärkt Raum für heterogene Lehr- und Lernprozesse, für geeignete Lernarrangements geschaffen wird/werden.

> »Hier sind z.B. Veranstaltungen denkbar, in denen sich Studierendengruppen nicht aufgrund des fachlichen Hintergrunds, sondern im Hinblick auf gemeinsame thematische Interessen, die die Forschungsfragen leiten, zusammenfinden. Das selbstverantwortliche Vorgehen im Forschungsprozess wird durch einen Lehrenden begleitet, der als zentraler Ansprechpartner zur Verfügung steht; weitere Experten der Fakultät, die bei fachlichen Schwierigkeiten zu Rate gezogen werden können, müssten von den Studierenden selbst gefunden und kontaktiert werden.« (Didion & Wiemer, 2009, S. 9)

Im Fachhochschulalltag können sich dabei ganz unmittelbare strukturelle Problemsituationen stellen, die einer zumeist einvernehmlichen Regelung bedürfen. So passen zum Beispiel die innovativen Lernarrangements häufig nicht in das enge Korsett des ansonsten abgestimmten Stundenplans – sei es, dass der Stundenrhythmus im eher üblichen neunzig Minuten Takt durchbrochen wird, oder aber dass keine adäquaten Zeitfenster in der Hochschule für interdisziplinäre Zusammenarbeit vorgesehen sind. Oder dass, je nachdem welche einheitlichen oder dezentralen Strukturen in der modularen Architektur der Hochschule bestehen, Unterschiede in der Vergabe von credits in fachdisziplinübergreifenden Veranstaltungen auftreten können. Diese wenigen Beispiele aus einem Fachhochschulalltag deuten bereits an, dass der (strukturelle) Weg des Forschenden Lernens an einer Fachhochschule mit einer Vielzahl von Ermöglichungsoptionen und -notwendigkeiten verbunden ist. Forschendes Lernen muss in diesem Sinne unmittelbar curricular – sowohl strukturell als auch inhaltlich – abgebildet werden.

4.3 Einbindung des Forschenden Lernens in Curricula

Die Ruhr-Universität Bochum formuliert in ihrem Strategiepapier zum Forschenden Lernen, dass das leitende Prinzip der »Neugier« an und in Forschung durch eine Weiterentwicklung des Curriculums erreicht werden soll (vgl. Ruhr-Universität Bochum, ohne Jahr).

> »Konstitutiv ist dabei, dass Studierende und Lehrende mit verschiedenen Untersuchungsansätzen vertraut gemacht werden, die sie dann eigenständig bearbeiten und in ganz unterschiedlichen Formaten präsentieren können.« (ebd.)

Forschendes Lernen, führt Euler aus, erfordert eine »enge Verbindung von Praxiserfahrungen und wissenschaftlichen Theorien« (Euler, 2005, 270).

> »In diesem Sinne können in der Lehre Praxiserfahrungen zum kritischen Prüfstein für wissenschaftliche Theorien werden, andererseits können die Theorien auch als ›Irritationsmedium‹ für die Praxis dienen« (ebd.).

Herausforderung an einen Reformprozess der Curricula

Für Fachhochschulen bedeutet die Implementierung des Forschenden Lernens in diesem Sinne zumeist eine enorme Herausforderung an einen Reformprozess der Curricula. Aus eher stark strukturierten, womöglich auf verengten Orientierungsverständnissen basierenden Ordnungen, müssen perspektivisch offene – zumindest offenere – Curricula erarbeitet werden, die den avisierten Kompetenzzielen gerecht werden und somit den Studierenden und Lehrenden Möglichkeiten bieten, in heterogenen Lern- und Lehrarrangements den gestellten Herausforderungen zu begegnen. Das bezieht sich strukturell und inhaltlich u. a. sowohl auf die Umsetzung unterschiedlicher Lehrformate, auf die Förderung interdisziplinärer Annäherung an Fragestellungen mit wissenschaftlichen Methoden anderer Fachdisziplinen im interdisziplinären Kontext oder auch auf die stärkere, verbindliche Einbindung von Praxispartnern in Lehr- und Lernsituationen.

4.4 Beispielhafte Projekte Forschenden Lernens

Das Werkstattkonzept. Ein Praxisbeispiel des Forschenden Lernens am Fachbereich Sozialwesen der Fachhochschule Potsdam

Ausgangspunkt
Ausgangspunkt der Werkstätten sind unterschiedliche, relevante Handlungsfelder und/oder spezifische Lebenswelten von Zielgruppen und Problembereiche der Sozialen Arbeit für Studierende des 1. und 2. Semesters im Studiengang Soziale Arbeit (BA). Pro Kohorte werden Werkstätten (Pflichtmodul) in ausreichender Anzahl angeboten, so dass Studierendengruppen von ca. 20 Personen gebildet werden können. Die Laufzeit der Werkstätten beträgt zwei Semester, mit einem workload von 450 studentischen Arbeitsstunden. Die Studierenden ordnen sich (möglichst) nach thematischem Interesse den Werkstätten zu. Ansatz der Werkstätten ist es, dass sich die Studierenden gemeinsam eine Leitfragestellung und weiterführende Teilfragestellungen zur jeweiligen Thematik erarbeiten. Innerhalb der ersten Werkstattphase lernen sie unterschiedliche wissenschaftliche Methoden der empirischen Sozialforschung mit dem Ziel kennen, eine möglichst adäquate Auswahl von Untersuchungsmethoden für die Fragestellung(en) treffen zu können. Der Arbeitsprozess ist in diesem Sinne »offen gelassen«, die zu erzielenden Forschungsergebnisse stehen zu Beginn des Prozesses weder für die Studierenden noch für die Lehrenden fest. In den Werkstätten teilt sich das Plenum in kleinere Forschungsgruppen (AGs zu spezifischen Fragestellungen) auf. Das Plenum wird im Laufe des / der Semester zum Ort des Austausches, der Verständigung und der Diskussion über die Präsentationen der jeweiligen Teilergebnisse im Forschungsprozess. Die »Forschergruppe« verständigt sich im Plenum auf gemeinsame Regeln, auf ein abgestimmtes Vorgehen, auf eine gemeinsame Arbeitsweise (die durchaus Unterschiede aufweisen kann) und auf eine Form der Präsentation der Forschungsergebnisse.

Praxistage und Präsentation
Etwa drei Praxistage pro Semester dienen der Erkundung und Realisierung von Praxiskontakten in der Region. Die letztlich erzielten

Ergebnisse der Forschergruppen werden in einem Sozialreport und in einer öffentlichen Präsentation aufbereitet und vorgestellt. Der Sozialreport dokumentiert den Forschungsprozess und die Ergebnisse in gebundener Schriftform (Forschungsbericht), die öffentliche Präsentation zeigt die Ergebnisse zum Beispiel in Form von Ausstellungen und/oder audio-/visuellen Darstellungsformen.

Veränderte Rolle des Lehrenden

Die veränderte Rolle des Lehrenden in diesem Lehr-/Lernkonzept erfordert »die Bereitschaft, die eigene didaktische Vorgehensweise zu reflektieren und sich an der gemeinsamen Arbeit der Werkstattleiter/innen zu beteiligen. Die Werkstattleiter/innen bilden eine Arbeitsgruppe, die der gemeinsamen Planung, Durchführung, Selbstevaluation und dem Erfahrungsaustausch dient« (vgl. Werkstattkonzept FH Potsdam, FB Sozialwesen).

Design Thinking als interdisziplinäre Innovationsmethode für Forschendes Lernen

Interdisziplinäre Innovationsmethode

Design Thinking ist eine neue interdisziplinäre Innovationsmethode, die in vielen Anwendungsfeldern zum Lösen komplexer Probleme und zur Entwicklung innovativer Ideen eingesetzt werden kann (vgl. Plattner, Meinel & Weinberg, 2009; Brown, 2009). Umfangreiche Erfahrungen mit der Anwendung des Design-Think-Prozesses an der Stanford University, der School of Design Thinking am Hasso-Plattner-Institut in Potsdam und der Fachhochschule Potsdam empfehlen die Methode für die Etablierung eines interdisziplinären Forschenden Lernens im Hochschulkontext, häufig in Kooperation mit Partnern aus Wirtschaft und öffentlicher Verwaltung. Ausgangspunkt des Design Thinking ist die Überzeugung, dass innovative Produkte und Services nur dann den gewünschten Erfolg haben, wenn die zukünftigen Benutzer von Beginn an in den Entwicklungsprozess mit einbezogen werden. Weiterhin wird interdisziplinären Forscherteams eine deutlich höhere Innovationskraft zugestanden als disziplingebundenen Ansätzen. Die einzelnen Phasen des Design Thinking orientieren sich an den Phasen eines idealisierten Forschungsprozesses (vgl. Abb. 4). Für jede Phase steht dabei ein Methodenset zur Verfügung, das sich vor allem aus Methoden der empirischen Sozialforschung und Designforschung speist. In den ersten beiden Phasen des »Verstehens« und »Beobachtens« stehen Methoden im Mittelpunkt, mit denen die Bedürfnisse und Motivationen von potentiellen Benutzern erhoben werden. In der folgenden Synthesephase geht es darum, die gewonnen Erkenntnisse auszuwerten und zu interpretieren. Zur Verdichtung der Informationen kommen spezifische Beschreibungstechniken aus Benutzerperspektive wie Personas und Szenarien zur Anwendung. Personas (Cooper, 2008) charakterisieren fiktive Benutzer mit ihren Bedürfnissen und Wünschen. Szenarien sind natürlich-sprachliche Beschreibungen von Benutzeraktivitäten, die auch den Kontext der Nutzung beschreiben. In den weiteren Phasen werden erste Ideen auch ohne Design-Knowhow in Form von Prototypen visualisiert sowie mit Hilfe einfacher, häufig qualitativer Testverfahren unter Einbeziehung potenzieller Benutzer evaluiert. Die einzelnen Phasen können je nach Problemstellung, zur Verfügung stehender Zeit oder finanzieller Restriktionen kombiniert, erweitert und iterativ angewandt werden. Die bisherigen Anwendungsszenarien sind weit gefächert mit einem Schwerpunkt auf konkreten technologischen und/oder gesellschaftlichen Problemstellungen (z. B. neue Mobilitätskonzepte, Konzepte für eine nachhaltige Energienutzung, Entwicklung mobiler Services etc.). Zusammengefasst bietet der Design-Thinking-Prozess ein disziplinübergreifendes Methodenset für eine Kultur des gemeinsamen Denkens, Arbeitens und Forschens, das Studierende nach den bisherigen Erfahrungen besonders motiviert, vor allem durch die Fokussierung des gesamten Problemlöseprozesses auf den Menschen und seine soziale und kulturelle Umgebung.

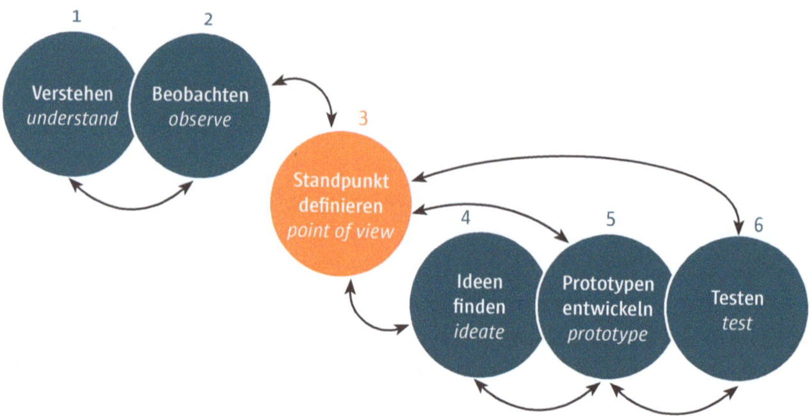

Abb. 4: Iterativer Design-Thinking-Prozess (vgl. Plattner, Meinel & Weinberg, 2009, S. 114)

5. Schlussbemerkung

Forschendes Lernen ist geeignet, um Forschung für Studierende an Fachhochschulen erlebbar zu machen und sie als Forschungspartner zu aktivieren. Dabei gibt es, wie die zwei Beispiele zeigen, nicht einen Königsweg, sondern eine Vielfalt an Möglichkeiten. Notwendig ist die Einbindung in den strukturellen Rahmen einer Hochschule, der die Voraussetzungen schafft, um auf breiter Basis interdisziplinäre Zusammenarbeit mit internen und externen Partnern verlässlich zu ermöglichen und Studierende und Lehrende zu motivieren. Dies umfasst die räumliche Infrastruktur (kreatives Arbeiten braucht eine inspirierende Atmosphäre) genauso wie zeitliche Freiräume und an der Hochschule sichtbar forschende Vorbilder. Bausteine eines solchen Rahmens hat die Fachhochschule Potsdam im InterFlex-Kontext wie folgt skizziert:

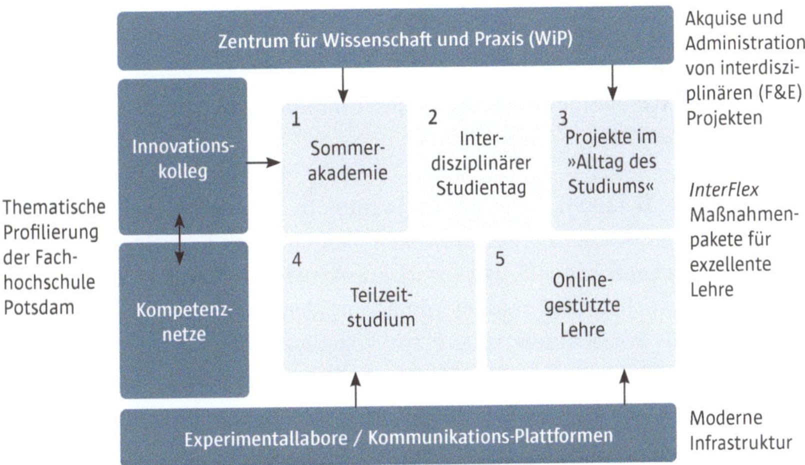

Abb. 5: Konzeptioneller Rahmen zu InterFlex

Der Prozess, um die Einheit von Forschung und Lehre auch für alle Studierende erlebbar zu machen, braucht Zeit, wird aber die Fachhochschule der Zukunft prägen.

Literatur

Bauer, R. Reinmann, G. (2010). *Förderung wissenschaftlicher Schreibkompetenz durch Writers Workshops.* Forschungsnotiz, 4. Professur für Lehren und Lernen mit Medien. München: Universität der Bundeswehr München. URL: http://lernen-unibw.de/sites/default/files/forschungsnotiz_2010_04.pdf, 6. 3. 2011.

Blevis, E. (2010). Design Challenge Based Learning (BCL) and Sustainable Pedagogical Practise. *interactions,* 17(3), 64 – 69.

Brown, T. (2009). *Change by Design.* New York: HarperCollinsPublishers.

Cooper (2008). *The origin of personas.*
URL: http://www.cooper.com/journal/2003/08/the_origin_of_personas.html, 10. 8. 2017.

Didion, D. & Wiemer, M. (2009). Forschendes Lernen als interdisziplinäres Element des Studium Fundamentale. *Journal Hochschuldidaktik,* 20(2), 7 – 9.

Euler, D. (2005). Forschendes Lernen. In S. Spoun & W. Wunderlich (Hrsg.), *Studienziel Persönlichkeit. Beiträge zum Bildungsauftrag der Universität heute* (S. 253 – 272). Frankfurt a.M.: Campus Verlag.
Fachhochschule Potsdam (ohne Jahr). Werkstattkonzept des Fachbereichs Sozialwesen. URL: http://sozialwesen.fh-potsdam.de/fileadmin/FB1/dokumente/Studium_Lehre/werkstattkonzept.pdf, 3. 3. 2011.

Healey, M. & Jenkins, A. (2009). *Developing undergraduate research and inquiry.* The Higher Education Academy. URL: http://www.heacademy.ac.uk/assets/York/documents/resources/publications/ DevelopingUndergraduate_Final.pdf, 6. 3. 2011.

Huber, L. (2004). Forschendes Lernen. 10 Thesen zum Verhältnis von Forschung und Lehre aus der Perspektive des Studiums. *Die Hochschule,* 13(2), 29 – 49.

Pasternak, P. (2008). Die Einheit von Forschung und Lehre. duz-Magazin, 02, 20 – 21.

Plattner, H., Meinel, C. & Weinberg, U. (2009). *Design-Thinking. Innovation lernen – Ideenwelten öffnen.* München: mi-Wirtschaftsbuch – FinanzBuch Verlag.

Reinmann, G. (2009). Wie praktisch ist die Universität? In L. Huber, J. Hellmer & F. Schneider (Hrsg.), Forschendes Lernen im Studium. Aktuelle Konzepte und Erfahrungen. Motivierendes Lehren und Lernen in Hochschulen, 10, 36–52. Bielefeld: UniversitätsVerlagWebler.

RuhrUniversität Bochum (ohne Jahr). *Forschung erfahren, erlernen, leben! Lehren und Lernen auf dem Research Campus RUB – Strategiepapier Zukunft der Lehre an der RUB.* URL: http://www.ruhr-uni-bochum.de/studium/pdf/zukunftskonzept_ lehre.pdf, 2.3.2011.

Stifterverband für die Deutsche Wissenschaft (Hrsg.) (2004). *Schlüsselkompetenzen und Beschäftigungsfähigkeit – Konzepte für die Vermittlung überfachlicher Qualifikationen an Hochschulen. Positionen.* Essen.

Wildt, J. (2009). Forschendes Lernen: Lernen im »Format« der Forschung. *Journal Hochschuldidaktik,* 20(2), 4–7.

Wissenschaftsrat (2010a). *Empfehlungen zur Rolle der Fachhochschulen im Hochschulsystem.* Berlin.

Wissenschaftsrat (2010b). *Empfehlungen zur Differenzierung der Hochschulen.* Berlin.

Weiterführende Literatur

Arens, B., Blotzheim, D., Koch-Priewe, B., Roters, B., Schneider, R. & Wildt, J. (2009). Forschendes Lernen im Theorie-Praxis-Modul an der TU Dortmund. In B. Roters, R. Schneider, B. Koch-Priewe, J. Thiele & J. Wildt (Hrsg.), *Forschendes Lernen in Praxisstudien – Hochschuldidaktik. Professionalisierung. Kompetenzentwicklung* (S. 107–125). Bad Heilbrunn: Klinkhardt.

Beckman, M. & Hensel, N. (2009). Making explicit the implicit: defining undergraduate research. *CUR Quarterly,* 29(4), 40–44.

Brew, A. (2006). *Research and teaching: Beyond the divide.* London: Palgrave Macmillan.

Brown, T. (2008). Design Thinking. *Harvard Business Review,* 6, 84–92.

Carle, U. (2009). Forschungswerkstatt Beobachten, Dokumentieren, Bewerten, Fördern im Bachelor Fachbezogene Bildungswissenschaften an der Universität Bremen. In B. Roters, R. Schneider & J. Wildt (Hrsg.), *Forschendes Lernen in einer Didaktik der Lehrerinnen- und Lehrerbildung – professionsorientierte Konzepte für Praxisstudien* (S. 86–106). Bad Heilbrunn: Klinkhardt.

Higher Education Academy (2006). *Bringing Research and Teaching Together: Adapting US Experience to the UK.* Conference organised by The Higher Education Academy and the Research Councils' UK Executive Group. London. URL: http://www.heacademy.ac.uk/events/detail/research_and_teaching_conference_2 006, 6.3.2011.

Huber, L. (2010). *Warum und wann forschendes Lernen?.* Handout zum Vortrag auf der NOWETAS-Konferenz Oldenburg. URL: http://www.nowetas.de/cms/52-0-Forschendes-Lernen-.html, 6.3.2011.

Huber, L., Hellmer, J. & Schneider, F. (2009). *Forschendes Lernen im Studium: Aktuelle Konzepte und Erfahrungen. Motivierendes Lehren und Lernen in Hochschulen,* 10. Bielefeld: UniversitätsVerlagWebler.

Hunter, A.-B., Laursen, S., Seymour, E., Thiry, H. & Melton, G. (2010). *Summer Scientists: Establishing the Value of Shared Research for Science Faculty and Their Students.* San Francisco: Jossey-Bass.

Jenkins, A. & Healey, M. (2007). *UK based undergraduate research programmes.* Coventry: The Reinvention Centre, University of Warwick. URL: http://www2.warwick.ac.uk/fac/soc/sociology/rsw/undergrad/cetl/ugresearch/uk _ug_research_progs_july_2007.doc, 6.3.2011.

Koch-Priewe, B. & Thiele, J. (2009). Versuch einer Systematisierung der hochschuldidaktischen Konzepte zum Forschenden Lernen. In B. Roters, R. Schneider, B. Koch-Priewe, J. Thiele & J. Wildt (Hrsg.), *Forschendes Lernen in Praxisstudien – Hochschuldidaktik, Professionalisierung, Kompetenzentwicklung.* Bad Heilbrunn: Klinkhardt.

Rammell, B. (2006). *Innovations: Exploring research-based learning.* Handout zum Vortrag, University of Warwick. URL: http:// www.dcsf.gov.uk/speeches/media/documents/Rammell_ speech_warwickrbl_25.10.06_internet.doc, 6.3.2011.

Reiber, K. (Hrsg.) (2007). Forschendes Lernen als hochschuldidaktisches Prinzip – Grundlegung und Beispiele. *Tübinger Beiträge zur Hochschuldidaktik,* 3(1).

Wildt, J. (2002). Forschendes Lernen. Renaissance eines Leitgedankens für die Studienreform? oder der lange Weg des Wissenschaftsrats zur Hochschuldidaktik. In J. Asdonk & L. Huber (Hrsg.), *Blickpunkt Hochschuldidaktik, Band 109. Bildung im Medium der Wissenschaft. Zugänge aus Wissenschaftspropädeutik, Schulreform und Hochschuldidaktik. Festschrift zur Emeritierung von Ludwig Huber,* 167–173. Weinheim: Dt. Studien-Verlag.

Wissenschaftsrat (2008). *Empfehlungen zur Qualitätsverbesserung von Lehre und Studium.* Berlin.

Autor/innen

Julia Albrecht, Christian-Albrechts-Universität zu Kiel
Steffen Bandlow-Raffalski, Carl von Ossietzky Universität Oldenburg
Dr. Ulf Banscherus, Humboldt-Universität zu Berlin
Diemut Bartl, Dark Horse GmbH & Co KG
Frank Becker, Technische Universität Berlin
Simone Belgardt, Karlsruher Institut für Technologie (KIT)
Elke Beyer, Technische Universität Berlin
Prof. Dr. Martin Blum, Universität Hohenheim
Lisa Bor, Technische Universität Berlin
Stefan Born, Technische Universität Berlin
Julia von Buxhoeveden, Technische Universität Berlin
Dr. Jessica Cronshagen, Carl von Ossietzky Universität Oldenburg
Johannes Dietrich, Technische Universität Berlin
Dr. Frédéric Falkenhagen, Universität Siegen
Christian F. Freisleben-Teutscher, Fachhochschule St. Pölten
Dr. Jonas Frischkorn, Universität Bremen
Dr. Udo Gerheim, Carl von Ossietzky Universität Oldenburg
Julia Gerstenberg, Universität Hohenheim
Hanna Gölz, Universität Hohenheim
Prof. Dr. Jörg Großschedl, Universität zu Köln
Dr. Susanne Haberstroh, Carl von Ossietzky Universität Oldenburg
Dr. Karin Hartung, Universität Hohenheim
Birte Heidkamp, Hochschule Rhein-Waal
Prof. Dr. Frank Heidmann, Fachhochschule Potsdam
Dr. Sylvia Heuchemer, Technische Hochschule Köln
Dr. Birgit Heyduck, Christian-Albrechts-Universität zu Kiel
Prof Dr. Hans-Christoph Hobohm, Fachhochschule Potsdam
Dr. Philip Hogh, Carl von Ossietzky Universität Oldenburg
Dr. Ingo Irsigler, Christian-Albrechts-Universität zu Kiel
Birgit Jubin, Fachhochschule Potsdam
Svenja Kaduk, Universität Bielefeld
Dr. David Kergel, Hochschule für angewandte Wissenschaft und Kunst Hildesheim
Prof. Dr. Fritz Klauser, Universität Leipzig
Katrin Klink, Karlsruher Institut für Technologie (KIT)
Andreas Klose, Fachhochschule Potsdam
Fabian Krüger, Technische Universität Berlin
Swantje Lahm, Universität Bielefeld
Judith Lehmann, Universidad de Buenos Aires, Argentinien
Nathalie Lenges, Karlsruher Institut für Technologie (KIT)
Melvin Lippe, Thünen Institut für Internationale Waldwirtschaft und Forstökonomie, Hamburg-Bergedorf

Gerrit Lungershausen, Volkshochschule Main-Taunus-Kreis und Technische Universität Hamburg
Dr. Martina Mauch, Fachhochschule Potsdam
Sebastian Mehling, Europa-Universität Viadrina Frankfurt (Oder)
Prof. Dr. Harald A. Mieg, Fachhochschule Potsdam
Prof. Dr. Martin G. Möhrle, Universität Bremen
Prof. Dr. Georg Müller-Christ, Universität Bremen
Prof. Dr. André Munzinger, Christian-Albrechts-Universität zu Kiel
Judith Pfeffing, Dachverband Deutscher Immobilienverwalter e. V.
Gisela Prystav, Technische Universität Berlin
Prof. Dr. Michael Radermacher, Hochschule Bochum
Christian Reimann, Brandenburgische Technische Universität Cottbus-Senftenberg
Dr. Kerrin Riewerts, Universität Bielefeld
Julia Rueß, Humboldt-Universität zu Berlin
Elisa Ruhl, Christian-Albrechts-Universität zu Kiel
Karsten Runge, Hochschule Bochum
Martina Salm, Universität Bremen
Melanie Sauer, Deutsche Sporthochschule Köln
Dr. Mike Scherfner, Hochschule Bochum
Dr. Juliana Schlicht, Universität Leipzig
Marion Schuchardt, STATTBAU Stadtentwicklungsgesellschaft mbH
Dr. Lena Schuett, University of Calgary, Kanada
Prof. Dr. Julia Schwanewedel, Christian-Albrechts-Universität zu Kiel
Dr. Natascha Selje-Aßmann, Universität Hohenheim
Dr. Julia Sievers, Universität Bremen
Dr. Monika Sonntag, Humboldt-Universität zu Berlin
Dr. Birgit Szczyrba, Technische Hochschule Köln
Florian Tienes, Urbanizers – Büro für städtische Konzepte
Dr. Katharina Verriere, Universität Bielefeld
Prof. Dr. Johannes Vielhaber, Fachhochschule Potsdam
Johanna Voll, Europa-Universität Viadrina Frankfurt (Oder)
Dr. Petra Weiß, Universität Bielefeld
Jörn Westphal, Universität Bremen
Susanne Wimmelmann, Georg-August-Universität Göttingen
Timm Wöltjen, Carl von Ossietzky Universität Oldenburg
Fatou Julia Wolter, Universität Bremen
Dr. Carmen Wulf, Carl von Ossietzky Universität Oldenburg